数学奥林匹克
命题人讲座

三角函数与复数

单墫 熊斌 主编
杨德胜 著

升级版

上海科技教育出版社

图书在版编目(CIP)数据

三角函数与复数/杨德胜著. —上海:上海科技教育出版社,2021.6
(2025.4重印)

(数学奥林匹克命题人讲座:升级版)

ISBN 978 – 7 – 5428 – 7416 – 0

Ⅰ.①三… Ⅱ.①杨… Ⅲ.①三角函数-高中-教学参考资料
②复数-高中-教学参考资料 Ⅳ.①G634.623

中国版本图书馆 CIP 数据核字(2020)第 267777 号

责任编辑　卢　源
封面设计　符　劼

数学奥林匹克命题人讲座(升级版)

三角函数与复数

单　墫　熊　斌　主编
杨德胜　著

出版发行	上海科技教育出版社有限公司
	(上海市闵行区号景路 159 弄 A 座 8 楼　邮政编码 201101)
网　　址	www.sste.com　www.ewen.co
经　　销	各地新华书店
印　　刷	启东市人民印刷有限公司
开　　本	720×1000　1/16
印　　张	26.75
版　　次	2021 年 6 月第 1 版
印　　次	2025 年 4 月第 3 次印刷
书　　号	ISBN 978 – 7 – 5428 – 7416 – 0/O · 1132
定　　价	80.00 元

第一版序

读书,是天下第一件好事。

书,是老师。他循循善诱,传授许多新鲜知识,使你的眼界与思路大开。

书,是朋友。他与你切磋琢磨,研讨问题,交流心得,使你的见识与能力大增。

书的作用太大了!

这里举一个例子:常庚哲先生的《抽屉原则及其他》(上海教育出版社,1980年)问世后,很快地,连小学生都知道了什么是抽屉原则。而在此以前,几乎无人知道这一名词。

读书,当然要读好书。

常常有人问我:哪些奥数书好?希望我能推荐几本。

我看过的书不多。最熟悉的是上海的出版社出过的几十本小册子。可惜现在已经成为珍本,很难见到。幸而上海科技教育出版社即将推出一套"数学奥林匹克命题人讲座"丛书,帮我回答了这个问题。

这套丛书的作者与书名初定如下:

黄利兵　陆洪文　　《解析几何》

王伟叶　熊　斌　　《函数迭代与函数方程》

陈　计　季潮丞　　《代数不等式》

田廷彦　　　　　　《圆》

冯志刚　　　　　　《初等数论》

单　墫　　　　　　《集合与对应》《数列与数学归纳法》

刘培杰　张永芹　　《组合问题》

任　韩　　　　　　《图论》

田廷彦　　　　　　《组合几何》

唐立华　　　　　　《向量与立体几何》

杨德胜　　　　　　《三角函数·复数》

显然，作者队伍非常之强。老辈如陆洪文先生是博士生导师，不仅在代数数论等领域的研究上取得了卓越的成绩，而且十分关心数学竞赛。中年如陈计先生于不等式，是国内公认的首屈一指的专家。其他各位也都是当下国内数学奥林匹克的领军人物。如熊斌、冯志刚是2008年IMO中国国家队的正副领队、中国数学奥林匹克委员会委员。他们为我国数学奥林匹克做出了重大的贡献，培养了很多的人才。2008年9月14日，"国际数学奥林匹克研究中心"在华东师范大学挂牌成立，担任这个研究中心主任的正是多届IMO中国国家队领队、华东师范大学数学系教授熊斌。

这些作者有一个共同的特点：他们都为数学竞赛命过题。

命题人写书，富于原创性。有许多新的构想、新的问题、新的解法、新的探讨。新，是这套丛书的一大亮点。读者一定会从这套丛书中学到很多新的知识，产生很多新的想法。

新，会不会造成深、难呢？

这套书当然会有一定的深度，一定的难度。但作者是命题人，充分了解问题的背景（如刘培杰先生就曾专门研究过一些问题的背景），写来能够深入浅出，"百炼钢化为绕指柔"。另一方面，倘若一本书十分浮浅，一点难度没有，那也就失去了阅读的价值。

读书，难免遇到困难。遇到困难，不能放弃。要顶得住，坚持下去，锲而不舍。这样，你不但读懂了一本好书，而且也学会了读书，享受到读书的乐趣。

书的作者，当然要努力将书写好。但任何事情都难以做到完美无缺。经典著作尚且偶有疏漏，富于原创的书更难免有考虑不足的地方。从某种意义上说，这种不足毋宁说是一种优点：它给读者留下了思考、想象、驰骋的空间。

如果你在阅读中，能够想到一些新的问题或新的解法，能够发现书中的不足或改进书中的结果，那就是古人所说的"读书得间"，值得祝贺！

我们欢迎各位读者对这套丛书提出建议与批评。

感谢上海科技教育出版社，特别是编辑卢源先生，策划组织编写了这套书。卢编辑认真把关，使书中的错误减至最少，又在书中设置了一些栏目，使这套书增色很多。

单 墫

2008年10月

升级版序

数学竞赛活动的开展,其目的是激发青少年学习数学的兴趣,发现和培养具有数学天赋的学生,因材施教。数学竞赛是中小学生的课外活动,也是一种特殊的素质教育——思维训练。

数学竞赛,可以让学生养成独立思考问题的习惯、建立对数学知识的看法及求知能力、初步具有创新意识。一个人对某个专业领域的兴趣与创新意识应该从青少年时代就开始培养。

在近 20 年的菲尔兹奖(Fields Medal)获得者中,有一半以上是 IMO 的优胜者。

我国的数学竞赛选手中已经涌现出许多优秀的青年数学人才,如获得著名的拉马努金奖(Ramanujan Prize)的张伟、恽之玮、许晨阳、刘一峰等,并且有不少学者在国内外知名高校或科研机构从事数学研究工作,如:朱歆文、刘若川、何宏宇、何斯迈、袁新意、肖梁、张瑞祥等。2008 年、2009 年 IMO 的满分金牌获得者韦东奕,在研究生一二年级时就做出了很好的成果。无论从整体还是从个别、从国外还是从国内来看,数学竞赛对数学与科学英才的教育都有非常重要的价值。

"数学奥林匹克命题人讲座"丛书自 2009 年起陆续出版,受到了广大数学竞赛爱好者以及数学竞赛教练员的欢迎和好评。

近十年来,在各级各类数学竞赛中又有不少好题与精妙的解法,为了与广大数学爱好者分享这些妙题与巧解,在第一版的基础上,我们组织了第一版的原作者和一些新作者编写了"数学奥林匹克命题人讲座(升级版)"。

"数学奥林匹克命题人讲座(升级版)"包括《集合与对应》(单墫)、《数列与数学归纳法》(单墫)、《函数迭代与函数方程》(王伟叶、熊斌)、《初等数论》(冯志刚)、《组合问题》(刘培杰、张永芹、杜莹雪)、《平面几何(圆)》(田廷彦)、《组合几何》(田廷彦)、《三角函数与复数》(杨德胜)、《向量与立体几何》(唐立华)、《图论》(任韩)、《不等式的证明》(熊斌、罗振华)、《平面几何(直线型)》(金磊)。其中《不等式的证明》和《平面几何（直线型）》为新增加的两本。

　　本丛书中既有传统的具有典型性的数学问题，也有选自近年高校自主招生、全国高中数学联赛、中国数学奥林匹克、中国西部数学邀请赛、中国女子数学奥林匹克、国际数学奥林匹克以及国外数学竞赛中的好题，还有一些是作者自编的问题。

　　感谢上海科技教育出版社和本丛书责任编辑卢源先生的精心策划与组织。

　　感谢各位读者自第一版出版以来提出了不少好的建议，希望大家继续对升级版提出建议和批评，使本丛书不断完善。

熊　斌

2021 年 1 月

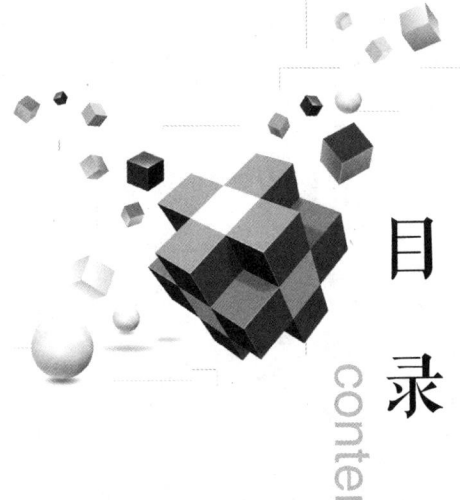

目录

第一部分 三角函数

第一讲 三角恒等式(一) / 1
  1.1 任意角的三角比 / 1
  1.2 诱导公式及同角三角函数的关系 / 11

第二讲 三角恒等式(二) / 20
  2.1 两角和与差的正弦、余弦与正切 / 20
  2.2 倍角、半角、和差化积与积化和差 / 35

第三讲 三角函数的图像与性质 / 53

第四讲 反三角函数与三角方程 / 85
  4.1 反三角函数 / 85
  4.2 三角方程 / 98

第五讲 解三角形 / 109
  5.1 解三角形 / 109
  5.2 面积法 / 140

第六讲 三角代换与三角不等式 / 152
  6.1 三角代换 / 152
  6.2 三角不等式 / 165

第二部分 复数

第七讲 复数的概念 / 190
第八讲 复数的运算 / 211
第九讲 复数与三角 / 223
第十讲 复数与方程 / 249
参考答案及提示 / 279

第一部分 三角函数

第一讲 三角恒等式(一)

1.1 任意角的三角比

知识桥

一、任意角及其度量

1. 正角、负角和零角

如图 1.1 所示,一条射线绕端点按逆时针方向旋转形成的角叫作正角,按顺时针方向旋转形成的角叫作负角.特别地,当一条射线没有旋转时,我们也认为形成了一个角,这个角叫作零角.

2. 终边相同的角

从角的形成过程可以看到,与某一个角 α 的始边相同且终边重合的角有无数个,它们的大小与角 α 都相差 $360°$ 的整数倍.我们把所有与角 α 终边相同的角,连同角 α 在内,构成一个集合

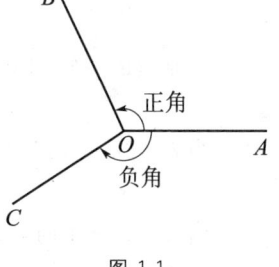

图 1.1

$$S=\{\beta|\beta=\alpha+k \cdot 360°, k \in \mathbf{Z}\},$$

即任一与角 α 终边相同的角,都可以表示成角 α 与整数个周角的和.

3. 象限角

角的顶点合于坐标原点,角的始边合于 x 轴的正半轴,角的终边落在第几象限,我们就说这个角是第几象限的角.用集合形式表示的象限角如下:

第一象限的角表示为 $\{\alpha \mid k \cdot 360° < \alpha < 90° + k \cdot 360°, (k \in \mathbf{Z})\}$;

第二象限的角表示为 $\{\alpha \mid 90° + k \cdot 360° < \alpha < 180° + k \cdot 360°, (k \in \mathbf{Z})\}$;

第三象限的角表示为 $\{\alpha \mid 180° + k \cdot 360° < \alpha < 270° + k \cdot 360°, (k \in \mathbf{Z})\}$;

第四象限的角表示为 $\{\alpha \mid 270° + k \cdot 360° < \alpha < 360° + k \cdot 360°, (k \in \mathbf{Z})\}$.

4. 轴线角

当角的终边在坐标轴上时,就认为这些角不属于任何象限.

终边在 y 轴正半轴上的角可以表示为: $\theta = 90° + k \cdot 360°, k \in \mathbf{Z}$;

终边在 y 轴负半轴上的角可以表示为: $\theta = 270° + k \cdot 360°, k \in \mathbf{Z}$;

终边在 y 轴上的角的集合可以表示为: $\{\theta \mid \theta = 90° + k \cdot 180°, k \in \mathbf{Z}\}$;

终边在 x 轴正半轴上的角可以表示为: $\theta = 0° + k \cdot 360°, k \in \mathbf{Z}$;

终边在 x 轴负半轴上的角可以表示为: $\theta = 180° + k \cdot 360°, k \in \mathbf{Z}$;

终边在 x 轴上的角的集合可以表示为: $\{\theta \mid \theta = k \cdot 180°, k \in \mathbf{Z}\}$.

训练营

▶ **例1** 已知 α 是第二象限角,问: $\dfrac{\alpha}{2}$ 是第几象限角?2α 是第几象限角?

解

∵ α 在第二象限, ∴ $90° + k \cdot 360° < \alpha < 180° + k \cdot 360°, k \in \mathbf{Z}$.

于是, $45° + k \cdot 180° < \dfrac{\alpha}{2} < 90° + k \cdot 180°, k \in \mathbf{Z}$.

当 $k = 2n$ 时, $45° + n \cdot 360° < \dfrac{\alpha}{2} < 90° + n \cdot 360°$, $\dfrac{\alpha}{2}$ 在第一象限;

当 $k = 2n + 1$ 时, $225° + n \cdot 360° < \dfrac{\alpha}{2} < 270° + n \cdot 360°$, $\dfrac{\alpha}{2}$ 在第三象限.

∴ 当 α 在第二象限时, $\dfrac{\alpha}{2}$ 可能在第一象限,也可能在第三象限.

同理, $180° + k \cdot 720° < 2\alpha < 360° + k \cdot 720°, k \in \mathbf{Z}$.

∴ 当 α 在第二象限时, 2α 可能在第三象限,也可能在第四象限.

知识桥

二、弧度制

1. 弧度

如图 1.2 所示,把长度等于半径长的弧所对的圆心角叫作 1 弧度的角.

2. 弧度制

以弧度作为单位来度量角的单位制,叫作弧度制.

3. 圆心角为 α 弧度的计算公式

如果一个半径为 r 的圆心角 α 所对的弧长为 l,那么 l 所含半径 r 的倍数就是角 α 的弧度数,即

$$|\alpha| = \frac{l}{r}.$$

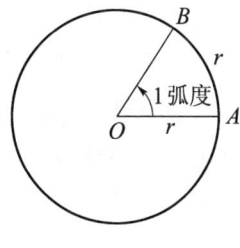

图 1.2

4. 角度制与弧度制的换算

用角度制度量周角为 $360°$,用弧度制度量周角为 2π 弧度,所以角度制与弧度制的换算公式为:

$$360° = 2\pi \text{ 弧度};$$

$$180° = \pi \text{ 弧度};$$

$$1° = \frac{\pi}{180} \text{弧度} \approx 0.01745 \text{ 弧度};$$

$$1 \text{ 弧度} = \left(\frac{180}{\pi}\right)° \approx 57.3° = 57°18'.$$

由于弧度数是弧长与半径长的比值,所以它是一个实数.因此,用弧度制表示角的大小时,通常省略"弧度"两字.

因为需要不同,所以角的度量不是单用角度制,还要用弧度制.比如学习三角函数,需要画出它的图像,采用角度制会产生很大不便.引进弧度制后,角的集合与实数集合建立了一一对应的关系,如图 1.3 所示.

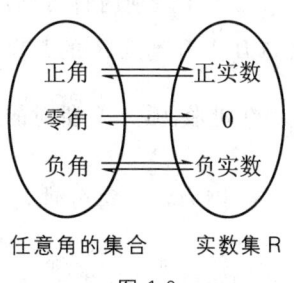

图 1.3

下面是一些特殊角的度数与弧度的对应表.

角度	0°	15°	30°	45°	60°	75°	90°	105°	120°	135°
弧度	0	$\dfrac{\pi}{12}$	$\dfrac{\pi}{6}$	$\dfrac{\pi}{4}$	$\dfrac{\pi}{3}$	$\dfrac{5\pi}{12}$	$\dfrac{\pi}{2}$	$\dfrac{7\pi}{12}$	$\dfrac{2\pi}{3}$	$\dfrac{3\pi}{4}$
角度	150°	180°	210°	225°	240°	270°	300°	315°	330°	360°
弧度	$\dfrac{5\pi}{6}$	π	$\dfrac{7\pi}{6}$	$\dfrac{5\pi}{4}$	$\dfrac{4\pi}{3}$	$\dfrac{3\pi}{2}$	$\dfrac{5\pi}{3}$	$\dfrac{7\pi}{4}$	$\dfrac{11\pi}{6}$	2π

5. 扇形的弧长及面积公式

如图 1.4 所示,扇形圆心角的弧度数为 $\alpha(0<\alpha<2\pi)$,半径为 r,弧长为 l,面积为 S.则

$$l=\alpha r;$$

$$S=\dfrac{1}{2}\alpha r^2;$$

$$S=\dfrac{1}{2}lr.$$

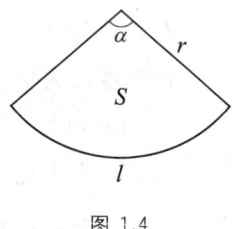

图 1.4

训练营

▶**例 2** 绳索绕在半径为 40 厘米的轮圈上,绳索的下端 B 处悬挂着物体 W(见图 1.5).如果轮子按逆时针方向每分钟匀速旋转 6 圈,那么需要几秒才能把物体 W 的位置向上提升 100 厘米?

解

轮子按逆时针方向旋转时,点 A 转过的弧 AA' 的长等于点 B 上升到点 B' 的距离.于是当 $BB'=100$ 厘米时,弧 $AA'=100$ 厘米,弧 AA' 所对的圆心角 $\angle AOA'=\dfrac{100}{40}$ 弧度.

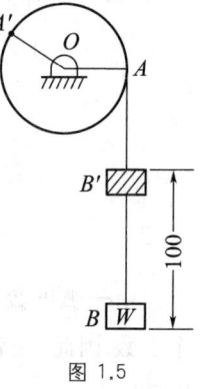

图 1.5

因为轮子每分钟匀速旋转 6 圈,所以每秒匀速转过 $\dfrac{6\times 2\pi}{60}$ 弧度 $=\dfrac{\pi}{5}$ 弧度,t 秒钟转过 $\dfrac{\pi}{5}t$ 弧度.$\dfrac{\pi}{5}t=\dfrac{100}{40}\Rightarrow t=\dfrac{25}{2\pi}\approx 4$(秒).

所以,需要约 4 秒才能把物体 W 的位置向上提升 100 厘米.

▶ **例3** 圆心角为 $\dfrac{\pi}{3}$ 的扇形的面积为 6π,求它围成的圆锥的表面积.

解

设扇形半径为 r、弧长为 l,则 $\begin{cases} l=\dfrac{\pi}{3}r, \\ \dfrac{1}{2}rl=6\pi \end{cases} \Rightarrow r=6, l=2\pi.$

设圆锥的半径为 R,则 $2\pi R=2\pi \Rightarrow R=1$,圆锥的表面积等于 $6\pi+\pi=7\pi.$

▶ **例4** 在 Rt△ABC 中,∠C=60°.以 C 为圆心、BC 为半径的圆交 AC 于点 D,联结 BD.弧 $\overset{\frown}{BD}$ 与弦 BD 将△ABC 分为 3 部分(如图 1.6),则 3 部分面积之比 $S_1:S_2:S_3=$ _____.

(2017 年全国高中数学联赛新疆维吾尔自治区预赛题)

解

设 $BC=x$,则

$$\begin{cases} S_1=\dfrac{1}{2}AB\cdot BC-\dfrac{1}{2}BC\cdot \overset{\frown}{BD}=\dfrac{1}{2}x^2\left(\tan\dfrac{\pi}{3}-\dfrac{\pi}{3}\right)=\dfrac{1}{2}\left(\sqrt{3}-\dfrac{\pi}{3}\right)x^2, \\ S_2=\dfrac{1}{2}BC\cdot \overset{\frown}{BD}-\dfrac{1}{2}BC\cdot CD\sin\dfrac{\pi}{3}=\dfrac{1}{2}\left(\dfrac{\pi}{3}-\dfrac{\sqrt{3}}{2}\right)x^2, \\ S_3=\dfrac{1}{2}BC\cdot CD\sin\dfrac{\pi}{3}=\dfrac{1}{2}\cdot\dfrac{\sqrt{3}}{2}x^2. \end{cases}$$

从而,$S_1:S_2:S_3=\left(\sqrt{3}-\dfrac{\pi}{3}\right):\left(\dfrac{\pi}{3}-\dfrac{\sqrt{3}}{2}\right):\dfrac{\sqrt{3}}{2}.$

知识桥

三、任意角的三角比

如图 1.7 所示,把 Rt△POQ 放到直角坐标系 xOy 中,设 $P(x,y)$,则 $OQ=x, QP=y, |OP|=r=\sqrt{x^2+y^2}$ $(r>0)$.从 x,y,r 中任意取两个求比值,共有 6 个.

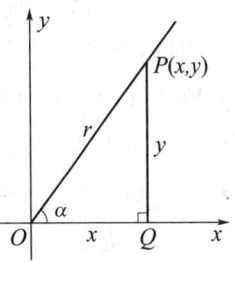

图 1.7

α 的三角比可以写成：

$$\sin\alpha = \frac{y}{r};$$

$$\cos\alpha = \frac{x}{r};$$

$$\tan\alpha = \frac{y}{x}, \alpha \neq k\pi + \frac{\pi}{2}, k \in \mathbf{Z};$$

$$\cot\alpha = \frac{x}{y}, \alpha \neq k\pi, k \in \mathbf{Z};$$

$$\sec\alpha = \frac{r}{x}, \alpha \neq k\pi + \frac{\pi}{2}, k \in \mathbf{Z};$$

$$\csc\alpha = \frac{r}{y}, \alpha \neq k\pi, k \in \mathbf{Z}.$$

6 种三角比在各个象限的符号如下表所示：

角 α 属于的象限	点 P 的坐标		$\sin\alpha$	$\cos\alpha$	$\tan\alpha$	$\cot\alpha$	$\sec\alpha$	$\csc\alpha$
	x	y						
第一象限	+	+	+	+	+	+	+	+
第二象限	−	+	+	−	−	−	−	+
第三象限	−	−	−	−	+	+	−	−
第四象限	+	−	−	+	−	−	+	−

四、用单位圆中线段来表示三角比

1. 有向线段

坐标轴是规定了方向的直线.一条在坐标轴上或与坐标轴平行的线段也可以规定两种相反的方向.如图 1.8, x 轴上的线段 MN, 可以规定从点 M 到点 N 或从点 N 到点 M 两种相反的方向, 这样的线段是有方向的, 分别记为有向线段 MN 和有向线段 NM. 与 y 轴平行的线段 PQ, 也可类似规定两种相反的方向.如果这样的线段的方向与坐标轴的正方向一致, 就规定这条线段是正的, 否则, 就规定它是负的.

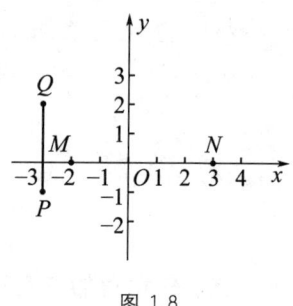

图 1.8

2. 三角函数线

如图 1.9, 设任意角 α 的顶点为 O, 始边与 x 轴的非负半轴重合, 终边与单位

圆相交于点 $P(x,y)$.过 P 作 x 轴的垂线,垂足为 M;过 $A(1,0)$ 作单位圆的切线,这条切线必然平行于 y 轴,设它与角 α 的终边(当 α 为第一、四象限角时)或其反向延长线(当 α 为第二、三象限角时)相交于点 T.

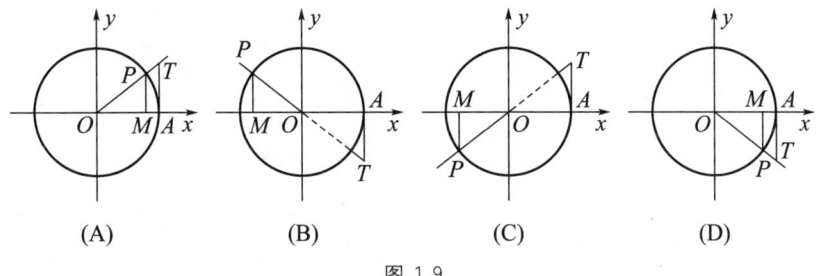

图 1.9

显然,线段 $OM=x$,线段 $MP=y$.

于是,根据正弦、余弦函数的定义有

$$\sin\alpha=\frac{y}{r}=y=MP,$$

$$\cos\alpha=\frac{x}{r}=x=OM.$$

这两条与单位圆有关的有向线段 MP、OM 分别叫作角 α 的**正弦线**、**余弦线**.

类似地,我们把 AT 看作有向线段,根据正切函数的定义和相似三角形的知识,就有

$$\tan\alpha=\frac{y}{x}=\frac{MP}{OM}=AT.$$

有向线段 AT 叫作角 α 的**正切线**,AT 在 x 轴上方为正,在 x 轴下方为负.

当角 α 的终边在 x 轴上时,正弦线、正切线分别变成一个点;当角 α 的终边在 y 轴上时,余弦线变成一个点,正切线不存在.

我们把这 3 条与单位圆有关的线段 MP、OM、AT 通称为角 α 的三角函数线.

训练营

▶ **例 5** 如果角 α 终边上一点为 $P(-3m,4m)$,$m\neq 0$,求角 α 的 6 个三角比.

解

(1) 当 $m>0$ 时,因为 $x=-3m$,$y=4m$,

所以 $r=\sqrt{(-3m)^2+(4m)^2}=5|m|=5m$，于是

$$\sin\alpha=\frac{4m}{5m}=\frac{4}{5};\cos\alpha=\frac{-3m}{5m}=-\frac{3}{5};\tan\alpha=\frac{4m}{-3m}=-\frac{4}{3};$$

$$\cot\alpha=\frac{-3m}{4m}=-\frac{3}{4};\sec\alpha=\frac{5m}{-3m}=-\frac{5}{3};\csc\alpha=\frac{5m}{4m}=\frac{5}{4}.$$

(2) 当 $m<0$ 时，得 $r=5|m|=-5m$，于是

$$\sin\alpha=-\frac{4}{5};\cos\alpha=\frac{3}{5};\tan\alpha=-\frac{4}{3};$$

$$\cot\alpha=-\frac{3}{4};\sec\alpha=\frac{5}{3};\csc\alpha=-\frac{5}{4}.$$

点评

本例中，点 P 坐标含有参数 m，而又必须满足 $r>0$，因此要对 m 分类讨论，防止漏掉 $m<0$ 的情况。进一步讨论可知：当 $m>0$ 时，角 α 是第二象限的角；当 $m<0$ 时，角 α 是第四象限的角，三角比的符号相应地出现两种情况。

▶ **例 6** 设 $0<x<\frac{\pi}{2}$，证明：

$$0<\frac{x-\sin x}{\tan x-\sin x}<\frac{1}{3}.$$

(2017 年全国高中数学联赛安徽省预赛题)

证明

首先证明当 $0<x<\frac{\pi}{2}$ 时，$\tan x>x>\sin x$。

实际上，令 $f(x)=x-\sin x$，则

$$f(0)=0, f'(x)=1-\cos x>0.$$

因此，$f(x)$ 在 $\left(0,\frac{\pi}{2}\right)$ 内单调递增，故 $f(x)>0$，即 $x>\sin x$。

同理可证，$\tan x>x$。

故要证原命题，只需证明

$$g(x)=\tan x-\sin x-3(x-\sin x)>0.$$

易计算得

$$g'(x)=\frac{1}{\cos^2 x}+2\cos x-3.$$

根据均值不等式,

$$g'(x) = \frac{1}{\cos^2 x} + 2\cos x - 3 \geq 3\left(\frac{1}{\cos^2 x} \cdot \cos x \cdot \cos x\right)^{\frac{1}{3}} - 3 = 0,$$

当且仅当 $x = \frac{\pi}{2}$ 时,$g'(x) = 0$. 因此,$g(x)$ 在区间 $\left(0, \frac{\pi}{2}\right)$ 上单调递增,进而 $g(x) > g(0) = 0$.

证毕.

$\tan x > x > \sin x$ 也可以这样证明:

如图 1.10,设单位圆与角 x 的终边交于 P,与 x 轴交于 A. 过 P 作 $PM \perp OA$ 于 M,过 A 作 $AT \parallel y$ 轴,与 OP 交于 T. 利用三角函数线:$\sin x = MP$,$x = \overset{\frown}{AP}$,$\tan x = AT$. 因为 $S_{\triangle POA} < S_{\text{扇形}OAP} < S_{\triangle OAT} \Rightarrow$ $\frac{1}{2} OA \times MP < \frac{1}{2} \overset{\frown}{PA} \times AO < \frac{1}{2} OA \times AT$,

所以 $MP < \overset{\frown}{PA} < AT$,

即 $\sin x < x < \tan x$.

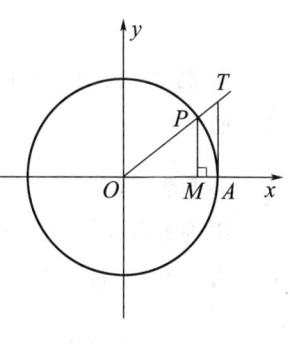

图 1.10

▶**例7** 如果 $\cos^5\theta - \sin^5\theta < 7(\sin^3\theta - \cos^3\theta)$,$\theta \in [0, 2\pi)$,求 θ 的取值范围.

(2011 年全国高中数学联赛题)

解

$\cos^5\theta - \sin^5\theta < 7(\sin^3\theta - \cos^3\theta) \Leftrightarrow \sin^3\theta + \frac{1}{7}\sin^5\theta > \cos^3\theta + \frac{1}{7}\cos^5\theta.$

令 $f(x) = x^3 + \frac{1}{7}x^5$,则 $f(x) = x^3 + \frac{1}{7}x^5$ 在 $(-\infty, +\infty)$ 上是增函数,所以 $\sin\theta > \cos\theta$,故 $2k\pi + \frac{\pi}{4} < \theta < 2k\pi + \frac{5}{4}\pi$,$k \in \mathbf{Z}$. 因为 $\theta \in [0, 2\pi)$,所以 θ 的取值范围是 $\left(\frac{\pi}{4}, \frac{5}{4}\pi\right)$.

▶**例8** 已知 $0 < b < 1$,$0 < a < \frac{\pi}{4}$,试比较下列 3 个数的大小关系:$x = $

$(\sin a)^{\log_b \sin a}$；$y=(\cos a)^{\log_b \cos a}$；$z=(\sin a)^{\log_b \cos a}$．

解

∵ $0<b<1$，∴ $f(x)=\log_b x$ 是减函数．

又∵ $0<a<\dfrac{\pi}{4}$，∴ $0<\sin a<\cos a<1$，

∴ $\log_b \sin a>\log_b \cos a>0$，

∴ $(\sin a)^{\log_b \sin a}<(\sin a)^{\log_b \cos a}$，即 $x<z$．

又 $(\sin a)^{\log_b \cos a}<(\cos a)^{\log_b \cos a}$，即 $z<y$，故有 $x<z<y$．

▶**例9** 设锐角 θ 使关于 x 的方程 $x^2+4x\cos\theta+\cot\theta=0$ 有重根，求 θ 的弧度数．

解

因为方程 $x^2+4x\cos\theta+\cot\theta=0$ 有重根，

∴ $\Delta=16\cos^2\theta-4\cot\theta=0$，整理，得 $4\cot\theta(2\sin 2\theta-1)=0$．

又∵ θ 为锐角，$\cot\theta\neq 0$，∴ $\sin 2\theta=\dfrac{1}{2}$，

∴ $2\theta=\dfrac{\pi}{6}$ 或 $2\theta=\dfrac{5\pi}{6}$，

于是 $\theta=\dfrac{\pi}{12}$ 或 $\dfrac{5\pi}{12}$．

1.2 诱导公式及同角三角函数的关系

知识桥

一、诱导公式

1. 诱导公式一

$$\sin(2k\pi+\alpha)=\sin\alpha, \cos(2k\pi+\alpha)=\cos\alpha,$$
$$\tan(2k\pi+\alpha)=\tan\alpha, \cot(2k\pi+\alpha)=\cot\alpha,$$
其中 $k\in\mathbf{Z}, \alpha\in[0,2\pi)$.

2. 诱导公式二

$$\sin(-\alpha)=-\sin\alpha, \cos(-\alpha)=\cos\alpha,$$
$$\tan(-\alpha)=-\tan\alpha, \cot(-\alpha)=-\cot\alpha.$$

3. 诱导公式三

$$\sin(\pi+\alpha)=-\sin\alpha, \cos(\pi+\alpha)=-\cos\alpha,$$
$$\tan(\pi+\alpha)=\tan\alpha, \cot(\pi+\alpha)=\cot\alpha.$$

4. 诱导公式四

$$\sin(\pi-\alpha)=\sin\alpha, \cos(\pi-\alpha)=-\cos\alpha,$$
$$\tan(\pi-\alpha)=-\tan\alpha, \cot(\pi-\alpha)=-\cot\alpha.$$

5. 诱导公式五

$$\sin(2\pi-\alpha)=-\sin\alpha, \cos(2\pi-\alpha)=\cos\alpha,$$
$$\tan(2\pi-\alpha)=-\tan\alpha, \cot(2\pi-\alpha)=-\cot\alpha.$$

6. 诱导公式六

$$\sin\left(\frac{\pi}{2}+\alpha\right)=\cos\alpha, \cos\left(\frac{\pi}{2}+\alpha\right)=-\sin\alpha,$$
$$\tan\left(\frac{\pi}{2}+\alpha\right)=-\cot\alpha, \cot\left(\frac{\pi}{2}+\alpha\right)=-\tan\alpha.$$

7. 诱导公式七

$$\sin\left(\frac{\pi}{2}-\alpha\right)=\cos\alpha, \cos\left(\frac{\pi}{2}-\alpha\right)=\sin\alpha,$$

$$\tan\left(\frac{\pi}{2}-\alpha\right)=\cot\alpha,\cot\left(\frac{\pi}{2}-\alpha\right)=\tan\alpha.$$

*8. 诱导公式八

$$\sin\left(\frac{3\pi}{2}-\alpha\right)=-\cos\alpha,\cos\left(\frac{3\pi}{2}-\alpha\right)=-\sin\alpha,$$

$$\tan\left(\frac{3\pi}{2}-\alpha\right)=\cot\alpha,\cot\left(\frac{3\pi}{2}-\alpha\right)=\tan\alpha.$$

*9. 诱导公式九

$$\sin\left(\frac{3\pi}{2}+\alpha\right)=-\cos\alpha,\cos\left(\frac{3\pi}{2}+\alpha\right)=\sin\alpha,$$

$$\tan\left(\frac{3\pi}{2}+\alpha\right)=-\cot\alpha,\cot\left(\frac{3\pi}{2}+\alpha\right)=-\tan\alpha.$$

上面关于 $k\cdot\frac{\pi}{2}+\alpha(k\in\mathbf{Z})$ 的诱导公式可以总结为:"奇变偶不变,符号看象限."即当 k 为奇数时,得余名函数;当 k 为偶数时,得同名函数.再加上把 α 看成锐角,由 $k\cdot\frac{\pi}{2}+\alpha$ 所在象限确定原三角函数的符号.打"*"的两组公式可推导得出,不用记.

训练营

▶ **例1** 设 $f(x)=\begin{cases}\sin\pi x, & x<0,\\ f(x-1)+1, & x\geqslant 0,\end{cases}$ $g(x)=\begin{cases}\cos\pi x, & x<\frac{1}{2},\\ g(x-1)+1, & x\geqslant\frac{1}{2},\end{cases}$

试求 $g\left(\frac{1}{4}\right)+f\left(\frac{1}{3}\right)+g\left(\frac{5}{6}\right)+f\left(\frac{3}{4}\right)$ 的值.

解

因为 $f\left(\frac{1}{3}\right)=f\left(-\frac{2}{3}\right)+1=\sin\left(-\frac{2}{3}\pi\right)+1=-\frac{\sqrt{3}}{2}+1,$

$f\left(\frac{3}{4}\right)=f\left(-\frac{1}{4}\right)+1=\sin\left(-\frac{1}{4}\pi\right)+1=-\frac{\sqrt{2}}{2}+1,$

$g\left(\frac{1}{4}\right)=\cos\frac{\pi}{4}=\frac{\sqrt{2}}{2},$

$g\left(\frac{5}{6}\right)=g\left(-\frac{1}{6}\right)+1=\cos\left(-\frac{\pi}{6}\right)+1=\frac{\sqrt{3}}{2}+1.$

所以原式 $=\dfrac{\sqrt{2}}{2}-\dfrac{\sqrt{3}}{2}+1+\dfrac{\sqrt{3}}{2}+1-\dfrac{\sqrt{2}}{2}+1=3$.

▶ **例 2** （1）已知 $f(x)=\dfrac{\sin(n\pi-x)\cdot\cos(n\pi+x)}{\cos((n+1)\pi-x)}\cdot\tan(x-n\pi)\cdot\cot(n\pi-x)$，其中 $n\in\mathbf{Z}$，求 $f\left(\dfrac{7\pi}{6}\right)$ 的值；

（2）已知 α 是第三象限的角，且 $\sin\left(\alpha-\dfrac{7\pi}{2}\right)=-\dfrac{1}{5}$，求

$$f(\alpha)=\dfrac{\sin(\pi-\alpha)\cdot\cos(2\pi-\alpha)\cdot\tan\left(-\alpha+\dfrac{3\pi}{2}\right)}{\cot(-\alpha-3\pi)\cdot\sin\left(-\dfrac{\pi}{2}-\alpha\right)}\text{的值}.$$

解

（1）先化简，后求值.

∵ $\tan(x-n\pi)\cdot\cot(n\pi-x)=-\tan(n\pi-x)\cdot\cot(n\pi-x)=-1$，

∴ $f(x)=-\dfrac{\sin(n\pi-x)\cdot\cos(n\pi+x)}{\cos((n+1)\pi-x)}$.

当 $n=2k(k\in\mathbf{Z})$ 时，$f(x)=-\dfrac{\sin(-x)\cos x}{\cos(\pi-x)}=-\sin x$；

当 $n=2k+1(k\in\mathbf{Z})$ 时，$f(x)=-\dfrac{\sin(\pi-x)\cdot\cos(\pi+x)}{\cos(-x)}=\sin x$.

∴ $f(x)=(-1)^{n-1}\sin x$.

∴ $f\left(\dfrac{7\pi}{6}\right)=(-1)^{n-1}\sin\dfrac{7\pi}{6}=(-1)^{n-1}\sin\left(\pi+\dfrac{\pi}{6}\right)$

$$=(-1)^n\sin\dfrac{\pi}{6}=\dfrac{(-1)^n}{2}=\begin{cases}\dfrac{1}{2},&n\text{ 为偶数},\\ -\dfrac{1}{2},&n\text{ 为奇数}.\end{cases}$$

（2）$f(\alpha)=\dfrac{\sin(\pi-\alpha)\cdot\cos(2\pi-\alpha)\cdot\tan\left(-\alpha+\dfrac{3\pi}{2}\right)}{\cot(-\alpha-3\pi)\cdot\sin\left(-\dfrac{\pi}{2}-\alpha\right)}=\dfrac{\sin\alpha\cdot\cos\alpha\cdot\cot\alpha}{-\cot\alpha\cdot(-\cos\alpha)}$

$=\sin\alpha$.

∵ $\sin\left(\alpha-\dfrac{7\pi}{2}\right)=\sin\left(\alpha+\dfrac{\pi}{2}\right)=\cos\alpha$，∴ $\cos\alpha=-\dfrac{1}{5}$.

又 α 是第三象限的角,

∴ $\sin\alpha < 0, \sin\alpha = -\sqrt{1-\cos^2\alpha} = -\dfrac{2\sqrt{6}}{5}$.

因此,$f(\alpha) = -\dfrac{2\sqrt{6}}{5}$.

点评

若直接代入求值,显然十分繁琐.先化简后求值是通法,要注意分类讨论.本题充分运用了大角化小角及口诀"奇变偶不变,符号看象限"等诱导公式变形规律.对于口诀的理解,首先要把角化为 $\dfrac{k\pi}{2} \pm \alpha (k \in \mathbf{Z})$ 的形式.当 k 为偶数时,得角 α 的同名三角函数值;当 k 为奇数时,得角 α 的异名(正弦变余弦、余弦变正弦、正切变余切、余切变正切)三角函数值,然后在前面加上一个把 α 看成锐角时原三角函数值的符号.解题时要注意奇、偶的含义.

知识桥

二、同角三角比的关系

1. 倒数关系

$$\sin\alpha \cdot \csc\alpha = 1, \cos\alpha \cdot \sec\alpha = 1, \tan\alpha \cdot \cot\alpha = 1.$$

2. 商的关系

$$\tan\alpha = \dfrac{\sin\alpha}{\cos\alpha}, \cot\alpha = \dfrac{\cos\alpha}{\sin\alpha}.$$

3. 平方关系

$$\sin^2\alpha + \cos^2\alpha = 1, 1 + \tan^2\alpha = \sec^2\alpha, 1 + \cot^2\alpha = \csc^2\alpha.$$

训练营

▶ **例3** 已知 $\tan\alpha = 2$.

(1) 求 $\dfrac{\sin\alpha + 3\cos\alpha}{3\sin\alpha - 4\cos\alpha}$ 的值;

(2) 求 $\dfrac{\sin^2\alpha + 8\sin\alpha \cdot \cos\alpha - 6\cos^2\alpha}{3\sin^2\alpha - 4\cos^2\alpha}$ 的值;

(3) 求 $\sin^2\alpha - 3\sin\alpha \cdot \cos\alpha + 4\cos^2\alpha - 2$ 的值.

解

(1) $\dfrac{\sin\alpha+3\cos\alpha}{3\sin\alpha-4\cos\alpha}=\dfrac{\tan\alpha+3}{3\tan\alpha-4}=\dfrac{5}{2}.$

(2) $\dfrac{\sin^2\alpha+8\sin\alpha\cdot\cos\alpha-6\cos^2\alpha}{3\sin^2\alpha-4\cos^2\alpha}=\dfrac{\tan^2\alpha+8\tan\alpha-6}{3\tan^2\alpha-4}=\dfrac{7}{4}.$

(3) $\sin^2\alpha-3\sin\alpha\cdot\cos\alpha+4\cos^2\alpha-2=\dfrac{\sin^2\alpha-3\sin\alpha\cdot\cos\alpha+4\cos^2\alpha}{\sin^2\alpha+\cos^2\alpha}-2$

$=\dfrac{\tan^2\alpha-3\tan\alpha+4}{\tan^2\alpha+1}-2=-\dfrac{8}{5}.$

▶ **例4** 化简：$\sin^3\alpha(1+\cot\alpha)+\cos^3\alpha(1+\tan\alpha).$

解

$\sin^3\alpha(1+\cot\alpha)+\cos^3\alpha(1+\tan\alpha)$

$=\sin^3\alpha\left(1+\dfrac{\cos\alpha}{\sin\alpha}\right)+\cos^3\alpha\left(1+\dfrac{\sin\alpha}{\cos\alpha}\right)$

$=\sin^3\alpha\cdot\dfrac{\sin\alpha+\cos\alpha}{\sin\alpha}+\cos^3\alpha\cdot\dfrac{\cos\alpha+\sin\alpha}{\cos\alpha}$

$=\sin^2\alpha(\sin\alpha+\cos\alpha)+\cos^2\alpha(\sin\alpha+\cos\alpha)$

$=\sin\alpha+\cos\alpha.$

▶ **例5** 若 $-270°<x<-180°$，化简：$\sqrt{\left(1+\tan\dfrac{x}{2}\right)^2+\left(1-\tan\dfrac{x}{2}\right)^2}.$

解

原式 $=\sqrt{1+2\tan\dfrac{x}{2}+\tan^2\dfrac{x}{2}+1-2\tan\dfrac{x}{2}+\tan^2\dfrac{x}{2}}$

$=\sqrt{2\left(1+\tan^2\dfrac{x}{2}\right)}=\sqrt{2\sec^2\dfrac{x}{2}}=\sqrt{2}\left|\sec\dfrac{x}{2}\right|.$

当 $-270°<x<-180°$ 时，$-135°<\dfrac{x}{2}<-90°$，$\sec\dfrac{x}{2}<0$，

$\therefore$ 原式 $=-\sqrt{2}\sec\dfrac{x}{2}.$

▶ **例6** (1) 已知 $\sin(3\pi-\theta)-\cos(5\pi+\theta)=\dfrac{1}{5}$，$\theta\in(0,\pi)$，求 $3\sin^2(k\pi-$

$\theta)-2\sin((k+1)\pi+\theta)\cdot\cos((k-1)\pi-\theta)-2\cos^2(k\pi+\theta)$ 的值,其中 $k\in\mathbf{Z}$;

(2) 已知 $f(\cos x)=\cos 17x$,求 $(f(\cos x))^2+(f(\sin x))^2$ 的值.

解

(1) **方法一** 由已知可得

$$\sin\theta+\cos\theta=\frac{1}{5}, \tag{1}$$

两边平方整理,得 $2\sin\theta\cdot\cos\theta=-\dfrac{24}{25}<0.$

$\therefore\ \dfrac{\pi}{2}<\theta<\pi,\ \therefore\ \sin\theta-\cos\theta>0.$

从而 $(\sin\theta-\cos\theta)^2=1-2\sin\theta\cdot\cos\theta=\dfrac{49}{25},$

可得
$$\sin\theta-\cos\theta=\frac{7}{5}. \tag{2}$$

联立方程(1)(2),解得 $\sin\theta=\dfrac{4}{5},\cos\theta=-\dfrac{3}{5}.$

$3\sin^2(k\pi-\theta)-2\sin((k+1)\pi+\theta)\cdot\cos((k-1)\pi-\theta)-2\cos^2(k\pi+\theta)$

$=3((-1)^k(-\sin\theta))^2-2(-1)^{k+1}\sin\theta\cdot(-1)^{k-1}\cos(-\theta)-2((-1)^k\cos\theta)^2$

$=3\sin^2\theta-2\sin\theta\cdot\cos\theta-2\cos^2\theta=\dfrac{54}{25}.$

方法二 当 $0<\theta<\dfrac{\pi}{2}$ 时,$\sin\theta+\cos\theta>1,$

$\because\ \sin\theta+\cos\theta=\dfrac{1}{5}<1,\ \therefore\ \dfrac{\pi}{2}<\theta<\pi.$

原式移项,得 $5\sin\theta=1-5\cos\theta.$ 两边平方整理,得

$$25\cos^2\theta-5\cos\theta-12=0,$$

解得 $\cos\theta=-\dfrac{3}{5},\cos\theta=\dfrac{4}{5}$(舍),从而 $\sin\theta=\dfrac{4}{5}.$ 以下同方法一.

(2) $\because\ f(\sin x)=f\left(\cos\left(\dfrac{\pi}{2}-x\right)\right)=\cos 17\left(\dfrac{\pi}{2}-x\right)=\sin 17x,$

$\therefore\ (f(\cos x))^2+(f(\sin x))^2=\cos^2 17x+\sin^2 17x=1.$

点评

题(1)的关键在于先求出 $\sin\theta$ 与 $\cos\theta$.这里必须先利用条件缩小角 θ 的范围,再通过方程(组)的思想解 $\sin\theta,\cos\theta$.方法一构造了关于 $\sin\theta$ 与 $\cos\theta$ 的方

程组.一般地,对于 $\sin\theta+\cos\theta$,$\sin\theta-\cos\theta$,$\sin\theta\cdot\cos\theta$ 这 3 个式子,若已知其中一个式子的值,通过平方和同角三角函数的基本关系式必可求出其余两式的值,只是要注意平方后再开方求值时正负号的取舍.方法二构造了关于 $\cos\theta$ 的方程,对待求式进行化简是本题的难点.熟练掌握基本诱导公式是解题的关键,也是学好三角函数的根本.

▶ **例 7** 设椭圆 $\dfrac{x^2}{a^2}+\dfrac{y^2}{b^2}=1(a>b>0)$ 的左、右顶点分别为 A、B,点 P 在椭圆上且异于 A、B 两点,O 为坐标原点,若 $|AP|=|OA|$,证明:直线 OP 的斜率 k 满足 $|k|>\sqrt{3}$.

(2019 年全国高中数学联赛广东省预赛题)

证明

方法一 设 $P(a\cos\theta,b\sin\theta)(0\leqslant\theta<2\pi)$,$A(-a,0)$.

由 $|AP|=|OA|$,有 $\sqrt{(a\cos\theta+a)^2+(b\sin\theta)^2}=a$,

即 $a^2\cos^2\theta+2a^2\cos\theta+b^2\sin^2\theta=0$.

从而 $\begin{cases}-1<\cos\theta<0,\\ -a^2\cos^2\theta-2a^2\cos\theta=b^2\sin^2\theta<a^2\sin^2\theta.\end{cases}$

所以,$-\dfrac{1}{2}<\cos\theta<0$,且 $\dfrac{b^2\sin^2\theta}{a^2\cos^2\theta}=-1-\dfrac{2}{\cos\theta}>3$.

所以,$|k|=\left|\dfrac{b\sin\theta}{a\cos\theta}\right|=\sqrt{-1-\dfrac{2}{\cos\theta}}>\sqrt{3}$.

方法二 设 $P(a\cos\theta,b\sin\theta)(0\leqslant<2\pi)$.

则线段 OP 的中点 $Q\left(\dfrac{a}{2}\cos\theta,\dfrac{b}{2}\sin\theta\right)$.

$|AP|=|OA|\Leftrightarrow AQ\perp OP\Leftrightarrow k_{AQ}\times k=-1$.

$k_{AQ}=\dfrac{b\sin\theta}{2a+a\cos\theta}\Leftrightarrow b\sin\theta-ak_{AQ}\cos\theta=2ak_{AQ}$.

$\Rightarrow |2ak_{AQ}|\leqslant\sqrt{(b^2+b^2k_{AQ}^2)\cdot(\sin^2\theta+\cos^2\theta)}$

$=\sqrt{b^2+a^2k_{AQ}^2}<\sqrt{a^2+a^2k_{AQ}^2}$

$\Leftrightarrow |k_{AQ}|<\dfrac{1}{\sqrt{3}}\Leftrightarrow |k|>\sqrt{3}$.

演习场

习题1

1. 对于平面上点 P 和曲线 C,任取 C 上一点 Q,若线段 PQ 的长度存在最小值,则称该值为点 P 到曲线 C 的距离,记作 $d(P,C)$,若曲线 C 是边长为 6 的等边三角形,则点集 $D=\{P\mid d(P,C)\leqslant 1\}$ 所表示的图形的面积为(　　).

(A) 36　　　(B) $36-3\sqrt{3}$　　　(C) $36+\pi$　　　(D) $36-3\sqrt{3}+\pi$

(2019 年高考上海宝山一模试题)

2. 已知 $\dfrac{1}{\sin\theta}+\dfrac{1}{\cos\theta}=\dfrac{35}{12}$,$\theta\in\left(0,\dfrac{\pi}{2}\right)$.

求 $\tan\theta$.

(2016 年全国高中数学联赛江苏省预赛题)

3. 若实数 α 满足 $\cos\alpha=\tan\alpha$,求 $\dfrac{1}{\sin\alpha}+\cos^{4}\alpha$ 的值.

(2015 年全国高中数学联赛题)

4. 设 $3\sin^{2}\alpha+2\sin^{2}\beta=2\sin\alpha$,求 $\sin^{2}\alpha+\sin^{2}\beta$ 的取值范围.

5. 若 $\{x\mid\cos^{2}x+\sin x+m=0\}\neq\varnothing$,求 m 的取值范围.

6. 已知 $\cos x+\cos y=1$,求 $\sin x-\sin y$ 的取值范围.

7. 若 $\sqrt{\dfrac{1+\sin\alpha}{1-\sin\alpha}}-\sqrt{\dfrac{1-\sin\alpha}{1+\sin\alpha}}=2\tan\alpha$ 恒成立,求 α 的取值范围.

8. 已知在 $\triangle ABC$ 中,$\sin A(\sin B+\cos B)-\sin C=0$,$\sin B+\cos 2C=0$,求 A,B,C 的值.

9. 已知 $-\dfrac{\pi}{2}<x<0$,$\sin x+\cos x=\dfrac{1}{5}$,求

$$\dfrac{3\sin^{2}\dfrac{x}{2}-2\sin\dfrac{x}{2}\cdot\cos\dfrac{x}{2}+\cos^{2}\dfrac{x}{2}}{\tan x+\cot x}$$ 的值.

10. 已知函数 $f(t)=\sqrt{\dfrac{1-t}{1+t}}$,$g(x)=\cos x\cdot f(\sin x)+\sin x\cdot f(\cos x)$,$x\in\left(\pi,\dfrac{17\pi}{12}\right)$.

(1) 将函数 $g(x)$ 化简成 $A\sin(\omega x+\varphi)+B(A>0,\omega>0,\varphi\in[0,2\pi))$ 的

形式；

(2) 求函数 $g(x)$ 的值域.

11. 如果对一切正实数 x,y，不等式 $\dfrac{y}{4}-\cos^2 x \geqslant a\sin x-\dfrac{9}{y}$ 恒成立，求实数 a 的取值范围.

12. 已知 P 为单位圆上一动点，$A(0,2)$，$B(0,-1)$，求 $|AP|\times|BP|^2$ 的最大值.

（2019 年清华大学自主招生试题）

13. 设平面点集 $A=\left\{(x,y)\,\Big|\,(y-x)\cdot\left(y-\dfrac{18}{25x}\right)\geqslant 0\right\}$，$B=\{(x,y)\,|\,(x-1)^2+(y-1)^2\leqslant 1\}$. 若 $(x,y)\in A\cap B$，求 $2x-y$ 的最小值.

（2015 年全国高中数学联赛湖北省预赛题高二年级）

14. 如图 1.11，已知四边形 $ABCD$ 是正方形，P 是边 CD 上一点（点 P 不与顶点重合），延长 AP 与 BC 的延长线交于点 Q. 设 $\triangle ABQ$、$\triangle PAD$、$\triangle PCQ$ 的内切圆半径分别是 r_1、r_2、r_3.

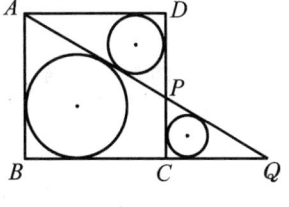

图 1.11

(1) 证明：$r_1^2\geqslant 4r_2 r_3$，并指出点 P 在什么位置时等号成立；

(2) 若 $AB=1$，试证：$3-2\sqrt{2}<r_1^2+r_2^2+r_3^2<\dfrac{1}{2}$.

（2016 年全国高中数学联赛湖南省预赛题）

15. 在一个边长为 a 的正方形草坪的 4 个角上都安有喷水装置，喷水装置可以 $90°$ 旋转喷水，每个喷水装置都可以从其所在角的一边旋转喷水至该角的另一边，其有效射程均为 a，求草坪上能同时被 4 个喷水装置喷水覆盖的区域占整个草坪的比例.

（2017 年全国高中数学联赛山东省预赛题）

16. 已知 $(\sin\alpha,\sin\beta)$ 是函数 $f(x)=\sqrt[3]{x^3+t^3}$ 和 $g(x)=3tx^2+(3t^2+1)x+t$ 的图像的公共点，求证：$|t|\leqslant 1$.

（2018 年全国高中数学联赛江苏省预赛题）

17. 正四面体的棱长为 $2\sqrt{6}$，以其中心 O 为球心作球，球面与正四面体 4 个面相交所成曲线的总长度为 4π，求球 O 的半径.

（2016 年全国高中数学联赛江苏省预赛题）

第二讲 三角恒等式（二）

2.1 两角和与差的正弦、余弦与正切

知识桥

一、两角和与差的正弦、余弦公式

$$\sin(\alpha+\beta)=\sin\alpha\cdot\cos\beta+\cos\alpha\cdot\sin\beta;$$
$$\sin(\alpha-\beta)=\sin\alpha\cdot\cos\beta-\cos\alpha\cdot\sin\beta;$$
$$\cos(\alpha+\beta)=\cos\alpha\cdot\cos\beta-\sin\alpha\cdot\sin\beta;$$
$$\cos(\alpha-\beta)=\cos\alpha\cdot\cos\beta+\sin\alpha\cdot\sin\beta.$$

训练营

▶ **例1** 求 $\cos\left(\alpha+\dfrac{5\pi}{12}\right)\cdot\cos\left(\alpha+\dfrac{\pi}{6}\right)+\cos\left(\dfrac{\pi}{12}-\alpha\right)\cdot\cos\left(\dfrac{\pi}{3}-\alpha\right)$ 的值.

分析 可以用诱导公式统一为 $\dfrac{\pi}{12}-\alpha$ 与 $\alpha+\dfrac{\pi}{6}$，再利用两角和的正弦公式；也可以统一为 $\dfrac{5\pi}{12}+\alpha$ 与 $\alpha+\dfrac{\pi}{6}$，再利用两角和的余弦公式.

解

方法一 $\cos\left(\alpha+\dfrac{5\pi}{12}\right)\cdot\cos\left(\alpha+\dfrac{\pi}{6}\right)+\cos\left(\dfrac{\pi}{12}-\alpha\right)\cdot\cos\left(\dfrac{\pi}{3}-\alpha\right)$

$=\sin\left(\dfrac{\pi}{2}-\left(\alpha+\dfrac{5\pi}{12}\right)\right)\cdot\cos\left(\alpha+\dfrac{\pi}{6}\right)+\cos\left(\dfrac{\pi}{12}-\alpha\right)\cdot\sin\left(\dfrac{\pi}{2}-\left(\dfrac{\pi}{3}-\alpha\right)\right)$

$$=\sin\left(\frac{\pi}{12}-\alpha\right)\cdot\cos\left(\alpha+\frac{\pi}{6}\right)+\cos\left(\frac{\pi}{12}-\alpha\right)\cdot\sin\left(\alpha+\frac{\pi}{6}\right)$$

$$=\sin\left(\left(\frac{\pi}{12}-\alpha\right)+\left(\alpha+\frac{\pi}{6}\right)\right)=\sin\frac{\pi}{4}=\frac{\sqrt{2}}{2}.$$

方法二 $\cos\left(\alpha+\frac{5\pi}{12}\right)\cdot\cos\left(\alpha+\frac{\pi}{6}\right)+\cos\left(\frac{\pi}{12}-\alpha\right)\cdot\cos\left(\frac{\pi}{3}-\alpha\right)$

$$=\cos\left(\alpha+\frac{5\pi}{12}\right)\cdot\cos\left(\alpha+\frac{\pi}{6}\right)+\sin\left(\frac{\pi}{2}-\left(\frac{\pi}{12}-\alpha\right)\right)\cdot\sin\left(\frac{\pi}{2}-\left(\frac{\pi}{3}-\alpha\right)\right)$$

$$=\cos\left(\alpha+\frac{5\pi}{12}\right)\cdot\cos\left(\alpha+\frac{\pi}{6}\right)+\sin\left(\alpha+\frac{5\pi}{12}\right)\cdot\sin\left(\alpha+\frac{\pi}{6}\right)$$

$$=\cos\left(\left(\alpha+\frac{5\pi}{12}\right)-\left(\alpha+\frac{\pi}{6}\right)\right)$$

$$=\cos\frac{\pi}{4}=\frac{\sqrt{2}}{2}.$$

▶ **例 2** 已知 $\cos\left(\alpha-\frac{\beta}{2}\right)=-\frac{1}{9}$, $\sin\left(\frac{\alpha}{2}-\beta\right)=\frac{2}{3}$, 且 $\frac{\pi}{2}<\alpha<\pi$, $0<\beta<\pi$, 求 $\cos\frac{\alpha+\beta}{2}$.

解

$$\cos\frac{\alpha+\beta}{2}=\cos\left(\left(\alpha-\frac{\beta}{2}\right)-\left(\frac{\alpha}{2}-\beta\right)\right)$$

$$=\cos\left(\alpha-\frac{\beta}{2}\right)\cdot\cos\left(\frac{\alpha}{2}-\beta\right)+\sin\left(\alpha-\frac{\beta}{2}\right)\cdot\sin\left(\frac{\alpha}{2}-\beta\right).$$

∵ $\frac{\pi}{2}<\alpha<\pi$, $0<\beta<\pi$, ∴ $0<\alpha-\frac{\beta}{2}<\pi$, $-\frac{3\pi}{4}<\frac{\alpha}{2}-\beta<\frac{\pi}{2}$.

∵ $\sin\left(\frac{\alpha}{2}-\beta\right)=\frac{2}{3}>0$, ∴ $0<\frac{\alpha}{2}-\beta<\frac{\pi}{2}$.

∴ $\sin\left(\alpha-\frac{\beta}{2}\right)=\sqrt{1-\cos^2\left(\alpha-\frac{\beta}{2}\right)}=\frac{4\sqrt{5}}{9}$,

$\cos\left(\frac{\alpha}{2}-\beta\right)=\sqrt{1-\sin^2\left(\frac{\alpha}{2}-\beta\right)}=\frac{\sqrt{5}}{3}$, ∴ $\cos\frac{\alpha+\beta}{2}=\frac{7\sqrt{5}}{27}$.

▶ **例 3** (1) 已知 $\frac{\pi}{2}<\beta<\alpha<\frac{3\pi}{4}$, $\cos(\alpha-\beta)=\frac{12}{13}$, $\sin(\alpha+\beta)=-\frac{3}{5}$, 求

$\sin 2\alpha$ 的值；

(2) 已知 $\cos\left(x+\dfrac{\pi}{4}\right)=\dfrac{3}{5}$，$\dfrac{17\pi}{12}<x<\dfrac{7\pi}{4}$，求 $\dfrac{\sin x+\cos x}{1-\tan x}$ 的值.

解

(1) ∵ $\dfrac{\pi}{2}<\beta<\alpha<\dfrac{3\pi}{4}$，$\cos(\alpha-\beta)=\dfrac{12}{13}>0$，∴ $0<\alpha-\beta<\dfrac{\pi}{4}$，

$$\sin(\alpha-\beta)=\dfrac{5}{13},\ \pi<\alpha+\beta<\dfrac{3\pi}{2}.$$

又 $\sin(\alpha+\beta)=-\dfrac{3}{5}$，

∴ $\cos(\alpha+\beta)=-\dfrac{4}{5}$，故 $\sin 2\alpha=\sin((\alpha+\beta)+(\alpha-\beta))=-\dfrac{56}{65}$.

(2) 由 $\cos\left(x+\dfrac{\pi}{4}\right)=\dfrac{3}{5}$，$\dfrac{17\pi}{12}<x<\dfrac{7\pi}{4}$，得

$$\cos x=\cos\left(\left(\dfrac{\pi}{4}+x\right)-\dfrac{\pi}{4}\right)=-\dfrac{\sqrt{2}}{10},\ \sin x=-\dfrac{7\sqrt{2}}{10},\ \tan x=7,$$

∴ $\dfrac{\sin x+\cos x}{1-\tan x}=\dfrac{-\dfrac{7\sqrt{2}}{10}+\left(-\dfrac{\sqrt{2}}{10}\right)}{1-7}=\dfrac{2\sqrt{2}}{15}$.

点评

注意角的变换后三角函数值的整体代换.

▶ **例 4** 若 $\sin x+\sin y=\dfrac{\sqrt{2}}{2}$，求 $\cos x+\cos y$ 的取值范围.

解

$$\sin x+\sin y=\dfrac{\sqrt{2}}{2}, \tag{1}$$

令

$$m=\cos x+\cos y. \tag{2}$$

$(1)^2+(2)^2$ 得 $2+2(\cos x\cdot\cos y+\sin x\cdot\sin y)=\dfrac{1}{2}+m^2$.

化简，得 $\cos(x-y)=\dfrac{1}{2}m^2-\dfrac{3}{4}$.

∵ $|\cos(x-y)| \leqslant 1$,∴ $\left|\dfrac{1}{2}m^2 - \dfrac{3}{4}\right| \leqslant 1 \Rightarrow -\dfrac{\sqrt{14}}{2} \leqslant m \leqslant \dfrac{\sqrt{14}}{2}$.

▶ **例 5** 若 $\sin\dfrac{\pi}{9} + \sin\dfrac{2\pi}{9} + \cdots + \sin\dfrac{n\pi}{9} = \dfrac{1}{2}\tan\dfrac{4\pi}{9}$,求正整数 n 的最小值.

(2019 年全国高中数学联赛福建省预赛题)

解

由 $\cos(\alpha+\beta) = \cos\alpha \cdot \cos\beta - \sin\alpha \cdot \sin\beta$,$\cos(\alpha-\beta) = \cos\alpha \cdot \cos\beta + \sin\alpha \cdot \sin\beta$,知 $2\sin\alpha \cdot \sin\beta = \cos(\alpha-\beta) - \cos(\alpha+\beta)$.

∴ $2\sin\dfrac{\pi}{9} \cdot \sin\dfrac{\pi}{18} = \cos\dfrac{\pi}{18} - \cos\dfrac{3\pi}{18}$,

$2\sin\dfrac{2\pi}{9} \cdot \sin\dfrac{\pi}{18} = \cos\dfrac{3\pi}{18} - \cos\dfrac{5\pi}{18}$,

……

$2\sin\dfrac{n\pi}{9} \cdot \sin\dfrac{\pi}{18} = \cos\dfrac{(2n-1)\pi}{18} - \cos\dfrac{(2n+1)\pi}{18}$.

上述各式左右两边分别相加,得

$2\left(\sin\dfrac{\pi}{9} + \sin\dfrac{2\pi}{9} + \cdots + \sin\dfrac{n\pi}{9}\right) \cdot \sin\dfrac{\pi}{18} = \cos\dfrac{\pi}{18} - \cos\dfrac{(2n+1)\pi}{18}$.

∴ $2 \cdot \dfrac{1}{2}\tan\dfrac{4\pi}{9} \cdot \sin\dfrac{\pi}{18} = \cos\dfrac{\pi}{18} - \cos\dfrac{(2n+1)\pi}{18}$,

$\cos\dfrac{\pi}{18} = \cos\dfrac{\pi}{18} - \cos\dfrac{(2n+1)\pi}{18}$,

∴ $\cos\dfrac{(2n+1)\pi}{18} = 0$,$\dfrac{(2n+1)\pi}{18} = k\pi + \dfrac{\pi}{2}(k \in \mathbf{Z})$,$n = 9k + 4(k \in \mathbf{Z})$.

∴ 正整数 n 的最小值为 4.

▶ **例 6** 设 $x \geqslant y > 0$,若存在实数 a、b,满足 $0 \leqslant a \leqslant x$,$0 \leqslant b \leqslant y$,且
$$(x-a)^2 + (y-b)^2 = x^2 + b^2 = y^2 + a^2,$$
求 $\dfrac{x}{y}$ 的最大值.

(2017 年全国高中数学联赛陕西省预赛题)

解

如图 2.1，在直角坐标系 xOy 中，作矩形 $OABC$，使 $A(x,0), B(x,y), C(0,y)$. 在边 OA，AB 上分别取点 P, Q，使 $P(a,0), Q(x, y-b)$，则由

$$(x-a)^2 + (y-b)^2 = x^2 + b^2 = y^2 + a^2,$$

得 $|PQ| = |QC| = |CP|$，即 $\triangle CPQ$ 为正三角形.

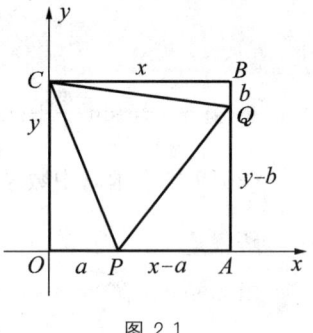

图 2.1

设 $\angle OCP = \theta \left(0 \leqslant \theta \leqslant \dfrac{\pi}{6}\right)$，则

$$\angle BCQ = \dfrac{\pi}{6} - \theta.$$

所以

$$\dfrac{x}{y} = \dfrac{|BC|}{|OC|} = \dfrac{|BC|}{|CQ|} \cdot \dfrac{|CP|}{|OC|} = \dfrac{\cos\left(\theta - \dfrac{\pi}{6}\right)}{\cos\theta} = \dfrac{\dfrac{\sqrt{3}}{2}\cos\theta + \dfrac{1}{2}\sin\theta}{\cos\theta}$$

$$= \dfrac{\sqrt{3}}{2} + \dfrac{1}{2}\tan\theta \leqslant \dfrac{\sqrt{3}}{2} + \dfrac{1}{2}\tan\dfrac{\pi}{6} = \dfrac{2\sqrt{3}}{3}.$$

当且仅当 $\theta = \dfrac{\pi}{6}$ 时，上式等号成立. 故 $\dfrac{x}{y}$ 的最大值为 $\dfrac{2\sqrt{3}}{3}$.

知识桥

二、综合应用解三角形中的问题

在 $\triangle ABC$ 中：

$$A + B + C = \pi; \quad A + B = \pi - C; \quad \dfrac{A+B}{2} = \dfrac{\pi}{2} - \dfrac{C}{2};$$

$$\sin(A+B) = \sin C; \quad \cos(A+B) = -\cos C;$$

$$\sin\dfrac{A+B}{2} = \cos\dfrac{C}{2}; \quad \cos\dfrac{A+B}{2} = \sin\dfrac{C}{2}.$$

▶ **例7** △ABC 的 3 个内角为 A, B, C,若
$$\sin^2 A + \sin^2 B + \sin^2 C = 2,$$
求 $\cos A + \cos B + 2\cos C$ 的最大值.

(2017 年全国高中数学联赛辽宁省预赛题)

解

若 $\sin^2 A + \sin^2 B + \sin^2 C = 2$,则

$0 = 2 - \sin^2 A - \sin^2 B - \sin^2 C$

$= \cos^2 A + \cos^2 B - \sin^2(A+B)$

$= \cos^2 A + \cos^2 B - (\sin^2 A \cdot \cos^2 B + 2\sin A \cdot \sin B \cdot \cos A \cdot \cos B + \cos^2 A \cdot \sin^2 B)$

$= \cos^2 A (1 - \sin^2 B) + \cos^2 B (1 - \sin^2 A) - 2\sin A \cdot \sin B \cdot \cos A \cdot \cos B$

$= 2\cos^2 A \cdot \cos^2 B - 2\sin A \cdot \sin B \cdot \cos A \cdot \cos B$

$= 2\cos A \cdot \cos B (\cos A \cdot \cos B - \sin A \cdot \sin B)$

$= 2\cos A \cdot \cos B \cdot \cos(A+B)$

$= -2\cos A \cdot \cos B \cdot \cos C.$

所以,$\cos A, \cos B, \cos C$ 中必有一个为 0,即角 A, B, C 中必有一个为 $\dfrac{\pi}{2}$.

如果 $\cos A = 0$,则 $A = \dfrac{\pi}{2}, B + C = \dfrac{\pi}{2}$.

因此
$$\cos A + \cos B + 2\cos C = \cos B + 2\sin B \left(0 < B < \dfrac{\pi}{2}\right)$$

的最大值为 $\sqrt{5}$.

同理,如果 $\cos B = 0$,则 $\cos A + \cos B + 2\cos C$ 的最大值为 $\sqrt{5}$.

如果 $\cos C = 0$,则 $\cos A + \cos B + 2\cos C$ 的最大值为 $\sqrt{2}$.

综上所述,$\cos A + \cos B + 2\cos C$ 的最大值为 $\sqrt{5}$.

▶ **例8** 如图 2.2,已知△ABC 的 3 个顶点在椭圆 $\dfrac{x^2}{12} + \dfrac{y^2}{4} = 1$ 上,坐标原点 O 为△ABC 的重心.试求△ABC 的面积.

(2017 年全国高中数学联赛贵州省预赛题)

解

因为椭圆方程为$\frac{x^2}{12}+\frac{y^2}{4}=1$，点 A,B,C 在椭圆上，故设

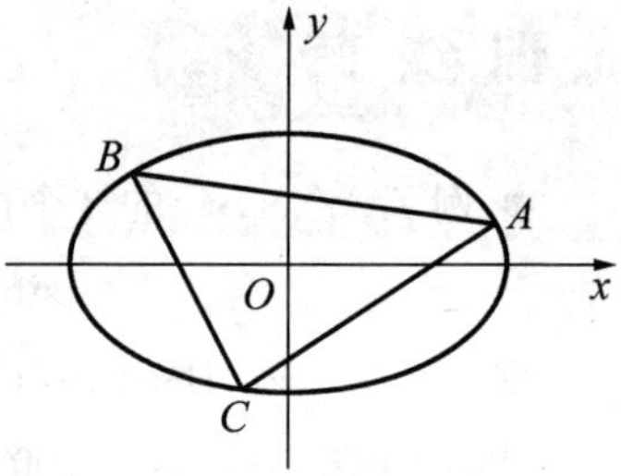

图 2.2

$A(2\sqrt{3}\cos\alpha, 2\sin\alpha), B(2\sqrt{3}\cos\beta, 2\sin\beta)$，

又因为$\triangle ABC$ 的重心为原点 O，所以

$C(-2\sqrt{3}(\cos\alpha+\cos\beta), -2(\sin\alpha+\sin\beta))$，

代入椭圆方程，得

$$(\cos\alpha+\cos\beta)^2+(\sin\alpha+\sin\beta)^2=1\Rightarrow\cos(\alpha-\beta)=-\frac{1}{2},$$

故

$$\begin{aligned}S_{\triangle ABC}&=3S_{\triangle AOB}\\&=3\left(\frac{1}{2}(|y_A|+|y_B|)|x_A-x_B|-\frac{1}{2}(|x_Ay_A|+|x_By_B|)\right)\\&=\frac{3}{2}|x_Ay_B-x_By_A|\\&=\frac{3}{2}|4\sqrt{3}(\cos\alpha\cdot\sin\beta-\sin\alpha\cdot\cos\beta)|\\&=6\sqrt{3}|\sin(\alpha-\beta)|=6\sqrt{3}\times\frac{\sqrt{3}}{2}=9.\end{aligned}$$

知识桥

三、两角和与差的正切公式

$$\tan(\alpha+\beta)=\frac{\tan\alpha+\tan\beta}{1-\tan\alpha\cdot\tan\beta};$$

$$\tan(\alpha-\beta)=\frac{\tan\alpha-\tan\beta}{1+\tan\alpha\cdot\tan\beta}.$$

训练营

▶**例 9** 如图 2.3，在等腰直角三角形 ABC 中，$\angle C=90°$，点 D,E 分别是

BC 边上的三等分点,求 $\tan \alpha, \tan \beta, \tan \gamma$ 的值.

分析 可先求出 $\tan \alpha, \tan(\alpha+\beta)$,再利用变换 $\beta = (\alpha+\beta) - \alpha, \gamma = \dfrac{\pi}{4} - (\alpha+\beta)$.

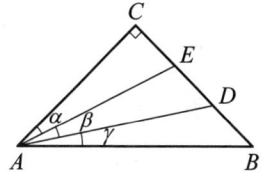

图 2.3

解

$$\tan \alpha = \dfrac{CE}{CA} = \dfrac{1}{3}, \tan(\alpha+\beta) = \dfrac{CD}{CA} = \dfrac{2}{3},$$

$$\therefore \tan \beta = \tan((\alpha+\beta) - \alpha) = \dfrac{\tan(\alpha+\beta) - \tan \alpha}{1 + \tan(\alpha+\beta) \cdot \tan \alpha} = \dfrac{\dfrac{2}{3} - \dfrac{1}{3}}{1 + \dfrac{2}{3} \times \dfrac{1}{3}} = \dfrac{3}{11}.$$

$$\tan \gamma = \tan\left(\dfrac{\pi}{4} - (\alpha+\beta)\right) = \dfrac{\tan \dfrac{\pi}{4} - \tan(\alpha+\beta)}{1 + \tan \dfrac{\pi}{4} \cdot \tan(\alpha+\beta)} = \dfrac{1 - \dfrac{2}{3}}{1 + 1 \times \dfrac{2}{3}} = \dfrac{1}{5}.$$

即 $\tan \alpha = \dfrac{1}{3}, \tan \beta = \dfrac{3}{11}, \tan \gamma = \dfrac{1}{5}$.

▶**例 10** 已知锐角三角形 ABC 中,$\sin(A+B) = \dfrac{3}{5}, \sin(A-B) = \dfrac{1}{5}$,$AB = 3$,求 $\triangle ABC$ 的面积.

(2017 年全国高中数学联赛吉林省预赛题)

解

由 $\begin{cases} \sin(A+B) = \dfrac{3}{5}, \\ \sin(A-B) = \dfrac{1}{5}, \end{cases}$ 得 $\begin{cases} \sin A \cdot \cos B + \cos A \cdot \sin B = \dfrac{3}{5}, \\ \sin A \cdot \cos B - \cos A \cdot \sin B = \dfrac{1}{5}, \end{cases}$ 即 $\begin{cases} \sin A \cdot \cos B = \dfrac{2}{5}, \\ \cos A \cdot \sin B = \dfrac{1}{5}. \end{cases}$ 故 $\tan A = 2\tan B$.

又因为

$$\tan(A+B) = \dfrac{\sin(A+B)}{\cos(A+B)} = \dfrac{\dfrac{3}{5}}{-\dfrac{4}{5}} = -\dfrac{3}{4},$$

且

$$\tan(A+B) = \dfrac{\tan A + \tan B}{1 - \tan A \cdot \tan B} = \dfrac{3\tan B}{1 - 2\tan^2 B},$$

所以 $\tan B = \dfrac{\sqrt{6}+2}{2}$.

设 AB 边上的高为 h,则

$$3 = AB = \dfrac{h}{\tan A} + \dfrac{h}{\tan B} = \dfrac{3h}{2\tan B},$$

即 $h = 2\tan B$,故

$$S = \dfrac{1}{2} AB \cdot h = \dfrac{1}{2} \cdot 3 \cdot 2\tan B = 3\tan B = \dfrac{3(2+\sqrt{6})}{2}.$$

▶ **例 11** $\triangle ABC$ 中,角 A、B、C 所对的边分别为 a、b、c,有等式

$$\ln(\tan A) + \ln(\tan C) = 2\ln(\tan B).$$

(1) 求证:$\tan A + \tan B + \tan C = \tan A \cdot \tan B \cdot \tan C$;

(2) 当 B 最小时,若 $\triangle ABC$ 面积的最大值为 $\sqrt{3}$,求 a,b,c 的值.

(2017 年全国高中数学联赛河北省预赛题)

解

(1) 由题意知,$\tan A > 0, \tan B > 0, \tan C > 0$,所以 $A,B,C \in \left(0, \dfrac{\pi}{2}\right)$.因为 $A+B+C = \pi$,所以

$$\tan(A+B) = \tan(\pi - C) = -\tan C.$$

所以

$$\begin{aligned}
\tan A + \tan B + \tan C &= \tan(A+B)(1 - \tan A \cdot \tan B) + \tan C \\
&= -\tan C(1 - \tan A \cdot \tan B) + \tan C \\
&= \tan A \cdot \tan B \cdot \tan C.
\end{aligned}$$

(2) 由均值不等式,得

$$\tan A \cdot \tan B \cdot \tan C = \tan A + \tan B + \tan C \geqslant 3\sqrt[3]{\tan A \cdot \tan B \cdot \tan C},$$ 即

$\tan A \cdot \tan B \cdot \tan C \geqslant 3\sqrt{3}$.由已知得,$\tan A \cdot \tan C = \tan^2 B$,所以 $\tan^3 B \geqslant 3\sqrt{3}$,即 $\tan B \geqslant \sqrt{3}$,又 B 是锐角,故 B 的最小值为 $\dfrac{\pi}{3}$.当 $B = \dfrac{\pi}{3}$ 时,由余弦定理得

$$b^2 = a^2 + c^2 - ac,$$

所以 $b^2 \geqslant 2ac - ac = ac$,当且仅当 $a = c$ 时等号成立.

所以三角形 ABC 的面积

$$S = \dfrac{1}{2} ac \sin B \leqslant \dfrac{\sqrt{3}}{4} b^2, \dfrac{\sqrt{3}}{4} b^2 = \sqrt{3},$$

解得 $b=2$.

由 $\begin{cases} a^2+c^2-ac=4, \\ a=c, \end{cases}$ 解得 $a=c=2$.

利用正切和角公式的变形:$\tan\alpha+\tan\beta=\tan(\alpha+\beta)(1-\tan\alpha\cdot\tan\beta)$,使问题的求解变得简单.

▶ **例 12** 已知 $\alpha=1°, \beta=61°, \gamma=121°$,则下列各式中成立的有(　　).

(A) $\tan\alpha\cdot\tan\beta+\tan\beta\cdot\tan\gamma+\tan\gamma\cdot\tan\alpha=3$

(B) $\tan\alpha\cdot\tan\beta+\tan\beta\cdot\tan\gamma+\tan\gamma\cdot\tan\alpha=-3$

(C) $\dfrac{\tan\alpha+\tan\beta+\tan\gamma}{\tan\alpha\cdot\tan\beta\cdot\tan\gamma}=3$

(D) $\dfrac{\tan\alpha+\tan\beta+\tan\gamma}{\tan\alpha\cdot\tan\beta\cdot\tan\gamma}=-3$

(2016 年清华大学自主招生试题)

解

令 $x=\tan\alpha, y=\tan\beta, z=\tan\gamma$,则 $\dfrac{y-x}{1+xy}=\dfrac{z-y}{1+yz}=\dfrac{x-z}{1+zx}=\sqrt{3}$,所以 $y-x=\sqrt{3}(1+xy), z-y=\sqrt{3}(1+yz), x-z=\sqrt{3}(1+zx)$,以上 3 式相加,即有 $xy+yz+zx=-3$.

类似地,有 $\dfrac{1}{x}-\dfrac{1}{y}=\sqrt{3}\left(\dfrac{1}{xy}+1\right), \dfrac{1}{y}-\dfrac{1}{z}=\sqrt{3}\left(\dfrac{1}{yz}+1\right), \dfrac{1}{z}-\dfrac{1}{x}=\sqrt{3}\left(\dfrac{1}{zx}+1\right)$,以上 3 式相加,即有 $\dfrac{1}{xy}+\dfrac{1}{yz}+\dfrac{1}{zx}=\dfrac{x+y+z}{xyz}=-3$.答案为 BD.

▶ **例 13** 如图 2.4,球 O 的内接八面体 $PABCDQ$ 中,顶点 P、Q 分别在平面 $ABCD$ 两侧,且四棱锥 $P-ABCD$ 与 $Q-ABCD$ 都是正四棱锥.设二面角 $P-AB-Q$ 的平面角的大小为 θ,求 $\tan\theta$ 的取值范围.

(2018 年全国高中数学联赛江苏省预赛题)

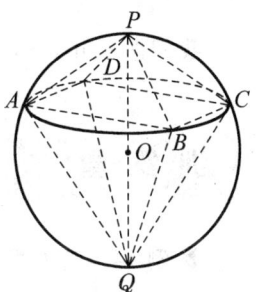

图 2.4

解

设二面角 $P-AB-C$ 大小为 α,二面角 $Q-AB-C$

大小为 β, 球心到平面 $ABCD$ 的距离为 d, 球半径为 1, 则

$$\tan\alpha = \frac{\sqrt{2}(1-d)}{\sqrt{1-d^2}}, \tan\beta = \frac{\sqrt{2}(1+d)}{\sqrt{1-d^2}}, d \in [0,1),$$

从而

$$\tan\theta = \tan(\alpha+\beta) = \frac{\frac{\sqrt{2}(1-d)}{\sqrt{1-d^2}} + \frac{\sqrt{2}(1+d)}{\sqrt{1-d^2}}}{1 - \frac{\sqrt{2}(1-d)}{\sqrt{1-d^2}} \times \frac{\sqrt{2}(1+d)}{\sqrt{1-d^2}}}$$

$$= \frac{-2\sqrt{2}}{\sqrt{1-d^2}} \in (-\infty, -2\sqrt{2}].$$

知识桥

四、辅助角公式及应用

$a\sin\alpha + b\cos\alpha$ (a, b 都不为零) 可以化为 $A\sin(\alpha+\varphi)$ ($A>0$) 的形式.

$\left(\dfrac{a}{\sqrt{a^2+b^2}}\right)^2 + \left(\dfrac{b}{\sqrt{a^2+b^2}}\right)^2 = 1$, 提取公因式 $\sqrt{a^2+b^2}$ 后,

令 $\dfrac{a}{\sqrt{a^2+b^2}} = \cos\varphi, \dfrac{b}{\sqrt{a^2+b^2}} = \sin\varphi$,

即得 $a\sin\alpha + b\cos\alpha = \sqrt{a^2+b^2}(\sin\alpha \cdot \cos\varphi + \cos\alpha \cdot \sin\varphi)$

$$= \sqrt{a^2+b^2}\sin(\alpha+\varphi),$$

其中 φ 通常取 $0 \leqslant \varphi < 2\pi$, 由 $\cos\varphi = \dfrac{a}{\sqrt{a^2+b^2}}, \sin\varphi = \dfrac{b}{\sqrt{a^2+b^2}}$ 或 $\tan\varphi = \dfrac{b}{a}$ 确定.

我们把 $a\sin\alpha + b\cos\alpha = \sqrt{a^2+b^2}\sin(\alpha+\varphi)$ 叫作**辅助角公式**.

训练营

▶ **例 14** 若方程 $2\sin x + \sqrt{5}\cos x = \dfrac{1}{k}$ 有解, 求实数 k 的取值范围.

解

$2\sin x + \sqrt{5}\cos x = \dfrac{1}{k} \Rightarrow 3\sin(x+\varphi) = \dfrac{1}{k}$,其中 $\tan\varphi = \dfrac{\sqrt{5}}{2}$.

所以 $\sin(x+\varphi) = \dfrac{1}{3k}$.

要使原方程有解,则 $|\sin(x+\varphi)| = \left|\dfrac{1}{3k}\right| \leqslant 1 \Rightarrow k \geqslant \dfrac{1}{3}$ 或 $k \leqslant -\dfrac{1}{3}$.

点评

一般地,$a\sin x + b\cos x = c$ 有解 $\Leftrightarrow a^2 + b^2 \geqslant c^2$.

▶ **例 15** 给定正整数 n 和正数 M,对于满足条件 $a_1^2 + a_{n+1}^2 \leqslant M$ 的所有等差数列 $a_1, a_2, a_3, \cdots$,试求 $S = a_{n+1} + a_{n+2} + \cdots + a_{2n+1}$ 的最大值.

解

设 $a_1 = k\cos\theta, a_{n+1} = k\sin\theta, k \in [0, \sqrt{M}], \theta \in [0, 2\pi)$.

$$S = \dfrac{(n+1)(a_{n+1} + a_{2n+1})}{2} = \dfrac{(n+1)(a_{n+1} + 2a_{n+1} - a_1)}{2}$$

$$= \dfrac{(n+1)(3a_{n+1} - a_1)}{2} = \dfrac{(n+1)(3k\sin\theta - k\cos\theta)}{2}$$

$$= \dfrac{(n+1)\sqrt{10}k\sin(\theta - \varphi)}{2},$$

其中 $\tan\varphi = \dfrac{1}{3}$.

当 $\sin(\theta - \varphi) = 1, k = \sqrt{M}$,即 $a_1 = -\dfrac{\sqrt{10M}}{10}, a_{n+1} = \dfrac{3\sqrt{10M}}{10}$ 时,S 有最大值 $\dfrac{n+1}{2}\sqrt{10M}$.

点评

$a_1^2 + a_{n+1}^2 \leqslant M$ 在直角坐标系中的图像是一个圆盘.利用圆盘的参数方程

$$a_1 = k\cos\theta, a_{n+1} = k\sin\theta, k \in [0, \sqrt{M}], \theta \in [0, 2\pi)$$

和辅助角公式,使解法更加简洁.

▶ **例 16** 已知 $\sin\alpha = \sqrt{2}\cos\beta$，$\tan\alpha = \sqrt{3}\cot\beta$，$-\dfrac{\pi}{2} < \alpha < \dfrac{\pi}{2}$，$0 < \beta < \pi$. 求 α, β.

解 因为
$$\sin\alpha = \sqrt{2}\cos\beta, \tag{3}$$
$$\tan\alpha = \sqrt{3}\cot\beta, \tag{4}$$

易知 $\alpha = 0, \beta = \dfrac{\pi}{2}$ 满足题设.

当 $\alpha \neq 0, \beta \neq \dfrac{\pi}{2}$ 时，$\dfrac{(3)^2}{(4)^2}$ 得
$$\cos^2\alpha = \dfrac{2}{3}\sin^2\beta, \tag{5}$$

又
$$\sin^2\alpha = 2\cos^2\beta, \tag{6}$$

(5)+(6) 得 $2\cos^2\beta + \dfrac{2}{3}\sin^2\beta = 1$，所以 $\sin^2\beta = \dfrac{3}{4}$.

因为 $0 < \beta < \pi$，所以 $\sin\beta = \dfrac{\sqrt{3}}{2}$，解得 $\beta = \dfrac{\pi}{3}$ 或 $\beta = \dfrac{2}{3}\pi$. 代入式(3)解得 $\alpha = \pm\dfrac{\pi}{4}$.

所以 $\begin{cases}\alpha = \dfrac{\pi}{4},\\ \beta = \dfrac{\pi}{3}\end{cases}$ 或 $\begin{cases}\alpha = -\dfrac{\pi}{4},\\ \beta = \dfrac{2}{3}\pi\end{cases}$ 或 $\begin{cases}\alpha = 0,\\ \beta = \dfrac{\pi}{2}.\end{cases}$

▶ **例 17** 已知 α, β 为锐角，且 $\cos\alpha + \cos\beta - \cos(\alpha+\beta) = \dfrac{3}{2}$，求 α, β 的值.

分析 此题给出一个方程、两个未知数，属不定方程类型. 要解此问题，应从三角变形入手，通过配方法来解决.

解

方法一 因为 $2\cos\dfrac{\alpha+\beta}{2} \cdot \cos\dfrac{\alpha-\beta}{2} - 2\cos^2\dfrac{\alpha+\beta}{2} + 1 = \dfrac{3}{2}$，

即 $4\cos^2\dfrac{\alpha+\beta}{2} - 4\cos\dfrac{\alpha-\beta}{2}\cdot\cos\dfrac{\alpha+\beta}{2} + 1 = 0$，

从而 $\left(2\cos\dfrac{\alpha+\beta}{2} - \cos\dfrac{\alpha-\beta}{2}\right)^2 + \sin^2\dfrac{\alpha-\beta}{2} = 0$，

于是 $2\cos\dfrac{\alpha+\beta}{2} - \cos\dfrac{\alpha-\beta}{2} = 0$，且 $\sin\dfrac{\alpha-\beta}{2} = 0$.

由 α,β 是锐角可知 $-\dfrac{\pi}{2}<\alpha-\beta<\dfrac{\pi}{2}$,$0<\alpha+\beta<\pi$.

所以 $\begin{cases}\dfrac{\alpha+\beta}{2}=\dfrac{\pi}{3},\\ \alpha=\beta,\end{cases}$ 解得 $\alpha=\beta=\dfrac{\pi}{3}$.

方法二 由题意,得 $\sin\alpha\cdot\sin\beta+(1-\cos\alpha)\cdot\cos\beta+\left(\cos\alpha-\dfrac{3}{2}\right)=0$.

设 $P(\sin\beta,\cos\beta)$,则点 P 是直线 $(\sin\alpha)x+(1-\cos\alpha)y+\cos\alpha-\dfrac{3}{2}=0$ 与圆 $x^2+y^2=1$ 的公共点,

所以圆心到直线的距离 $d=\dfrac{\left|\cos\alpha-\dfrac{3}{2}\right|}{\sqrt{\sin^2\alpha+(1-\cos\alpha)^2}}\leqslant 1$,化简,得 $\left(\cos\alpha-\dfrac{1}{2}\right)^2\leqslant 0$.

所以 $\cos\alpha=\dfrac{1}{2}$,$\alpha=\dfrac{\pi}{3}$.同理,得 $\beta=\dfrac{\pi}{3}$.

▶ **例 18** 设 α,β 是方程 $a\cos x+b\sin x-c=0(a^2+b^2\neq 0)$ 的相异两根,且 $\alpha\neq\beta+2k\pi(k\in\mathbf{Z})$.求证:$\cos^2\dfrac{\alpha-\beta}{2}=\dfrac{c^2}{a^2+b^2}$.

证明

设 $P_1(\cos\alpha,\sin\alpha)$,$P_2(\cos\beta,\sin\beta)$,则点 P_1,P_2 是圆 $x^2+y^2=1$ 与直线 $ax+by=c$ 的两个相异交点.

联立 $\begin{cases}x^2+y^2=1,\\ ax+by=c,\end{cases}$ 消去 y,得 $(b^2+a^2)x^2-2acx+c^2-b^2=0$.

所以 $\cos\alpha+\cos\beta=\dfrac{2ac}{a^2+b^2}$,

即 $2\cos\dfrac{\alpha+\beta}{2}\cdot\cos\dfrac{\alpha-\beta}{2}=\dfrac{2ac}{a^2+b^2}$. (7)

同理,得 $(b^2+a^2)y^2-2bcy+c^2-a^2=0$,

所以 $\sin\alpha+\sin\beta=\dfrac{2bc}{a^2+b^2}$,

即 $2\sin\dfrac{\alpha+\beta}{2}\cdot\cos\dfrac{\alpha-\beta}{2}=\dfrac{2bc}{a^2+b^2}$. (8)

$(7)^2+(8)^2$ 得 $4\cos^2\dfrac{\alpha-\beta}{2}=\dfrac{4c^2}{a^2+b^2}$,

故
$$\cos^2\frac{\alpha-\beta}{2}=\frac{c^2}{a^2+b^2}.$$

▶ **例 19** 已知 α,β 满足 $\dfrac{\sin^4\alpha}{\cos^2\beta}+\dfrac{\cos^4\alpha}{\sin^2\beta}=1$. 证明: $\alpha+\beta=\dfrac{\pi}{2}$.

证明

方法一 令 $\dfrac{\sin^2\alpha}{\cos\beta}=\sin\theta,\dfrac{\cos^2\alpha}{\sin\beta}=\cos\theta\left(0<\theta<\dfrac{\pi}{2}\right)$,

于是 $\sin\theta\cdot\cos\beta+\cos\theta\cdot\sin\beta=\sin^2\alpha+\cos^2\alpha=1$, 即 $\sin(\theta+\beta)=1$,

所以 $\theta+\beta=\dfrac{\pi}{2},\sin\theta=\cos\beta$. 代入代换式得 $\dfrac{\sin^2\alpha}{\cos\beta}=\cos\beta$,

即 $\sin^2\alpha=\cos^2\beta$. 所以 $\sin\alpha=\cos\beta,\alpha+\beta=\dfrac{\pi}{2}$.

方法二 因为 $\dfrac{\sin^4\alpha}{\cos^2\beta}+\cos^2\beta\geqslant 2\sin^2\alpha$,

$\dfrac{\cos^4\alpha}{\sin^2\beta}+\sin^2\beta\geqslant 2\cos^2\alpha$,

两式相加并整理,得

$\dfrac{\sin^4\alpha}{\cos^2\beta}+\dfrac{\cos^4\alpha}{\sin^2\beta}\geqslant 1$,

所以前两个式子的等号必须同时成立.

于是 $\dfrac{\sin^4\alpha}{\cos^2\beta}=\cos^2\beta,\dfrac{\cos^4\alpha}{\sin^2\beta}=\sin^2\beta$,

所以 $\cos\alpha=\sin\beta,\sin\alpha=\cos\beta,\alpha+\beta=\dfrac{\pi}{2}$.

2.2 倍角、半角、和差化积与积化和差

知识桥

一、倍角公式

$$\sin 2\alpha = 2\sin \alpha \cdot \cos \alpha;$$

$$\cos 2\alpha = \cos^2 \alpha - \sin^2 \alpha = 2\cos^2 \alpha - 1 = 1 - 2\sin^2 \alpha;$$

$$\tan 2\alpha = \frac{2\tan \alpha}{1 - \tan^2 \alpha}.$$

倍角公式 $\cos 2\alpha = 1 - 2\sin^2 \alpha$ 与 $\cos 2\alpha = 2\cos^2 \alpha - 1$ 容易变形为

$$\sin^2 \alpha = \frac{1 - \cos 2\alpha}{2}, \cos^2 \alpha = \frac{1 + \cos 2\alpha}{2}.$$

二、半角公式

$$\sin \frac{\alpha}{2} = \pm\sqrt{\frac{1 - \cos \alpha}{2}}; \quad \cos \frac{\alpha}{2} = \pm\sqrt{\frac{1 + \cos \alpha}{2}};$$

$$\tan \frac{\alpha}{2} = \pm\sqrt{\frac{1 - \cos \alpha}{1 + \cos \alpha}} = \frac{\sin \alpha}{1 + \cos \alpha} = \frac{1 - \cos \alpha}{\sin \alpha}.$$

三、万能置换公式

$$\sin \alpha = \frac{2\tan \frac{\alpha}{2}}{1 + \tan^2 \frac{\alpha}{2}}; \quad \cos \alpha = \frac{1 - \tan^2 \frac{\alpha}{2}}{1 + \tan^2 \frac{\alpha}{2}}; \quad \tan \alpha = \frac{2\tan \frac{\alpha}{2}}{1 - \tan^2 \frac{\alpha}{2}}.$$

四、和差化积与积化和差公式

1. 和差化积公式

$$\sin x + \sin y = 2\sin \frac{x + y}{2} \cos \frac{x - y}{2};$$

$$\sin x - \sin y = 2\cos\frac{x+y}{2} \cdot \sin\frac{x-y}{2};$$

$$\cos x + \cos y = 2\cos\frac{x+y}{2} \cdot \cos\frac{x-y}{2};$$

$$\cos x - \cos y = -2\sin\frac{x+y}{2} \cdot \sin\frac{x-y}{2}.$$

2. 积化和差公式

$$\sin\alpha \cdot \cos\beta = \frac{1}{2}(\sin(\alpha+\beta) + \sin(\alpha-\beta));$$

$$\cos\alpha \cdot \sin\beta = \frac{1}{2}(\sin(\alpha+\beta) - \sin(\alpha-\beta));$$

$$\cos\alpha \cdot \cos\beta = \frac{1}{2}(\cos(\alpha+\beta) + \cos(\alpha-\beta));$$

$$\sin\alpha \cdot \sin\beta = -\frac{1}{2}(\cos(\alpha+\beta) - \cos(\alpha-\beta)).$$

五、其他

1. $(\sin\alpha \pm \cos\alpha)^2 = 1 \pm \sin 2\alpha.$

2. $\dfrac{1+\tan\alpha}{1-\tan\alpha} = \dfrac{\sin\alpha + \cos\alpha}{\cos\alpha - \sin\alpha} = \tan\left(\alpha + \dfrac{\pi}{4}\right), \alpha \neq k\pi + \dfrac{\pi}{2}, k\pi + \dfrac{\pi}{4}, k \in \mathbf{Z}.$

3. $\tan\alpha + \cot\alpha = \dfrac{2}{\sin 2\alpha}, \alpha \neq \dfrac{k\pi}{2}, k \in \mathbf{Z};$

   $\tan\alpha - \cot\alpha = -2\cot 2\alpha, \alpha \neq \dfrac{k\pi}{2}, k \in \mathbf{Z}.$

4. $\sin(\alpha+\beta) \cdot \sin(\alpha-\beta) = \sin^2\alpha - \sin^2\beta = \cos^2\beta - \cos^2\alpha;$

   $\cos(\alpha+\beta) \cdot \cos(\alpha-\beta) = \cos^2\alpha - \sin^2\beta.$

5. $\alpha+\beta+\gamma = k\pi (k \in \mathbf{Z}) \Leftrightarrow \tan\alpha + \tan\beta + \tan\gamma = \tan\alpha \cdot \tan\beta \cdot \tan\gamma, \alpha,\beta,\gamma \neq n\pi + \dfrac{\pi}{2}, k \in \mathbf{Z}.$

6. $\alpha+\beta = k\pi + \dfrac{\pi}{4}(k \in \mathbf{Z}) \Leftrightarrow (1+\tan\alpha)(1+\tan\beta) = 2, \alpha,\beta \neq k\pi + \dfrac{\pi}{2}, k \in \mathbf{Z}.$

7. $\sin 3\theta = 4\sin(60°-\theta) \cdot \sin\theta \cdot \sin(60°+\theta);$

   $\cos 3\theta = 4\cos(60°-\theta) \cdot \cos\theta \cdot \cos(60°+\theta);$

   $\tan 3\theta = \tan(60°-\theta) \cdot \tan\theta \cdot \tan(60°+\theta).$

训练营

▶ **例1** 已知对于 $x \in \mathbf{R}, a\cos x + b\cos 2x \geqslant -1$ 恒成立,求 $(a+b)_{\max}$.
(北京大学自主招生题)

解

$a\cos x + b\cos 2x \geqslant -1 \Leftrightarrow b(2\cos^2 x - 1) + a\cos x + 1 \geqslant 0$,

令 $f(t) = 2bt^2 + at - b + 1, t = \cos x \in [-1, 1]$.

(1) $\begin{cases} b \leqslant 0, \\ f(-1) = 2b - a - b + 1 \geqslant 0, \\ f(1) = 2b + a - b + 1 \geqslant 0 \end{cases} \Rightarrow a + b \leqslant 2b + 1 \leqslant 1 < 2;$

(2) $\begin{cases} b > 0, \\ -\dfrac{a}{4b} \notin [-1, 1], \\ b - a + 1 \geqslant 0, \\ b + a + 1 \geqslant 0 \end{cases} \Rightarrow a < -4b \text{ 或 } a > 4b.$

若 $a < -4b$,则 $a + b < -3b < 0 < 2$;

若 $a > 4b$,则由 $b - a + 1 \geqslant 0$ 得 $4b < a \leqslant 1 + b$,即 $b \leqslant \dfrac{1}{3}$,故 $a + b \leqslant 1 + 2b \leqslant \dfrac{5}{3} < 2$.

(3) $\begin{cases} b > 0, \\ -\dfrac{a}{4b} \in [-1, 1], \\ a^2 \leqslant 8b(1-b). \end{cases}$

由柯西不等式有 $a^2 \leqslant 8b(1-b) \Leftrightarrow a^2 + 8b^2 - 8b \leqslant 0 \Leftrightarrow a^2 + 8\left(b - \dfrac{1}{2}\right)^2 \leqslant 2$,

$$2\left(1 + \dfrac{1}{8}\right) \geqslant \left[a^2 + 8\left(b - \dfrac{1}{2}\right)^2\right]\left(1 + \dfrac{1}{8}\right)$$
$$= \left(a^2 + \left(\sqrt{8}\left(b - \dfrac{1}{2}\right)\right)^2\right)\left(1^2 + \left(\sqrt{\dfrac{1}{8}}\right)^2\right)$$
$$\geqslant \left(a \times 1 + \sqrt{8}\left(b - \dfrac{1}{2}\right)\dfrac{1}{\sqrt{8}}\right)^2 = \left(a + b - \dfrac{1}{2}\right)^2,$$

故 $a + b - \dfrac{1}{2} \leqslant \dfrac{3}{2}$,即 $a + b \leqslant 2$.当且仅当 $a = \dfrac{3}{4}, b = \dfrac{2}{3}$ 时,等号成立,此时满

足 $-\dfrac{a}{4b} = -\dfrac{1}{2} \in [-1, 1]$.

综上，$(a+b)_{\max} = 2$.

▶ **例 2** 已知 $\sin\alpha + \sin\beta = \dfrac{1}{4}$，$\tan(\alpha+\beta) = \dfrac{24}{7}$，求 $\cos\alpha + \cos\beta$ 的值.

解

由 $\sin\alpha + \sin\beta = \dfrac{1}{4}$，得

$$2\sin\dfrac{\alpha+\beta}{2} \cdot \cos\dfrac{\alpha-\beta}{2} = \dfrac{1}{4}, \tag{1}$$

设 $\cos\alpha + \cos\beta = a$，则

$$2\cos\dfrac{\alpha+\beta}{2} \cdot \cos\dfrac{\alpha-\beta}{2} = a. \tag{2}$$

若 $a = 0$，则 $\cos\dfrac{\alpha+\beta}{2} = 0$.

$\alpha+\beta = 2k\pi + \pi (k\in\mathbf{Z})$，$\tan(\alpha+\beta) = 0$，与题设矛盾，故 $a \neq 0$. 由式(1)(2)，得

$\tan\dfrac{\alpha+\beta}{2} = \dfrac{1}{4a}$.

$\because \tan(\alpha+\beta) = \dfrac{24}{7}$，$\therefore \dfrac{2\tan\dfrac{\alpha+\beta}{2}}{1-\tan^2\dfrac{\alpha+\beta}{2}} = \dfrac{2 \times \dfrac{1}{4a}}{1 - \dfrac{1}{16a^2}} = \dfrac{8a}{16a^2 - 1} = \dfrac{24}{7}$，

解得 $a = \dfrac{1}{3}$ 或 $-\dfrac{3}{16}$，由此可知 $\cos\alpha + \cos\beta = \dfrac{1}{3}$ 或 $-\dfrac{3}{16}$.

▶ **例 3** 在直角坐标系中，已知 $A(\cos\alpha, \sin\alpha)$，$B(\cos\beta, \sin\beta)$，$C\left(\dfrac{4\sqrt{3}}{3}, 2\sqrt{2}\right)$，且 $\triangle ABC$ 的重心在 $\left(\dfrac{2}{3}\sqrt{3}, \sqrt{2}\right)$ 处. 求 $\cos(\alpha+\beta)$ 及 $\tan\alpha + \tan\beta$ 的值.

解

由题设，得 $\begin{cases} \dfrac{2}{3}\sqrt{3} = \dfrac{\cos\alpha + \cos\beta + \dfrac{4}{3}\sqrt{3}}{3}, \\ \sqrt{2} = \dfrac{\sin\alpha + \sin\beta + 2\sqrt{2}}{3}, \end{cases}$

故
$$\begin{cases} \sin\alpha+\sin\beta=\sqrt{2}, & (3) \\ \cos\alpha+\cos\beta=\dfrac{2}{3}\sqrt{3}. & (4) \end{cases}$$

$(3)^2+(4)^2$ 得 $2+2\cos(\alpha-\beta)=2+\dfrac{4}{3}$,所以 $\cos(\alpha-\beta)=\dfrac{2}{3}$,

$\dfrac{(3)}{(4)}$ 得 $\tan\dfrac{\alpha+\beta}{2}=\dfrac{\sqrt{6}}{2}$.

所以 $\sin(\alpha+\beta)=\dfrac{2\times\dfrac{\sqrt{6}}{2}}{1+\dfrac{6}{4}}=\dfrac{2}{5}\sqrt{6}$,$\cos(\alpha+\beta)=\dfrac{1-\dfrac{6}{4}}{1+\dfrac{6}{4}}=-\dfrac{1}{5}$,

$\tan\alpha+\tan\beta=\dfrac{\sin(\alpha+\beta)}{\cos\alpha\cdot\cos\beta}=\dfrac{2\sin(\alpha+\beta)}{\cos(\alpha+\beta)+\cos(\alpha-\beta)}=\dfrac{2\times\dfrac{2}{5}\sqrt{6}}{-\dfrac{1}{5}+\dfrac{2}{3}}=\dfrac{12}{7}\sqrt{6}$.

▶ **例 4** 已知 $\sin A+\sin B=\sin C$,$\cos A+\cos B=\cos C$,求 $\sin^2 A+\sin^2 B+\sin^2 C$ 的值.

解

因为
$$\sin A+\sin B=\sin C, \quad (5)$$
$$\cos A+\cos B=\cos C, \quad (6)$$

$(5)^2+(6)^2$ 得 $2\cos(A-B)=-1$,即 $\cos(A-B)=-\dfrac{1}{2}$.

$(6)^2-(5)^2$ 得 $\cos(A+B)=\cos 2C$.

所以 $\sin^2 A+\sin^2 B+\sin^2 C=\dfrac{1-\cos 2A}{2}+\dfrac{1-\cos 2B}{2}+\dfrac{1-\cos 2C}{2}$

$=\dfrac{3}{2}-\dfrac{1}{2}(\cos 2A+\cos 2B+\cos 2C)$

$=\dfrac{3}{2}-\cos(A+B)\cdot\cos(A-B)-\dfrac{1}{2}\cos 2C$

$=\dfrac{3}{2}-\left(-\dfrac{1}{2}\right)\cos 2C-\dfrac{1}{2}\cos 2C=\dfrac{3}{2}$.

▶ **例 5** 已知 $\sin x+\sin y+\sin z=\cos x+\cos y+\cos z=0$,求 $S=\tan(x+y+z)+\tan x\cdot\tan y\cdot\tan z$ 的值.

解

由已知，得
$$\begin{cases} \sin x + \sin y = -\sin z, & (7) \\ \cos x + \cos y = -\cos z. & (8) \end{cases}$$

$(7)^2 + (8)^2$ 得 $2 + 2\cos x \cdot \cos y + 2\sin x \cdot \sin y = 1$，即 $\cos(x-y) = -\dfrac{1}{2}$。

同理，$\cos(y-z) = -\dfrac{1}{2}, \cos(z-x) = -\dfrac{1}{2}$。

这表明角 x, y, z 中任两角的终边夹角为 $\dfrac{2}{3}\pi$。不妨设

$$x = y + \frac{2}{3}\pi + 2k_1\pi, \quad y = z + \frac{2}{3}\pi + 2k_2\pi, \quad k_1, k_2 \in \mathbf{Z},$$

则 $x = z + \dfrac{4}{3}\pi + 2(k_1+k_2)\pi, x+y+z = 3z + 2(k_1+2k_2+1)\pi$。

所以 $S = \tan(x+y+z) + \tan x \cdot \tan y \cdot \tan z$

$$= \tan 3z + \tan\left(z + \frac{4}{3}\pi\right) \cdot \tan\left(z + \frac{2}{3}\pi\right) \cdot \tan z$$

$$= \tan 3z + \tan\left(z + \frac{\pi}{3}\right) \cdot \tan\left(z - \frac{\pi}{3}\right) \cdot \tan z$$

$$= \tan 3z - \tan z \cdot \tan\left(\frac{\pi}{3} + z\right) \cdot \tan\left(\frac{\pi}{3} - z\right) = 0.$$

▶ **例6** 求 $\cos^4 20° + \cos^4 40° + \cos^4 80°$ 的值。

解

因为 $\cos 2\theta = 2\cos^2\theta - 1$，所以

$$\cos^4\theta = \left(\frac{1+\cos 2\theta}{2}\right)^2 = \frac{1}{4}(1 + 2\cos 2\theta + \cos^2 2\theta)$$

$$= \frac{1}{4} + \frac{1}{2}\cos 2\theta + \frac{1}{4} \cdot \frac{1+\cos 4\theta}{2} = \frac{3}{8} + \frac{1}{2}\cos 2\theta + \frac{1}{8}\cos 4\theta.$$

原式 $= \dfrac{3}{8} \times 3 + \dfrac{1}{2}(\cos 40° + \cos 80° + \cos 160°)$

$$+ \frac{1}{8}(\cos 80° + \cos 160° + \cos 320°)$$

$$= \frac{9}{8} + \frac{5}{8}(\cos 40° + \cos 80° + \cos 160°)$$

$$= \frac{9}{8} + \frac{5}{8}(2\cos 60° \cdot \cos 20° - \cos 20°) = \frac{9}{8}.$$

▶ **例 7** 是否存在锐角 α, β，使得 $\alpha + 2\beta = \frac{2\pi}{3}$ 与 $\tan\frac{\alpha}{2} \cdot \tan\beta = 2 - \sqrt{3}$ 同时成立？若存在，求出 α, β 的值；若不存在，说明理由.

解

由已知有 $\frac{\alpha}{2} + \beta = \frac{\pi}{3}$，于是 $\tan\left(\frac{\alpha}{2} + \beta\right) = \dfrac{\tan\frac{\alpha}{2} + \tan\beta}{1 - \tan\frac{\alpha}{2} \cdot \tan\beta} = \sqrt{3}.$

又 $\tan\frac{\alpha}{2} \cdot \tan\beta = 2 - \sqrt{3}$，所以 $\tan\frac{\alpha}{2} + \tan\beta = 3 - \sqrt{3}.$

故 $\tan\frac{\alpha}{2}, \tan\beta$ 是一元二次方程 $x^2 - (3-\sqrt{3})x + 2 - \sqrt{3} = 0$ 的两个根，解得 $x_1 = 1, x_2 = 2 - \sqrt{3}.$

若 $\tan\frac{\alpha}{2} = 1$，因 $0 < \frac{\alpha}{2} < \frac{\pi}{4}$，不可能成立.

所以 $\tan\frac{\alpha}{2} = 2 - \sqrt{3}, \tan\beta = 1.$ 故 α, β 存在，且 $\alpha = 30°, \beta = 45°.$

▶ **例 8** 求 $\sin 10° \cdot \sin 50° \cdot \sin 70°$ 的值.

分析 由于 $\sin 10° \cdot \sin 50° \cdot \sin 70° = \cos 80° \cdot \cos 40° \cdot \cos 20°$，$20°, 40°, 80°$ 成倍数关系，可考虑用倍角公式. $\sin 10° \cdot \sin 50° \cdot \sin 70°$ 与 $\cos 10° \cdot \cos 50° \cdot \cos 70°$ 为对偶式，也可用配对方法解决.

此外，$10°, 50°, 70°$ 即为 $10°, 60° - 10°, 60° + 10°$，而三倍角公式为 $\sin 3\theta = 3\sin\theta - 4\sin^3\theta = 4\sin\theta \cdot \sin(60° - \theta) \cdot \sin(60° + \theta)$，由此亦能得出结果.

解

方法一 $\sin 10° \cdot \sin 50° \cdot \sin 70° = \cos 20° \cdot \cos 40° \cdot \cos 80°$

$$= \frac{\sin 20° \cdot \cos 20° \cdot \cos 40° \cdot \cos 80°}{\sin 20°} = \frac{\frac{1}{8}\sin 160°}{\sin 20°} = \frac{1}{8}.$$

方法二 设 $A = \sin 10° \cdot \sin 50° \cdot \sin 70°$，$B = \cos 10° \cdot \cos 50° \cdot \cos 70°$，则 $AB = \sin 10° \cdot \cos 10° \cdot \sin 50° \cdot \cos 50° \cdot \sin 70° \cdot \cos 70°$

$$= \frac{1}{8}\sin 20° \cdot \sin 100° \cdot \sin 140° = \frac{1}{8}\cos 70° \cdot \cos 10° \cdot \cos 50° = \frac{1}{8}B.$$

所以 $A = \frac{1}{8}$.

方法三 $\sin 10° \cdot \sin 50° \cdot \sin 70° = \sin 10° \cdot \sin(60°-10°) \cdot \sin(60°+10°)$
$$= \frac{1}{4}\sin 30° = \frac{1}{8}.$$

点评

方法一具有一般性,用此方法,类似地可以解决 $\cos\theta \cdot \cos 2\theta \cdot \cos 2^2\theta \cdot \cdots \cdot \cos 2^n\theta = \dfrac{\dfrac{1}{2^{n+1}}\sin 2^{n+1}\theta}{\sin\theta}$ 的问题.

方法三用到了 $\sin\theta \cdot \sin(60°-\theta) \cdot \sin(60°+\theta) = \dfrac{1}{4}\sin 3\theta$,类似的公式还有 $\cos\theta \cdot \cos(60°-\theta) \cdot \cos(60°+\theta) = \dfrac{1}{4}\cos 3\theta$, $\tan\theta \cdot \tan(60°-\theta) \cdot \tan(60°+\theta) = \tan 3\theta$.

▶ **例9** 证明: $\sin 1° \cdot \sin 2° \cdot \sin 3° \cdot \cdots \cdot \sin 89° = \left(\dfrac{1}{4}\right)^{45} \cdot 6\sqrt{10}$.

证明

将 $1°, 2°, \cdots, 89°$ 按 $\theta, 60°-\theta, 60°+\theta$ 分组,并多次应用上例的方法,可得
$\sin 1° \cdot \sin 2° \cdot \sin 3° \cdot \cdots \cdot \sin 89°$
$= (\sin 1° \cdot \sin 59° \cdot \sin 61°)(\sin 2° \cdot \sin 58° \cdot \sin 62°) \cdot \cdots \cdot$
$\quad (\sin 29° \cdot \sin 31° \cdot \sin 89°) \cdot \sin 30° \cdot \sin 60°$
$= \left(\dfrac{1}{4}\right)^{30} \cdot \sqrt{3}(\sin 3° \cdot \sin 6° \cdot \sin 9° \cdot \cdots \cdot \sin 87°)$
$= \left(\dfrac{1}{4}\right)^{30} \cdot \sqrt{3}(\sin 3° \cdot \sin 57° \cdot \sin 63°)(\sin 6° \cdot \sin 54° \cdot \sin 66°) \cdot \cdots \cdot$
$\quad (\sin 27° \cdot \sin 33° \cdot \sin 87°) \cdot \sin 30° \cdot \sin 60°$
$= \left(\dfrac{1}{4}\right)^{40} \cdot 3(\sin 9° \cdot \sin 18° \cdot \sin 27° \cdot \cdots \cdot \sin 72° \cdot \sin 81°),$
而 $\sin 9° \cdot \sin 18° \cdot \sin 27° \cdot \cdots \cdot \sin 72° \cdot \sin 81°$
$= (\sin 9° \cdot \cos 9°)(\sin 18° \cdot \cos 18°)(\sin 27° \cdot \cos 27°)(\sin 36° \cdot \cos 36°) \cdot \sin 45°$

$$=\left(\frac{1}{4}\right)^2 \cdot \frac{\sqrt{2}}{2}\sin 18°\cdot\sin 36°\cdot\sin 54°\cdot\sin 72°=\left(\frac{1}{4}\right)^3\cdot\frac{\sqrt{2}}{2}\cdot\sin 36°\cdot\sin 72°.$$

设 $x=\sin 36°\cdot\sin 72°$,而 $\cos 36°\cdot\cos 72°=\frac{1}{4}$,所以 $\begin{cases} x+\frac{1}{4}=\cos 36°, \\ x-\frac{1}{4}=\cos 72°. \end{cases}$

则 $x^2-\frac{1}{16}=\cos 36°\cdot\cos 72°=\frac{1}{4},x^2=\frac{5}{16}$,所以 $x=\frac{\sqrt{5}}{4}$.

综上可得 $\sin 1°\cdot\sin 2°\cdot\sin 3°\cdot\cdots\cdot\sin 89°=\left(\frac{1}{4}\right)^{45}\cdot 6\sqrt{10}$.

▶ **例 10** 求 $\cos\frac{2}{5}\pi+\cos\frac{4}{5}\pi$ 的值.

解

方法一 原式 $=\dfrac{2\sin\dfrac{\pi}{5}\left(\cos\dfrac{2}{5}\pi+\cos\dfrac{4}{5}\pi\right)}{2\sin\dfrac{\pi}{5}}$

$$=\frac{1}{2\sin\dfrac{\pi}{5}}\left(\sin\frac{3}{5}\pi-\sin\frac{\pi}{5}+\sin\pi-\sin\frac{3}{5}\pi\right)$$

$$=\frac{1}{2\sin\dfrac{\pi}{5}}\cdot\left(-\sin\frac{\pi}{5}\right)=-\frac{1}{2}.$$

方法二 构造配对式

设 $x=\cos\frac{2}{5}\pi+\cos\frac{4}{5}\pi,y=\cos\frac{2}{5}\pi-\cos\frac{4}{5}\pi$,

则 $xy=\cos^2\frac{2}{5}\pi-\cos^2\frac{4}{5}\pi=\frac{1}{2}\left(1+\cos\frac{4}{5}\pi\right)-\frac{1}{2}\left(1+\cos\frac{8}{5}\pi\right)$

$$=\frac{1}{2}\left(\cos\frac{4}{5}\pi-\cos\frac{8}{5}\pi\right)=-\frac{1}{2}y.$$

而 $y\neq 0$,所以 $x=-\frac{1}{2}$.

方法三 构造方程

设 $\cos x+\cos 2x=\cos\frac{2}{5}\pi+\cos\frac{4}{5}\pi$,则 $x=\frac{2}{5}\pi,\frac{4}{5}\pi$ 时上式均成立.

上式即为 $2\cos^2 x + \cos x - \left(1 + \cos\dfrac{2}{5}\pi + \cos\dfrac{4}{5}\pi\right) = 0$,所以 $\cos\dfrac{2}{5}\pi$,$\cos\dfrac{4}{5}\pi$ 是方程 $2y^2 + y - \left(1 + \cos\dfrac{2}{5}\pi + \cos\dfrac{4}{5}\pi\right) = 0$ 的两个根,因而是全体根.由韦达定理得

$$\cos\dfrac{2}{5}\pi + \cos\dfrac{4}{5}\pi = -\dfrac{1}{2}.$$

点评

此解法利用 $\dfrac{4}{5}\pi$,$\dfrac{2}{5}\pi$ 差角的正弦,构成积化和差后消去若干项,最后得出结果.一般地,若干成等差的角的正弦和或余弦和,均可用此方法来达到化简的目的.

$$\sin(\alpha+\beta) + \sin(\alpha+2\beta) + \cdots + \sin(\alpha+n\beta)$$
$$= \dfrac{\sin\dfrac{n\beta}{2} \cdot \sin\left(\alpha + \dfrac{n+1}{2}\beta\right)}{\sin\dfrac{\beta}{2}};$$

$$\cos(\alpha+\beta) + \cos(\alpha+2\beta) + \cdots + \cos(\alpha+n\beta)$$
$$= \dfrac{\cos\dfrac{n\beta}{2} \cdot \cos\left(\alpha + \dfrac{n+1}{2}\beta\right)}{\cos\dfrac{\beta}{2}}.$$

▶ **例 11** 已知 $\dfrac{\cos^4 A}{\cos^2 B} + \dfrac{\sin^4 A}{\sin^2 B} = 1$.证明:$\dfrac{\cos^4 B}{\cos^2 A} + \dfrac{\sin^4 B}{\sin^2 A} = 1$.

分析 把条件中的 A,B 互换即为要证的结论,因此可考虑证明 $\cos^2 A = \cos^2 B$,$\sin^2 A = \sin^2 B$.注意到条件属于 $a^2 + b^2 = 1$ 类型,故采用换元法.

证明

设 $\dfrac{\cos^2 A}{\cos B} = \cos\varphi$,$\dfrac{\sin^2 A}{\sin B} = \sin\varphi$,则

$$\cos^2 A = \cos B \cdot \cos\varphi, \sin^2 A = \sin B \cdot \sin\varphi.$$

两式相加,得 $1 = \cos B \cdot \cos\varphi + \sin B \cdot \sin\varphi = \cos(B - \varphi).$

∴ $B - \varphi = 2k\pi (k \in \mathbf{Z})$, ∴ $\cos B = \cos\varphi$,$\sin B = \sin\varphi$.

∴ $\cos^2 A = \cos^2 B$,$\sin^2 A = \sin^2 B$,

因而有 $\dfrac{\cos^4 B}{\cos^2 A}+\dfrac{\sin^4 B}{\sin^2 A}=\cos^2 B+\sin^2 B=1.$

▶ **例 12** 证明：$2\sin^4 x+\dfrac{3}{4}\sin^2 2x+5\cos^4 x-\cos 3x \cdot \cos x=2(1+\cos^2 x).$

分析 此题从表面上看较为复杂，出现的角有 $x,2x,3x$，出现的函数名有正弦、余弦，可考虑将角 $2x,3x$ 的函数向 $\cos x,\sin x$ 转化. 此外，也可考虑将角统一成 $2x$，达到降次的目的.

证明

方法一

$$\begin{aligned}
\text{左边} &= 2\sin^4 x+5\cos^4 x+\dfrac{3}{4}(2\sin x \cdot \cos x)^2-(4\cos^3 x-3\cos x)\cdot \cos x \\
&= 2\sin^4 x+5\cos^4 x+3\sin^2 x \cdot \cos^2 x-4\cos^4 x+3\cos^2 x \\
&= 2\sin^4 x-2\cos^4 x+6\cos^2 x=2(1-2\cos^2 x)+6\cos^2 x \\
&= 2(1+\cos^2 x)=\text{右边}.
\end{aligned}$$

∴ 原等式成立.

方法二

$$\begin{aligned}
\text{左边} &= 2\left(\dfrac{1-\cos 2x}{2}\right)^2+\dfrac{3}{4}(1-\cos^2 2x)+5\left(\dfrac{1+\cos 2x}{2}\right)^2 \\
&\quad -\dfrac{1}{2}(2\cos^2 2x-1+\cos 2x) \\
&= 3+\cos 2x=2(1+\cos^2 x)=\text{右边}.
\end{aligned}$$

∴ 原等式成立.

▶ **例 13** 证明：$\tan \alpha+2\tan 2\alpha+4\tan 4\alpha+8\cot 8\alpha=\cot \alpha.$

证明

由 $\tan 2\alpha=\dfrac{2\tan \alpha}{1-\tan^2 \alpha}$，得 $\cot 2\alpha=\dfrac{1}{2}(\cot \alpha-\tan \alpha)$，

即 $\qquad\qquad\qquad \tan \alpha=\cot \alpha-2\cot 2\alpha.$ （9）

同理可得 $\qquad\qquad \tan 2\alpha=\cot 2\alpha-2\cot 4\alpha,$ （10）

$\qquad\qquad\qquad\quad \tan 4\alpha=\cot 4\alpha-2\cot 8\alpha.$ （11）

（9）+（10）×2+（11）×4 得，$\tan \alpha+2\tan 2\alpha+4\tan 4\alpha=\cot \alpha-8\cot 8\alpha$，故原等式成立.

点评

用此法可以证明更一般的结论：

$$\tan x + 2\tan 2x + 2^2\tan 2^2 x + \cdots + 2^n \tan 2^n x = \cot x - 2^{n+1}\cot 2^{n+1}x.$$

▶ **例 14** 已知 $\dfrac{\sin^4 x}{a} + \dfrac{\cos^4 x}{b} = \dfrac{1}{a+b}(a>0, b>0)$. 证明：

$$\frac{\sin^8 x}{a^3} + \frac{\cos^8 x}{b^3} = \frac{1}{(a+b)^3}.$$

证明

方法一 换元法

令 $\sin^2 x = u, \cos^2 x = v$, 则

$$\begin{cases} u + v = 1, & (12) \\ \dfrac{u^2}{a} + \dfrac{v^2}{b} = \dfrac{1}{a+b}. & (13) \end{cases}$$

由式(12)得 $v = 1 - u$，代入式(13)得

$$\frac{u^2}{a} + \frac{(1-u)^2}{b} = \frac{1}{a+b}, \text{即} (a+b)^2 u^2 - 2a(a+b)u + a^2 = 0,$$

解得 $u = \dfrac{a}{a+b}, v = 1 - u = \dfrac{b}{a+b}$.

所以 $\dfrac{\sin^8 x}{a^3} + \dfrac{\cos^8 x}{b^3} = \dfrac{1}{a^3}\left(\dfrac{a}{a+b}\right)^4 + \dfrac{1}{b^3}\left(\dfrac{b}{a+b}\right)^4 = \dfrac{1}{(a+b)^3}.$

方法二 柯西不等式

$$(a+b)\left(\frac{\sin^4 x}{a} + \frac{\cos^4 x}{b}\right) \geq (\sin^2 x + \cos^2 x)^2 = 1 \Rightarrow \frac{\sin^4 x}{a} + \frac{\cos^4 x}{b}$$

$$\geq \frac{1}{a+b}.$$

因为上式中等号成立，所以 $\dfrac{a}{\sin^2 x} = \dfrac{b}{\cos^2 x} = k, a+b = k.$

所以 $\dfrac{\sin^8 x}{a^3} + \dfrac{\cos^8 x}{b^3} = \dfrac{\sin^8 x}{k^3\sin^6 x} + \dfrac{\cos^8 x}{k^3\cos^6 x} = \dfrac{\sin^2 x + \cos^2 x}{k^3} = \dfrac{1}{k^3}$

$$= \frac{1}{(a+b)^3}.$$

▶ **例 15** 设 α,β 是锐角,且 $\sin^2\alpha+\sin^2\beta=\sin(\alpha+\beta)$. 证明: $\alpha+\beta=\dfrac{\pi}{2}$.

证明

方法一 $\sin^2\alpha-\sin\alpha\cdot\cos\beta+\sin^2\beta-\cos\alpha\cdot\sin\beta=0$

$\Rightarrow \sin\alpha(\sin\alpha-\cos\beta)+\sin\beta(\sin\beta-\cos\alpha)=0$

$\Rightarrow \dfrac{\sin\alpha(\sin^2\alpha-\cos^2\beta)}{\sin\alpha+\cos\beta}+\dfrac{\sin\beta(\sin^2\beta-\cos^2\alpha)}{\sin\beta+\cos\alpha}=0.$

$\because \sin^2\alpha-\cos^2\beta=\sin^2\beta-\cos^2\alpha,$

$\therefore (\sin^2\alpha-\cos^2\beta)\left(\dfrac{\sin\alpha}{\sin\alpha+\cos\beta}+\dfrac{\sin\beta}{\sin\beta+\cos\alpha}\right)=0.$

$\because \dfrac{\sin\alpha}{\sin\alpha+\cos\beta}+\dfrac{\sin\beta}{\sin\beta+\cos\alpha}\neq 0,$

$\therefore \sin^2\alpha-\cos^2\beta=0, \sin\alpha-\cos\beta=0, \sin\alpha=\sin\left(\dfrac{\pi}{2}-\beta\right),$

即 $\alpha+\beta=\dfrac{\pi}{2}.$

方法二 由 α,β 为锐角,可知 $\cos(\alpha-\beta)>0,$

$$\sin(\alpha+\beta)=\sin^2\alpha+\sin^2\beta=\dfrac{1-\cos 2\alpha}{2}+\dfrac{1-\cos 2\beta}{2}$$
$$=1-\cos(\alpha+\beta)\cdot\cos(\alpha-\beta). \tag{14}$$

由 $0<\sin(\alpha+\beta)\leqslant 1$,可得 $0\leqslant\cos(\alpha+\beta)\cdot\cos(\alpha-\beta)<1,$

所以 $\cos(\alpha+\beta)\geqslant 0.$

因为 $0<\alpha+\beta\leqslant\dfrac{\pi}{2}$,所以 $0\leqslant|\alpha-\beta|<\alpha+\beta\leqslant\dfrac{\pi}{2},$

由此得 $0\leqslant\cos(\alpha+\beta)<\cos(\alpha-\beta).$

代入式(14)得 $0\leqslant\sin(\alpha+\beta)\leqslant 1-\cos^2(\alpha+\beta)=\sin^2(\alpha+\beta),$

故 $\sin(\alpha+\beta)\geqslant 1.$

只能是 $\sin(\alpha+\beta)=1$,即 $\alpha+\beta=\dfrac{\pi}{2}.$

▶ **例 16** 若 $n(n\geqslant 3, n\in \mathbf{N}^*)$ 个不同的点 $Q_1(a_1,b_1), Q_2(a_2,b_2), \cdots, Q_n(a_n,b_n)$ 满足: $a_1<a_2<\cdots<a_n$,则称点 $Q_1, Q_2, \cdots, Q_n$ 按横序排列. 设 4 个实数 k, x_1, x_2, x_3 使得 $2k(x_3-x_1), x_3^2, 2x_2^2$ 成等差数列,且两函数 $y=x^2, y=\dfrac{1}{x}+3$ 图像的所有交点 $P_1(x_1,y_1), P_2(x_2,y_2), P_3(x_3,y_3)$ 按横序排列,求实数

k 的值.

解

根据题意，$2k(x_3-x_1)$，x_3^2，$2x_2^2$ 成等差数列，$\therefore k=\dfrac{x_3^2-x_2^2}{x_3-x_1}$，$x_1,x_2,x_3$ 为方程 $x^3-3x-1=0$ 的 3 个解，且 $x_1<x_2<x_3$.

$$x^3-3x-1=0 \Leftrightarrow 4\left(\dfrac{x}{2}\right)^3-3\left(\dfrac{x}{2}\right)=\dfrac{1}{2}.$$

$\because \cos 3\theta=4\cos^3\theta-3\cos\theta$，设 $\dfrac{x}{2}=\cos\theta$，

即 $\cos 3\theta=\dfrac{1}{2}$，$3\theta=60°+360°n$，$\theta=20°+120°n$，$n\in\mathbf{Z}$.

$\because \cos 140°<\cos 260°<\cos 20°$，

$\therefore x_1=2\cos 140°$，$x_2=2\cos 260°$，$x_3=2\cos 20°$，

$$k=\dfrac{x_3^2-x_2^2}{x_3-x_1}=\dfrac{4\cos^2 20°-4\cos^2 80°}{2\cos 20°+2\cos 40°}$$

$$=\dfrac{(2\cos^2 20°-1)-(2\cos^2 80°-1)}{\cos 20°+\cos 40°}$$

$$=\dfrac{\cos 40°-\cos 160°}{\cos 20°+\cos 40°}=\dfrac{\cos 40°+\cos 20°}{\cos 20°+\cos 40°}=1,\text{即 } k=1.$$

▶ **例 17** 已知函数 $f(x)=\sin^4 x$.

(1) 记 $g(x)=f(x)+f\left(\dfrac{\pi}{2}-x\right)$，求 $g(x)$ 在区间 $\left[\dfrac{\pi}{6},\dfrac{3\pi}{8}\right]$ 内的最大值与最小值；

(2) 求 $\sum\limits_{k=1}^{89}f\left(\dfrac{k\pi}{180}\right)$ 的值.

(2015 年全国高中数学联赛四川省预赛题)

解

(1) 由已知得

$$g(x)=\sin^4 x+\cos^4 x$$

$$=(\sin^2 x+\cos^2 x)^2-2\sin^2 x\cdot\cos^2 x$$

$$=1-\dfrac{1}{2}\sin^2 2x.$$

由 $x\in\left[\dfrac{\pi}{6},\dfrac{3\pi}{8}\right]\Rightarrow 2x\in\left[\dfrac{\pi}{3},\dfrac{3\pi}{4}\right]$

$\Rightarrow \sin 2x\in\left[\dfrac{\sqrt{2}}{2},1\right]$

$\Rightarrow g(x)\in\left[\dfrac{1}{2},\dfrac{3}{4}\right].$

故 $g(x)$ 在区间 $\left[\dfrac{\pi}{6},\dfrac{3\pi}{8}\right]$ 内的最大值为 $g\left(\dfrac{3\pi}{8}\right)=\dfrac{3}{4}$,最小值为 $g\left(\dfrac{\pi}{4}\right)=\dfrac{1}{2}.$

(2) $\displaystyle\sum_{k=1}^{89}f\left(\dfrac{k\pi}{180}\right)$

$=\displaystyle\sum_{k=1}^{44}g\left(\dfrac{k\pi}{180}\right)+\sin^4\dfrac{45\pi}{180}$

$=44-\dfrac{1}{2}\displaystyle\sum_{k=1}^{44}\sin^2 2\left(\dfrac{k\pi}{180}\right)+\dfrac{1}{4}$

$=44-\dfrac{1}{2}\times 22+\dfrac{1}{4}=\dfrac{133}{4}.$

演习场

习题 2

1. 已知 $\dfrac{3\pi}{4} < \alpha < \pi$, $\tan\alpha + \cot\alpha = -\dfrac{10}{3}$, 求

$$\dfrac{5\sin^2\dfrac{\alpha}{2} + 8\sin\dfrac{\alpha}{2}\cdot\cos\dfrac{\alpha}{2} + 11\cos^2\dfrac{\alpha}{2} - 8}{\sqrt{2}\sin\left(\alpha - \dfrac{\pi}{2}\right)}$$ 的值.

2. $\triangle ABC$ 中, $\cot A + \cot B + \cot C = \sqrt{3}$, 试判断 $\triangle ABC$ 的形状.

3. 如图 2.5, 等腰梯形 $ABCD$ 中, $AD \parallel BC$, 高为 5, 下底 $BC = 5$, 圆 O 的半径为 1, 且与上底及两腰相切. 设梯形底角为 φ, 求 $\sin\varphi$ 的值.

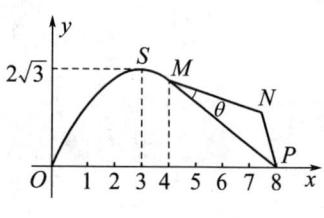

图 2.5

4. 求函数 $y = 7 - 4\sin x \cdot \cos x + 4\cos^2 x - 4\cos^4 x$ 的最值.

5. 若 $-\dfrac{\pi}{2} \leqslant x \leqslant \dfrac{\pi}{4}$, 求 $f(x) = \sqrt{3}\sin x + \cos x$ 的最值.

6. 如图 2.6, 某市拟在长为 $8\,\text{km}$ 的道路 OP 的一侧修建一条运动赛道. 赛道的前一部分为曲线段 OSM, 该曲线段为函数 $y = A\sin\omega x\,(A>0, \omega>0, x\in[0,4])$ 的图像, 且图像的最高点为 $S(3, 2\sqrt{3})$. 赛道的后一部分为折线段 MNP, 为保证参赛运动员的安全, 限定 $\angle MNP = 120°$.

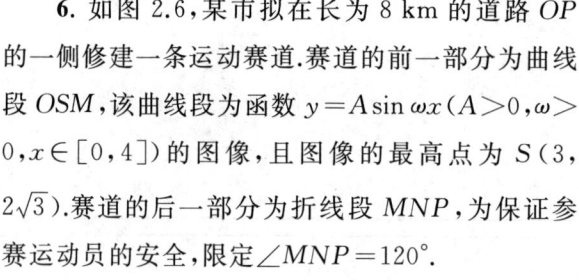

图 2.6

(1) 求 A, ω 的值和 M, P 两点间的距离;

(2) 应如何设计, 才能使折线段赛道 MNP 最长?

7. 求证: $\displaystyle\sum_{k=0}^{88} \dfrac{1}{\cos k° \cdot \cos(k+1)°} = \dfrac{\cos 1°}{\sin^2 1°}$.

8. 设 $n \in \mathbf{N}^*$, 证明: $\displaystyle\prod_{k=1}^{n} \cos\dfrac{k\pi}{2n+1} = \dfrac{1}{2^n}$.

9. 求证: $\displaystyle\sum_{k=1}^{n}\left(\dfrac{1}{2^k}\tan\dfrac{x}{2^k}\right) = \dfrac{1}{2^n}\cot\dfrac{x}{2^n} - \cot x$.

10. 设整数 a, b 满足 $\sqrt{9 - 8\sin 50°} = a + b\csc 50°$, 求 a, b 的值.

11. 在 $\triangle ABC$ 中,求证: $\dfrac{r}{R} = 4\sin\dfrac{A}{2} \cdot \sin\dfrac{B}{2} \cdot \sin\dfrac{C}{2}$,其中 r, R 分别是 $\triangle ABC$ 的内切圆、外接圆的半径.

12. 已知 $a, b \in \mathbf{N}^*$,且 $a > b$,$\sin\theta = \dfrac{2ab}{a^2+b^2}$,其中 $\theta \in \left(0, \dfrac{\pi}{2}\right)$,$A_n = (a^2+b^2)^n \sin n\theta$.求证:对于一切正整数 n,A_n 均为整数.

13. 求 $\cos\dfrac{\pi}{11} \cdot \cos\dfrac{2\pi}{11} \cdots \cos\dfrac{10\pi}{11}$ 的值.

(2016 年北京大学博雅计划自主招生题)

14. 设 x, y 均为非零实数,且满足

$$\dfrac{x\sin\dfrac{\pi}{5} + y\cos\dfrac{\pi}{5}}{x\cos\dfrac{\pi}{5} - y\sin\dfrac{\pi}{5}} = \tan\dfrac{9\pi}{20}.$$

(1) 求 $\dfrac{y}{x}$ 的值;

(2) 在 $\triangle ABC$ 中,若 $\tan C = \dfrac{y}{x}$,求 $\sin 2A + 2\cos B$ 的最大值.

(2016 年全国高中数学联赛陕西省预赛题)

15. 设 H 是 $\triangle ABC$ 的垂心,且 $3\overrightarrow{HA} + 4\overrightarrow{HB} + 5\overrightarrow{HC} = \overrightarrow{0}$,求 $\cos\angle BHC$ 的值.

(2020 年上海高考徐汇一模)

16. 若 $\tan 4x = \dfrac{\sqrt{3}}{3}$,求 $\dfrac{\sin 4x}{\cos 8x \cdot \cos 4x} + \dfrac{\sin 2x}{\cos 4x \cdot \cos 2x} + \dfrac{\sin x}{\cos 2x \cdot \cos x} + \dfrac{\sin x}{\cos x}$ 的值.

(2016 年清华大学自主招生暨领军计划试题)

17. 若 3 个角 x, y, z 成等差数列,公差为 $\dfrac{\pi}{3}$,求

$$\tan x \cdot \tan y + \tan y \cdot \tan z + \tan z \cdot \tan x$$ 的值.

(2018 年全国高中数学联赛江西省预赛题)

18. 如题 2.7,已知 A, B 是椭圆 $\dfrac{x^2}{a^2} + \dfrac{y^2}{b^2} = 1 (a > b > 0)$ 的左、右顶点,P, Q 是该椭圆上不同于顶点的两点,且直线 AP 与 QB,PB 与 AQ 分别交于点 M, N.

(1) 求证：$MN \perp AB$；

(2) 若弦 PQ 过椭圆的右焦点 F_2，求直线 MN 的方程.

(2012 年全国高中数学联赛贵州省预赛题)

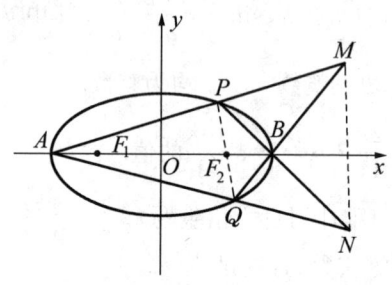

图 2.7

19. 如图 2.8，在平面直角坐标系 xOy 中，菱形 $ABCD$ 的边长为 4，且 $|OB|=|OD|=6$.

(1) 求证：$|OA| \cdot |OC|$ 为定值；

(2) 当点 A 在半圆 $M:(x-2)^2+y^2=4(2 \leqslant x \leqslant 4)$ 上运动时，求点 C 的轨迹.

(2012 年全国高中数学联赛题)

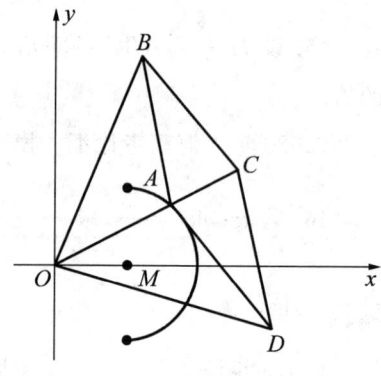

图 2.8

第三讲 三角函数的图像与性质

一、正弦函数、余弦函数、正切函数、余切函数的图像与性质

1. 定义

$y=\sin x, x\in \mathbf{R}$ 叫作正弦函数；$y=\cos x, x\in \mathbf{R}$ 叫作余弦函数；$y=\tan x$，$x\neq k\pi+\dfrac{\pi}{2}(k\in \mathbf{Z})$ 叫作正切函数；$y=\cot x, x\neq k\pi(k\in \mathbf{Z})$ 叫作余切函数.

正弦函数、余弦函数、正切函数、余切函数统称为三角函数.

2. 主要性质

函数	$y=\sin x$	$y=\cos x$	$y=\tan x$	$y=\cot x$
定义域	$\mathbf{R}$	$\mathbf{R}$	$\{x\mid x\in \mathbf{R}$ 且 $x\neq k\pi+\dfrac{\pi}{2}, k\in \mathbf{Z}\}$	$\{x\mid x\in \mathbf{R}$ 且 $x\neq k\pi, k\in \mathbf{Z}\}$
值域	$\{y\mid \lvert y\rvert\leqslant 1\}$	$\{y\mid \lvert y\rvert\leqslant 1\}$	$\mathbf{R}$	$\mathbf{R}$
奇偶性	奇函数	偶函数	奇函数	奇函数
单调性	在 $\left[2k\pi-\dfrac{\pi}{2}, 2k\pi+\dfrac{\pi}{2}\right]$ 递增；在 $\left[2k\pi+\dfrac{\pi}{2}, 2k\pi+\dfrac{3\pi}{2}\right]$ 递减，其中 $k\in \mathbf{Z}$	在 $[2k\pi-\pi, 2k\pi]$ 递增；在 $[2k\pi, 2k\pi+\pi]$ 递减，其中 $k\in \mathbf{Z}$	在 $\left(k\pi-\dfrac{\pi}{2}, k\pi+\dfrac{\pi}{2}\right)$ 递增，其中 $k\in \mathbf{Z}$	在 $(k\pi, k\pi+\pi)$ 递减，其中 $k\in \mathbf{Z}$

(续表)

函数	$y=\sin x$	$y=\cos x$	$y=\tan x$	$y=\cot x$
周期性	$T=2\pi$	$T=2\pi$	$T=\pi$	$T=\pi$
图像				

训练营

▶ **例1** 求函数 $y=\sqrt{-\tan x-1}+\dfrac{\sqrt{16-x^2}}{1-\log_{\frac{\sqrt{3}}{2}}\sin x}$ 的定义域.

解

要使原函数有意义,当且仅当

$$\begin{cases} -\tan x-1\geqslant 0, & (1)\\ 16-x^2\geqslant 0, & (2)\\ 1-\log_{\frac{\sqrt{3}}{2}}\sin x\neq 0, & (3)\\ \sin x>0. & (4)\end{cases}$$

由式(1)得 $k\pi+\dfrac{\pi}{2}<x\leqslant k\pi+\dfrac{3}{4}\pi, k\in\mathbf{Z}$.

由式(2)得 $-4\leqslant x\leqslant 4$.

由式(3)得 $x\neq 2k\pi+\dfrac{\pi}{3}$,且 $x\neq 2k\pi+\dfrac{2}{3}\pi, k\in\mathbf{Z}$.

由式(4)得 $2k\pi<x<(2k+1)\pi, k\in\mathbf{Z}$.

取交集得 $x\in\left[-4,-\dfrac{5}{4}\pi\right)\cup\left(\dfrac{\pi}{2},\dfrac{2}{3}\pi\right)\cup\left(\dfrac{2}{3}\pi,\dfrac{3}{4}\pi\right]$,即为原函数定义域.

点评

可将各式的解集画在数轴上,利用数形结合求交集.

▶ **例2** 已知函数 $f(x)=4\cos x\cdot\sin\left(x+\dfrac{7\pi}{6}\right)+a$ 的最大值为2.

(1) 求 a 的值及 $f(x)$ 的最小正周期;

(2) 求 $f(x)$ 的单调递减区间.

(2018 年全国高中数学联赛吉林省预赛题)

解

(1) $f(x) = 4\cos x \cdot \sin\left(x + \dfrac{7\pi}{6}\right) + a = 4\cos x \cdot \left(-\dfrac{\sqrt{3}}{2}\sin x - \dfrac{1}{2}\cos x\right) + a$

$\qquad = -2\sqrt{3}\sin x \cdot \cos x - 2\cos^2 x + 1 - 1 + a$

$\qquad = -\sqrt{3}\sin 2x - \cos 2x - 1 + a$

$\qquad = -2\sin\left(2x + \dfrac{\pi}{6}\right) - 1 + a.$

因此,当 $\sin\left(2x + \dfrac{\pi}{6}\right) = -1$ 时, $f(x)$ 取得最大值 $2 - 1 + a = 1 + a.$

又因为 $f(x)$ 的最大值为 2, 所以 $1 + a = 2$, 即 $a = 1$. $f(x)$ 的最小正周期为 $T = \dfrac{2\pi}{2} = \pi.$

(2) 由(1)得 $f(x) = -2\sin\left(2x + \dfrac{\pi}{6}\right)$, 令

$$2x + \dfrac{\pi}{6} \in \left[-\dfrac{\pi}{2} + 2k\pi, \dfrac{\pi}{2} + 2k\pi\right], k \in \mathbf{Z}.$$

得 $x \in \left[-\dfrac{\pi}{3} + k\pi, \dfrac{\pi}{6} + k\pi\right], k \in \mathbf{Z}.$

因此, $f(x)$ 的单调递减区间为 $\left[-\dfrac{\pi}{3} + k\pi, \dfrac{\pi}{6} + k\pi\right], k \in \mathbf{Z}.$

▶ **例 3** 函数 $f(x) = \dfrac{\sqrt{2}}{2}(\cos x - \sin x) \cdot \sin\left(x + \dfrac{\pi}{4}\right) - 2a\sin x + b(a > 0)$ 的最大值为 1, 最小值为 -4, 求 a, b.

解

$f(x) = \dfrac{\sqrt{2}}{2}(\cos x - \sin x) \cdot \sin\left(x + \dfrac{\pi}{4}\right) - 2a\sin x + b$

$\qquad = -\sin^2 x - 2a\sin x + b + \dfrac{1}{2}.$

令 $t = \sin x, t \in [-1, 1]$, 则问题等价于 $g(t) = -t^2 - 2at + b + \dfrac{1}{2}$ 在 $[-1, 1]$

上的最大值为 1,最小值为 -4.其对称轴 $t_0=-a$.

① 当 $-a\leqslant -1$,即 $a\geqslant 1$ 时,$g(t)$ 在 $[-1,1]$ 上单调递减,$g(t)_{\max}=g(-1)=1$,$g(t)_{\min}=g(1)=-4$.解得 $a=\dfrac{5}{4}$,$b=-1$.

② 当 $-1<-a<0$,即 $0<a<1$ 时,$g(t)_{\max}=g(-a)=1$,$g(t)_{\min}=g(1)=-4$.解得 $a=-1\pm\sqrt{5}$(舍去).

综上:$a=\dfrac{5}{4}$,$b=-1$.

▶ **例 4** 已知 $x,y\in\left[-\dfrac{\pi}{4},\dfrac{\pi}{4}\right]$,$a\in\mathbf{R}$,且 $\begin{cases} x^3+\sin x-2a=0, \\ 4y^3+\sin y\cdot\cos y+a=0, \end{cases}$ 求 $\cos(x+2y)$ 的值.

解

由题设,消去 a,得
$$x^3+\sin x=-8y^3-2\sin y\cdot\cos y,$$
即
$$x^3+\sin x=(-2y)^3+\sin(-2y).$$

设函数 $f(t)=t^3+\sin t$,则函数 $f(t)$ 在 $\left[-\dfrac{\pi}{2},\dfrac{\pi}{2}\right]$ 上为增函数.

又因为 $x\in\left[-\dfrac{\pi}{4},\dfrac{\pi}{4}\right]$,$-2y\in\left[-\dfrac{\pi}{2},\dfrac{\pi}{2}\right]$,且 $f(x)=f(-2y)$,

所以 $x=-2y$,即 $x+2y=0$.

所以 $\cos(x+2y)=1$.

▶ **例 5** 已知 a 为实常数,函数
$$f(x)=\mathrm{e}^{-x}\sin x+ax\ (x\in[0,2\pi]).$$

(1) 记 $f(x)$ 的导函数为 $g(x)$,求 $g(x)$ 在区间 $[0,2\pi]$ 内的单调区间;

(2) 若 $f(x)$ 在区间 $(0,2\pi)$ 的极大值、极小值恰各有一个,求实数 a 的取值范围.

(2015 年全国高中数学联赛四川省预赛题)

解

(1) 由 $f(x)=\mathrm{e}^{-x}\sin x+ax$,知 $g(x)=f'(x)=a-\mathrm{e}^{-x}(\sin x-\cos x)$.

则 $g'(x)=-2\mathrm{e}^{-x}\cos x$.

由 $g'(x)=0$

$\Rightarrow x=\dfrac{\pi}{2}$ 或 $\dfrac{3\pi}{2}$.

由 $g'(x)<0$

$\Rightarrow 0<x<\dfrac{\pi}{2}$ 或 $\dfrac{3\pi}{2}<x<2\pi$.

由 $g'(x)>0$

$\Rightarrow \dfrac{\pi}{2}<x<\dfrac{3\pi}{2}$.

故函数 $g(x)$ 在区间 $[0,2\pi]$ 内的单调递增区间为 $\left[\dfrac{\pi}{2},\dfrac{3\pi}{2}\right]$,单调递减区间为 $\left[0,\dfrac{\pi}{2}\right]$ 及 $\left(\dfrac{3\pi}{2},2\pi\right]$.

(2) 由(1)知 $g(x)$ 在 $x=\dfrac{\pi}{2}$ 处取得极小值,在 $x=\dfrac{3\pi}{2}$ 处取得极大值.

注意到,

$g(0)=a+1, g\left(\dfrac{\pi}{2}\right)=a-\mathrm{e}^{-\frac{\pi}{2}},$

$g\left(\dfrac{3\pi}{2}\right)=a+\mathrm{e}^{-\frac{3\pi}{2}}, g(2\pi)=a+\mathrm{e}^{-2\pi}.$

显然,$g(0)>g\left(\dfrac{3\pi}{2}\right)>g(2\pi)>g\left(\dfrac{\pi}{2}\right)$.

(i) 若 $g\left(\dfrac{\pi}{2}\right)\geqslant 0$,则 $f'(x)>0$,$f(x)$ 在区间 $(0,2\pi)$ 内单调递增.

故 $f(x)$ 在区间 $(0,2\pi)$ 内无极值,矛盾.

于是,$g\left(\dfrac{\pi}{2}\right)<0$.

(ii) 若 $g(2\pi)\leqslant 0$,当 $g\left(\dfrac{3\pi}{2}\right)\leqslant 0$ 时,$f(x)$ 在区间 $(0,2\pi)$ 内至多有一个极值点,矛盾;

当 $g\left(\dfrac{3\pi}{2}\right)>0$ 时,$f(x)$ 在区间 $(0,2\pi)$ 内至少有 3 个极值点,矛盾.

于是,$g(2\pi)>0$.

当 $g\left(\dfrac{\pi}{2}\right)<0$,且 $g(2\pi)>0$ 时,$f(x)$ 在区间 $\left(0,\dfrac{\pi}{2}\right)$ 与 $\left(\dfrac{\pi}{2},2\pi\right)$ 内各有一个

极值点.

所以，$f(x)$ 在区间 $(0,2\pi)$ 的极大值、极小值恰各有一个的充分必要条件是
$$\begin{cases} g(2\pi)=a+\mathrm{e}^{-2\pi}>0, \\ g\left(\dfrac{\pi}{2}\right)=a-\mathrm{e}^{-\frac{\pi}{2}}<0, \end{cases}$$
此时 $-\mathrm{e}^{-2\pi}<a<\mathrm{e}^{-\frac{\pi}{2}}$.

知识桥

二、函数 $y=A\sin(\omega x+\phi)(A>0,\omega>0,x\in \mathbf{R})$ 的图像与性质

1. "五点法"作图

作函数 $y=A\sin(\omega x+\varphi)(A>0,\omega>0,X\in\mathbf{R})$ 的图像通常采用"五点法".

(1) 确定函数的最小正周期 $T=\dfrac{2\pi}{\omega}$;

(2) 分别令 $\omega x+\varphi=0,\dfrac{\pi}{2},\pi,\dfrac{3\pi}{2},2\pi$，得

$$x=\dfrac{-\varphi}{\omega},\dfrac{1}{\omega}\left(\dfrac{\pi}{2}-\varphi\right),\dfrac{1}{\omega}(\pi-\varphi),\dfrac{1}{\omega}\left(\dfrac{3\pi}{2}-\varphi\right),\dfrac{1}{\omega}(2\pi-\varphi),$$

于是得到 5 个关键点

$$\left(-\dfrac{\varphi}{\omega},0\right),\left(\dfrac{1}{\omega}\left(\dfrac{\pi}{2}-\varphi\right),1\right),\left(\dfrac{1}{\omega}(\pi-\varphi),0\right),\left(\dfrac{1}{\omega}\left(\dfrac{3\pi}{2}-\varphi\right),-1\right),$$

$\left(\dfrac{1}{\omega}(2\pi-\varphi),0\right)$;

(3) 描点作图，先作出函数在一个周期内的图像，然后根据函数的周期性，把函数在一个周期内的图像向左、右扩展，得到函数 $y=A\sin(\omega x+\varphi)(A>0,\omega>0,x\in\mathbf{R})$ 的图像.

2. 平移法作图

函数 $y=A\sin(\omega x+\varphi)(A>0,\omega>0,x\in\mathbf{R})$ 的图像可以由函数 $y=\sin x$ 的图像经过平移法得到.

(1) 先伸缩，后平移.

$y=\sin x$ 的图像 $\xrightarrow{\text{所有点横坐标伸长}(0<\omega<1)\text{或缩短}(\omega>1)\text{到原来的}\frac{1}{\omega}\text{倍}}$

$y=\sin \omega x$ 的图像 $\xrightarrow[\text{平移}\left|\frac{\varphi}{\omega}\right|\text{个单位}]{\text{向左}(\varphi>0)\text{或右}(\varphi<0)}$

$y=\sin(\omega x+\varphi)$ 的图像 $\xrightarrow[\text{纵坐标伸长}(A>1)\text{或缩短}(0<A<1)\text{到原来的}A\text{倍}]{\text{所有点横坐标不变}}$

$y=A\sin(\omega x+\varphi)$ 的图像

(2) 先平移,后伸缩.

$y=\sin x$ 的图像 $\xrightarrow[\text{平移}|\varphi|\text{个单位}]{\text{向左}(\varphi>0)\text{或右}(\varphi<0)}$

$y=\sin(x+\varphi)$ 的图像 $\xrightarrow[\text{或缩短}(\omega>1)\text{到原来的}\frac{1}{\omega}\text{倍}]{\text{所有点横坐标伸长}(0<\omega<1)}$

$y=\sin(\omega x+\varphi)$ 的图像 $\xrightarrow[\text{纵坐标伸长}(A>1)\text{或缩短}(0<A<1)\text{到原来的}A\text{倍}]{\text{所有点横坐标不变}}$

$y=A\sin(\omega x+\varphi)$ 的图像

注意:两种变换的顺序不同,平移的量也不同.

3. $y=A\sin(\omega x+\varphi)(A>0,\omega>0,x\in\mathbf{R})$ 的主要性质

定义域	值域	周期	奇偶性	单调递增区间	单调递减区间
$\mathbf{R}$	$[-A,A]$	$\frac{2\pi}{\omega}$	$\varphi\neq\frac{k\pi}{2}$ 时,非奇非偶; $\varphi=k\pi-\frac{\pi}{2}$ 时,偶函数; $\varphi=k\pi$ 时,奇函数.	$\left[\frac{1}{2\omega}(4k\pi-\pi-2\varphi),\frac{1}{2\omega}(4k\pi+\pi-2\varphi)\right]$	$\left[\frac{1}{2\omega}(4k\pi+\pi-2\varphi),\frac{1}{2\omega}(4k\pi+3\pi-2\varphi)\right]$

当 $y=A\sin(\omega x+\varphi)$ 表示一个简谐振动时,A 表示这个量离开平衡位置的最大距离,数 A 叫作此正弦曲线的**振幅**.单位时间内往复振动的次数 $f=\frac{1}{T}=\frac{\omega}{2\pi}$ 叫作振动的**频率**.$\omega x+\varphi$ 叫作**相位**,当 $x=0$ 时,φ 叫作**初相**.

函数 $y=A\sin(\omega x+\varphi)$ 的图像既是轴对称图形,又是中心对称图形.其对称轴为:$x=\frac{1}{\omega}\left(k\pi+\frac{\pi}{2}-\varphi\right),k\in\mathbf{Z}$;对称中心为:$\left(\frac{1}{\omega}(k\pi-\varphi),0\right),k\in\mathbf{Z}$.

类似可以研究函数 $y=A\cos(\omega x+\varphi)(A>0,\omega>0,x\in\mathbf{R})$ 和函数 $y=A\tan(\omega x+\varphi)(A>0,\omega>0,x\in\mathbf{R})$ 的主要性质.

训练营

▶**例6** 设函数 $f(x)=\sin^4\dfrac{kx}{10}+\cos^4\dfrac{kx}{10}$，其中 k 是一个正整数. 若对任意实数 a，均有 $\{f(x)|a<x<a+1\}=\{f(x)|x\in\mathbf{R}\}$，求 k 的最小值.

(2016年全国高中数学联赛题)

解 由条件知

$$f(x)=\left(\sin^2\dfrac{kx}{10}+\cos^2\dfrac{kx}{10}\right)^2-2\sin^2\dfrac{kx}{10}\cdot\cos^2\dfrac{kx}{10}$$

$$=1-\dfrac{1}{2}\sin^2\dfrac{kx}{5}=\dfrac{1}{4}\cos\dfrac{2kx}{5}+\dfrac{3}{4},$$

其中当且仅当

$$x=\dfrac{5m\pi}{k}(m\in\mathbf{Z})$$

时，$f(x)$ 取到最大值.

根据条件知，任意一个长为1的开区间 $(a,a+1)$ 至少包含一个最大值点，从而 $\dfrac{5\pi}{k}<1$，即 $k>5\pi$.

反之，当 $k>5\pi$ 时，任意一个开区间 $(a,a+1)$ 均包含 $f(x)$ 的一个完整周期，此时

$$\{f(x)|a<x<a+1\}=\{f(x)|x\in\mathbf{R}\}$$

成立.

综上可知，正整数 k 的最小值为 $[5\pi]+1=16$.

▶**例7** 求函数 $f(x)=2\sin\left(\dfrac{\pi}{3}-2x\right)$ 的单调区间.

解 $f(x)=2\sin\left(\dfrac{\pi}{3}-2x\right)=-2\sin\left(2x-\dfrac{\pi}{3}\right).$

欲使 $f(x)$ 为单调增函数，只需 $\sin\left(2x-\dfrac{\pi}{3}\right)$ 为单调减函数. 由 $2k\pi+\dfrac{\pi}{2}\leqslant 2x-\dfrac{\pi}{3}\leqslant 2k\pi+\dfrac{3}{2}\pi$，得 $k\pi+\dfrac{5}{12}\pi\leqslant x\leqslant k\pi+\dfrac{11}{12}\pi(k\in\mathbf{Z}).$

欲使 $f(x)$ 为单调减函数，只需 $\sin\left(2x-\dfrac{\pi}{3}\right)$ 为单调增函数．由 $2k\pi-\dfrac{\pi}{2}\leqslant 2x-\dfrac{\pi}{3}\leqslant 2k\pi+\dfrac{\pi}{2}$，得 $k\pi-\dfrac{\pi}{12}\leqslant x\leqslant k\pi+\dfrac{5}{12}\pi(k\in\mathbf{Z})$．

所以，原函数的单调减区间为 $\left[k\pi-\dfrac{\pi}{12},k\pi+\dfrac{5}{12}\pi\right],k\in\mathbf{Z}$；单调增区间为 $\left[k\pi+\dfrac{5}{12}\pi,k\pi+\dfrac{11}{12}\pi\right],k\in\mathbf{Z}$．

点评

先要将函数解析式变为标准形式 $y=A\sin(\omega x+\varphi)(A>0,\omega>0)$，再求解．

▶ **例 8** 若 $x\in\left[-\dfrac{5\pi}{12},-\dfrac{\pi}{3}\right]$，求 $y=\tan\left(x+\dfrac{2\pi}{3}\right)-\tan\left(x+\dfrac{\pi}{6}\right)+\cos\left(x+\dfrac{\pi}{6}\right)$ 的最大值．

解

$$y=\tan\left(x+\dfrac{2\pi}{3}\right)+\cot\left(x+\dfrac{2\pi}{3}\right)+\cos\left(x+\dfrac{\pi}{6}\right)$$

$$=\dfrac{1}{\cos\left(x+\dfrac{2\pi}{3}\right)\cdot\sin\left(x+\dfrac{2\pi}{3}\right)}+\cos\left(x+\dfrac{\pi}{6}\right)$$

$$=\dfrac{2}{\sin\left(2x+\dfrac{4\pi}{3}\right)}+\cos\left(x+\dfrac{\pi}{6}\right).$$

因为 $x\in\left[-\dfrac{5\pi}{12},-\dfrac{\pi}{3}\right]$，所以 $2x+\dfrac{4\pi}{3}\in\left[\dfrac{\pi}{2},\dfrac{2\pi}{3}\right]$，$x+\dfrac{\pi}{6}\in\left[-\dfrac{\pi}{4},-\dfrac{\pi}{6}\right]$，因此 $\dfrac{2}{\sin\left(2x+\dfrac{4\pi}{3}\right)}$ 与 $\cos\left(x+\dfrac{\pi}{6}\right)$ 在 $\left[-\dfrac{5\pi}{12},-\dfrac{\pi}{3}\right]$ 上同为增函数．所以函数的最大值为 $f\left(-\dfrac{\pi}{3}\right)=\dfrac{11}{6}\sqrt{3}$．

点评

当化成一个函数比较困难时，可以考虑利用函数的单调性，证明两个函数在同一个区间的单调性相同，然后在同一个点处取最大（小）值．

▶ **例 9** 已知函数 $f(x) = \dfrac{\sin(\pi x) - \cos(\pi x) + 2}{\sqrt{x}}$ $\left(\dfrac{1}{4} \leqslant x \leqslant \dfrac{5}{4}\right)$，求 $f(x)$ 的最小值.

解

$$f(x) = \dfrac{\sqrt{2}\sin\left(\pi x - \dfrac{\pi}{4}\right) + 2}{\sqrt{x}} \left(\dfrac{1}{4} \leqslant x \leqslant \dfrac{5}{4}\right).$$

设 $g(x) = \sqrt{2}\sin\left(\pi x - \dfrac{\pi}{4}\right)$ $\left(\dfrac{1}{4} \leqslant x \leqslant \dfrac{5}{4}\right)$，则由图 3.1(A) 知 $g(x) \geqslant 0$，且 $g(x)$ 在 $\left[\dfrac{1}{4}, \dfrac{3}{4}\right]$ 上是增函数，在 $\left[\dfrac{3}{4}, \dfrac{5}{4}\right]$ 上是减函数. $y = g(x)$ 的图像关于直线 $x = \dfrac{3}{4}$ 对称，故对任意 $x_1 \in \left[\dfrac{1}{4}, \dfrac{3}{4}\right]$，存在 $x_2 \in \left[\dfrac{3}{4}, \dfrac{5}{4}\right]$，使 $g(x_2) = g(x_1)$.

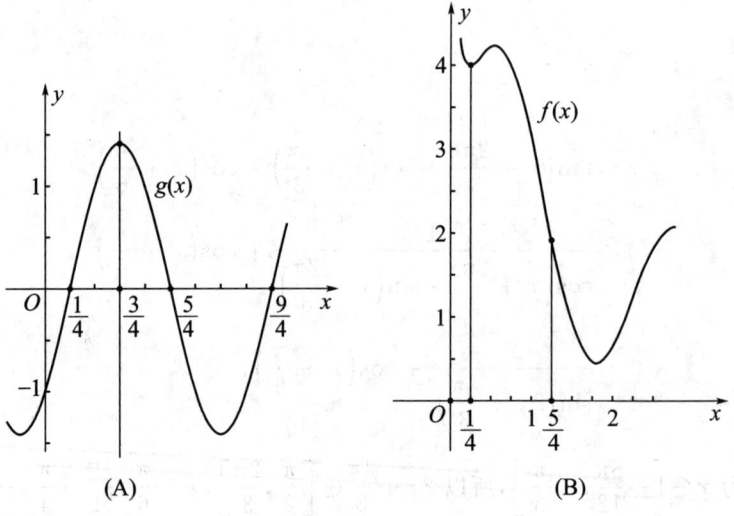

图 3.1

于是由图 3.1(B) 知，$f(x_1) = \dfrac{g(x_1) + 2}{\sqrt{x_1}} = \dfrac{g(x_2) + 2}{\sqrt{x_1}} \geqslant \dfrac{g(x_2) + 2}{\sqrt{x_2}} = f(x_2)$，而 $f(x)$ 在 $\left[\dfrac{3}{4}, \dfrac{5}{4}\right]$ 上是减函数，且 $4 = f\left(\dfrac{1}{4}\right) > f\left(\dfrac{3}{4}\right)$，所以 $f(x) \geqslant f\left(\dfrac{5}{4}\right) = \dfrac{4\sqrt{5}}{5}$，即 $f(x)$ 在 $\left[\dfrac{1}{4}, \dfrac{5}{4}\right]$ 上的最小值是 $\dfrac{4\sqrt{5}}{5}$.

点评

对非常规函数问题,当直接解答较困难或不可能完成时,可以采用迂回战术,利用函数单调性、对称性达到目的,也可以利用微积分解题,还可以用两个函数各自的单调性和最值求解.

因为 $f(x)=\dfrac{\sqrt{2}\sin\left(\pi x-\dfrac{\pi}{4}\right)+2}{\sqrt{x}}\left(\dfrac{1}{4}\leqslant x\leqslant\dfrac{5}{4}\right)$,

令 $g(x)=\sqrt{2}\sin\left(\pi x-\dfrac{\pi}{4}\right)+2\left(\dfrac{1}{4}\leqslant x\leqslant\dfrac{5}{4}\right)$ 在 $x=\dfrac{5}{4}$ 时取最小值,

$s(x)=\sqrt{x}\left(\dfrac{1}{4}\leqslant x\leqslant\dfrac{5}{4}\right)$ 在 $x=\dfrac{5}{4}$ 时取最大值.

所以当 $x=\dfrac{5}{4}$ 时,$f(x)_{\min}=\dfrac{\sqrt{2}\sin\left(\dfrac{5\pi}{4}-\dfrac{\pi}{4}\right)+2}{\sqrt{\dfrac{5}{4}}}=\dfrac{4\sqrt{5}}{5}$.

▶ **例 10** 已知 $f(x)$ 定义在 $(-\infty,1]$ 上,为减函数,且对 $x\in\mathbf{R}$,恒有 $f(k-\sin x)\geqslant f(k^2-\sin^2 x)$,试求 k 的值.

解

原不等式 $\Leftrightarrow\begin{cases}k-\sin x\leqslant 1,\\ k^2-\sin^2 x\leqslant 1,\\ k-\sin x\leqslant k^2-\sin^2 x\end{cases}\Leftrightarrow\begin{cases}k^2\leqslant 1+\sin^2 x,\quad(5)\\ k^2-k+\dfrac{1}{4}\geqslant\left(\sin x-\dfrac{1}{2}\right)^2.\quad(6)\end{cases}$

由式(5)得 $\quad k^2\leqslant\min\limits_{x\in\mathbf{R}}(1+\sin^2 x)=1,$

由式(6)得 $\quad k^2-k+\dfrac{1}{4}\geqslant\max\limits_{x\in\mathbf{R}}\left(\sin x-\dfrac{1}{2}\right)^2=\dfrac{9}{4},$

解得 $\quad k=-1.$

点评

利用函数的单调性,可将问题化为不等式恒成立问题.对不等式恒成立问题,常常利用分离变量法,分离变量后往往用到如下结论:

不等式 $a\leqslant f(x)$ 使 $f(x)$ 的所有定义域 $x\in f_D$ 恒成立的充分必要条件是 $a\leqslant\min\limits_{x\in f_D}f(x)$;

不等式 $a \geqslant f(x)$ 使 $f(x)$ 的所有定义域 $x \in f_D$ 恒成立的充分必要条件是 $a \geqslant \max\limits_{x \in f_D} f(x)$.

存在 $x \in f_D$ 使 $a \geqslant f(x)$ 恒成立的充分必要条件是 $a \geqslant \min\limits_{x \in f_D} f(x)$;

存在 $x \in f_D$ 使 $a \leqslant f(x)$ 恒成立的充分必要条件是 $a \leqslant \max\limits_{x \in f_D} f(x)$.

▶ **例 11** 设 $0 \leqslant \theta \leqslant \dfrac{\pi}{2}$,要使不等式 $\sin^2\theta + 3m\cos\theta - 6m - 4 < 0$ 成立,求实数 m 的取值范围.

解

分离变量 $3m > \dfrac{3 + \cos^2\theta}{\cos\theta - 2} \left(0 \leqslant \theta \leqslant \dfrac{\pi}{2}\right)$ 恒成立,

所以 $3m > \max\limits_{\theta \in \left[0, \frac{\pi}{2}\right]} \dfrac{3 + \cos^2\theta}{\cos\theta - 2}$.

令 $\cos\theta - 2 = t$,$-2 \leqslant t \leqslant -1$,$u = \dfrac{3 + \cos^2\theta}{\cos\theta - 2} = \dfrac{3 + (t+2)^2}{t} = t + \dfrac{7}{t} + 4$.

当 $t = -2$ 时,$u_{\max} = -2 + \left(-\dfrac{7}{2}\right) + 4 = -\dfrac{3}{2}$.

所以 $3m > -\dfrac{3}{2}$,$m > -\dfrac{1}{2}$.

▶ **例 12** 求实数 a 的取值范围,使得对任意实数 x 和任意 $\theta \in \left[0, \dfrac{\pi}{2}\right]$,恒有 $(x + 3 + 2\sin\theta \cdot \cos\theta)^2 + (x + a\sin\theta + a\cos\theta)^2 \geqslant \dfrac{1}{8}$.

解

方法一 利用 $\sqrt{\dfrac{a^2 + b^2}{2}} \geqslant \dfrac{a+b}{2} \Rightarrow a^2 + b^2 \geqslant 2\left(\dfrac{a+b}{2}\right)^2$,可得

$$(x + 3 + 2\sin\theta \cdot \cos\theta)^2 + (x + a\sin\theta + a\cos\theta)^2$$
$$= (x + 3 + 2\sin\theta \cdot \cos\theta)^2 + (-x - a\sin\theta - a\cos\theta)^2$$
$$\geqslant 2\left(\dfrac{x + 3 + 2\sin\theta \cdot \cos\theta - x - a\sin\theta - a\cos\theta}{2}\right)^2.$$

要使 $(x + 3 + 2\sin\theta \cdot \cos\theta)^2 + (x + a\sin\theta + a\cos\theta)^2 \geqslant \dfrac{1}{8}$ 恒成立,只需要

$$2\left(\frac{x+3+2\sin\theta\cdot\cos\theta-x-a\sin\theta-a\cos\theta}{2}\right)^2 \geqslant \frac{1}{8}$$

$$\Leftrightarrow (3+2\sin\theta\cdot\cos\theta-a\sin\theta-a\cos\theta)^2 \geqslant \frac{1}{4}$$

$$\Leftrightarrow a \geqslant \frac{3+2\sin\theta\cdot\cos\theta+\frac{1}{2}}{\sin\theta+\cos\theta} \text{ 或 } a \leqslant \frac{3+2\sin\theta\cdot\cos\theta-\frac{1}{2}}{\sin\theta+\cos\theta}, \theta \in \left[0,\frac{\pi}{2}\right].$$

令 $t=\sin\theta+\cos\theta$,则 $t\in[1,\sqrt{2}]$,$\sin\theta\cdot\cos\theta=\frac{t^2-1}{2}$,

所以 $a \geqslant \max\limits_{\theta\in\left[0,\frac{\pi}{2}\right]} \dfrac{3+2\sin\theta\cdot\cos\theta+\frac{1}{2}}{\sin\theta+\cos\theta} = \max\limits_{t\in[1,\sqrt{2}]}\left(t+\frac{5}{2t}\right)=1+\frac{5}{2}=\frac{7}{2}$,

或 $a \leqslant \min\limits_{\theta\in\left[0,\frac{\pi}{2}\right]} \dfrac{3+2\sin\theta\cdot\cos\theta-\frac{1}{2}}{\sin\theta+\cos\theta} = \min\limits_{t\in[1,\sqrt{2}]}\left(t+\frac{3}{2t}\right)=2\sqrt{\frac{3}{2}}=\sqrt{6}$.

综上,$a\geqslant\dfrac{7}{2}$ 或 $a\leqslant\sqrt{6}$.

方法二 令 $y=x$,则原不等式$\Leftrightarrow$

$$\begin{cases} x-y=0, \\ (x-(-3-2\sin\theta\cdot\cos\theta))^2+(y-(-a\sin\theta-a\cos\theta))^2\geqslant\dfrac{1}{8} \end{cases} \Leftrightarrow$$

点 $P(-3-2\sin\theta\cdot\cos\theta,-a\sin\theta-a\cos\theta)$ 与点 $Q(x,y)$ 的距离的平方$\geqslant\dfrac{1}{8}\Leftrightarrow$

点 $P(-3-2\sin\theta\cdot\cos\theta,-a\sin\theta-a\cos\theta)$ 与点 $Q(x,y)$ 的距离的最小值平方$\geqslant\dfrac{1}{8}\Leftrightarrow$

点 $P(-3-2\sin\theta\cdot\cos\theta,-a\sin\theta-a\cos\theta)$ 到直线 $x-y=0$ 的距离的平方$\geqslant\dfrac{1}{8}$(图 3.2),即

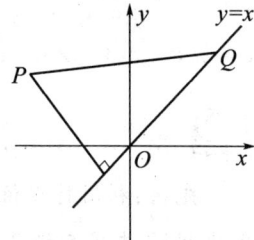

图 3.2

$$\left(\frac{|-3-2\sin\theta\cdot\cos\theta+a\sin\theta+a\cos\theta|}{\sqrt{1+1}}\right)^2 \geqslant \frac{1}{8}. \text{以下同方法一}.$$

▶**例 13** 设函数 $f(x)=3\sin x+2\cos x+1$. 若实数 a,b,c 使得 $af(x)+bf(x-c)=1$ 对任意实数 x 恒成立,求 $\dfrac{b\cos c}{a}$ 的值.

解

先猜后证. 令 $c=\pi$, 则对任意 $x\in\mathbf{R}$, 都有 $f(x)+f(x-c)=2$, 于是取 $a=b=\dfrac{1}{2}, c=\pi$, 则对任意 $x\in\mathbf{R}, af(x)+bf(x-c)=1$, 由此得 $\dfrac{b\cos c}{a}=-1$.

一般地, 由题设可得

$$f(x)=\sqrt{13}\sin(x+\varphi)+1, f(x-c)=\sqrt{13}\sin(x+\varphi-c)+1,$$

其中 $0<\varphi<\dfrac{\pi}{2}$, 且 $\tan\varphi=\dfrac{2}{3}$, 于是 $af(x)+bf(x-c)=1$ 可化为

$$\sqrt{13}a\sin(x+\varphi)+\sqrt{13}b\sin(x+\varphi-c)+a+b=1,$$ 即

$$\sqrt{13}a\sin(x+\varphi)+\sqrt{13}b\sin(x+\varphi)\cdot\cos c-\sqrt{13}b\sin c\cdot\cos(x+\varphi)+(a+b-1)=0. 所以$$

$$\sqrt{13}(a+b\cos c)\cdot\sin(x+\varphi)-\sqrt{13}b\sin c\cdot\cos(x+\varphi)+(a+b-1)=0.$$

由已知条件, 上式对任意 $x\in\mathbf{R}$ 恒成立, 故必有

$$\begin{cases} a+b\cos c=0, & (7) \\ b\sin c=0, & (8) \\ a+b-1=0. & (9) \end{cases}$$

若 $b=0$, 则由式(7)知 $a=0$, 显然不满足式(9), 故 $b\neq 0$. 由式(8)知 $\sin c=0$, 故 $c=2k\pi+\pi$ 或 $c=2k\pi(k\in\mathbf{Z})$. 当 $c=2k\pi$ 时, $\cos c=1$, 则(7), (9)两式矛盾, 故 $c=2k\pi+\pi(k\in\mathbf{Z})$, $\cos c=-1$. 由式(7), (9)知 $a=b=\dfrac{1}{2}$, 所以 $\dfrac{b\cos c}{a}=-1$.

点评

先猜: 利用特殊值、极端值去探索、发现问题的规律; 后证: 利用待定系数法解决问题. 先猜后证是推动数学向前发展的重要手段和方法.

▶ **例 14** (1) 欲使函数 $y=A\sin\omega x(A>0,\omega>0)$ 在闭区间 $[0,1]$ 内至少出现 50 个最小值, 求 ω 的最小值;

(2) 若函数 $y=3\sin\omega x(\omega>0)$ 在 $[a,a+1]$ 内至少出现 50 个最大值, 求 ω 的最小值;

(3) 在平面直角坐标系 xOy 中, 求函数 $f(x)=a\sin ax+\cos ax(a>0)$ 在一个最小正周期长的区间上的图像与函数 $g(x)=\sqrt{a^2+1}$ 的图像所围成的封闭

图形的面积;

(4) 定义区间 (m,n), $[m,n]$, $(m,n]$, $[m,n)$ 的长度为 $n-m$, 其中 $n>m$. 不等式 $\sin x \cdot \cos x + \sqrt{3}\cos^2 x + b > 0, x \in [0,\pi]$ 的解集构成的各区间的长度和超过 $\dfrac{\pi}{3}$, 求实数 b 的取值范围;

(5) 设 ω 为正实数, 若存在 $a,b (\pi \leqslant a < b \leqslant 2\pi)$, 使得 $\sin\omega a + \sin\omega b = 2$, 求 ω 的取值范围.

(2015 年全国高中数学联赛题)

解

(1) 一个周期中出现一次最小值, 而一个周期加 $\dfrac{3}{4}$ 个周期就会出现两次最小值, 所以只需 $49\dfrac{3}{4}$ 个周期就可以保证出现 50 个最小值了.

要使 y 在 $[0,1]$ 上至少出现 50 个最小值, 至少含 $\left(49+\dfrac{3}{4}\right)$ 个周期, 即

$$\begin{cases} 49\dfrac{3}{4}T \leqslant 1, \\ T = \dfrac{2\pi}{\omega}, \end{cases}$$ 解得 $\omega \geqslant \dfrac{199}{2}\pi$. 所以 $\omega_{\min} = \dfrac{199}{2}\pi$.

(2) 与题(1)相比, 虽然 $[a,a+1]$ 的区间长度都是 1, 但是由于 a 是给定的实数, 可以左右平移, 至少要 50 个周期才能保证出现 50 个最大值. 所以

$$\begin{cases} 50T \leqslant 1, \\ T = \dfrac{2\pi}{\omega}, \end{cases}$$ 解得 $\omega \geqslant 100\pi$. 所以 $\omega_{\min} = 100\pi$.

(3) $f(x) = \sqrt{a^2+1}\sin(ax+\varphi)$, 其中 $\varphi = \arctan\dfrac{1}{a}$, 它的最小正周期为 $\dfrac{2\pi}{a}$, 振幅为 $\sqrt{a^2+1}$. 由 $f(x)$ 的图像与 $g(x)$ 的图像围成的封闭图形如图 3.3 (A). 由图 3.3(B)知, $S_1 = S_2, S_3 = S_4$, 故可将图形割补成长为 $\dfrac{2\pi}{a}$、宽为 $\sqrt{a^2+1}$ 的矩形 $ABCD$, 故它的面积是 $\dfrac{2\pi}{a}\sqrt{a^2+1}$.

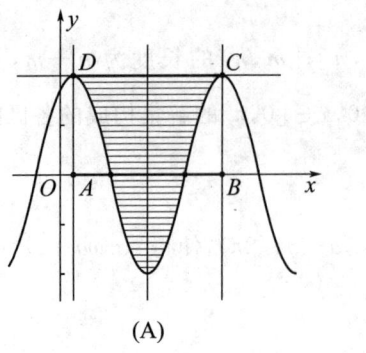
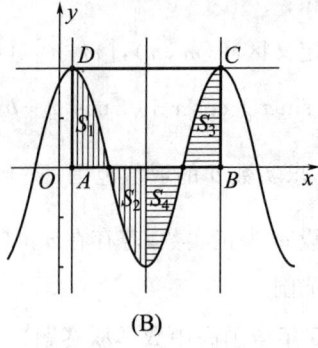

图 3.3

(4) $\sin x \cdot \cos x + \sqrt{3}\cos^2 x + b = \sin\left(2x+\dfrac{\pi}{3}\right) + b + \dfrac{\sqrt{3}}{2}$. 设 $f(x) = \sin\left(2x+\dfrac{\pi}{3}\right)$, 原不等式等价于 $f(x) > -b - \dfrac{\sqrt{3}}{2}, x \in [0, \pi]$.

如图 3.4, 当 $x \in \left[0, \dfrac{\pi}{6}\right]$ 时, 解集区间的长度等于 $\dfrac{\pi}{6}$, 还差 $\dfrac{\pi}{6}$, 所以左边和右边各差 $\dfrac{\pi}{12}$. 当 $x \in \left[\dfrac{\pi}{4}, \dfrac{11\pi}{12}\right]$ 时, $-b - \dfrac{\sqrt{3}}{2} < f(x) = \sin\left(2 \cdot \dfrac{\pi}{4} + \dfrac{\pi}{3}\right) = \dfrac{1}{2}$, 所以 $b > -\dfrac{\sqrt{3}+1}{2}$.

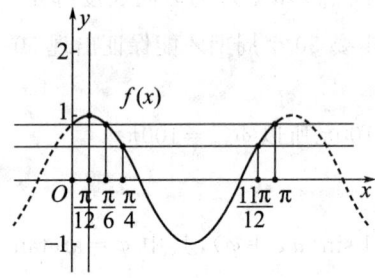

图 3.4

(5) 由

$$\sin\omega a + \sin\omega b = 2,$$

知

$$\sin\omega a = \sin\omega b = 1.$$

而

$$[\omega a, \omega b] \subseteq [\omega\pi, 2\omega\pi],$$

故题目条件等价于:存在整数 $k,l(k<l)$,使得
$$\omega\pi \leqslant 2k\pi + \frac{\pi}{2} < 2l\pi + \frac{\pi}{2} \leqslant 2\omega\pi.$$

当 $\omega \geqslant 4$ 时,区间 $[\omega\pi, 2\omega\pi]$ 的长度不小于 4π,故必存在 k,l 满足上式.

当 $0 < \omega < 4$ 时,注意到 $[\omega\pi, 2\omega\pi] \subseteq (0, 8\pi)$,故仅需考虑如下几种情况:

(i) $\omega\pi \leqslant \frac{\pi}{2} < \frac{5\pi}{2} \leqslant 2\omega\pi$,此时 $\omega \leqslant \frac{1}{2}$ 且 $\omega \geqslant \frac{5}{4}$,无解;

(ii) $\omega\pi \leqslant \frac{5\pi}{2} < \frac{9\pi}{2} \leqslant 2\omega\pi$,此时有 $\frac{9}{4} \leqslant \omega \leqslant \frac{5}{2}$;

(iii) $\omega\pi \leqslant \frac{9\pi}{2} < \frac{13\pi}{2} \leqslant 2\omega\pi$,此时有 $\frac{13}{4} \leqslant \omega \leqslant \frac{9}{2}$,得

$\frac{13}{4} \leqslant \omega < 4$.

综合(i)(ii)(iii),并注意到 $\omega \geqslant 4$ 满足条件,可知
$$\omega \in \left[\frac{9}{4}, \frac{5}{2}\right] \cup \left[\frac{13}{4}, +\infty\right).$$

点评

通过数形结合手段,利用函数的周期性、对称性及割补的思想方法去解决问题.

知识桥

三、三角函数的最值

求三角函数的最值问题就是通过适当的三角变换或代数换元,化归为基本类的三角函数或代数函数,利用三角函数的有界性或常用的求函数最值的方法去处理.

1. $y = a\sin x + b$(或 $y = a\cos x + b$)型,利用 $|\sin x| \leqslant 1$(或 $|\cos x| \leqslant 1$)即可求解,此时必须注意字母 a 的符号对最值的影响.

2. $y = a\sin x + b\cos x$ 型,引入辅助角 φ,化为 $y = \sqrt{a^2 + b^2}\sin(x + \varphi)$,利用函数 $|\sin(x + \varphi)| \leqslant 1$ 可求解.

3. $y = a\sin^2 x + b\sin x + c$(或 $y = a\cos^2 x + b\cos x + c$)型,可令 $t = \sin x$(或

$t=\cos x, |t|\leqslant 1$),化归为在闭区间上的二次函数的最值问题.

4. $y=\dfrac{a\sin x+b}{c\sin x+d}$(或 $y=\dfrac{a\cos x+b}{c\cos x+d}$)型,解出 $\sin x$(或 $\cos x$),利用 $|\sin x|\leqslant 1$(或 $|\cos x|\leqslant 1$)去解,或用分离常数法解决.

5. $y=\dfrac{a\sin x+b}{c\cos x+d}$(或 $y=\dfrac{a\cos x+b}{c\sin x+d}$)型,可化归为 $\sin(x+\varphi)=g(y)$ 处理,或用万能置换公式换元后用判别式法处理. 当 $a=c$ 时,还可利用数形结合的方法处理.

6. 对于含有 $\sin x\pm\cos x, \sin x \cdot \cos x$ 的函数的最值问题,常用的方法是令 $\sin x\pm\cos x=t, |t|\leqslant\sqrt{2}$,将 $\sin x\cdot\cos x$ 转化为 t 的关系式,从而化归为二次函数的最值问题.

7. 在解含参数的三角函数最值问题时,需对参数进行讨论.

8. 可以应用微积分求解.

训练营

▶ **例 15** 已知 $f(x)=2\cos^2 x+\sqrt{3}\sin 2x+a$,若 $x\in\left[0,\dfrac{\pi}{2}\right]$,$|f(x)|<2$,求 a 的取值范围.

解

$$f(x)=\cos 2x+\sqrt{3}\sin 2x+a+1=2\sin\left(2x+\dfrac{\pi}{6}\right)+a+1.$$

因为 $0\leqslant x\leqslant\dfrac{\pi}{2}$,所以 $\dfrac{\pi}{6}\leqslant 2x+\dfrac{\pi}{6}\leqslant\dfrac{7}{6}\pi$,所以 $a\leqslant f(x)\leqslant a+3$.

又因为 $|f(x)|<2$,所以 $[a,a+3]\subset(-2,2)$,

于是 $\begin{cases}a>-2,\\ a+3<2,\end{cases}$ 解得 $-2<a<-1$.

▶ **例 16** 已知 $\alpha,\beta\in\left(0,\dfrac{\pi}{2}\right), \alpha+\beta\neq\dfrac{\pi}{2}$,且 $\sin\beta=\sin\alpha\cdot\cos(\alpha+\beta)$.

(1) 用 $\tan\alpha$ 表示 $\tan\beta$;

(2) 求 $\tan\beta$ 的最大值.

解

(1) $\sin\beta = \sin\alpha \cdot \cos\alpha \cdot \cos\beta - \sin^2\alpha \cdot \sin\beta, \sin\beta(1+\sin^2\alpha)$
$= \sin\alpha \cdot \cos\alpha \cdot \cos\beta.$

因为 $\cos\beta \neq 0, \tan\beta(1+\sin^2\alpha) = \sin\alpha \cdot \cos\alpha$，于是

$$\tan\beta = \frac{\sin\alpha \cdot \cos\alpha}{1+\sin^2\alpha} = \frac{\sin\alpha \cdot \cos\alpha}{2\sin^2\alpha + \cos^2\alpha} = \frac{\tan\alpha}{2\tan^2\alpha + 1}.$$

(2) 令 $x = \tan\alpha (x>0)$，则 $\tan\beta = y = \frac{x}{2x^2+1}$，即 $2yx^2 - x + y = 0$.

$\Delta = 1 - 8y^2 \geq 0$，且 $y > 0$，解得 $0 < y \leq \frac{\sqrt{2}}{4}$.

故 $\tan\beta$ 的最大值是 $\frac{\sqrt{2}}{4}$.

▶ **例 17** 设 $f(x,y,z) = \sin^2(x-y) + \sin^2(y-z) + \sin^2(z-x), x,y,z \in \mathbf{R}$，求 $f(x,y,z)$ 的最大值.

解

$$f(x,y,z) = \sin^2(x-y) + \sin^2(y-z) + \sin^2(z-x)$$

$$= \frac{1}{2}(1-\cos 2(x-y) + 1 - \cos 2(y-z) + 1 - \cos 2(z-x))$$

$$= \frac{3}{2} - \frac{1}{2}((\cos 2x \cdot \cos 2y + \sin 2x \cdot \sin 2y) + (\cos 2y \cdot \cos 2z$$

$$+ \sin 2y \cdot \sin 2z)) - \frac{1}{2}(\cos 2z \cdot \cos 2x + \sin 2z \cdot \sin 2x)$$

$$= \frac{3}{2} - \frac{1}{4}((\cos 2x + \cos 2y + \cos 2z)^2 + (\sin 2x + \sin 2y + \sin 2z)^2 - 3)$$

$$\leq \frac{3}{2} + \frac{3}{4} = \frac{9}{4}.$$

当 $x = \frac{\pi}{3}, y = \frac{2\pi}{3}, z = \frac{3\pi}{3}$ 时，上式可以取到等号. 故函数 $f(x,y,z)$ 的最大值是 $\frac{9}{4}$.

▶ **例 18** 函数 $F(x) = |\cos^2 x + 2\sin x \cdot \cos x - \sin^2 x + Ax + B|$ 在 $0 \leq x \leq$

$\frac{3\pi}{2}$ 上的最大值 M 与参数 A,B 有关.问:A,B 为何值时,M 最小?证明你的结论.

解

方法一 由已知化简,得 $F(x) = \left| \sqrt{2} \sin\left(2x + \frac{\pi}{4}\right) + Ax + B \right|$.

若 $A=B=0, F(x) = \sqrt{2} \left| \sin\left(2x + \frac{\pi}{4}\right) \right|$,当 x 为 $\frac{\pi}{8}, \frac{5}{8}\pi, \frac{9}{8}\pi$ 时,$F(x)$ 取最大值 $M = \sqrt{2}$.

我们证明:对任意实数 A,B,都有 $M \geq \sqrt{2}$.

如果对某一组 A,B,有 $M < \sqrt{2}$,那么 $F\left(\frac{\pi}{8}\right), F\left(\frac{5}{8}\pi\right), F\left(\frac{9}{8}\pi\right)$ 均小于 $\sqrt{2}$,从而

$$\sqrt{2} + \frac{\pi}{8}A + B < \sqrt{2}, \tag{10}$$

$$-\sqrt{2} + \frac{5}{8}\pi A + B > -\sqrt{2}, \tag{11}$$

$$\sqrt{2} + \frac{9}{8}\pi A + B < \sqrt{2}. \tag{12}$$

由(10)+(12)-2×(11)得 $0<0$,矛盾.将以上三式中的严格不等式改为不严格不等式,仍然导出矛盾,除非三式全为等式,而此时有 $A=B=0$.

因此,$M \geq \sqrt{2}$.当且仅当 $A=B=0$ 时,$M=\sqrt{2}$.

方法二 同上知,$F(x) = \left| \sqrt{2} \sin\left(2x + \frac{\pi}{4}\right) + Ax + B \right|$,取 $A=B=0$ 时,$F(x)_{\max} = M = \sqrt{2}$.下面证明 $\sqrt{2}$ 是 M 的最小值,即证明 $A \neq 0, B \neq 0$ 时,$M > \sqrt{2}$.

(i) 当 $A>0, B>0$ 时,取 $x = \frac{\pi}{8}$,

$$M \geq F\left(\frac{\pi}{8}\right) = \left| \sqrt{2} + \frac{1}{8}A\pi + B \right| > \sqrt{2}.$$

(ii) 当 $A<0, B<0$ 时,取 $x = \frac{5\pi}{8}$,

$$M \geq F\left(\frac{5\pi}{8}\right) = \left| -\sqrt{2} - \left(-A\frac{5\pi}{8} - B\right) \right| > \sqrt{2}.$$

(iii) 当 $A>0, B<0$ 时,取 $A \cdot \frac{9\pi}{8} > -B, x = \frac{9\pi}{8}$,

$$M \geq F\left(\frac{9\pi}{8}\right) = \left| \sqrt{2} + \frac{9}{8}A\pi - (-B) \right| > \sqrt{2};$$

取 $A \cdot \dfrac{9\pi}{8} < -B, x = \dfrac{5\pi}{8}$,

$$M \geqslant F\left(\dfrac{5\pi}{8}\right) = \left| -\sqrt{2} - \left(-B - \dfrac{5}{8}A\pi\right) \right| > \sqrt{2}.$$

(iv) 当 $A < 0, B > 0$ 时,

取 $-A \cdot \dfrac{5\pi}{8} > B, x = \dfrac{5\pi}{8}$,

$$M \geqslant F\left(\dfrac{5\pi}{8}\right) = \left| -\sqrt{2} - \left(-\dfrac{5}{8}A\pi - B\right) \right| > \sqrt{2};$$

取 $-A \cdot \dfrac{5\pi}{8} < B, x = \dfrac{\pi}{8}, M \geqslant F\left(\dfrac{\pi}{8}\right) = \left| \sqrt{2} + B - \left(-\dfrac{1}{8}A\pi\right) \right| > \sqrt{2}.$

综上, 当 $A = 0, B = 0$ 时, $M_{\min} = \sqrt{2}$.

▶ **例 19** 已知 $f(x) = -\dfrac{1}{2} + \dfrac{\sin \dfrac{5}{2}x}{\sin \dfrac{1}{2}x} \ (0 < x < \pi)$.

(1) 将 $f(x)$ 表示成关于 $\cos x$ 的多项式;

(2) 求 $f(x)$ 的取值范围;

(3) 若 $f(x) = k(\cos x - 2)$, 其中 $\cos x$ 有两个不同的符号, 求 k 的取值范围.

解

(1) $f(x) = -\dfrac{1}{2} + \dfrac{\sin \dfrac{5}{2}x}{\sin \dfrac{1}{2}x} = \dfrac{\sin \dfrac{5}{2}x - \sin \dfrac{x}{2}}{\sin \dfrac{1}{2}x} + \dfrac{1}{2}$

$= \dfrac{2\cos \dfrac{3}{2}x \cdot \sin x}{\sin \dfrac{1}{2}x} + \dfrac{1}{2} = \dfrac{4\cos \dfrac{3}{2}x \cdot \cos \dfrac{x}{2} \cdot \sin \dfrac{x}{2}}{\sin \dfrac{x}{2}} + \dfrac{1}{2}$

$= 4\cos \dfrac{3x}{2} \cdot \cos \dfrac{x}{2} + \dfrac{1}{2} = 4\cos^2 x + 2\cos x - \dfrac{3}{2}$

$= 4\left(\cos x + \dfrac{1}{4}\right)^2 - \dfrac{7}{4}.$

(2) 由(1)知, $f(x) \in \left[-\dfrac{7}{4}, \dfrac{9}{2}\right)$.

(3) $4\cos^2 x + 2\cos x - \dfrac{3}{2} = k(\cos x - 2)$.

令 $t = \cos x, t \in [-1,1]$，则 $g(t) = 4t^2 + (2-k)t + 2k - \dfrac{3}{2}$. 由一个根在 $[-1,0)$ 上，另一个根在 $(0,1]$ 上，可得 $\begin{cases} g(-1) \geqslant 0, \\ g(1) < 0, \\ g(0) \geqslant 0 \end{cases} \Rightarrow -\dfrac{1}{6} \leqslant k < \dfrac{3}{4}$.

▶ **例 20** 已知 $f(x) = (\sin x + 4\sin\theta + 4)^2 + (\cos x - 5\cos\theta)^2$ 的最小值为 $g(\theta)$，求 $g(\theta)$ 的最大值.

解

方法一

$$f(x) = 8(1+\sin\theta)\sin x - 10\cos\theta \cdot \cos x - 9\sin^2\theta + 32\sin\theta + 42$$
$$= \sqrt{64(1+\sin\theta)^2 + 100\cos^2\theta} \cdot \sin(x+\varphi) - 9\sin^2\theta + 32\sin\theta + 42,$$

所以 $g(\theta) = -\sqrt{64(1+\sin\theta)^2 + 100\cos^2\theta} - 9\sin^2\theta + 32\sin\theta + 42$
$\qquad\quad = -2\sqrt{-9\sin^2\theta + 32\sin\theta + 41} - 9\sin^2\theta + 32\sin\theta + 42.$

令 $t = \sqrt{-9\sin^2\theta + 32\sin\theta + 41}, t \in [0,8]$，

则 $g(\theta) = t^2 - 2t + 1 = (t-1)^2$，所以 $g(\theta)_{\max} = (8-1)^2 = 49$.

方法二 在平面直角坐标系中，令 $A(\cos x, 4+\sin x), B(5\cos\theta, -4\sin\theta)$，则有 $|AB|^2 = (\cos x - 5\cos\theta)^2 + (\sin x + 4\sin\theta + 4)^2$，即 $f(x) = |AB|^2$.

如图 3.5，点 A 在圆 $x^2 + (y-4)^2 = 1$ 上运动，点 B 在椭圆 $\dfrac{x^2}{25} + \dfrac{y^2}{16} = 1$ 上运动. 对于椭圆上任一点 B，$g(\theta)$ 为 B 到圆心 $C(0,4)$ 的距离减 1 再平方，即

$$g(\theta) = (\sqrt{(5\cos\theta)^2 + (4\sin\theta + 4)^2} - 1)^2.$$

而椭圆 $\dfrac{x^2}{25} + \dfrac{y^2}{16} = 1$ 在圆 $x^2 + (y-4)^2 = 64$ 内，即

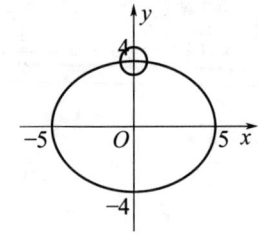

图 3.5

$C(0,4)$ 到椭圆 $\dfrac{x^2}{25} + \dfrac{y^2}{16} = 1$ 距离的最大值为 8，于是 $g(\theta) \leqslant (8-1)^2 = 49$，$g(\theta)_{\max} = 49$.

当 $x = -\dfrac{\pi}{2}, \theta = \dfrac{\pi}{2}$ 时可取得最值.

▶ **例 21** 已知实数 a, b, A, B，且 $f(\theta) = 1 - a\cos\theta - b\sin\theta - A\cos 2\theta - B\sin 2\theta$. 求证：如果对所有实数 θ，有 $f(\theta) \geqslant 0$，则 $a^2 + b^2 \leqslant 2$，并且 $A^2 + B^2 \leqslant 1$.

证明

利用辅助角公式有

$$f(\theta) = 1 - a\cos\theta - b\sin\theta - A\cos 2\theta - B\sin 2\theta$$
$$= 1 - \sqrt{a^2+b^2}\cos(\theta-\alpha) - \sqrt{A^2+B^2}\cos(\theta-\beta).$$

令 $r = \sqrt{a^2+b^2}, R = \sqrt{A^2+B^2}$，

则 $f(\theta) = 1 - r\cos(\theta-\alpha) - R\cos(\theta-\beta)$.

先证明 $a^2 + b^2 \leqslant 2$.

分别令 $\theta = \alpha + 45°, \theta = \alpha - 45°$，得

$$f(\alpha + 45°) = 1 - \frac{r}{\sqrt{2}} - R\cos 2(\alpha - \beta + 45°) \geqslant 0, \quad (13)$$

$$f(\alpha - 45°) = 1 - \frac{r}{\sqrt{2}} - R\cos 2(\alpha - \beta - 45°)$$
$$= 1 - \frac{r}{\sqrt{2}} + R\cos 2(\alpha - \beta + 45°) \geqslant 0, \quad (14)$$

由 (13) + (14) 得 $2\left(1 - \frac{r}{\sqrt{2}}\right) \geqslant 0$，即 $r^2 = a^2 + b^2 \leqslant 2$.

再证明 $A^2 + B^2 \leqslant 1$.

分别令 $\theta = \beta, \theta = \beta + \pi$，得

$$f(\beta) = 1 - r\cos(\beta-\alpha) - R\cos 0 = 1 - r\cos(\beta-\alpha) - R \geqslant 0, \quad (15)$$

$$f(\beta + \pi) = 1 - r\cos(\beta - \alpha + \pi) - R\cos 2\pi$$
$$= 1 + r\cos(\beta - \alpha) - R \geqslant 0, \quad (16)$$

由 (15) + (16) 得 $R = A^2 + B^2 \leqslant 1$.

▶ **例 22** 设函数 $f(x) = 1 + \frac{2x + \sin x}{x^4 + x^2 + \cos x}$ 的最大值为 M，最小值为 m，求 $M + m$.

解

设 $F(x) = f(x) - 1$，易知 $F(x)$ 为奇函数，其图像关于原点对称.

由于 $F_{\min}(x) = m - 1, F_{\max}(x) = M - 1$，所以 $-(m-1) = M - 1$，

所以 $M + m = 2$.

▶ **例 23** 已知函数 $f(x)=|\sin x|$ 的图像与直线 $y=kx(k>0)$ 有且仅有 3 个交点,交点的横坐标的最大值为 α.求证:

$$\frac{\cos\alpha}{\sin\alpha+\sin 3\alpha}=\frac{1+\alpha^2}{4\alpha}.$$

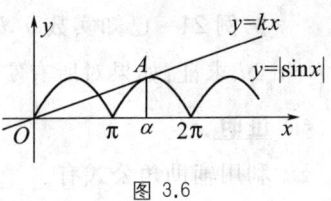

图 3.6

证明

$f(x)$ 的图像与直线 $y=kx(k>0)$ 的 3 个交点如图 3.6 所示,且在横坐标 $\left(\pi,\dfrac{3\pi}{2}\right)$ 内相切,其切点为 $A(\alpha,-\sin\alpha),\alpha\in\left(\pi,\dfrac{3\pi}{2}\right)$.

由于 $f'(x)=-\cos x,x\in\left(\pi,\dfrac{3}{2}\pi\right)$,

所以 $-\cos\alpha=-\dfrac{\sin\alpha}{\alpha}$,即 $\alpha=\tan\alpha$.

因此 $\dfrac{\cos\alpha}{\sin\alpha+\sin 3\alpha}=\dfrac{\cos\alpha}{2\sin 2\alpha\cdot\cos\alpha}=\dfrac{1}{4\sin\alpha\cdot\cos\alpha}=\dfrac{\cos^2\alpha+\sin^2\alpha}{4\sin\alpha\cdot\cos\alpha}$

$$=\dfrac{1+\tan^2\alpha}{4\tan\alpha}=\dfrac{1+\alpha^2}{4\alpha}.$$

 点评

对与曲线的切线有关的问题,用微积分可以使解题较为简便.

例 24 设函数 $f(x)=\dfrac{\sin x}{2+\cos x}$.

(1) 求 $f(x)$ 的单调区间;

(2) 如果对任何 $x\geqslant 0$,都有 $f(x)\leqslant ax$,求 a 的取值范围.

解

(1) $f'(x)=\dfrac{(2+\cos x)\cdot\cos x-\sin x\cdot(-\sin x)}{(2+\cos x)^2}=\dfrac{2\cos x+1}{(2+\cos x)^2}$.

当 $2k\pi-\dfrac{2\pi}{3}<x<2k\pi+\dfrac{2\pi}{3}(k\in\mathbf{Z})$ 时,$\cos x>-\dfrac{1}{2}$,即 $f'(x)>0$;

当 $2k\pi+\dfrac{2\pi}{3}<x<2k\pi+\dfrac{4\pi}{3}(k\in\mathbf{Z})$ 时,$\cos x<-\dfrac{1}{2}$,即 $f'(x)<0$.

因此,$f(x)$ 在每一个区间 $\left(2k\pi-\dfrac{2\pi}{3},2k\pi+\dfrac{2\pi}{3}\right)(k\in\mathbf{Z})$ 内是增函数,

在每一个区间 $\left(2k\pi+\dfrac{2\pi}{3}, 2k\pi+\dfrac{4\pi}{3}\right)(k\in \mathbf{Z})$ 内是减函数.

(2) 若按常规,分离变量 $a\geqslant \max\limits_{x\geqslant 0}\dfrac{f(x)}{x}=\max\limits_{x\geqslant 0}\dfrac{\sin x}{x(2+\cos x)}$,无论是求导数还是其他方法都无法求解. 只能寻求满足 $f(x)\leqslant ax$ 的必要条件,再逐步完善.

令 $g(x)=ax-f(x)$,则
$$g'(x)=a-\dfrac{2\cos x+1}{(2+\cos x)^2}=a-\dfrac{2}{2+\cos x}+\dfrac{3}{(2+\cos x)^2}$$
$$=3\left(\dfrac{1}{2+\cos x}-\dfrac{1}{3}\right)^2+a-\dfrac{1}{3}.$$

故当 $a\geqslant \dfrac{1}{3}$ 时,$g'(x)\geqslant 0$.

又 $g(0)=0$,所以当 $x\geqslant 0$ 时,$g(x)\geqslant g(0)=0$,即 $f(x)\leqslant ax$.

对于 $a<\dfrac{1}{3}$,找到反例,即存在 x 不满足 $f(x)\leqslant ax$,亦即存在 x 满足 $f(x)>ax$.

采用放缩来加强命题 $f(x)=\dfrac{\sin x}{2+\cos x}>\dfrac{\sin x}{2+1}>ax$,下面只需要找出存在 x,满足 $\sin x>3ax$ 即可.

令 $h(x)=\sin x-3ax$,则 $h'(x)=\cos x-3a$.

若 $h'(x)>0\Leftrightarrow \begin{cases}\cos x>3a,\\ x\geqslant 0\end{cases}\Leftrightarrow 0\leqslant x<\arccos 3a$,

但是此处由 $\cos x$ 有意义,需要 $0<3a<1\Leftrightarrow 0<a<\dfrac{1}{3}$. 对于 $a\leqslant 0$ 要另行讨论.

所以有如下解法:

(i) 当 $0<a<\dfrac{1}{3}$ 时,令 $h(x)=\sin x-3ax$,则 $h'(x)=\cos x-3a$.

故当 $x\in [0,\arccos 3a)$ 时,$h'(x)>0$.

因此,$h(x)$ 在 $[0,\arccos 3a)$ 上单调递增.

当 $x\in (0,\arccos 3a)$ 时,$h(x)>h(0)=0$,即 $\sin x>3ax$.

于是,当 $x\in (0,\arccos 3a)$ 时,$f(x)=\dfrac{\sin x}{2+\cos x}>\dfrac{\sin x}{3}>ax$.

(ii) 当 $a\leqslant 0$ 时,有 $f\left(\dfrac{\pi}{2}\right)=\dfrac{1}{2}>0\geqslant a\cdot \dfrac{\pi}{2}$.

因此,a 的取值范围是 $\left[\dfrac{1}{3},+\infty\right)$.

点评

解题过程中遇到困难时,可先退到简单而不失本质的地方,再逐步迂回前进.在本题的迂回过程中,我们采用了加强命题的手段,通过微积分来解决问题.

例 25 设 $a,b\in\mathbf{R}^+,n\in\mathbf{N}^*$,求 $y=\dfrac{a}{\sin^n\theta}+\dfrac{b}{\cos^n\theta},\theta\in\left(0,\dfrac{\pi}{2}\right)$ 的最小值.

解

$$y^2=\left(\dfrac{a}{\sin^n\theta}+\dfrac{b}{\cos^n\theta}\right)\left(\dfrac{a}{\sin^n\theta}+\dfrac{b}{\cos^n\theta}\right)\underbrace{(\sin^2\theta+\cos^2\theta)(\sin^2\theta+\cos^2\theta)\cdots(\sin^2\theta+\cos^2\theta)}_{n\text{个}}$$

$$\geqslant\left(\left(\left(\dfrac{a}{\sin^n\theta}\right)^2(\sin^2\theta)^n\right)^{\frac{1}{n+2}}+\left(\left(\dfrac{b}{\cos^n\theta}\right)^2(\cos^2\theta)^n\right)^{\frac{1}{n+2}}\right)^{n+2}$$

$$=(a^{\frac{2}{n+2}}+b^{\frac{2}{n+2}})^{n+2},$$

所以 $y\geqslant(a^{\frac{2}{n+2}}+b^{\frac{2}{n+2}})^{\frac{n+2}{2}}$,

当且仅当 $\dfrac{\dfrac{a}{\sin^n\theta}}{\dfrac{b}{\cos^n\theta}}=\dfrac{\sin^2\theta}{\cos^2\theta}\Leftrightarrow\tan^{n+2}\theta=\dfrac{a}{b}\Leftrightarrow\theta=\arctan\left(\dfrac{a}{b}\right)^{\frac{1}{n+2}}$ 时,上式等号成立.

故当 $\theta=\arctan\left(\dfrac{a}{b}\right)^{\frac{1}{n+2}}$ 时,y 取最小值 $(a^{\frac{2}{n+2}}+b^{\frac{2}{n+2}})^{\frac{n+2}{2}}$.

例 26 设 $p,q\in\mathbf{R},x\in\left(0,\dfrac{\pi}{2}\right)$,求函数 $f(x)=\dfrac{p}{\sqrt{\sin x}}+\dfrac{q}{\sqrt{\cos x}}$ 的最小值.

解

方法一 赫尔德不等式

取 $\alpha=\dfrac{5}{4},\beta=5$,则 $\dfrac{1}{\alpha}+\dfrac{1}{\beta}=1$.

利用赫尔德不等式:若 $a_i,b_i(1\leqslant i\leqslant n)$ 是 $2n$ 个正实数,$\alpha+\beta=1,\alpha\beta>0$,则

$$\sum_{i=1}^{n}a_i^\alpha b_i^\beta\leqslant\left(\sum_{i=1}^{n}a_i\right)^\alpha\left(\sum_{i=1}^{n}b_i\right)^\beta.$$

当 $i=2$ 时,$a_1^\alpha b_1^\beta+a_2^\alpha b_2^\beta\leqslant(a_1+a_2)^\alpha(b_1+b_2)^\beta.$

于是 $p^{\frac{4}{5}}+q^{\frac{4}{5}} = \dfrac{p^{\frac{4}{5}}}{(\sin x)^{\frac{2}{5}}}(\sin x)^{\frac{2}{5}}+\dfrac{q^{\frac{4}{5}}}{(\cos x)^{\frac{2}{5}}}(\cos x)^{\frac{2}{5}}$

$$= \left(\dfrac{p}{\sqrt{\sin x}}\right)^{\frac{4}{5}}(\sin^2 x)^{\frac{1}{5}}+\left(\dfrac{q}{\sqrt{\cos x}}\right)^{\frac{4}{5}}(\cos^2 x)^{\frac{1}{5}}$$

$$\leqslant \left(\dfrac{p}{\sqrt{\sin x}}+\dfrac{q}{\sqrt{\cos x}}\right)^{\frac{4}{5}}(\sin^2 x+\cos^2 x)^{\frac{1}{5}},$$

所以 $f(x) = \dfrac{p}{\sqrt{\sin x}}+\dfrac{q}{\sqrt{\cos x}} \geqslant (p^{\frac{4}{5}}+q^{\frac{4}{5}})^{\frac{5}{4}}$,

当且仅当 $\dfrac{\frac{p}{\sqrt{\sin x}}}{\frac{q}{\sqrt{\cos x}}} = \dfrac{\sin^2 x}{\cos^2 x} \Rightarrow \tan x = \left(\dfrac{p}{q}\right)^{\frac{2}{5}}$ 时,等号成立.

方法二 卡尔松不等式

$\dfrac{p}{\sqrt{\sin x}}$	$\dfrac{p}{\sqrt{\sin x}}$	$\dfrac{p}{\sqrt{\sin x}}$	$\dfrac{p}{\sqrt{\sin x}}$	$\sin^2 x$
$\dfrac{q}{\sqrt{\cos x}}$	$\dfrac{q}{\sqrt{\cos x}}$	$\dfrac{q}{\sqrt{\cos x}}$	$\dfrac{q}{\sqrt{\cos x}}$	$\cos^2 x$

由卡尔松不等式,

$$(f(x))^{\frac{4}{5}} = \left(\left(\dfrac{p}{\sqrt{\sin x}}+\dfrac{q}{\sqrt{\cos x}}\right)\left(\dfrac{p}{\sqrt{\sin x}}+\dfrac{q}{\sqrt{\cos x}}\right)\left(\dfrac{p}{\sqrt{\sin x}}\right.\right.$$

$$\left.\left.+\dfrac{q}{\sqrt{\cos x}}\right)\left(\dfrac{p}{\sqrt{\sin x}}+\dfrac{q}{\sqrt{\cos x}}\right)\right)^{\frac{1}{5}} \cdot (\sin^2 x+\cos^2 x)^{\frac{1}{5}}$$

$$\geqslant p^{\frac{4}{5}}+q^{\frac{4}{5}},$$

所以 $f(x) \geqslant (p^{\frac{4}{5}}+q^{\frac{4}{5}})^{\frac{5}{4}}$,

当且仅当 $\dfrac{\frac{p}{\sqrt{\sin x}}}{\frac{q}{\sqrt{\cos x}}} = \dfrac{\sin^2 x}{\cos^2 x} \Rightarrow \tan x = \left(\dfrac{p}{q}\right)^{\frac{2}{5}}$ 时,等号成立.

方法三 构造数字

设 $t = \dfrac{p}{\sqrt{\sin x}}+\dfrac{q}{\sqrt{\cos x}}$,则 $1 = \dfrac{p}{t\sqrt{\sin x}}+\dfrac{q}{t\sqrt{\cos x}}$.

联想 $1 = \sin^2 x + \cos^2 x$,

$$5 = 4+1 = 4\left(\frac{p}{t\sqrt{\sin x}} + \frac{q}{t\sqrt{\cos x}}\right) + \sin^2 x + \cos^2 x$$

$$= \left(4 \cdot \frac{p}{t\sqrt{\sin x}} + \sin^2 x\right) + \left(4 \cdot \frac{q}{t\sqrt{\cos x}} + \cos^2 x\right)$$

$$\geqslant 5 \frac{\sqrt[5]{p^4} + \sqrt[5]{q^4}}{\sqrt[5]{t^4}},$$

所以 $f(x) = t \geqslant (p^{\frac{4}{5}} + q^{\frac{4}{5}})^{\frac{5}{4}}$,

当且仅当 $\dfrac{\frac{p}{\sqrt{\sin x}}}{\frac{q}{\sqrt{\cos x}}} = \dfrac{\sin^2 x}{\cos^2 x} \Rightarrow \tan x = \left(\dfrac{p}{q}\right)^{\frac{2}{5}}$ 时,等号成立.

演习场

习题 3

1. 设函数 $f(x)=2x-\cos x$，$\{a_n\}$ 是公差为 $\frac{\pi}{8}$ 的等差数列，
$$f(a_1)+f(a_2)+\cdots+f(a_5)=5\pi,$$
求 $(f(a_3))^2-a_1a_5$ 的值.

(2016 年全国高中数学联赛湖南省预赛题)

2. 设 $f(x)$ 是定义在 **R** 上的以 2 为周期的偶函数，在区间 $[0,1]$ 上严格递减，且满足 $f(\pi)=1, f(2\pi)=2$，

求不等式组 $\begin{cases} 1 \leqslant x \leqslant 2, \\ 1 \leqslant f(x) \leqslant 2 \end{cases}$ 的解集.

(2018 年全国高中数学联赛题)

3. 已知将函数 $g(x)=\cos x$ 的图像上所有点的纵坐标伸长到原来的 2 倍（横坐标不变），再将所得到的图像向右平移 $\frac{\pi}{2}$ 个单位长度，得到函数 $y=f(x)$ 的图像，且关于 x 的方程 $f(x)+g(x)=m$ 在 $[0,2\pi)$ 内有两个不同的解 $\alpha、\beta$.

(1) 求满足题意的实数 m 的取值范围；

(2) 求 $\cos(\alpha-\beta)$（用含 m 的式子表示）.

(2018 年河北省数学竞赛高三试题)

4. 设 $f(x)=\cos(\omega x)$ 的最小正周期为 6，求 $f(1)+f(2)+\cdots+f(2018)$ 的值.

(2018 年全国高中数学联赛天津市预赛题)

5. 已知函数 $f(x)$ 是定义在 $[-4,+\infty)$ 的增函数，要使得对于定义域内的一切实数 x，不等式 $f(\cos x-b^2) \geqslant f(\sin^2 x-b-3)$ 恒成立，求实数 b 的范围.

(2016 年全国高中数学联赛河北省预赛题)

6. 已知实数 x,y 满足 $x^2+2\cos y=1$，求 $x-\cos y$ 的取值范围.

(2017 年全国高中数学联赛题)

7. 求证：在区间 $\left(0,\frac{\pi}{2}\right)$ 内存在唯一的实数对 (c,d)，$c,d \in \left(0,\frac{\pi}{2}\right)$，且 $c<d$，使得 $\sin(\cos c)=c, \cos(\sin d)=d$ 成立.

8. 如图 3.7,设点 P 在以 A 为圆心,半径为 1 的圆弧 $\overset{\frown}{BC}$ 上运动(包含 B、C 两个端点),$\angle BAC = \dfrac{2}{3}\pi$,且 $\overrightarrow{AP} = x\overrightarrow{AB} + y\overrightarrow{AC}$,求 $x + y + xy$ 的取值范围.

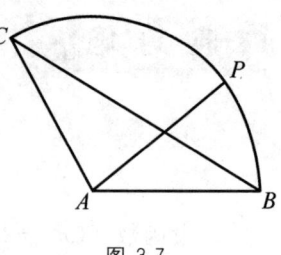

图 3.7

9. 函数 $f(x) = \sin \omega x\,(\omega > 0)$ 的图像与其对称轴在 y 轴右侧的交点从左到右依次记为 $A_1, A_2, A_3, \cdots, A_n, \cdots$,在点列 $\{A_n\}$ 中存在 3 个不同的点 A_k、A_i、A_p,使得 $\triangle A_k A_i A_p$ 是等腰直角三角形.将满足上述条件的 ω 值从小到大组成的数列记为 $\{\omega_n\}$,求 ω_{2019} 的值.

10. 已知函数 $f(x) = a\sin x - \dfrac{1}{2}\cos 2x + a - \dfrac{3}{a} + \dfrac{1}{2}$,$a \in \mathbf{R}$ 且 $a \neq 0$.

(1) 若对任意 $x \in \mathbf{R}$,都有 $f(x) \leqslant 0$,求 a 的取值范围;

(2) 若 $a \geqslant 2$,且存在 $x \in \mathbf{R}$,使得 $f(x) \leqslant 0$,求 a 的取值范围.

(2012 年全国高中数学联赛题)

11. 设 $x + \sin x \cdot \cos x - 1 = 0$,

$2\cos y - 2y + \pi + 4 = 0$.

求 $\sin(2x - y)$ 的值.

(2015 年全国高中数学联赛四川省预赛题)

12. 已知函数 $f(x) = \dfrac{\sqrt{3}}{2}\sin 2x - \dfrac{1}{2}(\cos^2 x - \sin^2 x) - 1$,$x \in \mathbf{R}$.

将函数 $f(x)$ 的图像向左平移 $\dfrac{\pi}{6}$ 个单位后得到函数 $g(x)$ 的图像.设 $\triangle ABC$ 三个角 A、B、C 的对边分别为 a、b、c.

(1) 若 $c = \sqrt{7}$,$f(C) = 0$,$\sin B = 3\sin A$,求 a,b 的值;

(2) 若 $g(B) = 0$,$\overrightarrow{m} = (\cos A, \cos B)$,$\overrightarrow{n} = (1, \sin A - \cos A \cdot \tan B)$,求 $\overrightarrow{m} \cdot \overrightarrow{n}$ 的取值范围.

(2018 年全国高中数学联赛甘肃省预赛题)

13. 已知函数 $f(x) = |\sin x|$,$x \in \mathbf{R}$.

(1) 证明:$\sin 1 \leqslant f(x) + f(x+1) \leqslant 2\cos \dfrac{1}{2}$;

(2) 证明:对任意的正整数 n,有
$$\dfrac{f(n)}{n} + \dfrac{f(n+1)}{n+1} + \cdots + \dfrac{f(3n-1)}{3n-1} > \dfrac{\sin 1}{2}.$$

(2017 年全国高中数学联赛湖北省预赛题)

14. 已知函数 $f(x) = \dfrac{m - 2\sin x}{\cos x}$ 在区间 $\left(0, \dfrac{\pi}{2}\right)$ 上单调递减，试求实数 m 的取值范围.

15. 已知 $F(a, \theta) = \dfrac{a^2 + 2a\sin\theta + 2}{a^2 + 2a\cos\theta + 2}$ $(a, \theta \in \mathbf{R}$，且 $a \neq 0)$ 对于任意的 a, θ 恒成立，求 $F(a, \theta)$ 的取值范围.

16. 已知 $\alpha, \beta, \gamma \in \left(0, \dfrac{\pi}{2}\right)$，$\cos\alpha + \cos\beta + \cos\gamma = 1$，求 $\tan^2\alpha + \tan^2\beta + 8\tan^2\gamma$ 的最小值.

17. 设 x_1, x_2, x_3, x_4 为正实数，且 $x_1 + x_2 + x_3 + x_4 = \pi$，求表达式 $f(x_1, x_2, x_3, x_4) = \prod\limits_{i=1}^{4}\left(2\sin^2 x_i + \dfrac{1}{\sin^2 x_i}\right)$ 的最小值.

18. 已知关于 x 的方程 $x^3\sin\theta - (\sin\theta - 2)x^2 + 6x - 4 = 0$ 有 3 个正实根，求 $u = \dfrac{9\sin^2\theta + 3 - 4\sin\theta}{(1 - \cos\theta)(2\cos\theta - 6\sin\theta - 3\sin 2\theta + 2)}$ 的最小值.

19. 是否存在函数 $f: \mathbf{R} \to \mathbf{R}$，使得对一切实数 x, y，$f(x + f(y)) = f(x) + \sin y$ 恒成立？

20. 设函数 $f(x), g(x)$ 对任意实数 x 均有 $-\dfrac{\pi}{2} < f(x) + g(x) < \dfrac{\pi}{2}$，且 $-\dfrac{\pi}{2} < f(x) - g(x) < \dfrac{\pi}{2}$. 求证：对任意 $x \in \mathbf{R}$，均有 $\cos f(x) > \sin g(x)$；并由此证明，对任意 $x \in \mathbf{R}$，均有 $\cos(\cos x) > \sin(\sin x)$.

21. 设函数 $f(x)$ 对所有实数 x 都满足 $f(x + 2\pi) = f(x)$. 求证：存在 4 个函数 $f_i(x)(i = 1, 2, 3, 4)$，满足：

(1) 对 $i = 1, 2, 3, 4$，$f_i(x)$ 是偶函数，且对任意实数 x，有 $f_i(x + \pi) = f_i(x)$；

(2) 对任意实数 x，有 $f(x) = f_1(x) + f_2(x)\cos x + f_3(x)\sin x + f_4(x)\sin 2x$.

22. 设 $a_1, a_2, \cdots, a_n$ 是实常数，x 是实变数，而且
$$f(x) = \cos(a_1 + x) + \dfrac{1}{2}\cos(a_2 + x)$$
$$+ \dfrac{1}{4}\cos(a_3 + x) + \cdots + \dfrac{1}{2^{n-1}}\cos(a_n + x).$$

已知 $f(x_1) = f(x_2) = 0$，求证：$x_2 - x_1 = m\pi$，其中 m 是整数.

23. 求实数 a 的取值范围,使不等式 $\sin 2\theta - (2\sqrt{2}+\sqrt{2}a)\sin\left(\theta+\dfrac{\pi}{4}\right) - \dfrac{2\sqrt{2}}{\cos\left(\theta-\dfrac{\pi}{4}\right)} > -3-2a$ 在 $\theta\in\left[0,\dfrac{\pi}{2}\right]$ 时恒成立.

24. 已知 $\theta_i \in \left(0,\dfrac{\pi}{2}\right)$, $\tan\theta_1 \cdot \tan\theta_2 \cdot \cdots \cdot \tan\theta_n = 2^{\frac{n}{2}}$, $n\in \mathbf{N}^*$. 若对任意一组满足上述条件的 $\theta_1,\theta_2,\cdots,\theta_n$,都有 $\cos\theta_1+\cos\theta_2+\cdots+\cos\theta_n \leqslant \lambda$,求 λ 的最小值.

第四讲 反三角函数与三角方程

4.1 反三角函数

知识桥

一、反正弦函数、反余弦函数与反正切函数

1. 函数 $y = \sin x, x \in \left[-\dfrac{\pi}{2}, \dfrac{\pi}{2}\right]$ 的反函数叫作反正弦函数,记作 $y = \arcsin x, x \in [-1, 1]$.

2. 函数 $y = \cos x, x \in [0, \pi]$ 的反函数叫作反余弦函数,记作 $y = \arccos x, x \in [-1, 1]$.

3. 函数 $y = \tan x, x \in \left(-\dfrac{\pi}{2}, \dfrac{\pi}{2}\right)$ 的反函数叫作反正切函数,记作 $y = \arctan x$.

二、反三角函数的主要性质

反三角函数	$y = \arcsin x$	$y = \arccos x$	$y = \arctan x$
定义域	$[-1, 1]$	$[-1, 1]$	$(-\infty, +\infty)$
值域	$\left[-\dfrac{\pi}{2}, \dfrac{\pi}{2}\right]$	$[0, \pi]$	$\left(-\dfrac{\pi}{2}, \dfrac{\pi}{2}\right)$
奇偶性	奇函数	非奇非偶函数	奇函数
单调性	增函数	减函数	增函数

(续表)

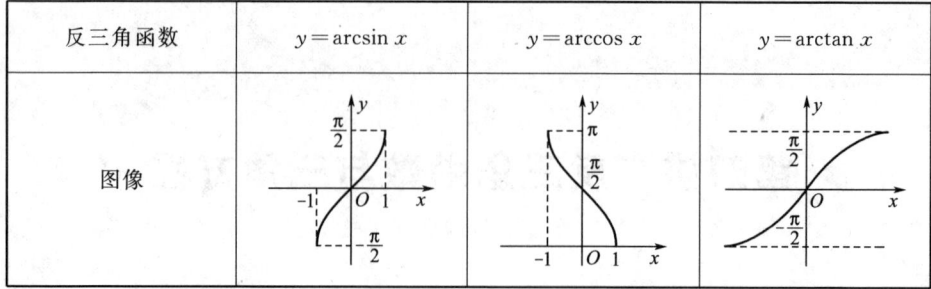

反三角函数	$y=\arcsin x$	$y=\arccos x$	$y=\arctan x$
图像			

三、反三角函数的运算

1. 反三角函数的三角运算

$$\sin(\arcsin x)=x(|x|\leqslant 1);$$
$$\cos(\arccos x)=x(|x|\leqslant 1);$$
$$\tan(\arctan x)=x(x\in \mathbf{R}).$$

2. 负数的反三角函数表示

$$\arcsin(-x)=-\arcsin x;$$
$$\arccos(-x)=\pi-\arccos x;$$
$$\arctan(-x)=-\arctan x.$$

3. 三角函数的反三角运算

$$\arcsin(\sin x)=x, x\in\left[-\frac{\pi}{2},\frac{\pi}{2}\right];$$
$$\arccos(\cos x)=x, x\in[0,\pi];$$
$$\arctan(\tan x)=x, x\in\left(-\frac{\pi}{2},\frac{\pi}{2}\right).$$

反三角函数的计算可通过设角,得角的已知三角函数值和角的范围,从而把反三角函数的计算问题转化为先求三角函数值的问题.

训练营

▶ **例 1** 如图 4.1(A),已知矩形 $ABCD$ 满足 $AB=5, AC=\sqrt{34}$,沿平行于 AD 的线段 EF 向上翻折(点 E 在线段 AB 上运动,点 F 在线段 CD 上运动),得到如图 4.1(B)所示的三棱柱 $ABE-DCF$.

(1) 若图(B)中△ABG 是直角三角形,这里 G 是线段 EF 上的点,试求线段

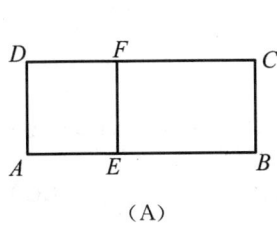
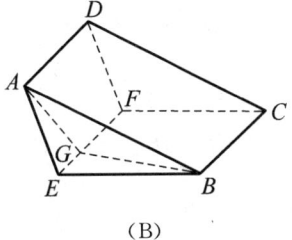

(A)   (B)

图 4.1

EG 的长度 x 的取值范围.

(2) 若 EG 的长度为取值范围内的最大整数,且线段 AB 的长度取得最小值,求二面角 C-EF-D 的值;

(3) 在(1)与(2)的条件都满足的情况下,求三棱锥 A-BFG 的体积.

(2018 年全国高中数学联赛广东省预赛题)

解

(1) 由题设条件可知 $\triangle AEG$、$\triangle BEG$ 均为直角三角形,因此
$$AG^2 = AE^2 + x, \quad BG^2 = BE^2 + x^2.$$

由余弦定理
$$AB^2 = AE^2 + BE^2 - 2AE \cdot BE \cos \angle AEB,$$

于是
$$2x^2 + AE^2 + BE^2 = AB^2 = AE^2 + BE^2 - 2AE \cdot BE \cos \angle AEB,$$
$$x^2 = -AE \cdot BE \cos \angle AEB < AE \cdot BE = t(5-t) = -t^2 + 5t \leqslant 2.5^2.$$

所以 $x \in [0, 2.5)$. 又对任意 $k \in [0, 2.5)$,
$$AE = EB = 2.5, \angle AEB = \pi - \arccos \frac{k^2}{2.5^2},$$

则 $x = \sqrt{-AE \cdot BE \cos \angle AEB} = k$, 故 x 的取值范围为 $[0, 2.5)$.

(2) 因为 $AE \perp EF$, $BE \perp EF$, 所以 $\angle AEB$ 就是二面角 C-EF-D 的平面角. 又由(1)知 EG 的长度 x 为 $[0, 2.5)$ 的最大整数,因此 $x = 2$. 于是
$$AB^2 = t^2 + (5-t)^2 + 4 = 2t^2 - 10t + 29, t \in (0, 5).$$

因此 $t = 2.5$ 时,线段 AB 的长度取得最小值,由此得
$$2 = -\frac{25}{4} \cos \angle AEB, \angle AEB = \pi - \arccos \frac{8}{25}.$$

(3) 由(1)(2)知 $\angle AEB = \pi - \arccos \frac{8}{25}$,

$$AE = EB = \frac{5}{2}, AG = BG = \frac{\sqrt{41}}{2}, EG = 2,$$

且 $EF = \sqrt{AC^2 - AB^2} = \sqrt{34 - 25} = 3.$

因为 $AE \perp EF, BE \perp EF, AE \cap BE = E$,所以 $EF \perp$ 平面 EAB,故

$$V_{A\text{-}BFG} = V_{A\text{-}BEF} - V_{A\text{-}BEG} = \frac{1}{3}(S_{\triangle AEB} \cdot EF - S_{\triangle AGB} \cdot EG)$$

$$= \frac{1}{3}\left(\left(\frac{1}{2} AE^2 \sin \angle AEB\right) EF - \frac{1}{2} BG^2 EG\right)$$

$$= \frac{1}{6}\left(\frac{25}{4}\sqrt{1 - \frac{64}{625}} \times 3 - \frac{41}{4} \times 2\right) = \frac{3\sqrt{561} - 82}{24}.$$

▶ **例 2** 设函数 $f(x) = x^2 - \pi x, \alpha = \arcsin \frac{1}{3}, \beta = \operatorname{arccot} \frac{4}{5}, \gamma = \arccos\left(-\frac{1}{3}\right), \delta = \operatorname{arccot}\left(-\frac{5}{4}\right)$,试比较 $f(\alpha), f(\beta), f(\gamma), f(\delta)$ 的大小.

解

方法一 函数 $f(x)$ 的图像关于 $x = \frac{\pi}{2}$ 对称,在 $\left(-\infty, \frac{\pi}{2}\right)$ 上单调递减,在 $\left(\frac{\pi}{2}, +\infty\right)$ 上单调递增,且当 $\left|x_1 - \frac{\pi}{2}\right| > \left|x_2 - \frac{\pi}{2}\right|$ 时,$f(x_1) > f(x_2)$.

又 $0 < \alpha < \frac{\pi}{6}, \frac{\pi}{4} < \beta < \frac{\pi}{3}, \frac{\pi}{2} < \gamma < \frac{2}{3}\pi, \frac{3}{4}\pi < \delta < \frac{5}{6}\pi$,故有

$$0 < \left|\gamma - \frac{\pi}{2}\right| < \frac{\pi}{6} < \left|\beta - \frac{\pi}{2}\right| < \frac{\pi}{4} < \left|\delta - \frac{\pi}{2}\right| < \frac{\pi}{3} < \left|\alpha - \frac{\pi}{2}\right| < \frac{\pi}{2}.$$

即有 $f(\alpha) > f(\delta) > f(\beta) > f(\gamma)$.

方法二 $\alpha, \beta, \gamma, \delta$ 的复数形式依次为

$$\alpha = \operatorname{Arg}(2\sqrt{2} + \mathrm{i}), \beta = \operatorname{Arg}(4 + 5\mathrm{i}),$$

$$\gamma = \operatorname{Arg}(-1 + 2\sqrt{2}\mathrm{i}), \delta = \operatorname{Arg}(-5 + 4\mathrm{i}),$$

$\therefore \alpha = \arctan \frac{\sqrt{2}}{4}, \beta = \arctan \frac{5}{4},$

$$\gamma = \pi + \arctan(-2\sqrt{2}) = \pi - \arctan 2\sqrt{2},$$

$$\delta = \pi + \arctan\left(-\frac{4}{5}\right) = \pi - \arctan \frac{4}{5}.$$

又∵ $f(x)$ 的对称轴为 $\frac{\pi}{2}$,

∴ $f(x)$ 在 $\left[0, \frac{\pi}{2}\right]$ 上递减,且 $f(x)=f(\pi-x)$,于是有

$$f(\alpha)=f\left(\arctan\frac{\sqrt{2}}{4}\right), f(\beta)=f\left(\arctan\frac{5}{4}\right),$$

$$f(\gamma)=f(\pi-\arctan 2\sqrt{2})=f(\arctan 2\sqrt{2}),$$

$$f(\delta)=f\left(\pi-\arctan\frac{4}{5}\right)=f\left(\arctan\frac{4}{5}\right).$$

又∵ $\frac{\sqrt{2}}{4}<\frac{4}{5}<\frac{5}{4}<2\sqrt{2}$,

∴ $0<\arctan\frac{\sqrt{2}}{4}<\arctan\frac{4}{5}<\arctan\frac{5}{4}<\arctan 2\sqrt{2}$,即 $f(\alpha)>f(\delta)>f(\beta)>f(\gamma)$.

点评

也可以利用几何意义,在复平面上作出 $\alpha, \beta, \gamma, \delta$ 及 $\pi-\gamma, \pi-\delta$,再利用 $f(x)$ 在 $\left[0, \frac{\pi}{2}\right]$ 上递减得出 $f(\alpha)>f(\delta)>f(\beta)>f(\gamma)$.

▶ **例 3** 设 $x_1、x_2、x_3$ 是方程 $x^3-17x-18=0$ 的 3 个根,$-4<x_1<-3$ 且 $4<x_3<5$.

(1) 求 x_2 的整数部分;

(2) 求 $\arctan x_1+\arctan x_2+\arctan x_3$ 的值.

(2018 年全国高中数学联赛天津市预赛题)

解

由于 $x_1、x_2、x_3$ 是方程的根,我们有

$$x^3-17x-18=(x-x_1)(x-x_2)(x-x_3).$$

比较两端的系数可得

$$x_1+x_2+x_3=0,$$
$$x_1x_2+x_2x_3+x_3x_1=-17,$$
$$x_1x_2x_3=18.$$

(1) 由 $x_1\in(-4,-3)$ 和 $x_3\in(4,5)$ 可知 $x_2=-x_1-x_3\in(-2,0)$.注意

$f(x)=x^3-17x-18$ 满足
$$f(0)=-18<0, f(-1)=-2<0, f(-2)=8>0,$$
所以 $f(x)$ 在区间 $(-2,-1)$ 上有一个根,即 $x_2\in(-2,-1)$. 因此 x_2 的整数部分为 -1.

(2) 设 $\arctan x_i=\theta_i, i=1,2,3.$ 由(1)知 $\theta_1, \theta_2 \in \left(-\dfrac{\pi}{2}, -\dfrac{\pi}{4}\right)$,且 $\theta_3 \in \left(\dfrac{\pi}{4}, \dfrac{\pi}{2}\right)$,因此 $\theta_1+\theta_2+\theta_3 \in \left(-\dfrac{3\pi}{4}, 0\right)$.

注意到 $\tan(\theta_1+\theta_2)=\dfrac{\tan\theta_1+\tan\theta_2}{1-\tan\theta_1\cdot\tan\theta_2}=\dfrac{x_1+x_2}{1-x_1x_2}$,从而

$$\tan(\theta_1+\theta_2+\theta_3)=\dfrac{\tan(\theta_1+\theta_2)+\tan\theta_3}{1-\tan(\theta_1+\theta_2)\cdot\tan\theta_3}$$

$$=\dfrac{\dfrac{x_1+x_2}{1-x_1x_2}+x_3}{1-x_3\dfrac{x_1+x_2}{1-x_1x_2}}$$

$$=\dfrac{x_1+x_2+x_3-x_1x_2x_3}{1-(x_1x_2+x_2x_3+x_3x_1)}$$

$$=\dfrac{0-18}{1-(-17)}=-1.$$

这表明 $\theta_1+\theta_2+\theta_3=-\dfrac{\pi}{4}$,即 $\arctan x_1+\arctan x_2+\arctan x_3=-\dfrac{\pi}{4}$,

▶ **例 4** 数列 $\{a_n\}$ 满足 $a_1=\dfrac{\pi}{6}, a_{n+1}=\arctan(\sec a_n)(n\in \mathbf{N}^*)$,求正整数 m,使得

$$\sin a_1 \cdot \sin a_2 \cdot \cdots \cdot \sin a_m = \dfrac{1}{100}.$$

(2014 年全国高中数学联赛题)

解

由已知条件可知,对任意正整数 $n, a_{n+1}\in\left(-\dfrac{\pi}{2}, \dfrac{\pi}{2}\right)$,且

$$\tan a_{n+1}=\sec a_n. \tag{1}$$

由于 $\sec a_n>0$,故 $a_{n+1}\in\left(0, \dfrac{\pi}{2}\right)$,由式(1)得

$$\tan^2 a_{n+1} = \sec^2 a_n = 1 + \tan^2 a_n,$$

故

$$\tan^2 a_n = n - 1 + \tan^2 a_1 = n - 1 + \frac{1}{3} = \frac{3n-2}{3},$$

即

$$\tan a_n = \sqrt{\frac{3n-2}{3}}.$$

因此

$$\sin a_1 \cdot \sin a_2 \cdots \sin a_m = \frac{\tan a_1}{\sec a_1} \cdot \frac{\tan a_2}{\sec a_2} \cdots \frac{\tan a_m}{\sec a_m}$$

$$= \frac{\tan a_1}{\tan a_2} \cdot \frac{\tan a_2}{\tan a_3} \cdots \frac{\tan a_m}{\tan a_{m+1}} (\text{利用式}(1))$$

$$= \frac{\tan a_1}{\tan a_{m+1}}$$

$$= \sqrt{\frac{1}{3m+1}}.$$

由

$$\sqrt{\frac{1}{3m+1}} = \frac{1}{100},$$

得 $m = 3333$.

▶ **例 5** 在 $\triangle ABC$ 中,$y = \arccos(\sin A) + \arccos(\sin B) + \arccos(\sin C)$,求 y 的取值范围.

解

(i) 若 $\triangle ABC$ 为锐角三角形,

则 $\arccos(\sin A) = \arccos\left(\cos\left(\frac{\pi}{2} - A\right)\right) = \frac{\pi}{2} - A > 0$,

故 $y = \left(\frac{\pi}{2} - A\right) + \left(\frac{\pi}{2} - B\right) + \left(\frac{\pi}{2} - C\right) = \frac{\pi}{2}$.

(ii) 若 $\triangle ABC$ 为非锐角三角形,不妨设 A 为最大角,则

$$\arccos(\sin A) = \arccos\left(\cos\left(\frac{\pi}{2} - A\right)\right) = \arccos\left(\cos\left(A - \frac{\pi}{2}\right)\right)$$

$$= A - \frac{\pi}{2} \geqslant 0,$$

$$y = \left(A - \frac{\pi}{2}\right) + \left(\frac{\pi}{2} - B\right) + \left(\frac{\pi}{2} - C\right) = 2A - \frac{\pi}{2} \in \left[\frac{\pi}{2}, \frac{3}{2}\pi\right).$$

综上,y 的取值范围是 $\left[\frac{\pi}{2}, \frac{3}{2}\pi\right)$.

▶ **例 6** 求下列各式的值：

(1) $\arcsin\left(\sin\left(-\frac{13}{4}\pi\right)\right)$；

(2) $\arccos\left(\cos\frac{11}{6}\pi\right)$；

(3) $\arctan\frac{1}{7} + 2\arcsin\frac{1}{\sqrt{10}}$；

(4) $\arcsin(\sin 2000°)$.

解

(1) $\arcsin\left(\sin\left(-\frac{13}{4}\pi\right)\right) = \arcsin\left(\sin\left(-3\pi - \frac{\pi}{4}\right)\right)$

$$= \arcsin\left(\sin\frac{\pi}{4}\right) = \frac{\pi}{4}.$$

(2) $\arccos\left(\cos\frac{11}{6}\pi\right) = \arccos\left(\cos\left(2\pi - \frac{\pi}{6}\right)\right)$

$$= \arccos\left(\cos\frac{\pi}{6}\right) = \frac{\pi}{6}.$$

(3) $\because$ $\tan\left(2\arcsin\frac{1}{\sqrt{10}}\right) = \dfrac{2\tan\left(\arcsin\frac{1}{\sqrt{10}}\right)}{1 - \tan^2\left(\arcsin\frac{1}{\sqrt{10}}\right)} = \dfrac{2 \times \frac{1}{3}}{1 - \left(\frac{1}{3}\right)^2} = \dfrac{3}{4}$,

$\therefore$ $\tan\left(\arctan\frac{1}{7} + 2\arcsin\frac{1}{\sqrt{10}}\right)$

$$= \dfrac{\tan\left(\arctan\frac{1}{7}\right) + \tan\left(2\arcsin\frac{1}{\sqrt{10}}\right)}{1 - \tan\left(\arctan\frac{1}{7}\right)\tan\left(2\arcsin\frac{1}{\sqrt{10}}\right)} = \dfrac{\frac{1}{7} + \frac{3}{4}}{1 - \frac{1}{7} \times \frac{3}{4}} = 1.$$

$\because$ $0 < \arcsin\frac{1}{\sqrt{10}} < \arcsin\frac{\sqrt{2}}{2} = \frac{\pi}{4}, 0 < \arctan\frac{1}{7} < \arctan 1 = \frac{\pi}{4}$,

$\therefore$ $0 < \arctan\frac{1}{7} + 2\arcsin\frac{1}{\sqrt{10}} < \frac{3}{4}\pi$.

$\therefore$ $\arctan\frac{1}{7} + 2\arcsin\frac{1}{\sqrt{10}} = \frac{\pi}{4}$.

(4) $\arcsin(\sin 2000°) = \arcsin(\sin(5 \times 360° + 200°))$

$= \arcsin(\sin 200°)$

$= -\arcsin(\sin 20°) = -20°.$

点评

本例中求角的方法与函数部分基本类似,只是角的范围更加隐蔽,要特别注意.

▶**例 7** 若实数 x 满足 $\arcsin x > \arccos x$,求关系式

$$f(x) = \sqrt{2x^2 - x + 3} + 2^{\sqrt{x^2 - x}}$$

的取值范围.

(2016 年全国高中数学联赛山东省预赛题)

解

由反三角函数定义域,$-1 \leqslant x \leqslant 1$.

若 $-1 \leqslant x \leqslant 0$,则

$$\arcsin x \in \left[-\frac{\pi}{2}, 0\right], \arccos x \in \left[\frac{\pi}{2}, \pi\right],$$

此时 $\arcsin x < \arccos x$,不合条件,故 $0 < x \leqslant 1$.此时

$$\arcsin x \in \left(0, \frac{\pi}{2}\right], \arccos x \in \left[0, \frac{\pi}{2}\right).$$

而 $y = \sin x$ 在区间 $\left[0, \frac{\pi}{2}\right]$ 上为增函数,所以由条件得

$$\sin(\arcsin x) > \sin(\arccos x),$$

即 $x > \sqrt{1-x^2}$,解得 $|x| > \frac{\sqrt{2}}{2}$.又 $0 < x \leqslant 1$,所以 $\frac{\sqrt{2}}{2} < x \leqslant 1$.

而由 $\begin{cases} 2x^2 - x + 3 \geqslant 0, \\ x^2 - x \geqslant 0, \end{cases}$ 知 $x \in (-\infty, 0] \cup [1, +\infty)$.

因此 $x \in \{1\}$,故关系式 $f(x)$ 的取值为 $\{3\}$.

▶**例 8** 已知 $\begin{cases} \arctan x + \frac{1}{2}(2^x - 2^{-x}) - 1 = 0, \\ \arctan 3y + \frac{1}{2}(8^y - 8^{-y}) + 1 = 0, \end{cases}$ 求 $\arctan(x + 3y)$ 的值.

解

后一方程变形为 $\arctan(-3y) + \dfrac{1}{2}(2^{-3y} - 2^{3y}) - 1 = 0$.

由于 $f(x) = \arctan x + \dfrac{1}{2}(2^x - 2^{-x}) - 1$ 为增函数，故由 $f(x) = f(-3y)$，得 $x = -3y$.

因此，$\arctan(x + 3y) = 0$.

▶ **例 9**　若 a, b, c 为一直角三角形的 3 条边（其中 c 为斜边），证明：

$$\operatorname{arccot}\sqrt{\dfrac{c+a}{c-a}} + \operatorname{arccot}\sqrt{\dfrac{c+b}{c-b}} = \dfrac{\pi}{4}.$$

证明

设 α 是已知直角三角形中 a 边的对应角 $\left(0 < \alpha < \dfrac{\pi}{2}\right)$，则 $a = c\sin\alpha$，$b = c\cos\alpha$.

所以左边 $= \operatorname{arccot}\sqrt{\dfrac{1+\sin\alpha}{1-\sin\alpha}} + \operatorname{arccot}\sqrt{\dfrac{1+\cos\alpha}{1-\cos\alpha}}$

$= \operatorname{arccot}\sqrt{\dfrac{1+\cos\left(\dfrac{\pi}{2}-\alpha\right)}{1-\cos\left(\dfrac{\pi}{2}-\alpha\right)}} + \operatorname{arccot}\sqrt{\dfrac{1+\cos\alpha}{1-\cos\alpha}}$

$= \operatorname{arccot}\left|\cot\left(\dfrac{\pi}{4} - \dfrac{\alpha}{2}\right)\right| + \operatorname{arccot}\left|\cot\dfrac{\alpha}{2}\right|$.

因为 $0 < \alpha < \dfrac{\pi}{2}$，所以 $0 < \dfrac{\pi}{4} - \dfrac{\alpha}{2} < \dfrac{\pi}{4}$，

所以 $\cot\left(\dfrac{\pi}{4} - \dfrac{\alpha}{2}\right) > 0$，$\cot\dfrac{\alpha}{2} > 0$.

因此左边 $= \operatorname{arccot}\left(\cot\left(\dfrac{\pi}{4} - \dfrac{\alpha}{2}\right)\right) + \operatorname{arccot}\left(\cot\dfrac{\alpha}{2}\right) = \dfrac{\pi}{4} - \dfrac{\alpha}{2} + \dfrac{\alpha}{2}$

$= \dfrac{\pi}{4} = $ 右边.

▶ **例 10**　求 $\arctan\dfrac{1}{3} + \arctan\dfrac{1}{5} + \arctan\dfrac{1}{7} + \arctan\dfrac{1}{8}$ 的值.

解

方法一 设 $\alpha = \arctan\dfrac{1}{3}, \beta = \arctan\dfrac{1}{5}, \gamma = \arctan\dfrac{1}{7}, \delta = \arctan\dfrac{1}{8}$,

则有 $\tan\alpha = \dfrac{1}{3}, \tan\beta = \dfrac{1}{5}, \tan\gamma = \dfrac{1}{7}, \tan\delta = \dfrac{1}{8}, 0 < \alpha, \beta, \gamma, \delta < \dfrac{\pi}{4}$,

且有 $\tan(\alpha+\beta) = \dfrac{4}{7}, \tan(\gamma+\delta) = \dfrac{3}{11}$,

$\tan(\alpha+\beta+\gamma+\delta) = 1$, 且 $0 < \alpha+\beta+\gamma+\delta < \pi$.

所以 $\arctan\dfrac{1}{3} + \arctan\dfrac{1}{5} + \arctan\dfrac{1}{7} + \arctan\dfrac{1}{8} = \dfrac{\pi}{4}$.

方法二 原式 $= \arg(3+\mathrm{i})(5+\mathrm{i})(7+\mathrm{i})(8+\mathrm{i})$

$\qquad\quad = \arg(650+650\mathrm{i}) = \dfrac{\pi}{4}$.

▶ **例 11** 已知 $0 < x < 1$, 求 $2\arctan\dfrac{1+x}{1-x} + \arcsin\dfrac{1-x^2}{1+x^2}$ 的值.

解

令 $x = \tan\alpha, 0 < \alpha < \dfrac{\pi}{4}$, 则

原式 $= 2\arctan\dfrac{1+\tan\alpha}{1-\tan\alpha} + \arcsin\dfrac{1-\tan^2\alpha}{1+\tan^2\alpha}$

$\quad = 2\arctan\left(\tan\left(\dfrac{\pi}{4}+\alpha\right)\right) + \arcsin(\cos 2\alpha)$

$\quad = 2\arctan\left(\tan\left(\dfrac{\pi}{4}+\alpha\right)\right) + \arcsin\left(\sin\left(\dfrac{\pi}{2}-2\alpha\right)\right)$.

因为 $0 < \alpha < \dfrac{\pi}{4}$, 所以 $\dfrac{\pi}{4} < \alpha+\dfrac{\pi}{4} < \dfrac{\pi}{2}, 0 < \dfrac{\pi}{2}-2\alpha < \dfrac{\pi}{2}$.

所以原式 $= 2\left(\alpha+\dfrac{\pi}{4}\right) + \left(\dfrac{\pi}{2}-2\alpha\right) = \pi$.

▶ **例 12** 求和: $\arctan\dfrac{1}{2} + \arctan\dfrac{1}{8} + \cdots + \arctan\dfrac{1}{2n^2}$.

解

$\dfrac{1}{2n^2} \xrightarrow{\text{联想正切两角差}\atop\text{公式去构造}} \dfrac{2}{4n^2} = \dfrac{(2n+1)-(2n-1)}{(2n+1)(2n-1)+1} \xrightarrow{\text{用反三角函数表示}}$

$$\frac{\tan(\arctan(2n+1))-\tan(\arctan(2n-1))}{1+\tan(\arctan(2n+1))\cdot\tan(\arctan(2n-1))}$$
$$=\tan(\arctan(2n+1)-\arctan(2n+1)).$$

两边同时取反正切,得
$$\arctan\frac{1}{2n^2}=\arctan(2n+1)-\arctan(2n-1).$$

所以原式 $=(\arctan 3-\arctan 1)+(\arctan 5-\arctan 3)$
$$+\cdots+(\arctan(2n+1)-\arctan(2n-1))$$
$$=\arctan(2n+1)-\arctan 1=\arctan\frac{n}{n+1}.$$

▶ **例 13** 求和:$\arcsin\frac{\sqrt{3}}{2}+\arcsin\frac{\sqrt{8}-\sqrt{3}}{6}+\arcsin\frac{\sqrt{15}-\sqrt{8}}{12}+\cdots+$
$\arcsin\frac{\sqrt{(n+1)^2-1}-\sqrt{n^2-1}}{n(n+1)}.$

解

根据反正弦的正弦运算,应将
$$\frac{\sqrt{(n+1)^2-1}-\sqrt{n^2-1}}{n(n+1)}$$

变为正弦或有关的函数.

构造 $\frac{1}{n}=\sin\alpha_n\left(\alpha_n\in\left(0,\frac{\pi}{2}\right]\right)$,

则有 $\arcsin\frac{\sqrt{n^2-1}-\sqrt{(n-1)^2-1}}{n(n-1)}$

$=\arcsin\frac{\cot\alpha_n-\cot\alpha_{n-1}}{\csc\alpha_n\cdot\csc\alpha_{n-1}}=\arcsin(\sin(\alpha_{n-1}-\alpha_n))=\alpha_{n-1}-\alpha_n.$

所以原式 $=(\alpha_1-\alpha_2)+(\alpha_2-\alpha_3)+(\alpha_3-\alpha_4)+\cdots+(\alpha_n-\alpha_{n+1})$
$$=\alpha_1-\alpha_{n+1}=\frac{\pi}{2}-\arcsin\frac{1}{n+1}=\arccos\frac{1}{n+1}.$$

▶ **例 14** 解方程:$\arctan x+\arctan\frac{1-x}{1+x}-x=0.$

解

令 $x = \tan\alpha\left(-\dfrac{\pi}{2} < \alpha < \dfrac{\pi}{2}\text{ 且 }\alpha \neq -\dfrac{\pi}{4}\right)$，

$$y = \arctan(\tan\alpha) + \arctan\dfrac{1-\tan\alpha}{1+\tan\alpha}$$

$$= \arctan(\tan\alpha) + \arctan\left(\tan\left(\dfrac{\pi}{4}-\alpha\right)\right).$$

因为 $-\dfrac{\pi}{2} < \alpha < \dfrac{\pi}{2}$，所以 $-\dfrac{\pi}{4} < \dfrac{\pi}{4} - \alpha < \dfrac{3}{4}\pi$，且 $\dfrac{\pi}{4} - \alpha \neq \dfrac{\pi}{2}$，

所以当 $-\dfrac{\pi}{4} < \alpha < \dfrac{\pi}{2}$ 时，$-\dfrac{\pi}{4} < \dfrac{\pi}{4} - \alpha < \dfrac{\pi}{2}$（此时 $x > -1$），

$y = \alpha + \dfrac{\pi}{4} - \alpha = \dfrac{\pi}{4}$；

当 $-\dfrac{\pi}{2} < \alpha < -\dfrac{\pi}{4}$ 时，$\dfrac{\pi}{2} < \dfrac{\pi}{4} - \alpha < \dfrac{3}{4}\pi$（此时 $x < -1$），

因为 $\tan\left(\dfrac{\pi}{4} - \alpha\right) = \tan\left(\dfrac{\pi}{4} - \alpha - \pi\right)$，且 $-\dfrac{\pi}{2} < \dfrac{\pi}{4} - \alpha - \pi < -\dfrac{\pi}{4}$，

所以 $y = \alpha + \dfrac{\pi}{4} - \alpha - \pi = -\dfrac{3}{4}\pi$.

所以 $y = \begin{cases} \dfrac{\pi}{4}, & x > -1, \\ -\dfrac{3}{4}\pi, & x < -1. \end{cases}$

画出函数 y 和 $y = x$ 的图像，如图 4.2 所示

可得方程的解为 $x = \dfrac{\pi}{4}$ 或 $x = -\dfrac{3}{4}\pi$.

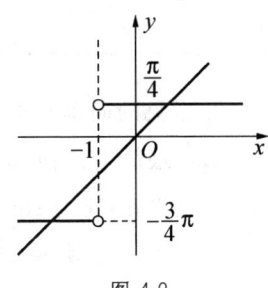

图 4.2

4.2 三角方程

知识桥

含有未知数的三角函数方程叫作三角方程.

1. 最简三角方程的解集

最简三角方程		方程的解集
$\sin x = a$	$\|a\| \leqslant 1$	$\{x \mid x = k\pi + (-1)^k \arcsin a, k \in \mathbf{Z}\}$
	$\|a\| > 1$	$\varnothing$
$\cos x = a$	$\|a\| \leqslant 1$	$\{x \mid x = 2k\pi \pm \arccos a, k \in \mathbf{Z}\}$
	$\|a\| > 1$	$\varnothing$
$\tan x = a$		$\{x \mid x = k\pi + \arctan a, k \in \mathbf{Z}\}$

2. 常见的简单三角方程

(1) 最简型:例如 $a\sin(\omega x + \varphi) + b = 0$.

解题思路:化为 $\sin x = A$ 形式,利用最简三角方程公式解.

(2) 可换元型:例如 $a\sin^2 x + b\sin x + c = 0$.

解题思路:化为 $(A_1 \sin x - B_1)(A_2 \sin x - B_2) = 0$,转化为(1)型.

(3) $a\sin x + b\cos x + c = 0$ 型.

解题思路:利用辅助角转化为(1)型.

(4) 同名等值三角比型:例如 $\sin(\omega_1 x + \varphi_1) = \sin(\omega_2 x + \varphi_2)$.

解题思路:用如下公式化为代数方程求解.

$\sin A = \sin B$	$\cos A = \cos B$	$\tan A = \tan B$	$\cot A = \cot B$
$A = k\pi + (-1)^k B, k \in \mathbf{Z}$	$A = 2k\pi \pm B, k \in \mathbf{Z}$	$A = k\pi + B, k \in \mathbf{Z}$	$A = k\pi + B, k \in \mathbf{Z}$

(5) 关于 $\sin x, \cos x$ 的齐次型:例如 $a\sin^2 x + b\sin x \cdot \cos x + c\cos^2 x = 0$.

解题思路:变形为 $a\tan^2 x + b\tan x + c = 0$,转化为(2)型.

3. 解三角方程的注意点

（1）求某一区间内方程的解,通常应先求出这个方程解的一般形式,然后根据题意确定 k 的取值范围,最后求出方程在指定范围内的解.这样可避免遗漏方程的解.

（2）在使用公式去分母、平方、开方,以及利用正切、余切时,可能会产生增根或失根.因此,在变形过程中要注意每一步的变形是否同解变形,要注意检验.

（3）三角方程的通解表达形式不是唯一的,如果出现不同的表达形式不要大惊小怪.

4. 解三角方程的思路

三角方程 $\xrightarrow{\text{三角变换,代数变形}}$ 最简三角方程 $\xrightarrow{\text{反三角函数}}$ 通解

训练营

▶ **例 1** 当 k 为何值时,方程 $(2-\cos x)k=2+\cos x$ 有实数解?

分析 原方程是以 $\cos x$ 为元的一元一次方程,整理后可转化为 $A\cos x=B$ 的形式,然后分 $A=0$ 与 $A\neq 0$ 两种情况讨论,其中当 $A\neq 0$ 时,注意 $|\cos x|\leqslant 1$.

解

原方程可以化为 $(k+1)\cos x=2k-2$.

当 $k=-1$ 时,此方程无实数解;当 $k\neq -1$ 时,$\cos x=\dfrac{2k-2}{k+1}$.

要使方程有实数解,当且仅当 $\left|\dfrac{2k-2}{k+1}\right|\leqslant 1$,解得 $\dfrac{1}{3}\leqslant k\leqslant 3$.

所以当 $\dfrac{1}{3}\leqslant k\leqslant 3$ 时,原方程有实数解.

点评

解三角方程 $\sin x=a$,$\cos x=a$ 时,需要注意字母 a 的取值范围.特别要注意仅当 $|a|\leqslant 1$ 时方程才有解.

▶ **例 2** 解方程:

(1) $2\sin\left(3x+\dfrac{\pi}{4}\right)=\sqrt{3}$；

(2) $\sin\left(3x+\dfrac{\pi}{3}\right)=\sin 2x$；

(3) $\tan\left(3x+\dfrac{\pi}{3}\right)=5$；　　　　(4) $5\cos\left(3x+\dfrac{\pi}{4}\right)=1$；

(5) $\sin x+\cos x+\tan x+\cot x+\sec x+\csc x+2=0$；

(6) $\tan\left(x+\dfrac{\pi}{4}\right)+\tan\left(x-\dfrac{\pi}{4}\right)=2\cot x$.

解

(1) $3x+\dfrac{\pi}{4}=k\pi+(-1)^k\dfrac{\pi}{3}$，$\therefore$ $x=\dfrac{k\pi}{3}-\dfrac{\pi}{12}+(-1)^k\dfrac{\pi}{9}$，$k\in\mathbf{Z}$.

(2) $3x+\dfrac{\pi}{3}=k\pi+(-1)^k 2x$，

$\therefore$ $x=\begin{cases}\dfrac{2n\pi}{5}-\dfrac{4\pi}{15},&k=2n-1,n\in\mathbf{Z},\\ 2n\pi-\dfrac{\pi}{3},&k=2n,n\in\mathbf{Z}.\end{cases}$

(3) $3x+\dfrac{\pi}{3}=k\pi+\arctan 5$，$\therefore$ $x=\dfrac{k\pi}{3}-\dfrac{\pi}{9}+\dfrac{1}{3}\arctan 5$，$k\in\mathbf{Z}$.

(4) $3x+\dfrac{\pi}{4}=2k\pi\pm\arccos\dfrac{1}{5}$，

$\therefore$ $x=\dfrac{2k\pi}{3}-\dfrac{\pi}{12}\pm\dfrac{1}{3}\arccos\dfrac{1}{5}$，$k\in\mathbf{Z}$.

(5) 原方程即为

$$\sin x+\cos x+\dfrac{1}{\sin x\cdot\cos x}+\dfrac{\sin x+\cos x}{\sin x\cdot\cos x}+2=0.$$

令 $y=\sin x+\cos x$，则 $\sin x\cdot\cos x=\dfrac{y^2-1}{2}$，代入得

$$y+\dfrac{2}{y^2-1}+\dfrac{2y}{y^2-1}+2=0.$$

整理，得 $y(y+1)^2=0$，$\therefore$ $y=0$ 或 $y=-1$.

$\because$ $\sin x\neq 0,\cos x\neq 0$，$\therefore$ $\dfrac{y^2-1}{2}=\sin x\cdot\cos x\neq 0$，$\therefore$ $y\neq -1$.

因此 $y=0$，即 $\sin x+\cos x=0$.

$\therefore$ $\tan x=-1$，$x=k\pi-\dfrac{\pi}{4}$，$k\in\mathbf{Z}$.

所以原方程的解集为 $\left\{x\,\middle|\,x=k\pi-\dfrac{\pi}{4},k\in\mathbf{Z}\right\}$.

(6) 原方程即为

$$\frac{\sin\left(x+\frac{\pi}{4}\right)}{\cos\left(x+\frac{\pi}{4}\right)}+\frac{\sin\left(x-\frac{\pi}{4}\right)}{\cos\left(x-\frac{\pi}{4}\right)}=\frac{2\cos x}{\sin x},$$

去分母,得 $\sin 2x \cdot \sin x = 2\cos\left(x+\frac{\pi}{4}\right)\cos\left(x-\frac{\pi}{4}\right)\cos x,$

即 $\sin 2x \cdot \sin x = \cos 2x \cdot \cos x, \cos 3x = 0,$

$$\therefore x = \frac{k\pi}{3} + \frac{\pi}{6}, k \in \mathbf{Z}.$$

经检验,$x = \frac{k\pi}{3} + \frac{\pi}{6}(k \in \mathbf{Z})$ 是原方程的解.

▶ **例 3** 解方程:$\arccos\left|\frac{x^2-1}{x^2+1}\right| + \arcsin\left|\frac{2x}{x^2+1}\right| + \mathrm{arccot}\left|\frac{x^2-1}{2x}\right| = \pi.$

解

令 $|x| = \tan\alpha, \alpha \in \left(0, \frac{\pi}{2}\right)$,原方程可化为

$$\arccos\left|\frac{\tan^2\alpha-1}{\tan^2\alpha+1}\right| + \arcsin\left|\frac{2\tan\alpha}{1+\tan^2\alpha}\right| + \mathrm{arccot}\left|\frac{1-\tan^2\alpha}{2\tan\alpha}\right| = \pi.$$

当 $\tan\alpha \geqslant 1$,即 $\frac{\pi}{2} > \alpha \geqslant \frac{\pi}{4}$ 时,$\tan^2\alpha - 1 \geqslant 0, \pi > 2\alpha \geqslant \frac{\pi}{2}$,

原方程即为 $\arccos(-\cos 2\alpha) + \arcsin(\sin 2\alpha) + \mathrm{arccot}(-\cot 2\alpha) = \pi,$

所以 $(\pi - 2\alpha) + (\pi - 2\alpha) + (\pi - 2\alpha) = \pi,$

$\alpha = \frac{\pi}{3}$,此时 $x = \pm\sqrt{3}$.

当 $\tan\alpha < 1$,即 $0 < \alpha < \frac{\pi}{4}$ 时,$\tan^2\alpha - 1 < 0,$

原方程即为 $\arccos(\cos 2\alpha) + \arcsin(\sin 2\alpha) + \mathrm{arccot}(\cot 2\alpha) = \pi.$

所以 $6\alpha = \pi, \alpha = \frac{\pi}{6}$,此时 $x = \pm\frac{\sqrt{3}}{3}.$

所以原方程的根为 $x = \pm\sqrt{3}, \pm\frac{\sqrt{3}}{3}.$

点评

注意万能置换公式的应用.

▶ **例 4** 解方程：$\arctan x + \arcsin \dfrac{x}{\sqrt{x^2+\dfrac{9}{4}}} = \dfrac{\pi}{4}$.

解

$$\tan\left(\arcsin \dfrac{x}{\sqrt{x^2+\dfrac{9}{4}}}\right) = \dfrac{\sqrt{x^2+\dfrac{9}{4}}}{\sqrt{1-\left(\dfrac{x}{\sqrt{x^2+\dfrac{9}{4}}}\right)^2}} = \dfrac{2x}{3}.$$

原方程两端取正切值，得 $\tan\left(\arctan x + \arcsin \dfrac{x}{\sqrt{x^2+\dfrac{9}{4}}}\right) = 1$，

即 $\dfrac{x+\dfrac{2}{3}x}{1-x\cdot\dfrac{2}{3}x} = 1$，$\dfrac{5}{3}x = 1 - \dfrac{2}{3}x^2$.

解得 $x = \dfrac{1}{2}$ 或 $x = -3$.

经检验，$x = \dfrac{1}{2}$，$x = -3$ 是原方程的解.

点评

解含有反正弦、反余弦函数的方程时，由于这两类函数的定义域为 $[-1,1]$，求解过程中可能扩大 x 的范围，故需验根.

▶ **例 5** 求区间 $[0, 2\pi]$ 内满足条件 $2\cos x \leqslant \sqrt{1+\sin 2x} + \sqrt{1-\sin 2x} \leqslant \sqrt{2}$ 的实数 x.

解 令 $y = \sqrt{1+\sin 2x} + \sqrt{1-\sin 2x}$，则

$$y^2 = 2 + 2\sqrt{1-\sin^2 2x} = 2 + 2|\cos 2x|.$$

由右端不等式得 $2 + 2|\cos 2x| \leqslant 2$,

∴ $\cos 2x = 0$,解得 $x = \dfrac{k\pi}{2} + \dfrac{\pi}{4}, k \in \mathbf{Z}$.

∵ $x \in [0, 2\pi]$, ∴ $x = \dfrac{\pi}{4}, \dfrac{3}{4}\pi, \dfrac{5}{4}\pi, \dfrac{7}{4}\pi$.

将上述 x 值代入左端不等式,均符合要求.所以符合条件的 x 值的集合为 $\left\{\dfrac{\pi}{4}, \dfrac{3}{4}\pi, \dfrac{5}{4}\pi, \dfrac{7}{4}\pi\right\}$.

▶例 6 (1) 解方程: $16\sin \pi x \cdot \cos \pi x = 16x + \dfrac{1}{x}$;

(2) 方程 $\sqrt{x}\sin(x^2) - 2 = 0$ 在区间 $[0, 20]$ 内有多少个实根?

解

(1) 如图 4.3,当 $x > 0$ 时,$16x + \dfrac{1}{x} \geqslant 8 \left(x = \dfrac{1}{4} \text{时取到等号}\right)$,

而 $16\sin \pi x \cdot \cos \pi x = 8\sin 2\pi x \leqslant 8 \left(x = \dfrac{1}{4} + k, k \in \mathbf{Z} \text{时取到等号}\right)$.

于是当 $x > 0$ 时,方程只有一个解 $x = \dfrac{1}{4}$.

由奇函数的性质,可知 $x = -\dfrac{1}{4}$ 是方程的另一解.

故方程的解集为 $\left\{\dfrac{1}{4}, -\dfrac{1}{4}\right\}$.

(2) 如图 4.4,设 $y = \sqrt{x}\sin(x^2)$.当 $y = 0$ 时,方程的解为 $x = \sqrt{k\pi} \in [0, 20], k \in \mathbf{Z}$,

所以 $x = \sqrt{k\pi} (k = 0, 1, 2, \cdots, 127)$,共有 128 个根.

当 $\sqrt{x} \geqslant 2$ 时,$y = \sqrt{x}\sin(x^2)$ 的图像才有可能与 $y = 2$ 的图像相交,所以 $x \geqslant 4$.

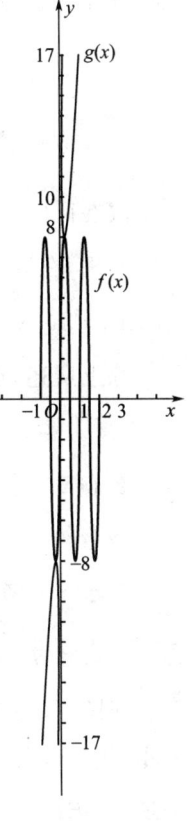

图 4.3

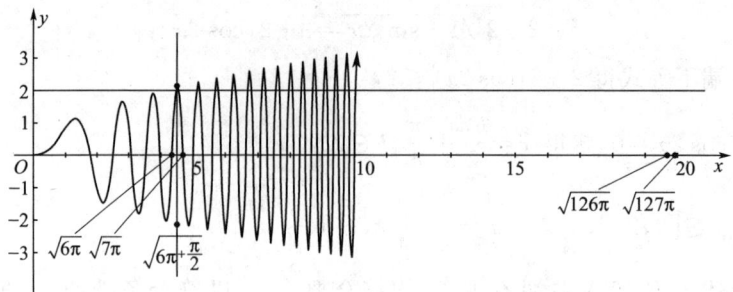

图 4.4

又 $\sqrt{5\pi}<4, \sqrt{6\pi}>4$, 当 $x\in[\sqrt{6\pi},\sqrt{7\pi}]$ 时, $\sqrt{x}\sin(x^2)\geqslant 0$, 函数 $y=\sqrt{x}\sin(x^2)$ 在 $[\sqrt{6\pi},\sqrt{7\pi}]$ 上的图像从点 $(\sqrt{6\pi},0)$ 开始递增, 再递减回到点 $(\sqrt{7\pi},0)$, 且

$$y_{\max}\geqslant \sqrt{\sqrt{6\pi+\frac{\pi}{2}}}\cdot \sin\left(\left(\sqrt{6\pi+\frac{\pi}{2}}\right)^2\right)=\sqrt{\sqrt{6\pi+\frac{\pi}{2}}}>2.$$

故在区间 $[\sqrt{6\pi},\sqrt{7\pi}]$ 内, 方程 $\sqrt{x}\sin(x^2)-2=0$ 有两个实根.

同理, 在区间 $[\sqrt{8\pi},\sqrt{9\pi}]$, $[\sqrt{10\pi},\sqrt{11\pi}]$, $\cdots$, $[\sqrt{126\pi},\sqrt{127\pi}]$ 内, 方程 $\sqrt{x}\sin(x^2)-2=0$ 均有两个实根, 故共有 122 个实根.

综上所述, 在区间 $[0,20]$ 内, 方程 $\sqrt{x}\sin(x^2)-2=0$ 共有 122 个实根.

▶ **例7** 求满足下式的锐角 x: $\sqrt{15-12\cos x}+\sqrt{7-4\sqrt{3}\sin x}=4$.

解

方法一 考虑构造余弦定理.

原式化为 $\sqrt{\sqrt{12}^2+\sqrt{3}^2-2\sqrt{12}\times\sqrt{3}\cos x}+\sqrt{2^2+\sqrt{3}^2-4\sqrt{3}\cos(90°-x)}=4$.

如图 4.5, 在 Rt$\triangle ABC$ 中, 设 $CE=\sqrt{3}$, $\angle ACD=x$, 则 $\angle BCD=90°-x$.

$|AE|+|BE|=4\geqslant |AB|$, 又 $|AB|=\sqrt{12+4}=4$,

所以点 E、D 重合. 设 $|AD|=y$, 于是

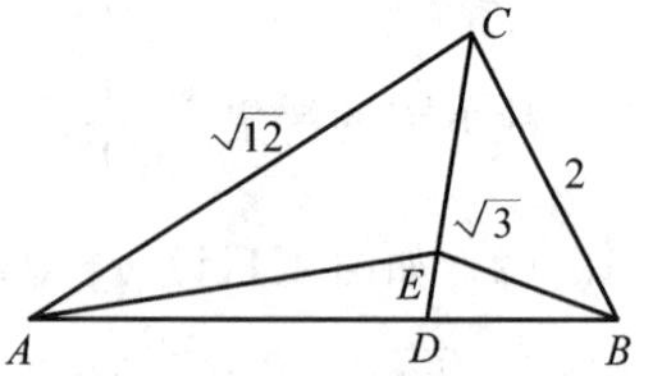

$$S_{\triangle ABC}=2\sqrt{3}=S_{\triangle ACD}+S_{\triangle BCD}$$

$$=\frac{1}{2}\times\sqrt{3}\times(2\sqrt{3}\sin x+2\sin(90°-x))$$

$$\Rightarrow 1=\sin(x+30°)\Rightarrow x=60°.$$

图 4.5

方法二 分子有理化巧妙化简.

因 $\sqrt{15-12\cos x}+\sqrt{7-4\sqrt{3}\sin x}=4$, (1)

则 $\dfrac{(15-12\cos x)-(7-4\sqrt{3}\sin x)}{\sqrt{15-12\cos x}-\sqrt{7-4\sqrt{3}\sin x}}=4$,

故 $\sqrt{15-12\cos x}-\sqrt{7-4\sqrt{3}\sin x}=2-3\cos x+\sqrt{3}\sin x$. (2)

由(1)+(2)整理得:$(\cos x+\sqrt{3}\sin x)^2-4(\cos x+\sqrt{3}\sin x)+4=0$,

则 $\cos x+\sqrt{3}\sin x=2$,从而 $x=60°$.

方法三 朴素的化简运算.

原式化为 $4-\sqrt{15-12\cos x}=\sqrt{7-4\sqrt{3}\sin x}$,

两边平方并整理得:$\sin x-\sqrt{3}\cos x+2\sqrt{3}=2\sqrt{5-4\cos x}$,

即 $-\cos(x+30°)+\sqrt{3}=\sqrt{5-4\cos x}$.

两边平方并整理得:$\cos^2(x+30°)-2\sqrt{3}\cos(x+30°)+4\cos x-2=0$,

即 $\sin^2(x+30°)-2\sin(x+30°)+1=0 \Rightarrow \sin(x+30°)=1$,则 $x=60°$.

方法四 先换元再构造方程组.

令 $\sqrt{15-12\cos x}=a$,$\sqrt{7-4\sqrt{3}\sin x}=b$,

则 $a+b=4$,$\cos x=\dfrac{15-a^2}{12}$,$\sin x=\dfrac{7-b^2}{4\sqrt{3}}=-\dfrac{a^2-8a+9}{4\sqrt{3}}$.

由 $\cos^2 x+\sin^2 x=1$ 得:$a^4-12a^3+54a^2-108a+81=0 \Rightarrow (a-3)^4=0$,

则 $a=3$,即 $\sqrt{15-12\cos x}=3 \Rightarrow x=60°$.

方法五 先转化为解析几何问题,再用三点共线.

原式化为 $\sqrt{(\sqrt{3}\cos x-2\sqrt{3})^2+(\sqrt{3}\sin x)^2}+\sqrt{(\sqrt{3}\cos x)^2+(\sqrt{3}\sin x-2)^2}=4$.

设点 $P(\sqrt{3}\cos x,\sqrt{3}\sin x)$,$A(2\sqrt{3},0)$,$B(0,2)$,则 $|PA|+|PB|=4$.

又因 $|AB|=4$,则点 P 在 AB 上.AB 的方程为 $\dfrac{x}{2\sqrt{3}}+\dfrac{y}{2}=1$,

则 $\dfrac{\sqrt{3}\cos x}{2\sqrt{3}}+\dfrac{\sqrt{3}\sin x}{2}=1$,从而 $x=60°$.

方法六 先数形结合,再构造方程组.

原式化为 $\sqrt{3}\times\sqrt{(2\cos x-1)^2+(2\sin x)^2}+\sqrt{(2\cos x)^2+(2\sin x-\sqrt{3})^2}=4$.

如图 4.6，设点 $P(2\cos x, 2\sin x), A(1,0), B(0,\sqrt{3})$，

则 $\sqrt{3}|PA|+|PB|=4$. (3)

由余弦定理知：$\cos x+\cos\angle POA=\dfrac{5-|PA|^2}{4}$，

$\sin x=\cos\angle POB=\dfrac{7-|PB|^2}{4\sqrt{3}}$，则

$$\dfrac{(5-|PA|^2)^2}{16}+\dfrac{(7-|PB|^2)^2}{48}=1.$$ (4)

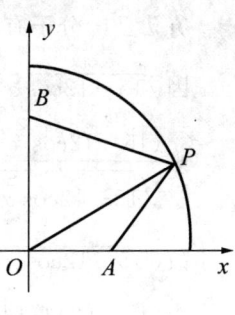

图 4.6

由式(3)(4)知：

$(3|PA|^2-8\sqrt{3}|PA|+9)^2+3(5-|PA|^2)^2=48$.

令 $|PA|=t$，则 $t^4-4\sqrt{3}t^3+18t^2-12\sqrt{3}t+9=0 \Rightarrow (t-\sqrt{3})^4=0 \Rightarrow t=\sqrt{3}$，

从而 $\cos x=\dfrac{1}{2}, x=60°$.

演习场

习题 4

1. 解不等式组 $\begin{cases} \dfrac{x^2+x-2}{x^2+x-6}<0, \\ \cos 5x+\cos x>2\cos 2x. \end{cases}$

2. 解方程：$\log_{\sin 3x}(\cos x-\cos 2x)=1$.

3. 在 $\triangle ABC$ 中，已知 $\cos 3A+\cos 3B+\cos 3C=1$. 证明：$\triangle ABC$ 必定有一个内角是定值.

4. 在 $\triangle ABC$ 中，$\tan \angle CAB=\dfrac{22}{7}$. 从 A 引 BC 的垂线，把 BC 分成长为 3 和 17 的两段，求 $\triangle ABC$ 的面积.

5. 若 $\arcsin(\sin\alpha+\sin\beta)+\arcsin(\sin\alpha-\sin\beta)=\dfrac{\pi}{2}$，求 $\sin^2\alpha+\sin^2\beta$ 的值.

6. 求函数 $y=\arctan x+\arctan\dfrac{1-x}{1+x}$ 的值域.

7. 在直角三角形 ABC 中有一个内接正方形，它的一边在 $\triangle ABC$ 的斜边 BC 上.

    (1) 设 $AB=a$，$\angle ABC=\theta$，用 a 和 θ 表示 $\triangle ABC$ 的面积 S_1 和正方形的面积 S_2；

    (2) 当 a 固定，θ 变化时，求使 $\dfrac{S_1}{S_2}$ 取得最小值的 θ.

8. 求和：$\arctan\dfrac{1}{3}+\arctan\dfrac{1}{7}+\arctan\dfrac{1}{13}+\cdots+\arctan\dfrac{1}{1+n+n^2}$.

9. 求所有的常数 c，使得函数 $f(x)=c+\arctan\dfrac{2-2x}{1+4x}$ 在区间 $\left(-\dfrac{1}{4},\dfrac{1}{4}\right)$ 上为奇函数.

10. 解方程：$\sin^3 x+\cos^5 x=1$.

11. 若 x_1,x_2 是方程 $x^2-6x+7=0$ 的两个根，求 $\arctan x_1+\arctan x_2$ 的值.

12. 求和：$\displaystyle\sum_{k=1}^{n}\arcsin\dfrac{\sqrt{(k+1)^2-1}-\sqrt{k^2-1}}{k(k+1)}$.

13. 设 $a\in\mathbf{R}$，讨论关于 x 的方程 $\cos 2x+2\sin x+2a-3=0$ 在 $[0,2\pi]$ 内的

解的情况.

14. 解方程：$\cos^n x - \sin^n x = 1$，其中 n 为任意正整数.

15. 解方程：$\cos^2 x + \cos^2 2x + \cos^2 3x = 1$.

16. 解关于 x 的方程 $\left(\cos^2\dfrac{\theta}{2}\right)x^3 + \left(3\cos^2\dfrac{\theta}{2} - 4\right)x + \sin\theta = 0$.

(2012 年全国高中数学联赛江苏省预赛题)

17. 已知 $\dfrac{\sin(2x+y)}{\sin 2x} = \dfrac{\sin(x+2y)}{\sin 2y}$，其中 x,y 都是锐角，且 $0 < x+y < \dfrac{\pi}{2}$，求证：$x = y$.

第五讲 解 三 角 形

5.1 解 三 角 形

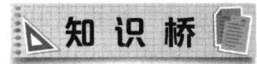

一、正弦定理、余弦定理和三角形面积公式

1. 正弦定理

在 $\triangle ABC$ 中,$\dfrac{a}{\sin A}=\dfrac{b}{\sin B}=\dfrac{c}{\sin C}=2R$,其中 R 是 $\triangle ABC$ 的外接圆半径.

正弦定理揭示了三角形3条边与其对角正弦之间的数量关系.这里有4个元素,若知任意3个,可求第四个.

正弦定理的作用:

(1) 已知三角形两角和任意一边,求其他两边和一角(一解);

(2) 已知两边和其中一边的对角,求其他两角和一边(一解或两解).

2. 余弦定理

在 $\triangle ABC$ 中,$a^2=b^2+c^2-2bc\cos A$,

$$b^2=c^2+a^2-2ca\cos B,$$
$$c^2=a^2+b^2-2ab\cos C.$$

余弦定理揭示了三角形3条边与其中一边对角余弦的数量关系.这里也有4个元素,已知任意3个,可求第四个.

余弦定理的作用:

(1) 已知三边求三角(一解);

(2) 已知两边和它们的夹角,求第三边和其他两角(一解).

3. 三角形面积公式

在 $\triangle ABC$ 中,$S_{\triangle ABC} = \dfrac{1}{2}ab\sin C = \dfrac{1}{2}bc\sin A = \dfrac{1}{2}ca\sin B$.

4. 在三角形中研究三角比关系时,要积累一些熟悉的知识板块,如:

$$A+B+C=\pi, A=\pi-(B+C), B+C=\pi-A, \dfrac{A}{2}=\dfrac{\pi}{2}-\dfrac{B+C}{2},$$

$$\sin A = \sin(B+C), \cos A = -\cos(B+C), \tan A = -\tan(B+C),$$

$$\sin\dfrac{A}{2}=\cos\dfrac{B+C}{2}, \cos\dfrac{A}{2}=\sin\dfrac{B+C}{2}, \tan\dfrac{A}{2}=\cot\dfrac{B+C}{2}.$$

5. 从三角比的等式中判断三角形的形状,常常通过正弦定理将边转化为角的正弦,或将角的正弦转化为边.也可以通过余弦定理将三边转化为一角的余弦,或将一角的余弦转化为三边关系.

6. 利用正弦定理或三角形面积公式等求角时,最终要通过该角的正弦值去求.因为三角形内角属于区间 $(0,\pi)$,而任意互补的两个非直角必为一个锐角和一个钝角,它们的正弦值必然相同,所以需要通过控制该角的取值范围,才能正确判断出到底是哪个角.如在 $\triangle ABC$ 中,已知 $a=20\sqrt{3}, b=20, A=60°$,运用正弦定理求 B,有

$$\dfrac{a}{\sin A}=\dfrac{b}{\sin B} \Rightarrow \dfrac{20\sqrt{3}}{\sin 60°}=\dfrac{20}{\sin B} \Rightarrow \sin B = \dfrac{1}{2},$$

满足上式的 B 有 $30°$ 与 $150°$ 两个.但由 $A=60°$ 及三角形内角和定理,可知 $B \in (0°, 120°)$,所以 B 只能等于 $30°$.

二、$\triangle ABC$ 中的常用公式

1. 在 $\triangle ABC$ 中,$A > B \Leftrightarrow \sin A > \sin B$;

2. 在 $\triangle ABC$ 中,$\sin^2 A + \sin^2 B + \sin^2 C = 2(1 + \cos A \cdot \cos B \cdot \cos C)$,

$\cos^2 A + \cos^2 B + \cos^2 C = 1 - 2\cos A \cdot \cos B \cdot \cos C$;

3. 在非直角三角形 ABC 中,$\tan A + \tan B + \tan C = \tan A \cdot \tan B \cdot \tan C$;

4. 在 $\triangle ABC$ 中,$\tan\dfrac{A}{2} \cdot \tan\dfrac{B}{2} + \tan\dfrac{B}{2} \cdot \tan\dfrac{C}{2} + \tan\dfrac{C}{2} \cdot \tan\dfrac{A}{2} = 1$;

5. $\sin A + \sin B + \sin C = 4\cos\dfrac{A}{2} \cdot \cos\dfrac{B}{2} \cdot \cos\dfrac{C}{2}$;

6. $\cos A + \cos B + \cos C = 4\sin\dfrac{A}{2} \cdot \sin\dfrac{B}{2} \cdot \sin\dfrac{C}{2} + 1$;

7. $\sin\dfrac{A}{2} + \sin\dfrac{B}{2} + \sin\dfrac{C}{2} = 1 + 4\sin\dfrac{\pi-A}{4} \cdot \sin\dfrac{\pi-B}{4} \cdot \sin\dfrac{\pi-C}{4}$;

8. $\cos\dfrac{A}{2}+\cos\dfrac{B}{2}+\cos\dfrac{C}{2}=4\cos\dfrac{A+B}{4}\cdot\cos\dfrac{B+C}{4}\cdot\cos\dfrac{C+A}{4}$.

训练营

▶ **例 1** 在 $\triangle ABC$ 中，角 A,B,C 所对的边分别是 a,b,c. 已知 $a^2+b^2-c^2=ab$，且 $\dfrac{\tan A-\tan B}{\tan A+\tan B}=\dfrac{c-b}{c}$. 求证：$\triangle ABC$ 是等边三角形.

分析 首先由题设条件 $a^2+b^2-c^2=ab$，利用余弦定理可得 $C=60°$. 又由于条件 $\dfrac{\tan A-\tan B}{\tan A+\tan B}=\dfrac{c-b}{c}$ 是一个边角关系的混合式，利用正、余弦定理可以实现边角关系的互化. 既可以把边的关系化为角的关系，也可以把角的关系化为边的关系，从而达到解决问题的目的.

证明

方法一 $\because a^2+b^2-c^2=2ab\cos C=ab$, $\therefore \cos C=\dfrac{1}{2}$.

$\because 0°<C<180°$, $\therefore C=60°$.

$\dfrac{\tan A-\tan B}{\tan A+\tan B}=\dfrac{\dfrac{\sin A}{\cos A}-\dfrac{\sin B}{\cos B}}{\dfrac{\sin A}{\cos A}+\dfrac{\sin B}{\cos B}}=\dfrac{\sin A\cdot\cos B-\cos A\cdot\sin B}{\sin A\cdot\cos B+\cos A\cdot\sin B}$

$=\dfrac{\sin(A-B)}{\sin(A+B)}=\dfrac{\sin(A-B)}{\sin C}$.

又 $\because \dfrac{c-b}{c}=\dfrac{\sin C-\sin B}{\sin C}$, $\therefore \dfrac{\sin C-\sin B}{\sin C}=\dfrac{\sin(A-B)}{\sin C}$,

$\therefore \sin C-\sin B=\sin(A-B)$，即 $\sin(A+B)-\sin B=\sin(A-B)$,

$\sin A\cdot\cos B+\cos A\cdot\sin B-\sin B=\sin A\cdot\cos B-\cos A\cdot\sin B$,

故 $\sin B=2\cos A\cdot\sin B$.

$\because \sin B>0$, $\therefore \cos A=\dfrac{1}{2}$,

$\because 0°<A<180°$, $\therefore A=60°, A=B=C=60°$.

故 $\triangle ABC$ 是等边三角形.

方法二 同方法一，得 $C=60°$.

又由 $\dfrac{\tan A-\tan B}{\tan A+\tan B}=\dfrac{c-b}{c}$，得 $\dfrac{\tan A}{\tan B}=\dfrac{2c-b}{b}$，$\dfrac{\sin A\cdot\cos B}{\cos A\cdot\sin B}=\dfrac{2\sin C-\sin B}{\sin B}$.

∴ $\sin A \cdot \cos B = 2\sin C \cdot \cos A - \cos A \cdot \sin B$,

∴ $\sin(A+B) = \sin C = 2\sin C \cdot \cos A$, ∴ $\cos A = \dfrac{1}{2}$.

∵ $0° < A < 180°$, ∴ $A = 60°, A = B = C = 60°$.

故 △ABC 是等边三角形.

方法三 同方法一,得 $C = 60°$.

$$\dfrac{\tan A - \tan B}{\tan A + \tan B} = \dfrac{\dfrac{\sin A}{\cos A} - \dfrac{\sin B}{\cos B}}{\dfrac{\sin A}{\cos A} + \dfrac{\sin B}{\cos B}} = \dfrac{\sin A \cdot \cos B - \cos A \cdot \sin B}{\sin A \cdot \cos B + \cos A \cdot \sin B}$$

$$= \dfrac{\dfrac{a}{2R} \cdot \dfrac{a^2 + c^2 - b^2}{2ac} - \dfrac{b}{2R} \cdot \dfrac{b^2 + c^2 - a^2}{2bc}}{\dfrac{a}{2R} \cdot \dfrac{a^2 + c^2 - b^2}{2ac} + \dfrac{b}{2R} \cdot \dfrac{b^2 + c^2 - a^2}{2bc}} = \dfrac{a^2 - b^2}{c^2},$$

其中 R 是 △ABC 外接圆的半径.

∴ $\dfrac{a^2 - b^2}{c^2} = \dfrac{c - b}{c}$,即 $b^2 + c^2 - a^2 = bc$. ∴ $\cos A = \dfrac{1}{2}$.

∵ $0° < A < 180°$, ∴ $A = 60°, A = B = C = 60°$.

故 △ABC 是等边三角形.

点评

(1) 本题是已知三角形中的边角关系式,要判断三角形的形状.思路一是化边为角,思路二是化角为边.无论哪一种思路,正、余弦定理都是实现转化的桥梁.

(2) 在解三角形的有关问题时,有些较复杂的问题常常需要将正弦定理、余弦定理交替使用,从而达到化简的目的.有时候还会用到由正弦定理、余弦定理推导出的一些结论和公式.

(3) 本题涉及的基本数学思想方法是等价转换,如化边为角、化角为边、化正切为正弦(余弦),在转化过程中也渗透了消元(减少未知数个数)这一基本的处理问题方法,如从 $\sin C - \sin B = \sin(A-B)$ 到 $\sin(A+B) - \sin(A-B) = \sin B$ 的变化.

▶ **例 2** 已知 x,y,z 是正数,且满足 $\begin{cases} x^2+y^2+xy=3, \\ y^2+z^2+yz=4, \\ z^2+x^2+zx=7. \end{cases}$ 求 $x+y+z$.

(2017 年全国高中数学联赛新疆维吾尔自治区预赛题)

解 原方程组可化为

$$\begin{cases} x^2+y^2-2xy\cos 120°=(\sqrt{3})^2, \\ y^2+z^2-2yz\cos 120°=2^2, \\ z^2+x^2-2zx\cos 120°=(\sqrt{7})^2. \end{cases} \tag{1}$$

由此联想到余弦定理,构造 $Rt\triangle ABC$, $AB=\sqrt{3}$, $BC=2$, $AC=\sqrt{7}$. 在 $\triangle ABC$ 内存在一点 O(点 O 为以 AB 为弦的 120°弧与以 BC 为弦的 120°弧的交点),使得 $\angle AOB=\angle BOC=\angle COA=120°$. 设 $OA=x, OB=y, OC=z$,那么

$$\begin{cases} S_{\triangle AOB}=\dfrac{1}{2}OA\cdot OB\sin\angle AOB=xy, \\ S_{\triangle BOC}=\dfrac{1}{2}OB\cdot OC\sin\angle BOC=yz, \\ S_{\triangle COA}=\dfrac{1}{2}OC\cdot OA\sin\angle COA=zx. \end{cases}$$

又 $S_{\triangle AOB}+S_{\triangle BOC}+S_{\triangle COA}=S_{\triangle ABC}=\sqrt{3}$,故有

$$xy+yz+zx=4. \tag{2}$$

将(1)中三式相加,得到

$$2(x^2+y^2+z^2)+xy+yz+zx=14,$$

再将式(2)代入可得

$$x^2+y^2+z^2=5.$$

于是,$x+y+z=\sqrt{x^2+y^2+z^2+2(xy+yz+zx)}=\sqrt{13}$.

▶ **例 3** $\triangle ABC$ 中,A,B,C 所对的边分别为 a,b,c,$\tan C=\dfrac{\sin A+\sin B}{\cos A+\cos B}$,$\sin(B-A)=\cos C$.

(1) 求 A,C;

(2) 若 $S_{\triangle ABC}=3+\sqrt{3}$,求 a,c.

(2018 年全国高中数学联赛黑龙江省预赛题)

解

(1) 因为 $\tan C = \dfrac{\sin A + \sin B}{\cos A + \cos B}$，即

$$\dfrac{\sin C}{\cos C} = \dfrac{\sin A + \sin B}{\cos A + \cos B},$$

所以

$$\sin C \cdot \cos A + \sin C \cdot \cos B = \cos C \cdot \sin A + \cos C \cdot \sin B,$$

即

$$\sin C \cdot \cos A - \cos C \cdot \sin A = \cos C \cdot \sin B - \sin C \cdot \cos B,$$

得

$$\sin(C-A) = \sin(B-C).$$

所以 $C - A = B - C$，或 $C - A = \pi - (B - C)$（不成立，舍去）.

于是 $2C = A + B$，解得 $C = \dfrac{\pi}{3}$，所以 $B + A = \dfrac{2\pi}{3}$.

又因为 $\sin(B - A) = \cos C = \dfrac{1}{2}$，则 $B - A = \dfrac{\pi}{6}$，或 $B - A = \dfrac{5\pi}{6}$（舍去）.

解得 $A = \dfrac{\pi}{4}, B = \dfrac{5\pi}{12}, C = \dfrac{\pi}{3}$.

(2) $S_{\triangle ABC} = \dfrac{1}{2}ac\sin B = \dfrac{\sqrt{6}+\sqrt{2}}{8}ac = 3+\sqrt{3}$，又 $\dfrac{a}{\sin A} = \dfrac{c}{\sin C}$，即 $\dfrac{a}{\frac{\sqrt{2}}{2}} = \dfrac{c}{\frac{\sqrt{3}}{2}}$，

解得 $a = 2\sqrt{2}, c = 2\sqrt{3}$.

▶ **例4** (1) 设 $\triangle ABC$ 的内角 A, B, C 所对应的边长分别为 a, b, c. 已知 $a + b + c = 16$，求 $b^2\cos^2\dfrac{C}{2} + c^2\cos^2\dfrac{B}{2} + 2bc\cos\dfrac{B}{2}\cdot\cos\dfrac{C}{2}\cdot\sin\dfrac{A}{2}$ 的值；

(2012 年全国高中数学联赛江苏省预赛题)

(2) 在 $\triangle ABC$ 中，$AB = 6, BC = 4$，边 AC 上的中线长为 $\sqrt{10}$，求 $\sin^6\dfrac{A}{2} + \cos^6\dfrac{A}{2}$ 的值.

(2020 年全国高中数学联赛题)

解

（1）**方法一**

$$b^2\cos^2\frac{C}{2}+c^2\cos^2\frac{B}{2}+2bc\cos\frac{B}{2}\cdot\cos\frac{C}{2}\cdot\sin\frac{A}{2}$$

$$=\frac{1}{2}b^2(1+\cos C)+\frac{1}{2}c^2(1+\cos B)+2bc\cos\frac{B}{2}\cdot\cos\frac{C}{2}\cdot\cos\frac{B+C}{2}$$

$$=\frac{1}{2}b^2(1+\cos C)+\frac{1}{2}c^2(1+\cos B)+2bc\cos^2\frac{B}{2}\cdot\cos^2\frac{C}{2}$$

$$-2bc\cos\frac{B}{2}\cdot\cos\frac{C}{2}\cdot\sin\frac{B}{2}\cdot\sin\frac{C}{2}$$

$$=\frac{1}{2}b^2(1+\cos C)+\frac{1}{2}c^2(1+\cos B)+\frac{1}{2}bc(1+\cos B)(1+\cos C)$$

$$-\frac{1}{2}bc\sin B\cdot\sin C$$

$$=\frac{1}{2}b^2+\frac{1}{2}c^2+\frac{1}{2}b(b\cos C+c\cos B)+\frac{1}{2}c(b\cos C+c\cos B)$$

$$+\frac{1}{2}bc+\frac{1}{2}bc\cos(B+C)$$

$$=\frac{1}{2}b^2+\frac{1}{2}c^2+\frac{1}{2}ab+\frac{1}{2}ac+\frac{1}{2}bc-\frac{1}{2}bc\cos A$$

$$=\frac{1}{4}(b^2+c^2-2bc\cos A)+\frac{1}{4}b^2+\frac{1}{4}c^2+\frac{1}{2}ab+\frac{1}{2}ac+\frac{1}{2}bc$$

$$=\frac{1}{4}(a^2+b^2+c^2+2ab+2ac+2bc)$$

$$=\frac{1}{4}(a+b+c)^2=64.$$

方法二 如图 5.1，延长 BC 至 E，使 $CE=AC=b$，延长 CB 至 F，使 $BF=AB=c$，联结 AE,AF.

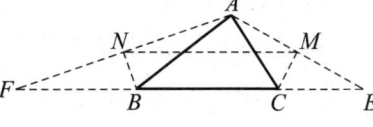

图 5.1

设 AE,AF 的中点分别为 M,N，则

$$AM=b\cos\frac{C}{2},AN=c\cos\frac{B}{2},$$

$$\angle MAN=\angle A+\frac{1}{2}(\angle B+\angle C)=\frac{\pi}{2}+\frac{A}{2}.$$

所以
$$b^2\cos^2\frac{C}{2}+c^2\cos^2\frac{B}{2}+2bc\cos\frac{B}{2}\cdot\cos\frac{C}{2}\cdot\sin\frac{A}{2}$$
$$=AM^2+AN^2-2AM\cdot AN\cdot\cos\angle MAN$$
$$=MN^2=\left(\frac{a+b+c}{2}\right)^2=64.$$

(2) 记 T 为 AC 的中点,由中线长公式得
$$4BT^2+AC^2=2(AB^2+BC^2),$$
可得 $AC=\sqrt{2(6^2+4^2)-4\cdot 10}=8.$

由余弦定理得 $\cos A=\dfrac{CA^2+AB^2-BC^2}{2CA\cdot AB}=\dfrac{8^2+6^2-4^2}{2\cdot 8\cdot 6}=\dfrac{7}{8}$,所以

$$\sin^6\frac{A}{2}+\cos^6\frac{A}{2}=\left(\sin^2\frac{A}{2}+\cos^2\frac{A}{2}\right)\left(\sin^4\frac{A}{2}-\sin^2\frac{A}{2}\cos^2\frac{A}{2}+\cos^4\frac{A}{2}\right)$$
$$=\left(\sin^2\frac{A}{2}+\cos^2\frac{A}{2}\right)^2-3\sin^2\frac{A}{2}\cos^2\frac{A}{2}$$
$$=1-\frac{3}{4}\sin^2 A$$
$$=\frac{1}{4}+\frac{3}{4}\cos^2 A=\frac{211}{256}.$$

▶ **例 5** 如图 5.2,设等边 $\triangle ABC$ 的内切圆半径为 2,圆心为 I,若点 P 满足 $PI=1$,求 $\triangle APB$ 与 $\triangle APC$ 的面积之比的最大值.

(2014 年全国高中数学联赛题)

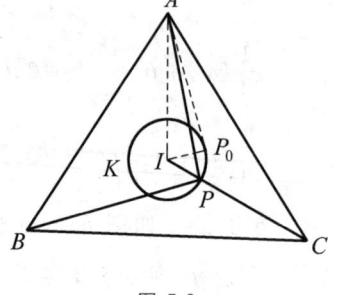

图 5.2

解

由 $PI=1$ 知,点 P 在以 I 为圆心的单位 $\odot K$ 上.设 $\angle BAP=\alpha$.在 $\odot K$ 上取一点 P_0,使得 α 取到最大值 α_0,此时 P_0 应落在 $\angle IAC$ 内,且是切线 AP_0 与 $\odot K$ 的切点.由于
$$0<\alpha\leqslant\alpha_0<\frac{\pi}{3},$$
故

$$\frac{S_{\triangle APB}}{S_{\triangle APC}} = \frac{\frac{1}{2}AP \cdot AB \cdot \sin\alpha}{\frac{1}{2}AP \cdot AC \cdot \sin\left(\frac{\pi}{3}-\alpha\right)}$$

$$= \frac{\sin\alpha}{\sin\left(\frac{\pi}{3}-\alpha\right)} \leqslant \frac{\sin\alpha_0}{\sin\left(\frac{\pi}{3}-\alpha_0\right)}$$

$$= \frac{\sin\left(\frac{\pi}{6}+\theta\right)}{\sin\left(\frac{\pi}{6}-\theta\right)}, \tag{3}$$

其中

$$\theta = \alpha_0 - \frac{\pi}{6} = \angle IAP_0.$$

由

$$\angle AP_0I = \frac{\pi}{2},$$

知

$$\sin\theta = \frac{IP_0}{AI} = \frac{1}{2r} = \frac{1}{4},$$

于是

$$\cot\theta = \sqrt{15}.$$

所以

$$\frac{\sin\left(\frac{\pi}{6}+\theta\right)}{\sin\left(\frac{\pi}{6}-\theta\right)} = \frac{\frac{1}{2}\cos\theta + \frac{\sqrt{3}}{2}\sin\theta}{\frac{1}{2}\cos\theta - \frac{\sqrt{3}}{2}\sin\theta}$$

$$= \frac{\cot\theta + \sqrt{3}}{\cot\theta - \sqrt{3}} = \frac{\sqrt{15}+\sqrt{3}}{\sqrt{15}-\sqrt{3}}$$

$$= \frac{3+\sqrt{5}}{2}. \tag{4}$$

根据式(3)(4)可知,当 $P = P_0$ 时,$\dfrac{S_{\triangle APB}}{S_{\triangle APC}}$ 的最大值为 $\dfrac{3+\sqrt{5}}{2}$。

▶ **例6** 如图 5.3,设 O 为 $\triangle ABC$ 的外心,若 $\overrightarrow{AO}=\overrightarrow{AB}+2\overrightarrow{AC}$,求 $\sin\angle BAC$ 的值.

(2018 年全国高中数学联赛题)

解

方法一 如图 5.4,不失一般性,设 $\triangle ABC$ 的外接圆半径 $R=2$.由条件知

$$2\overrightarrow{AC}=\overrightarrow{AO}-\overrightarrow{AB}=\overrightarrow{BO}, \quad (5)$$

故 $AC=\dfrac{1}{2}BO=1$.

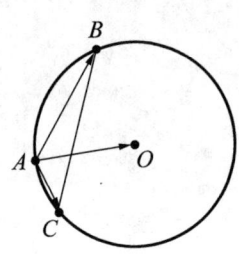

图 5.3

取 AC 的中点 M,则 $OM\perp AC$,结合式(5)知 $OM\perp BO$,且 B 与 A 位于直线 OM 的同侧.于是

$$\cos\angle BOC=\cos(90°+\angle MOC)$$
$$=-\sin\angle MOC=-\dfrac{MC}{OC}=-\dfrac{1}{4}.$$

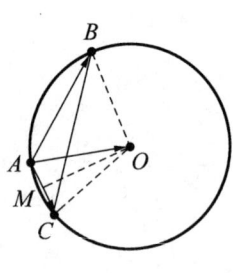

图 5.4

在 $\triangle BOC$ 中,由余弦定理得

$$BC=\sqrt{OB^2+OC^2-2OB\cdot OC\cdot\cos\angle BOC}=\sqrt{10}.$$

进而在 $\triangle ABC$ 中,由正弦定理得

$$\sin\angle BAC=\dfrac{BC}{2R}=\dfrac{\sqrt{10}}{4}.$$

方法二 如图 5.5,在单位圆 $\odot O$ 中,不妨设 $A(-1,0),B(m,n),C(u,v)$.根据题设,有

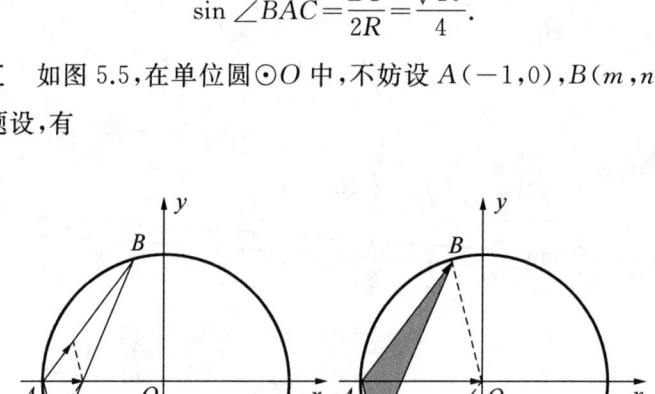

图 5.5

$$(1,0)=(1+m,n)+2(1+u,v),$$

则
$$m+2u+2=0, n+2v=0,$$
$$1=u^2+v^2=\left(\frac{m}{2}+1\right)^2+\left(\frac{n}{2}\right)^2=\frac{1}{4}+m+1,$$

解得 $m=-\frac{1}{4}$, 则 $u=-\frac{7}{8}$. 结合图形可知 $n>0$, 且 $v<0$, 得
$$n=\frac{\sqrt{15}}{4}, v=-\frac{\sqrt{15}}{8},$$

则
$$\tan\angle BAO=\frac{\sqrt{15}}{3}, \tan\angle CAO=\sqrt{15}.$$

所以
$$\tan\angle BAC=\tan(\angle BAO+\angle CAO)=\frac{\frac{4}{3}\sqrt{15}}{1-5}=-\frac{\sqrt{15}}{3}.$$

这表明 $\angle BAC$ 为钝角, $\sin\angle BAC=\frac{\sqrt{15}}{\sqrt{24}}=\frac{\sqrt{10}}{4}$.

▶ **例 7** 在 $\triangle ABC$ 中, 角 A, B, C 的对边分别是 a, b, c, 且其值依此顺序成等比数列. 求 $y=\frac{1+\sin 2B}{\sin B+\cos B}$ 的取值范围.

分析 由于所给解析式是用角 B 的三角比形式表示的, 因此须将条件 $b^2=ac$ 也转化为角 B 的三角比形式.

解

∵ $b^2=ac$,

∴ $\cos B=\frac{a^2+c^2-b^2}{2ac}=\frac{a^2+c^2-ac}{2ac}=\frac{1}{2}\left(\frac{a}{c}+\frac{c}{a}\right)-\frac{1}{2}\geqslant\frac{1}{2}$,

∴ $0<B\leqslant\frac{\pi}{3}$.

$y=\frac{1+\sin 2B}{\sin B+\cos B}=\frac{(\sin B+\cos B)^2}{\sin B+\cos B}=\sin B+\cos B=\sqrt{2}\sin\left(B+\frac{\pi}{4}\right).$

∵ $\frac{\pi}{4}<B+\frac{\pi}{4}\leqslant\frac{7\pi}{12}$, ∴ $\frac{\sqrt{2}}{2}<\sin\left(B+\frac{\pi}{4}\right)\leqslant 1$, 故 $1<y\leqslant\sqrt{2}$.

点评

本题是利用不等式知识,余弦定理,两角和差的正、余弦公式,通过辅助公式转化为一般函数,再求三角函数的值域.解题中往往会忽视角 B 的范围在 $\left[0, \dfrac{\pi}{3}\right]$ 这个隐含条件,致使答案误为 $y \in [-\sqrt{2}, \sqrt{2}]$.

▶ **例 8** 设 $\triangle ABC$ 的内角 A, B, C 所对的边 a, b, c 成等比数列.求 $\dfrac{\sin A \cdot \cot C + \cos A}{\sin B \cdot \cot C + \cos B}$ 的取值范围.

解

设 a, b, c 的公比为 q,则 $b = aq, c = aq^2$,而

$$\dfrac{\sin A \cdot \cot C + \cos A}{\sin B \cdot \cot C + \cos B} = \dfrac{\sin A \cdot \cos C + \cos A \cdot \sin C}{\sin B \cdot \cos C + \cos B \cdot \sin C} = \dfrac{\sin(A+C)}{\sin(B+C)}$$

$$= \dfrac{\sin(\pi - B)}{\sin(\pi - A)} = \dfrac{\sin B}{\sin A} = \dfrac{b}{a} = q.$$

因此,只需求 q 的取值范围.

因 a, b, c 成等比数列,最大边只能是 a 或 c.又 a, b, c 要构成三角形的三边,故必有 $a + b > c$ 且 $b + c > a$.即有不等式组

$$\begin{cases} a + aq > aq^2, \\ aq + aq^2 > a, \end{cases} \text{即} \begin{cases} q^2 - q - 1 < 0, \\ q^2 + q - 1 > 0. \end{cases}$$

解得

$$\begin{cases} \dfrac{1-\sqrt{5}}{2} < q < \dfrac{\sqrt{5}+1}{2}, \\ q > \dfrac{\sqrt{5}-1}{2} \text{ 或 } q < -\dfrac{\sqrt{5}+1}{2}. \end{cases}$$

从而 $\dfrac{\sqrt{5}-1}{2} < q < \dfrac{\sqrt{5}+1}{2}$,因此所求的取值范围是 $\left(\dfrac{\sqrt{5}-1}{2}, \dfrac{\sqrt{5}+1}{2}\right)$.

点评

解题时,我们经常要用到"三角形任意两边之和大于第三边","三角形任意两边之差小于第三边"这两个隐含条件.

▶ **例 9** $\triangle ABC$ 内接于单位圆,3 个内角 A, B, C 的平分线延长后分别交

此圆于 A_1,B_1,C_1. 求 $\dfrac{AA_1\cos\dfrac{A}{2}+BB_1\cos\dfrac{B}{2}+CC_1\cos\dfrac{C}{2}}{\sin A+\sin B+\sin C}$ 的值.

解

如图 5.6, 连 BA_1, 由正弦定理,

$$\dfrac{AA_1}{\sin\left(B+\dfrac{A}{2}\right)}=2R=2, 则$$

$$\begin{aligned}AA_1&=2\sin\left(B+\dfrac{A}{2}\right)\\&=2\sin\left(\dfrac{A+B+C}{2}+\dfrac{B}{2}-\dfrac{C}{2}\right)\\&=2\cos\left(\dfrac{B}{2}-\dfrac{C}{2}\right).\end{aligned}$$

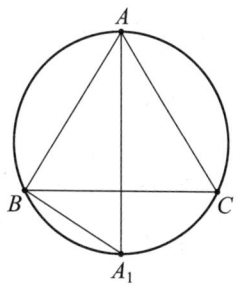

图 5.6

$$\begin{aligned}\therefore\ AA_1\cos\dfrac{A}{2}&=2\cos\left(\dfrac{B}{2}-\dfrac{C}{2}\right)\cdot\cos\dfrac{A}{2}\\&=\cos\dfrac{A+B-C}{2}+\cos\dfrac{A+C-B}{2}\\&=\cos\left(\dfrac{\pi}{2}-C\right)+\cos\left(\dfrac{\pi}{2}-B\right)=\sin C+\sin B.\end{aligned}$$

同理, $BB_1\cos\dfrac{B}{2}=\sin A+\sin C, CC_1\cos\dfrac{C}{2}=\sin A+\sin B$,

$\therefore\ AA_1\cos\dfrac{A}{2}+BB_1\cos\dfrac{B}{2}+CC_1\cos\dfrac{C}{2}=2(\sin A+\sin B+\sin C).$

$\therefore\ $ 原式 $=\dfrac{2(\sin A+\sin B+\sin C)}{\sin A+\sin B+\sin C}=2.$

知识桥

我们经常会碰到一类与三角形的边 (a,b,c)、角 (A,B,C)、高 (h_a,h_b,h_c)、中线 (m_a,m_b,m_c)、角平分线 (t_a,t_b,t_c)、半周长 (p)、内切圆半径 (r)、外接圆半径 (R)、旁切圆半径 (r_a,r_b,r_c) 或面积 (Δ) 有关的不等式. 我们称这类不等式为三角形不等式. 三角形不等式的证明常可用一个统一的置换来解决, 即下面的式 (*). 我们先来证明如下结论:

a,b,c 为三角形三边长的充要条件是存在 3 个正数 x,y,z, 使得

$$a = y+z, b = z+x, c = x+y \qquad (*)$$

同时成立.

先证必要性.若存在正数 x, y, z 满足式 $(*)$,则 $a+b>c, b+c>a, c+a>b$,故 a, b, c 为三角形三边长.

再证充分性.若 a, b, c 为三角形的三边长,取 $x = \frac{1}{2}(b+c-a)$, $y = \frac{1}{2}(c+a-b)$, $z = \frac{1}{2}(a+b-c)$,则式 $(*)$ 成立,且 $x, y, z \in \mathbf{R}^+$.证毕.

a, b, c, x, y, z 的关系如图 5.7 所示.在式 $(*)$ 置换下,可得:

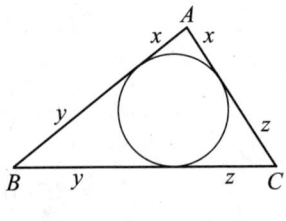

图 5.7

$$p = \frac{1}{2}(a+b+c) = x+y+z;$$

$$p-a = \frac{1}{2}(b+c-a) = x; \quad p-b = \frac{1}{2}(c+a-b) = y;$$

$$p-c = \frac{1}{2}(a+b-c) = z; \quad \Delta = \sqrt{(x+y+z)xyz};$$

$$r = \frac{\Delta}{p} = \sqrt{\frac{(p-a)(p-b)(p-c)}{p}} = \sqrt{\frac{xyz}{x+y+z}};$$

$$R = \frac{abc}{4\Delta} = \frac{abc}{4\sqrt{p(p-a)(p-b)(p-c)}} = \frac{(x+y)(y+z)(z+x)}{4\sqrt{xyz(x+y+z)}};$$

$$\sin A = \frac{a}{2R} = \frac{2\sqrt{(x+y+z)xyz}}{(z+x)(x+y)};$$

$$\cos A = \frac{b^2+c^2-a^2}{2bc} = \frac{x(x+y+z)-yz}{x(x+y+z)+yz};$$

$$\tan A = \frac{\sin A}{\cos A} = \frac{2\sqrt{(x+y+z)xyz}}{x(x+y+z)-yz};$$

$$\sin \frac{A}{2} = \sqrt{\frac{1-\cos A}{2}} = \sqrt{\frac{yz}{(z+x)(x+y)}};$$

$$\cos \frac{A}{2} = \sqrt{\frac{1+\cos A}{2}} = \sqrt{\frac{x(x+y+z)}{(z+x)(x+y)}};$$

$$\tan \frac{A}{2} = \frac{r}{x} = \sqrt{\frac{yz}{x(x+y+z)}} = \frac{yz}{\sqrt{(x+y+z)xyz}};$$

$$t_a = \frac{2\Delta}{(b+c)\sin\frac{A}{2}} = \frac{2\sqrt{x(z+x)(x+y)(x+y+z)}}{2x+y+z};$$

$$h_a = \frac{2\Delta}{a} = \frac{2\sqrt{(x+y+z)xyz}}{y+z};$$

$$m_a = \frac{1}{2}\sqrt{2(b^2+c^2)-a^2}$$

$$= \frac{1}{2}\sqrt{(4x^2+y^2+z^2)+2(2zx+2xy-yz)};$$

$$r_a = \frac{\Delta}{x} = \frac{\sqrt{(x+y+z)xyz}}{x}.$$

于是,通过式(*)置换,三角形不等式可化归为只含有 x,y,z 的代数不等式,从而使其证明代数化.

训练营

▶ **例 10** 如图 5.8,在凸四边形 $ABCD$ 中,对角线 AC 平分 $\angle BAD$,E 是 CD 延长线上的一点,BE 交 AC 于点 G,延长 DG 交 CB 的延长线于点 F,连 AF.证明:$\angle BAF = \angle DAE$.

分析 此题涉及的角较多,若用纯粹平面几何的方法可能较烦.下面用三角法来证明,先设参数后计算.

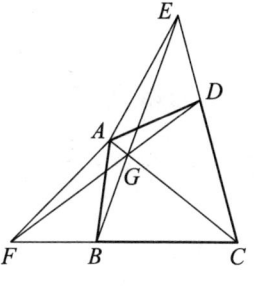

图 5.8

证明

设 $\angle BAF = \alpha$,$\angle DAE = \beta$,$\angle BAC = \angle DAC = \theta$.在 $\triangle AFB$ 及 $\triangle ABC$ 中,由正弦定理,得

$$\frac{FB}{\sin\alpha} = \frac{AF}{\sin\angle ABF}, \quad \frac{BC}{\sin\theta} = \frac{AC}{\sin\angle ABC}.$$

∵ $\sin\angle ABF = \sin\angle ABC$,

∴ $\dfrac{FB}{BC} \cdot \dfrac{\sin\theta}{\sin\alpha} = \dfrac{AF}{AC},$ (6)

同理, $\dfrac{DE}{BC} \cdot \dfrac{\sin\theta}{\sin\beta} = \dfrac{AE}{AC}.$ (7)

连 EF,设 EF 与 AC 交于 O,则 $\dfrac{1}{2}AF \cdot AO\sin(\alpha+\theta) = S_{\triangle AFO}$,

$$\frac{1}{2}AE \cdot AO \cdot \sin(\beta+\theta) = S_{\triangle AEO},$$

故
$$\frac{AF}{AE} \cdot \frac{\sin(\alpha+\theta)}{\sin(\beta+\theta)} = \frac{S_{\triangle AFO}}{S_{\triangle AEO}} = \frac{OF}{OE}. \tag{8}$$

在 $\triangle EFC$ 中应用塞瓦定理,有
$$\frac{FB}{BC} \cdot \frac{CD}{DE} \cdot \frac{EO}{OF} = 1. \tag{9}$$

由式(6)~(9)得 $\dfrac{\sin\alpha}{\sin\beta} = \dfrac{\sin(\alpha+\theta)}{\sin(\beta+\theta)} \Rightarrow \sin\theta \cdot \sin(\alpha-\beta) = 0.$

$\because |\alpha-\beta| < \pi, \theta \in \left(0, \dfrac{\pi}{2}\right), \quad \therefore \alpha = \beta,$ 即 $\angle BAF = \angle DAE.$

▶**例 11** 如图 5.9,已知等腰三角形 ABC 的顶角为 $\dfrac{\pi}{7}$,D 是腰 AB 上一点,且 $CD = \sqrt{2}AD.$ 求证:$AD = BC.$

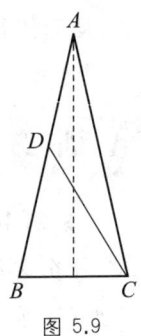

图 5.9

分析 AD 与 BC 处于比较分散的位置,应以 $A = \dfrac{\pi}{7}$ 为突破口,利用三角形的边角关系来证明.

证明

因为 $A = \dfrac{\pi}{7}$,设 $\alpha = \dfrac{\pi}{14}$,则 $A = 2\alpha$,且 $7\alpha = \dfrac{\pi}{2}$,

即
$$3\alpha = \frac{\pi}{2} - 4\alpha, \text{所以 } \sin 3\alpha = \sin\left(\frac{\pi}{2} - 4\alpha\right) = \cos 4\alpha. \tag{10}$$

设 $AD = m, AC = n, BC = a$,则 $CD = \sqrt{2}m.$ 在 $\triangle ACD$ 中使用余弦定理,得
$$(\sqrt{2}m)^2 = m^2 + n^2 - 2mn\cos 2\alpha \Rightarrow \cos 2\alpha = \frac{n^2 - m^2}{2mn}. \tag{11}$$

在等腰三角形 ABC 中,$\sin\alpha = \dfrac{\dfrac{1}{2}BC}{AC} = \dfrac{a}{2n}. \tag{12}$

将式(10)整理为 $2(1-2\sin^2\alpha)^2 - 1 = 3\sin\alpha - 4\sin^3\alpha$,展开得
$$8\sin^4\alpha + 4\sin^3\alpha - 8\sin^2\alpha - 3\sin\alpha + 1 = 0,$$
$$(\sin\alpha + 1)(8\sin^3\alpha - 4\sin^2\alpha - 4\sin\alpha + 1) = 0,$$

所以
$$-4\sin\alpha \cdot \cos 2\alpha - 4\sin^2\alpha + 1 = 0.$$

将式(11)(12)代入上式,得

$$am^2 - an^2 - ma^2 + mn^2 = 0 \Rightarrow (m-a)(am+n^2) = 0 \Rightarrow m = a,$$

即 $AD = BC$.

点评

用三角法研究竞赛题,常常可以使题中各量之间的关系变得简单明了.把复杂的几何变换和复杂的演绎推理转化为三角函数的运算,方法简单、思路清晰.沟通三角与几何的关系,除直接用三角函数的定义和有关的三角公式外,主要借助正弦定理、余弦定理和面积公式.

▶ **例 12** 在四边形 $ABCD$ 中,对角线 AC 平分 $\angle BAD$.在 CD 上取一点 E, BE 与 AC 交于点 F,延长 DF 交 BC 于点 G.求证: $\angle GAC = \angle EAC$.

证明

记 $\angle BAC = \angle CAD = \theta$, $\angle GAC = \alpha$, $\angle EAC = \beta$.直线 GFD 与 $\triangle BCE$ 相截,由门奈劳斯定理有:

$$1 = \frac{BG}{GC} \cdot \frac{CD}{DE} \cdot \frac{EF}{FB} = \frac{S_{\triangle ABG}}{S_{\triangle AGC}} \cdot \frac{S_{\triangle ACD}}{S_{\triangle ADE}} \cdot \frac{S_{\triangle AEF}}{S_{\triangle AFB}}$$

$$= \frac{AB\sin(\theta-\alpha)}{AC\sin\alpha} \cdot \frac{AC\sin\theta}{AE\sin(\theta-\beta)} \cdot \frac{AE\sin\beta}{AB\sin\theta} = \frac{\sin(\theta-\alpha) \cdot \sin\beta}{\sin\alpha \cdot \sin(\theta-\beta)} \Rightarrow$$

$$\sin(\theta-\alpha) \cdot \sin\beta = \sin(\theta-\beta) \cdot \sin\alpha \Rightarrow$$

$$\cos\alpha \cdot \sin\beta = \cos\beta \cdot \sin\alpha \Rightarrow \tan\alpha = \tan\beta.$$

又由 $y = \tan x$ 在 $\left(0, \frac{\pi}{2}\right)$ 的单调性知, $\alpha = \beta$,即 $\angle GAC = \angle EAC$.

点评

本题利用门奈劳斯定理,建立一个边的等量关系,再利用面积及三角函数有关知识求解.从本题知,应用门奈劳斯定理的关键是结合题意,恰当选择截线.

▶ **例 13** 如图 5.10, $\odot O_1$, $\odot O_2$ 和 $\triangle ABC$ 三边所在的直线都相切, E, F, G, H 分别为切点,并且 EG, FH 的延长线交于点 P.求证: $PA \perp BC$.

证明

延长 PA 交 BC 于点 D,连 O_1A, O_2A.

记 $\angle EPD = \angle 1, \angle DPF = \angle 2$,

$\angle AGP = \angle 3, \angle AHP = \angle 4,$

$\angle GAO_1 = \angle 5, \angle HAO_2 = \angle 6,$

则 $\dfrac{ED}{DF} = \dfrac{S_{\triangle PED}}{S_{\triangle PFD}} = \dfrac{PE\sin \angle 1}{PF\sin \angle 2}$. 在 $\triangle PEF$ 中, 由正

弦定理有 $\dfrac{PE}{PF} = \dfrac{\sin \angle PFE}{\sin \angle PEF}$. 因为 CG, CE 分别是

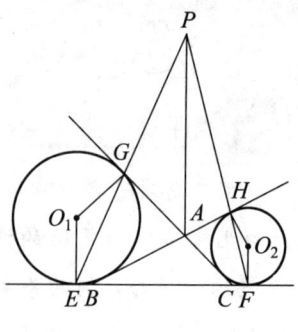

图 5.10

$\odot O_1$ 的切线, 所以

$\angle PEF = \angle CGE = 180° - \angle 3 \Rightarrow \sin \angle PEF = \sin \angle 3.$

同理, $\sin \angle PFE = \sin \angle 4$, 所以 $\dfrac{ED}{DF} = \dfrac{\sin \angle 4 \cdot \sin \angle 1}{\sin \angle 2 \cdot \sin \angle 3}.$

在 $\triangle PHA$ 和 $\triangle PGA$ 中, 由正弦定理有

$\dfrac{\sin \angle 4}{\sin \angle 2} = \dfrac{PA}{AH}, \dfrac{\sin \angle 1}{\sin \angle 3} = \dfrac{AG}{PA}, \therefore \dfrac{ED}{DF} = \dfrac{PA}{AH} \cdot \dfrac{AG}{PA} = \dfrac{AG}{AH}.$

又易知, $\angle 5 = \angle 6, \therefore \triangle AGO_1 \backsim \triangle AHO_2,$

$\therefore \dfrac{ED}{DF} = \dfrac{AG}{AH} = \dfrac{AO_1}{AO_2}.$

易证 O_1EFO_2 为直角梯形, 且 A 在 O_1O_2 上, 由 $\dfrac{ED}{DF} = \dfrac{AO_1}{AO_2} \Rightarrow AD \parallel O_1E,$

$\therefore AD \perp BC,$ 即 $PA \perp BC.$

▶ **例 14** 在非钝角三角形 ABC 中, $AB > AC, \angle B = 45°, O$ 和 I 分别是 $\triangle ABC$ 的内心和外心, 且 $\sqrt{2}OI = AB - AC$. 求 $\sin A$.

分析 由 $\sqrt{2}OI = AB - AC$ 联想到欧拉公式, 进而转化为 $\angle A$ 的问题来求解.

解

由已知条件及欧拉公式, 得

$$\left(\dfrac{c-b}{\sqrt{2}}\right)^2 = OI^2 = R^2 - 2Rr, \tag{13}$$

再由熟知的几何关系有

$$r = \dfrac{c+a-b}{2}\tan\dfrac{B}{2} = \dfrac{c+a-b}{2}\tan\dfrac{\pi}{8} = \dfrac{\sqrt{2}-1}{2}(c+a-b). \tag{14}$$

由式(13)(14)及正弦定理 $\dfrac{a}{\sin A} = \dfrac{b}{\sin B} = \dfrac{c}{\sin C} = 2R,$ 得

$$1-2(\sin C-\sin B)^2=2(\sin A+\sin C-\sin B)(\sqrt{2}-1).$$

因为 $\angle B=\dfrac{\pi}{4}, \sin B=\dfrac{\sqrt{2}}{2}$,

$\therefore\quad \sin C=\sin\left(\dfrac{3\pi}{4}-A\right)=\dfrac{\sqrt{2}}{2}(\sin A+\cos A)$,

所以 $2\sin A\cdot\cos A-(2-\sqrt{2})\sin A-2\sqrt{2}\cos A+\sqrt{2}-1=0$,

即 $\qquad (\sqrt{2}\sin A-1)(\sqrt{2}\cos A-\sqrt{2}+1)=0$,

解得 $\sin A=\dfrac{\sqrt{2}}{2}$ 或 $\cos A=1-\dfrac{\sqrt{2}}{2}$,

故 $\sin A=\dfrac{\sqrt{2}}{2}$ 或 $\sin A=\sqrt{\sqrt{2}-\dfrac{1}{2}}$.

▶ **例 15** 如图 5.11,O,I 分别为 $\triangle ABC$ 的外心和内心,AD 是 BC 边上的高,I 在线段 OD 上.求证:$\triangle ABC$ 的外接圆半径等于 BC 边上的旁切圆半径.

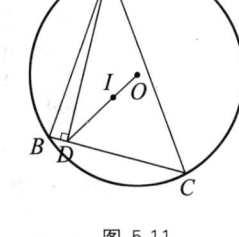

图 5.11

分析 设 $\triangle ABC$ 的三边长分别为 a,b,c,BC 边上的旁切圆半径为 r_a,外接圆半径为 R,则有 $S_{\triangle ABC}=\dfrac{1}{2}bc\sin A=\dfrac{1}{2}r_a(b+c-a)$. 要证明 $r_a=R$,只需要证明 $\dfrac{r_a}{R}=\dfrac{2\sin A\cdot\sin B\cdot\sin C}{\sin B+\sin C-\sin A}=4\sin\dfrac{A}{2}\cdot\cos\dfrac{B}{2}\cdot\cos\dfrac{C}{2}=1.$

证明

设 $AB=c,BC=a,CA=b$,外接圆半径为 R,BC 边上的旁切圆半径为 r_a. 又设 AI 的延长线交 $\triangle ABC$ 的外接圆 O 于点 K,则 OK 是 $\odot O$ 的半径.因为 $OK\perp BC$,所以 $OK\parallel AD$,从而 $\dfrac{AI}{IK}=\dfrac{AD}{OK}=\dfrac{C\sin B}{R}=2\sin B\cdot\sin C.$

$\because\quad \angle ABI=\angle IBC=\dfrac{1}{2}\angle B, \angle CBK=\angle CAK=\dfrac{1}{2}\angle A$,

$\angle AKB=\angle ACB=\angle C, \angle BAK=\dfrac{1}{2}\angle A$,

$\therefore\quad \dfrac{AI}{IK}=\dfrac{S_{\triangle ABI}}{S_{\triangle KBI}}=\dfrac{\dfrac{1}{2}AB\cdot BI\cdot\sin\dfrac{B}{2}}{\dfrac{1}{2}BK\cdot BI\cdot\sin\dfrac{A+B}{2}}=\dfrac{AB\cdot\sin\dfrac{B}{2}}{BK\cdot\cos\dfrac{C}{2}}$

$$= \frac{\sin C}{\sin \frac{A}{2}} \cdot \frac{\sin \frac{B}{2}}{\cos \frac{C}{2}} = \frac{2\sin \frac{B}{2} \cdot \sin \frac{C}{2}}{\sin \frac{A}{2}},$$

故有
$$2\sin B \cdot \sin C = \frac{2\sin \frac{B}{2} \cdot \sin \frac{C}{2}}{\sin \frac{A}{2}},$$

$$\therefore \quad 4\sin \frac{A}{2} \cdot \cos \frac{B}{2} \cdot \cos \frac{C}{2} = 1. \tag{15}$$

又 $S_{\triangle ABC} = \frac{1}{2}bc\sin A = \frac{1}{2}r_a(b+c-a)$,

$$\therefore r_a = \frac{bc\sin A}{b+c-a} = 2R \cdot \frac{\sin A \cdot \sin B \cdot \sin C}{\sin B + \sin C - \sin A}$$

$$= 2R \cdot \frac{\sin A \cdot \sin B \cdot \sin C}{2\sin \frac{B+C}{2} \cdot \cos \frac{B-C}{2} - 2\sin \frac{B+C}{2} \cdot \cos \frac{B+C}{2}}$$

$$= \frac{R\sin A \cdot \sin B \cdot \sin C}{2\sin \frac{B+C}{2} \cdot \sin \frac{B}{2} \cdot \sin \frac{C}{2}}$$

$$= 4R\sin \frac{A}{2} \cdot \cos \frac{B}{2} \cdot \cos \frac{C}{2} \text{(由式(15))}$$

$$= R,$$

即 $\triangle ABC$ 的外接圆半径等于 BC 边上的旁切圆半径.

▶ **例 16** 如图 5.12, 在锐角 $\triangle ABC$ 的 BC 边上有两点 E, F, 满足 $\angle BAE = \angle CAF$. 作 $FM \perp AB$, $FN \perp AC$ (M, N 为垂足), 延长 AE 交 $\triangle ABC$ 的外接圆于点 D. 证明: 四边形 $AMDN$ 与 $\triangle ABC$ 的面积相等.

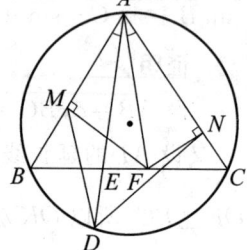

图 5.12

证明

设 $\angle BAE = \angle CAF = \alpha$, $\angle EAF = \beta$, 则

$$S_{AMDN} = \frac{1}{2}AM \cdot AD \cdot \sin \alpha + \frac{1}{2} \cdot AD \cdot AN \cdot \sin(\alpha+\beta)$$

$$= \frac{1}{2}AD(AF \cdot \cos(\alpha+\beta) \cdot \sin \alpha + AF \cdot \cos \alpha \cdot \sin(\alpha+\beta))$$

$$= \frac{1}{2}AD \cdot AF \cdot \sin(2\alpha+\beta) = \frac{1}{2}AD \cdot AF \cdot \sin \angle BAC.$$

又因为 $S_{\triangle ABC} = \dfrac{1}{2} AB \cdot AC \cdot \sin\angle BAC$,

下面只需要证明
$$AD \cdot AF = AB \cdot AC. \qquad (16)$$
因为 $\angle BAD = \angle CAF$, $\angle BDA = \angle ACF$, $\triangle ABD \backsim \triangle AFC$,
所以式(16)成立,因此 $S_{AMDN} = S_{\triangle ABC}$.

▶ **例 17** 如图 5.13,在 $\triangle ABC$ 中, $\angle A = 60°$,过该三角形的内心 I 作 AC 平行线交 AB 于点 F,在 BC 边上取点 P,使得 $3BP = BC$. 求证: $\angle BFP = \dfrac{1}{2}\angle B$.

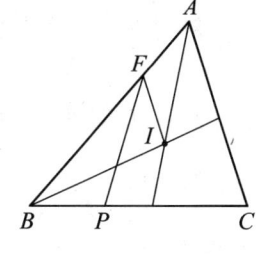

图 5.13

分析 设 $\angle BFP = \alpha$,则要证明 $\alpha = \dfrac{1}{2} B$,

即证明 $\alpha = B - \alpha$. 而 $B - \alpha$ 为锐角,

所以只需证明 $\sin\alpha = \sin(B-\alpha)$.

证明

不妨设 $BC = 3$, $\triangle ABC$ 的内切圆半径为 r, $\angle BFP = \alpha$. 由正弦定理,得
$$AB = \dfrac{3\sin C}{\sin A} = 2\sqrt{3}\sin(B+A) = \sqrt{3}\sin B + 3\cos B.$$

又 $r = 4R \cdot \sin\dfrac{A}{2} \cdot \sin\dfrac{B}{2} \cdot \sin\dfrac{C}{2}$,其中 R 为 $\triangle ABC$ 的外接圆半径,则 $R = \dfrac{BC}{2\sin A} = \dfrac{3}{2} \cdot \dfrac{1}{\sin A}$,从而

$$r = \dfrac{3\sin\dfrac{B}{2} \cdot \sin\dfrac{C}{2}}{\cos\dfrac{A}{2}} = 2\sqrt{3}\sin\dfrac{B}{2} \cdot \cos\left(\dfrac{B}{2} + \dfrac{A}{2}\right)$$

$$= \dfrac{3}{2} \cdot \sin B + \dfrac{\sqrt{3}}{2} \cdot \cos B - \dfrac{\sqrt{3}}{2}.$$

而 $\dfrac{r}{AF} = \sin A$, $\therefore AF = \dfrac{r}{\sin A} = \sqrt{3}\sin B + \cos B - 1$,

$\therefore BF = AB - AF = 2\cos B + 1$.

在 $\triangle BFP$ 中应用正弦定理,有 $\dfrac{\sin(B+\alpha)}{\sin\alpha} = \dfrac{BF}{BP} = BF = 2\cos B + 1$,

故 $\sin\alpha = \sin(B-\alpha)$,

$\alpha = B - \alpha, \angle BFP = \frac{1}{2} \angle B.$

▶**例 18** 如图 5.14，P 是 $\triangle ABC$ 内一点，$\angle APB - \angle ACB = \angle APC - \angle ABC$. 又 D, E 分别是 $\triangle APB$ 及 $\triangle APC$ 的内心. 证明：AP, BD, CE 交于一点.

（第 37 届 IMO 试题）

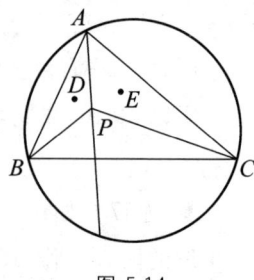

图 5.14

分析 要证 AP, BD, CE 交于一点，而题设条件告诉的是角的关系，因此用塞瓦定理较为困难. 不妨设 BD 与 AP 交于点 M，然后再证 CE 过 M. 由于 BD, CE 分别是 $\angle ABP$ 和 $\angle ACP$ 的平分线，故只需要证明 $\frac{BP}{AB} = \frac{PC}{AC}$，再利用题设条件及余弦定理即可.

证明

延长 AP 交 BC 于点 K，交 $\triangle ABC$ 的外接圆于点 F，连 BF, CF.

$$\angle APC - \angle ABC = \angle AKC + \angle PCK - \angle ABC$$
$$= \angle PCK + \angle KCF = \angle PCF.$$

同理，$\angle APB - \angle ACB = \angle PBF$.

由题设 $\angle PCF = \angle PBF$ 及正弦定理，有

$$\frac{PB}{\sin \angle PFB} = \frac{PF}{\sin \angle PBF} = \frac{PF}{\sin \angle PCF} = \frac{PC}{\sin \angle PFC},$$

$\therefore \quad \dfrac{PB}{PC} = \dfrac{\sin \angle PFB}{\sin \angle PFC} = \dfrac{\sin \angle ACB}{\sin \angle ABC} = \dfrac{AB}{AC}$，即 $\dfrac{PB}{AB} = \dfrac{PC}{AC}$.

连 BD 并延长与 AP 交于点 M，由于 BD 是 $\angle ABP$ 的平分线，故 $\dfrac{PM}{MA} = \dfrac{PB}{AB}$.

连 CE 并延长与 AP 交于点 N，由于 CE 是 $\angle ACP$ 的平分线，故 $\dfrac{PN}{NA} = \dfrac{PC}{AC}$，

即 $\dfrac{PM}{MA} = \dfrac{PN}{NA}$,

所以 M 与 N 重合，即 AP, BD, CE 交于一点.

▶**例 19** 如图 5.15，边长为 2 的等边 $\triangle ABC$ 中，D 是 BC 的中点，E, F 分别是边 AB, AC 上的动点.

(1) 若$\angle EDF=120^\circ$，求证：$AE+AF$ 为定值；

(2) 若$\angle EDF=60^\circ$，此时 $AE+AF$ 是否为定值？若是，请给出证明；否则，求出 $AE+AF$ 的取值范围.

(2017 年全国高中数学联赛新疆维吾尔自治区预赛题)

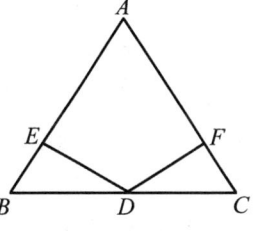

图 5.15

解

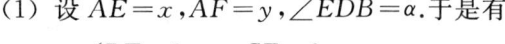

(1) 设 $AE=x$，$AF=y$，$\angle EDB=\alpha$. 于是有

$$\begin{cases}BE=2-x, CF=2-y,\\ \angle BED=120^\circ-\alpha, \angle CDF=60^\circ-\alpha, \angle CFD=60^\circ+\alpha.\end{cases}$$

由于 $BD=DC=1$，在$\triangle BDE$ 中应用正弦定理可得

$$\frac{BE}{\sin\angle EDB}=\frac{BD}{\sin\angle BED}$$

$$\Rightarrow\frac{2-x}{\sin\alpha}=\frac{1}{\sin(120^\circ-\alpha)}$$

$$\Rightarrow 2-x=\frac{\sin\alpha}{\sin(120^\circ-\alpha)}=\frac{\sin\alpha}{\sin(60^\circ-\alpha)}.\tag{17}$$

在$\triangle CDF$ 中应用正弦定理可得

$$\frac{CF}{\sin\angle CDF}=\frac{CD}{\sin\angle CFD}$$

$$\Rightarrow\frac{2-y}{\sin(60^\circ-\alpha)}=\frac{1}{\sin(60^\circ-\alpha)}$$

$$\Rightarrow 2-y=\frac{\sin(60^\circ-\alpha)}{\sin(60^\circ+\alpha)}.\tag{18}$$

将式(17)与(18)相加得

$$\begin{aligned}4-(x+y)&=\frac{\sin\alpha}{\sin(60^\circ+\alpha)}+\frac{\sin(60^\circ-\alpha)}{\sin(60^\circ+\alpha)}\\&=\frac{\sin\alpha+\sin(60^\circ-\alpha)}{\sin(60^\circ+\alpha)}\\&=\frac{\sin\alpha+\frac{\sqrt{3}}{2}\cos\alpha-\frac{1}{2}\sin\alpha}{\frac{\sqrt{3}}{2}\cos\alpha+\frac{1}{2}\sin\alpha}\\&=\frac{\frac{\sqrt{3}}{2}\cos\alpha+\frac{1}{2}\sin\alpha}{\frac{\sqrt{3}}{2}\cos\alpha+\frac{1}{2}\sin\alpha}\\&=1.\end{aligned}$$

从而,$x+y=3$ 为定值.

(2) 设 $AE=x$,$AF=y$,$\angle EDB=\alpha$. 当 E 与 A 重合时 α 最大,为 $90°$;当 F 与 A 重合时 α 最小,为 $30°$. 故 $30°\leqslant\alpha\leqslant 90°$. 将其他量用 x,y,α 表示,得到
$$\begin{cases} BE=2-x,CF=2-y, \\ \angle BED=120°-\alpha,\angle CDF=120°-\alpha,\angle CFD=\alpha. \end{cases}$$

由于 $BD=DC=1$,在 $\triangle BDE$ 中应用正弦定理可得

$$\frac{BE}{\sin\angle EDB}=\frac{BD}{\sin\angle BED}$$

$$\Rightarrow \frac{2-x}{\sin\alpha}=\frac{1}{\sin(120°-\alpha)}$$

$$\Rightarrow 2-x=\frac{\sin\alpha}{\sin(120°-\alpha)}=\frac{\sin\alpha}{\sin(60°+\alpha)}. \tag{19}$$

在 $\triangle CDF$ 中应用正弦定理可得

$$\frac{CF}{\sin\angle CDF}=\frac{CD}{\sin\angle CFD}$$

$$\Rightarrow \frac{2-y}{\sin(120°-\alpha)}=\frac{1}{\sin\alpha}$$

$$\Rightarrow 2-y=\frac{\sin(120°-\alpha)}{\sin\alpha}=\frac{\sin(60°+\alpha)}{\sin\alpha}. \tag{20}$$

将式(19)与(20)相加得

$$4-(x+y)=\frac{\sin\alpha}{\sin(60°+\alpha)}+\frac{\sin(60°+\alpha)}{\sin\alpha}$$

$$=\frac{\sin^2\alpha+\sin^2(60°+\alpha)}{\sin\alpha\cdot\sin(60°+\alpha)}$$

$$=\frac{\sin^2\alpha+\left(\frac{\sqrt{3}}{2}\cos\alpha+\frac{1}{2}\sin\alpha\right)^2}{\sin\alpha\left(\frac{\sqrt{3}}{2}\cos\alpha+\frac{1}{2}\sin\alpha\right)}$$

$$=\frac{\frac{5}{4}\sin^2\alpha+\frac{\sqrt{3}}{2}\sin\alpha\cdot\cos\alpha+\frac{3}{4}\cos^2\alpha}{\frac{\sqrt{3}}{2}\sin\alpha\cdot\cos\alpha+\frac{1}{2}\sin^2\alpha}$$

$$=1+\frac{\frac{3}{4}(\sin^2\alpha+\cos^2\alpha)}{\frac{\sqrt{3}}{2}\sin\alpha\cdot\cos\alpha+\frac{1}{2}\sin^2\alpha}$$

$$= 1 + \cfrac{\cfrac{3}{4}}{\cfrac{\sqrt{3}}{4}\sin 2\alpha + \cfrac{1}{4}(1-\cos 2\alpha)}$$

$$= 1 + \frac{3}{2} \cdot \frac{1}{\sin(2\alpha - 30°) + \frac{1}{2}}.$$

由于 $30° \leqslant \alpha \leqslant 90°$,故 $\frac{1}{2} \leqslant \sin(2\alpha - 30°) \leqslant 1$.从而,

$$2 \leqslant 4 - (x+y) \leqslant \frac{5}{2},$$

即 $\frac{3}{2} \leqslant x+y \leqslant 2$.

因此,$AE + AF$ 不是定值,其范围为 $\left[\frac{3}{2}, 2\right]$.

▶ **例 20** 设 $\triangle ABC$ 三边为 a,b,c,面积为 S,求证:

$$a^2 \sin \frac{A}{2} + b^2 \sin \frac{B}{2} + c^2 \sin \frac{C}{2} \geqslant 2\sqrt{3} S.$$

证明

用正弦定理和三角形面积公式 $S = \frac{1}{2} ab \sin C$,将原不等式变形为:

$$\sin^2 A \cdot \sin \frac{A}{2} + \sin^2 B \cdot \sin \frac{B}{2} + \sin^2 C \cdot \sin \frac{C}{2} \geqslant \sqrt{3} \sin A \cdot \sin B \cdot \sin C,$$

进一步变形为:

$$\frac{\sin^3 A}{\cos \frac{A}{2}} + \frac{\sin^3 B}{\cos \frac{B}{2}} + \frac{\sin^3 C}{\cos \frac{C}{2}} \geqslant 2\sqrt{3} \sin A \cdot \sin B \cdot \sin C.$$

利用均值不等式和三角不等式,有

$$\cos \frac{A}{2} \cdot \cos \frac{B}{2} \cdot \cos \frac{C}{2} \leqslant \left(\frac{\cos \frac{A}{2} + \cos \frac{B}{2} + \cos \frac{C}{2}}{3}\right)^3$$

$$\leqslant \left(\cos \frac{A+B+C}{6}\right)^3 = \left(\frac{\sqrt{3}}{2}\right)^3.$$

故 $\dfrac{\sin^3 A}{\cos \dfrac{A}{2}} + \dfrac{\sin^3 B}{\cos \dfrac{B}{2}} + \dfrac{\sin^3 C}{\cos \dfrac{C}{2}} \geqslant 3 \sqrt[3]{\dfrac{\sin^3 A \cdot \sin^3 B \cdot \sin^3 C}{\cos \dfrac{A}{2} \cdot \cos \dfrac{B}{2} \cdot \cos \dfrac{C}{2}}} \geqslant 2\sqrt{3} \sin A \cdot$

$\sin B \cdot \sin C$.

即得所证结论.

点评

合理选用三角公式,将问题转化为熟悉的均值不等式,使解法更易于被接受.本题也可以用切比雪夫不等式来证明.

▶ 例21 已知:如图 5.16,PA,PB,PC,PD 为 ⊙O 的 4 条弦,且 $\angle APB = \angle CPD$,若 AD 为 ⊙O 的直径,求证:$2PB \cdot PC \leqslant (PA+PD)^2$.

(《数学通报》2443 号问题)

证明

设⊙O 半径为 R,$\angle APB = \angle CPD = \theta$,$\angle ABP = \angle ADP = \alpha$,$\angle PAD = \angle PCD = \beta$,

则 $\alpha + \beta = \dfrac{\pi}{2}$,

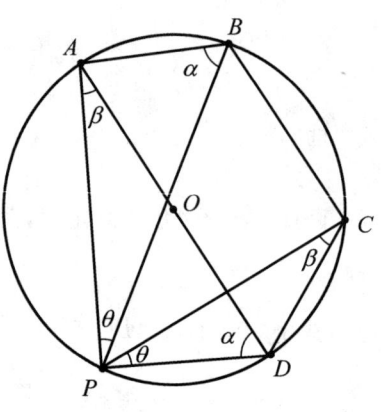

图 5.16

所以 $\cos \alpha = \sin \beta$,$\cos \beta = \sin \alpha$.

在△PAB,△PCD 中,由正弦定理得

$$\frac{PB}{\sin \angle PAB} = \frac{PA}{\sin \alpha} = \frac{PC}{\sin \angle PDC} = \frac{PD}{\sin \beta} = 2R,$$

所以 $PB = \dfrac{PA \cdot \sin(\theta + \alpha)}{\sin \alpha}$,$PC = \dfrac{PD \cdot \sin(\theta + \beta)}{\sin \beta}$,

所以 $2PB \cdot PC = \dfrac{2PA \cdot PD \cdot \sin(\theta + \alpha) \cdot \sin(\theta + \beta)}{\sin \alpha \cdot \sin \beta}$

$= \dfrac{2PA \cdot PD \cdot (\sin \theta \cdot \cos \alpha + \cos \theta \cdot \sin \alpha)(\sin \theta \cdot \cos \beta + \cos \theta \cdot \sin \beta)}{\sin \alpha \cdot \cos \alpha}$

$= \dfrac{2PA \cdot PD \cdot (\sin \theta \cdot \sin \beta + \cos \theta \cdot \sin \alpha)(\sin \theta \cdot \sin \alpha + \cos \theta \cdot \sin \beta)}{\sin \alpha \cdot \sin \beta}$

$= \dfrac{2PA \cdot PD \cdot (\sin \alpha \cdot \sin \beta + \sin \theta \cdot \cos \theta)}{\sin \alpha \cdot \sin \beta}$

$= 2PA \cdot PD + \dfrac{PA \cdot PD \cdot \sin 2\theta}{\sin \alpha \cdot \cos \alpha} \leqslant 2PA \cdot PD + \dfrac{PA \cdot PD}{\sin \alpha \cdot \sin \beta}$

$= 2PA \cdot PD + 4R^2 = (PA+PD)^2$.

▶ **例22** 如图 5.17，在 $\triangle ABC$ 中，$AB = AC$，I 为 $\triangle ABC$ 的内心．以 AB 为半径作 $\odot \Gamma_1$，以 IB 为半径作 $\odot \Gamma_2$，过点 B，I 的 $\odot \Gamma_3$ 与 $\odot \Gamma_1$，$\odot \Gamma_2$ 分别交于点 P，Q（不同于点 B）．设 IP 与 BQ 交于点 R．证明：$BR \perp CR$．

(2017 年全国高中数学联赛题)

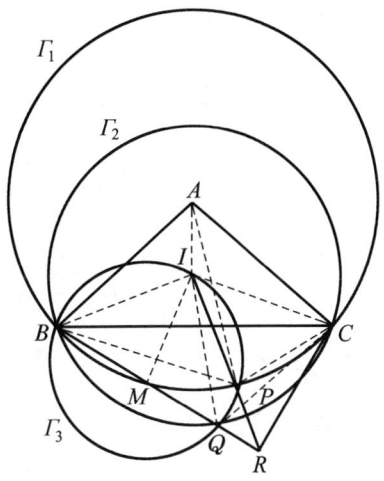

图 5.17

证明

欲证 $BR \perp CR$，只需证
$$CB^2 - CQ^2 = RB^2 - RQ^2,$$
即证
$$CB^2 - CQ^2 = BQ \cdot (RB + RQ).$$
取 BQ 的中点 M，则 $RB + RQ = 2RM$，故只需证
$$RM = \frac{CB^2 - CQ^2}{2BQ}. \tag{21}$$
令
$$\angle ABI = \angle IBC = \alpha, \angle CBQ = \beta, \angle CBP = \theta,$$
则
$$\angle IPB = \angle IQB = \angle IBQ = \alpha + \beta, \angle RIQ = \beta - \theta,$$
$$\angle IRB = \angle IQP - \angle RIQ = \alpha + \theta.$$
由 BI 为 $\triangle CBQ$ 的外接圆 $\odot \Gamma_2$ 的半径，可得
$$CB = 2BI\cos\alpha, BQ = 2BI\cos(\alpha+\beta), CQ = 2BI\sin\beta,$$
所以
$$\frac{CB^2 - CQ^2}{2BQ} = BI \cdot \frac{\cos^2\alpha - \sin^2\beta}{\cos(\alpha+\beta)}$$
$$= BI \cdot \frac{\cos 2\alpha + \cos 2\beta}{2\cos(\alpha+\beta)} = BI \cdot \cos(\alpha - \beta). \tag{22}$$
$$RM = IM \cdot \cot\angle IRB = BI \cdot \sin\angle IBQ \cdot \cot\angle IRB$$
$$= BI \cdot \sin(\alpha+\beta) \cdot \cot(\alpha+\theta). \tag{23}$$
结合式(22)(23)可知
$$式(21) \Leftrightarrow \sin(\alpha+\beta) \cdot \cot(\alpha+\theta) = \cos(\alpha-\beta)$$
$$\Leftrightarrow \sin(\alpha+\beta) \cdot \cos(\alpha+\theta) = \cos(\alpha-\beta) \cdot \sin(\alpha+\theta). \tag{24}$$

在 $\triangle ABI$ 中,可得
$$\angle BAI = 90° - 2\alpha, \angle AIB = 90° + \alpha.$$
由正弦定理可得
$$AB = \frac{BI \sin(90° + \alpha)}{\sin(90° - 2\alpha)} = BI \cdot \frac{\cos\alpha}{\cos 2\alpha}.$$
在等腰 $\triangle ABP$ 中,可得 $\angle ABP = \angle APB = 2\alpha + \theta$,所以
$$BP = 2AB\cos(2\alpha + \theta)$$
$$= BI \cdot \frac{2\cos\alpha}{\cos 2\alpha} \cdot \cos(2\alpha + \theta).$$
另外,在 $\triangle BPI$ 中,
$$\angle PIB = 180° - \angle IBP - \angle IPB = 180° - (\alpha + \theta) - (\alpha + \beta)$$
$$= 180° - (2\alpha + \beta + \theta).$$
由正弦定理可得
$$BP = \frac{BI \cdot \sin(180° - (2\alpha + \beta + \theta))}{\sin(\alpha + \beta)}$$
$$= BI \cdot \frac{\sin(2\alpha + \beta + \theta)}{\sin(\alpha + \beta)},$$
于是可得
$$\frac{2\cos\alpha}{\cos 2\alpha} \cdot \cos(2\alpha + \theta) = \frac{\sin(2\alpha + \beta + \theta)}{\sin(\alpha + \beta)},$$
所以
$$2\cos\alpha \cdot \sin(\alpha + \beta) \cdot \cos(2\alpha + \theta)$$
$$= \cos 2\alpha \cdot \sin(2\alpha + \beta + \theta),$$
即
$$2\cos\alpha \cdot \sin(\alpha + \beta) \cdot (\cos\alpha \cdot \cos(\alpha + \theta) - \sin\alpha \cdot \sin(\alpha + \theta))$$
$$= \cos 2\alpha \cdot (\sin(\alpha + \beta) \cdot \cos(\alpha + \theta) + \cos(\alpha + \beta) \cdot \sin(\alpha + \theta)),$$
即
$$(\cos 2\alpha + 1) \cdot \sin(\alpha + \beta) \cdot \cos(\alpha + \theta) - \sin 2\alpha \cdot \sin(\alpha + \beta) \cdot \sin(\alpha + \theta)$$
$$= \cos 2\alpha \cdot \sin(\alpha + \beta) \cdot \cos(\alpha + \theta) + \cos 2\alpha \cdot \sin(\alpha + \theta) \cdot \cos(\alpha + \beta).$$
所以
$$\sin(\alpha + \beta) \cdot \cos(\alpha + \theta) = \sin(\alpha + \theta)(\cos 2\alpha \cdot \cos(\alpha + \beta) + \sin 2\alpha \cdot \sin(\alpha + \beta)),$$
即有
$$\sin(\alpha + \beta) \cdot \cos(\alpha + \theta) = \sin(\alpha + \theta) \cdot \cos(\alpha - \beta).$$

因此,式(24)成立,从而式(21)成立,于是原问题得证.

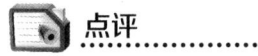

利用平面几何中证明垂直关系的常用方法,把证明 $BR \perp CR$ 转换为证明 $CB^2 - CQ^2 = RB^2 - RQ^2$,进而利用解三角形的思想把问题转化为证明式(24)成立,结合图形特征把相关几何量都用几个角的三角函数来表示,最后通过代数运算来完成问题的证明.这一方法虽然计算量稍大,但体现了"多一点算,少一点想"的原则,也是处理平面几何问题的基本策略之一.

▶ **例 23** 如图 5.18,在 $\triangle ABC$ 中,X,Y 是直线 BC 上两点(X,B,C,Y 顺次排列),使得 $BX \cdot AC = CY \cdot AB$.设 $\triangle ACX$,$\triangle ABY$ 的外心分别为 O_1,O_2,直线 O_1O_2 与 AB,AC 分别交于点 U,V.证明:$\triangle AUV$ 是等腰三角形.

(2016 年全国高中数学联赛题)

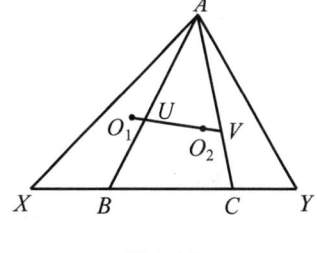

图 5.18

证明

方法一 如图 5.19,作出 $\triangle ACX$ 与 $\triangle ABY$ 的外接圆 $\odot O_1,\odot O_2$,设 $\odot O_1,\odot O_2$ 的另一交点为 P,联结 PX,PB,PA,PC,PY.

因为 A,X,P,C 四点共圆,A,B,P,Y 四点共圆,所以
$$\angle XAP = \angle XCP,$$
$$\angle BAP = \angle BYP,$$
$$\angle XAB = \angle XAP - \angle BAP$$
$$= \angle XCP - \angle BYP$$
$$= \angle CPY.$$

同理可得
$$\angle CAY = \angle BPX.$$

因为
$$BX \cdot AC = CY \cdot AB,$$
所以
$$\frac{BX}{AB} = \frac{CY}{AC},$$

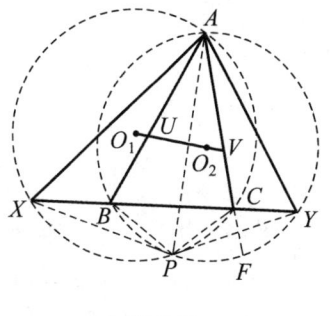

图 5.19

结合正弦定理可得

$$\frac{\sin \angle XAB}{\sin \angle AXB} = \frac{\sin \angle CAY}{\sin \angle AYC}.$$

又由

$$\angle AXB = \angle APC, \angle AYC = \angle APB,$$

所以

$$\frac{\sin \angle CPY}{\sin \angle APC} = \frac{\sin \angle BPX}{\sin \angle APB}. \tag{25}$$

又由正弦定理可得

$$\sin \angle CPY = CY \cdot \frac{\sin \angle CYP}{CP} = CY \cdot \frac{\sin \angle BYP}{CP},$$

$$\sin \angle APC = AC \cdot \frac{\sin \angle CAP}{CP},$$

$$\sin \angle BPX = BX \cdot \frac{\sin \angle BXP}{BP},$$

$$\sin \angle APB = AB \cdot \frac{\sin \angle BAP}{BP}.$$

代入式(25),整理得

$$\frac{CY}{AC} \cdot \frac{\sin \angle BYP}{\sin \angle CAP} = \frac{BX}{AB} \cdot \frac{\sin \angle BXP}{\sin \angle BAP}.$$

注意到

$$\frac{BX}{AB} = \frac{CY}{AC},$$

所以

$$\frac{\sin \angle BYP}{\sin \angle CAP} = \frac{\sin \angle BXP}{\sin \angle BAP}.$$

又

$$\angle BYP = \angle BAP, \angle BXP = \angle CAP,$$

所以可得 $\angle BAP = \angle CAP$,即 AP 平分 $\angle BAC$.

又因为 $O_1O_2 \perp AP$,且直线 O_1O_2 与 AB, AC 分别交于点 U, V,所以 $AU = AV$,即 $\triangle AUV$ 是等腰三角形.

点评

涉及证明角相等的问题,可以结合图形,合理利用正弦定理实现转化,以算"代"证.

方法二 同方法一,作出 $\triangle ACX$ 与 $\triangle ABY$ 的外接圆 $\odot O_1, \odot O_2$,两个圆的另一交点为 P,联结 PX, PB, PA, PC 和 PY,则
$$\angle APB = \angle AYB,$$
$$\angle APX = \angle ACX,$$
从而
$$\angle XPB = \angle APX - \angle APB = \angle ACX - \angle AYB = \angle CAY. \quad (26)$$
由已知条件 $BX \cdot AC = CY \cdot AB$,得 $\dfrac{BX}{CY} = \dfrac{AB}{AC}$,又根据正弦定理得
$$\frac{\sin \angle XPB \cdot \dfrac{BP}{\sin \angle PXC}}{\sin \angle CAY \cdot \dfrac{AC}{\sin \angle AYC}} = \frac{AB}{AC},$$
结合式(26)化简得
$$\frac{AB}{\sin \angle AYC} = \frac{BP}{\sin \angle PXC}. \quad (27)$$
记 $\odot O_2$ 的半径为 R_2,由正弦定理知
$$\frac{AB}{\sin \angle AYC} = \frac{BP}{\sin \angle BAP} = R_2. \quad (28)$$
综合式(27)和(28)可知
$$\sin \angle PXC = \sin \angle BAP.$$
而 $\angle PXC = \angle PAC$,且 $\angle PXC$ 与 $\angle BAP$ 均为锐角,于是
$$\angle PXC = \angle PAC = \angle BAP,$$
即
$$\angle UAP = \angle VAP.$$
因此 AP 为 $\angle UAV$ 的角平分线.由根轴的性质得
$$PA \perp O_1O_2,$$
即
$$PA \perp UV.$$
从而 AP 既是 $\angle UAV$ 的角平分线又是底边 UV 上的高,故 $\triangle AUV$ 是等腰三角形.

5.2 面积法

知识桥

在平面几何中,有关三角形和多边形面积的计算、证明是一类基本问题.利用面积方法,特别是割补法和等积变换,可以解决与面积有关的一系列问题.

在 $\triangle ABC$ 中,设 a,b,c 分别是角 A,B,C 的对边,r_a 为 a 边上的旁切圆半径,R,r 分别为 $\triangle ABC$ 的外接圆和内切圆半径,$p=\dfrac{1}{2}(a+b+c)$,则除了上节介绍的面积公式以外,还有如下一些公式:

1. $S_{\triangle ABC}=\sqrt{p(p-a)(p-b)(p-c)}$;

2. $S_{\triangle ABC}=\dfrac{1}{2}r(a+b+c)=rp$;

3. $S_{\triangle ABC}=\dfrac{abc}{4R}$;

4. $S_{\triangle ABC}=2R^2\sin A\cdot\sin B\cdot\sin C$;

5. $S_{\triangle ABC}=\dfrac{1}{2}r_a(b+c-a)$;

6. $S_{\triangle ABC}=\dfrac{1}{2}R^2(\sin 2A+\sin 2B+\sin 2C)$;

7. $S_{\triangle ABC}=\dfrac{a^2\sin B\cdot\sin C}{2\sin(B+C)}$.

用面积法解题时,还经常用到如下性质:

1. 一个图形的面积等于它的各部分面积之和;

2. 两个全等形的面积相等;

3. 等底等高的三角形、平行四边形、梯形(梯形的等底应理解为两底的和相等)的面积相等;

4. 相似三角形的面积比等于相似比的平方;

5. 等底(或等高)的三角形、平行四边形、梯形的面积比等于其所对应的高(或底)的比;

6. 等角(或补角)三角形的面积比等于夹等角(或补角)的两边乘积之比;等角平行四边形的面积比等于夹等角的两边乘积之比;

7. 共边定理:如图 5.20,若直线 AB 与 PQ 交于 M,则 $\dfrac{S_{\triangle PAB}}{S_{\triangle QAB}} = \dfrac{PM}{QM}$;

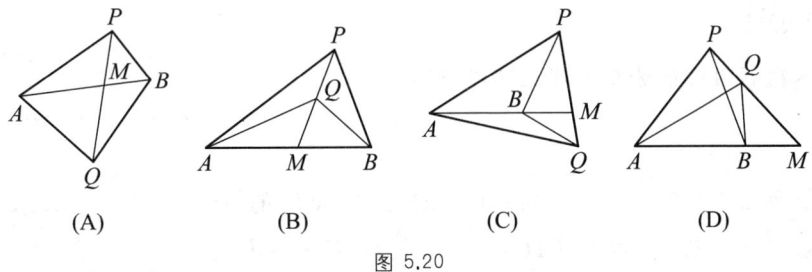

图 5.20

8. 共角定理:如图 5.21,若 $\angle ABC$ 与 $\angle A'B'C'$ 相等或互补,则 $\dfrac{S_{\triangle ABC}}{S_{\triangle A'B'C'}} = \dfrac{AB \cdot BC}{A'B' \cdot B'C'}$.

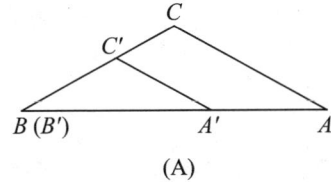
(A)

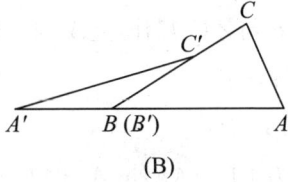
(B)

图 5.21

训练营

▶ 例 1 设 M 是任意 $\triangle ABC$ 的 BC 边中点,在 AB,AC 上分别取点 E,F,连 EF 与 AM 交于点 N.证明:$\dfrac{AM}{AN} = \dfrac{1}{2}\left(\dfrac{AB}{AE} + \dfrac{AC}{AF}\right)$.

证明

由 $MB = MC$,

$$S_{\triangle ABC} = 2S_{\triangle ABM} = 2S_{\triangle ACM}, \tag{1}$$

又

$$S_{\triangle AEF} = S_{\triangle AEN} + S_{\triangle AFN}, \tag{2}$$

将式(2)的两边除以 $S_{\triangle ABC}$,并由式(1)得

$$\dfrac{S_{\triangle AEF}}{S_{\triangle ABC}} = \dfrac{S_{\triangle AEN}}{2S_{\triangle ABM}} + \dfrac{S_{\triangle AFN}}{2S_{\triangle ACM}}. \tag{3}$$

对式(3)用共边定理得

$$\frac{AE \cdot AF}{AB \cdot AC} = \frac{1}{2}\left(\frac{AE \cdot AN}{AB \cdot AM} + \frac{AF \cdot AN}{AC \cdot AM}\right) = \frac{1}{2}\left(\frac{AE}{AB} + \frac{AF}{AC}\right) \cdot \frac{AN}{AM},$$

两边同乘以 $\dfrac{AB \cdot AC \cdot AM}{AE \cdot AF \cdot AN}$，即得 $\dfrac{AM}{AN} = \dfrac{1}{2}\left(\dfrac{AB}{AE} + \dfrac{AC}{AF}\right)$。

点评

本题利用门奈劳斯定理也可以证明。

▶ **例2** 如图 5.22, E 为圆内接四边形 $ABCD$ 的 AB 边中点, $EF \perp AD$ 于点 F, $EH \perp BC$ 于点 H, $EG \perp CD$ 于点 G。求证：EG 平分 FH。

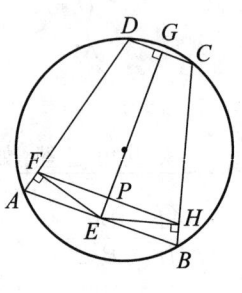

图 5.22

证明

设 GE 与 FH 交于点 P, $\angle HEP = \alpha$, $\angle FEP = \beta$, $\angle EPF = \theta$。

因为 α 与 $\angle C$ 互补，$\angle A$ 与 $\angle C$ 互补，

所以 $\alpha = A$。

同理，$\beta = B$。

又因为 $EF = AE\sin A = AE\sin\alpha$，

$EH = EB\sin B = EB\sin\beta$，$AE = EB$，所以

$$1 = \frac{S_{\triangle PEF}}{S_{\triangle PEF}} \cdot \frac{S_{\triangle PEH}}{S_{\triangle PEH}} = \frac{\frac{1}{2}PE \cdot PF \cdot \sin\theta}{\frac{1}{2}PE \cdot EF \cdot \sin\beta} \cdot \frac{\frac{1}{2}PE \cdot EH \cdot \sin\alpha}{\frac{1}{2}PE \cdot PH \cdot \sin(180°-\theta)}$$

$$= \frac{PE^2 \cdot PF \cdot EH \cdot \sin\theta \cdot \sin\alpha}{PE^2 \cdot EF \cdot PH \cdot \sin\theta \cdot \sin\beta} = \frac{PF}{PH} \cdot \frac{EH \cdot \sin\alpha}{EF \cdot \sin\beta}$$

$$= \frac{PF}{PH} \cdot \frac{EB \cdot \sin\beta \cdot \sin\alpha}{AE \cdot \sin\alpha \cdot \sin\beta} = \frac{PF}{PH},$$

从而 $PF = PH$。

▶ **例3** 证明：双心四边形的两个心与对角线的交点三点共线。

（第 30 届 IMO 预选题）

证明

原题即已知：如图 5.23，四边形 $ABCD$ 的外接圆圆心为 O，内切圆圆心为

O_1，AC 与 BD 交于点 E，要证明 E，O，O_1 三点共线.

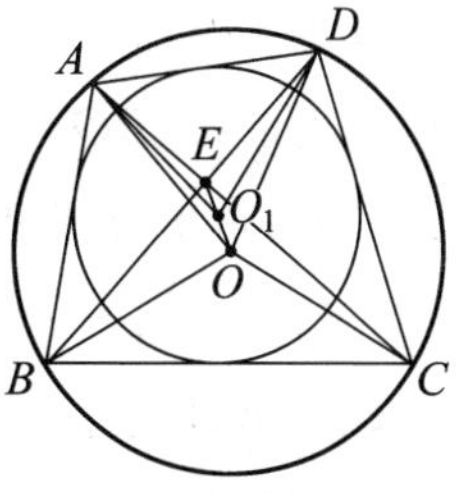

图 5.23

设直线 OO_1 与 BD 交于点 E_1，与 AC 交于点 E_2，则 $\frac{OE_1}{O_1E_1}=\frac{S_{\triangle OBD}}{S_{\triangle O_1BD}}$，$\frac{OE_2}{O_1E_2}=\frac{S_{\triangle OAC}}{S_{\triangle O_1AC}}$. 若 $\frac{OE_1}{O_1E_1}=\frac{OE_2}{O_1E_2}$，则 E，O，O_1 三点共线.因此需要证明：

$$\frac{S_{\triangle OBD}}{S_{\triangle O_1BD}}=\frac{S_{\triangle OAC}}{S_{\triangle O_1AC}}. \quad (4)$$

设四边形 $ABCD$ 外接圆半径为 R，内切圆半径为 r，则

$$\frac{S_{\triangle OBD}}{S_{\triangle OAC}}=\frac{\frac{1}{2}R^2\sin\angle BOD}{\frac{1}{2}R^2\sin\angle AOC}=\frac{\sin 2C}{\sin 2B}.$$

$$\begin{aligned}S_{\triangle O_1BD}&=\frac{1}{2}BO_1\cdot DO_1\sin\angle BO_1D\\&=\frac{1}{2}\cdot\frac{r}{\sin\frac{B}{2}}\cdot\frac{r}{\sin\frac{D}{2}}\cdot\sin\left(\frac{B}{2}+\frac{D}{2}+C\right)\\&=\frac{1}{2}r^2\frac{1}{\sin\frac{B}{2}\cdot\cos\frac{B}{2}}\cdot\sin\left(\frac{\pi}{2}+C\right)=\frac{r^2\cos C}{\sin B},\end{aligned}$$

同理，$S_{\triangle O_1AC}=\frac{r^2\cos B}{\sin C}$.

$\therefore\ \frac{S_{\triangle O_1BD}}{S_{\triangle O_1AC}}=\frac{\sin C\cdot\cos C}{\sin B\cdot\cos B}=\frac{\sin 2C}{\sin 2B}=\frac{S_{\triangle OBD}}{S_{\triangle OAC}}$，即式(4)成立，故原命题成立.

点评

笔者在《中等数学》2002年第一期中给出的方法是用反演变换来证明.因为反演的思想不易被中学生所接受，很多朋友写信来问还有什么新方法，所以这里给出另一种证法（“同一法”+“面积法”）.

▶ **例 4** 如图 5.24，设 $ABCD$ 是一个圆内接四边形，从 D 向直线 BC，CA 和 AB 作垂线，垂足分别为 P，Q 和 R.证明：$PQ=RQ$ 的充分必要条件是 $\angle ABC$ 角平分线、$\angle ADC$ 角平分线和 AC 这 3 条直线交于一点.

证明

先证(1) $\angle ABC$ 角平分线、$\angle ADC$ 角平分线和 AC 这 3 条直线交于一点

时,$RQ=QP$;

再证(2)$RQ=QP$ 时,$\angle ABC$ 角平分线、$\angle ADC$ 角平分线和 AC 这 3 条直线交于一点.

(1) **方法一** $\because$ A,B,C,D 四点共圆,$DR\perp AB,DQ\perp AC,DP\perp BC$,根据西姆森定理,$P,Q,R$ 三点共线.

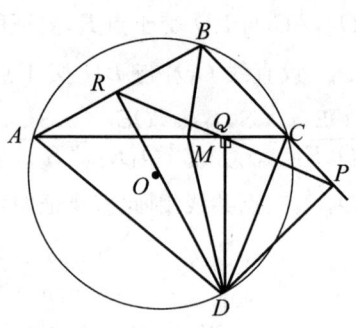

图 5.24

$\therefore$ 根据门奈劳斯定理,$\dfrac{PC}{BC}\cdot\dfrac{BA}{AR}\cdot\dfrac{RQ}{PQ}=1$.

$\because \angle DPC=\angle DRA=90°,\angle DCP=\angle BAD$,

$\therefore \triangle DPC\backsim\triangle DRA$.

$\therefore \dfrac{DP}{DR}=\dfrac{DC}{AD}=\dfrac{BC}{AB}$. (5)

$\because \angle ARD=\angle AQD=90°$,

$\therefore A,R,Q,D$ 四点共圆,

$\therefore \angle RDQ=\angle RAQ$. (6)

$\because \angle CQD=\angle CPD=90°$,

$\therefore Q,C,P,D$ 四点共圆,

$\therefore \angle QDP=\angle BCA$. (7)

由式(5)~(7)得

$\dfrac{DP}{DR}=\dfrac{BC}{AB}=\dfrac{\sin\angle BAC}{\sin\angle BCA}=\dfrac{\sin\angle RDQ}{\sin\angle QDP}$,

$\therefore DP\cdot\sin\angle QDP=DR\cdot\sin\angle RDQ$.

$\therefore \dfrac{S_{\triangle RDQ}}{S_{\triangle QDP}}=\dfrac{\frac{1}{2}RD\cdot\sin\angle RDQ\cdot DQ}{\frac{1}{2}DP\cdot\sin\angle PDQ\cdot DQ}=1$,

$\therefore S_{\triangle RDQ}=S_{\triangle QDP}$, $\therefore RQ=QP$.

方法二 同上可知,A,R,Q,D 四点共圆,D,Q,C,P 四点共圆,$\dfrac{AB}{BC}=\dfrac{AD}{DC}$.

$\because \angle ARD=90°,\angle AQD=90°$,

$\therefore AD$ 为 $\triangle ARQ$ 外接圆直径,

$\therefore RQ=AD\cdot\sin\angle BAC$.

$\because \angle CQD=90°,\angle CPD=90°$,

∴ CD 为 $\triangle CPQ$ 外接圆直径,

∴ $QP = CD \cdot \sin\angle QCP$.

∵ $\angle PCQ + \angle BCA = 180°$,

∴ $\sin\angle PCQ = \sin\angle BCA$,

∴ $QP = CD \cdot \sin\angle BCA$,

∴ $\dfrac{RQ}{PQ} = \dfrac{AD \cdot \sin\angle BAC}{CD \cdot \sin\angle BCA} = \dfrac{AD}{CD} \cdot \dfrac{BC}{AB} = 1$,

∴ $RQ = PQ$.

(2) 在(1)中已证明 $\dfrac{PC}{BC} \cdot \dfrac{BA}{AR} \cdot \dfrac{RQ}{PQ} = 1$,又 $\dfrac{PC}{AR} = \dfrac{DC}{AD}$,

∴ $\dfrac{DC}{AD} \cdot \dfrac{BA}{BC} \cdot \dfrac{RQ}{PQ} = 1$.

又 ∵ $RQ = QP$,∴ $\dfrac{DC}{AD} = \dfrac{BC}{AB}$.

设 $\angle ABC$ 角平分线与 AC 交于 N,$\angle ADC$ 角平分线与 AC 交于 N',

则 $\dfrac{AN}{NC} = \dfrac{AB}{BC} = \dfrac{AD}{DC} = \dfrac{AN'}{N'C}$,

∴ N 与 N' 重合.

∴ $\angle ABC$ 角平分线、$\angle ADC$ 角平分线和 AC 这 3 条直线交于一点.

综合(1)(2),命题得证.

▶ **例 5** 自 $\triangle ABC$ 的顶点 A 引两条射线 AX,AY,它们分别交 BC 于 X,Y,且 $\dfrac{BX \cdot BY}{CX \cdot CY} = \dfrac{AB^2}{AC^2}$,证明:$\angle BAX = \angle CAY$.

证明

如图 5.25 所示,设 $\angle BAX = \alpha$,$\angle CAY = \beta$,$\angle XAY = \theta$.

注意到

$$\dfrac{BX}{CX} = \dfrac{S_{\triangle ABX}}{S_{\triangle ACX}} = \dfrac{AB\sin\alpha}{AC\sin(\beta+\theta)}, \quad (8)$$

$$\dfrac{BY}{CY} = \dfrac{S_{\triangle ABY}}{S_{\triangle ACY}} = \dfrac{AB\sin(\alpha+\theta)}{AC\sin\beta}. \quad (9)$$

式(8)×(9)得

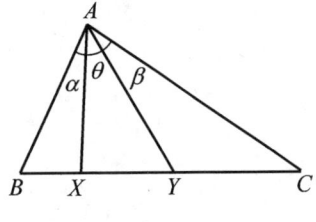

图 5.25

$$\frac{BX}{CX} \cdot \frac{BY}{CY} = \frac{AB^2 \cdot \sin\alpha \cdot \sin(\alpha+\theta)}{AC^2 \cdot \sin\beta \cdot \sin(\beta+\theta)} = \frac{AB^2}{AC^2},$$

所以有

$$\sin\alpha \cdot \sin(\alpha+\theta) = \sin\beta \cdot \sin(\beta+\theta). \tag{10}$$

设 $f(x) = \sin x \cdot \sin(x+\theta) \left(0 < x < \dfrac{\pi}{2}\right)$，如果能够证明函数 $f(x)$ 在给定范围内是单调的，由式(10)即可得到 $\alpha = \beta$.

事实上，$f'(x) = \cos x \cdot \sin(x+\theta) + \sin x \cdot \cos(x+\theta) = \sin(2x+\theta)$.

注意到 $\angle BAC = \alpha + \theta + \beta \in (0, \pi)$，因而 $2x + \theta \in (0, \pi)$，

从而 $f'(x) = \sin(2x+\theta) > 0$，

故函数 $f(x)$ 在 $\left(0, \dfrac{\pi}{2}\right)$ 上单调递增. 又由式(10)可得 $f(\alpha) = f(\beta)$，所以 $\alpha = \beta$.

点评

通过面积法得到式(10)后，用函数的单调性进行证明，绕开了大量的三角运算.

演习场

习题 5

1. 在 $\triangle ABC$ 中,已知 $B=2A$.求证:$\dfrac{a}{b}=\dfrac{a+b}{a+b+c}$.

2. 在 $\triangle ABC$ 中,角 A,B,C 的对边顺次为 a,b,c.若 $a^2+b^2=tc^2$,且 $\cot C = 2004(\cot A + \cot B)$,求常数 t 的值.

3. 如图 5.26,在 $\triangle ABC$ 中,D 是 BC 边上任意一点,$BD=p$,$DC=q$.求证:$AD^2 = \dfrac{b^2 p + c^2 q}{p+q} - pq$.

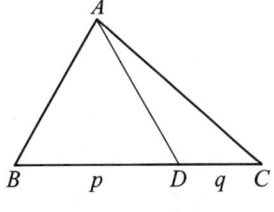

图 5.26

4. 在 $\triangle ABC$ 中,角 A,B,C 的对边依次成等差数列.

(1) 求证:$\tan\dfrac{A}{2} \cdot \tan\dfrac{C}{2} = \dfrac{1}{3}$;

(2) 求 $5\cos A - 4\cos A \cdot \cos C + 5\cos C$ 的值;

(3) 若 $A - C = \dfrac{\pi}{2}$,求 $\sin A + \sin C$ 的值.

5. 在 $\triangle ABC$ 中,若 $B=2A$,且 $B^2 = A \cdot C$,求 $\cos A \cdot \cos B \cdot \cos C$ 的值.

6. 如图 5.27,在 $\triangle ABC$ 中,$\angle B = \angle C$,点 P,Q 分别在 AC 和 AB 上,且 $AP = PQ = QB = BC$.求 $\angle A$ 的大小.

7. 若 $\triangle ABC$ 的面积 $S = a^2 - (b-c)^2$,且 $b+c=8$,求 S 的最大值.

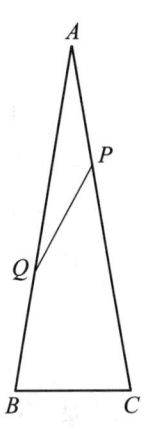

图 5.27

8. $\triangle ABC$ 中,有一角为 $60°$,夹此角的两边之比为 $8:5$,内切圆的面积为 12π,求 $\triangle ABC$ 的面积.

9. 已知圆内接四边形的边长分别为 $AB=2$,$BC=6$,$CD=DA=4$,求四边形 $ABCD$ 的面积.

10. 如图 5.28,一条直角走廊宽为 1.5 米,一辆能灵活推动的平板车底面为矩形,宽为 1 米.若要顺利推过直角走廊,平板车的最大长度应不超过多少米?

11. 在 $\triangle ABC$ 中,角 A,B,C 的对边分别为 a,b,c ($b \neq 1$),且 $\dfrac{C}{A}$,$\dfrac{\sin B}{\sin A}$ 都是方程 $\log_{\sqrt{b}} x = \log_b (4x-4)$ 的

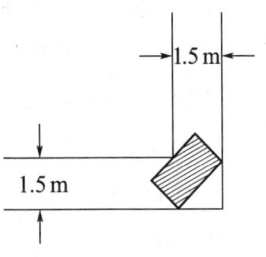

图 5.28

根. 试判断 $\triangle ABC$ 的形状.

12. 在 $\triangle ABC$ 中, a,b,c 分别是角 A,B,C 的对边, $b=1$, 且 $\cos C + (2a+c)\cos B = 0$.

(1) 求 B;

(2) 求 $\triangle ABC$ 的面积的最大值.

(2016 年全国高中数学联赛吉林省预赛题)

13. 设 $\triangle ABC$ 的内角 A,B,C 的对边分别为 a,b,c, 且满足 $a\cos B - b\cos A = \dfrac{3}{5}c$, 求 $\dfrac{\tan A}{\tan B}$ 的值.

(2012 年全国高中数学联赛题)

14. 如图 5.29, $\odot O_1$ 与 $\odot O_2$ 相交于 A,B 两点, 直线 PQ 是两圆距离点 B 较近的公切线, 且分别与 $\odot O_1$, $\odot O_2$ 切于点 P,Q, 设 QB,PB 的延长线分别交 AP,AQ 于点 C,D, 求证: $AC \cdot BC = AD \cdot BD$.

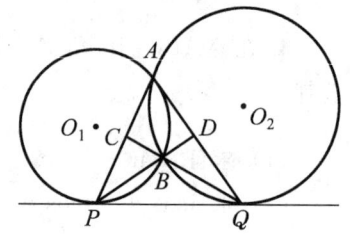

图 5.29

(2017 年全国高中数学联赛陕西省预赛题)

15. AD 是 $\triangle ABC$ 的角平分线, $\odot O$ 过点 A, 并且分别与 AB,AD,AC 交于 M,N,P. 求证: $(AB+AC) \cdot AN \cdot AD = (AM+AP) \cdot AB \cdot AC$.

16. 在 $\triangle ABC$ 中任取一点 O, 用 S_A, S_B, S_C 分别表示 $\triangle BOC, \triangle COA, \triangle AOB$ 的面积. 求证: $S_A \cdot \overrightarrow{OA} + S_B \cdot \overrightarrow{OB} + S_C \cdot \overrightarrow{OC} = \vec{0}$.

17. 在 $\triangle ABC$ 中, D,E,F 和 X,Y,Z 分别是边 BC,CA,AB 上的中点和高的垂足, ZD 和 FX 交于点 L, ZE 与 FY 交于点 M, DY 与 XY 交于点 N. 求证: L,M,N 三点都在 $\triangle ABC$ 的欧拉线上.

18. 在锐角三角形 ABC 中, $\angle BAC = 60°$, $AB = c$, $AC = b$, 且 $b > c$, 经过 $\triangle ABC$ 的外心 O 和垂心 M 的直线分别交 AB,AC 于点 X,Y. 求证:

(1) $\triangle AXY$ 的周长 $P = b+c$;

(2) $OM = b-c$.

19. 在 $\triangle ABC$ 中, AP 平分 $\angle ABC$, 交 BC 于点 P, BQ 平分 $\angle ABC$, 交 CA 于点 Q. 已知 $\angle BAC = 60°$, 且 $AB + BP = AQ + QB$. 问: $\triangle ABC$ 各角度数的可能值是多少?

20. 已知 $\triangle ABC$ 为一个确定的锐角三角形, E,F 分别为边 AC,AB 上的

点,M 为 EF 的中点,EF 的中垂线与 BC 交于点 K,MK 的中垂线与 AC,AB 分别交于点 S,T.若 K,S,A,T 四点共圆,则称点对 (E,F) 为"有趣的".如果点对 (E_1,F_1),(E_2,F_2) 均为有趣的,证明:

$$\frac{E_1E_2}{AB}=\frac{F_1F_2}{AC}.$$

(第 55 届 IMO 预选题)

21. 在凸四边形 $ABCD$ 中,已知边 BC 与 AD 不平行,E 为边 BC 上一点,且四边形 $ABED$、四边形 $AECD$ 均有内切圆.证明:在边 AD 上存在一点 F,使得四边形 $ABCF$、四边形 $BCDF$ 均有内切圆的充分必要条件是 $AB/\!/CD$.

(第 53 届 IMO 预选题)

22. 在锐角 $\triangle ABC$ 中,已知点 D,E,F 分别是点 A,B,C 在边 BC,CA,AB 上的投影,$\triangle AEF$,$\triangle BDF$ 的内心分别为 I_1,I_2,$\triangle ACI_1$,$\triangle BCI_2$ 的外心分别为 O_1,O_2.证明:

$$I_1I_2/\!/O_1O_2.$$

(第 53 届 IMO 预选题)

23. $\triangle ABC$ 中,顶点 C 处的角平分线分别与外接圆及 BC,CA 边的中垂线交于点 R,P,Q.BC,CA 的中点分别是 K,L.求证:$\triangle RQL$ 与 $\triangle RPK$ 等面积(见图 5.30).

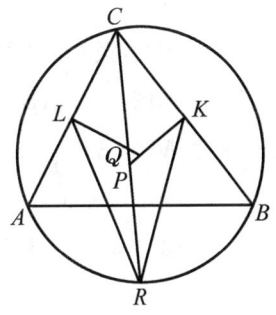

图 5.30

(第 48 届 IMO 预选题)

24. 已知 $\triangle ABC$ 的内心为 I,X,Y,Z 分别为 $\triangle BIC$,$\triangle CIA$,$\triangle AIB$ 的内心.证明:若 $\triangle XYZ$ 是正三角形,则 $\triangle ABC$ 也是正三角形.

(第 50 届 IMO 预选题)

25. 设 AH_1,BH_2,CH_3 是锐角 $\triangle ABC$ 的 3 条高线.$\triangle ABC$ 的内切圆与边 BC,CA,AB 分别相切于点 T_1,T_2,T_3.设直线 l_1,l_2,l_3 分别是直线 H_2H_3,H_3H_1,H_1H_2 关于直线 T_2T_3,T_3T_1,T_1T_2 的对称直线.证明:l_1,l_2,l_3 所确定的三角形,其顶点都在 $\triangle ABC$ 的内切圆上.

(第 41 届 IMO 试题)

26. 如图 5.31,过点 B,A 作锐角 $\triangle ABC$ 外接圆的两条切线,且与过点 C 的切线分别交于点 T,U,AT 交 BC 于点 P,Q 是 AP 的中点,BU 交 AC 于点 R,S 是 BR 的中点.证明:$\angle ABQ=\angle BAS$,并求当 $\angle ABQ$ 取最大值时,$\triangle ABC$ 三边

边长之比.

(第 41 届 IMO 预选题)

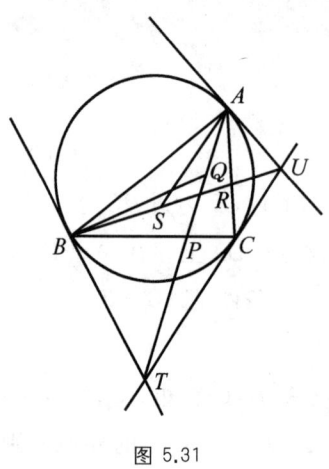

图 5.31

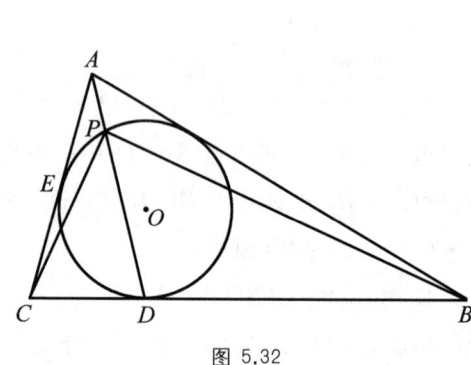

图 5.32

27. 如图 5.32, $\triangle ABC$ 的内切圆 O 分别与边 BC, AC 相切于 D, E, 联结 AD, 与圆 O 交于 P, 联结 PC, PB.

求证: $\angle BPC = 90°$ 的充要条件是 $AE + AP = PD$.

(《数学通报》2464 号问题)

28. 如图 5.33, AB 是 $\odot\omega$ 的一条弦, P 为 $\overset{\frown}{AB}$ 内一点, E, F 为线段 AB 上两点, 满足 $AE = EF = FB$, 联结 PE, PF 并延长, 与 $\odot\omega$ 分别相交于点 C, D. 求证: $EF \cdot CD = AC \cdot BD$.

(2013 年全国高中数学联赛题)

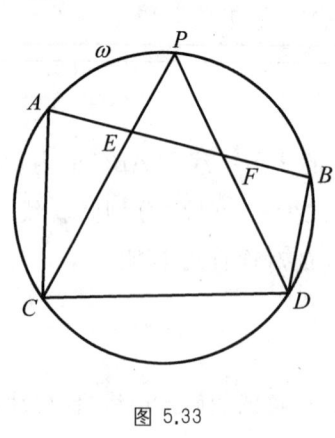

图 5.33

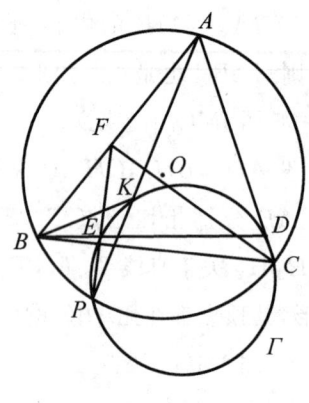

图 5.34

29. 如图 5.34, $\triangle ABC$ 内接于 $\odot O, P$ 为 $\overset{\frown}{BC}$ 上一点, 点 K 在线段 AP 上, 使

得 BK 平分 $\angle ABC$. 过 K,P,C 三点的 $\odot \Gamma$ 与边 AC 交于点 D, 联结 BD 交 $\odot \Gamma$ 于点 E, 联结 PE 并延长, 与边 AB 交于点 F. 证明: $\angle ABC = 2\angle FCB$.

(2015 年全国高中数学联赛题)

30. 如图 5.35, 四边形 $ABCD$ 内接于 $\odot O$, AB, DC 相交于点 E, AD, BC 相交于点 F, 对角线 AC, BD 相交于点 G, EP 切 $\odot O$ 于点 P, 过点 F 作 $\odot O$ 的切线, 切点为 M,N.

求证: (1) $EF^2 = EP^2 + FN^2$;

(2) E,M,G,N 四点共线.

(2017 年全国高中数学联赛河南省预赛题)

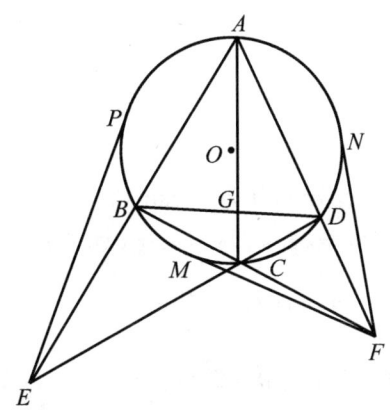

图 5.35

31. 在锐角三角形 ABC 中, $AB \neq AC$, $\triangle ABC$ 的内切圆 I 与边 BC, CA, AB 分别相切于 D, E 和 F, 过 D 且垂直于 EF 的直线与圆 I 的另一个交点为 R, 直线 AR 与圆 I 的另一个交点为 P, $\triangle PCE$ 和 $\triangle PBF$ 的外接圆交于另一点 Q. 证明: 直线 DI 和 PQ 的交点在过点 A 且垂直于 AI 的直线上.

(第 60 届 IMO 试题)

32. 如图 5.36, 点 D,E,F 分别为 $\triangle ABC$ 的旁心, $\triangle ABF$, $\triangle BCD$, $\triangle CAE$ 的内切圆与 $\triangle ABC$ 三边的切点分别为 Z,X,Y, 证明: AX,BY,CZ 三线共点.

(《数学通报》2163 号问题)

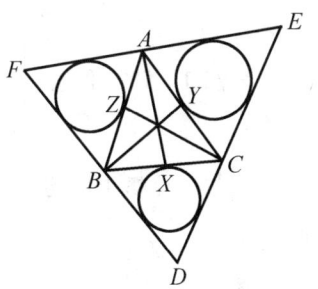

图 5.36

第六讲 三角代换与三角不等式

6.1 三角代换

知识桥

常用三角代换

1. 若 $x^2+y^2=r^2$,设 $x=r\cos\theta, y=r\sin\theta$.
2. 若 $x^2+y^2 \leqslant r^2$,设 $x=k\cos\theta, y=k\sin\theta (0 \leqslant k \leqslant r)$.
3. 若 $\dfrac{x^2}{a^2}+\dfrac{y^2}{b^2}=1$,设 $x=a\cos\theta, y=b\sin\theta$.
4. 若 $\dfrac{x^2}{a^2}-\dfrac{y^2}{b^2}=1$,设 $x=a\sec\theta, y=b\tan\theta$.
5. 在 $\dfrac{1}{1+x^2}, \dfrac{x+y}{1-xy}, \dfrac{x-y}{1+xy}$ 的结构中,可以设 $x=\tan\alpha, y=\tan\beta$.
6. 若 $x^2+y^2+z^2=r^2(r>0)$,设 $x=r\cos\alpha \cdot \cos\beta, y=r\cos\alpha \cdot \sin\beta, z=r\sin\alpha$.

训练营

▶例1 解方程组:$\begin{cases}\sqrt{x(1-y)}+\sqrt{y(1-x)}=\dfrac{1}{2}, \\ \sqrt{xy}+\sqrt{(1-x)(1-y)}=\dfrac{\sqrt{3}}{2}.\end{cases}$

分析 由题中结构和 $0 \leqslant x \leqslant 1, 0 \leqslant y \leqslant 1$,联想到用 $x=\sin^2\alpha, y=\sin^2\beta$ 代换解决.

解 依题意有 $0 \leqslant x \leqslant 1, 0 \leqslant y \leqslant 1$,可设 $x=\sin^2\alpha, y=\sin^2\beta$,且 $0 \leqslant \alpha, \beta \leqslant \dfrac{\pi}{2}$,

则原方程组可化为 $\begin{cases} \sin\alpha \cdot \cos\beta + \sin\beta \cdot \cos\alpha = \dfrac{1}{2}, \\ \sin\alpha \cdot \sin\beta + \cos\alpha \cdot \cos\beta = \dfrac{\sqrt{3}}{2}, \end{cases}$ 即 $\begin{cases} \sin(\alpha+\beta) = \dfrac{1}{2}, \\ \cos(\alpha-\beta) = \dfrac{\sqrt{3}}{2}. \end{cases}$

因为 $0 \leqslant \alpha+\beta \leqslant \pi, -\dfrac{\pi}{2} \leqslant \alpha-\beta \leqslant \dfrac{\pi}{2}$,所以 $\begin{cases} \alpha+\beta = \dfrac{\pi}{6} \text{ 或 } \dfrac{5\pi}{6}, \\ \alpha-\beta = \dfrac{\pi}{6} \text{ 或 } -\dfrac{\pi}{6}, \end{cases}$

故 $\begin{cases} \alpha = \dfrac{\pi}{6}, \\ \beta = 0 \end{cases}$ 或 $\begin{cases} \alpha = \dfrac{\pi}{2}, \\ \beta = \dfrac{\pi}{3} \end{cases}$ 或 $\begin{cases} \alpha = 0, \\ \beta = \dfrac{\pi}{6} \end{cases}$ 或 $\begin{cases} \alpha = \dfrac{\pi}{3}, \\ \beta = \dfrac{\pi}{2}. \end{cases}$

所以原方程组的解为 $\begin{cases} x = \dfrac{1}{4}, \\ y = 0 \end{cases}$ 或 $\begin{cases} x = 1, \\ y = \dfrac{3}{4} \end{cases}$ 或 $\begin{cases} x = 0, \\ y = \dfrac{1}{4} \end{cases}$ 或 $\begin{cases} x = \dfrac{3}{4}, \\ y = 1. \end{cases}$

点评

三角代换的作用是去掉方程组中的根号,化难为易.

▶**例2** 已知 x, y 都在区间 $(-2, 2)$ 内,且 $xy = -1$,求函数 $\mu = \dfrac{4}{4-x^2} + \dfrac{9}{9-y^2}$ 的最小值.

分析 此函数涉及多元最值问题,结构呈现 $4-x^2, 9-y^2$,可考虑三角换元法.

解

令 $x = 2\cos\alpha, y = 3\cos\beta$,其中 $\alpha, \beta \in (0, \pi)$,则 $\cos\alpha \cdot \cos\beta = -\dfrac{1}{6}$.于是

$$\mu = \dfrac{1}{\sin^2\alpha} + \dfrac{1}{\sin^2\beta} = 2 + \cot^2\alpha + \cot^2\beta \geqslant 2 + 2|\cot\alpha \cdot \cot\beta|$$

$$= 2 + 2\left|\dfrac{\cos\alpha \cdot \cos\beta}{\sin\alpha \cdot \sin\beta}\right| = 2 + \dfrac{1}{3} \cdot \dfrac{1}{|\sin\alpha \cdot \sin\beta|}.$$

因为 $|\sin\alpha \cdot \sin\beta - \cos\alpha \cdot \cos\beta| = |\cos(\alpha+\beta)| \leqslant 1$,

即 $\left|\sin\alpha \cdot \sin\beta + \dfrac{1}{6}\right| \leqslant 1$,所以 $|\sin\alpha \cdot \sin\beta| \leqslant \dfrac{5}{6}.$

故 $\mu \geqslant 2 + \dfrac{1}{3} \cdot \dfrac{6}{5} = \dfrac{12}{5}$.

当且仅当 $\cot^2\alpha = \cot^2\beta$，且 $|\sin\alpha \cdot \sin\beta| = \dfrac{5}{6}$ 时，等号成立.

即 $\begin{cases} x = \dfrac{\sqrt{6}}{3}, \\ y = -\dfrac{\sqrt{6}}{2} \end{cases}$ 或 $\begin{cases} x = -\dfrac{\sqrt{6}}{3}, \\ y = \dfrac{\sqrt{6}}{2} \end{cases}$ 时，$\mu_{\min} = \dfrac{12}{5}$.

点评

引入三角换元的目的是简化 μ 的结构，让三角运算与性质得到运用.

▶**例 3** 实数 x, y 满足 $x^2 + (y-2)^2 \leqslant 1$，求 $\dfrac{x + \sqrt{3}y}{\sqrt{x^2 + y^2}}$ 的最大值和最小值.

(2019 年清华大学自主招生试题)

解

情形一：当 $x = 0$ 时，

$$P = \dfrac{x + \sqrt{3}y}{\sqrt{x^2 + y^2}} = \sqrt{3}.$$

情形二：当 $x > 0$ 时，

$$P = \dfrac{1 + \dfrac{\sqrt{3}y}{x}}{\sqrt{1 + \left(\dfrac{y}{x}\right)^2}}.$$

易知 $\dfrac{y}{x} \in [\sqrt{3}, +\infty)$，令 $\dfrac{y}{x} = \tan\alpha, \alpha \in \left[\dfrac{\pi}{3}, \dfrac{\pi}{2}\right)$，则

$$P = 2\sin\left(\alpha + \dfrac{\pi}{6}\right) \in (\sqrt{3}, 2].$$

情形三：当 $x < 0$ 时，

$$P = \dfrac{1 + \dfrac{\sqrt{3}y}{x}}{\sqrt{1 + \left(\dfrac{y}{x}\right)^2}}.$$

易知 $\dfrac{y}{x} \in (-\infty, -\sqrt{3}]$, 令 $\dfrac{y}{x} = \tan\beta, \beta \in \left(-\dfrac{\pi}{2}, -\dfrac{\pi}{3}\right]$, 则

$$P = -2\sin\left(\alpha + \dfrac{\pi}{6}\right) \in [1, \sqrt{3}).$$

综上所述, P 的最小值为 1, 最大值为 2.

▶**例 4** 已知 $x, y > 0, x^2 + (y-2)^2 = 1$, 求 $u = \dfrac{3x^2 + 2\sqrt{3}xy + 5y^2}{x^2 + y^2}$ 的取值范围.

解

设 $x^2 + y^2 = r^2 (r > 0)$, 将 $x = r\cos\theta, y = r\sin\theta$ 代入 $x^2 + (y-2)^2 = 1$, 得 $r^2 - 4r\sin\theta + 3 = 0, 4r\sin\theta = r^2 + 3 \geqslant 2\sqrt{3}r, \sin\theta \geqslant \dfrac{\sqrt{3}}{2}$. 又 $x = r\cos\theta \geqslant 0$,

∴ $\cos\theta \geqslant 0$, 可取 $\dfrac{\pi}{3} \leqslant \theta \leqslant \dfrac{\pi}{2}$, 故 $u = 3\cos^2\theta + 2\sqrt{3}\sin\theta \cdot \cos\theta + 5\sin^2\theta = 2\sin\left(2\theta - \dfrac{\pi}{6}\right) + 4$.

由 $\dfrac{\pi}{3} \leqslant \theta \leqslant \dfrac{\pi}{2} \Rightarrow \dfrac{\pi}{2} \leqslant 2\theta - \dfrac{\pi}{6} \leqslant \dfrac{5\pi}{6} \Rightarrow u \in [5, 6]$.

▶**例 5** 已知 $a, b, c \in \mathbf{R}^+$, 且满足 $\dfrac{a^2}{1+a^2} + \dfrac{b^2}{1+b^2} + \dfrac{c^2}{1+c^2} = 1$, 求证: $abc \leqslant \dfrac{\sqrt{2}}{4}$.

(《数学通报》数学问题 2201)

分析 观察题设条件的左端, 发现各项的结构均和三角关系 $\sin^2\alpha = \dfrac{\tan^2\alpha}{1+\tan^2\alpha}$ 的右端相似, 因此可设

$$a = \tan\alpha, b = \tan\beta, c = \tan\gamma, \alpha, \beta, \gamma \in \left(0, \dfrac{\pi}{2}\right),$$

代入题设的左端, 并根据三角关系得:

$$\sin^2\alpha + \sin^2\beta + \sin^2\gamma = 1,$$

再根据均值不等式即可获证.

证明

令 $a = \tan\alpha, b = \tan\beta, c = \tan\gamma, \alpha, \beta, \gamma \in \left(0, \dfrac{\pi}{2}\right)$,

代入已知等式,并注意到 $\sin^2\alpha = \dfrac{\tan^2\alpha}{1+\tan^2\alpha}$,得:

$\sin^2\alpha + \sin^2\beta + \sin^2\gamma = 1$.根据均值不等式,有:

$$\cos^2\gamma = \sin^2\alpha + \sin^2\beta \geqslant 2\sqrt{\sin^2\alpha \cdot \sin^2\beta},$$

$$\cos^2\beta = \sin^2\alpha + \sin^2\gamma \geqslant 2\sqrt{\sin^2\alpha \cdot \sin^2\gamma},$$

$$\cos^2\alpha = \sin^2\beta + \sin^2\gamma \geqslant 2\sqrt{\sin^2\beta \cdot \sin^2\gamma}.$$

以上三式相乘得:$\cos^2\alpha \cdot \cos^2\beta \cdot \cos^2\gamma \geqslant 8\sin^2\alpha \cdot \sin^2\beta \cdot \sin^2\gamma$,

即 $\tan^2\alpha \cdot \tan^2\beta \cdot \tan^2\gamma \leqslant \dfrac{1}{8}$. $\therefore$ $abc \leqslant \dfrac{\sqrt{2}}{4}$.

点评

利用本例的证明方法,我们不难证明它的一般形式:

若 $a_i \in \mathbf{R}^+, i = 1,2,3,\cdots,n$,且满足 $\sum\limits_{i=1}^{n} \dfrac{a_i^2}{1+a_i^2} = 1$,

则有 $a_1 a_2 \cdots a_n \leqslant \dfrac{1}{(n-1)^{\frac{n}{2}}}$.

▶ **例6** 已知数列 $\{a_n\}$ 满足:$a_1 = \dfrac{\sqrt{2}}{2}$,$a_{n+1} = a_1 \cdot \sqrt{1-\sqrt{1-a_n^2}}$;数列 $\{b_n\}$ 满足:$b_1 = 1$,$b_{n+1} = \dfrac{\sqrt{1+b_n^2}-1}{b_n}$.求证:$2^{n+1} \cdot a_n < \pi < 2^{n+1} \cdot b_n$.

分析 可先用三角代换法简化 a_{n+1}, b_{n+1} 的递推式,再进一步应用数列知识求解.

证明

由已知得 $0 < a_n < 1$,可设 $a_n = \sin \alpha_n \left(0 < \alpha_n \leqslant \dfrac{\pi}{2}\right)$,

则 $a_{n+1} = \sin \alpha_{n+1} = \dfrac{\sqrt{2}}{2} \cdot \sqrt{1-\sqrt{1-\sin^2\alpha_n}} = \dfrac{\sqrt{2}}{2}\sqrt{1-\cos\alpha_n} = \sin\dfrac{\alpha_n}{2}$.

所以 $\alpha_{n+1} = \dfrac{\alpha_n}{2}$,即 $\dfrac{\alpha_{n+1}}{\alpha_n} = \dfrac{1}{2}$.

又由 $a_1 = \dfrac{\sqrt{2}}{2}$,求得 $\alpha_1 = \dfrac{\pi}{4}$.

所以数列 $\{\alpha_n\}$ 是以 $\alpha_1 = \dfrac{\pi}{4}$ 为首项，$\dfrac{1}{2}$ 为公比的等比数列，

即 $\alpha_n = \dfrac{\pi}{4}\left(\dfrac{1}{2}\right)^{n-1} = \dfrac{\pi}{2^{n+1}}$，从而 $a_n = \sin\dfrac{\pi}{2^{n+1}}$.

令 $b_n = \tan\beta_n\left(0 < \beta_n < \dfrac{\pi}{2}\right)$，则 $b_{n+1} = \tan\beta_{n+1}$. 又 $b_{n+1} = \dfrac{\sqrt{1+b_n^2}-1}{b_n}$，

所以 $\tan\beta_{n+1} = \dfrac{\sqrt{1+\tan^2\beta_n}-1}{\tan\beta_n} = \dfrac{\sec\beta_n - 1}{\tan\beta_n} = \dfrac{1-\cos\beta_n}{\sin\beta_n} = \tan\dfrac{\beta_n}{2}$，

故 $\beta_{n+1} = \dfrac{\beta_n}{2}$. 又由 $b_1 = 1$，求得 $\beta_1 = \dfrac{\pi}{4}$.

所以数列 $\{\beta_n\}$ 是以 $\beta_1 = \dfrac{\pi}{4}$ 为首项，$\dfrac{1}{2}$ 为公比的等比数列，

即 $\beta_n = \dfrac{\pi}{4}\left(\dfrac{1}{2}\right)^{n-1} = \dfrac{\pi}{2^{n+1}}$，从而 $b_n = \tan\dfrac{\pi}{2^{n+1}}$.

又 $\sin\dfrac{\pi}{2^{n+1}} < \dfrac{\pi}{2^{n+1}} < \tan\dfrac{\pi}{2^{n+1}}$，故 $a_n < \dfrac{\pi}{2^{n+1}} < b_n$，

即 $2^{n+1} \cdot a_n < \pi < 2^{n+1} \cdot b_n$.

点评

含根式的递推数列问题，用三角代换法求解会比较有效.

▶ **例7** 设 $f_1(x) = x^2 - 2$，且对于一切自然数 $n \geqslant 2$，有 $f_n(x) = f_1(f_{n-1}(x))$. 试证：方程 $f_n(x) = x$ 的根都是不相等的实数.

分析 由 $f_n(x) = (f_{n-1}(x))^2 - 2$，联想到 $\cos 2\theta = 2\cos^2\theta - 1$，进行三角换元.

证明

若 $|x| > 2$，就有 $f_n(x) > f_{n-1}(x) > \cdots > f_1(x) = x^2 - 2 > x$，

这与 $f_n(x) = x$ 矛盾，故 $|x| \leqslant 2$.

令 $x = 2\cos\theta\,(0 < \theta < \pi)$，

则 $\dfrac{f_1(x)}{2} = 2\cos^2\theta - 1 = \cos 2\theta \Rightarrow f_1(x) = 2\cos 2\theta$，

$\dfrac{f_2(x)}{2} = 2(\cos 2\theta)^2 - 1 = \cos 4\theta \Rightarrow f_2(x) = 2\cos 4\theta$，

……

猜想 $f_n(x)=2\cos 2^n\theta$.

下面我们用数学归纳法证明此猜想.

(1) 当 $n=1$ 时,$f_1(x)=2\cos 2\theta$ 显然成立.

(2) 假设当 $n=k(k\in \mathbf{N}^*)$ 时,有 $f_k(x)=2\cos 2^k\theta$,

则 $f_{k+1}(x)=f_1(f_k(x))=4\cos^2 2^k\theta-2=2(2\cos^2 2^k\theta-1)$
$$=2\cos 2^{k+1}\theta,$$

即当 $n=k+1$ 时,猜想亦成立.

综上可知 $f_n(x)=2\cos 2^n\theta$.

于是 $f_n(x)=x$ 化为 $2\cos 2^n\theta-2\cos\theta=0 \Rightarrow$

$$2\sin\frac{2^n+1}{2}\theta\cdot\cos\frac{2^n-1}{2}\theta=0,$$

解得 $\theta_k=\dfrac{2k\pi}{2^n-1}(k=1,2,3,\cdots,2^{n-1})$

或 $\theta_k=\dfrac{2k\pi}{2^n+1}(k=0,1,2,\cdots,2^{n-1}-1)$,

故 $x_k=2\cos\theta_k$.

由于 $\theta_k\in(0,\pi)$,而在 $(0,\pi)$ 上 $\cos x$ 单调递减,

所以这 2^n 个根彼此没有相等的.

故原方程的根都是不相等的实数.

点评

此题是运用三角代换探求方程的根的问题.

▶ **例8** 设函数 $f(x,y)=\dfrac{ax^2+xy+y^2}{x^2+y^2}$ 满足

$\max\limits_{x^2+y^2\neq 0} f(x,y)-\min\limits_{x^2+y^2\neq 0} f(x,y)=2$,求实数 a 的值.

分析 可从 x^2+y^2 的结构入手,通过三角换元加以解决.

解

因为 $f(kx,ky)=f(x,y)$,

所以 $\max\limits_{x^2+y^2\neq 0} f(x,y)=\max\limits_{x^2+y^2=1} f(x,y)$

$$=\max_{0\leqslant\varphi<2\pi}(a\cos^2\varphi+\cos\varphi\cdot\sin\varphi+\sin^2\varphi)$$

$$= \max_{0 \leqslant \varphi < 2\pi} \left(\sqrt{\left(\frac{a-1}{2}\right)^2 + \frac{1}{4}} \cdot \sin(2\varphi + \alpha) + \frac{a+1}{2} \right)$$

$$= \sqrt{\left(\frac{a-1}{2}\right)^2 + \frac{1}{4}} + \frac{a+1}{2}.$$

同理可证 $\min\limits_{x^2+y^2 \neq 0} f(x,y) = \min\limits_{x^2+y^2=1} f(x,y)$

$$= \min_{0 \leqslant \varphi < 2\pi} (a\cos^2\varphi + \cos\varphi \cdot \sin\varphi + \sin^2\varphi)$$

$$= -\sqrt{\left(\frac{a-1}{2}\right)^2 + \frac{1}{4}} + \frac{a+1}{2}.$$

所以 $2\sqrt{\left(\frac{a-1}{2}\right)^2 + \frac{1}{4}} = 2$,

解得 $a = 1 \pm \sqrt{3}$.

点评

遇到多元函数的最值问题时,使用三角代换,分式、多元的难点即可得到解决.

▶ **例9** 设 a,b 都为正实数,$|x| < \frac{1}{2}$,求函数

$$f(x) = \sqrt[3]{\frac{4a^2}{(1+2x)^2} + \frac{4b^2}{(1-2x)^2}}$$ 的最小值.

分析 从 $(1+2x) + (1-2x)$ 为常数入手,考虑 $a \cdot \frac{1+2x}{2a} + b \cdot \frac{1-2x}{2b} = 1$,三角换元由此展开.

解

设 $\frac{2a}{1+2x} = m, \frac{2b}{1-2x} = n (m, n > 0)$,则 $\frac{a}{m} + \frac{b}{n} = 1$.

故可设 $\begin{cases} \dfrac{a}{m} = \cos^2\alpha, \\ \dfrac{b}{n} = \sin^2\alpha \end{cases} \left(0 < \alpha < \frac{\pi}{2}\right).$

所以 $f^3(x) = m^2 + n^2 = \dfrac{a^2}{\cos^4\alpha} + \dfrac{b^2}{\sin^4\alpha}$

$$= a^2 + b^2 + (a^2\tan^4\alpha + b^2\cot^2\alpha + b^2\cot^2\alpha)$$

$$+(b^2\cot^4\alpha+a^2\tan^2\alpha+a^2\tan^2\alpha)$$

$$\geqslant a^2+b^2+3\sqrt[3]{a^2b^4}+3\sqrt[3]{a^4b^2}=(\sqrt[3]{a^2}+\sqrt[3]{b^2})^3,$$

即 $f(x)\geqslant\sqrt[3]{a^2}+\sqrt[3]{b^2}$.

当且仅当 $\begin{cases}a^2\tan^4\alpha=b^2\cot^2\alpha,\\ b^2\cot^4\alpha=a^2\tan^2\alpha,\end{cases}$

即 $\tan\alpha=\sqrt[3]{\dfrac{b}{a}}$ 时,$f(x)_{\min}=\sqrt[3]{a^2}+\sqrt[3]{b^2}$.

点评

此题换元关系隐含,解题关键是发现隐含关系,并将其显明化.

▶ **例 10** 设 a,b,c 为正实数,且 $abc+a+c=b$,试确定 $p=\dfrac{2}{a^2+1}-\dfrac{2}{b^2+1}+\dfrac{3}{c^2+1}$ 的最大值.

分析 将 $abc+a+c=b$ 变形得 $b=\dfrac{a+c}{1-ac}$,可设 $a=\tan\alpha,b=\tan\beta,c=\tan\gamma$ 代换解决.

解

由已知,得 $a+c=(1-ac)b$.

因为 $a>0,c>0,b>0$,所以 $1-ac\neq 0,b=\dfrac{a+c}{1-ac}$.

令 $a=\tan\alpha,b=\tan\beta,c=\tan\gamma(\alpha,\beta,\gamma$ 均为锐角),

则 $\tan\beta=\dfrac{\tan\alpha+\tan\gamma}{1-\tan\alpha\cdot\tan\gamma}=\tan(\alpha+\gamma)$,所以 $\beta=\alpha+\gamma$.

从而 $p=\dfrac{2}{1+\tan^2\alpha}-\dfrac{2}{1+\tan^2\beta}+\dfrac{3}{1+\tan^2\gamma}$

$=2\cos^2\alpha-2\cos^2(\alpha+\gamma)+3\cos^2\gamma$

$=(\cos 2\alpha+1)-(\cos(2\alpha+2\gamma)+1)+3\cos^2\gamma$

$=2\sin\gamma\cdot\sin(2\alpha+\gamma)+3\cos^2\gamma$

$\leqslant 2\sin\gamma+3(1-\sin^2\gamma)$

$=\dfrac{10}{3}-3\left(\sin\gamma-\dfrac{1}{3}\right)^2\leqslant\dfrac{10}{3}.$

当且仅当 $\alpha+\beta=\dfrac{\pi}{2},\sin\gamma=\dfrac{1}{3}$,

即 $a=\dfrac{\sqrt{2}}{2},b=\sqrt{2},c=\dfrac{\sqrt{2}}{4}$ 时, $p_{\max}=\dfrac{10}{3}$.

点评

遇到多元函数的最值问题,通过三角换元来解题时,三角函数的有界性和消元往往起主要作用.

▶ **例 11** 实数 x,y 满足 $3x^2-xy+3y^2=20$,求 $8x^2+23y^2$ 的最大值.

解

令 $8x^2+23y^2=s \Rightarrow \begin{cases} x=\sqrt{\dfrac{s}{8}}\cos\theta, \\ y=\sqrt{\dfrac{s}{23}}\sin\theta, \end{cases} \theta\in[0,2\pi], xy=\dfrac{s}{4\sqrt{46}}\sin 2\theta$,

$\therefore \dfrac{3s}{8}\cos^2\theta+\dfrac{3s}{23}\sin^2\theta-\dfrac{s}{4\sqrt{46}}\sin 2\theta=20$,

$\dfrac{20}{s}=\dfrac{3}{8}\cdot\dfrac{1+\cos 2\theta}{2}+\dfrac{3}{23}\cdot\dfrac{1-\cos 2\theta}{2}-\dfrac{1}{4\sqrt{46}}\sin 2\theta$

$=\dfrac{93}{16\times 23}+\dfrac{45}{16\times 23}\cos 2\theta-\dfrac{1}{4\sqrt{46}}\sin 2\theta$

$\geqslant \dfrac{93}{16\times 23}-\sqrt{\left(\dfrac{45}{16\times 23}\right)^2+\left(\dfrac{1}{4\sqrt{46}}\right)^2}=\dfrac{1}{8}$,

$\therefore s\leqslant 160$.

设 $y=tx$ (t 为待定系数)时等号成立,则 $\begin{cases} 3x^2-tx^2+3t^2x^2=20, \\ 8x^2+23t^2x^2=160 \end{cases} \Rightarrow t=4$,进而有

$\begin{cases} x=\dfrac{2}{47}\sqrt{235}, \\ y=\dfrac{8}{47}\sqrt{235} \end{cases}$ 或 $\begin{cases} x=-\dfrac{2}{47}\sqrt{235}, \\ y=-\dfrac{8}{47}\sqrt{235} \end{cases}$ 时, $8x^2+23y^2$ 的最大值为 160.

▶ **例 12** 若 $a>1,b>1$,且 $ab-(a+b)=1$,证明: $a+b\geqslant 2\sqrt{2}+2$.

分析 本题乍看似乎与三角代换毫无联系,但我们若将已知等式变形为 $(a-1)(b-1)=2$,就会发现变形后的等式与同角三角函数的倒数关系 $\tan\alpha \cdot \cot\alpha=1$ 极其相似.

将 $a-1,b-1$ 分别看成 $\tan\alpha,\cot\alpha$,并注意到系数关系,即可找出相关联系.

证明

由 $ab-(a+b)=1$,得 $(a-1)(b-1)=2$.

令 $a-1=\sqrt{2}\tan\alpha, b-1=\sqrt{2}\cot\alpha$,且 $0<\alpha<\dfrac{\pi}{2}$,则

$$a+b=\sqrt{2}(\tan\alpha+\cot\alpha)+2\geqslant\sqrt{2}\cdot 2\sqrt{\tan\alpha\cdot\cot\alpha}+2=2\sqrt{2}+2.$$

即 $a+b\geqslant 2\sqrt{2}+2$.

▶ **例 13** 已知 $x,y,z\in\mathbf{R}^+, x^2+y^2+z^2=1$,求 $s=\dfrac{yz}{x}+\dfrac{zx}{y}+\dfrac{xy}{z}$ 的最小值.

解

由 $x,y,z\in\mathbf{R}^+, x^2+y^2+z^2=1$,

设 $x=\cos\alpha\cdot\cos\beta, y=\cos\alpha\cdot\sin\beta, z=\sin\alpha$,其中 $\alpha,\beta\in\left(0,\dfrac{\pi}{2}\right)$.

$$s=\dfrac{\sin\alpha\cdot\sin\beta}{\cos\beta}+\dfrac{\sin\alpha\cdot\cos\beta}{\sin\beta}+\dfrac{\cos^2\alpha\cdot\sin\beta\cdot\cos\beta}{\sin\alpha}=\dfrac{2}{\sin 2\beta}\cdot\sin\alpha$$

$$+\dfrac{1-\sin^2\alpha}{2\sin\alpha}\cdot\sin 2\beta$$

$$=\left(\dfrac{2}{\sin 2\beta}-\dfrac{\sin 2\beta}{2}\right)\sin\alpha+\dfrac{\sin 2\beta}{2\sin\alpha}=\dfrac{4-\sin^2 2\beta}{2\sin 2\beta}\cdot\sin\alpha+\dfrac{\sin 2\beta}{2\sin\alpha}$$

$$\geqslant 2\sqrt{\dfrac{4-\sin^2 2\beta}{2\sin 2\beta}\cdot\sin\alpha\cdot\dfrac{\sin 2\beta}{2\sin\alpha}}=\sqrt{4-\sin^2 2\beta}\geqslant\sqrt{3}.$$

当且仅当 $\begin{cases}\sin 2\beta=1,\\ \sin\alpha=\dfrac{\sqrt{3}}{3},\\ \cos\alpha=\dfrac{\sqrt{6}}{3},\end{cases}$ 即 $x=y=z=\dfrac{\sqrt{3}}{3}$ 时,$S_{\min}=\sqrt{3}$.

▶ **例 14** 已知 $x,y,z\in\mathbf{R}, xy+yz+zx=1$,求 $xyz(x+y+z)$ 的最大值.

解

设 $xy=\cos^2\alpha\cdot\cos^2\beta, yz=\cos^2\alpha\cdot\sin^2\beta, zx=\sin^2\alpha$,则

$$(xyz)^2=\cos^4\alpha\cdot\sin^2\alpha\cdot\cos^2\beta\cdot\sin^2\beta,$$

$$x^2yz=\cos^2\alpha\cdot\cos^2\beta\cdot\sin^2\alpha,$$

$$xy^2z=\cos^4\alpha\cdot\cos^2\beta\cdot\sin^2\beta,$$

$$xyz^2=\cos^2\alpha\cdot\sin^2\beta\cdot\sin^2\alpha,\text{故}$$

$$xyz(x+y+z)=\cos^2\alpha\cdot\sin^2\alpha+\cos^4\alpha\cdot\cos^2\beta\cdot\sin^2\beta$$

$$=\frac{1}{4}\sin^2 2\alpha+\frac{(1+\cos 2\alpha)^2}{16}\sin^2 2\beta$$

$$\leqslant\frac{1}{4}\sin^2 2\alpha+\frac{1}{16}(1+2\cos 2\alpha+\cos^2 2\alpha)$$

$$=\frac{1}{3}-\frac{3}{16}\left(\cos 2\alpha-\frac{1}{3}\right)^2\leqslant\frac{1}{3}.$$

当且仅当 $\begin{cases}\cos 2\alpha=\dfrac{1}{3},\\ \sin^2 2\beta=1,\end{cases}$ 即 $x=y=z=\dfrac{\sqrt{3}}{3}$ 时,等号成立.

▶ **例 15** 已知 $x,y,z>0$,且 $x^2+y^2+z^2+2xyz=1$,求证:

$$\sqrt{\frac{(1-x)(1-y)}{(1+x)(1+y)}}+\sqrt{\frac{(1-y)(1-z)}{(1+y)(1+z)}}+\sqrt{\frac{(1-z)(1-x)}{(1+z)(1+x)}}=1.$$

(《数学通报》2228 号问题)

分析 本例直接证明很困难,但我们若注意到由已知可得:$0<x,y,z<1$,再联想到余弦函数的有界性;或者由已知等式,联想到三角形中的余弦恒等式 $\cos^2 A+\cos^2 B+\cos^2 C+2\cos A\cdot\cos B\cdot\cos C=1$,则均可想到令 $x=\cos\alpha$, $y=\cos\beta, z=\cos\gamma, \alpha,\beta,\gamma\in\left(0,\dfrac{\pi}{2}\right)$,从而将其转化为三角函数问题进行证明.

证明

由已知可得:$0<x,y,z<1$.令 $x=\cos\alpha$,

$y=\cos\beta, z=\cos\gamma, \alpha,\beta,\gamma\in\left(0,\dfrac{\pi}{2}\right)$,于是已知等式可化为

$\cos^2\alpha+2\cos\beta\cdot\cos\gamma\cdot\cos\alpha+(\cos^2\beta+\cos^2\gamma-1)=0.$

$\therefore\quad\cos\alpha=\dfrac{-2\cos\beta\cdot\cos\gamma\pm\sqrt{(2\cos\beta\cdot\cos\gamma)^2-4(\cos^2\beta+\cos^2\gamma-1)}}{2}$

$$= -\cos\beta \cdot \cos\gamma \pm \sqrt{(\cos^2\beta - 1)(\cos^2\gamma - 1)}.$$
$$= -\cos\beta \cdot \cos\gamma \pm \sin\beta \cdot \sin\gamma.$$

$\because \alpha \in \left(0, \dfrac{\pi}{2}\right), \quad \therefore \ 0 < \cos\alpha < 1.$

$\therefore \cos\alpha = -\cos\beta \cdot \cos\gamma + \sin\beta \cdot \sin\gamma = -\cos(\beta+\gamma) = \cos(\pi - (\beta+\gamma)).$

$\because \alpha, \beta, \gamma \in \left(0, \dfrac{\pi}{2}\right), \quad \therefore \ \alpha = \pi - (\beta+\gamma),$ 即 $\dfrac{\alpha}{2} = \dfrac{\pi}{2} - \dfrac{\beta+\gamma}{2}.$

两边取正切,得:

$$\tan\frac{\alpha}{2} = \tan\left(\frac{\pi}{2} - \frac{\beta+\gamma}{2}\right) = \cot\frac{\beta+\gamma}{2} = \frac{1}{\tan\dfrac{\beta+\gamma}{2}} = \frac{1 - \tan\dfrac{\beta}{2} \cdot \tan\dfrac{\gamma}{2}}{\tan\dfrac{\beta}{2} + \tan\dfrac{\gamma}{2}},$$

即 $\tan\dfrac{\alpha}{2} \cdot \tan\dfrac{\beta}{2} + \tan\dfrac{\beta}{2} \cdot \tan\dfrac{\gamma}{2} + \tan\dfrac{\gamma}{2} \cdot \tan\dfrac{\alpha}{2} = 1.$

由正切的半角公式,可得:

$$\sqrt{\frac{(1-\cos\alpha)(1-\cos\beta)}{(1+\cos\alpha)(1+\cos\beta)}} + \sqrt{\frac{(1-\cos\beta)(1-\cos\gamma)}{(1+\cos\beta)(1+\cos\gamma)}} + \sqrt{\frac{(1-\cos\gamma)(1-\cos\alpha)}{(1+\cos\gamma)(1+\cos\alpha)}} = 1,$$

$\therefore \sqrt{\dfrac{(1-x)(1-y)}{(1+x)(1+y)}} + \sqrt{\dfrac{(1-y)(1-z)}{(1+y)(1+z)}} + \sqrt{\dfrac{(1-z)(1-x)}{(1+z)(1+x)}} = 1.$

6.2 三角不等式

知识桥

含有未知数的三角函数不等式叫作三角不等式.

在 $\triangle ABC$ 中的常见不等式如下：

1. $\sin A + \sin B + \sin C \leqslant \dfrac{3\sqrt{3}}{2}$;

2. $\sin A \cdot \sin B \cdot \sin C \leqslant \dfrac{3\sqrt{3}}{8}$;

3. $\cos 2A + \cos 2B + \cos 2C \geqslant -\dfrac{3}{2}$;

4. $\cos^2 A + \cos^2 B + \cos^2 C \geqslant \dfrac{3}{4}$;

5. $\cos \dfrac{A}{2} + \cos \dfrac{B}{2} + \cos \dfrac{C}{2} \leqslant \dfrac{3\sqrt{3}}{8}$;

6. $\cos A \cdot \cos B \cdot \cos C \leqslant \dfrac{1}{8}$.

训练营

▶ **例 1** 如果对任意非负整数 n，$\cos 2^n \alpha < -\dfrac{1}{3}$ 都成立，求实数 α.

(2017 年全国高中数学联赛辽宁省预赛题)

解 由已知，对任意非负整数 n，$\cos 2^n \alpha < -\dfrac{1}{3}$ 都成立. 下面用数学归纳法先证明：对任意非负整数 n，有

$$\left| \cos 2^n \alpha + \dfrac{1}{2} \right| \geqslant \left(\dfrac{5}{3} \right)^n \left| \cos \alpha + \dfrac{1}{2} \right|. \tag{1}$$

当 $n=0$ 时,式(1)成立.假设对于 $n-1$,式(1)成立.于是有

$$\left|\cos 2^n\alpha + \frac{1}{2}\right| = 2\left|\cos^2 2^{n-1}\alpha - \frac{1}{4}\right|$$

$$= 2\left|\cos 2^{n-1}\alpha - \frac{1}{2}\right|\left|\cos 2^{n-1}\alpha + \frac{1}{2}\right|$$

$$\geq 2\left(\frac{1}{3}+\frac{1}{2}\right)\left(\frac{5}{3}\right)^{n-1}\left|\cos\alpha+\frac{1}{2}\right|$$

$$=\left(\frac{5}{3}\right)^n\left|\cos\alpha+\frac{1}{2}\right|.$$

由于 $-1\leq\cos 2^n\alpha <-\frac{1}{3}$,故 $\left|\cos 2^n\alpha+\frac{1}{2}\right|\leq 1$.从而,

$$0\leq\left|\cos\alpha+\frac{1}{2}\right|\leq\left(\frac{3}{5}\right)^n, n\in\mathbf{N}.$$

由于 $\lim\limits_{n\to+\infty}\left(\frac{3}{5}\right)^n=0$,两边取极限,故必有 $\cos\alpha=-\frac{1}{2}$.

因此,$\alpha=2k\pi\pm\frac{2}{3}\pi, k\in\mathbf{Z}$.

▶ **例 2** 在 $\triangle ABC$ 中,证明:

(1) $\dfrac{1}{b+c-a}+\dfrac{1}{c+a-b}+\dfrac{1}{a+b-c}\geq\dfrac{9}{a+b+c}$;

(2) $abc\geq(b+c-a)(c+a-b)(a+b-c)$;

(3) $a^2b(a-b)+b^2c(b-c)+c^2a(c-a)\geq 0$.

(第 24 届 IMO 试题)

证明

(1) 利用 5.1 节式($*$)的置换有:

$$\dfrac{1}{b+c-a}+\dfrac{1}{c+a-b}+\dfrac{1}{a+b-c}\geq\dfrac{9}{a+b+c}\Leftrightarrow\dfrac{1}{x}+\dfrac{1}{y}+\dfrac{1}{z}\geq\dfrac{9}{x+y+z}$$

$$\Leftrightarrow(x+y+z)\left(\dfrac{1}{x}+\dfrac{1}{y}+\dfrac{1}{z}\right)\geq 9.$$

$\because\ x,y,z>0$,$\therefore\ x+y+z\geq 3\sqrt[3]{xyz}$,$\dfrac{1}{x}+\dfrac{1}{y}+\dfrac{1}{z}\geq 3\sqrt[3]{\dfrac{1}{xyz}}$,

$\therefore\ (x+y+z)\left(\dfrac{1}{x}+\dfrac{1}{y}+\dfrac{1}{z}\right)\geq 9$.问题得证.

(2) 利用 5.1 节式($*$)的置换有:

$$abc = (y+z)(z+x)(x+y) \geqslant 2\sqrt{yz} \cdot 2\sqrt{zx} \cdot 2\sqrt{xy}$$
$$= 2x \cdot 2y \cdot 2z = (b+c-a)(c+a-b)(a+b-c).$$

(3) 利用 5.1 节式(*)的置换,则原不等式变为:
$$(y+z)^2(z+x)(y-x)+(z+x)^2(x+y)(z-y)+(x+y)^2(y+z) \cdot (x-z) \geqslant 0.$$

展开化简,得 $xy^3+yz^3+zx^3-xyz(x+y+z) \geqslant 0$,即
$$xyz\left(\frac{y^2}{z}+\frac{z^2}{x}+\frac{x^2}{y}-x-y-z\right) \geqslant 0.$$

∵ $x,y,z>0$, ∴ 上式等价于 $\dfrac{x^2}{y}+\dfrac{y^2}{z}+\dfrac{z^2}{x} \geqslant x+y+z$.

而此式可由以下 3 个不等式
$$\frac{x^2}{y}+y \geqslant 2x, \frac{y^2}{z}+z \geqslant 2y, \frac{z^2}{x}+x \geqslant 2z$$

相加而得.

以上步骤均可逆,从而原不等式成立.

▶ **例 3** 在 △ABC 中,证明:

(1) $p^3 \geqslant 27(p-a)(p-b)(p-c)$;

(2) $\dfrac{a}{p-a}+\dfrac{b}{p-b}+\dfrac{c}{p-c} \geqslant 6$;

(3) $\dfrac{a^2}{(p-b)(p-c)}+\dfrac{b^2}{(p-c)(p-a)}+\dfrac{c^2}{(p-a)(p-b)} \geqslant 12$.

证明 🔍

(1) 利用 5.1 节式(*)的置换,有
$$p^3 = (x+y+z)^3 \geqslant (3 \cdot \sqrt[3]{xyz})^3 = 27xyz = 27(p-a)(p-b)(p-c).$$

(2) 利用 5.1 节式(*)的置换,有 $p-a=x, p-b=y, p-c=z$.

∴ $\dfrac{a}{p-a}+\dfrac{b}{p-b}+\dfrac{c}{p-c} \geqslant \dfrac{y+z}{x}+\dfrac{z+x}{y}+\dfrac{x+y}{z}$
$$= \left(\frac{y}{x}+\frac{x}{y}\right)+\left(\frac{z}{x}+\frac{x}{z}\right)+\left(\frac{y}{z}+\frac{z}{y}\right) \geqslant 6.$$

(3) 利用 5.1 节式(*)的置换,有
$$\frac{a^2}{(p-b)(p-c)}+\frac{b^2}{(p-c)(p-a)}+\frac{c^2}{(p-a)(p-b)}$$

$$= \frac{(y+z)^2}{yz} + \frac{(z+x)^2}{zx} + \frac{(x+y)^2}{xy}$$

$$\geqslant \frac{(2\sqrt{yz})^2}{yz} + \frac{(2\sqrt{zx})^2}{zx} + \frac{(2\sqrt{xy})^2}{xy} = 4+4+4 = 12.$$

▶ **例 4** 在 $\triangle ABC$ 中，证明：

(1) $\tan\dfrac{A}{2} \cdot \tan\dfrac{B}{2} \cdot \tan\dfrac{C}{2} \leqslant \dfrac{\sqrt{3}}{9}$；

(2) $\cot\dfrac{A}{2} + \cot\dfrac{B}{2} + \cot\dfrac{C}{2} \geqslant 3\sqrt{3}$；

(3) $\dfrac{1}{\sin^2 A} + \dfrac{1}{\sin^2 B} + \dfrac{1}{\sin^2 C} \geqslant 4$；

(4) $(1-\cos A)(1-\cos B)(1-\cos C) \leqslant \dfrac{1}{8}$.

证明

(1) 利用 5.1 节式（*）的置换，有

$$\tan\frac{A}{2} \cdot \tan\frac{B}{2} \cdot \tan\frac{C}{2}$$

$$= \sqrt{\frac{yz}{x(x+y+z)}} \cdot \sqrt{\frac{zx}{y(x+y+z)}} \cdot \sqrt{\frac{xy}{z(x+y+z)}}$$

$$= \frac{(xyz)^{\frac{1}{2}}}{(x+y+z)^{\frac{3}{2}}} \leqslant \frac{(xyz)^{\frac{1}{2}}}{(3(xyz)^{\frac{1}{3}})^{\frac{3}{2}}} = \frac{(xyz)^{\frac{1}{2}}}{3\sqrt{3}(xyz)^{\frac{1}{2}}} = \frac{\sqrt{3}}{9}.$$

(2) 利用 5.1 节式（*）的置换，有

$$\cot\frac{A}{2} + \cot\frac{B}{2} + \cot\frac{C}{2}$$

$$= \sqrt{\frac{x(x+y+z)}{yz}} + \sqrt{\frac{y(x+y+z)}{zx}} + \sqrt{\frac{z(x+y+z)}{xy}}$$

$$= (x+y+z) \cdot \sqrt{\frac{x+y+z}{xyz}} = \frac{(x+y+z)^{\frac{3}{2}}}{(xyz)^{\frac{1}{2}}} \geqslant \frac{(3(xyz)^{\frac{1}{3}})^{\frac{3}{2}}}{(xyz)^{\frac{1}{2}}}$$

$$= \frac{3\sqrt{3}(xyz)^{\frac{1}{2}}}{(xyz)^{\frac{1}{2}}} = 3\sqrt{3}.$$

(3) 利用 5.1 节式（*）的置换，有

$$\frac{1}{\sin^2 A} = \frac{(z+x)^2 \cdot (x+y)^2}{4(x+y+z)xyz} \geqslant \frac{(2\sqrt{zx})^2 \cdot (2\sqrt{xy})^2}{4(x+y+z)xyz} = \frac{4x}{x+y+z}.$$

同理可得：$\dfrac{1}{\sin^2 B} \geqslant \dfrac{4y}{x+y+z}$，$\dfrac{1}{\sin^2 C} \geqslant \dfrac{4z}{x+y+z}$.

∴ $\dfrac{1}{\sin^2 A} + \dfrac{1}{\sin^2 B} + \dfrac{1}{\sin^2 C} \geqslant \dfrac{4x}{x+y+z} + \dfrac{4y}{x+y+z} + \dfrac{4z}{x+y+z}$

$= \dfrac{4(x+y+z)}{x+y+z} = 4$.

(4) 利用 5.1 节式(*)的置换，有

$$1 - \cos A = 1 - \left(1 - \dfrac{2yz}{(z+x)(x+y)}\right) = \dfrac{2yz}{(z+x)(x+y)}$$

$$\leqslant \dfrac{2yz}{2\sqrt{zx} \cdot 2\sqrt{xy}} = \dfrac{\sqrt{yz}}{2x}.$$

同理可得：$1 - \cos B \leqslant \dfrac{\sqrt{zx}}{2y}$，$1 - \cos C \leqslant \dfrac{\sqrt{xy}}{2z}$.

∴ $(1-\cos A)(1-\cos B)(1-\cos C) \leqslant \dfrac{\sqrt{yz}}{2x} \cdot \dfrac{\sqrt{zx}}{2y} \cdot \dfrac{\sqrt{xy}}{2z} = \dfrac{xyz}{8xyz} = \dfrac{1}{8}$.

▶ **例 5** 在 $\triangle ABC$ 中，证明：

(1) $R \geqslant 2r$；

(2) $\dfrac{1}{\sin A} + \dfrac{1}{\sin B} + \dfrac{1}{\sin C} \geqslant 2\sqrt{3}$；

(3) $\dfrac{r_a}{h_a} + \dfrac{r_b}{h_b} + \dfrac{r_c}{h_c} \geqslant 3$.

证明 🔍

(1) 利用 5.1 节式(*)的置换，有

$$R = \dfrac{(x+y)(y+z)(z+x)}{4 \cdot \sqrt{xyz(x+y+z)}}, \quad r = \sqrt{\dfrac{xyz}{x+y+z}}.$$

∴ $R \geqslant 2r \Leftrightarrow (x+y)(y+z)(z+x) \geqslant 8xyz$.

∵ $y+z \geqslant 2\sqrt{yz}$，$z+x \geqslant 2\sqrt{xz}$，$x+y \geqslant 2\sqrt{xy}$，

∴ $(y+z)(z+x)(x+y) \geqslant 8xyz$.

问题得证.

(2) 根据正弦定理：$\dfrac{a}{\sin A} = \dfrac{b}{\sin B} = \dfrac{c}{\sin C} = 2R$，则原不等式等价于

$$\dfrac{\sqrt{3}}{3} R \left(\dfrac{1}{a} + \dfrac{1}{b} + \dfrac{1}{c}\right) \geqslant 1.$$

$$\because \frac{1}{3}R^2\left(\frac{1}{a}+\frac{1}{b}+\frac{1}{c}\right)^2=\frac{1}{3}R^2\left(\frac{1}{a^2}+\frac{1}{b^2}+\frac{1}{c^2}+2\left(\frac{1}{ab}+\frac{1}{bc}+\frac{1}{ca}\right)\right)$$

$$\geqslant \frac{1}{3}R^2\cdot 3\left(\frac{1}{ab}+\frac{1}{bc}+\frac{1}{ca}\right)=R^2\cdot\frac{a+b+c}{abc}=R^2\cdot\frac{2p}{abc}$$

$$=R^2\cdot\frac{1}{2\frac{\Delta}{p}\cdot\frac{abc}{4\Delta}}=R^2\cdot\frac{1}{2rR}=\frac{R}{2r},$$

又由(1)得 $R\geqslant 2r$,

$$\therefore \quad \frac{1}{3}R^2\left(\frac{1}{a}+\frac{1}{b}+\frac{1}{c}\right)^2\geqslant 1, 从而\frac{\sqrt{3}}{3}R\left(\frac{1}{a}+\frac{1}{b}+\frac{1}{c}\right)\geqslant 1.$$

问题得证.

(3) 利用 5.1 节式(*)的置换,有

$$\frac{r_a}{h_a}=\frac{\frac{\sqrt{(x+y+z)xyz}}{x}}{\frac{2\sqrt{(x+y+z)xyz}}{y+z}}=\frac{y+z}{2x}.$$

同理可得: $\frac{r_b}{h_b}=\frac{z+x}{2y},\frac{r_c}{h_c}=\frac{x+y}{2z}.$

$$\therefore \quad \frac{r_a}{h_a}+\frac{r_b}{h_b}+\frac{r_c}{h_c}=\frac{y+z}{2x}+\frac{z+x}{2y}+\frac{x+y}{2z}$$

$$=\frac{1}{2}\left(\left(\frac{y}{x}+\frac{x}{y}\right)+\left(\frac{y}{z}+\frac{z}{y}\right)+\left(\frac{z}{x}+\frac{x}{z}\right)\right)\geqslant\frac{1}{2}\times(2+2+2)$$

$$=3.$$

点评

① $R\geqslant 2r$ 称作欧拉公式,当且仅当三角形是等边三角形时等号成立.

② $\because \quad \Delta=\frac{1}{2}ab\sin C=\frac{1}{2}ac\sin B=\frac{1}{2}bc\sin A$, $\therefore \quad \frac{1}{\sin C}=\frac{ab}{2\Delta},\frac{1}{\sin B}=\frac{ac}{2\Delta},\frac{1}{\sin A}=\frac{bc}{2\Delta}.$ 因此,由(2)得 $ab+bc+ac\geqslant 4\sqrt{3}\Delta$,这就是曾作为第 3 届 IMO 试题的外森伯克不等式($a^2+b^2+c^2\geqslant 4\sqrt{3}\Delta$)的加强形式($\because \quad a^2+b^2+c^2\geqslant ab+bc+ca$).

▶**例6** 在 $\triangle ABC$ 中,若 $a+b+c=1$,证明: $a^2+b^2+c^2+4abc<\frac{1}{2}.$

证明

方法一 利用 5.1 节式(∗)的置换.

∵ $a+b+c=1$,

∴ $x+y+z=\dfrac{1}{2}, x^2+y^2+z^2+2(xy+yz+zx)=\dfrac{1}{4}$.

∴ $a^2+b^2+c^2+4abc$

$=(y+z)^2+(z+x)^2+(x+y)^2+4(y+z)(z+x)(x+y)$

$=2(x^2+y^2+z^2)+2(xy+yz+zx)+4(x^2y+x^2z+y^2x+y^2z$

$\quad +z^2x+z^2y+2xyz)$

$=\dfrac{1}{4}+x^2+y^2+z^2+4(xy(x+y+z)+yz(x+y+z)$

$\quad +zx(x+y+z)-xyz)$

$=\dfrac{1}{4}+x^2+y^2+z^2+2(xy+yz+zx)-4xyz$

$=\dfrac{1}{2}-4xyz<\dfrac{1}{2}$.

方法二 设 $a=\sin^2\alpha\cdot\cos^2\beta, b=\cos^2\alpha\cdot\cos^2\beta, c=\sin^2\beta, \beta\in\left(0,\dfrac{\pi}{2}\right)$.

∵ a,b,c 为三角形的三边长,

∴ $c<\dfrac{1}{2}, c>|a-b|$, 从而有 $\beta\in\left(0,\dfrac{\pi}{4}\right), \sin^2\beta>|\cos 2\alpha\cdot\cos^2\beta|$.

∵ $1=(a+b+c)^2=a^2+b^2+c^2+2(ab+bc+ca)$,

∴ $a^2+b^2+c^2+4abc=1-2(ab+bc+ca-2abc)$.

又∵ $ab+bc+ca-2abc=c(a+b)+ab(1-2c)$

$=\sin^2\beta\cdot\cos^2\beta+\sin^2\alpha\cdot\cos^2\alpha\cdot\cos^4\beta\cdot\cos 2\beta$

$=\dfrac{1}{4}(1-\cos^2 2\beta+(1-\cos^2 2\alpha)\cdot\cos^4\beta\cdot\cos 2\beta)$

$=\dfrac{1}{4}+\dfrac{1}{4}\cos 2\beta\cdot(\cos^4\beta-\cos^2 2\alpha\cdot\cos^4\beta-\cos 2\beta)$

$>\dfrac{1}{4}+\dfrac{1}{4}\cos 2\beta\cdot(\cos^4\beta-\sin^4\beta-\cos 2\beta)=\dfrac{1}{4}$,

∴ $a^2+b^2+c^2+4abc<1-2\cdot\dfrac{1}{4}=\dfrac{1}{2}$.

方法三 设 $a=\sin^2\alpha\cdot\cos^2\beta, b=\cos^2\alpha\cdot\cos^2\beta, c=\sin^2\beta$.

$$a^2+b^2+c^2+4abc$$
$$=\sin^4\alpha\cdot\cos^4\beta+\cos^4\alpha\cdot\cos^4\beta+\sin^4\beta+4\sin^2\alpha\cdot\cos^2\alpha\cdot\cos^4\beta\cdot\sin^2\beta$$
$$=(1-2\sin^2\alpha\cdot\cos^2\alpha)\cdot\cos^4\beta+\sin^4\beta+4\sin^2\alpha\cdot\cos^2\alpha\cdot\cos^4\beta\cdot\sin^2\beta$$
$$=(\cos^4\beta+\sin^4\beta)+2\sin^2\alpha\cdot\cos^2\alpha\cdot\cos^4\beta\cdot(2\sin^2\beta-1)$$
$$=(1-2\cos^2\beta\cdot\sin^2\beta)+\frac{1}{2}\sin^2 2\alpha\cdot\cos^4\beta\cdot(2\sin^2\beta-1)$$
$$=1-\frac{1}{2}\sin^2 2\beta-\frac{1}{2}\cos 2\beta\cdot\cos^4\beta\cdot\sin^2 2\alpha$$
$$=1-\frac{1}{2}(1-\cos^2 2\beta)-\frac{1}{2}\cos 2\beta\cdot\cos^4\beta\cdot(1-\cos^2 2\alpha)$$
$$=1-\frac{1}{2}+\frac{1}{2}\cos^2 2\beta-\frac{1}{2}\cos 2\beta\cdot\cos^4\beta+\frac{1}{2}\cos 2\beta\cdot\cos^4\beta\cdot\cos^2 2\alpha$$
$$<\frac{1}{2}+\frac{1}{2}\cos^2 2\beta-\frac{1}{2}\cos 2\beta\cdot\cos^4\beta+\frac{1}{2}\cos 2\beta\cdot\sin^4\beta$$
$$=\frac{1}{2}+\frac{1}{2}\cos^2 2\beta-\frac{1}{2}\cos 2\beta\cdot(\cos^4\beta-\sin^4\beta)$$
$$=\frac{1}{2}+\frac{1}{2}\cos^2 2\beta-\frac{1}{2}\cos^2 2\beta=\frac{1}{2}.$$

方法四 $\because a+b>c, b+c>a, c+a>b,$

$\therefore 2a<a+b+c=1, a<\frac{1}{2}.$ 同理,$b<\frac{1}{2}, c<\frac{1}{2}.$

$\therefore (2a-1)(2b-1)(2c-1)<0,$

$8abc-4ab-4ac+2a-4bc+2b+2c-1<0,$

即 $4abc-2ab-2ac-2bc+(a+b+c)<\frac{1}{2}.$

$\therefore 4abc-2ab-2ac-2bc+(a+b+c)^2<\frac{1}{2},$

$a^2+b^2+c^2+4abc<\frac{1}{2}.$

▶ **例7** 在 $\triangle ABC$ 中,证明:$\tan\frac{A}{2}+\tan\frac{B}{2}+\tan\frac{C}{2}\leqslant\frac{9R^2}{4\Delta}$,其中 Δ 为 $\triangle ABC$ 的面积.

证明

利用 5.1 节式(*)的置换,有

$$\tan\frac{A}{2}+\tan\frac{B}{2}+\tan\frac{C}{2} \leqslant \frac{9R^2}{4\Delta} \Leftrightarrow \frac{yz+zx+xy}{\Delta} \leqslant \frac{9R^2}{4\Delta}$$

$$\Leftrightarrow yz+zx+xy \leqslant \frac{9}{4} \cdot \left(\frac{(x+y)(y+z)(z+x)}{4\cdot\sqrt{xyz(x+y+z)}}\right)^2$$

$$\Leftrightarrow \left(\frac{1}{x}+\frac{1}{y}+\frac{1}{z}\right)(x+y+z) \leqslant \frac{9}{64}\left(\left(1+\frac{y}{x}\right)\left(1+\frac{z}{y}\right)\left(1+\frac{x}{z}\right)\right)^2.$$

设 $\dfrac{y}{x}=m, \dfrac{z}{y}=n, \dfrac{x}{z}=t$,则 $mnt=1$,

且 $\left(\dfrac{1}{x}+\dfrac{1}{y}+\dfrac{1}{z}\right)(x+y+z) \leqslant \dfrac{9}{64}\left(\left(1+\dfrac{y}{x}\right)\left(1+\dfrac{z}{y}\right)\left(1+\dfrac{x}{z}\right)\right)^2$

$$\Leftrightarrow 3+(m+n+t)+(mn+nt+tm)$$

$$\leqslant \frac{9}{64}(2+(m+n+t)+(mn+nt+tm))^2.$$

设 $(m+n+t)+(mn+nt+tm)=q$,

则 $q \geqslant 6\sqrt[6]{mnt(mn)\cdot(nt)\cdot(tm)}=6$,

且 $3+(m+n+t)+(mn+nt+tm)$

$$\leqslant \frac{9}{64}(2+(m+n+t)+(mn+nt+tm))^2$$

$$\Leftrightarrow 3+q \leqslant \frac{9}{64}(2+q)^2 \Leftrightarrow \left(3q-\frac{14}{3}\right)^2 \geqslant \frac{1600}{9}.$$

由于 $q \geqslant 6$,上述不等式显然成立,问题得证.

点评

本题也可以用如下方式处理:同上可知

$\tan\dfrac{A}{2}+\tan\dfrac{B}{2}+\tan\dfrac{C}{2} \leqslant \dfrac{9R^2}{4\Delta} \Leftrightarrow 64xyz(xy+yz+zx)(x+y+z) \leqslant 9(y+z)^2(z+x)^2(x+y)^2.$

又 $\because 64xyz(xy+yz+zx)(x+y+z)=64xyz(x^2y+xy^2+y^2z+yz^2+z^2x+zx^2+3xyz)=64xyz((x+y)(y+z)(z+x)+xyz),$

$(x+y)(y+z)(z+x) \geqslant 8xyz,$

$\therefore xyz \leqslant \dfrac{1}{8}(x+y)(y+z)(z+x).$

于是 $64xyz(xy+yz+zx)(x+y+z) \leqslant 64 \cdot \dfrac{1}{8}(x+y)(y+z)(z+x)((x+$

$y)(y+z)(z+x) + \frac{1}{8}(x+y)(y+z)(z+x)) = 9(y+z)^2(z+x)^2 \cdot (x+y)^2$.

原不等式得证.

▶ **例 8** (1) 在 $\triangle ABC$ 中,证明: $\frac{2\pi}{3}p \leqslant aA + bB + cC < \pi p$,其中 p 为 $\triangle ABC$ 半周长;

(2) $\frac{\sin A}{h_a} + \frac{\sin B}{h_b} + \frac{\sin C}{h_c} \geqslant \frac{\sqrt{3}}{R}$,其中 R 为 $\triangle ABC$ 外接圆半径.

证明

(1) 记 $M = aA + bB + cC$(M 为顺序和),则 $M \geqslant aB + bC + cA$,$M \geqslant aC + bA + cB$.

三式相加有 $3M \geqslant a(A+B+C) + b(A+B+C) + c(A+B+C) = \pi(a+b+c)$,即 $M \geqslant \frac{2\pi}{3}p$.

又 $\because a < p, b < p, c < p$, $\therefore M < pA + pB + pC = \pi p$.

综上有 $\frac{2\pi}{3}p \leqslant M < \pi p$.

(2) 记 $N = \frac{\sin A}{h_a} + \frac{\sin B}{h_b} + \frac{\sin C}{h_c}$,由切比雪夫不等式有

$$N \geqslant \frac{1}{3}\left(\frac{1}{h_a} + \frac{1}{h_b} + \frac{1}{h_c}\right)(\sin A + \sin B + \sin C).$$

再由不等式 $\frac{1}{h_a} + \frac{1}{h_b} + \frac{1}{h_c} \geqslant \frac{2}{\sqrt{3}}\left(\frac{1}{a} + \frac{1}{b} + \frac{1}{c}\right)$ 及 $\sin A = \frac{a}{2R}$(正弦定理),有

$$N \geqslant \frac{1}{3} \times \frac{2}{\sqrt{3}}\left(\frac{1}{a} + \frac{1}{b} + \frac{1}{c}\right)\left(\frac{a}{2R} + \frac{b}{2R} + \frac{c}{2R}\right)$$

$$= \frac{1}{3\sqrt{3}R}\left(\frac{1}{a} + \frac{1}{b} + \frac{1}{c}\right)(a+b+c) \geqslant \frac{1}{3\sqrt{3}R} \times 3^2 = \frac{\sqrt{3}}{R}.$$

点评

在任意 $\triangle ABC$ 中,若三边 $a \leqslant b \leqslant c$,则有

三个角:$A \leqslant B \leqslant C$;

三角函数:$\sin A \leqslant \sin B \leqslant \sin C$,$\cos A \geqslant \cos B \geqslant \cos C$;

三条高:$h_a \geqslant h_b \geqslant h_c, \dfrac{1}{h_a} \leqslant \dfrac{1}{h_b} \leqslant \dfrac{1}{h_c}$;

三条中线:$m_a \geqslant m_b \geqslant m_c, \dfrac{1}{m_a} \leqslant \dfrac{1}{m_b} \leqslant \dfrac{1}{m_c}$;

三条角平分线:$t_a \geqslant t_b \geqslant t_c, \dfrac{1}{t_a} \leqslant \dfrac{1}{t_b} \leqslant \dfrac{1}{t_c}$.

上述排序使得应用排序不等式有了良好基础.解题时,往往再配合常见定理(正弦定理、余弦定理、面积公式)及以下常用不等式使用:

$$\sin A + \sin B + \sin C \leqslant \dfrac{3\sqrt{3}}{2};$$

$$\cos A + \cos B + \cos C \leqslant \dfrac{3}{2};$$

$$a^2 + b^2 + c^2 \geqslant 4\sqrt{3}\Delta(\Delta \text{ 为 } \triangle ABC \text{ 面积}),$$

$$h_a + h_b + h_c \leqslant \dfrac{\sqrt{3}}{2}(a+b+c);$$

$$\dfrac{1}{h_a} + \dfrac{1}{h_b} + \dfrac{1}{h_c} \geqslant \dfrac{2}{\sqrt{3}}\left(\dfrac{1}{a} + \dfrac{1}{b} + \dfrac{1}{c}\right);$$

$$t_a + t_b + t_c \leqslant \dfrac{\sqrt{3}}{2}(a+b+c);$$

$$\dfrac{1}{t_a} + \dfrac{1}{t_b} + \dfrac{1}{t_c} \geqslant \dfrac{2}{\sqrt{3}}\left(\dfrac{1}{a} + \dfrac{1}{b} + \dfrac{1}{c}\right);$$

$$m_a + m_b + m_c > \dfrac{3}{4}(a+b+c);$$

$$m_a + m_b + m_c \leqslant \dfrac{3}{2}\sqrt{a^2+b^2+c^2}.$$

除本例外,还可以得到以下一系列排序结果:

(1) $a\sin A + b\sin B + c\sin C \geqslant \dfrac{\sqrt{3}}{2}p$;

(2) $a\cos A + b\cos B + c\cos C \leqslant \dfrac{1}{2}p$;

(3) $A\sin A + B\sin B + C\sin C < \pi$;

(4) $Ah_a + Bh_b + Ch_c \leqslant \dfrac{\sqrt{3}}{6}\pi p$;

(5) $\dfrac{a}{h_a} + \dfrac{b}{h_b} + \dfrac{c}{h_c} \geqslant 2\sqrt{3}$;

(6) $\dfrac{A}{t_a}+\dfrac{B}{t_b}+\dfrac{C}{t_c}\geqslant\dfrac{2\sqrt{3}\pi}{p}$;

(7) $at_a+bt_b+ct_c\leqslant\dfrac{\sqrt{3}}{6}p^2$;

(8) $\dfrac{a}{t_a}+\dfrac{b}{t_b}+\dfrac{c}{t_c}\geqslant 2\sqrt{3}$;

(9) $t_a\sin A+t_b\sin B+t_c\sin C\leqslant\dfrac{3}{4}p$;

(10) $\dfrac{m_a}{a}+\dfrac{m_b}{b}+\dfrac{m_c}{c}\geqslant\dfrac{3\sqrt{3}}{2}$;

(11) $am_a+bm_b+cm_c<\dfrac{1}{3}p^2$;

(12) $Am_a+Bm_b+Cm_c<\dfrac{\pi}{3}p$;

(13) $m_a\sin A+m_b\sin B+m_c\sin C\leqslant\dfrac{\sqrt{3}}{2}p$.

▶ **例 9** 已知 $x,y,z\in\mathbf{R},0<x<y<z<\dfrac{\pi}{2}$. 证明:
$\dfrac{\pi}{2}+2\sin x\cdot\cos y+2\sin y\cdot\cos z>\sin 2x+\sin 2y+\sin 2z.$

证明

利用三角不等式,原不等式等价于

$$\dfrac{\pi}{4}+\sin x\cdot\cos y+\sin y\cdot\cos z$$
$$>\sin x\cdot\cos x+\sin y\cdot\cos y+\sin z\cdot\cos z$$
$$\Leftrightarrow\dfrac{\pi}{4}>\sin x(\cos x-\cos y)+\sin y(\cos y-\cos z)$$
$$+\sin z\cdot\cos z. \tag{2}$$

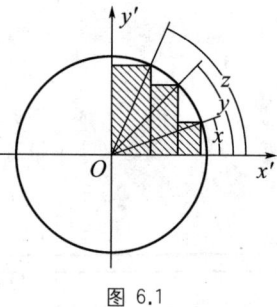

图 6.1

如图 6.1,作一个单位圆,则 $\dfrac{\pi}{4}$ 是单位圆在第一象限部分的面积,而阴影部分的面积即为式(2)的右边.由图知,原不等式成立.

点评

此题可以推广到有限个矩形的情况.即:$0 < x_i < \dfrac{\pi}{2}(i=1,2,3,\cdots,n)$,则

$\dfrac{\pi}{2} + 2\sin x_1 \cdot \cos x_2 + 2\sin x_2 \cdot \cos x_3 + \cdots + 2\sin x_{n-2} \cdot \cos x_{n-1} + 2\sin x_{n-1} \cdot \cos x_n > \sin 2x_1 + \sin 2x_2 + \cdots + 2\sin x_n$.

▶ 例 10　证明:
$$2\sin^2\left(\dfrac{\pi}{4} - \dfrac{\sqrt{2}}{2}\right) \leqslant \cos(\sin x) - \sin(\cos x) \leqslant 2\sin^2\left(\dfrac{\pi}{4} + \dfrac{\sqrt{2}}{2}\right).$$

证明

$\cos(\sin x) - \sin(\cos x) = \cos(\sin x) - \cos\left(\dfrac{\pi}{2} - \cos x\right)$

$= 2\sin\left(\dfrac{\pi}{4} - \dfrac{\cos x + \sin x}{2}\right)\sin\left(\dfrac{\pi}{4} - \dfrac{\cos x - \sin x}{2}\right)$.

因为 $-\sqrt{2} \leqslant \cos x \pm \sin x \leqslant \sqrt{2}$,所以

$$\dfrac{\pi}{4} - \dfrac{\sqrt{2}}{2} \leqslant \dfrac{\pi}{4} - \dfrac{\cos x \pm \sin x}{2} \leqslant \dfrac{\pi}{4} + \dfrac{\sqrt{2}}{2}.$$

因为 $0 < \dfrac{\pi}{4} - \dfrac{\sqrt{2}}{2} < \dfrac{\pi}{4} + \dfrac{\sqrt{2}}{2} < \dfrac{\pi}{2}$,正弦函数在 $\left[0, \dfrac{\pi}{2}\right]$ 上是增函数,

所以 $2\sin^2\left(\dfrac{\pi}{4} - \dfrac{\sqrt{2}}{2}\right) \leqslant \cos(\sin x) - \sin(\cos x) \leqslant 2\sin^2\left(\dfrac{\pi}{4} + \dfrac{\sqrt{2}}{2}\right)$.

▶ 例 11　在 $\triangle ABC$ 中,证明:

$\sin\dfrac{A}{2} \cdot \cos\dfrac{B}{2} \cdot \cos\dfrac{C}{2} + \sin\dfrac{B}{2} \cdot \cos\dfrac{A}{2} \cdot \cos\dfrac{C}{2} + \sin\dfrac{C}{2} \cdot \cos\dfrac{A}{2} \cdot \cos\dfrac{B}{2} \leqslant \dfrac{9}{8}$.

证明

$\sin\dfrac{A}{2} \cdot \cos\dfrac{B}{2} \cdot \cos\dfrac{C}{2} = \dfrac{1}{2}\left(\sin\dfrac{A+B}{2} + \sin\dfrac{A-B}{2}\right)\cos\dfrac{C}{2}$

$= \dfrac{1}{2}\left(\cos\dfrac{C}{2} \cdot \cos\dfrac{C}{2} + \sin\dfrac{A-B}{2} \cdot \sin\dfrac{A+B}{2}\right)$

$= \dfrac{1}{4}(1 + \cos C + \cos B - \cos A)$. 　　　　　　　　　　　　(3)

同理，$\sin\dfrac{B}{2}\cdot\cos\dfrac{A}{2}\cdot\cos\dfrac{C}{2}=\dfrac{1}{4}(1+\cos A+\cos C-\cos B)$，   (4)

$\sin\dfrac{C}{2}\cdot\cos\dfrac{A}{2}\cdot\cos\dfrac{B}{2}=\dfrac{1}{4}(1+\cos A+\cos B-\cos C)$.   (5)

(3)+(4)+(5)得

$$\sin\dfrac{A}{2}\cdot\cos\dfrac{B}{2}\cdot\cos\dfrac{C}{2}+\sin\dfrac{B}{2}\cdot\cos\dfrac{A}{2}\cdot\cos\dfrac{C}{2}+\sin\dfrac{C}{2}\cdot\cos\dfrac{A}{2}\cdot\cos\dfrac{B}{2}$$
$$=\dfrac{3}{4}+\dfrac{1}{4}(\cos A+\cos B+\cos C).$$

$y=\cos x$ 在 $\left[0,\dfrac{\pi}{2}\right]$ 内上凸. 由詹生不等式：

设 $f(x)$ 是 (a,b) 内的上凸函数，则对于 (a,b) 内的任意 n 个实数 x_1，$x_2,\cdots,x_n$，有 $f\left(\dfrac{\sum\limits_{i=1}^{n}x_i}{n}\right)\geqslant\dfrac{1}{n}\sum\limits_{i=1}^{n}f(x_i)$，当且仅当 $x_1=x_2=\cdots=x_n$ 时等号成立，可得 $\cos\dfrac{A+B+C}{3}\geqslant\dfrac{1}{3}\sum\cos A$，故当 $A=B=C$ 时，$(\cos A+\cos B+\cos C)_{\max}=\dfrac{3}{2}$，所以原不等式成立.

▶ **例 12** 已知 $\sin^2 A+\sin^2 B+\sin^2 C=1$，其中 A,B,C 均为锐角. 求证：$\dfrac{\pi}{2}<A+B+C\leqslant 3\arcsin\dfrac{\sqrt{3}}{3}$.

证明

$\sin^2 A=1-\sin^2 B-\sin^2 C=\cos^2 B-\sin^2 C$
$\qquad=\cos(B+C)\cdot\cos(B-C)$.

∵ B,C 均为锐角，$B-C\in\left(-\dfrac{\pi}{2},\dfrac{\pi}{2}\right)$，则 $\cos(B-C)>0$，

而 $\cos(B+C)\cdot\cos(B-C)=\sin^2 A>0$，

∴ $\cos(B+C)>0$，即 $0<B+C<\dfrac{\pi}{2}$，$A+B+C<\pi$.

∵ $0\leqslant|B-C|<B+C<\dfrac{\pi}{2}$，

∴ $\cos(|B-C|)>\cos(B+C)$，即 $\cos(B-C)>\cos(B+C)$，

故 $\sin^2 A = \cos(B+C) \cdot \cos(B-C) > \cos^2(B+C)$
$$= \sin^2\left(\frac{\pi}{2} - (B+C)\right).$$

而 $y = \sin^2 x$ 在 $\left[0, \frac{\pi}{2}\right]$ 上是增函数,

∴ $A > \frac{\pi}{2} - (B+C)$,即 $A + B + C > \frac{\pi}{2}$.

又由于 $y = \cos x$ 在 $\left[0, \frac{\pi}{2}\right]$ 上是凸函数,由上述方法可知,$A+B, B+C, C+A$ 均为锐角.

所以 $\cos \dfrac{(A+B)+(B+C)+(C+A)}{3}$
$$\geqslant \dfrac{\cos(A+B) + \cos(B+C) + \cos(C+A)}{3},$$

即 $3\cos\left(2 \cdot \dfrac{A+B+C}{3}\right) \geqslant \cos(A+B) + \cos(B+C) + \cos(C+A) \geqslant \cos(A+B) \cdot \cos(A-B) + \cos(B+C) \cdot \cos(B-C) + \cos(C+A) \cdot \cos(C-A) = \cos 2A + \cos 2B + \cos 2C$,

故 $3\left(1 - 2\sin^2 \dfrac{A+B+C}{3}\right) \geqslant 1 - 2\sin^2 A + 1 - 2\sin^2 B + 1 - 2\sin^2 C$,

$\sin \dfrac{A+B+C}{3} \leqslant \dfrac{\sqrt{3}}{3}$,∴ $A+B+C \leqslant 3\arcsin \dfrac{\sqrt{3}}{3}$.

综上所述,$\dfrac{\pi}{2} < A+B+C \leqslant 3\arcsin \dfrac{\sqrt{3}}{3}$.

点评

(1) 若 $y = f(x)$ 是区间 (a, b) 内的上凸函数,$x_1, x_2, \cdots, x_n \in (a, b)$,则
$$f\left(\dfrac{x_1 + x_2 + \cdots + x_n}{n}\right) \geqslant \dfrac{f(x_1) + f(x_2) + \cdots + f(x_n)}{n},$$

当且仅当 $x_1 = x_2 = \cdots = x_n$ 时上式等号成立.

(2) 若 $y = f(x)$ 是区间 (a, b) 内的下凸函数,$x_1, x_2, \cdots, x_n \in (a, b)$,则
$$f\left(\dfrac{x_1 + x_2 + \cdots + x_n}{n}\right) \leqslant \dfrac{f(x_1) + f(x_2) + \cdots + f(x_n)}{n},$$

当且仅当 $x_1 = x_2 = \cdots = x_n$ 时上式等号成立.

▶ **例 13** 已知 A, B, C 是锐角三角形 ABC 的 3 个内角. 证明:
$$\sin A + \sin B + \sin C + \tan A + \tan B + \tan C > 2\pi.$$

证明

方法一 由万能置换公式得

$$\sin A + \tan A = \frac{2\tan\frac{A}{2}}{1+\tan^2\frac{A}{2}} + \frac{2\tan\frac{A}{2}}{1-\tan^2\frac{A}{2}}$$

$$= 2\tan\frac{A}{2}\left(\frac{1}{1+\tan^2\frac{A}{2}} + \frac{1}{1-\tan^2\frac{A}{2}}\right) = \frac{4\tan\frac{A}{2}}{1-\tan^4\frac{A}{2}}.$$

由于 A 为锐角, $0<\tan\frac{A}{2}<1$, 因此 $0<1-\tan^4\frac{A}{2}<1$,

$$\frac{4\tan\frac{A}{2}}{1-\tan^4\frac{A}{2}} > 4\tan\frac{A}{2}.$$

又 $\frac{A}{2}$ 为锐角, $\tan\frac{A}{2} > \frac{A}{2}$, 则 $\sin A + \tan A > 2A$.

同理, $\sin B + \tan B > 2B$, $\sin C + \tan C > 2C$. 所以

$\sin A + \sin B + \sin C + \tan A + \tan B + \tan C > 2(A+B+C) = 2\pi$.

方法二 如图 6.2, 设 $\angle A$ 的终边 OM 与单位圆相交于点 M, 过 M 作 $MN \perp Ox$ 于点 N, 过 Q 作 $\odot O$ 的切线 QP 交直线 OM 于点 P. 则由三角函数线知识可知: $\sin A = NM$, $\tan A = QP$, $A = \overset{\frown}{MQ}$. 下面通过计算面积来证明 $\sin A + \tan A > 2A$.

过 M 作圆的切线交 PQ 于 T. 显然, 由 $\angle PMT = 90°$ 知, $PT > MT = QT$. 于是 $S_{\triangle PMT} > S_{\triangle MTQ} > S_{弓形MQ}$.

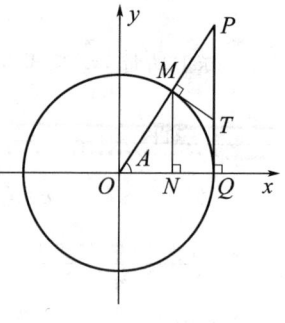

图 6.2

所以, $S_{\triangle OMQ} + S_{\triangle OPQ} > 2S_{扇形OMQ}$.

故 $NM + QP > 2\overset{\frown}{MQ}$, $\sin A + \tan A > 2A$.

同理, $\sin B + \tan B > 2B$, $\sin C + \tan C > 2C$. 所以

$\sin A + \sin B + \sin C + \tan A + \tan B + \tan C > 2(A+B+C) = 2\pi$.

▶ 例 14 在锐角三角形 ABC 中,证明: $\sin A + \sin B + \sin C + \tan A + \tan B + \tan C \geqslant \dfrac{9\sqrt{3}}{2}$.

证明

∵ $0 < A, B, C < \dfrac{\pi}{2}$, ∴ $0 < \dfrac{A}{2}, \dfrac{B}{2}, \dfrac{C}{2} < \dfrac{\pi}{4}$,

∴ $\tan \dfrac{A}{2}, \tan \dfrac{B}{2}, \tan \dfrac{C}{2} \in (0,1)$. 令

$\tan \dfrac{A}{2} = t, \tan \dfrac{B}{2} = r, \tan \dfrac{C}{2} = s$, 则

$$\sin A + \tan A = \dfrac{2t}{1+t^2} + \dfrac{2t}{1-t^2} = \dfrac{4t}{1-t^4} = 4t(1+t^4+t^8+\cdots)$$
$$= 4(t + t^5 + t^9 + \cdots).$$

同理, $\sin B + \tan B = 4(r + r^5 + r^9 + \cdots)$,

$\sin C + \tan C = 4(s + s^5 + s^9 + \cdots)$.

所以不等式的左边化为

$$4((t+r+s) + (t^5+r^5+s^5) + (t^9+r^9+s^9) + \cdots)$$
$$\geqslant 4\left((t+r+s) + \dfrac{(t+r+s)^5}{3^4} + \dfrac{(t+r+s)^9}{3^8} + \cdots\right)$$
$$= \dfrac{4(t+r+s)}{1-\left(\dfrac{t+r+s}{3}\right)^4}. \tag{6}$$

考虑到函数 $f(x) = \dfrac{4x}{1-\left(\dfrac{x}{3}\right)^4}$ 在 $(0,3)$ 上是增函数,而 $\tan\dfrac{A}{2} + \tan\dfrac{B}{2} + \tan\dfrac{C}{2} \geqslant \sqrt{3}$, 所以式(6) $\geqslant \dfrac{4\sqrt{3}}{1-\left(\dfrac{\sqrt{3}}{3}\right)^4} = \dfrac{9\sqrt{3}}{2}$, 因此原不等式成立.

▶ 例 15 A, B, C 是 $\triangle ABC$ 的 3 个内角,求 $W = \tan\dfrac{A}{2} \cdot \tan\dfrac{B}{2} \cdot \tan\dfrac{C}{2} + \cot\dfrac{A}{2} \cdot \cot\dfrac{A}{2} \cdot \cot\dfrac{C}{2}$ 的最小值.

解

因为 A,B,C 是 $\triangle ABC$ 的 3 个内角，所以 $\tan\dfrac{A}{2}$, $\tan\dfrac{B}{2}$, $\tan\dfrac{C}{2}$, $\cot\dfrac{A}{2}$, $\cot\dfrac{B}{2}$, $\cot\dfrac{C}{2}>0$. 为简便，令 $x=\tan\dfrac{A}{2}$, $y=\tan\dfrac{B}{2}$, $z=\tan\dfrac{C}{2}$, 则 $xy+yz+zx=1$.

$$\therefore xyz=\sqrt{xy\cdot yz\cdot zx}\leqslant\sqrt{\left(\dfrac{xy+yz+zx}{3}\right)^3}=\sqrt{\dfrac{1}{27}}=\dfrac{\sqrt{3}}{9}<1.$$

又 $0<a\leqslant b<1$ 时，有 $a+\dfrac{1}{a}\geqslant b+\dfrac{1}{b}$,

故 $xyz+\dfrac{1}{xyz}\geqslant\dfrac{\sqrt{3}}{9}+\dfrac{9}{\sqrt{3}}=\dfrac{28}{9}\sqrt{3}$, 即当 $A=B=C$ 时，$W_{\min}=\dfrac{28}{9}\sqrt{3}$.

▶**例 16** 已知三棱锥 $S-ABC$ 中侧棱 SA,SB,SC 互相垂直，M 是底面三角形 ABC 内一动点，直线 MS 与 SA,SB,SC 所成的角分别是 α,β,γ.

(1) 证明: α,β,γ 不可能是锐角三角形的三个内角;

(2) 设 $S=\dfrac{1}{\cos^2\alpha}+\dfrac{1}{\cos^2\beta}+\dfrac{1}{\cos^2\gamma}-\dfrac{2(\cos^2\alpha+\cos^2\beta+\cos^2\gamma)}{\cos\alpha\cdot\cos\beta\cdot\cos\gamma}$, 证明: $S\geqslant 3$.

(2018 年全国高中数学联赛河北省高三预赛题)

证明

(1) 以线段 MS 为体对角线构造长方体，则 α,β,γ 恰好为长方体的体对角线与从一个顶点出发的 3 条棱所成的角，因此 $\cos^2\alpha+\cos^2\beta+\cos^2\gamma=1$.

因为 $\cos^2\alpha+\cos^2\beta=1-\cos^2\gamma$, 所以 $\dfrac{1}{2}(\cos 2\alpha+\cos 2\beta)=-\cos^2\gamma$, 所以

$$\cos(\alpha+\beta)\cdot\cos(\alpha-\beta)=-\cos^2\gamma<0,$$

故 $\cos(\alpha+\beta)<0$. 所以 $\dfrac{\pi}{2}<\alpha+\beta<\pi$.

下面证明 $\alpha+\beta+\gamma<\pi$. 要证此式，只需证 $\alpha+\beta<\pi-\gamma$, 即证 $\cos(\pi-\gamma)<\cos(\alpha+\beta)<0$, 即证 $\cos^2(\pi-\gamma)>\cos^2(\alpha+\beta)$.

因为 $\cos^2(\alpha+\beta)-\cos^2\gamma=\cos^2(\alpha+\beta)+\dfrac{1}{2}(\cos 2\alpha+\cos 2\beta)$

$$=\cos^2(\alpha+\beta)+\cos(\alpha+\beta)\cos(\alpha-\beta)$$

$$=2\cos(\alpha+\beta)\cdot\cos\alpha\cdot\cos\beta<0,$$

所以 $\alpha+\beta+\gamma<\pi$, 故 α,β,γ 不可能是锐角三角形的 3 个内角.

(2) $S-3$

$= \dfrac{1}{\cos^2\alpha} + \dfrac{1}{\cos^2\beta} + \dfrac{1}{\cos^2\gamma} - \dfrac{2(\cos^3\alpha + \cos^3\beta + \cos^3\gamma)}{\cos\alpha \cdot \cos\beta \cdot \cos\gamma} - 3$

$= \dfrac{\cos^2\alpha + \cos^2\beta + \cos^2\gamma}{\cos^2\alpha} + \dfrac{\cos^2\alpha + \cos^2\beta + \cos^2\gamma}{\cos^2\beta} + \dfrac{\cos^2\alpha + \cos^2\beta + \cos^2\gamma}{\cos^2\gamma}$

$\quad -2\left(\dfrac{\cos^2\alpha}{\cos\beta \cdot \cos\gamma} + \dfrac{\cos^2\beta}{\cos\alpha \cdot \cos\gamma} + \dfrac{\cos^2\gamma}{\cos\alpha \cdot \cos\beta}\right) - 3$

$= \cos^2\alpha\left(\dfrac{1}{\cos^2\beta} + \dfrac{1}{\cos^2\gamma}\right) + \cos^2\beta\left(\dfrac{1}{\cos^2\alpha} + \dfrac{1}{\cos^2\gamma}\right) + \cos^2\gamma\left(\dfrac{1}{\cos^2\alpha} + \dfrac{1}{\cos^2\beta}\right)$

$\quad -2\left(\dfrac{\cos^2\alpha}{\cos\beta \cdot \cos\gamma} + \dfrac{\cos^2\beta}{\cos\alpha \cdot \cos\gamma} + \dfrac{\cos^2\gamma}{\cos\alpha \cdot \cos\beta}\right)$

$= \cos^2\alpha\left(\dfrac{1}{\cos\beta} - \dfrac{1}{\cos\gamma}\right)^2 + \cos^2\beta\left(\dfrac{1}{\cos\alpha} - \dfrac{1}{\cos\gamma}\right)^2 + \cos^2\gamma\left(\dfrac{1}{\cos\alpha} - \dfrac{1}{\cos\beta}\right)^2$

$\geqslant 0$,

所以 $S \geqslant 3$.

▶ **例 17** 如图 6.3,已知 O 为锐角 $\triangle ABC$ 的外心,过 O 的直线交 AB,AC 所在直线于点 P,Q,求证:

$$\dfrac{AB}{AP}\sin\angle AOC + \dfrac{AC}{AQ}\sin\angle AOB \leqslant \dfrac{3\sqrt{3}}{2}.$$

(《数学通报》2489 号问题)

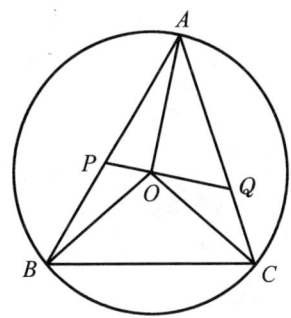

图 6.3

证明

$\sin\angle AOP = \sin\angle AOQ$,

$\cos\angle AOP = -\cos\angle AOQ$,

$\dfrac{AB}{AP}\sin\angle AOC + \dfrac{AC}{AQ}\sin\angle AOB$

$= \dfrac{PB}{AP}\sin\angle AOC + \dfrac{QC}{AQ}\sin\angle AOB + \sin\angle AOC + \sin\angle AOB.$

$\dfrac{PB}{AP}\sin\angle AOC + \dfrac{QC}{AQ}\sin\angle AOB$

$= \dfrac{\sin\angle BOP}{\sin\angle AOP}\sin\angle AOC + \dfrac{\sin\angle COQ}{\sin\angle AOQ}\sin\angle AOB$

$= \dfrac{\sin\angle BOP}{\sin\angle AOP}\sin(\angle AOQ + \angle COQ) + \dfrac{\sin\angle COQ}{\sin\angle AOQ}\sin(\angle AOP + \angle POB)$

$$= \frac{\sin \angle BOP}{\sin \angle AOP}(\sin \angle AOQ \cdot \cos \angle COQ + \cos \angle AOQ \cdot \sin \angle COQ)$$

$$+ \frac{\sin \angle COQ}{\sin \angle AOQ}(\sin \angle AOP \cdot \cos \angle POB + \cos \angle AOP \cdot \sin \angle POB)$$

$$= \sin \angle BOP \cdot \cos \angle COQ + \frac{\cos \angle AOQ \cdot \sin \angle COQ \cdot \sin \angle BOP}{\sin \angle AOP}$$

$$+ \sin \angle COQ \cdot \cos \angle POB + \frac{\cos \angle AOP \cdot \sin \angle POB \cdot \sin \angle COQ}{\sin \angle AOQ}$$

$$= \sin \angle COB.$$

$\therefore \dfrac{AB}{AP}\sin \angle AOC + \dfrac{AC}{AQ}\sin \angle AOB = \sin \angle COB + \sin \angle AOC + \sin \angle AOB$

$$= \sin 2A + \sin 2B + \sin 2C$$

$$= 2\sin(A+B) \cdot \cos(A-B) + 2\sin C \cdot \cos C$$

$$\leqslant 2\sin C(1+\cos C) = 2\sqrt{\sin^2 C(1+\cos C)^2}$$

$$= 2\sqrt{\frac{(3-3\cos C)(1+\cos C)^3}{3}} \leqslant 2\sqrt{\frac{1}{3}\left(\frac{6}{4}\right)^4} = \frac{3\sqrt{3}}{2}.$$

演习场

习题 6

1. 求函数 $y = x(1+\sqrt{1-x^2})$ 的最大值.

(2012 年全国高中数学联赛江西省预赛题)

2. 已知正实数 a,b 满足 $a^2+b^2=1$,且 $a^3+b^3+1=m(a+b+1)^3$,求 m 的取值范围.

(2012 年全国高中数学联赛湖北省预赛题)

3. 求实数 a 的取值范围,使不等式

$$\sin 2\theta - 2\sqrt{2}a\cos\left(\theta - \frac{\pi}{4}\right) - \frac{\sqrt{2}a}{\sin\left(\theta + \frac{\pi}{4}\right)} > -3 - a^2 \text{ 恒成立.}$$

(2017 年全国高中数学联赛湖北省预赛题)

4. 已知 α,β,γ 是一个三角形的 3 个内角,如果 $\cos\alpha + \cos\beta + \cos\gamma$ 取得最大值,求 $\sin\alpha + \sin\beta + \sin\gamma$ 的值.

(2017 年全国高中数学联赛广东省预赛题)

5. 设 $a^2+b^2=1$,求 $\left(a^2+\dfrac{1}{a^2}\right)\left(b^2+\dfrac{1}{b^2}\right)$ 的最小值.

6. 求函数 $\sqrt{5-x^2}+\sqrt{3}x$ 的最大值与最小值.

7. 解不等式:$\dfrac{x}{\sqrt{x^2+1}}+\dfrac{1-x^2}{1+x^2}>0.$

8. 求函数 $y=\dfrac{1+x-2x^2+x^3+x^4}{1+2x^2+x^4}$ 的最值.

9. 设 x,y,z 是 3 个不全为零的实数,求 $u=\dfrac{xy+2yz+2zx}{x^2+y^2+z^2}$ 的最大值.

10. 证明:$0 \leqslant xy+yz+zx-2xyz \leqslant \dfrac{7}{27}$,式中 x,y,z 均为非负实数,且 $x+y+z=1$.

11. 任意给定 13 个不同的实数.求证:其中至少存在两个数,不妨设为 x,y,满足 $\dfrac{x-y}{1+xy} \leqslant 2-\sqrt{3}.$

12. 设数列 $\{a_n\}$ 的项由递归方法定义:$a_0=\dfrac{1}{3}$,$a_n=\sqrt{\dfrac{1+a_{n-1}}{2}}$,其中 $n=1$,

$2,3,\cdots$. 试证:数列 $\{a_n\}$ 是单调的.

13. 已知 x,y 都为正整数,且 $x-y=1$,$A=\left(\sqrt{x}-\dfrac{1}{\sqrt{x}}\right)\cdot\left(\sqrt{y}+\dfrac{1}{\sqrt{y}}\right)\cdot\dfrac{1}{x}$. 求证:$0<A<1$.

14. 已知数列 $\{a_n\}$ 满足:$a_1=\sqrt{2}$,$a_{n+1}=\sqrt{\dfrac{2a_n}{1+a_n}}$;数列 $\{b_n\}$ 满足:$b_1=\sqrt{2}$,$b_{n+1}=\sqrt{2}\cdot\sqrt{b_n^2+b_n\sqrt{b_n^2-1}}$. 求证:$\dfrac{1}{a_n^2}+\dfrac{1}{b_n^2}=1$.

15. 已知面积为 $32\,\mathrm{cm}^2$ 的平面凸四边形中的一组对边与一条对角线之长的和为 $16\,\mathrm{cm}$,试确定另一条对角线的所有可能长度.

16. 解方程组:$\begin{cases}\left(1+\dfrac{12}{3x+y}\right)\sqrt{x}=2,\\ \left(1-\dfrac{12}{3x+y}\right)\sqrt{y}=6.\end{cases}$

17. 设 $a,b,c\in\mathbf{R}^+$,且 $2a^2+2b^2+2c^2+abc=32$,求证:$4<a+b+c\leqslant 6$.
(《数学通报》2161 号问题)

18. 两个实数数列 $\{a_n\}$ 和 $\{b_n\}$ 满足 $a_1=b_1=\sqrt{3}$,$a_{n+1}=\dfrac{a_n}{1+\sqrt{1+a_n^2}}$,$b_{n+1}=b_n+\sqrt{1+b_n^2}$,$n=1,2,\cdots$. 证明:$2<a_nb_n\leqslant 3\,(n\in\mathbf{N}^*)$.
(《数学通报》2211 号问题)

19. 求证不等式:$\sin\dfrac{1}{n}+\sin\dfrac{2}{n}>\dfrac{3}{n}\cos\dfrac{1}{n}\,(n\in\mathbf{N}^*)$.
(2016 年全国高中数学联赛山东省预赛题)

20. 已知数列 $\{a_n\}$ 满足:$a_1=\dfrac{\pi}{3}$,$0<a_n<\dfrac{\pi}{3}$,$\sin a_{n+1}\leqslant\dfrac{1}{3}\sin 3a_n\,(n\geqslant 2)$. 求证:$\sin a_n<\dfrac{1}{\sqrt{n}}$.
(2018 年全国高中数学联赛山东省预赛题)

21. 如图 6.4,$\triangle ABC$ 为锐角三角形,外接圆圆心为 O,半径为 R,AO 的延长线交

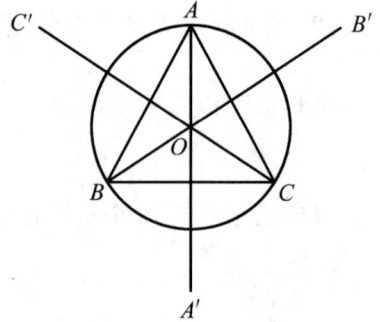

图 6.4

$\triangle BOC$ 的外接圆于点 A',BO 的延长线交 $\triangle AOC$ 的外接圆于点 B',CO 的延长线交 $\triangle AOB$ 的外接圆于点 C',求证:$OA' \cdot OB' \cdot OC' \geq 8R^3$.

(2016 年全国高中数学联赛辽宁省预赛题)

22. 已知三棱锥的 3 条侧棱两两垂直,底面积为 1,求此三棱锥体积的最大值.

(2012 年全国高中数学联赛新疆维吾尔自治区预赛题)

23. 设 a,b,c 是正实数,且 $abc+a+c=b$,求 $p = \dfrac{2}{a^2+1} - \dfrac{2}{b^2+1} + \dfrac{3}{c^2+1}$ 的最大值.

24. 在 $\triangle ABC$ 中,求 $S = \sqrt{3\tan\dfrac{A}{2} \cdot \tan\dfrac{B}{2} + 1} + \sqrt{3\tan\dfrac{B}{2} \cdot \tan\dfrac{C}{2} + 1} + \sqrt{3\tan\dfrac{C}{2} \cdot \tan\dfrac{A}{2} + 1}$ 的整数部分.

25. 设 α,β,γ 为 $\triangle ABC$ 中对应顶点 A,B,C 的 3 个内角.试证:能在 AB 上取得一点 D,使 CD 成为 AD 和 BD 的比例中项的充分必要条件是 $\sin\alpha \cdot \sin\beta \leq \sin^2\dfrac{\gamma}{2}$.

26. 在 $\triangle ABC$ 中,求 $f(A,B,C) = \dfrac{\sin A}{\sqrt{1-\sin B \cdot \sin C}} + \dfrac{\sin B}{\sqrt{1-\sin C \cdot \sin A}} + \dfrac{\sin C}{\sqrt{1-\sin A \cdot \sin B}}$ 的最大值.

27. 设正数 x,y,z,a,b,c 满足 $cy+bz=a, az+cx=b, bx+ay=c$,求函数 $f(x,y,z) = \dfrac{x^2}{1+x} + \dfrac{y^2}{1+y} + \dfrac{z^2}{1+z}$ 的最小值.

28. 设 $a,b \in \mathbf{R}^+, n \in \mathbf{N}^*$,求 $y = \dfrac{a}{\sqrt{(1+x)^n}} + \dfrac{b}{\sqrt{(1-x)^n}}, x \in (-1,1)$ 的最小值.

29. 已知 $x_1, x_2, \cdots, x_n \in \left(-\dfrac{\pi}{2}, \dfrac{\pi}{2}\right), n \in \mathbf{N}^*, n \geq 2, x_1+x_2+\cdots+x_n = \dfrac{n\pi}{6}$,求 $y = \sum_{i=1}^{n} \dfrac{6x_i \sin x_i - \pi \sin x_i}{3+2\sin x_i}$ 的最小值.

30. $\triangle ABC$ 的内切圆切边 BC,CA,AB 于 D,E,F 3 点.过 D 作 $DG \perp EF$ 于点 G,连 BG,CG 并延长交 AC,AB 于点 H,I.已知 $HE=3, IF=4, BC=21$,求 $\triangle ABC$ 的面积.

31. 求内切圆半径等于 1 的三角形面积的最小值.

32. 在锐角三角形 ABC 中,证明: $\dfrac{\cos(B-C)}{\cos A}+\dfrac{\cos(C-A)}{\cos B}+\dfrac{\cos(A-B)}{\cos C}\geqslant 6$.

33. 设 $\alpha,\beta\in\left(0,\dfrac{\pi}{2}\right),\sin^2\alpha+\sin^2\beta+\sin^2\gamma=1$.求证: $\dfrac{\sin^3\alpha}{\sin\beta}+\dfrac{\sin^3\beta}{\sin\gamma}+\dfrac{\sin^3\gamma}{\sin\alpha}\geqslant 1$.

34. Rt$\triangle ABC$ 中,$AC=BC$,$\angle ACB=90°$,D,E 是 AB 上的点,过 C,D,E 的圆交 AC 于点 P,交 BC 于点 Q.求证:$AP+BQ=PQ$ 的充分必要条件是 $\angle DCE=45°$.

35. 在 $\triangle ABC$ 中,h_a,h_b,h_c 为三边上的高,R,r,p 分别为 $\triangle ABC$ 的外接圆半径,内切圆半径,半周长.若 $\sum$ 表示循环和,求证:

(1) $\sum \dfrac{\cos A}{h_a}=\dfrac{1}{R}$;

(2) $\sum \dfrac{\sin A}{h_a}=\dfrac{p^2-4Rr-r^2}{2pRr}$.

36. 设正三角形 ABC 的内切圆圆心为 I,半径 $r=2000$.若在 $\odot I$ 内任取一点 P,且 P 到边 BC,CA,AB 的距离分别为 d_1,d_2,d_3,求证:$\sqrt{d_1},\sqrt{d_2},\sqrt{d_3}$ 可以构成一个三角形的 3 条边.

37. 设 $\theta_1,\theta_2,\theta_3\in\left(0,\dfrac{\pi}{2}\right)$,且 $\tan\theta_1\cdot\tan\theta_2\cdot\tan\theta_3=2\sqrt{2}$.求证:$\cos\theta_1+\cos\theta_2+\cos\theta_3<2$.

38. 在 $\triangle ABC$ 中证明:

(1) $8\sin\dfrac{A}{2}\cdot\sin\dfrac{B}{2}\cdot\sin\dfrac{C}{2}\leqslant\cos\dfrac{A-B}{2}\cdot\cos\dfrac{B-C}{2}\cdot\cos\dfrac{C-A}{2}$;

(2) $8\cos A\cdot\cos B\cdot\cos C\leqslant\cos^2\dfrac{A-B}{2}\cdot\cos^2\dfrac{B-C}{2}\cdot\cos^2\dfrac{C-A}{2}$.

39. 设非钝角三角形 ABC 的三边 a,b,c 上的高为 h_a,h_b,h_c.证明:$\dfrac{h_a}{a}+\dfrac{h_b}{b}+\dfrac{h_c}{c}\geqslant\dfrac{5}{2}$.

40. 对于任意三角形的 3 个内角 α,β,γ,求

$$u=\dfrac{\left(\dfrac{1}{\beta}+\dfrac{1}{\gamma}\right)\sin\alpha+\left(\dfrac{1}{\gamma}+\dfrac{1}{\alpha}\right)\sin\beta+\left(\dfrac{1}{\alpha}+\dfrac{1}{\beta}\right)\sin\gamma}{\dfrac{\sin\alpha}{\alpha}+\dfrac{\sin\beta}{\beta}+\dfrac{\sin\gamma}{\gamma}}$$

的最小值.

41. 设 $0<\alpha<\beta<\gamma<\dfrac{\pi}{2}$，$\sin^3\alpha+\sin^3\beta+\sin^3\gamma=1$. 证明：

$$\tan^2\alpha+\tan^2\beta+\tan^2\gamma\geqslant\dfrac{3}{\sqrt[3]{9}-1}.$$

42. 对于固定的 $\theta\in\left(0,\dfrac{\pi}{2}\right)$，求满足以下两个条件的最小正数 a：

(i) $\dfrac{\sqrt{a}}{\cos\theta}+\dfrac{\sqrt{a}}{\sin\theta}>1$；

(ii) 存在 $x\in\left[1-\dfrac{\sqrt{a}}{\sin\theta},\dfrac{\sqrt{a}}{\sin\theta}\right]$，使得

$$\left((1-x)\sin\theta-\sqrt{a-x^2\cos^2\theta}\right)^2+\left(x\cos\theta-\sqrt{a-(1-x)^2\sin^2\theta}\right)^2\leqslant a.$$

43. 设 $n\in\mathbf{N}^*$，且 $0<nx<\dfrac{\pi}{4}$. 证明：$\dfrac{\sin nx}{\sin x}\geqslant\dfrac{\sqrt{3}}{3}(2n-1)^{\frac{3}{4}}$.

44. 在 $\triangle ABC$ 中，$\angle C\geqslant 60°$. 证明：$(a+b)\left(\dfrac{1}{a}+\dfrac{1}{b}+\dfrac{1}{c}\right)\geqslant 4+\dfrac{1}{\sin\dfrac{C}{2}}$.

45. 在平行四边形 $ABCD$ 中，已知 $\triangle ABD$ 是锐角三角形，$AB=a$，$AD=1$，$\angle BAD=\alpha$. 证明：以 A,B,C,D 为圆心，半径为 1 的圆 K_A,K_B,K_C,K_D 能覆盖平行四边形 $ABCD$ 的充分必要条件是 $a\leqslant\cos\alpha+\sqrt{3}\sin\alpha$.

第二部分 复数

第七讲 复数的概念

知识桥

一、虚数单位、复数、复数的模

1. $i^2=-1$,数 i 叫作虚数单位.设 $a,b\in \mathbf{R}$,形如 $z=a+bi$ 的数叫作复数,a, b 分别叫作复数 z 的实部和虚部,记作 $a=\text{Re}\,z$,$b=\text{Im}\,z$.对于复数 $z=a+bi$,当 $b=0$ 时,z 就是实数;当 $b\neq 0$ 时,z 就是虚数;当 $a=0$,$b\neq 0$ 时,z 就是纯虚数.复数的全体组成的集合叫作复数集,记作 **C**.

2. 在平面直角坐标系中,可以用点 $Z(a,b)$ 表示复数 $a+bi$,点 Z 到原点的距离叫作复数的模.复数 $z=a+bi(a,b\in \mathbf{R})$ 的模记作 $|z|$ 或 $|a+bi|$,$|z|=|a+bi|=\sqrt{a^2+b^2}$.

3. 学习复数时要注意以下几点.

(1) 写复数的代数形式 $a+bi$ 时,不要遗漏 $a,b\in \mathbf{R}$ 的条件,否则 a,b 不一定分别表示这个复数的实部和虚部,复数的相等定义、复数模的公式等都不一定适用.不要以为一个数是复数就一定是虚数,更不要以为一个数是复数就一定不是实数.应认真掌握如下关系:

$$\text{复数 } a+bi(a,b\in \mathbf{R})\begin{cases}\text{实数}(\text{当 }b=0\text{ 时}),\\ \text{虚数}(\text{当 }b\neq 0\text{ 时})\begin{cases}\text{纯虚数}\\ (\text{当 }a=0,b\neq 0\text{ 时}),\\ \text{非纯虚数的虚数}\\ (\text{当 }ab\neq 0\text{ 时}).\end{cases}\end{cases}$$

(2) 两个复数不全是实数就不能比较大小.就是说:两个虚数不能比较大小,一个实数与一个虚数也不能比较大小,只有两个数都是实数才能比较大小.

(3) 在复平面上,原点不是虚轴(y 轴)上的点,而是实轴(x 轴)上的点.

(4) 数的概念扩展为复数后,实数集中的一些运算性质、概念、关系就不一定适用了,如不等式的性质、绝对值的定义、偶次方非负等.

训练营

▶ **例 1** (1) 求复数 $z=4a-3a\mathrm{i}(a<0)$ 的模;

(2) 已知 $\left|z+\dfrac{1}{z}\right|=1$,求 $|z|_{\max}-|z|_{\min}$;

(3) 已知 $|z|=1$,$\omega=z^3-3z-2$,求 $|\omega|_{\max}+|\omega|_{\min}$;

(4) 若对一切 $\theta\in\mathbf{R}$,复数 $z=(a+\cos\theta)+(2a-\sin\theta)\mathrm{i}$ 的模不超过 2,求实数 a 的取值范围;

(5) 设 z 为复数.若 $\dfrac{z-2}{z-1}$ 为实数(i 为虚数单位),求 $|z+3|$ 的最小值.

(2020 年全国高中数学联赛题)

解

(1) $|z|=\sqrt{16a^2+9a^2}=5|a|=-5a$.

(2) $\left||z|-\dfrac{1}{|z|}\right|\leqslant\left|z+\dfrac{1}{z}\right|=1\leqslant|z|+\dfrac{1}{|z|}\Rightarrow\begin{cases}|z|-\dfrac{1}{|z|}\leqslant 1,\\ |z|-\dfrac{1}{|z|}\geqslant -1\end{cases}\Rightarrow\dfrac{\sqrt{5}-1}{2}\leqslant|z|\leqslant\dfrac{\sqrt{5}+1}{2}$.

故 $|z|_{\max}-|z|_{\min}=\dfrac{\sqrt{5}+1}{2}-\dfrac{\sqrt{5}-1}{2}=1$.

(3) 因为 $|z^3-3z-2|=|z+1|^2\cdot|z-2|$,令 $z=x+y\mathrm{i}(x,y\in\mathbf{R})\Rightarrow x^2+y^2=1(-1\leqslant x\leqslant 1)$,

则 $|z+1|^2=2+2x$,$|z-2|=\sqrt{5-4x}$,从而有

$$|z^3-3z-2|\leqslant\sqrt{\left(\dfrac{(2+2x)+(2+2x)+(5-4x)}{3}\right)^3}=3\sqrt{3}.$$

当且仅当 $2x+2=5-4x \Rightarrow x=\dfrac{1}{2}, y=\pm\dfrac{\sqrt{3}}{2}$,即 $z=\dfrac{1}{2}\pm\dfrac{\sqrt{3}}{2}\mathrm{i}$ 时,等号成立.

显然,当 $x=-1$ 时,$|\omega|_{\min}=0$,所以 $|\omega|_{\max}+|\omega|_{\min}=3\sqrt{3}$.

(4) 依题意,$|z|\leqslant 2 \Leftrightarrow (a+\cos\theta)^2+(2a-\sin\theta)^2\leqslant 4 \Leftrightarrow 2a(\cos\theta-2\sin\theta)\leqslant 3-5a^2 \Leftrightarrow -2\sqrt{5}a\sin(\theta-\varphi)\leqslant 3-5a^2\left(\varphi=\arcsin\dfrac{1}{\sqrt{5}}\right.$,对任意实数 θ 成立$\left.\right) \Rightarrow -2\sqrt{5}|a|\leqslant 3-5a^2 \Rightarrow |a|\leqslant\dfrac{\sqrt{5}}{5}$. 故 a 的取值范围为 $\left[-\dfrac{\sqrt{5}}{5},\dfrac{\sqrt{5}}{5}\right]$.

(5) 设 $z=a+b\mathrm{i}(a,b\in\mathbf{R})$,由条件知,

$$\mathrm{Im}\left(\dfrac{z-2}{z-\mathrm{i}}\right)=\mathrm{Im}\left(\dfrac{(a-2)+b\mathrm{i}}{a+(b-1)\mathrm{i}}\right)=\dfrac{-(a-2)(b-1)+ab}{a^2+(b-1)^2}=\dfrac{a+2b-2}{a^2+(b-1)^2}=0,$$

故 $a+2b=2$.从而

$$\sqrt{5}|z+3|=\sqrt{(1^2+2^2)((a+3)^2+b^2)}\geqslant |(a+3)+2b|=5,$$

即 $|z+3|\geqslant\sqrt{5}$.当 $a=-2,b=2$ 时,$|z+3|$ 取到最小值 $\sqrt{5}$.

▶ **例2** 设复数 z 满足 $|z|=1$,且 $z^{2001}+z=1$,求 z.

解

原方程化为 $z^{2001}=1-z$.两边取模,得 $|z^{2001}|=|1-z|$,$|z|^{2001}=|1-z|$,把 $|z|=1$ 代入,得 $|z-1|=1$.

所以方程的解应满足 $\begin{cases} |z|=1, \\ |z-1|=1, \end{cases}$ 即相应两圆的交点对应的复数,它们是

$$z_1=\dfrac{1}{2}+\dfrac{\sqrt{3}}{2}\mathrm{i}, z_2=\dfrac{1}{2}-\dfrac{\sqrt{3}}{2}\mathrm{i}.$$

经检验,它们都不是原方程的解,故原方程无解.

▶ **知识桥**

二、共轭复数

1. 共轭复数

当两个复数的实部相等、虚部互为相反数时,这两个复数叫作共轭复数.复数 z 的共轭复数用 $\bar{z}$ 表示,即如果 $z=a+b\mathrm{i}$,那么 $\bar{z}=a-b\mathrm{i}(a,b\in\mathbf{R})$.

2. 共轭复数的性质

(1) 运算性质

$\overline{z_1+z_2}=\overline{z_1}+\overline{z_2}$；$\overline{z_1-z_2}=\overline{z_1}-\overline{z_2}$；

$\overline{z_1 z_2}=\overline{z_1}\cdot\overline{z_2}$；$\overline{\left(\dfrac{z_1}{z_2}\right)}=\dfrac{\overline{z_1}}{\overline{z_2}}(z_2\neq 0)$；

$\overline{z_1+z_2+\cdots+z_n}=\overline{z_1}+\overline{z_2}+\cdots+\overline{z_n}$；$\overline{z_1 z_2 \cdots z_n}=\overline{z_1}\cdot\overline{z_2}\cdot\cdots\cdot\overline{z_n}$.

(2) 重要结论

$|z_1\cdot z_2|=|z_1|\cdot|z_2|$；

$\left|\dfrac{z_1}{z_2}\right|=\dfrac{|z_1|}{|z_2|}(z_2\neq 0)$；

$|z|^2=|\overline{z}|^2=z\cdot\overline{z}$；

$||z_1|-|z_2||\leqslant|z_1\pm z_2|\leqslant|z_1|+|z_2|$，其中当且仅当 z_1,z_2 对应的向量 $\overrightarrow{OZ_1},\overrightarrow{OZ_2}$ 同向时右边取等号，当且仅当 z_1,z_2 对应的向量 $\overrightarrow{OZ_1},\overrightarrow{OZ_2}$ 反向时左边取等号；

$z\in\mathbf{R}$ 的充要条件是 $z-\overline{z}=0$；

z 是纯虚数的充要条件是 $z+\overline{z}=0, z\neq 0$.

训练营

▶ **例 3** 在复平面内，复数 z_1,z_2,z_3 的对应点分别为 Z_1,Z_2,Z_3. 若 $|z_1|=|z_2|=\sqrt{2}$，$\overrightarrow{OZ_1}\cdot\overrightarrow{OZ_2}=0$，$|z_1+z_2-z_3|=1$，求 $|z_3|$ 的取值范围.

(2019 年全国高中数学联赛福建省预赛题)

解

设 $z_1=x_1+y_1\mathrm{i}, z_2=x_2+y_2\mathrm{i}$（$\mathrm{i}$ 为虚数单位）.

∵ $|z_1|=|z_2|=\sqrt{2}, \overrightarrow{OZ_1}\cdot\overrightarrow{OZ_2}=0$，

∴ $x_1^2+y_1^2=x_2^2+y_2^2=2, x_1 x_2+y_1 y_2=0$，

$|z_1+z_2|=\sqrt{(x_1+y_1)^2+(x_2+y_2)^2}$

$\qquad\quad =\sqrt{x_1^2+y_1^2+x_2^2+y_2^2+2(x_1 x_2+y_1 y_2)}=2$.

设复数 z_1+z_2 对应的点为 P. 由 $|z_1+z_2-z_3|=1$ 知，点 Z_3 在以 P 为圆心、1 为半径的圆上.

又 $|OP|=2$，因此，$2-1 \leqslant |OZ_3| \leqslant 2+1$，即 $|z_3|$ 的取值范围是 $[1,3]$.

▶**例 4** 设复数 z,w 满足 $|z|=3$，$(z+\overline{w})(\overline{z}-w)=7+4\mathrm{i}$，其中 i 是虚数单位，$\overline{z}, \overline{w}$ 分别表示 z,w 的共轭复数，求 $(z+2\overline{w})(\overline{z}-2w)$ 的模.

(2016 年全国高中数学联赛题)

解

由运算性质，$7+4\mathrm{i}=(z+\overline{w})(\overline{z}-w)=|z|^2-|w|^2-(zw-\overline{zw})$. 因为 $|z|^2$ 与 $|w|^2$ 为实数，$\mathrm{Re}(zw-\overline{zw})=0$，故 $|z|^2-|w|^2=7$，$zw-\overline{zw}=-4\mathrm{i}$. 又 $|z|=3$，所以 $|w|^2=2$，从而

$$(z+2\overline{w})(\overline{z}-2w)=|z|^2-4|w|^2-2(zw-\overline{zw})$$
$$=9-8+8\mathrm{i}=1+8\mathrm{i}.$$

因此，$(z+2\overline{w})(\overline{z}-2w)$ 的模为 $\sqrt{1^2+8^2}=\sqrt{65}$.

▶**例 5** 已知复数 z_1, z_2, z_3 满足 $|z_1|=|z_2|=|z_3|=1$，$|z_1+z_2+z_3|=r$，其中 r 是给定实数，求 $\dfrac{z_1}{z_2}+\dfrac{z_2}{z_3}+\dfrac{z_3}{z_1}$ 的实部(用含有 r 的式子表示).

(2018 年全国高中数学联赛题 B 卷)

解

记 $w=\dfrac{z_1}{z_2}+\dfrac{z_2}{z_3}+\dfrac{z_3}{z_1}$. 由复数模的性质可知

$$\overline{z_1}=\dfrac{1}{z_1}, \overline{z_2}=\dfrac{1}{z_2}, \overline{z_3}=\dfrac{1}{z_3},$$

因此 $w=z_1\overline{z_2}+z_2\overline{z_3}+z_3\overline{z_1}$. 于是

$$r^2=(z_1+z_2+z_3)(\overline{z_1}+\overline{z_2}+\overline{z_3})$$
$$=|z_1|^2+|z_2|^2+|z_3|^2+w+\overline{w}=3+2\mathrm{Re}\,w,$$

解得 $\mathrm{Re}\,w=\dfrac{r^2-3}{2}$.

▶**例 6** 确定所有的复数 α，使得对任意复数 z_1, z_2（$|z_1|, |z_2|<1, z_1 \neq z_2$），均有

$$(z_1+\alpha)^2+\alpha\overline{z_1} \neq (z_2+\alpha)^2+\alpha\overline{z_2}.$$

(2014 年全国高中数学联赛题)

解

记
$$f_\alpha(z) = (z+\alpha)^2 + \alpha\bar{z},$$

则
$$f_\alpha(z_1) - f_\alpha(z_2) = (z_1+\alpha)^2 + \alpha\bar{z}_1 - (z_2+\alpha)^2 - \alpha\bar{z}_2$$
$$= (z_1+z_2+2\alpha)(z_1-z_2) + \alpha(\bar{z}_1-\bar{z}_2). \quad (1)$$

假如存在复数 $z_1, z_2(|z_1|, |z_2| < 1, z_1 \neq z_2)$，使得
$$f_\alpha(z_1) = f_\alpha(z_2),$$

则由式(1)知
$$|\alpha(\bar{z}_1-\bar{z}_2)| = |-(z_1+z_2+2\alpha)(z_1-z_2)|.$$

利用
$$|\bar{z}_1-\bar{z}_2| = |\overline{z_1-z_2}| = |z_1-z_2| \neq 0,$$

知
$$|\alpha| = |z_1+z_2+2\alpha|$$
$$\geq 2|\alpha| - |z_1| - |z_2|$$
$$> 2|\alpha| - 2,$$

即 $|\alpha| < 2$.

另一方面，对任意满足 $|\alpha| < 2$ 的复数 α，令
$$z_1 = -\frac{\alpha}{2} + \beta\mathrm{i},\ z_2 = -\frac{\alpha}{2} - \beta\mathrm{i},$$

其中
$$0 < \beta < 1 - \frac{|\alpha|}{2},$$

则 $z_1 \neq z_2$. 而
$$\left|-\frac{\alpha}{2} \pm \beta\mathrm{i}\right| \leq \left|-\frac{\alpha}{2}\right| + |\beta| < 1,$$

故 $|z_1|, |z_2| < 1$. 此时将
$$z_1+z_2 = -\alpha,\ z_1-z_2 = 2\beta\mathrm{i},\ \bar{z}_1-\bar{z}_2 = \overline{2\beta\mathrm{i}} = -2\beta\mathrm{i}$$

代入式(1)可得
$$f_\alpha(z_1) - f_\alpha(z_2) = \alpha \cdot 2\beta\mathrm{i} + \alpha \cdot (-2\beta\mathrm{i}) = 0,$$

即
$$f_\alpha(z_1) = f_\alpha(z_2).$$

综上所述，符合要求的 α 的值为 $\{\alpha \mid \alpha \in \mathbf{C}, |\alpha| \geq 2\}$.

▶ **例 7** 若复数 $z_1 \neq z_2$,$|z_1| = \sqrt{2}$,求 $\left|\dfrac{z_1 - \overline{z}_2}{2 - z_1 \cdot z_2}\right|$ 的值.

解

方法一 $\because$ $|z_1| = \sqrt{2}$,$\therefore$ $z_1 \cdot \overline{z}_1 = 2$.

$$\left|\dfrac{z_1 - \overline{z}_2}{2 - z_1 \cdot z_2}\right|^2 = \left(\dfrac{z_1 - \overline{z}_2}{2 - z_1 \cdot z_2}\right)\overline{\left(\dfrac{z_1 - \overline{z}_2}{2 - z_1 \cdot z_2}\right)}$$

$$= \dfrac{(z_1 - \overline{z}_2)(\overline{z}_1 - z_2)}{(2 - z_1 \cdot z_2)(2 - \overline{z}_1 \cdot \overline{z}_2)}$$

$$= \dfrac{z_1 \cdot \overline{z}_1 + z_2 \cdot \overline{z}_2 - z_1 \cdot z_2 - \overline{z}_1 \cdot \overline{z}_2}{4 + z_1 \cdot \overline{z}_1 \cdot z_2 \cdot \overline{z}_2 - 2(z_1 \cdot z_2 + \overline{z}_1 \cdot \overline{z}_2)}$$

$$= \dfrac{2 + |z_2|^2 - z_1 \cdot z_2 - \overline{z}_1 \cdot \overline{z}_2}{2(2 + |z_2|^2 - z_1 \cdot z_2 - \overline{z}_1 \cdot \overline{z}_2)} = \dfrac{1}{2},$$

$\therefore$ $\left|\dfrac{z_1 - \overline{z}_2}{2 - z_1 \cdot z_2}\right| = \dfrac{\sqrt{2}}{2}$.

方法二 $\because$ $|z_1| = \sqrt{2}$,$\therefore$ $z_1 \cdot \overline{z}_1 = 2$,

代入原式即得

$$\left|\dfrac{z_1 - \overline{z}_2}{2 - z_1 \cdot z_2}\right| = \left|\dfrac{z_1 - \overline{z}_2}{z_1 \cdot \overline{z}_1 - z_1 \cdot z_2}\right| = \left|\dfrac{z_1 - \overline{z}_2}{z_1(\overline{z}_1 - z_2)}\right|$$

$$= \dfrac{|z_1 - \overline{z}_2|}{|z_1| \cdot |\overline{z}_1 - z_2|} = \dfrac{|\overline{z}_1 - z_2|}{|z_1| \cdot |\overline{z}_1 - z_2|} = \dfrac{1}{|z_1|} = \dfrac{\sqrt{2}}{2}.$$

▶ **例 8** 若 $|z_1| = |z_2| = |z_3| = r (r \neq 0)$,求 $\left|\dfrac{\dfrac{1}{z_1} + \dfrac{1}{z_2} + \dfrac{1}{z_3}}{z_1 + z_2 + z_3}\right|$.

解

$\because$ $|z_1| = |z_2| = |z_3| = r (r \neq 0)$,

$\therefore$ $z_1 \cdot \overline{z}_1 = z_2 \cdot \overline{z}_2 = z_3 \cdot \overline{z}_3 = r^2$,

可得 $\dfrac{1}{z_1} = \dfrac{\overline{z}_1}{r^2}$,$\dfrac{1}{z_2} = \dfrac{\overline{z}_2}{r^2}$,$\dfrac{1}{z_3} = \dfrac{\overline{z}_3}{r^2}$,

$\therefore$ 原式 $= \left|\dfrac{\dfrac{1}{r^2}\overline{z}_1 + \dfrac{1}{r^2}\overline{z}_2 + \dfrac{1}{r^2}\overline{z}_3}{z_1 + z_2 + z_3}\right| = \dfrac{1}{r^2} \cdot \dfrac{|\overline{z_1 + z_2 + z_3}|}{|z_1 + z_2 + z_3|} = \dfrac{1}{r^2}$.

▶ **例 9** 复数 z 满足 $|z|=1$，求 $|z^2-z+1|$ 的取值范围.

解

由 $|z|=1$ 知 $z\cdot\bar{z}=1$，

∴ $|z^2-z+1|=|z^2-z+z\cdot\bar{z}|=|z|\cdot|z-1+\bar{z}|=|z+\bar{z}-1|$.

设 $z=x+y\mathrm{i}(x,y\in\mathbf{R})$，则 $x^2+y^2=1$，且 $|x|\leqslant 1$，

∴ $|z^2-z+1|=|2x-1|\leqslant 2|x|+1=2|x|+1\leqslant 3$，

且当 $x=-1$ 时，$|2x-1|=3$.

又 $|2x-1|\geqslant 0$，且当 $x=\dfrac{1}{2}$ 时，$|2x-1|=0$.

∴ $|z^2-z+1|$ 的取值范围是 $[0,3]$.

▶ **例 10** 设 z 为虚数，$\omega=z+\dfrac{1}{z}$ 为实数，且 $-1<\omega<2$.

（1）求 $|z|$ 的值及 z 的实部的取值范围；

（2）证明：$u=\dfrac{1-z}{1+z}$ 为纯虚数；

（3）求 $\omega-u^2$ 的最小值.

分析 由 $\omega=z+\dfrac{1}{z}$ 为实数，可根据复数的定义或共轭复数的性质进行分析.

解

（1）设 $z=a+b\mathrm{i},a,b\in\mathbf{R}$，

$$\omega=z+\dfrac{1}{z}=a+b\mathrm{i}+\dfrac{1}{a+b\mathrm{i}}=a+b\mathrm{i}+\dfrac{a-b\mathrm{i}}{a^2+b^2}$$

$$=\left(a+\dfrac{a}{a^2+b^2}\right)+\left(b-\dfrac{b}{a^2+b^2}\right)\mathrm{i}.$$

又 ω 为实数，∴ $b-\dfrac{b}{a^2+b^2}=0$，而 z 为虚数，则 $b\neq 0$，

∴ $a^2+b^2=1$，即 $|z|=\sqrt{a^2+b^2}=1$.

于是 $\omega=2a$. 由 $-1<\omega<2$，得 $-\dfrac{1}{2}<a<1$.

（2）**方法一** 由 $z=a+b\mathrm{i},a,b\in\mathbf{R}$，得

$$u=\dfrac{1-z}{1+z}=\dfrac{1-a-b\mathrm{i}}{1+a+b\mathrm{i}}=\dfrac{(1-a-b\mathrm{i})(1+a-b\mathrm{i})}{(1+a)^2+b^2}$$

$$=\dfrac{((1-b\mathrm{i})-a)((1-b\mathrm{i})+a)}{a^2+b^2+1+2a}=\dfrac{(1-b\mathrm{i})^2-a^2}{2a+2}$$

$$=\frac{1-(a^2+b^2)-2bi}{2(a+1)}=\frac{-b}{a+1}i.$$

又 $b\neq 0$,

∴ u 是纯虚数.

方法二 $u+\bar{u}=\frac{1-z}{1+z}+\overline{\frac{1-z}{1+z}}=\frac{(1-z)(1+\bar{z})+(1+z)(1-\bar{z})}{(1+z)(1+\bar{z})}$

$$=\frac{1+\bar{z}-z-z\bar{z}+1-\bar{z}+z-z\bar{z}}{(1+z)(1+\bar{z})}=\frac{2-2|z|^2}{(1+z)(1+\bar{z})}=0.$$

又 $u\neq 0$, ∴ u 是纯虚数.

(3) 由(1)和(2),得

$$\omega-u^2=2a-\left(\frac{-b}{a+1}i\right)^2=2a+\frac{b^2}{(a+1)^2}=2a+\frac{1-a^2}{(a+1)^2}=2a+\frac{2}{a+1}-1$$

$$=2(a+1)+\frac{2}{a+1}-3\geq 2\sqrt{2(a+1)\left(\frac{2}{a+1}\right)}-3=1,$$

当且仅当 $2(a+1)=\frac{2}{a+1}$,即 $a=0$ 时等号成立.

∴ $\omega-u^2$ 的最小值是 1.

点评

题(2)方法二是利用共轭复数的性质,对复数 z 进行"整体运用".题(3)利用基本不等式时应注意等号成立的条件.

知识桥

三、复数相等

设复数 $z_1=a+bi, z_2=c+di(a,b,c,d\in\mathbf{R})$.当且仅当 $a=c$,且 $b=d$ 时,$z_1=z_2$.

如果 z_1 和 z_2 不都是实数,那么它们不能比较大小.

复数概念和复数相等的定义,将研究复数的问题转化为研究实数的问题,即"复数问题实数化",或称"化虚为实".这是解决复数问题常用的方法,是数学的化归思想方法在复数中的应用.

训练营

▶ 例 11 复数 z 满足 $2z+|z|=2+6\mathrm{i}$,求 z.

解

设 $z=x+y\mathrm{i}(x,y\in\mathbf{R})$,则 $2(x+y\mathrm{i})+\sqrt{x^2+y^2}=2+6\mathrm{i}$. 由复数相等的条件,得 $\begin{cases}2x+\sqrt{x^2+y^2}=2,\\ 2y=6\end{cases}\Rightarrow\begin{cases}x=\dfrac{4+\sqrt{31}}{3},\\ y=3\end{cases}$ 或 $\begin{cases}x=\dfrac{4-\sqrt{31}}{3},\\ y=3.\end{cases}$

当 $z=\dfrac{4+\sqrt{31}}{3}+3\mathrm{i}$ 时,

$2\left(\dfrac{4+\sqrt{31}}{3}+3\mathrm{i}\right)+\sqrt{\dfrac{16+31+8\sqrt{31}}{9}+9}$

$=\dfrac{8+2\sqrt{31}}{3}+\dfrac{2\sqrt{32+2\sqrt{31}}}{3}+6\mathrm{i}=\dfrac{8+2\sqrt{31}}{3}+\dfrac{2\sqrt{(\sqrt{31}+1)^2}}{3}+6\mathrm{i}$

$=\dfrac{8+2\sqrt{31}}{3}+\dfrac{2(\sqrt{31}+1)}{3}+6\mathrm{i}=\dfrac{8}{3}+\dfrac{4\sqrt{31}}{3}+\dfrac{2}{3}+6\mathrm{i}\neq 6\mathrm{i}+2$,舍去.

当 $z=\dfrac{4-\sqrt{31}}{3}+3\mathrm{i}$ 时,满足原方程,即为所求.

▶ 例 12 (1) 解方程:$|z-(1-2\mathrm{i})|^2+z-(3+4\mathrm{i})=|z+(3-\mathrm{i})|^2+(2-3\mathrm{i})$,其中 $z\in\mathbf{C}$;

(2) 求满足 $|z+(3+4\mathrm{i})|=|z+(1+2\mathrm{i})|=|z-(1-2\mathrm{i})|$ 的复数 z.

解

(1) 设 $z=x+y\mathrm{i}(x,y\in\mathbf{R})$,则原方程可化为

$|(x+y\mathrm{i})-(1-2\mathrm{i})|^2+(x+y\mathrm{i})-(3+4\mathrm{i})$

$=|(x+y\mathrm{i})+(3-\mathrm{i})|^2+(2-3\mathrm{i})$

$\Rightarrow |(x-1)+(y+2)\mathrm{i}|^2+(x-3)+(y-4)\mathrm{i}$

$=|(x+3)+(y-1)\mathrm{i}|^2+(2-3\mathrm{i})$

$\Rightarrow ((x-1)^2+(y+2)^2+(x-3))+(y-4)\mathrm{i}$

$=((x+3)^2+(y-1)^2+2)-3\mathrm{i}$.

所以 $\begin{cases}(x-1)^2+(y+2)^2+(x-3)=(x+3)^2+(y-1)^2+2,\\ y-4=-3.\end{cases}$

解得 $x=-\dfrac{4}{7}, y=1$, 故 $z=-\dfrac{4}{7}+\mathrm{i}$.

(2) 设 $z=x+y\mathrm{i}(x,y\in\mathbf{R})$, 则原式化为

$$|(x+y\mathrm{i})+(3+4\mathrm{i})|=|(x+y\mathrm{i})+(1+2\mathrm{i})|=|(x+y\mathrm{i})-(1-2\mathrm{i})|$$
$$\Rightarrow |(x+3)+(y+4)\mathrm{i}|=|(x+1)+(y+2)\mathrm{i}|=|(x-1)+(y+2)\mathrm{i}|.$$

∴ $\sqrt{(x+3)^2+(y+4)^2}=\sqrt{(x+1)^2+(y+2)^2}$
$\qquad\qquad\qquad\quad =\sqrt{(x-1)^2+(y+2)^2},$

得 $\begin{cases}(x+3)^2+(y+4)^2=(x+1)^2+(y+2)^2,\\(x+1)^2+(y+2)^2=(x-1)^2+(y+2)^2,\end{cases}$ 解得 $\begin{cases}x=0,\\y=-5.\end{cases}$

∴ 所求的复数 $z=-5\mathrm{i}$.

▶ **例 13** 已知 $(3+2\mathrm{i})z+(5\mathrm{i}-4)\bar{z}=-11-7\mathrm{i}$, 求 z.

分析 可以设 $z=a+b\mathrm{i}, a,b\in\mathbf{R}$, 也可以求方程两边对应复数的共轭复数, 联立方程组求解.

解

方法一 设 $z=a+b\mathrm{i}, a,b\in\mathbf{R}$, 则
$$(3+2\mathrm{i})(a+b\mathrm{i})+(5\mathrm{i}-4)(a-b\mathrm{i})=-11-7\mathrm{i},$$
整理得 $\qquad -a+3b+(7a+7b)\mathrm{i}=-11-7\mathrm{i},$

∴ $\begin{cases}-a+3b=-11,\\7a+7b=-7.\end{cases}$

解方程组, 得 $a=2, b=-3$, 即 $z=2-3\mathrm{i}$.

方法二 由 $\qquad (3+2\mathrm{i})z+(5\mathrm{i}-4)\bar{z}=-11-7\mathrm{i},\qquad\qquad$ (2)

得 $\qquad\qquad \overline{(3+2\mathrm{i})z+(5\mathrm{i}-4)\bar{z}}=\overline{-11-7\mathrm{i}},$

∴ $(3-2\mathrm{i})\bar{z}+(-4-5\mathrm{i})z=-11+7\mathrm{i},\qquad\qquad$ (3)

联立方程组 (2)(3), 解得 $z=2-3\mathrm{i}$.

点评

本题方法一采用化"虚"为"实", 从复数相等角度考虑, 这是基本方法. 方法二通过方程两边取共轭, 构造方程组, 这是"整体"分析方法.

▶ **例 14** 设两个复数集 $M = \{z \mid z = a + i(1-a^2), a \in \mathbf{R}\}$,$N = \left\{z \mid z = \sin\theta + i\left(m - \dfrac{\sqrt{3}}{2}\sin 2\theta\right), m \in \mathbf{R}, \theta \in \left[0, \dfrac{\pi}{2}\right]\right\}$.若 $M \cap N \neq \varnothing$,求实数 m 的取值范围.

分析 由 $M \cap N \neq \varnothing$ 的意义,即方程组 $\begin{cases} z = a + i(1-a^2), \\ z = \sin\theta + i\left(m - \dfrac{\sqrt{3}}{2}\sin 2\theta\right) \end{cases}$ 有解,消去 z,整理后分离变量 m,求值域,即得 m 的取值范围.

解

若 $M \cap N \neq \varnothing$,则有 $z_0 = a + i(1-a^2) = \sin\theta + i\left(m - \dfrac{\sqrt{3}}{2}\sin 2\theta\right)$,

得 $\begin{cases} a = \sin\theta, \\ 1 - a^2 = m - \dfrac{\sqrt{3}}{2}\sin 2\theta \end{cases} \Rightarrow 1 - \sin^2\theta = \cos^2\theta = m - \dfrac{\sqrt{3}}{2}\sin 2\theta$,

$$m = \dfrac{\sqrt{3}}{2}\sin 2\theta + \dfrac{1}{2}\cos 2\theta + \dfrac{1}{2} = \sin\left(2\theta + \dfrac{\pi}{6}\right) + \dfrac{1}{2},$$

$\therefore\ m \in \left[0, \dfrac{3}{2}\right]$.

点评

在等式中求参数的范围,常常用分离变量再求值域的方法解决.

知识桥

四、复平面

建立了直角坐标系来表示复数的平面叫作复平面.在复平面中,称 x 轴为实轴,称 y 轴为虚轴(不含原点).复数集 $\mathbf{C}$ 和复平面内所有的点 Z 构成的集合以及向量 $\overrightarrow{OZ}$ 是一一对应的(图 7.1).

这样研究复数问题就有了 4 种工具(代数工具、几何工具、向量工具和三角工具),特别是用有效的数形结合思考问题,给解题带来了灵活性和直观性.

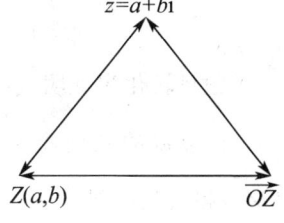

图 7.1

训练营

▶ 例 15 复数 z 满足 $z \cdot \bar{z} + (3+4i)z + (3-4i)\bar{z} = 11$，求 $|z|$ 的最大值和最小值.

解

设 $z = x + yi(x, y \in \mathbf{R})$，代入 $z \cdot \bar{z} + (3+4i)z + (3-4i)\bar{z} = 11$，化简得 $(x+3)^2 + (y-4)^2 = 36$. 由图 7.2 知，$|z|_{\max} = CO = 6 + 5 = 11$，$|z|_{\min} = BO = 6 - 5 = 1$.

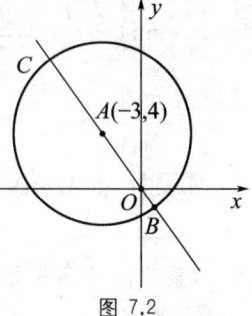

图 7.2

▶ 例 16 任意给定集合 $A = \{a_1, a_2, \cdots, a_8\}$，$A$ 中的元素 $a_i (i = 1, 2, \cdots, 8)$ 是非零实数. 证明：集合 $B = \{a_1a_3 + a_2a_4, a_1a_5 + a_2a_6, a_1a_7 + a_2a_8, a_3a_5 + a_4a_6, a_3a_7 + a_4a_8, a_5a_7 + a_6a_8\}$ 的 6 个元素中至少有一个是非负实数.

分析 所给的 6 个数中，$a_1, a_2, \cdots, a_6$ 成对出现. 可以构造 4 个复数 $z_1 = a_1 + a_2 i, z_2 = a_3 + a_4 i, z_3 = a_5 + a_6 i, z_4 = a_7 + a_8 i$，每两个复数差的模中有对应的 6 个数出现.

解

设 $z_1 = a_1 + a_2 i, z_2 = a_3 + a_4 i, z_3 = a_5 + a_6 i, z_4 = a_7 + a_8 i$，则

$$|z_1 - z_2|^2 = |(a_1 - a_3) + (a_2 - a_4)i|^2 = (a_1 - a_3)^2 + (a_2 - a_4)^2$$
$$= a_1^2 + a_2^2 + a_3^2 + a_4^2 - 2(a_1 a_3 + a_2 a_4)$$
$$= |z_1|^2 + |z_2|^2 - 2(a_1 a_3 + a_2 a_4),$$

即 $\qquad |z_1|^2 + |z_2|^2 - |z_1 - z_2|^2 = 2(a_1 a_3 + a_2 a_4),$ \hfill (4)

同理，$\qquad |z_1|^2 + |z_3|^2 - |z_1 - z_3|^2 = 2(a_1 a_5 + a_2 a_6),$ \hfill (5)

$\qquad |z_1|^2 + |z_4|^2 - |z_1 - z_4|^2 = 2(a_1 a_7 + a_2 a_8),$ \hfill (6)

$\qquad |z_2|^2 + |z_3|^2 - |z_2 - z_3|^2 = 2(a_3 a_5 + a_4 a_6),$ \hfill (7)

$\qquad |z_2|^2 + |z_4|^2 - |z_2 - z_4|^2 = 2(a_3 a_7 + a_4 a_8),$ \hfill (8)

$\qquad |z_3|^2 + |z_4|^2 - |z_3 - z_4|^2 = 2(a_5 a_7 + a_6 a_8).$ \hfill (9)

题目转化为证明式(4)到式(9)的右边至少有一个是非负实数.

由复数的几何意义（z_1, z_2, z_3, z_4 所对应的 4 个向量为 $\overrightarrow{OZ_1}, \overrightarrow{OZ_2}, \overrightarrow{OZ_3}, \overrightarrow{OZ_4}$）和余弦定理

$$\cos \angle Z_1 O Z_2 = \frac{|\overrightarrow{OZ_1}|^2 + |\overrightarrow{OZ_2}|^2 - |\overrightarrow{Z_1 Z_2}|^2}{2|\overrightarrow{OZ_1}| \cdot |\overrightarrow{OZ_2}|}$$

$$= \frac{|z_1|^2 + |z_2|^2 - |z_1 - z_2|^2}{2|z_1| \cdot |z_2|},$$

…

$$\cos\angle Z_3 O Z_4 = \frac{|\overrightarrow{OZ_3}|^2 + |\overrightarrow{OZ_4}|^2 - |\overrightarrow{Z_3 Z_4}|^2}{2|\overrightarrow{OZ_3}| \cdot |\overrightarrow{OZ_4}|}$$

$$= \frac{|z_3|^2 + |z_4|^2 - |z_3 - z_4|^2}{2|z_3| \cdot |z_4|},$$

只需要证明这些复数中至少有两个向量之间的最小正角小于或等于$\frac{\pi}{2}$,而这显然是成立的.因此原命题得证.

点评

本题是笔者编拟的一道竞赛题,后发表在数学通报 2006.6《问题栏》第 1615 号.

▶ **例 17** 设 $z_1, z_2, \cdots, z_n \in \mathbf{C}$,且满足 $|z_1| + |z_2| + \cdots + |z_n| = 1$.证明:上述 n 个复数中,必存在若干个复数,它们的和的模不小于 $\frac{1}{6}$.

证明

设 $z_j = a_j + b_j \mathrm{i}, j = 1, 2, 3, \cdots, n$.

∵ $|z_1| + |z_2| + \cdots + |z_n| = 1$,

∴ $1 \leqslant \sum_{j=1}^{n} |a_j| + \sum_{j=1}^{n} |b_j|$

$$= \sum_{a_j < 0} |a_j| + \sum_{a_j \geqslant 0} |a_j| + \sum_{b_j < 0} |b_j| + \sum_{b_j \geqslant 0} |b_j|.$$

由抽屉原理知,上式右端 4 项中至少有一项大于等于 $\frac{1}{4}$,不妨设 $\sum_{b_j \geqslant 0} |b_j| \geqslant \frac{1}{4}$,则 $\left|\sum_{b_j \geqslant 0} z_j\right| \geqslant \left|\sum_{b_j \geqslant 0} b_j\right| = \sum_{b_j \geqslant 0} |b_j| \geqslant \frac{1}{4} > \frac{1}{6}$.原命题得证.

点评

这里用到了复数不等式:设 $z = a + b\mathrm{i}(a, b \in \mathbf{R})$,则 $|z| \leqslant |a| + |b|$.

我们还可以从另一个角度出发去思考问题:用直线 $y = x, y = -x$ 将平面分成 4 个区域,由于 $|z_1| + |z_2| + \cdots + |z_n| = 1$,所以在上述区域中,至少有一个

区域中的所有复数的模的和不大于 $\frac{1}{4}$. 为了简化起见, 不妨设此区域为包含 x 轴正方向的区域(由于是取模, 若不是此区域可以旋转).

我们设这些复数为 $z_{k_t} = a_t + \mathrm{i} b_t, t = 1, 2, 3, \cdots, m (1 \leqslant m \leqslant n, m \in \mathbf{N}^*)$, 则 $a_t > 0, \sum\limits_{t=1}^{m} |z_{k_t}| \geqslant \frac{1}{4}$, 于是

$$\sum_{t=1}^{m} |z_{k_t}| = \sqrt{\left(\sum_{t=1}^{m} a_t\right)^2 + \left(\sum_{t=1}^{m} b_t\right)^2} \geqslant \left|\sum_{t=1}^{m} a_t\right|$$

$$= \sum_{t=1}^{m} |a_t| \geqslant \frac{1}{\sqrt{2}} \sum_{t=1}^{m} \sqrt{a_t^2 + b_t^2}$$

$$= \frac{1}{\sqrt{2}} \sum_{t=1}^{m} |z_{k_t}| \geqslant \frac{1}{4\sqrt{2}} > \frac{1}{6},$$

从而问题得到解决.

▶ **例 18** 设复数 z_1, z_2 满足: (1) $z_1 = \frac{\cos x^2}{\sin y^2} + \mathrm{i} \cdot \frac{\cos y^2}{\sin x^2}$; (2) $z_2 = x + y\mathrm{i}$ $(x, y \in \mathbf{R})$; (3) 对任意的 $x, y \in \left[-\sqrt{\frac{\pi}{2}}, \sqrt{\frac{\pi}{2}}\right], |z_1| \equiv \sqrt{2}$. 求 $|z_1 - z_2|$ 的最值.

解

如图 7.3, 由条件 (3) 易得, 对任意 $x^2, y^2 \in \left[0, \frac{\pi}{2}\right]$, 有

$$\left(\frac{\cos x^2}{\sin y^2}\right)^2 + \left(\frac{\cos y^2}{\sin x^2}\right)^2 = 2. \quad (10)$$

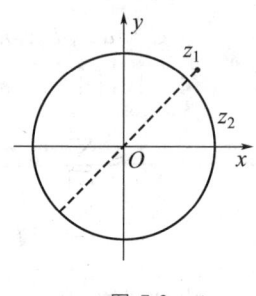

图 7.3

以下证明 $x^2 + y^2 = \frac{\pi}{2}$. 用反证法.

① 若 $x^2 + y^2 < \frac{\pi}{2}$, 则 $0 \leqslant x^2 < \frac{\pi}{2} - y^2 \leqslant \frac{\pi}{2}$. 逆用正弦、余弦函数在 $\left[0, \frac{\pi}{2}\right]$ 上的单调性, 得 $\cos x^2 > \sin y^2, \cos y^2 > \sin x^2$, 可推出 $\left(\frac{\cos x^2}{\sin y^2}\right)^2 + \left(\frac{\cos y^2}{\sin x^2}\right)^2 > 2$, 与式 (10) 矛盾.

② 若 $x^2 + y^2 > \frac{\pi}{2}$, 则 $\frac{\pi}{2} \geqslant x^2 > \frac{\pi}{2} - y^2 \geqslant 0$. 逆用正弦、余弦函数在 $\left[0, \frac{\pi}{2}\right]$ 上

的单调性,得 $\cos x^2 < \sin y^2$, $\cos y^2 < \sin x^2$,可推出 $\left(\dfrac{\cos x^2}{\sin y^2}\right)^2 + \left(\dfrac{\cos y^2}{\sin x^2}\right)^2 < 2$, 也与式(10)矛盾.

所以对任意 $x^2, y^2 \in \left[0, \dfrac{\pi}{2}\right]$,有 $x^2 + y^2 = \dfrac{\pi}{2}$.

故 z_1 的轨迹仅表示点 $(1,1)$,z_2 的轨迹表示以原点为圆心、$\sqrt{\dfrac{\pi}{2}}$ 为半径的圆.

如图易知:

当 $z_2 = \dfrac{\sqrt{\pi}}{2}(1+\mathrm{i})$ 时,$|z_1 - z_2|_{\min} = \sqrt{2} - \sqrt{\dfrac{\pi}{2}}$;

当 $z_2 = \dfrac{\sqrt{\pi}}{2}(1-\mathrm{i})$ 时,$|z_1 - z_2|_{\max} = \sqrt{2} + \sqrt{\dfrac{\pi}{2}}$.

点评

在求 z_2 的轨迹时,用到了先猜后证的思想.在证明猜想 $x^2 + y^2 = \dfrac{\pi}{2}$ 时,用反证法排除 $x^2 + y^2 > \dfrac{\pi}{2}$ 和 $x^2 + y^2 < \dfrac{\pi}{2}$ 的情况.

▶ **例 19** 设复数 z 满足 $|z - z_1| = \lambda |z - z_2|$,其中 z_1, z_2 为给定的不同复数,λ 为正常数.试讨论复数 z 在复平面内对应的轨迹.

分析 利用 $|z|^2 = z \cdot \bar{z}$,可将 $|z - z_1|^2 = \lambda^2 |z - z_2|^2$ 变形,求出 z 在复平面内对应的轨迹.

解

(1) 当 $\lambda = 1$ 时,方程的曲线是线段 $Z_1 Z_2$ 的垂直平分线.

(2) 当 $\lambda \neq 1$ 时,方程等价于 $(z - z_1)(\bar{z} - \bar{z_1}) = \lambda^2 (z - z_2)(\bar{z} - \bar{z_2})$,展开整理得

$$|z|^2 - \dfrac{z_1 - \lambda^2 z_2}{1 - \lambda^2} \bar{z} - \dfrac{\overline{z_1} - \lambda^2 \overline{z_2}}{1 - \lambda^2} z = \dfrac{\lambda^2 |z_2|^2 - |z_1|^2}{1 - \lambda^2}$$

$$\Rightarrow |z|^2 - \dfrac{z_1 - \lambda^2 z_2}{1 - \lambda^2} \bar{z} - \dfrac{\overline{z_1} - \lambda^2 \overline{z_2}}{1 - \lambda^2} z + \left|\dfrac{z_1 - \lambda^2 z_2}{1 - \lambda^2}\right|^2$$

$$= \dfrac{\lambda^2 |z_2|^2 - |z_1|^2}{1 - \lambda^2} + \left|\dfrac{z_1 - \lambda^2 z_2}{1 - \lambda^2}\right|^2,$$

故 $\left|z-\dfrac{z_1-\lambda^2 z_2}{1-\lambda^2}\right|^2=\left|\dfrac{z_1-\lambda^2 z_2}{1-\lambda^2}\right|^2-\dfrac{|z_1|^2-\lambda^2|z_2|^2}{1-\lambda^2}.$

由复数模不等式与反向柯西不等式,知

$$\left|\dfrac{z_1-\lambda^2 z_2}{1-\lambda^2}\right|^2\geqslant\left|\dfrac{|z_1|^2-\lambda^2|z_2|^2}{1-\lambda^2}\right|\geqslant\dfrac{|z_1|^2-\lambda^2|z_2|^2}{1-\lambda^2},$$

故上面的方程有意义,从而

$$\left|z-\dfrac{z_1-\lambda^2 z_2}{1-\lambda^2}\right|=\sqrt{\left|\dfrac{z_1-\lambda^2 z_2}{1-\lambda^2}\right|^2-\dfrac{|z_1|^2-\lambda^2|z_2|^2}{1-\lambda^2}}.$$

故当 $\lambda\neq 1$ 时,复数 z 在复平面内对应的轨迹是以复数 $z_0=\dfrac{z_1-\lambda^2 z_2}{1-\lambda^2}$ 为圆心、$r=\sqrt{\left|\dfrac{z_1-\lambda^2 z_2}{1-\lambda^2}\right|^2-\dfrac{|z_1|^2-\lambda^2|z_2|^2}{1-\lambda^2}}$ 为半径的圆.

点评

当 $\lambda\neq 1$ 时,所得圆在平面几何中被称为复数 Z 关于 $\overrightarrow{Z_1 Z_2}$ 的阿波罗尼圆.

▶ **例 20** 设复数 z_1,z_2 满足 $\mathrm{Re}\,z_1>0,\mathrm{Re}\,z_2>0$,且 $\mathrm{Re}\,z_1^2=\mathrm{Re}\,z_2^2=2$. 求:

(1) $\mathrm{Re}\,z_1 z_2$ 的最小值;

(2) $|z_1+2|+|\overline{z}_2+2|-|\overline{z}_1-z_2|$ 的最小值.

(2017 年全国高中数学联赛题)

解

(1) 对 $k=1,2$,设

$$z_k=x_k+y_k\mathrm{i}\,(x_k,y_k\in\mathbf{R}).$$

由条件知

$$x_k=\mathrm{Re}\,z_k>0,\,x_k^2-y_k^2=\mathrm{Re}\,z_k^2=2,$$

则

$$\mathrm{Re}\,z_1 z_2=\mathrm{Re}(x_1+y_1\mathrm{i})(x_2+y_2\mathrm{i})$$
$$=x_1 x_2-y_1 y_2=\sqrt{(y_1^2+2)(y_2^2+2)}-y_1 y_2$$
$$\geqslant(|y_1 y_2|+2)-y_1 y_2\geqslant 2.$$

又当 $z_1=z_2=\sqrt{2}$ 时,$\mathrm{Re}\,z_1 z_2=2$. 这表明,$\mathrm{Re}\,z_1 z_2$ 的最小值为 2.

(2) 对 $k=1,2$,将 z_k 对应到平面直角坐标系 xOy 中的点 $P_k(x_k,y_k)$,记

P_2' 为 P_2 关于 x 轴的对称点,则点 P_1, P_2' 均位于双曲线 $C: x^2 - y^2 = 2$ 的右支上.

设 F_1, F_2 分别为双曲线 C 的左、右焦点.

易知,$F_1(-2, 0), F_2(2, 0)$.

据双曲线的定义有
$$|P_1 F_1| = |P_1 F_2| + 2\sqrt{2},$$
$$|P_2' F_1| = |P_2' F_2| + 2\sqrt{2},$$

故
$$|z_1 + 2| + |\overline{z_2} + 2| - |\overline{z_1} - z_2|$$
$$= |z_1 + 2| + |\overline{z_2} + 2| - |z_1 - \overline{z_2}|$$
$$= |P_1 F_1| + |P_2' F_1| - |P_1 P_2'|$$
$$= 4\sqrt{2} + |P_1 F_2| + |P_2' F_2| - |P_1 P_2'|$$
$$\geqslant 4\sqrt{2},$$

当且仅当点 F_2 位于线段 $P_1 P_2'$ 上时,上式等号成立(例如,当 $z_1 = z_2 = 2 + \sqrt{2}$ i 时,F_2 恰为 $P_1 P_2'$ 的中点).

综上,$|z_1 + 2| + |\overline{z_2} + 2| - |\overline{z_1} - z_2|$ 的最小值为 $4\sqrt{2}$.

▶ **例 21** 设 $a = \sqrt{17}, b = \sqrt{19}$ i. 试求 $\dfrac{|a - z|}{|b - z|}$ 的最大值,其中 z 是任意模为 1 的复数.

(2015 年哈佛—麻省理工数学竞赛)

解

如图 7.4,利用复数的几何意义,知 z 为复平面中以原点为圆心的单位圆上的点 Z,且 $A(\sqrt{17}, 0), B(0, \sqrt{19})$.

于是,$\dfrac{|a - z|}{|b - z|} = \dfrac{|AZ|}{|BZ|}$.

不妨设点 $Z(\cos\theta, \mathrm{i}\sin\theta)$.则
$$|AZ|^2 = 18 - 2\sqrt{17}\cos\theta,$$
$$|BZ|^2 = 20 - 2\sqrt{19}\sin\theta.$$

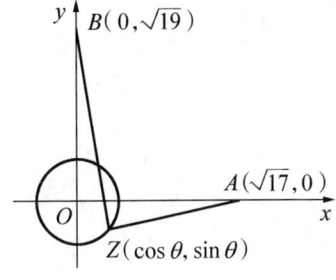

图 7.4

若令 $\dfrac{|a-z|}{|b-z|}=\dfrac{|AZ|}{|BZ|}=k$，则

$$k^2=\left(\dfrac{|AZ|}{|BZ|}\right)^2=\dfrac{9-\sqrt{17}\cos\theta}{10-\sqrt{19}\sin\theta}.$$

化简整理得

$$10k^2-9=\sqrt{19}\,k^2\sin\theta-\sqrt{17}\cos\theta$$

$$\Rightarrow |10k^2-9|\leqslant\sqrt{19k^4+17}$$

$$\Rightarrow 19k^4+17\geqslant(10k^2-9)^2$$

$$\Rightarrow (9k^2-16)(9k^2-4)\leqslant 0$$

$$\Rightarrow \dfrac{2}{3}\leqslant k\leqslant\dfrac{4}{3}.$$

故所求最大值为 $\dfrac{4}{3}$.

演习场

习题 7

1. 已知 $|z|=1$，且 $z^2+2z+\dfrac{1}{z}<0$，求复数 z.

2. 复数 z 满足 $|z-4|=|z-4\mathrm{i}|$，且 $z+\dfrac{14-z}{z-1}\in\mathbf{R}$，求 z.

3. $z=\lg(x^2-9x+21)+\mathrm{i}\left(\lg\dfrac{x}{10}+\lg(x-3)\right)(x\in\mathbf{R})$. 当 x 为何值时，

(1) z 为实数；

(2) z 为虚数；

(3) z 为纯虚数？

4. 若复数 $z_1=\cos\alpha+\mathrm{i}\sin\alpha$，$z_2=\cos\beta+\mathrm{i}\sin\beta$，且 $\overline{z_1}+\overline{z_2}=\dfrac{1}{2}-\dfrac{1}{4}\mathrm{i}$，求 $\cos(\alpha-\beta)$.

5. 设 O 为复平面的原点，Z_1，Z_2 为复平面内的两个动点，并且满足：

(i) Z_1，Z_2 所对应的复数的辐角分别为定值 θ，$-\theta$；

(ii) $\triangle OZ_1Z_2$ 的面积为定值 S.

求 $\triangle OZ_1Z_2$ 的重心 Z 所对应的复数模的最小值.

6. 复平面上两点 A，B 分别对应复数 -3 和 z，其中 $|z|=1$. 线段 AB 靠近点 A 的三等分点为 P.

(1) 求点 P 的轨迹方程；

(2) 若向量 $\overrightarrow{AP}$ 对应的复数为 z'，求 z' 所对应的点的轨迹方程.

7. 设 A，B，C 分别是复数 $z_0=a\mathrm{i}$，$z_1=\dfrac{1}{2}+b\mathrm{i}$，$z_2=1+c\mathrm{i}$（其中 a，b，c 都是实数）对应的不共线的三点. 证明：曲线 $z=z_0\cos^4 t+2z_1\cos^2 t\sin^2 t+z_2\sin^4 t$ ($t\in\mathbf{R}$) 与 $\triangle ABC$ 中平行于 AC 的中位线只有一个公共点，并求出此点.

8. 若 z 是复数，$|z|=1$，且 $u=z^4-z^3-3z^2\mathrm{i}-z+1$，求 $|u|$ 的最值，并求取得最值时的复数 z.

9. 已知复数 z_1, z_2 满足 $|z_1+z_2|=20, |z_1^2+z_2^2|=16$,求 $|z_1^3+z_2^3|$ 的最小值.

(2017 年全国高中数学联赛山东省预赛题)

10. 已知复数数列 $\{z_n\}$ 满足 $z_1=1, z_{n+1}=\overline{z_n}+1+ni(n=1,2,\cdots)$,其中 i 为虚数单位,$\overline{z_n}$ 表示 z_n 的共轭复数,求 z_{2015} 的值.

(2015 年全国高中数学联赛题)

11. $\{z_n\}_{n\geqslant 1}$ 是复数数列,奇数项为实数,偶数项为纯虚数,且 $\forall k \in \mathbf{N}^*$,$|z_k z_{k+1}|=2^k$. 记

$$f_n=|z_1+z_2+\cdots+z_n|.$$

(1) 求 f_{2020} 的最小可能值;

(2) 求 $f_{2020} \cdot f_{2021}$ 的最小可能值.

(第 36 届 IMO 试题)

第八讲 复数的运算

知识桥

一、复数的四则运算

1. 复数的加、减法运算

$(a+bi) \pm (c+di) = (a \pm c) + (b \pm d)i \, (a,b,c,d \in \mathbf{R})$.

复数加法与减法的几何意义如图 8.1 所示.

设 $z_1 = a+bi, z_2 = c+di \, (a,b,c,d \in \mathbf{R})$，$z_1,z_2$ 在复平面内对应的点为 Z_1, Z_2. 连 OZ_1, OZ_2，得到向量 $\overrightarrow{OZ_1}, \overrightarrow{OZ_2}$. 以向量 $\overrightarrow{OZ_1}, \overrightarrow{OZ_2}$ 为邻边作平行四边形 OZ_1ZZ_2. 对角线 OZ 对应的向量 $\overrightarrow{OZ}$ 即为复数 z_1+z_2 的几何意义，对角线 Z_2Z_1 对应的向量 $\overrightarrow{Z_2Z_1}$ 即为复数 z_1-z_2 的几何意义.

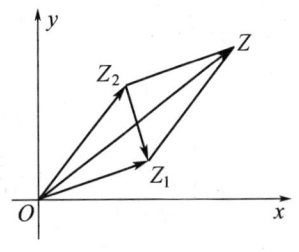

图 8.1

2. 复数的乘法运算

$(a+bi)(c+di) = (ac-bd) + (bc+ad)i \, (a,b,c,d \in \mathbf{R})$.

n 个复数 z 的积记作 z^n. 当 $z \neq 0$ 时，规定 $z^0 = 1$；当 $z \neq 0, n \in \mathbf{R}$ 时，规定 $z^{-n} = \dfrac{1}{z^n}$. 实数的整数次幂的运算法则对于复数仍然适用. 当 $m,n \in \mathbf{Z}, z \neq 0$ 时，$z^m \cdot z^n = z^{m+n}, (z^n)^m = z^{mn}, (z_1 z_2)^n = z_1^n z_2^n$.

特殊复数 i 的运算法则与技巧：

$i^{4n} = 1, i^{4n+1} = i, i^{4n+2} = -1, i^{4n+3} = -i \, (n \in \mathbf{Z})$.

$(a \pm ai)^2 = \pm 2a^2 i. \omega^3 = 1, 1+\omega+\omega^2 = 0$，其中 $\omega = -\dfrac{1}{2} + \dfrac{\sqrt{3}}{2}i$.

3. 复数的除法运算

$$\frac{a+bi}{c+di} = \frac{ac+bd}{c^2+d^2} + \frac{bc-ad}{c^2+d^2}i \quad (a,b,c,d \in \mathbf{R}).$$

运算的特殊技巧：$\dfrac{1+i}{1-i} = i, \dfrac{1-i}{1+i} = -i, \dfrac{a+bi}{b-ai} = i.$

4. 复数的加法和乘法都满足交换律、结合律，且满足乘法对加法的分配律.

设 $z_1 = a_1 + b_1 i, z_2 = a_2 + b_2 i, z_3 = a_3 + b_3 i \, (a_1, a_2, a_3, b_1, b_2, b_3 \in \mathbf{R}).$

交换律：$z_1 + z_2 = z_2 + z_1, z_1 z_2 = z_2 z_1.$

结合律：$(z_1 + z_2) + z_3 = z_1 + (z_2 + z_3), (z_1 z_2) \cdot z_3 = z_1 \cdot (z_2 z_3).$

分配律：$z_1(z_2 + z_3) = z_1 z_2 + z_1 z_3.$

训练营

▶ **例1** 已知复数 $z = 1 + i$，如果 $\dfrac{z^2 + az + b}{z^2 - z + 1} = 1 - i$，求实数 a, b 的值.

解

$$\frac{z^2 + az + b}{z^2 - z + 1} = \frac{(1+i)^2 + a(1+i) + b}{(1+i)^2 - (1+i) + 1} = (a+2) - (a+b)i = 1 - i,$$

解得 $\begin{cases} a = -1, \\ b = 2. \end{cases}$

▶ **例2** 求值：(1) $\dfrac{(2+2i)^4}{(1-\sqrt{3}i)^5}$； (2) $\left(\dfrac{\sqrt{3}+i}{-1+\sqrt{3}i}\right)^{2010}.$

解

(1) 原式 $= \dfrac{2^4(1+i)^4}{-2^5\left(\dfrac{-1+\sqrt{3}i}{2}\right)^5} = -1 + \sqrt{3}i.$

(2) $\left(\dfrac{\sqrt{3}+i}{-1+\sqrt{3}i}\right)^{2010} = \dfrac{(-2i)^{2010}\left(-\dfrac{1}{2} + \dfrac{\sqrt{3}}{2}i\right)^{2010}}{2^{2010}\left(-\dfrac{1}{2} - \dfrac{\sqrt{3}}{2}i\right)^{2010}}$

$= -1 \times \left(\dfrac{\left(-\dfrac{1}{2} + \dfrac{\sqrt{3}}{2}i\right)^3}{\left(-\dfrac{1}{2} + \dfrac{\sqrt{3}}{2}i\right)^3}\right)^{670} = -1.$

> **点评**
>
> 本题充分利用了 $\omega^3=1, 1+\omega+\omega^2=0$,其中 $\omega=-\dfrac{1}{2}+\dfrac{\sqrt{3}}{2}\mathrm{i}$.

▶ **例 3** 试求使得多项式 $(x+1)^n-1$ 取 mod 3 后能被 x^2+1 整除的最小正整数 n.

(2015 年哈佛—麻省理工数学竞赛)

分析 更明确地,即多项式 $(x+1)^n-1$ 需满足等价条件:
存在整系数多项式 P,Q,使得
$$(x+1)^n-1=(x^2+1)P(x)+3Q(x).$$

解

不妨假设
$$R(x)=(x+1)^n-1-P(x)(x^2+1).$$

则 $R(x)=3Q(x)$,其中 $P(x)$ 为商,$R(x)$ 为余数,且系数均为 3 的倍数.

现考虑 $R(\mathrm{i})$.

因为 $R(x)$ 的奇次项系数及偶次项系数均能被 3 整除,所以 $R(\mathrm{i})$,其实部、虚部均能被 3 整除.

通过计算得
$$(1+\mathrm{i})^2=2\mathrm{i}, (1+\mathrm{i})^4=-4,$$
$$(1+\mathrm{i})^6=-8\mathrm{i}, (1+\mathrm{i})^8=16.$$

从而,$(1+\mathrm{i})^8-1=15$,其实部、虚部均能被 3 整除.

又 $1+\mathrm{i}$ 的偶次幂为纯实数或纯虚数,且其系数不能被 3 整除,故乘以 $1+\mathrm{i}$ 后,其虚部仍然不能被 3 整除.

检验 $n=8$,有
$$(x+1)^8-1$$
$$=x^8+8x^7+28x^6+56x^5+70x^4+56x^3+28x^2+8x$$
$$\equiv x^8-x^7+x^6-x^5+x^4-x^3+x^2-x$$
$$\equiv (x^2+1)(x^6-x^5+x^2-x) \pmod 3.$$

因此,满足要求的最小正整数 $n=8$.

点评

复数的引入使得多项式问题有了新的处理工具.对于一些多项式方程,可以利用复数相等的充分必要条件转化为实数问题求解.有时也可以以模为突破口,先求模后求复数.

知识桥

二、平面上两点间的距离公式,用复数表示常见曲线的方程

设复数 $z_1=a+bi, z_2=c+di$ 分别对应复平面上的两点 $Z_1(a,b), Z_2(c,d)$.

1. Z_1 与 Z_2 间的距离公式

$$|z_1-z_2|=|\overrightarrow{Z_1Z_2}|=|(a-c)+(b-d)i|=\sqrt{(a-c)^2+(b-d)^2}.$$

2. 用复数表示常见曲线的方程.

(1) 如图 8.2,以原点 O 为圆心、半径为 r 的圆为 $|z|=r$.

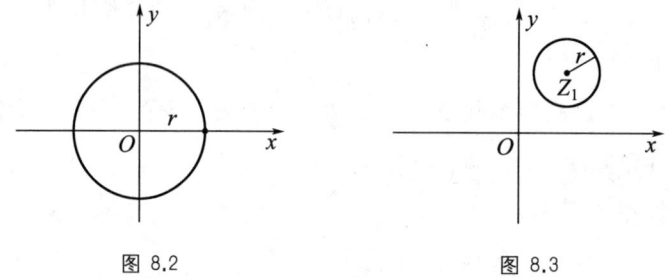

图 8.2   图 8.3

如图 8.3,以 Z_1 为圆心、半径为 r 的圆为 $|z-z_1|=r$.

如图 8.4,以 Z_1 为圆心、半径为 r 的圆内区域(不含边界)为

$$|z-z_1|<r.$$

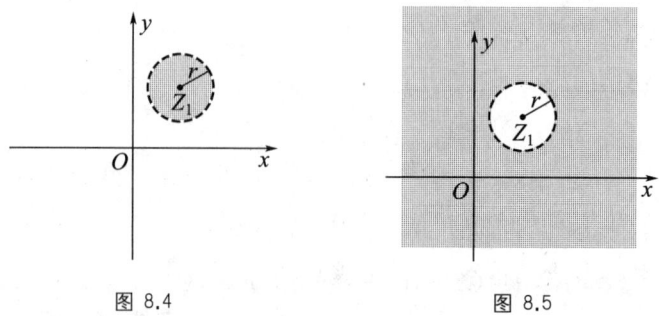

图 8.4   图 8.5

如图 8.5,以 Z_1 为圆心、半径为 r 的圆外区域(不含边界)为
$$|z-z_1|>r.$$
如图 8.6,以 Z_1 为圆心、半径为 r 到 R 的圆环区域(不含边界)为
$$r<|z-z_1|<R.$$

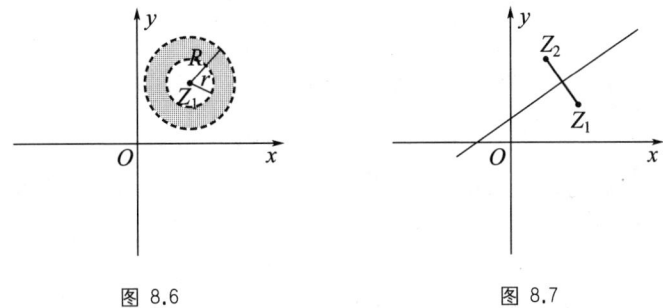

图 8.6　　　　　　图 8.7

(2) 如图 8.7,以 Z_1,Z_2 为端点的线段的垂直平分线方程为
$$|z-z_1|=|z-z_2|.$$
(3) 如图 8.8,以 Z_1,Z_2 为焦点,长轴长为 $2a$ 的椭圆方程为
$$|z-z_1|+|z-z_2|=2a, \tag{1}$$
其中 $|Z_1Z_2|=|z_1-z_2|<2a$.此外,当 $|Z_1Z_2|=|z_1-z_2|=2a$ 时,式(1)表示线段 Z_1Z_2;当 $|Z_1Z_2|=|z_1-z_2|>2a$ 时,式(1)无轨迹.

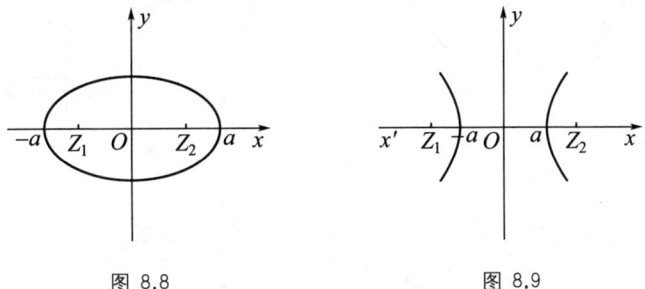

图 8.8　　　　　　图 8.9

(4) 如图 8.9,以 Z_1,Z_2 为焦点,实轴长为 $2a$ 的双曲线方程为
$$|z-z_1|-|z-z_2|=\pm 2a, \tag{2}$$
其中 $|Z_1Z_2|=|z_1-z_2|>2a$. 此外,当 $|Z_1Z_2|=|z_1-z_2|=2a$ 时,式(2)表示射线 Z_1x',Z_2x;当 $|Z_1Z_2|=|z_1-z_2|<2a$ 时,式(2)无轨迹.

训练营

▶ **例 4** 复数 $z_1\in\{z\,|\,|z-\mathrm{i}|=|z+1|\},z_2\in\{z\,|\,|z-2|=1\}$,求 $|z_1-z_2|$ 的范围.

解

$|z-\mathrm{i}|=|z+1|$ 是线段 $AB(A(0,1),B(-1,0))$ 的垂直平分线. $|z-2|=1$ 表示以 $(2,0)$ 为圆心、1 为半径的圆. 圆心 $(2,0)$ 到 AB 垂直平分线的距离 $d=\dfrac{|2+0|}{\sqrt{1^2+(-1)^2}}=\sqrt{2}$.

所以 $|z_1-z_2|_{\min}=\sqrt{2}-1$,且无最大值,即 $|z_1-z_2|\geqslant\sqrt{2}-1$.

▶**例 5** 已知复数 z 满足 $|z|=3$,求 $|z-1+\sqrt{3}\mathrm{i}|$ 的最小值与最大值.

解

如图 8.10,圆 O 半径为 3,点 $P(1,-\sqrt{3})$,直线 OP 与圆 O 交于 A,B 两点. 所以 $|z-1+\sqrt{3}\mathrm{i}|_{\max}=|AP|=3+|OP|=5$,$|z-1+\sqrt{3}\mathrm{i}|_{\min}=|PB|=3-|OP|=1$.

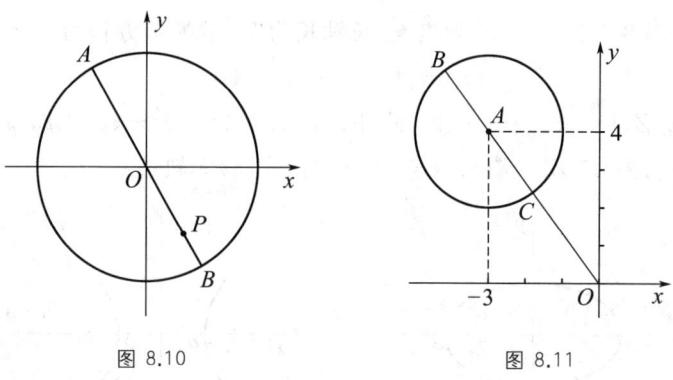

图 8.10 图 8.11

▶**例 6** 已知复数 z 满足 $|z+3-4\mathrm{i}|=2$,求 $|z|$ 的最值.

解

如图 8.11,点 $A(-3,4)$,圆 A 半径为 2,直线 AO 交圆 A 于 B,C 两点. 所以
$$|z|_{\max}=|OB|=|OA|+2=7, |z|_{\min}=|OC|=|OA|-2=3.$$

▶**例 7** 设复数 z 满足 $||z-\mathrm{i}|-2|+|z-\mathrm{i}|-2=0$,求 z 在复平面上对应的点集所组成图形的面积 S.

解

因为 $||z-\mathrm{i}|-2|+|z-\mathrm{i}|-2=0$,所以 $||z-\mathrm{i}|-2|=2-|z-\mathrm{i}|$. 而 $||z-\mathrm{i}|-2|\geqslant 0$,所以 $|z-\mathrm{i}|\leqslant 2$,故 $S=4\pi$.

▶ **例8** 复平面区域 K 由复数 z 对应的点 Z 组成. 若 $\dfrac{z}{40}$ 与 $\dfrac{40}{z}$ 的实部与虚部都在 0 与 1 之间, 求 K 的面积.

解

设 $z = x + y\mathrm{i}(x, y \in \mathbf{R})$, 则
$$0 \leqslant x \leqslant 40, 0 \leqslant y \leqslant 40. \qquad (3)$$

又 $\dfrac{40}{z} = \dfrac{40x}{x^2+y^2} + \dfrac{40y}{x^2+y^2}\mathrm{i}$,

于是 $\begin{cases} 0 \leqslant \dfrac{40x}{x^2+y^2} \leqslant 1, \\ 0 \leqslant \dfrac{40y}{x^2+y^2} \leqslant 1, \end{cases}$

$$\begin{cases} (x-20)^2 + y^2 \geqslant 20^2, \qquad (4) \\ x^2 + (y-20)^2 \geqslant 20^2. \qquad (5) \end{cases}$$

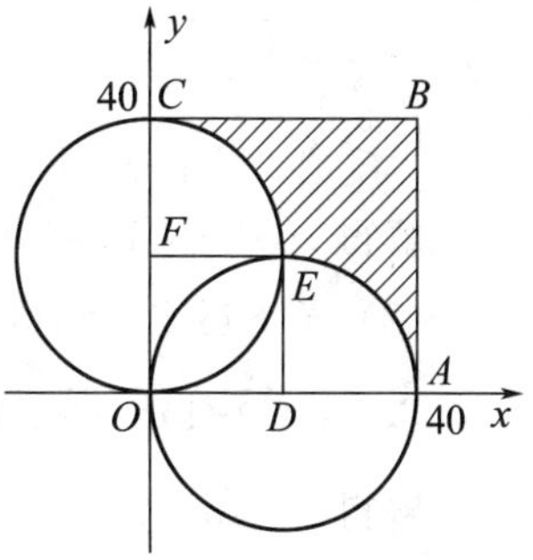

图 8.12

由式 (3)(4)(5), 结合图 8.12 得区域 K 的面积 (图中阴影部分) 为

$$S_{OABC} - S_{ODEF} - S_{\text{扇形}F-EC} - S_{\text{扇形}D-AE} = 1600 - 400 - \dfrac{1}{2}\pi \times 20^2 = 1200 - 200\pi.$$

▶ **例9** 已知集合 $S = \{z \mid |z-1| \leqslant 3, z \in \mathbf{C}\}$, $T = \left\{z \mid z = \dfrac{w+2}{3}\mathrm{i} + t, w \in S, t \in \mathbf{R}\right\}$.

(1) 若 $S \cap T = \varnothing$, 求 t 的取值范围;

(2) 若 $S \cup T = S$, 求 t 的取值范围.

分析 从复数模的几何意义进行思考.

解

设 $z \in T$, 则 $z = \dfrac{w+2}{3}\mathrm{i} + t, w \in S, t \in \mathbf{R}$,

$\therefore w = \dfrac{3z-3t}{\mathrm{i}} - 2$. 由 $w \in S$, 有 $|w-1| \leqslant 3$,

$\therefore \left|\dfrac{3z-3t}{\mathrm{i}} - 2 - 1\right| \leqslant 3$,

整理得 $|z-(t+i)|\leqslant 1$.

所以集合 T 表示以 $(t,1)$ 为圆心、1 为半径的圆及其内部，而集合 S 表示以 $(1,0)$ 为圆心、3 为半径的圆及其内部，如图 8.13 所示.

(1) 若 $S\cap T=\varnothing$，则两圆外离，

∴ $\sqrt{(t-1)^2+1}>4$，$(t-1)^2>15$，$|t-1|>\sqrt{15}$，

解得 $t<1-\sqrt{15}$ 或 $t>1+\sqrt{15}$.

(2) 若 $S\cup T=S$，则两圆内含或内切.

∴ $\sqrt{(t-1)^2+1}\leqslant 2$，$(t-1)^2\leqslant 3$， ∴ $|t-1|\leqslant\sqrt{3}$，

解得 $1-\sqrt{3}\leqslant t\leqslant 1+\sqrt{3}$.

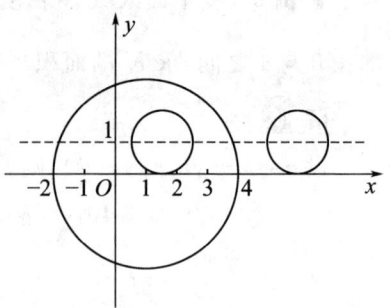

图 8.13

点评

有关复数 z 的模的问题，如果能够确定点 Z 的图像，则采取构图方法求解会形象直观，更加有效！

▶ 例 10 已知虚数 z 同时满足 $|\overline{z}-3|=|\overline{z}-3i|$ 和 $z-1+\dfrac{9}{z-1}=m(m\in\mathbf{R})$，求 z.

解

设 $z=x+yi(x,y\in\mathbf{R})$.

由 $|\overline{z}-3|=|\overline{z}-3i|$，可得 $(x-3)^2+y^2=x^2+(y+3)^2$，

故 $y=-x$，即 $z=x-xi$.

又 $z-1+\dfrac{9}{z-1}=m\in\mathbf{R}$，

∴ $z-1+\dfrac{9}{z-1}=\overline{z-1+\dfrac{9}{z-1}}=\overline{z}-1+\dfrac{9}{\overline{z}-1}$，

∴ $z-\overline{z}+\dfrac{9}{z-1}-\dfrac{9}{\overline{z}-1}=0$，

即 $(z-\overline{z})\left(1-\dfrac{9}{(z-1)(\overline{z}-1)}\right)=0$.

∵ z 是虚数， ∴ $z\neq\overline{z}$，故 $\dfrac{9}{(z-1)(\overline{z}-1)}=1$，

即 $|z-1|^2 = 9$.

又 $z = x - x\mathrm{i}$, ∴ $(x-1)^2 + x^2 = 9$,

化简,得 $x^2 - x - 4 = 0$, 解得 $x = \dfrac{1 \pm \sqrt{17}}{2}$.

∴ $z = \dfrac{1+\sqrt{17}}{2}(1-\mathrm{i})$ 或 $z = \dfrac{1-\sqrt{17}}{2}(1-\mathrm{i})$.

▶ **例 11** 已知复变量 z 满足 $11z^{10} + 10\mathrm{i}z^9 + 10\mathrm{i}z - 11 = 0$,试求 $|z|$ 的值.

解

由已知条件可得 $z^9 = \dfrac{11 - 10\mathrm{i}z}{11z + 10\mathrm{i}}$. 令 $z = a + b\mathrm{i}(a,b \in \mathbf{R})$,则

$$|z|^9 = \left|\dfrac{11 - 10\mathrm{i}z}{11z + 10\mathrm{i}}\right| = \sqrt{\dfrac{11^2 + 220b + 10^2(a^2+b^2)}{11^2(a^2+b^2) + 220b + 10^2}}.$$

令 $f(a,b) = 11^2 + 220b + 10^2(a^2 + b^2)$,

$g(a,b) = 11^2(a^2 + b^2) + 220b + 10^2$.

若 $a^2 + b^2 > 1$,则 $g(a,b) > f(a,b)$,$|z|^9 < 1$,即 $|z| < 1$,$a^2 + b^2 < 1$,矛盾.

若 $a^2 + b^2 < 1$,则 $g(a,b) < f(a,b)$,$|z|^9 > 1$,即 $|z| > 1$,$a^2 + b^2 > 1$,矛盾.

故只有 $a^2 + b^2 = 1$,即 $|z| = 1$.

点评

先猜想 $a^2 + b^2 = 1$(关键),后证明它.

▶ **例 12** 以 $\triangle ABC$ 的边 BC 为直径作半圆,与 AB,AC 分别交于点 D 和 E.过 D,E 作 BC 的垂线,垂足分别是 F,G,线段 DG 和 EF 交于点 M.求证:$AM \perp BC$.

(第 37 届 IMO 中国国家队选拔赛)

分析 如图 8.14,只需证明 $\operatorname{Re} z_M = \operatorname{Re} z_A$.通过相似三角形用代数法分别求得 $\operatorname{Re} z_M$ 和 $\operatorname{Re} z_A$,用 z_D 和 z_E 来表示.再用分析法证明它们相等.

证明

设 $z_C = 1$.则 $z_B = -1$,$\odot O$:$|z| = 1$.由题设知 $|z_D| = |z_E| = 1$ 及 $z_F = \operatorname{Re} z_D$,$z_G = \operatorname{Re} z_E$.过

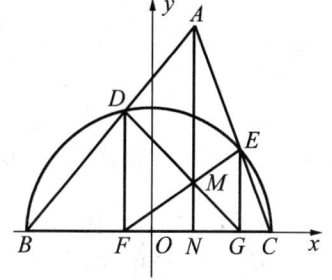

图 8.14

M 作 $MN \perp BC$ 于 N，则 $FD /\!/ NM /\!/ GE$. 有

$$\frac{\operatorname{Re} z_M - \operatorname{Re} z_D}{\operatorname{Im} z_D} = \frac{\operatorname{Re} z_E - \operatorname{Re} z_M}{\operatorname{Im} z_E},$$

故

$$\operatorname{Re} z_M = \frac{\operatorname{Im} z_D \cdot \operatorname{Re} z_E + \operatorname{Im} z_E \cdot \operatorname{Re} z_D}{\operatorname{Im} z_D + \operatorname{Im} z_E}.$$

同样，过 A 作 $AN' \perp BC$ 于 N'，则 $FD /\!/ N'A /\!/ GE$. 有

$$\frac{\operatorname{Im} z_A}{\operatorname{Im} z_D} = \frac{\operatorname{Re} z_A - \operatorname{Re} z_B}{\operatorname{Re} z_D - \operatorname{Re} z_B} = \frac{\operatorname{Re} z_A + 1}{\operatorname{Re} z_D + 1},$$

及

$$\frac{\operatorname{Im} z_A}{\operatorname{Im} z_E} = \frac{\operatorname{Re} z_E - \operatorname{Re} z_A}{\operatorname{Re} z_C - \operatorname{Re} z_E} = \frac{\operatorname{Re} z_A - 1}{\operatorname{Re} z_E - 1}.$$

两式相除得

$$\frac{\operatorname{Re} z_A + 1}{\operatorname{Re} z_A - 1} = \frac{\operatorname{Im} z_E (\operatorname{Re} z_D + 1)}{\operatorname{Im} z_D (\operatorname{Re} z_E - 1)}.$$

由合分比定理可得

$$\operatorname{Re} z_A = \frac{\operatorname{Im} z_E (\operatorname{Re} z_D + 1) + \operatorname{Im} z_D (\operatorname{Re} z_E - 1)}{\operatorname{Im} z_E (\operatorname{Re} z_D + 1) - \operatorname{Im} z_D (\operatorname{Re} z_E - 1)}.$$

∵ $\operatorname{Im}^2 z_D + \operatorname{Re}^2 z_D = \operatorname{Im}^2 z_E + \operatorname{Re}^2 z_E = 1$，

∴ 用分析法可以证明 $\operatorname{Re} z_A = \operatorname{Re} z_M$.

事实上，$\operatorname{Re} z_M = \operatorname{Re} z_A$

$$\Leftrightarrow \frac{\operatorname{Im} z_D \cdot \operatorname{Re} z_E + \operatorname{Im} z_E \cdot \operatorname{Re} z_D}{\operatorname{Im} z_D \cdot \operatorname{Im} z_E}$$

$$= \frac{\operatorname{Im} z_E (\operatorname{Re} z_D + 1) + \operatorname{Im} z_D (\operatorname{Re} z_E - 1)}{\operatorname{Im} z_E (\operatorname{Re} z_D + 1) - \operatorname{Im} z_D (\operatorname{Re} z_E - 1)}.$$

$\Leftrightarrow \operatorname{Im} z_D \cdot \operatorname{Re} z_E \cdot \operatorname{Im} z_E \cdot \operatorname{Re} z_D + \operatorname{Im} z_D \cdot \operatorname{Re} z_E \cdot \operatorname{Im} z_E$

$\quad - \operatorname{Im}^2 z_D \cdot \operatorname{Re}^2 z_E + \operatorname{Im}^2 z_E \cdot \operatorname{Re} z_D + \operatorname{Im}^2 z_E \cdot \operatorname{Re}^2 z_D$

$\quad + \operatorname{Im}^2 z_E \cdot \operatorname{Re} z_D - \operatorname{Im} z_E \cdot \operatorname{Re} z_D \cdot \operatorname{Im} z_D \cdot \operatorname{Re} z_E$

$\quad + \operatorname{Im} z_E \cdot \operatorname{Re} z_D \cdot \operatorname{Im} z_D$

$= \operatorname{Im} z_D \cdot \operatorname{Im} z_E \cdot \operatorname{Re} z_D + \operatorname{Im} z_D \cdot \operatorname{Im} z_E + \operatorname{Im}^2 z_D \cdot \operatorname{Re} z_E$

$\quad - \operatorname{Im}^2 z_D + \operatorname{Im}^2 z_E \cdot \operatorname{Re} z_D + \operatorname{Im}^2 z_E \cdot \operatorname{Im} z_D \cdot \operatorname{Re} z_E$

$\quad - \operatorname{Im} z_E \cdot \operatorname{Im} z_D$

$\Leftrightarrow \operatorname{Im}^2 z_E \cdot \operatorname{Re}^2 z_D - \operatorname{Im}^2 z_D \cdot \operatorname{Re}^2 z_E = \operatorname{Im}^2 z_E - \operatorname{Im}^2 z_D.$

而 $\operatorname{Re}^2 z_D = 1 - \operatorname{Im}^2 z_D$，$\operatorname{Re}^2 z_E = 1 - \operatorname{Im}^2 z_E$，

故 $\operatorname{Re} z_M = \operatorname{Re} z_A$ 成立.

从而 $AM \perp BC$.

演习场

习题 8

1. 已知复数 z_1 满足 $(1+i)z_1 = -1+5i$, $z_2 = a-2-i$, $a \in \mathbf{R}$. 若 $|z_1 - \overline{z_2}| < |z_1|$, 求 a 的取值范围.

2. 已知复平面上正方形的 3 个顶点是 $A(1,2), B(-2,1), C(-1,-2)$, 求它的第四个顶点 D 对应的复数.

3. 设复平面上三点 A, B, C 对应的复数分别是 z_1, z_2, z_3. 若 $\dfrac{z_2 - z_1}{z_3 - z_1} = 1 + \dfrac{4}{3}i$, 试求 $\triangle ABC$ 的三边长之比.

4. 复平面上两个点 Z_1, Z_2 对应两个非零复数 z_1, z_2, 它们满足下列两个条件: ① $z_2 = z_1 \cdot ai (a>0)$, ② Z_1, Z_2 连线的中点所对应的复数为 $3+4i$. 求 $\triangle Z_1 O Z_2$ (O 为坐标原点)面积的最大值, 并求出此时对应的复数 z_1, z_2.

5. 已知 $|z+2+3i|^2 + |z-2-3i|^2 = 40$, 求 $|z|$.

6. 方程 $x^2 - 2x + 2 = 0$ 的根在复平面上对应的点是 A, B, 点 C 对应的复数满足 $(1+i)^2(1+z) = -6$, 求 $\triangle ABC$ 的最大内角的大小.

7. 已知 z 为非零复数, $\dfrac{z}{10}, \dfrac{40}{z}$ 的实部与虚部均为不小于 1 的正数, 求在复平面中, z 所对应的向量 $\overrightarrow{OP}$ 的端点 P 运动所形成的图形的面积.

(2016 年清华大学自主招生试题)

8. 若非零复数 x, y 满足 $x^2 + xy + y^2 = 0$, 求 $\left(\dfrac{x}{x+y}\right)^{2010} + \left(\dfrac{y}{x+y}\right)^{2010}$ 的值.

9. 若实数 x, y 满足 $z_1 = x + \sqrt{3} + yi, z_2 = x - \sqrt{3} + yi, |z_1| + |z_2| = 4$, 求 $f(x,y) = |2x - 4y - 9|$ 的最值.

10. 复平面内的曲线 C 的方程是 $|z + \sqrt{a^2 - b^2}| + |z - \sqrt{a^2 - b^2}| = 2a (a > b > 0)$, Z_1, Z_2, Z_3 是 C 上的 3 个点, 点 Z_1 对应的复数是 bi, 且 $\overrightarrow{Z_1 Z_2} i = \overrightarrow{Z_1 Z_3}$. 试确定符合条件的 $\triangle Z_1 Z_2 Z_3$ 的个数.

11. 设 P_1, P_2 是复平面上的点集,
$P_1 = \{z \mid z\overline{z} + 3i(\overline{z} - z) + m = 0, z \in \mathbf{C}, m \in \mathbf{R}, m < 9, \text{是常数}\}$,
$P_2 = \{w \mid w = 2iz, z \in P_1\}$.

(1) 当 m 在什么范围内变化时，$P_1 \cap P_2 \neq \varnothing$？

(2) 令 $m=5$，设 $z_1 \in P_1, z_2 \in P_2$，求 $z_1 - z_2$ 的模的范围．

12. 设复数 z 满足 $|z|=5$，且 $(3+4\mathrm{i})z$ 在复平面上对应的点在第二、第四象限的角平分线上，$|\sqrt{2}z - m| = 5\sqrt{2}\,(m \in \mathbf{R})$，求 z 和 m 的值．

13. 已知 x 为虚数，且 $x + \dfrac{1}{x}$ 是方程 $y^2 - ay + a + 1 = 0$ 的实根，求实数 a 的取值范围．

14. 设 $|z|=1$，求 $u = |(z-\alpha)^2(z+\beta)|\,(\alpha, \beta > 0)$ 的最大值．

15. 已知集合 $A = \{x \mid |z-c| + |z+c| = 2a, z \in \mathbf{C}, a > c > 0\}$，若 a, c 取遍所有正实数时，恒有 $z + \mathrm{i} \in A$，试在复平面内作出集合 A 表示的图形．

第九讲 复数与三角

知识桥

一、复数的三角形式

1. 复数的辐角

设复数 $z=a+bi$ 所对应的位置向量为 $\overrightarrow{OZ}$，以 x 轴非负半轴为始边，向量 $\overrightarrow{OZ}$ 所在直线为终边的角 θ 叫作复数 z 的辐角，记为 $\mathrm{Arg}\,z$。满足 $0\leqslant\theta<2\pi$ 的角 θ 叫作复数 z 的辐角主值，记为 $\arg z$。

2. 复数的三角形式

如图 9.1，$\begin{cases} a=r\cos\theta, \\ b=r\sin\theta, \end{cases}$ 任何一个复数 $z=a+bi$ 都可以表示成 $z=r(\cos\theta+i\sin\theta)$ 的形式。我们把 $z=r(\cos\theta+i\sin\theta)$ 叫作复数的三角形式，

其中 $\begin{cases} \cos\theta=\dfrac{a}{r}, \\ \sin\theta=\dfrac{b}{r}, \\ r=\sqrt{a^2+b^2}. \end{cases}$

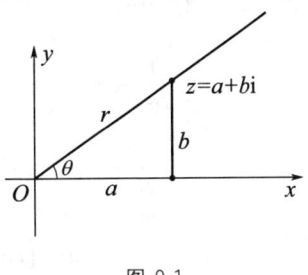

图 9.1

注意：(1) 每一个非零复数有唯一的模与辐角主值，并且可以由它们唯一确定，因此两个非零复数相等的充分必要条件是它们的模与辐角主值分别相等。

(2) 复数的三角形式必须满足：①$r\geqslant 0$；②正弦与余弦变量相同；③$\cos\theta$，$\sin\theta$ 用加号相连；④实部为 $r\cos\theta$，虚部为 $r\sin\theta$。

训练营

▶ **例 1** 把下列复数化为三角形式:

(1) $1+\cos\theta+i\sin\theta\,(0\leqslant\theta\leqslant\pi)$; (2) $\dfrac{1-i\tan\alpha}{1+i\tan\alpha}$;

(3) $1+i\tan\alpha$; (4) $i\sin\alpha$;

(5) $\dfrac{1-\sin\theta+i\cos\theta}{1-\sin\theta-i\cos\theta}$.

解

(1) 当 $0\leqslant\theta\leqslant\pi$ 时,

$$1+\cos\theta+i\sin\theta = 2\cos^2\frac{\theta}{2}+2i\sin\frac{\theta}{2}\cos\frac{\theta}{2}$$

$$= 2\cos\frac{\theta}{2}\left(\cos\frac{\theta}{2}+i\sin\frac{\theta}{2}\right).$$

(2) $\dfrac{1-i\tan\alpha}{1+i\tan\alpha}=\dfrac{\cos\alpha-i\sin\alpha}{\cos\alpha+i\sin\alpha}=\dfrac{\cos(-\alpha)+i\sin(-\alpha)}{\cos\alpha+i\sin\alpha}$

$$=\cos(-2\alpha)+i\sin(-2\alpha).$$

(3) $1+i\tan\alpha = \dfrac{\cos\alpha+i\sin\alpha}{\cos\alpha}$

$$= \begin{cases} \dfrac{1}{\cos\alpha}(\cos\alpha+i\sin\alpha), & \alpha\in\left(2k\pi-\dfrac{\pi}{2},2k\pi+\dfrac{\pi}{2}\right), k\in\mathbf{Z}, \\ -\dfrac{1}{\cos\alpha}(\cos(\pi+\alpha)+i\sin(\pi+\alpha)), & \alpha\in\left(2k\pi+\dfrac{\pi}{2},2k\pi+\dfrac{3\pi}{2}\right), k\in\mathbf{Z}. \end{cases}$$

(4) $i\sin\alpha = \begin{cases} \sin\alpha\left(\cos\dfrac{\pi}{2}+i\sin\dfrac{\pi}{2}\right), & \alpha\in[2k\pi,2k\pi+\pi), k\in\mathbf{Z}, \\ -\sin\alpha\left(\cos\dfrac{3\pi}{2}+i\sin\dfrac{3\pi}{2}\right), & \alpha\in(2k\pi+\pi,2k\pi+2\pi), k\in\mathbf{Z}. \end{cases}$

(5) $\dfrac{1-\sin\theta+i\cos\theta}{1-\sin\theta-i\cos\theta}=\dfrac{1-\cos\left(\dfrac{\pi}{2}-\theta\right)+i\sin\left(\dfrac{\pi}{2}-\theta\right)}{1-\cos\left(\dfrac{\pi}{2}-\theta\right)-i\sin\left(\dfrac{\pi}{2}-\theta\right)}$

$$=\dfrac{2\sin^2\left(\dfrac{\pi}{4}-\dfrac{\theta}{2}\right)+2i\sin\left(\dfrac{\pi}{4}-\dfrac{\theta}{2}\right)\cos\left(\dfrac{\pi}{4}-\dfrac{\theta}{2}\right)}{2\sin^2\left(\dfrac{\pi}{4}-\dfrac{\theta}{2}\right)-2i\sin\left(\dfrac{\pi}{4}-\dfrac{\theta}{2}\right)\cos\left(\dfrac{\pi}{4}-\dfrac{\theta}{2}\right)}$$

$$=\frac{\sin\left(\dfrac{\pi}{4}-\dfrac{\theta}{2}\right)+i\cos\left(\dfrac{\pi}{4}-\dfrac{\theta}{2}\right)}{\sin\left(\dfrac{\pi}{4}-\dfrac{\theta}{2}\right)-i\cos\left(\dfrac{\pi}{4}-\dfrac{\theta}{2}\right)}$$

$$=\frac{\cos\left(\dfrac{\pi}{4}+\dfrac{\theta}{2}\right)+i\sin\left(\dfrac{\pi}{4}+\dfrac{\theta}{2}\right)}{\cos\left(\dfrac{\pi}{4}+\dfrac{\theta}{2}\right)-i\sin\left(\dfrac{\pi}{4}+\dfrac{\theta}{2}\right)}$$

$$=\frac{\cos\left(\dfrac{\pi}{4}+\dfrac{\theta}{2}\right)+i\sin\left(\dfrac{\pi}{4}+\dfrac{\theta}{2}\right)}{\cos\left(-\left(\dfrac{\pi}{4}+\dfrac{\theta}{2}\right)\right)+i\sin\left(-\left(\dfrac{\pi}{4}+\dfrac{\theta}{2}\right)\right)}$$

$$=\cos\left(\dfrac{\pi}{2}+\theta\right)+i\sin\left(\dfrac{\pi}{2}+\theta\right).$$

▶ **例2** 设复数 $z=3\cos\theta+(2\sin\theta)i$,求函数 $y=\theta-\arg z\left(0<\theta<\dfrac{\pi}{2}\right)$ 的最大值.

(2017年全国高中数学联赛内蒙古自治区预赛题)

解

方法一 因为 $z=3\cos\theta+(2\sin\theta)i$,

所以 $$\tan(\arg z)=\frac{2\sin\theta}{3\cos\theta}=\frac{2}{3}\tan\theta.$$

所以 $$y=\theta-\arctan\left(\frac{2}{3}\tan\theta\right),$$

$$y'=1-\frac{\dfrac{2}{3}\sec^2\theta}{\dfrac{4}{9}\tan^2\theta+1}=1-\frac{\dfrac{2}{3}}{\dfrac{4}{9}\sin^2\theta+\cos^2\theta}.$$

令 $y'=0$,解得 $\theta=\arctan\dfrac{\sqrt{6}}{2}$.

当 $0<\theta<\arctan\dfrac{\sqrt{6}}{2}$ 时,$y'>0$;当 $\arctan\dfrac{\sqrt{6}}{2}<\theta<\dfrac{\pi}{2}$ 时,$y'<0$.

所以当 $\theta=\arctan\dfrac{\sqrt{6}}{2}$ 时,y 最大,且

$$y_{\max}=\arctan\frac{\sqrt{6}}{2}-\arctan\frac{\sqrt{6}}{3},$$

而 $\tan y_{\max} = \dfrac{\sqrt{6}}{12}$,所以 $y_{\max} = \arctan \dfrac{\sqrt{6}}{12}$.

方法二 因为 $z = 3\cos\theta + (2\sin\theta)\mathrm{i}$,

所以 $$\tan(\arg z) = \dfrac{2\sin\theta}{3\cos\theta} = \dfrac{2}{3}\tan\theta.$$

所以 $$\tan y = \tan(\theta - \arg z) = \dfrac{\tan\theta - \dfrac{2}{3}\tan\theta}{1 + \dfrac{2}{3}\tan^2\theta} = \dfrac{1}{\dfrac{3}{\tan\theta} + 2\tan\theta}.$$

又因为 $0 < \theta < \dfrac{\pi}{2}$,$\tan\theta > 0$,所以 $\dfrac{3}{\tan\theta} + 2\tan\theta \geqslant 2\sqrt{6}$,

所以 $$\tan y = \dfrac{1}{\dfrac{3}{\tan\theta} + 2\tan\theta} \leqslant \dfrac{\sqrt{6}}{12}.$$

当且仅当 $\dfrac{3}{\tan\theta} = 2\tan\theta \left(0 < \theta < \dfrac{\pi}{2}\right)$,

即 $\tan\theta = \dfrac{\sqrt{6}}{2}$,$\theta = \arctan\dfrac{\sqrt{6}}{2}$ 时,$y_{\max} = \arctan\dfrac{\sqrt{6}}{12}$.

▶ **例 3** 已知复数 $z = \left(\dfrac{2}{1+\alpha}\right)^2$,而 $\dfrac{1-\alpha}{1+\alpha}$ 是纯虚数,求复数 z 对应点的轨迹.

解 由 $\dfrac{1-\alpha}{1+\alpha}$ 是纯虚数,可得 $|\alpha| = 1$ 且 $\alpha \neq \pm 1$. 于是设 $\alpha = \cos\theta + \mathrm{i}\sin\theta$,$\theta \in (0, \pi) \cup (\pi, 2\pi)$,$z = x + y\mathrm{i}(x, y \in \mathbf{R})$,故有

$$x + y\mathrm{i} = \dfrac{1}{\cos^2\dfrac{\theta}{2}}(\cos\theta - \mathrm{i}\sin\theta) = \left(1 - \tan^2\dfrac{\theta}{2}\right) + \left(-2\tan\dfrac{\theta}{2}\right)\mathrm{i},$$

所以 $\begin{cases} x = 1 - \tan^2\dfrac{\theta}{2}, \\ y = -2\tan\dfrac{\theta}{2}, \end{cases} \theta \in (0, \pi) \cup (\pi, 2\pi).$

消去 θ,得 $y^2 = -4(x-1)(x \neq 1)$.

故所求轨迹为以原点为焦点,x 轴为对称轴,开口向左且不含点 $(1,0)$ 的抛物线.

▶ **例 4** 设 $0<\theta<2\pi$,复数 $z=1-\cos\theta+i\sin\theta$, $\mu=a^2+ai$,且 $z\mu$ 是纯虚数, $a\in\mathbf{R}$.

(1) 求复数 μ 的辐角主值 $\arg\mu$(用 θ 的代数式表示);

(2) 记 $w=z^2+\mu^2+2z\mu$,试问 w 可能是正实数吗? 为什么?

解

(1) 因为 $z\mu=(1-\cos\theta+i\sin\theta)(a^2+ai)$
$$=(a^2(1-\cos\theta)-a\sin\theta)+(a^2\sin\theta+a(1-\cos\theta))i,$$

且 $z\mu$ 是纯虚数,所以 $\begin{cases} a^2\sin\theta+a(1-\cos\theta)\neq 0, & (1)\\ a^2(1-\cos\theta)=a\sin\theta. & (2)\end{cases}$

由式(1)知 $a\neq 0$,又 $0<\theta<2\pi$,故 $1-\cos\theta\neq 0$,所以由式(2)可得
$$a=\frac{\sin\theta}{1-\cos\theta}=\cot\frac{\theta}{2},$$

所以 $\tan(\arg\mu)=\frac{a}{a^2}=\frac{1}{a}=\tan\frac{\theta}{2}$.

(i) 当 $0<\theta<\pi$ 时,$0<\frac{\theta}{2}<\frac{\pi}{2}$,$\mu=\cot^2\frac{\theta}{2}+i\cot\frac{\theta}{2}$ 的对应点在第一象限,所以 $\arg\mu=\frac{\theta}{2}$.

(ii) 当 $\pi<\theta<2\pi$ 时,$\frac{\pi}{2}<\frac{\theta}{2}<\pi$,$\mu=\cot^2\frac{\theta}{2}+i\cot\frac{\theta}{2}$ 的对应点在第四象限,所以 $\arg\mu=\pi+\frac{\theta}{2}$.

(2) w 不可能是正实数.事实上,依题设有
$$w=(z+\mu)^2, z+\mu=(1-\cos\theta+a^2)+(a+\sin\theta)i.$$

若 $w\in\mathbf{R}^+$,则 $a+\sin\theta=0$,即 $a=-\sin\theta$,又 $a=\frac{\sin\theta}{1-\cos\theta}$, $\sin\theta\neq 0$.

所以 $-\sin\theta=\frac{\sin\theta}{1-\cos\theta}$,即 $\cos\theta=2$,这不可能.

知识桥

二、复数的乘法与乘方

1. 乘法法则

设 $z_1=r_1(\cos\theta_1+i\sin\theta_1)$, $z_2=r_2(\cos\theta_2+i\sin\theta_2)$,则

$$z_1z_2 = r_1r_2(\cos(\theta_1+\theta_2) + i\sin(\theta_1+\theta_2)).$$

2. 几何意义

$z_1 = r_1(\cos\theta_1 + i\sin\theta_1), z_2 = r_2(\cos\theta_2 + i\sin\theta_2)$ 在复平面内对应的向量为 $\overrightarrow{OP_1}, \overrightarrow{OP_2}$. 把 $\overrightarrow{OP_1}$ 按逆时针方向旋转 θ_2, 再把它的模变为原来的 r_2 倍, 所得向量 $\overrightarrow{OP}$ 就表示 z_1z_2.

3. 复数的乘方——棣莫弗定理

设 $z = r(\cos\theta + i\sin\theta)$, 则

$$z^n = r^n(\cos n\theta + i\sin n\theta)(n \in \mathbf{N}^*).$$

训练营

▶ **例 5** 求 $\arcsin\dfrac{1}{\sqrt{10}} + \arcsin\dfrac{1}{\sqrt{26}} + \arcsin\dfrac{1}{\sqrt{50}} + \arcsin\dfrac{1}{\sqrt{65}}$.

(2016 年全国高中数学联赛山东省预赛题)

解

$\arcsin\dfrac{1}{\sqrt{10}}, \arcsin\dfrac{1}{\sqrt{26}}, \arcsin\dfrac{1}{\sqrt{50}}, \arcsin\dfrac{1}{\sqrt{65}}$ 均小于 $\dfrac{\pi}{4}$, 故

$$\arcsin\dfrac{1}{\sqrt{10}} + \arcsin\dfrac{1}{\sqrt{26}} + \arcsin\dfrac{1}{\sqrt{50}} + \arcsin\dfrac{1}{\sqrt{65}} < \pi.$$

令 $z_1 = 3+i, z_2 = 5+i, z_3 = 7+i, z_4 = 8+i$, 则

$$\arg z_1 = \arcsin\dfrac{1}{\sqrt{10}},$$

$$\arg z_2 = \arcsin\dfrac{1}{\sqrt{26}},$$

$$\arg z_3 = \arcsin\dfrac{1}{\sqrt{50}},$$

$$\arg z_4 = \arcsin\dfrac{1}{\sqrt{65}},$$

且

$$\arg z_1z_2z_3z_4 = \arcsin\dfrac{1}{\sqrt{10}} + \arcsin\dfrac{1}{\sqrt{26}} + \arcsin\dfrac{1}{\sqrt{50}} + \arcsin\dfrac{1}{\sqrt{65}}$$

$$= \arg 650(1+\mathrm{i}) = \frac{\pi}{4}.$$

故

$$\arcsin\frac{1}{\sqrt{10}} + \arcsin\frac{1}{\sqrt{26}} + \arcsin\frac{1}{\sqrt{50}} + \arcsin\frac{1}{\sqrt{65}} = \frac{\pi}{4}.$$

▶ **例 6** (1) 已知复数 $z = \frac{\sqrt{3}}{2} - \frac{1}{2}\mathrm{i}, w = \frac{\sqrt{2}}{2} + \frac{\sqrt{2}}{2}\mathrm{i}$,复数 $\overline{zw}, z^2w^3$ 对应的复平面上的点分别为 P,Q.证明:△OPQ 是等腰直角三角形(O 为原点);

(2) 若复数 z_1, z_2 满足 $|z_1| = 2, |z_2| = 3, 3z_1 - 2z_2 = \frac{3}{2} - \mathrm{i}$,求 $z_1 z_2$;

(3) 设 M 为单位圆 $x^2 + y^2 = 1$ 上的动点,N 与定点 $A(3,0)$ 及 M 构成一个等边三角形的顶点,且 $M \to N \to A \to M$ 成逆时针方向.当点 M 移动时,求点 N 的轨迹方程.

解

(1) $z = \frac{\sqrt{3}}{2} - \frac{1}{2}\mathrm{i} = \cos\left(-\frac{\pi}{6}\right) + \mathrm{i}\sin\left(-\frac{\pi}{6}\right),$

$w = \frac{\sqrt{2}}{2} + \frac{\sqrt{2}}{2}\mathrm{i} = \cos\frac{\pi}{4} + \mathrm{i}\sin\frac{\pi}{4},$

∴ $zw = \cos\left(\frac{\pi}{12}\right) + \mathrm{i}\sin\left(\frac{\pi}{12}\right), \overline{zw} = \cos\left(-\frac{\pi}{12}\right) + \mathrm{i}\sin\left(-\frac{\pi}{12}\right).$

∴ $z^2 w^3 = \cos\left(-\frac{\pi}{3} + \frac{3\pi}{4}\right) + \mathrm{i}\sin\left(-\frac{\pi}{3} + \frac{3\pi}{4}\right) = \cos\left(\frac{5\pi}{12}\right) + \mathrm{i}\sin\left(\frac{5\pi}{12}\right).$

OP, OQ 的夹角为 $\frac{5\pi}{12} - \left(-\frac{\pi}{12}\right) = \frac{\pi}{2}$,所以 $OP \perp OQ$.

又 $|OP| = |\overline{zw}| = 1, |OQ| = |z^2 w^3| = 1$,所以△$OPQ$ 是等腰直角三角形.

(2) 令 $z_1 = 2(\cos\alpha + \mathrm{i}\sin\alpha), z_2 = 3(\cos\beta + \mathrm{i}\sin\beta)$,则由 $3z_1 - 2z_2 = \frac{3}{2} - \mathrm{i}$ 及复数相等的充要条件,得

$$6(\cos\alpha - \cos\beta) = \frac{3}{2}, \text{且 } 6(\sin\alpha - \sin\beta) = -1,$$

即 $-12\sin\frac{\alpha+\beta}{2} \cdot \sin\frac{\alpha-\beta}{2} = \frac{3}{2}$,且 $12\cos\frac{\alpha+\beta}{2} \cdot \sin\frac{\alpha-\beta}{2} = -1.$

两式相除,得 $\tan\frac{\alpha+\beta}{2} = \frac{3}{2}.$

由万能置换公式,得 $\sin(\alpha+\beta)=\dfrac{12}{13}$,$\cos(\alpha+\beta)=-\dfrac{5}{13}$.

故 $z_1 z_2 = 6(\cos(\alpha+\beta)+\mathrm{i}\sin(\alpha+\beta)) = -\dfrac{30}{13}+\dfrac{72}{13}\mathrm{i}$.

(3) 设 M,N,A 对应的复数分别为 $x'+\mathrm{i}y',x+\mathrm{i}y,3$.

则向量 $\overrightarrow{AM}$ 可以由 $\overrightarrow{AN}$ 绕点 A 逆时针旋转 $300°$ 得到,这可以由复数运算表示为

$$\overrightarrow{AM} = \left(\cos\dfrac{5\pi}{3}+\mathrm{i}\sin\dfrac{5\pi}{3}\right)\overrightarrow{AN}$$

$$\Rightarrow \overrightarrow{OM}-\overrightarrow{OA} = \left(\cos\dfrac{5\pi}{3}+\mathrm{i}\sin\dfrac{5\pi}{3}\right)(\overrightarrow{ON}-\overrightarrow{OA})$$

$$\Rightarrow x'+\mathrm{i}y'-3 = \dfrac{1-\sqrt{3}\mathrm{i}}{2}(x+\mathrm{i}y-3)$$

$$\Rightarrow x' = \dfrac{x+\sqrt{3}y+3}{2},\ y' = \dfrac{y-\sqrt{3}x+3\sqrt{3}}{2}.$$

又 $x'^2+y'^2=1$,于是

$$\left(x-\dfrac{3}{2}\right)^2+\left(y+\dfrac{3\sqrt{3}}{2}\right)^2=1.$$

这就是点 N 的轨迹方程.

▶ **例 7** 设复数 z_1,z_2 满足 $|z_1|=|z_1+z_2|=3$,$|z_1-z_2|=3\sqrt{3}$,求 $\log_3|(z_1\overline{z_2})^{2000}+(\overline{z_1}z_2)^{2000}|$ 的值.

解

由题意知

$$|z_1+z_2|^2=(z_1+z_2)(\overline{z_1}+\overline{z_2})=9,$$

即

$$|z_1|^2+|z_2|^2+z_1\overline{z_2}+\overline{z_1}z_2=9.$$

$$|z_1-z_2|^2=(z_1-z_2)(\overline{z_1}-\overline{z_2})=27,$$

即

$$|z_1|^2+|z_2|^2-(z_1\overline{z_2}+\overline{z_1}z_2)=27.$$

所以 $|z_1|^2+|z_2|^2=18$,而 $|z_1|^2=9$,故 $|z_2|=3$,且

$$z_1\overline{z_2}+\overline{z_1}z_2=-9,\ |z_1\overline{z_2}|=|\overline{z_1}z_2|=9.$$

设 $z_1\overline{z_2}=9(\cos\theta+\mathrm{i}\sin\theta)$,则有

$$\overline{z_1}z_2=\overline{z_1\overline{z_2}}=9(\cos(-\theta)+\mathrm{i}\sin(-\theta)).$$

所以 $\cos\theta = \dfrac{-1}{2}$，于是 $z_1\bar{z}_2 = 9w$ 或 $9w^2$，其中 $w = -\dfrac{1}{2} + \dfrac{\sqrt{3}}{2}\mathrm{i}$.

当 $z_1\bar{z}_2 = 9w$ 时，$\bar{z}_1 z_2 = 9w^2$，由此得
$$(z_1\bar{z}_2)^{2000} + (\bar{z}_1 z_2)^{2000} = -9^{2000};$$

当 $z_1\bar{z}_2 = 9w^2$ 时，$\bar{z}_1 z_2 = 9w$，同样有
$$(z_1\bar{z}_2)^{2000} + (\bar{z}_1 z_2)^{2000} = -9^{2000}.$$

故原式 $= \log_3 9^{2000} = 4000$.

▶ **例 8** 设 $n = 2000$，求 $\dfrac{1}{2^n}(1 - 3\mathrm{C}_n^2 + 3^2\mathrm{C}_n^4 - 3^3\mathrm{C}_n^6 + \cdots - 3^{999}\mathrm{C}_n^{1998} + 3^{1000}\mathrm{C}_n^{2000})$.

解

∵ 原式 $= \left(\dfrac{1}{2}\right)^n - \mathrm{C}_n^2\left(\dfrac{1}{2}\right)^{n-2}\left(\dfrac{\sqrt{3}}{2}\right)^2 + \cdots + \mathrm{C}_n^{n-2}\left(\dfrac{1}{2}\right)^2\left(\dfrac{\sqrt{3}}{2}\right)^{n-2}$

$\qquad - \mathrm{C}_n^n\left(\dfrac{\sqrt{3}}{2}\right)^n$，

∴ 原式就是 $\left(\dfrac{1}{2} + \dfrac{\sqrt{3}}{2}\mathrm{i}\right)^n$ 展开式的实部.

而 $\left(\dfrac{1}{2} + \dfrac{\sqrt{3}}{2}\mathrm{i}\right)^n = \left(\cos\dfrac{\pi}{3} + \mathrm{i}\sin\dfrac{\pi}{3}\right)^n = \left(\cos\dfrac{n}{3}\pi + \mathrm{i}\sin\dfrac{n}{3}\pi\right)$，

又 ∵ $\cos\dfrac{n}{3}\pi = \cos\dfrac{2000}{3}\pi = \cos\left(666\pi + \dfrac{2}{3}\pi\right) = \cos\dfrac{2}{3}\pi = -\dfrac{1}{2}$，

∴ 原式 $= -\dfrac{1}{2}$.

▶ **例 9** 设复平面上单位圆内接正二十边形的 20 个顶点对应的复数依次为 $z_1, z_2, \cdots, z_{20}$，求复数 $z_1^{1995}, z_2^{1995}, \cdots, z_{20}^{1995}$ 所对应的不同点的个数.

解

∵ 正二十边形每边所对的中心角为 $\dfrac{2\pi}{20}$，若设 $z_1 = \cos\theta + \mathrm{i}\sin\theta$，则由复数乘法几何意义知

$$z_k = (\cos\theta + \mathrm{i}\sin\theta)\left(\cos\dfrac{2(k-1)\pi}{20} + \mathrm{i}\sin\dfrac{2(k-1)\pi}{20}\right), k = 1, 2, \cdots, 20,$$

$$\therefore z_k^{1995} = (\cos 1995\theta + \mathrm{i}\sin 1995\theta)\Big(\cos\frac{2(k-1)\pi}{20}\cdot 1995$$

$$+\mathrm{i}\sin\frac{2(k-1)\pi}{20}\cdot 1995\Big)$$

$$=(\cos 1995\theta+\mathrm{i}\sin 1995\theta)\Big(\cos\frac{2\pi}{20}\cdot 1995$$

$$+\mathrm{i}\sin\frac{2\pi}{20}\cdot 1995\Big)^{k-1}$$

$$=(\cos 1995\theta+\mathrm{i}\sin 1995\theta)\Big(\cos\big(99\times 2\pi+\frac{15\times 2\pi}{20}\big)$$

$$+\mathrm{i}\sin\big(99\times 2\pi+\frac{15\times 2\pi}{20}\big)\Big)^{k-1}$$

$$=(\cos 1995\theta+\mathrm{i}\sin 1995\theta)\Big(\cos\frac{3\pi}{2}+\mathrm{i}\sin\frac{3\pi}{2}\Big)^{k-1}$$

$$=(\cos 1995\theta+\mathrm{i}\sin 1995\theta)(-\mathrm{i})^{k-1}, k=1,2,\cdots,20.$$

由单位虚数 i 的周期性知，z_k^{1995} 共有 4 个不同的值，故它们所对应的不同点有 4 个.

▶**例 10** 设复数 $z=x+y\mathrm{i}(x,y$ 为有理数$)$,且 $|z|=1$.证明：对任意正整数 n,$|z^{2n}-1|$ 是有理数.

证明🔍

令 $z=\cos\theta+\mathrm{i}\sin\theta$,则 $\begin{cases}x=\cos\theta,\\ y=\sin\theta,\end{cases}$ 故 $\cos\theta,\sin\theta$ 为有理数.

因为 $z^{2n}=\cos 2n\theta+\mathrm{i}\sin 2n\theta$,

所以 $|z^{2n}-1|=\sqrt{(\cos 2n\theta-1)^2+\sin^2 2n\theta}=\sqrt{2-2\cos 2n\theta}$

$$=2|\sin n\theta|.$$

下面我们来证明 $\sin n\theta,\cos n\theta$ 是有理数.

当 $n=1$ 时,$\sin\theta,\cos\theta$ 是有理数.

假设当 $n=k$ 时,$\sin k\theta,\cos k\theta$ 是有理数.因为

$$\sin(k+1)\theta=\sin\theta\cdot\cos k\theta+\cos\theta\cdot\sin k\theta,$$

$$\cos(k+1)\theta=\cos\theta\cdot\cos k\theta-\sin\theta\cdot\sin k\theta,$$

所以当 $n=k+1$ 时,$\sin(k+1)\theta,\cos(k+1)\theta$ 也是有理数.

综上可知,对一切 $n\in\mathbf{N}^*$,$\sin n\theta$ 都是有理数.故原命题得证.

▶ **例 11** 已知 $\sin A+\sin 3A+\sin 5A=a$,$\cos A+\cos 3A+\cos 5A=b$.证明：

(1) 当 $b\neq 0$ 时,$\tan 3A=\dfrac{a}{b}$;

(2) $(1+2\cos 2A)^2=a^2+b^2$.

证明

(1) 由已知,得
$$b+a\mathrm{i}=(\cos A+\cos 3A+\cos 5A)+\mathrm{i}(\sin A+\sin 3A+\sin 5A)$$
$$=(\cos A+\mathrm{i}\sin A)+(\cos 3A+\mathrm{i}\sin 3A)+(\cos 5A+\mathrm{i}\sin 5A)$$
$$=(\cos A+\mathrm{i}\sin A)+(\cos A+\mathrm{i}\sin A)^3+(\cos A+\mathrm{i}\sin A)^5$$
$$=(\cos A+\mathrm{i}\sin A)^3((\cos A+\mathrm{i}\sin A)^{-2}+1+(\cos A+\mathrm{i}\sin A)^2)$$
$$=(\cos 3A+\mathrm{i}\sin 3A)(1+2\cos 2A). \qquad (3)$$

∵ $b\neq 0$，∴ 由复数相等的条件得
$$\frac{a}{b}=\frac{(1+2\cos 2A)\sin 3A}{(1+2\cos 2A)\cos 3A}=\tan 3A.$$

(2) 对(1)中的式(3)两边取模得
$$\sqrt{a^2+b^2}=|(1+2\cos 2A)|.$$

对上式两边平方,原式得证.

▶ **例 12** 对给定的 $n\in \mathbf{N}^*$,证明：$\sin 1+\sin 2+\sin 3+\cdots+\sin n\leqslant \dfrac{1}{\sin\dfrac{1}{2}}$.

证明

设 $z=\cos 1+\mathrm{i}\sin 1$,则
$$|\sin 1+\sin 2+\sin 3+\cdots+\sin n|$$
$$\leqslant|(\cos 1+\mathrm{i}\sin 1)+(\cos 2+\mathrm{i}\sin 2)+(\cos 3+\mathrm{i}\sin 3)+\cdots$$
$$+(\cos n+\mathrm{i}\sin n)|$$
$$=|(\cos 1+\mathrm{i}\sin 1)+(\cos 1+\mathrm{i}\sin 1)^2+(\cos 1+\mathrm{i}\sin 1)^3+\cdots$$
$$+(\cos 1+\mathrm{i}\sin 1)^n|$$
$$=|z+z^2+z^3+\cdots+z^n|=\left|z\cdot\frac{1-z^n}{1-z}\right|=\left|\frac{1-\cos n-\mathrm{i}\sin n}{1-\cos 1-\mathrm{i}\sin 1}\right|$$
$$=\frac{|1-\cos n-\mathrm{i}\sin n|}{2\sin\dfrac{1}{2}}\leqslant\frac{1+|\cos n+\mathrm{i}\sin n|}{2\sin\dfrac{1}{2}}$$

$$= \frac{2}{2\sin\frac{1}{2}} = \frac{1}{\sin\frac{1}{2}}.$$

▶ **例 13** 在复平面上,复数 z_1 在联结 $1+i$ 和 $1-i$ 的线段上移动,复数 z_2 在以原点为圆心、1 为半径的圆周上移动. 求:

(1) 复数 z_1^2 的轨迹方程;

(2) 复数 $z_1 \cdot z_2$ 在复平面上移动范围的面积;

(3) 复数 $z_1 + z_2$ 在复平面上移动范围的面积.

解 设 $z_1 = 1 + ti(-1 \leqslant t \leqslant 1), z_2 = \cos\theta + i\sin\theta(0 \leqslant \theta \leqslant 2\pi)$,则 $z_1^2 = (1+ti)^2 = (1-t^2) + 2ti$.

(1) 若设 $z_1^2 = x + yi(x, y \in \mathbf{R})$,则 $\begin{cases} x = 1 - t^2, \\ y = 2t, \end{cases}$

所以轨迹方程为 $y^2 = -4(x-1)(0 \leqslant x \leqslant 1)$.

(2) 因为 $z_1 \cdot z_2 = (1+ti)(\cos\theta + i\sin\theta)$
$$= (\cos\theta - t\sin\theta) + i(\sin\theta + t\cos\theta).$$

若设 $z_1 \cdot z_2 = x + yi(x, y \in \mathbf{R})$,则 $\begin{cases} x = \cos\theta - t\sin\theta, \\ y = \sin\theta + t\cos\theta, \end{cases}$

所以 $x^2 + y^2 = 1 + t^2$.

故 $z_1 \cdot z_2$ 构成的图形是以原点为圆心、$\sqrt{1+t^2}$ 为半径的同心圆系构成的区域.

因为 $|t| \leqslant 1$,所以 $r_{\min} = 1, r_{\max} = \sqrt{2}$.

$2\pi - \pi = \pi$,即 $z_1 \cdot z_2$ 移动范围的面积为 π.

(3) 因为 $z_1 + z_2 = 1 + \cos\theta + i(t + \sin\theta)$,

若设 $z_1 + z_2 = x + yi(x, y \in \mathbf{R})$,则 $\begin{cases} x = 1 + \cos\theta, \\ y = t + \sin\theta, \end{cases}$

所以 $(x-1)^2 + (y-t)^2 = 1$.

所以 $z_1 + z_2$ 的图形是以 $(1, t)$ 为圆心、1 为半径的同心圆系构成的区域. 由 $|t| \leqslant 1$,可得此区域的面积为 $4 + \pi$.

▶ **例 14** 设 n 个复数 $z_1, z_2, \cdots, z_n$ 成等比数列,其中 $|z_1| \neq 1$,公比为 q, $|q|=1$,且 $q \neq \pm 1$.复数 $w_1, w_2, \cdots, w_n$ 满足条件:$w_k = z_k + \dfrac{1}{z_k} + h$,其中 $k=0$, $1, \cdots, n$,又 h 为已知实数.证明:复平面内表示 $w_1, w_2, \cdots, w_n$ 的点 $P_1, P_2, \cdots$, P_n 都在一个焦距为 4 的椭圆上.

解 设 $z_1 = r(\cos\alpha + i\sin\alpha)$,$q = \cos\theta + i\sin\theta$,其中 $r \neq 1$,$\theta \neq k\pi$,则
$$z_k = z_1 \cdot q^{k-1} = r(\cos(\alpha+(k-1)\theta) + i\sin(\alpha+(k-1)\theta)),$$
从而 $w_k - h = z_k + \dfrac{1}{z_k} = \left(r + \dfrac{1}{r}\right)\cos(\alpha+(k-1)\theta)$
$$+ i\left(r - \dfrac{1}{r}\right)\sin(\alpha+(k-1)\theta).$$

令 $w_k = x + yi(x, y \in \mathbf{R})$,根据复数相等条件得
$$\begin{cases} x - h = \left(r + \dfrac{1}{r}\right)\cos(\alpha+(k-1)\theta), \\ y = \left(r - \dfrac{1}{r}\right)\sin(\alpha+(k-1)\theta), \end{cases}$$

消去 α, θ 可得
$$\dfrac{(x-h)^2}{\left(r+\dfrac{1}{r}\right)^2} + \dfrac{y^2}{\left(r-\dfrac{1}{r}\right)^2} = 1.$$

这说明点 $P_i(i=1, 2, \cdots, n)$ 都在同一个椭圆上,其焦距为
$$2\sqrt{\left(r+\dfrac{1}{r}\right)^2 - \left(r-\dfrac{1}{r}\right)^2} = 4.$$

▶ **例 15** 求 $\cos\dfrac{\pi}{13} + \cos\dfrac{3\pi}{13} + \cos\dfrac{9\pi}{13}$ 的值.

(《数学通报》2461 号问题)

解 设 $z = \cos\dfrac{\pi}{13} + i\sin\dfrac{\pi}{13}$,则 $z^{13} = \cos\pi + i\sin\pi = -1$.

$\bar{z} = \cos\dfrac{\pi}{13} - i\sin\dfrac{\pi}{13}$,所以 $z\bar{z} = 1$,$\cos\dfrac{\pi}{13} = \dfrac{z+\bar{z}}{2} = \dfrac{z^2+1}{2z}$.

三角函数与复数

所以 $\cos\dfrac{2\pi}{13}=\dfrac{z^4+1}{2z^2}$，$\cos\dfrac{3\pi}{13}=\dfrac{z^6+1}{2z^3}$，

$$\cos\dfrac{4\pi}{13}=\dfrac{z^8+1}{2z^4}, \cos\dfrac{5\pi}{13}=\dfrac{z^{10}+1}{2z^5}, \cos\dfrac{6\pi}{13}=\dfrac{z^{12}+1}{2z^6}.$$

所以 $\cos\dfrac{6\pi}{13}-\cos\dfrac{5\pi}{13}+\cos\dfrac{4\pi}{13}-\cos\dfrac{3\pi}{13}+\cos\dfrac{2\pi}{13}-\cos\dfrac{\pi}{13}$

$$=\dfrac{z^{12}+1}{2z^6}-\dfrac{z^{10}+1}{2z^5}+\dfrac{z^8+1}{2z^4}-\dfrac{z^6+1}{2z^3}+\dfrac{z^4+1}{2z^2}-\dfrac{z^2+1}{2z}$$

$$=\dfrac{z^{12}-z^{11}+z^{10}-z^9+z^8-z^7+z^6-z^5+z^4-z^3+z^2-z+1}{2z^6}-\dfrac{z^6}{2z^6}$$

$$=-\dfrac{1}{2}.$$

设 $x=\cos\dfrac{\pi}{13}+\cos\dfrac{3\pi}{13}+\cos\dfrac{9\pi}{13}$，则 $2x^2-x$

$$=2\left(\cos\dfrac{\pi}{13}+\cos\dfrac{3\pi}{13}+\cos\dfrac{9\pi}{13}\right)^2-\left(\cos\dfrac{\pi}{13}+\cos\dfrac{3\pi}{13}+\cos\dfrac{9\pi}{13}\right)$$

$$=2\left(\cos\dfrac{\pi}{13}+\cos\dfrac{3\pi}{13}-\cos\dfrac{4\pi}{13}\right)^2-\left(\cos\dfrac{\pi}{13}+\cos\dfrac{3\pi}{13}-\cos\dfrac{4\pi}{13}\right)$$

$$=2\left(\cos^2\dfrac{\pi}{13}+\cos^2\dfrac{3\pi}{13}+\cos^2\dfrac{4\pi}{13}\right)+4\left(\cos\dfrac{\pi}{13}\cdot\cos\dfrac{3\pi}{13}-\cos\dfrac{3\pi}{13}\cdot\cos\dfrac{4\pi}{13}-\right.$$

$$\left.\cos\dfrac{\pi}{13}\cdot\cos\dfrac{4\pi}{13}\right)-\cos\dfrac{\pi}{13}\cdot\cos\dfrac{3\pi}{13}+\cos\dfrac{4\pi}{13}$$

$$=3+\cos\dfrac{2\pi}{13}+\cos\dfrac{6\pi}{13}+\cos\dfrac{8\pi}{13}$$

$$+2\left(\cos\dfrac{4\pi}{13}+\cos\dfrac{2\pi}{13}-\cos\dfrac{7\pi}{13}-\cos\dfrac{\pi}{13}-\cos\dfrac{5\pi}{13}-\cos\dfrac{3\pi}{13}\right)-\cos\dfrac{\pi}{13}-\cos\dfrac{3\pi}{13}+\cos\dfrac{4\pi}{13}$$

$$=3+3\left(\cos\dfrac{6\pi}{13}-\cos\dfrac{5\pi}{13}+\cos\dfrac{4\pi}{13}-\cos\dfrac{3\pi}{13}+\cos\dfrac{2\pi}{13}-\cos\dfrac{\pi}{13}\right)$$

$$=3+3\cdot\left(-\dfrac{3}{2}\right)=\dfrac{3}{2}.$$

即 $2x^2-x=\dfrac{3}{2}$，且 $x>0$，所以 $x=\dfrac{1+\sqrt{13}}{4}.$

即 $\cos\dfrac{\pi}{13}+\cos\dfrac{3\pi}{13}+\cos\dfrac{9\pi}{13}=\dfrac{1+\sqrt{13}}{4}.$

知识桥

三、复数的除法与开方

1. 除法法则

设 $z_1 = r_1(\cos\theta_1 + i\sin\theta_1)$,$z_2 = r_2(\cos\theta_2 + i\sin\theta_2)$,则

$$\frac{z_1}{z_2} = \frac{r_1}{r_2}(\cos(\theta_1 - \theta_2) + i\sin(\theta_1 - \theta_2)).$$

2. 几何意义

$z_1 = r_1(\cos\theta_1 + i\sin\theta_1)$,$z_2 = r_2(\cos\theta_2 + i\sin\theta_2)$ 在复平面内对应的向量为 $\overrightarrow{OP_1}$,$\overrightarrow{OP_2}$. 把 $\overrightarrow{OP_1}$ 按顺时针方向旋转 θ_2,再把它的模变为原来的 $\frac{1}{r_2}$,所得向量 $\overrightarrow{OP}$ 就表示 $\frac{z_1}{z_2}$.

3. 复数的开方

设 $z = r(\cos\theta + i\sin\theta)$,则

$$\sqrt[n]{z} = \sqrt[n]{r}\left(\cos\frac{2k\pi + \theta}{n} + i\sin\frac{2k\pi + \theta}{n}\right)(k = 0, 1, 2, \cdots, n-1).$$

训练营

▶ **例 16** 已知复数 $z_1 = \cos\frac{2\pi}{3} + i\sin\frac{2\pi}{3}$,$z_2 = \cos\frac{11\pi}{6} + i\sin\frac{11\pi}{6}$,求 $\arg\left(\frac{2z_1^2}{z_2}\right)$.

解

$$\frac{2z_1^2}{z_2} = \frac{2\left(\cos\frac{4\pi}{3} + i\sin\frac{4\pi}{3}\right)}{\cos\frac{11\pi}{6} + i\sin\frac{11\pi}{6}} = 2\left(\cos\left(\frac{4\pi}{3} - \frac{11\pi}{6}\right) + i\sin\left(\frac{4\pi}{3} - \frac{11\pi}{6}\right)\right)$$

$$= 2\left(\cos\left(-\frac{\pi}{2}\right) + i\sin\left(-\frac{\pi}{2}\right)\right) = 2\left(\cos\frac{3\pi}{2} + i\sin\frac{3\pi}{2}\right),$$

所以 $\arg\left(\dfrac{2z_1^2}{z_2}\right)=\dfrac{3\pi}{2}$.

▶ **例 17** 设 $z_1,z_2\in\mathbf{C}$,$|z_1|=1$,$|z_2|=4$,$z_1-z_2=1-2\sqrt{3}\mathrm{i}$,求 $\dfrac{z_1}{z_2}$.

解

设 $z_1=\cos\alpha+\mathrm{i}\sin\alpha$,$z_2=4(\cos\beta+\mathrm{i}\sin\beta)$. 因为 $z_1-z_2=1-2\sqrt{3}\mathrm{i}$,

所以
$$\begin{cases}\cos\alpha-4\cos\beta=1, & (4)\\ \sin\alpha-4\sin\beta=-2\sqrt{3}. & (5)\end{cases}$$

$(4)^2+(5)^2$ 得 $1+16-8\cos(\alpha-\beta)=13$,$\cos(\alpha-\beta)=\dfrac{1}{2}$,

所以 $\sin(\alpha-\beta)=\pm\dfrac{\sqrt{3}}{2}$.

所以
$$\dfrac{z_1}{z_2}=\left|\dfrac{z_1}{z_2}\right|\cdot(\cos(\alpha-\beta)+\mathrm{i}\sin(\alpha-\beta))$$

$$=\dfrac{1}{4}\left(\dfrac{1}{2}\pm\dfrac{\sqrt{3}}{2}\mathrm{i}\right)=\dfrac{1}{8}\pm\dfrac{\sqrt{3}}{8}\mathrm{i}.$$

▶ **例 18** 设 $z=\cos\theta+\mathrm{i}\sin\theta(0<\theta<\pi)$,$w=\dfrac{1-(\overline{z})^4}{1+z^4}$,且 $|w|=\dfrac{\sqrt{3}}{3}$,$\arg w<\dfrac{\pi}{2}$,求 θ.

解

$$w=\dfrac{1-(\cos(-\theta)+\mathrm{i}\sin(-\theta))^4}{1+(\cos\theta+\mathrm{i}\sin\theta)^4}=\dfrac{1-\cos(-4\theta)-\mathrm{i}\sin(-4\theta)}{1+\cos4\theta+\mathrm{i}\sin4\theta}$$

$$=\dfrac{2\sin^2 2\theta+2\sin 2\theta\cdot\cos 2\theta\cdot\mathrm{i}}{2\cos^2 2\theta+2\sin 2\theta\cdot\cos 2\theta\cdot\mathrm{i}}=\tan 2\theta\cdot(\sin 4\theta+\mathrm{i}\cos 4\theta).$$

因为 $|w|=|\tan 2\theta|=\dfrac{\sqrt{3}}{3}$,所以 $\tan 2\theta=\pm\dfrac{\sqrt{3}}{3}$.

又因为 $0<\theta<\pi$,所以当 $\tan 2\theta=\dfrac{\sqrt{3}}{3}$ 时,得 $\theta=\dfrac{\pi}{12}$ 或 $\theta=\dfrac{7}{12}\pi$,这时都有

$$w = \frac{\sqrt{3}}{3}\left(\sin\frac{\pi}{3} + i\cos\frac{\pi}{3}\right) = \frac{\sqrt{3}}{3}\left(\cos\frac{\pi}{6} + i\sin\frac{\pi}{6}\right),$$

得 $\arg w = \frac{\pi}{6} < \frac{\pi}{2}$. 所以 $\theta = \frac{\pi}{12}$ 或 $\theta = \frac{7}{12}\pi$ 都满足题意.

当 $\tan 2\theta = -\frac{\sqrt{3}}{3}$ 时,得 $\theta = \frac{5}{12}\pi$ 或 $\theta = \frac{11}{12}\pi$,这时都有

$$w = -\frac{\sqrt{3}}{3}\left(\sin\frac{5}{3}\pi + i\cos\frac{5}{3}\pi\right) = \frac{\sqrt{3}}{3}\left(\cos\frac{11\pi}{6} + i\sin\frac{11\pi}{6}\right),$$

得 $\arg w = \frac{11}{6}\pi > \frac{1}{2}\pi$. 所以 $\theta = \frac{5}{12}\pi$ 或 $\theta = \frac{11}{12}\pi$ 都不满足题意,应舍去.

综上所述,所求的 $\theta = \frac{\pi}{12}$ 或 $\frac{7}{12}\pi$.

▶ **例 19** 已知 $z = 1 + i$,求 $\sqrt[n]{z}$.

解

$$z = 1 + i = \sqrt{2}\left(\cos\frac{\pi}{4} + i\sin\frac{\pi}{4}\right),$$

所以 $\sqrt[n]{z} = \sqrt[2n]{2}\left(\cos\dfrac{2k\pi + \dfrac{\pi}{4}}{n} + i\sin\dfrac{2k\pi + \dfrac{\pi}{4}}{n}\right)$ $(k = 0, 1, 2, \cdots, n-1)$.

知识桥

四、复数的指数形式

1. 复数的指数形式

复数的三角形式也可以用指数形式表示为:

$$z = re^{i\theta}.$$

在复数的乘法、除法等方面,指数形式有一定的优势.

2. 欧拉公式

$$e^{i\theta} = \cos\theta + i\sin\theta.$$

3. 一些结论

若 $z = \cos\theta + i\sin\theta = e^{i\theta}, n \in \mathbf{N}^*$，则：

$$\cos n\theta = \mathrm{Re}(z^n) = \frac{z^{2n}+1}{2z^n};$$

$$\sin n\theta = \mathrm{Im}(z^n) = \frac{z^{2n}-1}{2z^n i};$$

$$\tan n\theta = \frac{z^{2n}-1}{(z^{2n}+1)i};$$

$$1 - z = -2i\sin\frac{\theta}{2}\left(\cos\frac{\theta}{2} + i\sin\frac{\theta}{2}\right) = -2i\sin\frac{\theta}{2} \cdot e^{i\cdot\frac{\theta}{2}};$$

$$1 + z = 2\cos\frac{\theta}{2}\left(\cos\frac{\theta}{2} + i\sin\frac{\theta}{2}\right) = 2\cos\frac{\theta}{2} \cdot e^{i\cdot\frac{\theta}{2}}.$$

训练营

▶ **例 20** 已知方程 $z^n = 1 (n \geq 2, n \in \mathbf{N})$ 的 n 个根分别为 $1, z_1, z_2, \cdots, z_{n-1}$，求 $\dfrac{1}{1-z_1} + \dfrac{1}{1-z_2} + \cdots + \dfrac{1}{1-z_{n-1}}$.

分析 由已知易得

$$z_k = \cos\frac{2k\pi}{n} + i\sin\frac{2k\pi}{n} \quad (k = 1, 2, \cdots, n-1).$$

利用复数除法可化简 $\dfrac{1}{1-z_k}(k=1,2,\cdots,n-1)$，利用有关的三角知识可得本题的解.

解 $\because z_1, z_2, \cdots, z_{n-1}$ 均为方程 $z^n = 1 (n \geq 2, n \in \mathbf{N})$ 的根，

$\therefore z_k = \cos\dfrac{2k\pi}{n} + i\sin\dfrac{2k\pi}{n} \quad (k=1,2,\cdots,n-1).$

$$\frac{1}{1-z_k} = \frac{1}{\left(1-\cos\dfrac{2k\pi}{n}\right) - i\sin\dfrac{2k\pi}{n}} = \frac{1}{2\sin\dfrac{k\pi}{n}\left(\sin\dfrac{k\pi}{n} - i\cos\dfrac{k\pi}{n}\right)}$$

$$=\frac{\sin\frac{k\pi}{n}+i\cos\frac{k\pi}{n}}{2\sin\frac{k\pi}{n}}(k=1,2,\cdots,n-1).$$

于是 $\quad\dfrac{1}{1-z_1}+\dfrac{1}{1-z_2}+\cdots+\dfrac{1}{1-z_{n-1}}=\displaystyle\sum_{k=1}^{n-1}\left(\dfrac{1}{2}+\dfrac{1}{2}\cot\dfrac{k\pi}{n}\cdot i\right).$

无论 n 是奇数还是偶数,都有 $\displaystyle\sum_{k=1}^{n-1}\cot\dfrac{k\pi}{n}=0,$

∴ $\quad\dfrac{1}{1-z_1}+\dfrac{1}{1-z_2}+\cdots+\dfrac{1}{1-z_{n-1}}=\dfrac{n-1}{2}.$

▶ **例 21** 证明:$\cos^n\theta=\dfrac{1}{2^n}\displaystyle\sum_{k=0}^{n}C_n^k\cos(n-2k)\theta,n\in\mathbf{N}^*.$

分析 由复数的指数形式易知 $\cos^n\theta=\left(\dfrac{e^{i\theta}+e^{-i\theta}}{2}\right)^n$,再利用二项式定理展开上式.

证明

由复数的指数形式及二项式定理,得

$$\cos^n\theta=\left(\frac{e^{i\theta}+e^{-i\theta}}{2}\right)^n=\frac{1}{2^n}\sum_{k=0}^{n}C_n^k(e^{i\theta})^{n-k}(e^{-i\theta})^k=\frac{1}{2^n}\sum_{k=0}^{n}C_n^k e^{i(n-2k)\theta}$$

$$=\frac{1}{2^n}\sum_{k=0}^{n}C_n^k\cos(n-2k)\theta.$$

点评

最后一步成立是因为:由欧拉公式,其和是实数,故每一项仅剩下实部,由 $C_n^k=C_n^{n-k}$ 及 $\sin(-x)=-\sin x$,虚部都抵消了.

对于 $n=2,3,4$ 的情形,再利用 $\cos(-x)=\cos x$,此恒等式可简化为 $\cos^2\theta=\dfrac{1+\cos2\theta}{2},\cos^3\theta=\dfrac{3\cos\theta+\cos3\theta}{4},\cos^4\theta=\dfrac{3+4\cos2\theta+\cos4\theta}{8}.$ 这些公式是很有用处的.

▶ **例 22** 设 n 是一个大于 3 的素数,求 $\left(1+2\cos\dfrac{2\pi}{n}\right)\left(1+2\cos\dfrac{4\pi}{n}\right)\cdot\left(1+2\cos\dfrac{6\pi}{n}\right)\cdots\left(1+2\cos\dfrac{2k\pi}{n}\right)$ 的值.

解

设 $w=\mathrm{e}^{\frac{2\pi i}{n}}$,则 $w^n=1, w^{-\frac{n}{2}}=\mathrm{e}^{-\pi i}=-1, 2\cos\dfrac{2k\pi}{n}=w^k+w^{-k}$.

所以 $\displaystyle\prod_{k=1}^{n}\left(1+2\cos\dfrac{2k\pi}{n}\right)=\prod_{k=1}^{n}(1+w^k+w^{-k})$

$=\displaystyle\prod_{k=1}^{n}w^{-k}(w^{2k}+w^k+1)=w^{-\frac{n(n+1)}{2}}\cdot 3\prod_{k=1}^{n-1}\dfrac{1-w^{3k}}{1-w^k}$

$=(-1)^{n+1}\cdot 3\displaystyle\prod_{k=1}^{n-1}\dfrac{1-w^{3k}}{1-w^k}.$

因为 n 为大于 3 的素数,所以 $(-1)^{n+1}=1$,且 $3,3\times 2,\cdots,3(n-1)$ 被 n 除的余数互不相同,从而

$$\prod_{k=1}^{n-1}(1-w^{3k})=\prod_{k=1}^{n-1}(1-w^k),$$

于是 $\displaystyle\prod_{k=1}^{n}\left(1+2\cos\dfrac{2k\pi}{n}\right)=3.$

▶ **例 23** n 是正整数,$a_j(j=1,2,\cdots,n)$ 为复数,且对集合 $\{1,2,\cdots,n\}$ 的任一非空子集 I,均有 $\left|\displaystyle\prod_{j\in I}(1+a_j)-1\right|\leqslant\dfrac{1}{2}$. 试证:$\displaystyle\sum_{j=1}^{n}|a_j|<3.$

证明

设 $1+a_j=r_j\mathrm{e}^{\mathrm{i}\theta_j}, r_j\geqslant 0, |\theta_j|\leqslant\pi, j=1,2,\cdots,n$,则题设条件变为

$$\left|\prod_{j\in I}r_j\cdot\mathrm{e}^{\mathrm{i}\sum_{j\in I}\theta_j}-1\right|\leqslant\dfrac{1}{2}. \tag{6}$$

先证如下引理:设 r,θ 为实数,

$r\geqslant 0, |\theta|\leqslant\pi, |r\mathrm{e}^{\mathrm{i}\theta}-1|\leqslant\dfrac{1}{2},$

则 $\dfrac{1}{2}\leqslant r\leqslant\dfrac{3}{2}, |\theta|\leqslant\dfrac{\pi}{6},$

$|r\mathrm{e}^{\mathrm{i}\theta}-1|\leqslant|r-1|+|\theta|.$

如图 9.2 所示,由复数的几何意义,有

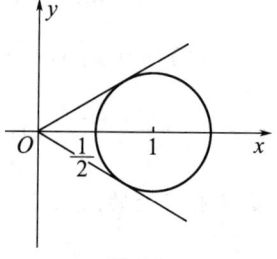

图 9.2

$$\frac{1}{2} \leqslant r \leqslant \frac{3}{2}, |\theta| \leqslant \frac{\pi}{6}.$$

又 $|re^{i\theta}-1| = |r(\cos\theta+i\sin\theta)-1|$

$$= |(r-1)(\cos\theta+i\sin\theta)+((\cos\theta-1)+i\sin\theta)|$$

$$\leqslant |r-1| + \sqrt{(\cos\theta-1)^2+\sin^2\theta}$$

$$= |r-1| + \sqrt{2(1-\cos\theta)}$$

$$= |r-1| + 2\left|\sin\frac{\theta}{2}\right| \leqslant |r-1|+|\theta|.$$

引理得证.

由式(6)及引理,对集合 I 用数学归纳法知

$$\frac{1}{2} \leqslant \prod_{j\in I} r_j \leqslant \frac{3}{2}, \left|\sum_{j\in I}\theta_j\right| \leqslant \frac{\pi}{6}, \tag{7}$$

$$|a_j| = |r_j e^{i\theta_j}-1| \leqslant |r_j-1|+|\theta_j|,$$

因此 $\sum_{j=1}^n |a_j| \leqslant \sum_{j=1}^n |r_j-1| + \sum_{j=1}^n |\theta_j|$

$$= \sum_{r_j \geqslant 1} |r_j-1| + \sum_{r_j<1} |r_j-1| + \sum_{\theta_j \geqslant 0} |\theta_j| + \sum_{\theta_j<0} |\theta_j|.$$

由式(7)知

$$\sum_{r_j \geqslant 1} |r_j-1| = \sum_{r_j \geqslant 1}(r_j-1) \leqslant \prod_{r_j \geqslant 1}(1+(r_j-1))-1 \leqslant \frac{3}{2}-1 = \frac{1}{2},$$

$$\sum_{r_j<1} |r_j-1| = \sum_{r_j<1}(1-r_j) \leqslant \prod_{r_j<1}(1-(1-r_j))^{-1}-1 \leqslant 2-1 = 1,$$

$$\sum_{\theta_j \geqslant 0} |\theta_j| + \sum_{\theta_j<0} |\theta_j| = \sum_{\theta_j \geqslant 0}\theta_j - \sum_{\theta_j<0}\theta_j \leqslant \frac{\pi}{6}-\left(-\frac{\pi}{6}\right) = \frac{\pi}{3}.$$

综上,有 $\sum_{j=1}^n |a_j| \leqslant \frac{1}{2}+1+\frac{\pi}{3} < 3.$

▶ **例 24** 求最小的正实数 λ,使得对任意 3 个复数 $z_1,z_2,z_3 \in \{z \in \mathbf{C}||z|<1\}$,若 $z_1+z_2+z_3=0$,则 $|z_1z_2+z_2z_3+z_3z_1|^2+|z_1z_2z_3|^2<\lambda$.

(第 57 届 IMO 中国国家队选拔考试试题)

解

当 $z_k = re^{\frac{z(k-1)\pi i}{3}}$ 时($k=1,2,3$),有 $z_1+z_2+z_3=0$,且 $|z_1z_2+z_2z_3+z_3z_1|^2+|z_1z_2z_3|^2 = r^6 < 1$. 当 $r \to 1$ 时,有 $r^6 \to 1$,故 $\lambda \geqslant 1$.

下面我们证明,对任意 $z_1,z_2,z_3 \in \{z \in \mathbf{C}||z|<1\}$,若 $z_1+z_2+z_3=0$,则

$$|z_1z_2+z_2z_3+z_3z_1|^2+|z_1z_2z_3|^2<1.$$

不妨设 $|z_1|=\max\{|z_1|,|z_2|,|z_3|\}$,根据条件知 $|z_1|<1$,于是

$$|z_1z_2+z_2z_3+z_3z_1|^2+|z_1z_2z_3|^2$$

$$=|z_1|^4\cdot\left|\frac{z_2}{z_1}+\frac{z_3}{z_1}+\frac{z_2}{z_1}\cdot\frac{z_3}{z_1}\right|^2+|z_1|^6\cdot\left|\frac{z_2}{z_1}\cdot\frac{z_3}{z_1}\right|^2$$

$$=|z_1|^4\cdot\left|\frac{z_2}{z_1}\cdot\frac{z_3}{z_1}-1\right|^2+|z_1|^6\cdot\left|\frac{z_2}{z_1}\cdot\frac{z_3}{z_1}\right|^2$$

$$<\left|\frac{z_2}{z_1}\cdot\frac{z_3}{z_1}-1\right|^2+\left|\frac{z_2}{z_1}\cdot\frac{z_3}{z_1}\right|^2.$$

令 $\frac{z_2}{z_1}=\alpha, \frac{z_3}{z_1}=\beta$,则 $|\alpha|\leqslant 1, |\beta|\leqslant 1$,且 $\alpha+\beta=-1$.于是我们只需证明:

$$|\alpha\beta-1|^2+|\alpha\beta|^2\leqslant 1.$$

而

$$|\alpha\beta-1|^2+|\alpha\beta|^2=(\alpha\beta-1)(\overline{\alpha\beta}-1)+\alpha\beta\cdot\overline{\alpha\beta}=2\left(\alpha\beta-\frac{1}{2}\right)\left(\overline{\alpha\beta}-\frac{1}{2}\right)+\frac{1}{2}=$$

$$2\left|\alpha\beta-\frac{1}{2}\right|^2+\frac{1}{2},$$

故我们只需证明:

$$\left|\alpha\beta-\frac{1}{2}\right|^2\leqslant\frac{1}{4}.$$

设 $\alpha=-\frac{1}{2}+(a+bi), \beta=-\frac{1}{2}-(a+bi)$,不失一般性,假设 $a\geqslant 0$,则 $|\beta|^2=\left(\frac{1}{2}+a\right)^2+b^2\leqslant 1$,也即 $a^2+b^2+a\leqslant\frac{3}{4}$.故 $b^2\in\left[0,\frac{3}{4}-a^2-a\right]$,且 $a\in\left[0,\frac{1}{2}\right]$.此时

$$\left|\alpha\beta-\frac{1}{2}\right|^2=\left|\frac{1}{4}-(a+bi)^2-\frac{1}{2}\right|^2=\left|\left(a^2-b^2+\frac{1}{4}\right)+2abi\right|^2$$

$$=\left(a^2-b^2+\frac{1}{4}\right)+4a^2b^2$$

$$=(a^2-b^2)^2+\frac{a^2-b^2}{2}+\frac{1}{16}+4a^2b^2$$

$$=(a^2+b^2)^2+\frac{a^2-b^2}{2}+\frac{1}{16}$$

$$=b^4+\frac{(4a^2-1)b^2}{2}+\left(a^4+\frac{a^2}{2}+\frac{1}{16}\right)$$

记 $f(x)=x^2+\dfrac{(4a^2-1)x}{2}+\left(a^4+\dfrac{a^2}{2}+\dfrac{1}{16}\right)=(a^2+x)^2+\dfrac{a^2-x}{2}+\dfrac{1}{16}$,则根据二次函数的性质知:$\left|\alpha\beta-\dfrac{1}{2}\right|^2=f(b^2)\leqslant\max\left\{f(0),f\left(\dfrac{3}{4}-a^2-a\right)\right\}$.而

$$f(0)=a^4+\dfrac{a^2}{2}+\dfrac{1}{16}\leqslant\left(\dfrac{1}{2}\right)^4+\dfrac{\left(\dfrac{1}{2}\right)^2}{2}+\dfrac{1}{16}=\dfrac{1}{4},\text{且}$$

$$f\left(\dfrac{3}{4}-a^2-a\right)=\left(a^2+\left(\dfrac{3}{4}-a^2-a\right)\right)^2+\dfrac{a^2-\left(\dfrac{3}{4}-a^2-a\right)}{2}+\dfrac{1}{16}$$

$$=\left(\dfrac{3}{4}-a\right)^2+\dfrac{2a^2+a-\dfrac{3}{4}}{2}+\dfrac{1}{16}$$

$$=(2a-1)a+\dfrac{1}{4}\leqslant\dfrac{1}{4}.$$

于是知 $\left|\alpha\beta-\dfrac{1}{2}\right|^2\leqslant\dfrac{1}{4}$.

综上所述,λ 的最小值为 1.

演习场

习题 9

1. 复数 z 满足 $\left|z^2+\dfrac{1}{z^2}\right|=1$，求 $\arg z$ 的取值范围.

2. 复平面内，$\triangle OAB$ 的顶点 A,B 分别对应复数 z_1,z_2（O 为原点），且满足 $z_1-(1+\mathrm{i})z_2=0$ 和 $|z_2-2-2\mathrm{i}|=2$. 求 $\triangle OAB$ 面积的最大值与最小值.

3. 已知复数 z 的模为 1，求 $u=\dfrac{(z+4)^2-(\bar z+4)^2}{4\mathrm{i}}$ 的最大值.

4. 平行四边形 $OABC$ 的顶点在原点，点 A 在直线 $y=x+2(|x|\leqslant 1)$ 上移动，点 C 在单位圆上移动，求点 B 的轨迹所成图形的面积.

5. 设复数数列 $\{z_n\}$ 是首项为 48，公比为 $\dfrac{\sqrt 6}{4}+\dfrac{\sqrt 2}{4}\mathrm{i}$ 的等比数列，它的实数项不改变原来的顺序组成的数列为 $\{a_n\}$，求 $\sum\limits_{k=1}^{+\infty}a_k$.

6. 已知 z_1,z_2,z_3 的辐角分别为 α,β,γ，又 $|z_1|=1$，$|z_2|=k$，$|z_3|=2-k$，且 $z_1+z_2+z_3=0$，求 $\cos(\beta-\gamma)$ 的取值范围.

7. 非零复数 z_1,z_2 的辐角分别为 θ_1,θ_2. 若 $z_1+z_2=5\mathrm{i}$，$|z_1z_2|=14$，求 $\cos(\theta_1-\theta_2)$ 的最大值，并求 $\cos(\theta_1-\theta_2)$ 取得最小值时 z_1,z_2 的值.

8. 已知 $\alpha^{2012}+\beta^{2012}$ 表示以 $\alpha+\beta,\alpha\beta$ 为变元的二元多项式，求这个多项式的系数的和.

9. 已知复数列 $\{a_n\}$ 的通项为 $a_n=(1+\mathrm{i})\left(1+\dfrac{\mathrm{i}}{\sqrt 2}\right)\left(1+\dfrac{\mathrm{i}}{\sqrt 3}\right)\cdots\left(1+\dfrac{\mathrm{i}}{\sqrt n}\right)$，求 $|a_n-a_{n+1}|$.

10. 已知复数 z 满足 $|z|=1$，$w=z^4-z^3-3z^2\mathrm{i}-z+1$，求使 $|w|$ 取得最小值的复数 z.

11. 已知复数 z_1 满足 $|z_1-z_0|=\sqrt 2$，$\arg z_1=\dfrac{5}{12}\pi$，$z_0-(1+\mathrm{i})z_1=0$.

(1) 求 z_1 与 z_0；

(2) 证明：在所有满足条件 $|z-z_0|=\sqrt 2$ 的复数 z 中，z_1 的辐角主值最小.

12. 已知方程 $z^2-(2\cos\theta+\mathrm{i}\sin^2\theta)z+\mathrm{i}\cos\theta(1-\cos 2\theta)=0(\theta\in\mathbf R)$ 的两根之差是复数 $b+c\mathrm{i}(b,c\in\mathbf R)$，求抛物线 $y=-x^2+bx+c$ 的焦点的轨迹方程.

13. 对于 $x \in \mathbf{R}$, 试求函数 $y = \sqrt{x^2+x+1} - \sqrt{x^2-x+1}$ 的值域.

14. 已知 $x, y, A, B \in \mathbf{R}, A = x\cos^2\theta + y\sin^2\theta, B = x\sin^2\theta + y\cos^2\theta$. 证明: $x^2 + y^2 \geqslant A^2 + B^2$.

15. 对 $n \in \mathbf{N}^*$, 令 S_n 为 $\sum_{k=1}^{n} \sqrt{(2k-1)^2 + a_k^2}$ 的最小值, 其中 $a_1, a_2, \cdots, a_n$ 为正实数, 其和为 17. 若存在唯一的 n 使 S_n 也为整数, 求 n.

16. 在锐角 $\triangle ABC$ 中, $\tan A = m, \tan B = m - 2$. 证明: $m > \sqrt{2} + 1$.

17. 复数 z_1, z_2, z_3, z_4, z_5 满足:
$$\begin{cases} |z_1| \leqslant 1, \\ |z_2| \leqslant 1, \\ |2z_3 - (z_1+z_2)| \leqslant |z_1-z_2|, \\ |2z_4 - (z_1+z_2)| \leqslant |z_1-z_2|, \\ |2z_5 - (z_3+z_4)| \leqslant |z_3-z_4|. \end{cases}$$
求 $|z_5|$ 的最大值.

18. 求使 $\prod_{k=0}^{10} \cos 2^k \theta \neq 0$ 及 $\prod_{k=0}^{10} \left(1 + \frac{1}{\cos 2^k \theta}\right) = 1$ 成立的最大实数 $\theta (\theta < \pi)$.

(2015 年哈佛—麻省理工数学竞赛)

19. 已知 w, z 是满足 $|w+z| = 1$ 和 $|w^2+z^2| = 1$ 的复数, 求 $|w^3+z^3|$ 的最小值.

(2014 年哈佛—麻省理工数学竞赛)

20. 设 D 为锐角 $\triangle ABC$ 内一点, $\angle ADB = \angle ACB + 90°$, 且 $AC \cdot BD = AD \cdot BC$. 求 $\dfrac{AB \cdot CD}{AC \cdot BD}$ 的值.

21. 证明: $\gcd(a, b) = \dfrac{1}{a} \sum_{m=0}^{a-1} \sum_{n=0}^{a-1} e^{2\pi i \frac{mnb}{a}}$.

(2013 年清华大学保送生数学考试)

22. 设 m, n 均为正整数, 求 $\sum_{k=0}^{m-1} \cos \dfrac{2k\pi}{m} + \sum_{k=0}^{n-1} \sin \dfrac{2k\pi}{n}$ 的值.

(2017 年全国高中数学联赛广东省预赛题)

23. 已知单位圆的内接正 n 边形 $A_1 A_2 \cdots A_n$ 及圆周上一点 P. 证明:
$$\sum_{k=1}^{n} |PA_k|^2 = 2n.$$

24. 在 $\triangle ABC$ 中,已知 $\angle A = 60°$,过该三角形的内心 I 作直线平行于 AC 交 AB 于点 F.在 BC 边上取点 P,使得 $3BP = BC$.求证:$\angle BFP = \dfrac{1}{2}\angle B$.

(第 32 届 IMO 预选题)

25. 在 $\triangle ABC$ 中,$\angle C = 30°$,O 是外心,I 是内心,边 AC 上的点 D 与边 BC 上的点 E 使得 $AD = BE = AB$.求证:$OI \perp DE$ 且 $OI = DE$.

26. 若 P 是圆内接正 $2n+1$ 边形 $A_1 A_2 \cdots A_{2n+1}$ 的外接圆弧 $\overparen{A_1 A_{2n+1}}$ 上一点,求证:$PA_1 + PA_3 + \cdots + PA_{2n+1} = PA_2 + PA_4 + \cdots + PA_{2n}$.

第十讲 复数与方程

知识桥

若 $f(x)$ 是数域 F 上的一元 n 次多项式,则 $f(x)=0$ 是一元 n 次方程.若数域 F 中的数 α 满足该方程,则称 α 是数域 F 中的根(或解).

一、复系数一元多项式的根

1799 年,德国数学家高斯证明了如下这条多项式理论中极为重要的定理.

定理 1 (代数基本定理)任何 $n(n \geqslant 1)$ 次多项式 $f(x)$ 至少有一个复数根.

推论 1 任何 $n(n \geqslant 1)$ 次多项式 $f(x)$ 有且只有 n 个复数根,这里 k 重根算 k 个根.

推论 2 (唯一分解定理)如果不考虑因子的顺序,则每一个非常数的复系数多项式 $f(x)$ 可唯一分解为 $f(x)=A\,(x-\alpha_1)^{m_1}(x-\alpha_2)^{m_2}\cdots(x-\alpha_s)^{m_s}$ 的形式,其中 $\alpha_i(i=1,2,\cdots,s)$ 为多项式 $f(x)$ 所有不同的复数根, $m_j(j=1,2,\cdots,s)$ 是它们的重根数, $\sum\limits_{j=1}^{s} m_j = n$.

二、实系数一元多项式的根

对于实系数一元 $n(n \geqslant 1)$ 次多项式 $f(x)$,由代数基本定理,它最多有 n 个复数根.

定理 2 实系数多项式 $f(x)$ 的虚根 α 和它的共轭虚根成对出现.

1. 二项方程

形如 $a_n x^n + a_0 = 0 (a_0, a_n \in \mathbf{C}, a_n \neq 0)$ 的方程叫作二项方程.任何一个二项方程都可以化成 $x^n = b(b \in \mathbf{C})$ 的形式,都可以通过复数开方来求根.

2. 复数的 n 次方根的几何意义

对 $x^n = b(b \in \mathbf{C})$,其根称为复数 b 的 n 次方根,这 n 个根对应复平面内的 n

个点,这些点均匀分布在以原点为圆心,以 $\sqrt[n]{|b|}$ 为半径的圆上.

三、韦达定理

定理 3 设方程 $a_n x^n + a_{n-1} x^{n-1} + \cdots + a_1 x + a_0 = 0 (a_n \neq 0)$ 有 n 个根 $x_1, x_2, \cdots, x_n$,则

$$\begin{cases} \sum_{i=1}^{n} x_i = -\dfrac{a_{n-1}}{a_n} \text{(各根之和)}, \\ \sum_{1 \leqslant i < j \leqslant n} x_i x_j = \dfrac{a_{n-2}}{a_n} \text{(各根两两乘积之和)}, \\ \sum_{1 \leqslant i < j < k \leqslant n} x_i x_j x_k = -\dfrac{a_{n-3}}{a_n} \text{(各根三三乘积之和)}, \\ \cdots \\ \prod_{i=1}^{n} x_i = (-1)^n \dfrac{a_0}{a_n} \text{(各根之积)}. \end{cases}$$

特别地,对实系数一元二次方程 $ax^2 + bx + c = 0 (a, b, c \in \mathbf{R}, a \neq 0)$,

有 $\begin{cases} x_1 + x_2 = -\dfrac{b}{a}, \\ x_1 x_2 = \dfrac{c}{a}. \end{cases}$

四、有理系数和整系数多项式的根

定理 4 若既约分数 $\dfrac{r}{s}$ 是整系数多项式 $f(x) = a_n x^n + a_{n-1} x^{n-1} + \cdots + a_1 x + a_0$ 的根,则有

(1) $r | a_0, s | a_n$; (2) $f(x) = \left(x - \dfrac{r}{s}\right) g(x)$,其中 $g(x)$ 是整系数多项式.

五、实系数方程根的判别

1. 实系数一元二次方程根的判别

$ax^2 + bx + c = 0 (a, b, c \in \mathbf{R}, a \neq 0)$,判别式 $\Delta = b^2 - 4ac$.

当 $\Delta > 0$ 时,方程有两个不相等的实数根 $x_{1,2} = \dfrac{-b \pm \sqrt{b^2 - 4ac}}{2a}$;

当 $\Delta = 0$ 时,方程有两个相等的实数根 $x_{1,2} = -\dfrac{b}{2a}$.

当 $\Delta<0$ 时,方程有一对共轭虚根 $x_{1,2}=-\dfrac{b}{2a}\pm\dfrac{\sqrt{4ac-b^2}}{2a}\mathrm{i}$.

2. 实系数高次方程根的判别

定理 5 设实系数高次方程 $a_nx^n+a_{n-1}x^{n-1}+\cdots+a_1x+a_0=0(n>1,a_na_0\neq 0)$ 的根为 $x_1,x_2,\cdots,x_n$. 令

$\Delta_1=(n-1)a_{n-1}^2-2na_{n-2}a_n$,

$\Delta_2=(n-1)a_1^2-2na_2a_0$,

则(1) 当 $x_1,x_2,\cdots,x_n$ 都是实数时,$\Delta_1\geqslant 0$ 且 $\Delta_2\geqslant 0$;

(2) 当 $\Delta_1<0$ 或 $\Delta_2<0$ 时,$x_1,x_2,\cdots,x_n$ 不全为实数.

证明

由韦达定理有 $\sum\limits_{i=1}^{n}x_i=-\dfrac{a_{n-1}}{a_n}$, $\sum\limits_{1\leqslant i<j\leqslant n}x_ix_j=\dfrac{a_{n-2}}{a_n}$,

于是

$$\begin{aligned}I_1&=\sum_{1\leqslant i<j\leqslant n}(x_i-x_j)^2\\&=\sum_{1\leqslant i<j\leqslant n}(x_i^2+x_j^2-2x_ix_j)\\&=\sum_{1\leqslant i<j\leqslant n}(x_i^2+x_j^2)-2\sum_{1\leqslant i<j\leqslant n}x_ix_j\\&=(n-1)\sum_{i=1}^{n}x_i^2-2\sum_{1\leqslant i<j\leqslant 1}x_ix_j\\&=(n-1)\left(\left(\sum_{i=1}^{n}x_i\right)^2-2\sum_{1\leqslant i<j\leqslant n}x_ix_j\right)-2\sum_{1\leqslant i<j\leqslant n}x_ix_j\\&=(n-1)\left(\sum_{i=1}^{n}x_i\right)^2-2n\sum_{1\leqslant i<j\leqslant n}x_ix_j\\&=(n-1)\left(-\dfrac{a_{n-1}}{a_n}\right)^2-2n\cdot\dfrac{a_{n-2}}{a_n}\\&=\dfrac{\Delta_1}{a_n^2},\end{aligned}$$

故 $\Delta_1=a_n^2\cdot I_1$.

令 $y=\dfrac{1}{x}$,则原方程化为 $a_0y^n+a_1y^{n-1}+a_2y^{n-2}+\cdots+a_{n-1}y+a_n=0$, 此方程的根为 $\dfrac{1}{x_1},\dfrac{1}{x_2},\cdots,\dfrac{1}{x_n}$. 类似地,有

$$I_2=\sum_{1\leqslant i<j\leqslant n}\left(\dfrac{1}{x_i}-\dfrac{1}{x_j}\right)^2=\dfrac{\Delta_2}{a_0^2},$$

故 $\Delta_2 = a_0^2 \cdot I_2$.

所以,当 $x_1, x_2, \cdots, x_n$ 都是实数时,$\Delta_1 = a_n^2 \cdot I_1 \geqslant 0$ 且 $\Delta_2 = a_0^2 \cdot I_2 \geqslant 0$. 结论(1)成立.

由于结论(1)(2)互为逆否命题,故结论(2)也成立.

六、关于多项式整除的一个判别法

定理 6 设 n 次多项式 $f(x)$ 的 n 个根互不相同,并且这些根都是另一个多项式 $g(x)$ 的根,则 $f(x) | g(x)$.

七、拉格朗日插值公式

在复数集上,任何一个次数不超过 n 的多项式都可以唯一表示为:

$$f(x) = \frac{(x-x_1)(x-x_2)\cdots(x-x_n)}{(x_0-x_1)(x_0-x_2)\cdots(x_0-x_n)} f(x_0)$$

$$+ \frac{(x-x_0)(x-x_2)\cdots(x-x_n)}{(x_1-x_0)(x_1-x_2)\cdots(x_1-x_n)} f(x_1) + \cdots$$

$$+ \frac{(x-x_0)(x-x_1)\cdots(x-x_{n-1})}{(x_n-x_0)(x_n-x_1)\cdots(x_n-x_{n-1})} f(x_n),$$

即

$$f(x) = \sum_{i=1}^{n} \left[f(x_i) \cdot \prod_{\substack{0 \leqslant j \leqslant n \\ j \neq i}} \frac{x-x_j}{x_i-x_j} \right]$$

八、1 的 n 次单位根 ε_k 的性质

性质 1 1 的 n 次单位根有 n 个,它们分别是

$$\varepsilon_k = \cos \frac{2k\pi}{n} + i\sin \frac{2k\pi}{n} = e^{\frac{2k\pi}{n}i} (k=0,1,2,\cdots,n-1).$$

性质 2 $(\varepsilon_k)^n = 1, \varepsilon_k = (\varepsilon_1)^k, |\varepsilon_k| = 1 (k=0,1,2,\cdots,n-1)$.

性质 3 当 n 为奇数时,$\varepsilon_0 = 1$ 是其唯一实根,当 n 为偶数时,$\varepsilon_0 = 1, \varepsilon_{\frac{n}{2}} = 1$ 是其两实根. 除实根外,各个虚根成对共轭,即 ε_k 与 ε_{n-k} 互为共轭虚根,且 $\varepsilon_k \cdot \varepsilon_{n-k} = 1 (k=0,1,\cdots,n-1)$.

性质 4 $\{\varepsilon_k\}$ 对于乘法、除法是封闭的,或者说,方程 $x^n - 1 = 0$ 的若干个根的乘积也是这个方程的根,这个方程任意两个根的商(或根的倒数)也是这个方程的根.

性质 5 $1 + \varepsilon_k^p + \varepsilon_k^{2p} + \cdots + \varepsilon_k^{(n-1)p} = \begin{cases} n, p \text{ 是 } n \text{ 的整数倍或 } k=0, \\ 0, p \text{ 不是 } n \text{ 的整数倍且 } k \neq 0. \end{cases}$

特别地，$1+\varepsilon_1+\varepsilon_2+\cdots+\varepsilon_{n-1}=0$，

或 $k\neq 0$ 时，$1+\varepsilon_k+\varepsilon_k^2+\cdots+\varepsilon_k^{n-1}=0$.

性质 6 若 $p_1,p_2,\cdots,p_m$ 是两两互素的正整数，且 $n=p_1p_2\cdots p_m$，则 1 的 n 个 n 次单位根可由 1 的 p_1 个 p_1 次单位根乘以 1 的 p_2 个 p_2 次单位根……乘以 1 的 p_m 个 p_m 次单位根而得到.

性质 7 $\sum_{k=0}^{n-1} x^k = \prod_{k=1}^{n-1}(x-\varepsilon_k)$.

特别地，当 $x=1$ 时，$n=\prod_{k=1}^{n-1}(1-\varepsilon_k)$.

性质 8 ε_k 表示复平面上单位圆周的 n 等分点（即单位圆的内接正 n 边形的顶点），其中 $\varepsilon_0=1$ 是单位圆周与正实轴的交点.

我们将 1 的某个 n 次单位根叫作 1 的 n 次单位原根（简称原根），当且仅当 $m<n$ 时，它不是 1 的 m 次单位根.

例如 1 的 3 次单位原根是 $\omega=-\dfrac{1}{2}+\dfrac{\sqrt{3}}{2}\mathrm{i}$ 和 $\omega^2=-\dfrac{1}{2}-\dfrac{\sqrt{3}}{2}\mathrm{i}$，1 的 4 次单位原根是 i 和 $-\mathrm{i}$.

性质 9 1 的一切 n 次单位原根，可以在所有单位根 $\varepsilon_k(k=0,1,\cdots,n-1)$ 中给予 k 以小于 n 且与 n 互素的一切正整数的值而得出，且 1 的 n 次单位原根的个数，等于小于 n 且与 n 互素的那些数的个数，若将它记为 $\varphi(n)$，则当 p,q 互素时，有 $\varphi(p\cdot q)=\varphi(p)\cdot\varphi(q)$.

性质 10 1 的所有 n 次单位根，等于它的任何一个原根的 n 个接连整数次幂.若 $n=p_1p_2\cdots p_m$，且 $p_1,p_2,\cdots,p_m$ 两两互素，则 1 的一切 n 次单位原根可由 1 的 p_1 次单位原根，1 的 p_2 次单位原根……1 的 p_m 次单位原根相乘而得到.

例如，1 的 12 次单位原根可由 1 的 3 次单位原根 ω,ω^2 与 1 的 4 次单位原根 $\mathrm{i},-\mathrm{i}$ 相乘而得到，为 $\pm\dfrac{\sqrt{3}}{2}\pm\dfrac{\mathrm{i}}{2}$，共 4 个.

性质 11 1 的 n 次单位根中，每一对共轭原根对应着一个圆内接正 n 边多边形，并且反过来也是正确的，即具有 n 条边的圆内接正多边形的个数与 1 的所有 n 次共轭原根的组数相同，为 $\dfrac{1}{2}\varphi(n)$ 个$\bigg($圆内接正 n 边多边形是指把单位圆周 n 等分，每隔 $p\Big(p$ 与 n 互素且小于 $\dfrac{n}{2}\Big)$ 个分点联结而得到的多边形$\bigg)$.

以上性质的证明都不难，作为练习留给读者.

由于有这些性质，1 的 n 次单位根在解题（特别是数学竞赛题）中有着广泛的应用。

训练营

▶ **例 1** 若 $z \in \mathbf{C}$，关于 x 的方程 $x^2 - zx + 4 + 3\mathrm{i} = 0$ 有实数根，求复数 z 的模的最小值.

分析 设方程的实数根为 x_0，$z = a + b\mathrm{i}(a, b \in \mathbf{R})$，从复数相等的角度来考虑.

解 设方程的实数根为 x_0，$z = a + b\mathrm{i}(a, b \in \mathbf{R})$，则
$$x_0^2 - (a + b\mathrm{i})x_0 + 4 + 3\mathrm{i} = 0,$$
即 $(x_0^2 - ax_0 + 4) + (3 - bx_0)\mathrm{i} = 0$，$\therefore \begin{cases} x_0^2 - ax_0 + 4 = 0, \\ 3 - bx_0 = 0. \end{cases}$

又 $\because x_0 \neq 0$，$\therefore a = x_0 + \dfrac{4}{x_0}, b = \dfrac{3}{x_0}$，

$\therefore |z| = \sqrt{a^2 + b^2} = \sqrt{\left(x_0 + \dfrac{4}{x_0}\right)^2 + \left(\dfrac{3}{x_0}\right)^2}$

$= \sqrt{x_0^2 + \dfrac{25}{x_0^2} + 8} \geqslant \sqrt{2\sqrt{x_0^2 \cdot \dfrac{25}{x_0^2}} + 8} = 3\sqrt{2}$，

当且仅当 $x_0^2 = \dfrac{25}{x_0^2}$，即 $x_0 = \pm\sqrt{5}$ 时取等号.

所以 z 的模的最小值为 $3\sqrt{2}$.

点评 虚系数一元二次方程有实根，不能应用"$\Delta > 0$"，而应设出实根，从复数相等的角度来考虑.

▶ **例 2** 已知 z_1, z_2 是实系数一元二次方程的两个虚根，$w = \dfrac{a(\sqrt{3} + \mathrm{i})z_1}{z_2}$ $(a \in \mathbf{R})$，且 $|w| \leqslant 2$，求 $|(a - 4) + a\mathrm{i}|$ 的取值范围.

分析 注意利用实系数一元二次方程的两个虚根为共轭虚数.

解

$$|w| = \left|\frac{a(\sqrt{3}+i)z_1}{z_2}\right|, \quad \because z_1 = \overline{z_2},$$

$\therefore |z_1| = |z_2|, |a(\sqrt{3}+i)| \leqslant 2, |a| \leqslant 1, \quad \therefore -1 \leqslant a \leqslant 1.$

$|(a-4)+ai| = \sqrt{a^2-8a+16+a^2} = \sqrt{2(a-2)^2+8},$

$\because -3 \leqslant a-2 \leqslant -1,$

$\therefore (a-2)^2 \in [1,9], 2(a-2)^2 \in [2,18],$

$2(a-2)^2+8 \in [10,26],$

$\therefore |(a-4)+ai| \in [\sqrt{10}, \sqrt{26}].$

▶ **例3** 设 a,b,c 为实数,$a,c \neq 0$,方程 $ax^2+bx+c=0$ 的两个虚数根 x_1, x_2 满足 $\dfrac{x_1^2}{x_2}$ 为实数,求 $\displaystyle\sum_{k=0}^{2015}\left(\dfrac{x_1}{x_2}\right)^k$ 的值.

(2016 年北京大学自主招生试题)

解

因为实系数一元二次方程的两个虚数根是一对共轭复数,所以可设 $x_1 = r(\cos\theta+i\sin\theta), x_2 = r(\cos(-\theta)+i\sin(-\theta))(r>0).$

可得 $\dfrac{x_1^2}{x_2} = r(\cos 3\theta + i\sin 3\theta).$

因为 $\dfrac{x_1^2}{x_2}$ 为实数,所以 $\theta = \dfrac{k\pi}{3}(k \in \mathbf{Z})$,可得

$$\dfrac{x_1}{x_2} = \cos\dfrac{2k\pi}{3} + i\sin\dfrac{2k\pi}{3} \neq 1.$$

$$\left(\dfrac{x_1}{x_2}\right)^{2016} = \cos\left(\dfrac{2k\pi}{3} \cdot 2016\right) + i\sin\left(\dfrac{2k\pi}{3} \cdot 2016\right)$$

$$= \cos(2k\pi \cdot 672) + i\sin(2k\pi \cdot 672) = 1,$$

所以 $\displaystyle\sum_{k=0}^{2015}\left(\dfrac{x_1}{x_2}\right)^k = \dfrac{1-\left(\dfrac{x_1}{x_2}\right)^{2016}}{1-\dfrac{x_1}{x_2}} = 0.$

▶ **例 4** 已知 α, β 是实系数一元二次方程 $x^2 - mx + 3 = 0$ 的两个根,求 $|\alpha| + |\beta|$ 的值.

分析 因为 α, β 是实系数一元二次方程 $x^2 - mx + 3 = 0$ 的两个根,所以只需要讨论是两个实数根还是共轭虚根,再由韦达定理及复数的模可以求得 $|\alpha| + |\beta|$.

解

$\Delta = m^2 - 4 \times 3 = m^2 - 12$,

(1) 当 $\Delta \geqslant 0$,即 $m \geqslant 2\sqrt{3}$ 或 $m \leqslant -2\sqrt{3}$ 时,$\alpha\beta = 3 > 0$,
所以 $|\alpha| + |\beta| = |\alpha + \beta| = |m|$.

(2) 当 $\Delta < 0$,即 $-2\sqrt{3} < m < 2\sqrt{3}$ 时,$|\alpha| + |\beta| = 2|\alpha| = 2\sqrt{\alpha\beta} = 2\sqrt{3}$.

综上,$|\alpha| + |\beta| = \begin{cases} m, & m \geqslant 2\sqrt{3}, \\ -m, & m \leqslant -2\sqrt{3}, \\ 2\sqrt{3}, & -2\sqrt{3} < m < 2\sqrt{3}. \end{cases}$

▶ **例 5** 设复数 z 满足 $|z| = 1$,使得关于 x 的方程 $zx^2 + 2\bar{z}x + 2 = 0$ 有实根,求这样的复数 z 的和.

(2018 年全国高中数学联赛题)

解

设 $z = a + bi (a, b \in \mathbf{R}, a^2 + b^2 = 1)$. 将原方程改写为
$$(a + bi)x^2 + 2(a - bi)x + 2 = 0.$$

分离实部与虚部后等价于

$$ax^2 + 2ax + 2 = 0, \quad (1)$$
$$bx^2 - 2ax = 0. \quad (2)$$

若 $b = 0$,则 $a^2 = 1$,但当 $a = 1$ 时,式(1)无实数解,从而 $a = -1$,此时存在实数 $x = -1 \pm \sqrt{3}$ 满足式(1)(2),故 $z = -1$ 满足条件.

若 $b \neq 0$,则由式(2)知 $x \in \{0, 2\}$,但显然 $x = 0$ 不满足式(1),故只能是 $x = 2$,代入式(1)解得 $a = -\dfrac{1}{4}$,进而可得 $b = \pm\dfrac{\sqrt{15}}{4}$,相应有 $z = \dfrac{-1 \pm \sqrt{15}i}{4}$.

综上,满足条件的所有复数 z 之和为

$$-1+\frac{-1+\sqrt{15}\,\mathrm{i}}{4}+\frac{-1-\sqrt{15}\,\mathrm{i}}{4}=-\frac{3}{2}.$$

▶ **例 6** （1）已知关于 x 的方程 $\sin\theta x^3-(\sin\theta+2)x^2+6x-4=0$ 有 3 个正根，求 $u=\dfrac{9\sin^2\theta-4\sin\theta+3}{(1-\cos\theta)(2\cos\theta-6\sin\theta-3\sin2\theta+2)}$ 的最小值；

（2）设 a,b,c 为方程 $x^3-k_1x-k_2=0$ 的根（$k_1+k_2\neq 1$），求 $\dfrac{1+a}{1-a}+\dfrac{1+b}{1-b}+\dfrac{1+c}{1-c}$；

（3）求方程组 $\begin{cases} x+y+z=0, \\ xyz+z=0, \\ xy+yz+xz+y=0 \end{cases}$ 的有理数根 (x,y,z) 的个数；

（4）已知 $P(x)=x^5+a_1x^4+a_2x^3+a_3x^2+a_4x+a_5$，当 $k=1,2,3,4$ 时，$P(k)=k\cdot 2007$，求 $P(10)-P(-5)$；

（5）求方程 $\dfrac{(x-1)(x-4)(x-9)}{(x+1)(x+4)(x+9)}+\dfrac{2}{3}\left(\dfrac{x^3+1}{(x+1)^3}+\dfrac{x^3+4^3}{(x+4)^3}+\dfrac{x^3+9^3}{(x+9)^3}\right)=1$ 的不同非零整数根的个数；

（6）解方程：$x^5-11x^4+36x^3-36x^2+11x-1=0$；

（7）解方程：$x^6+x^5+2x^4+x^3+2x^2+x+1=0$；

（8）解方程：$x^6+x^5+x^3+x-1=0$.

解

（1）原方程即 $(x-1)(x^2\sin\theta-2x+4)=0$. 因为方程有 3 个正根，所以关于 x 的方程 $x^2\sin\theta-2x+4=0$ 有两个正根，故

$$\begin{cases}\Delta=4-16\sin\theta\geqslant 0, \\ \sin\theta>0\end{cases}\Leftrightarrow 0<\sin\theta\leqslant\frac{1}{4}.$$

因为 $9\sin^2\theta-4\sin\theta+3=9\left(\sin\theta-\dfrac{2}{9}\right)^2+\dfrac{23}{9}\geqslant\dfrac{23}{9}$，

$0<(1-\cos\theta)(2\cos\theta-6\sin\theta-3\sin2\theta+2)$

$=2(1-\cos\theta)(1+\cos\theta)(1-3\sin\theta)$

$=2\sin^2\theta(1-3\sin\theta)=\dfrac{8}{9}\times\dfrac{3}{2}\sin\theta\times\dfrac{3}{2}\sin\theta(1-3\sin\theta)$

$$\leqslant \frac{8}{9} \times \left(\frac{1}{3}\right)^3,$$

所以 $u \geqslant \dfrac{\frac{23}{9}}{\frac{8}{9 \times 27}} = \dfrac{621}{8}$,

当且仅当 $\sin\theta = \dfrac{2}{9}$ 时等号成立.

(2) 由题意,得 $x^3 - k_1 x - k_2 = (x-a)(x-b)(x-c)$. 由此可得
$$a+b+c=0, ab+bc+ca=-k_1,$$
$$abc=k_2, 1-k_1-k_2=(1-a)(1-b)(1-c).$$

所以 $\dfrac{1+a}{1-a} + \dfrac{1+b}{1-b} + \dfrac{1+c}{1-c} = \dfrac{3-(a+b+c)-(ab+bc+ca)+3abc}{(1-a)(1-b)(1-c)}$

$$= \dfrac{3+k_1+3k_2}{1-k_1-k_2}.$$

(3) 若 $z=0$,则 $\begin{cases} x+y=0, \\ xy+y=0, \end{cases}$ 解得 $\begin{cases} x=0, \\ y=0 \end{cases}$ 或 $\begin{cases} x=-1, \\ y=1. \end{cases}$

若 $z \neq 0$,则由 $xyz+z=0$,得
$$xy = -1, \tag{3}$$

由 $x+y+z=0$ 得
$$z = -x-y. \tag{4}$$

将式(4)代入 $xy+yz+xz+y=0$,得
$$x^2+y^2+xy-y=0. \tag{5}$$

由式(3)得 $x = -\dfrac{1}{y}$,代入式(5)化简,得 $(y-1)(y^3-y-1)=0$.

易知 $y^3-y-1=0$ 无有理数根,故 $y=1, x=-1, z=0$,与 $z\neq 0$ 矛盾.故该方程组共有两组有理数根 $\begin{cases} x=0, \\ y=0, \\ z=0 \end{cases}$ 或 $\begin{cases} x=-1, \\ y=1, \\ z=0. \end{cases}$

(4) 令 $Q(x)=P(x)-2007x$,则当 $k=1,2,3,4$ 时,$Q(k)=P(k)-2007k=0$,故 $1,2,3,4$ 为 $Q(x)=0$ 的根.因为 $Q(x)$ 为五次式,故可设
$$Q(x)=(x-1)(x-2)(x-3)(x-4)(x-r),$$ 于是

$P(10)=Q(10)+2007\times 10=9\times 8\times 7\times 6\times(10-r)+2007\times 10,$

$P(-5)=Q(-5)+2007\times(-5)$
$=(-6)\times(-7)\times(-8)\times(-9)\times(-5-r)+2007\times(-5).$

故 $P(10)-P(-5)=9\times 8\times 7\times 6\times 15+2007\times 15=75\,465.$

(5) 原方程即

$$\frac{(x-1)(x-4)(x-9)}{(x+1)(x+4)(x+9)}+1+\frac{2}{3}\left(\frac{x^3+1}{(x+1)^3}-1+\frac{x^3+4^3}{(x+4)^3}-1+\frac{x^3+9^3}{(x+9)^3}-1\right)=0.$$

利用 $a^3+b^3=(a+b)(a^2-ab+b^2)$, 上式等价于

$$\frac{x^3+49x}{(x+1)(x+4)(x+9)}-\left(\frac{x}{(x+1)^2}+\frac{4x}{(x+4)^2}+\frac{9x}{(x+9)^2}\right)=0.$$

方程两端同除以 x, 整理得 $x(x^4-98x^2-288x+385)=0$. 再同除以 x, 得

$$(x^2-31)^2-(6x+24)^2=0,$$

即 $(x^2+6x-7)(x^2-6x-55)=0$, 从而有

$$(x+7)(x-1)(x+5)(x-11)=0.$$

经验证, $x_1=-7, x_2=1, x_3=-5, x_4=11$ 均是原方程的根, 所以原方程共有 4 个不同非零整数根.

(6) 易知 $x=1$ 是原方程的根, 所以

$$(x-1)(x^4-10x^3+26x^2-10x+1)=0.$$

下面求 $x^4-10x^3+26x^2-10x+1=0$ 的根. 用 x^2 除以方程的两边, 得

$$x^2-10x+26-10\cdot\frac{1}{x}+\frac{1}{x^2}=0,$$

$$\left(\left(x+\frac{1}{x}\right)^2-2\right)-10\left(x+\frac{1}{x}\right)+26=0,$$

$$\left(x+\frac{1}{x}\right)^2-10\left(x+\frac{1}{x}\right)+24=0,$$

故 $x+\dfrac{1}{x}=4$ 或 $x+\dfrac{1}{x}=6$. 进而可得原方程的 5 个根为: $1, 2+\sqrt{3}, 2-\sqrt{3}, 3+2\sqrt{2}, 3-2\sqrt{2}$.

(7) 左边 $=x^6+x^5+x^4$
$+x^4+x^3+x^2$
$+x^2+x+1,$

所以 $(x^4+x^2+1)(x^2+x+1)=0$,

进而有 $x_{1,2}=\dfrac{-1\pm\sqrt{3}\,\mathrm{i}}{2}, x_{3,4}=\sqrt{\dfrac{-1\pm\sqrt{3}\,\mathrm{i}}{2}}, x_{5,6}=-\sqrt{\dfrac{-1\pm\sqrt{3}\,\mathrm{i}}{2}}.$

(8) 左边 $= x^6 + x^5 - x^4$
$$+ x^4 + x^3 - x^2$$
$$+ x^2 + x - 1,$$

所以 $(x^4 + x^2 + 1)(x^2 + x - 1) = 0$,

进而有 $x_{1,2} = \dfrac{-1 \pm \sqrt{5}}{2}$, $x_{3,4} = \sqrt{\dfrac{-1 \pm \sqrt{3}\,\mathrm{i}}{2}}$, $x_{5,6} = -\sqrt{\dfrac{-1 \pm \sqrt{3}\,\mathrm{i}}{2}}$.

▶ **例7** 在复数集 **C** 内解方程：$z^n = (\bar{z})^m \,(m, n \in \mathbf{N})$.

解

(1) 当 $m \neq n$ 时，不妨假设 $n > m$.

① 当 $z = 0$ 时，原方程成立，所以 $z = 0$ 是原方程的解；

② 当 $z \neq 0$ 时，对原方程两边取模得 $|z|^n = |\bar{z}|^m$，即 $|z|^{n-m} = 1$.

∴ $|z| = 1$, $z\bar{z} = 1$.

将 $\bar{z} = \dfrac{1}{z}$ 代入原方程，化简，得 $z^{m+n} = 1$.

∴ $z = \cos\dfrac{2l\pi}{m+n} + \mathrm{i}\sin\dfrac{2l\pi}{m+n} \,(l = 0, 1, 2, \cdots, m+n-1)$.

(2) 当 $m = n$ 时，

① 易知对任意 $z \in \mathbf{R}$，均满足原方程；

② 若 z 为虚数，可令 $z = r\mathrm{e}^{\mathrm{i}\theta}\,(r > 0)$，代入原方程并化简，得

$$(\mathrm{e}^{\mathrm{i}\theta})^{2n} = 1 \text{ 即 } \mathrm{e}^{\mathrm{i}\theta} = \pm \mathrm{e}^{\mathrm{i}\cdot\frac{k\pi}{n}} \,(k = 1, 2, \cdots, n-1).$$

∴ 原方程的解为 $z = \pm r\left(\cos\dfrac{k\pi}{n} + \mathrm{i}\sin\dfrac{k\pi}{n}\right)(k = 1, 2, \cdots, n-1, r > 0)$.

综上所述，原方程的解为：

当 $m = n$ 时，$z = \pm r\left(\cos\dfrac{k\pi}{n} + \mathrm{i}\sin\dfrac{k\pi}{n}\right)(k = 1, 2, \cdots, n-1, r > 0)$ 或 $z \in \mathbf{R}$；

当 $m \neq n$ 时，$z = \cos\dfrac{2l\pi}{m+n} + \mathrm{i}\sin\dfrac{2l\pi}{m+n}\,(l = 0, 1, 2, \cdots, m+n-1)$ 或 $z = 0$.

点评

用取模法还可以解形如 $z^n + f(|z|) = 0$ 的方程（其中 $n \neq 0$ 且 $n \in \mathbf{Z}$）.

▶ **例8** 设 $n\in \mathbf{N}, 0<r\in \mathbf{R}$. 证明: 方程 $x^{n+1}+rx^n-r^{n+1}=0$ 没有模为 r 的复根.

证明

(反证法)设 z 是原方程模为 r 的复根,代入原方程并整理,得
$$z^n(z+r)=r^{n+1}. \tag{6}$$

对式(6)两边取模,得 $|z|^n \cdot |z+r|=r^{n+1}$.

∵ $|z|=r$, 上式可化为 $|z+r|=r$.

∴ z 满足 $\begin{cases} |z|=r, \\ |z+r|=r, \end{cases}$ 即它是圆 $|z|=r$ 和圆 $|z+r|=r$ 的交点,解得

$$z_1=r\left(\cos\frac{2\pi}{3}+\mathrm{i}\sin\frac{2\pi}{3}\right), z_2=r\left(\cos\frac{4\pi}{3}+\mathrm{i}\sin\frac{4\pi}{3}\right).$$

将 z_1 代入式(6)整理得 $\cos\frac{(2n+1)\pi}{3}+\mathrm{i}\sin\frac{(2n+1)\pi}{3}=1$.

由复数相等条件得 $\cos\frac{(2n+1)\pi}{3}=1$ 且 $\sin\frac{(2n+1)\pi}{3}=0$.

∴ $\frac{(2n+1)\pi}{3}=2k\pi(k\in\mathbf{Z})$,即 $2n+1=6k(k,n\in\mathbf{Z})$,矛盾!

将 z_2 代入式(6)同理可推出矛盾.

∴ z_1,z_2 均不是原方程的根,即原方程无模为 r 的复根.

▶ **例9** 在复数集内解方程组: $\begin{cases} \arg(x^2-2)=\dfrac{3\pi}{4}, \\ \arg(x^2+2\sqrt{3})=\dfrac{\pi}{6}. \end{cases}$

解

依题意可设
$$x^2-2=r_1\left(\cos\frac{3}{4}\pi+\mathrm{i}\sin\frac{3}{4}\pi\right), \tag{7}$$

$$x^2+2\sqrt{3}=r_2\left(\cos\frac{\pi}{6}+\mathrm{i}\sin\frac{\pi}{6}\right). \tag{8}$$

两式相减,得 $2+2\sqrt{3}=\left(\frac{\sqrt{3}}{2}r_2+\frac{\sqrt{2}}{2}r_1\right)+\mathrm{i}\left(\frac{1}{2}r_2-\frac{\sqrt{2}}{2}r_1\right)$.

由复数相等的条件可得 $\frac{1}{2}r_2-\frac{\sqrt{2}}{2}r_1=0$,且 $\frac{\sqrt{3}}{2}r_2+\frac{\sqrt{2}}{2}r_1=2+2\sqrt{3}$,

解得 $r_1 = 2\sqrt{2}, r_2 = 4$.

将 $r_1 = 2\sqrt{2}, r_2 = 4$ 代入式(7)(8)，解得 $x = \pm(1+i)$.

点评

这里 $(x^2 + 2\sqrt{3})$ 和 $(x^2 - 2)$ 相减正好消去 x，所以用此方法求解较为简便.

▶ **例 10** 在复平面上，求以方程 $x^6 - \sqrt{2} + \sqrt{7}i = 0$ 的根所对应的点为顶点的多边形的面积.

解

由方程的几何意义可知，$x^6 = \sqrt{2} - \sqrt{7}i$ 的 6 个根在复平面内的对应点构成一个圆内接正六边形，该圆的半径为

$$|x| = \sqrt[12]{(\sqrt{2})^2 + (-\sqrt{7})^2} = \sqrt[6]{3}.$$

所以正六边形的边长为 $\sqrt[6]{3}$，面积是

$$S = 6 \times \frac{\sqrt{3}}{4} \times (\sqrt[6]{3})^2 = \frac{3}{2}\sqrt[6]{243}.$$

▶ **例 11** 设集合 $A = \{z \mid z^{18} = 1, z \in \mathbf{C}\}$，$B = \{w \mid w^{48} = 1, w \in \mathbf{C}\}$，$D = \{zw \mid z \in A, w \in B\}$，求 D 中的元素个数.

解

集合 A, B, D 中的元素分别为 $z = \cos\frac{2k}{18}\pi + i\sin\frac{2k}{18}\pi$，$w = \cos\frac{2t}{48}\pi + i\sin\frac{2t}{48}\pi$，$zw = \cos\frac{2(8k+3t)}{144}\pi + i\sin\frac{2(8k+3t)}{144}\pi$.

由于 8 和 3 互素，$8k + 3t$ 可以等于任何整数，于是 $8k + 3t$ 可以等于 $0, 1, 2, \cdots, 143$，即 zw 共有 144 个不同的值，从而可知 D 中的元素共有 144 个.

▶ **例 12** 设 q 是 1 的 7 次方根，求 $\dfrac{q}{1+q^2} + \dfrac{q^2}{1+q^4} + \dfrac{q^3}{1+q^6}$ 的值.

解

由题意，$q^7 = 1$.

若 $q=1$,则原式$=\dfrac{3}{2}$.

若 $q\neq 1$,则原式$=\dfrac{q}{1+q^2}+\dfrac{q^5}{1+q^3}+\dfrac{q^4}{1+q}=\dfrac{q}{1+q^2}+\dfrac{q^4(1+q^2)}{1+q^3}=\dfrac{2\cdot(q^4+q+q^6)}{(1+q^2)(1+q^3)}$.因 $q\neq 1$,由 $q^7=1$ 得 $q^6+q^5+q^4+q^3+q^2+q+1=0$,即 $q^6+q^4+q=-(1+q^2+q^3+q^5)=-(1+q^2)(1+q^3)$,

所以原式$=-2$.

综上,原式$=\dfrac{3}{2}$或-2.

▶ **例 13** 如果复数 A 的模为 1,证明:方程 $\left(\dfrac{1+\mathrm{i}x}{1-\mathrm{i}x}\right)^n=A$ 的所有根都是不相等的实数.

证明

因为 $|A|=1$,令 $A=\cos\alpha+\mathrm{i}\sin\alpha$. 由 $\left(\dfrac{1+\mathrm{i}x}{1-\mathrm{i}x}\right)^n=\cos\alpha+\mathrm{i}\sin\alpha$,得

$$\dfrac{1+\mathrm{i}x}{1-\mathrm{i}x}=\cos\dfrac{\alpha+2k\pi}{n}+\mathrm{i}\sin\dfrac{\alpha+2k\pi}{n}\,(k=0,1,2,\cdots,n-1).$$

由合分比定理,得

$$-\mathrm{i}x=\dfrac{1-\cos\dfrac{\alpha+2k\pi}{n}-\mathrm{i}\sin\dfrac{\alpha+2k\pi}{n}}{1+\cos\dfrac{\alpha+2k\pi}{n}+\mathrm{i}\sin\dfrac{\alpha+2k\pi}{n}},$$

$$x=\dfrac{2\sin^2\dfrac{\alpha+2k\pi}{2n}-2\mathrm{i}\sin\dfrac{\alpha+2k\pi}{2n}\cos\dfrac{\alpha+2k\pi}{2n}}{2\cos^2\dfrac{\alpha+2k\pi}{2n}+2\mathrm{i}\sin\dfrac{\alpha+2k\pi}{2n}\cos\dfrac{\alpha+2k\pi}{2n}}\mathrm{i}$$

$$=\tan\dfrac{\alpha+2k\pi}{2n}\cdot\dfrac{\mathrm{i}\sin\dfrac{\alpha+2k\pi}{2n}+\cos\dfrac{\alpha+2k\pi}{2n}}{\cos\dfrac{\alpha+2k\pi}{2n}+\mathrm{i}\sin\dfrac{\alpha+2k\pi}{2n}}=\tan\dfrac{\alpha+2k\pi}{2n}.$$

令 $k=0,1,2,\cdots,n-1$,即得到原方程的 n 个不同的实根,它们是:

$$\tan\dfrac{\alpha}{2n},\tan\dfrac{\alpha+2\pi}{2n},\cdots,\tan\dfrac{\alpha+2(n-1)\pi}{2n}.$$

▶ **例 14** 证明:在复平面上,点集 $S=\{z\mid z^3+z+1=0,z\in \mathbf{C}\}$ 中除去某一点外的所有的点都在圆环 $\dfrac{\sqrt{13}}{3}<|z|<\dfrac{5}{4}$ 中.

证明

设 $f(x)=x^3+x+1$,则 $f\left(-\dfrac{9}{13}\right)<0$, $f\left(-\dfrac{16}{25}\right)>0$,所以 $f(x)=0$ 有一个实根 $x_0\in\left(-\dfrac{9}{13},-\dfrac{16}{25}\right)$.又 $f(x)$ 为增函数,故 $f(x)=0$ 只能有这一个实根.

设 $f(x)=0$ 的另两个复根为 z_1 和 $\overline{z_1}$,则由韦达定理有 $z_1\cdot\overline{z_1}\cdot x_0=-1$,于是有

$$|z_1|=|\overline{z_1}|=\sqrt{-\dfrac{1}{x_0}}\in\left(\dfrac{\sqrt{13}}{3},\dfrac{5}{4}\right).$$

从而可知除去实根 x_0 外,点集 S 中另两个根均在圆环 $\dfrac{\sqrt{13}}{3}<|z|<\dfrac{5}{4}$ 中.

▶ **例 15** 给定实数 a,b,c,已知复数 z_1,z_2,z_3 满足
$$\begin{cases}|z_1|=|z_2|=|z_3|=1,\\ \dfrac{z_1}{z_2}+\dfrac{z_2}{z_3}+\dfrac{z_3}{z_1}=1,\end{cases}\quad 求 |az_1+bz_2+cz_3| 的值.$$

分析 利用复数的三角形式和指数形式来解.

解

设 $\dfrac{z_1}{z_2}=\mathrm{e}^{\mathrm{i}\theta}$, $\dfrac{z_2}{z_3}=\mathrm{e}^{\mathrm{i}\varphi}$,则 $\dfrac{z_3}{z_1}=\mathrm{e}^{-\mathrm{i}(\theta+\varphi)}$.

由题设有 $\mathrm{e}^{\mathrm{i}\theta}+\mathrm{e}^{\mathrm{i}\varphi}+\mathrm{e}^{-\mathrm{i}(\theta+\varphi)}=1$.

两边取虚部,有

$$\begin{aligned}
0&=\sin\theta+\sin\varphi-\sin(\theta+\varphi)\\
&=2\sin\dfrac{\theta+\varphi}{2}\cdot\cos\dfrac{\theta-\varphi}{2}-2\sin\dfrac{\theta+\varphi}{2}\cdot\cos\dfrac{\theta+\varphi}{2}\\
&=2\sin\dfrac{\theta+\varphi}{2}\left(\cos\dfrac{\theta-\varphi}{2}-\cos\dfrac{\theta+\varphi}{2}\right)\\
&=4\sin\dfrac{\theta+\varphi}{2}\cdot\sin\dfrac{\theta}{2}\cdot\sin\dfrac{\varphi}{2}.
\end{aligned}$$

故 $\theta=2k\pi$ 或 $\varphi=2k\pi$ 或 $\theta+\varphi=2k\pi,k\in\mathbf{Z}$.

因而 $z_1=z_2$ 或 $z_2=z_3$ 或 $z_3=z_1$.

如果 $z_1=z_2$,代入原式即 $1+\dfrac{z_1}{z_3}+\dfrac{z_3}{z_1}=1$,

故 $\left(\dfrac{z_3}{z_1}\right)^2+1=0, \dfrac{z_3}{z_1}=\pm\mathrm{i}$.

这时 $|az_1+bz_2+cz_3|=|z_1|\cdot|a+b\pm c\mathrm{i}|=\sqrt{(a+b)^2+c^2}$.

类似地,如果 $z_2=z_3$,则
$$|az_1+bz_2+cz_3|=\sqrt{(b+c)^2+a^2};$$

如果 $z_3=z_1$,则
$$|az_1+bz_2+cz_3|=\sqrt{(a+c)^2+b^2}.$$

点评

此题也可以由条件 $|z_1|=|z_2|=|z_3|=1$,利用共轭复数的性质 $\overline{z_k}=\dfrac{1}{z_k}$, $k=1,2,3$,再由 $\dfrac{z_1}{z_2}+\dfrac{z_2}{z_3}+\dfrac{z_3}{z_1}=1$,得
$$z_1^2 z_3+z_2^2 z_1+z_3^2 z_2=z_1 z_2 z_3, \tag{9}$$

及
$$\dfrac{\overline{z_1}}{\overline{z_2}}+\dfrac{\overline{z_2}}{\overline{z_3}}+\dfrac{\overline{z_3}}{\overline{z_1}}=1, 即 \dfrac{z_2}{z_1}+\dfrac{z_3}{z_2}+\dfrac{z_1}{z_3}=1,$$
$$z_2^2 z_3+z_3^2 z_1+z_1^2 z_2=z_1 z_2 z_3. \tag{10}$$

由式 (9)(10) 可得 $(z_1-z_2)(z_2-z_3)(z_3-z_1)=0$,
即 $z_1=z_2$ 或 $z_2=z_3$ 或 $z_1=z_3$,进而可求解.

▶ **例 16** 求最大的整数 n,使得方程 $(z+1)^n=z^n+1$ 的所有非零解都在单位圆上.

(1989 年中国国家队选拔试题)

解

利用二项式定理,将方程化为
$z(\mathrm{C}_n^1 z^{n-2}+\mathrm{C}_n^2 z^{n-3}+\mathrm{C}_n^3 z^{n-4}+\cdots+\mathrm{C}_n^{n-2} z+\mathrm{C}_n^{n-1})=0 (n>3)$.

记方程的非零解为 $z_i (i=1,2,\cdots,n-2)$. 由韦达定理,有
$$S_1=\sum_{i=1}^{n-2} z_i=-\dfrac{\mathrm{C}_n^2}{\mathrm{C}_n^1}=-\dfrac{n-1}{2},$$
$$S_2=\sum_{1\leqslant i<j\leqslant n-2} z_i z_j=\dfrac{\mathrm{C}_n^3}{\mathrm{C}_n^1}=\dfrac{1}{6}(n-1)(n-2).$$

设 $n>4$ 满足题设条件,则 $z_i \cdot \overline{z_i}=|z_i|^2=1$, $x_i=z_i+\overline{z_i}$ 为实数 ($i=1,2,\cdots,n-2$). 由于方程的系数都是实数,其根以共轭复数的形式成对出现,于是方程的非零解又可表示成 $\overline{z_i}(i=1,2,\cdots,n-2)$,因此

$$t_1=\sum_{i=1}^{n-2}x_i=\sum_{i=1}^{n-2}(z_i+\overline{z_i})=2s_1=1-n,$$

$$t_2=\sum_{1\leqslant i<j\leqslant n-2}x_ix_j=\frac{1}{2}\left(t_1^2-\sum_{i=1}^{n-2}x_i^2\right),$$

$$\sum_{i=1}^{n-2}x_i^2=\sum_{i=1}^{n-2}(z_i^2+\overline{z_i}^2+2z_i\cdot\overline{z_i})$$
$$=\sum_{i=1}^{n-2}(z_i^2+\overline{z_i}^2)+2\sum_{i=1}^{n-2}z_i\cdot\overline{z_i}$$
$$=2\sum_{i=1}^{n-2}z_i^2+2\sum_{i=1}^{n-2}1$$
$$=2(S_1^2-2S_2)+2(n-2),$$

所以 $t_2=\frac{1}{2}((2S_1)^2-2(S_1^2-2S_2)-2(n-2))=\frac{1}{12}(7n^2-30n+35)$.

由韦达定理知,实数 $x_i(i=1,2,\cdots,n-2)$ 是实系数方程 $x^{n-2}-t_1x^{n-3}+t_2x^{n-4}+\cdots+t_{n-3}x+t_{n-2}=0$ 的 $n-2$ 个根. 利用定理 5 有

$$\Delta_1=(n-3)(-t_1)^2-2(n-2)t_2\geqslant 0,$$

即 $$(n-3)(n-1)^2-2(n-2)\frac{7n^2-30n+35}{12}\geqslant 0.$$

整理,得 $$(n-4)((n-5)^2-12)\leqslant 0,$$

解得 $n\leqslant 5+\sqrt{12}<9$,即 $n\leqslant 8$.

当 $n=8$ 时,方程化为

$(8z^6+28z^5+56z^4+70z^3+56z^2+28z+8)z=0$,其非零解是下列方程的 6 个根:

$$4z^6+14z^5+28z^4+35z^3+28z^2+14z+4=0. \tag{11}$$

而方程(11)可变形为

$$4(z^3+z^{-3})+14(z^2+z^{-2})+28(z+z^{-1})+35=0,$$

即 $$4(z+z^{-1})^3+14(z+z^{-1})^2+16(z+z^{-1})+7=0.$$

由于 $$\Delta_2=(3-1)\times 16^2-2\times 3\times 14\times 7=-76<0,$$

由定理 5 知,方程 $4x^3+14x^2+16x+7=0$ 的根不全为实数,即存在方程(11)的根 z_i,使 $z_i+z_i^{-1}$ 不是实数. 于是, $z_i+z_i^{-1}\neq z_i+\overline{z_i}$,即 $|z_i|\neq 1$,故 $n=8$

不满足题设条件.

当 $n=7$ 时,方程化为

$$0=(z+1)^7-(z^7+1)=(z+1)\sum_{i=0}^{6}C_6^i z^i-(z+1)\sum_{i=0}^{6}(-1)^i z^i$$

$$=(z+1)\sum_{i=0}^{6}(C_6^i-(-1)^i)z^i=7(z+1)z(z^2+z+1)^2,$$

其非零解为 -1 和 $\cos 120°\pm i\sin 120°$,都在单位圆上.

综上所述,满足题设条件的最大整数 n 为 7.

▶ **例 17** 设 a,b,c 为非等腰三角形 ABC 的三边,$S_\triangle$ 为其面积.求证:

$$\frac{a^3}{(a-b)(a-c)}+\frac{b^3}{(b-c)(b-a)}+\frac{c^3}{(c-a)(c-b)}>2\cdot 3^{\frac{3}{4}}\cdot S_\triangle^{\frac{1}{2}}.$$

证明

考虑二次多项式

$$f(x)=x^3-(x-x_1)(x-x_2)(x-x_3).$$

取不同的值 $x_1=a,x_2=b,x_3=c$,则 $f(a)=a^3,f(b)=b^3,f(c)=c^3$.

由拉格朗日公式,有

$$\frac{(x-b)(x-c)}{(a-b)(a-c)}\cdot a^3+\frac{(x-c)(x-a)}{(b-c)(b-a)}\cdot b^3+\frac{(x-a)(x-b)}{(c-a)(c-b)}\cdot c^3$$

$$=x^3-(x-a)(x-b)(x-c).$$

比较上式两边 x^2 的系数,有

$$\frac{a^3}{(a-b)(a-c)}+\frac{b^3}{(b-c)(b-a)}+\frac{c^3}{(c-a)(c-b)}=a+b+c.$$

又由海伦公式,$S_\triangle=\sqrt{p(p-a)(p-b)(p-c)}$,其中 $p=\frac{1}{2}(a+b+c)$,有

$S_\triangle\leqslant\sqrt{p\cdot\left(\frac{p}{3}\right)^3}=\frac{p^2}{3\sqrt{3}}$,即 $p\geqslant(3\sqrt{3}S_\triangle)^{\frac{1}{2}}$.显然等号不能成立,即 $a+b+c=2p>2(3\sqrt{3}S_\triangle)^{\frac{1}{2}}=2\cdot 3^{\frac{3}{4}}\cdot S_\triangle^{\frac{1}{2}}$.

故 $\frac{a^3}{(a-b)(a-c)}+\frac{b^3}{(b-c)(b-a)}+\frac{c^3}{(c-a)(c-b)}>2\cdot 3^{\frac{3}{4}}\cdot S_\triangle^{\frac{1}{2}}.$

点评

利用拉格朗日公式,可以求出任何一个有穷数列 $a_1,a_2,\cdots,a_m$ 的一个通项公式:

$$a_n = f(n) = b_1 \cdot n^{m-1} + b_2 \cdot n^{m-2} + \cdots + b_m.$$

此式表明:数列 $a_1, a_2, \cdots, a_m$ 的通项就是当 $x=n$ 时多项式函数 $g(x)$ 的值,其中 $b_1, b_2, \cdots, b_m$ 是待定的常数.

例如,设 $a_1=1, a_2=5, a_3=11$,求这个数列的一个通项公式.

可设 $a_n = f(n) = b_1 n^2 + b_2 n + b_3$.

此时,$x=n, x_1=1, x_2=2, x_3=3$,且 $f(1)=1, f(2)=5, f(3)=11$.

由拉格朗日公式,得

$$\frac{(n-2)(n-3)}{(1-2)(1-3)} \cdot f(1) + \frac{(n-1)(n-3)}{(2-1)(2-3)} \cdot f(2) + \frac{(n-1)(n-2)}{(3-1) \cdot (3-2)} \cdot f(3) = f(n),$$

化简得 $n^2 + n - 1 = f(n)$.

故所求数列通项公式为 $a_n = n^2 + n - 1 (n=1,2,3)$.

▶ **例 18** 求 $f(x) = x^{81} + x^{49} + x^{25} + x^9 + x$ 除以 $g(x) = x^3 - x$ 的余式 $r(x)$.

解

由 $g(x) = x^3 - x = x(x-1)(x+1)$,知 $x_1=0, x_2=1, x_3=-1$.

又 $f(0)=0, f(1)=5, f(-1)=-5$.

所以 $r(x) = \dfrac{(x-1)(x+1)}{(0-1)(0+1)} \cdot f(0) + \dfrac{(x-0)(x+1)}{(1-0)(1+1)} \cdot f(1) + \dfrac{(x-0)(x-1)}{(-1-0)(-1-1)} \cdot f(-1) = \dfrac{5x(x+1)}{1 \cdot 2} + \dfrac{-5x(x-1)}{(-1)(-2)} = 5x.$

故 $f(x) = x^{81} + x^{49} + x^{25} + x^9 + x$ 除以 $g(x) = x^3 - x$ 的余式为 $r(x) = 5x$.

点评

利用拉格朗日公式,可以求解多项式相除的余式.

由多项式的带余除法定理知,对于多项式 $f(x)$ 和 $g(x)(g(x) \neq 0)$,必存在多项式 $q(x)$ 和 $r(x)(\deg r(x) < \deg g(x)$ 或 $r(x)=0)$,使得 $f(x) = g(x) \cdot q(x) + r(x)$.

设 $\deg f(x) \geq n, \deg g(x) = n$,且 $g(x) = (x-x_1)(x-x_2)\cdots(x-x_n)$,由拉格朗日公式,有 $r(x) = \sum\limits_{i=1}^{n} f(x_i) \cdot R_i(x), R_i(x) = \prod\limits_{\substack{j=1 \\ j \neq i}}^{n} \dfrac{x-x_i}{x_i-x_j}$,且 $r(x_i) =$

$f(x_i)$,于是由因式定理,有$(x-x_i)|(f(x)-r(x))$,从而$g(x)|(f(x)-r(x))$.

由于$\deg g(x)=n$,则$\deg r(x)\leqslant n-1<n$,所以$r(x)$就是$f(x)$除以$g(x)$的余式.

▶ **例 19** 设给定整数$x_0<x_1<\cdots<x_n$.证明:多项式$x^n+a_1x^{n-1}+\cdots+a_n$在$x_0,x_1,\cdots,x_n$的取值当中,存在这样的一个值,其绝对值不小于$\dfrac{n!}{2^n}$.

(第 19 届 IMO 预选题)

证明

由拉格朗日公式,有

$$P(x)=\sum_{j=1}^{n}\left(\prod_{\substack{i\neq k \\ -n\leqslant i\leqslant n}}\frac{x-x_i}{x_j-x_i}\right)\cdot P(x_j)\equiv x^n+a_1x^{n-1}+\cdots+a_n.$$

假设题中结论不成立,即当$j=1,2,\cdots,n$时,$|P(x_j)|<\dfrac{n!}{2^n}$,则多项式$P(x)$的首项系数1应等于乘积$\prod_{i\neq j}\dfrac{x-x_i}{x_j-x_i}$的首项系数之和,且其模不超过

$$\left|\sum_{j=0}^{n}P(x_j)\prod_{\substack{i\neq j \\ 1\leqslant i\leqslant n}}\frac{1}{|x_j-x_i|}\right|$$

$$<\frac{n!}{2^n}\prod_{\substack{i\neq j \\ 1\leqslant i\leqslant n}}\frac{1}{|x_j-x_i|}\leqslant \sum_{j=0}^{n}\frac{n!}{2^n}\cdot\frac{1}{\prod_{i<j}(j-i)}\cdot\frac{1}{\prod_{i<j}(i-j)}$$

$$=\frac{1}{2^n}\sum_{j=0}^{n}\frac{n!}{j!(n-j)!}=\frac{1}{2^n}\sum_{j=0}^{n}C_n^i=1,$$

矛盾.因此,原结论成立.

点评

显然,此例的一种特殊情况是:对于实系数一元n次多项式$f(x)=x^n+x^{n-1}+\cdots+a_{n-1}x+a_n$,有结论:$|f(1)|,|f(2)|,\cdots,|f(n+1)|$中,至少有一个不小于$\dfrac{n!}{2^n}$.

▶**例 20** 已知 p 为大于 3 的素数. 求 $\prod_{k=1}^{p}\left(1+2\cos\dfrac{2k\pi}{p}\right)$ 的值.

(2012 年清华大学数学金秋营测试)

分析 这是单位根的应用问题，关键是先将 $\cos\dfrac{2k\pi}{p}$ 用单位根表示出来，再利用单位根的性质进行计算.

解

记 $\varepsilon = e^{\frac{2\pi i}{p}}$，则

$$\varepsilon^p = 1, \varepsilon^{\frac{p}{2}} = e^{-\pi i} = -1,$$

$$2\cos\dfrac{2k\pi}{p} = \varepsilon^k + \varepsilon^{-k}.$$

故

$$\prod_{k=1}^{p}\left(1+2\cos\dfrac{2k\pi}{p}\right)$$

$$= 3\prod_{k=1}^{p-1}(1+\varepsilon^k+\varepsilon^{-k})$$

$$= \dfrac{3\prod_{k=1}^{p-1}(1+\varepsilon^k+\varepsilon^{2k})}{\prod_{k=1}^{p-1}\varepsilon^k}$$

$$= \dfrac{3\prod_{k=1}^{p-1}(1+\varepsilon^k+\varepsilon^{2k})}{\varepsilon^{\frac{p(p-1)}{2}}}$$

$$= 3\prod_{k=1}^{p-1}(1+\varepsilon^k+\varepsilon^{2k})$$

$$= 3\prod_{k=1}^{p-1}\dfrac{(1-\varepsilon^{3k})}{(1-\varepsilon^k)}.$$

因为素数 $p>3$，所以 $(3,p)=1$.

于是 $3, 3\times 2, \cdots, 3(p-1)$ 恰取遍所有 p 的非零剩余类.

从而，$\prod_{k=1}^{p-1}(1-\varepsilon^{3k}) = \prod_{k=1}^{p-1}(1-\varepsilon^k)$.

因此，$\prod_{k=1}^{p}\left(1+2\cos\dfrac{2k\pi}{p}\right) = 3$.

▶ **例21** 计算 $\left(1+\cos\dfrac{\pi}{7}\right)\left(1+\cos\dfrac{3\pi}{7}\right)\left(1+\cos\dfrac{5\pi}{7}\right)$ 的值.

(2017年北京大学博雅人才计划笔试)

解

利用两倍角公式将原式化为

$$8\sin\dfrac{\pi}{7}\cdot\sin\dfrac{2\pi}{7}\cdot\sin\dfrac{3\pi}{7}\cdot\sin\dfrac{4\pi}{7}\cdot\sin\dfrac{5\pi}{7}\cdot\sin\dfrac{6\pi}{7}.$$

设 $x^n=1$ 的 n 个复数根为 $1,\omega,\omega^2,\cdots,\omega^{n-1}$ $\left(\arg\omega=\dfrac{2\pi}{n}=\theta\right)$.

则由因式分解定理得

$$x^{n-1}+x^{n-2}+\cdots+1=\prod_{j=1}^{n-1}(x-\omega^j)$$

$$\Rightarrow \prod_{j=1}^{n-1}|1-\omega^j|=n$$

$$\Rightarrow \prod_{j=1}^{n-1}|\omega^{-\frac{j}{2}}-\omega^{\frac{j}{2}}|=n$$

$$\Rightarrow \prod_{j=1}^{n-1}\sin\dfrac{j\pi}{n}=\dfrac{n}{2^{n-1}}.$$

故所求值为 $\dfrac{7}{8}$.

▶ **例22** 计算 $\tan\dfrac{\pi}{7}\cdot\tan\dfrac{2\pi}{7}\cdot\tan\dfrac{3\pi}{7}$ 的值.

(2016年哈佛—麻省理工数学竞赛)

解

考虑多项式 $P(z)=z^7-1$.

令 $z=e^{ix}=\cos x+i\sin x$.

则 z^7-1
$$=(\cos^7 x-C_7^2\cos^5 x\cdot\sin^2 x+C_7^4\cos^3 x\cdot\sin^4 x-C_7^6\cos x\cdot\sin^6 x-1)+$$
$$i(-\sin^7 x+C_7^2\sin^5 x\cdot\cos^2 x-C_7^4\sin^3 x\cdot\cos^4 x+C_7^6\sin x\cdot\cos^6 x).$$

首先考虑上式的实部.

化简后有 $64\cos^7 x-\cdots-1=0$,其根为

$$x = \frac{2\pi}{7}, \frac{4\pi}{7}, \cdots, 2\pi.$$

由韦达定理得 $\prod_{k=1}^{7} \cos \frac{2k\pi}{7} = \frac{1}{64}.$

又 $\prod_{k=1}^{7} \cos \frac{2k\pi}{7} = \left(\prod_{k=1}^{3} \cos \frac{k\pi}{7} \right)^2$，故

$$\prod_{k=1}^{3} \cos \frac{k\pi}{7} = \frac{1}{8}.$$

其次考虑虚部.

化简后有

$$-64 \sin^7 x + \cdots + 7 \sin x$$
$$= (64 \sin^6 x + \cdots + 7) \sin x.$$

则 $-64\sin^6 x + \cdots + 7 = 0$ 的根为

$$x = \frac{2\pi}{7}, \frac{4\pi}{7}, \cdots, \frac{12\pi}{7}.$$

于是，$\prod_{k=1}^{6} \sin \frac{2k\pi}{7} = -\frac{7}{64}.$

类似地，$\prod_{k=1}^{6} \sin \frac{2k\pi}{7} = -\left(\prod_{k=1}^{3} \sin \frac{2k\pi}{7} \right)^2.$

故 $\prod_{k=1}^{6} \sin \frac{2k\pi}{7} = -\left(\prod_{k=1}^{3} \sin \frac{k\pi}{7} \right)^2$，

$$\prod_{k=1}^{3} \sin \frac{k\pi}{7} = \frac{\sqrt{7}}{8}.$$

因此，$\tan \frac{\pi}{7} \cdot \tan \frac{2\pi}{7} \cdot \tan \frac{3\pi}{7} = \sqrt{7}.$

点评

有更为一般的结论：

(1) $\prod_{k=1}^{n} \cos \frac{k\pi}{2n+1} = \frac{1}{2^n};$

(2) $\prod_{k=1}^{n} \sin \frac{k\pi}{2n+1} = \frac{\sqrt{2n+1}}{2^n};$

(3) $\prod_{k=1}^{n} \tan \frac{k\pi}{2n+1} = \sqrt{2n+1}.$

▶ **例 23** 设 $a, b_1, b_2, \cdots, b_n, c_1, c_2, \cdots, c_n \in \mathbf{R}$, 使得

$$x^{2n} + a\sum_{i=1}^{2n-1} x^i + 1 = \prod_{i=1}^{n}(x^2 + b_i x + c_i)$$

对任意实数 x 均成立. 求 $c_1, c_2, \cdots, c_n$ 的值.

解

先证明一个引理.

引理 设 $p(z) = z^{2n} + a\sum_{i=1}^{2n-1} z^i + 1$, 则多项式 $p(z)$ 在上半单位圆周上至少有 $n-1$ 个复根.

证明

事实上, 若 $p(z) = 0$, 则

$$-a = \frac{(z^{2n}+1)(z-1)}{z^{2n}-z}.$$

记 $z = \omega^2$.

故

$$-a = \frac{(\omega^{4n}+1)(\omega^2-1)}{\omega^{4n}-\omega^2}$$

$$= \frac{(\omega^{2n}+\omega^{-2n})(\omega-\omega^{-1})}{\omega^{2n-1}-\omega^{-(2n-1)}}.$$

取 $\omega = e^{i\theta}$, 得

$$-a = \frac{2\cos 2n\theta \cdot \sin\theta}{\sin(2n-1)\theta} = \frac{\sin(2n+1)\theta}{\sin(2n-1)\theta} - 1.$$

只需证: 对每个实数 a, 关于 θ 的方程

$f(\theta) = \sin(2n+1)\theta + (a-1)\sin(2n-1)\theta = 0$ 在区间 $\left(0, \dfrac{\pi}{2}\right)$ 上至少有 $n-1$ 个解.

若 $a = 1$, 则当 $\theta_k = \dfrac{k\pi}{2n+1}(k=1,2,\cdots,n)$ 时, 有 $f(\theta_k) = 0$.

若 $a \neq 1$, 对于 $\theta_k = \dfrac{k\pi}{2n+1}(k=1,2,\cdots,n)$,

注意到,

$$(k-1)\pi < (2n-1)\theta_k < k\pi,$$

故

$$(-1)^{k-1}\sin(2n-1)\theta_k > 0,$$

$$f(\theta_k)f(\theta_{k+1}) < 0,$$

即 $f(\theta)=0$ 在区间 (θ_k,θ_{k+1}) 上至少有一个解.

综上, $p(z)=0$ 在区间 $(0,\pi)$ 上至少有 $n-1$ 个复根.

回到原题.

设 $p(z)=0$ 在上半单位圆周上的 $n-1$ 个根为 $z_1,z_2,\cdots,z_{n-1}$. 则其共轭复数 $\overline{z_1},\overline{z_2},\cdots,\overline{z_{n-1}}$ 也为它的根.

故 $x^2+b_k x+c_k=(x-z_k)(x-\overline{z}_k)$.

由此, $c_k=z_k\overline{z}_k=1(k=1,2,\cdots,n-1)$.

又因为 $c_1 c_2\cdots c_n=1$, 所以 $c_n=1$, 即
$$c_1=c_2=\cdots=c_n=1.$$

▶ **例 24** 已知正整数 $m,n\geqslant 2,a_1,a_2,\cdots,a_n$ 为整数, 且其中任意一个均不为 m^{n-1} 的倍数. 证明: 存在不全为 0 的整数 $e_1,e_2,\cdots,e_n$, 使得 $|e_i|<m(i=1,2,\cdots,n)$, 且 $\sum_{i=1}^{n}e_i a_i$ 为 m^n 的倍数.

证明

设 $b=(b_1,b_2,\cdots,b_n), 0\leqslant b_i<m(i=1,2,\cdots,n)$, 则有 m^n 个 b.

再设 $f(b)=\sum_{i=1}^{n}b_i a_i$, $f(b)$ 的值最多有 m^n 个.

若存在 $b'=(b_1',b_2',\cdots,b_n'), b\neq b'$, 使得 $f(b)\equiv f(b')(\bmod m^n)$, 即
$$\sum_{i=1}^{n}(b_i-b_i')a_i\equiv 0(\bmod m^n).$$

令 $\quad b_i-b_i'=e_i(i=1,2,\cdots,n),-m<e_i<m.$

则 $\quad\sum_{i=1}^{n}e_i a_i\equiv 0(\bmod m^n).$

此时, e_i 不全为 0, 原结论成立.

否则, 所有 $f(b)$ 构成模 m^n 的完系, 定义多项式 $\sum_{b}x^{f(b)}$.

设 $\omega=\mathrm{e}^{\frac{2\pi i}{m^n}}, \omega^{m^n}=1$, 则
$$\sum_{b}\omega^{f(b)}=\sum_{i=0}^{m^n-1}\omega^i=\frac{\omega^{m^n}-1}{\omega-1}=0, \tag{12}$$

$$\sum_{b}x^{f(b)}=\sum_{b}x^{b_1 a_1+b_2 a_2+\cdots+b_n a_n}=\prod_{j=1}^{n}\sum_{i=0}^{m-1}x^{i a_j}.$$

故
$$\sum_b \omega^{f(b)} = \prod_{j=1}^{n}\sum_{i=0}^{m-1}\omega^{ia_j} = \prod_{j=1}^{n}\frac{\omega^{ma_j}-1}{\omega^{a_j}-1}.$$

由 $m^n \nmid ma_j$,知

$$\omega^{ma_j}-1 \neq 0, \sum_b \omega^{f(b)} = \prod_{j=1}^{n}\frac{\omega^{ma_j}-1}{\omega^{a_j}-1} \neq 0.$$

这与式(12)矛盾.

综上,原结论成立.

演习场

习题 10

1. 求方程 $x^2-3|x|+2=0$ 在复数范围内根的数目.

2. 已知关于 x 的方程 $x^2+zx+4+3\mathrm{i}=0$ 有实数根,求 $|z|$ 的最小值.

3. 已知关于 x 的方程 $x^2-(2\mathrm{i}-1)x+3m-\mathrm{i}=0$ 有实数根,求实数 m 的值.

4. 已知 $z_1,z_2,z_3,\cdots,z_6$ 是 $2+\mathrm{i}$ 的六次方根,它们的辐角主值分别为 α_1, $\alpha_2,\alpha_3,\cdots,\alpha_6$,求 $\tan\alpha_1\cdot\tan\alpha_2+\tan\alpha_2\cdot\tan\alpha_3+\cdots+\tan\alpha_6\cdot\tan\alpha_1$ 的值.

5. 设 α 是关于 x 的方程 $x+\dfrac{1}{x}=2\cos\theta$ 的根,求 $\alpha^n+\dfrac{1}{\alpha^n}$ 的值.

6. 已知关于 x 的实系数方程 $x^2-2x+2=0$ 和 $x^2+2mx+1=0$ 的 4 个不同的根,在复平面上对应的点共圆,求 m 的取值范围.

(2019 年全国高中数学联赛广东省预赛题)

7. 电脑每秒钟以相同的概率输出一个数 1 或 2.将输出的前 n 个数之和被 3 整除的概率记为 P_n.证明:(1) $P_{n+1}=\dfrac{1}{2}(1-P_n)$;(2) $P_{2012}>\dfrac{1}{3}$.

(2012 年全国高中数学联赛天津市预赛题)

8. 在复平面上把方程 $x^{10}=1$ 的根对应的点的集合记为 M.以 M 中的点为顶点的三角形中,有多少个直角三角形?

9. 若 $p,q\in\mathbf{R}$,关于 x 的一元二次方程 $x^2+2(p-q)x+2(p^2+q^2)=0$ 有虚根,且该根的三次方为实数,求 $\dfrac{p}{q}$ 的值.

10. 已知方程 $x^2+(4+\mathrm{i})x+4+a\mathrm{i}=0(a\in\mathbf{R})$ 有实根 b,且 $z=a+b\mathrm{i}$.求复数 $\bar{z}(1-c\mathrm{i})(c>0)$ 的辐角主值的取值范围.

11. 求证:方程 $z^n\cos\theta_n+z^{n-1}\cos\theta_{n-1}+z^{n-2}\cos\theta_{n-2}+\cdots+z\cos\theta_1+\cos\theta_0=2$ 的每一个复数根所对应的点都在曲线 $|z|=\dfrac{1}{2}$ 的外部(其中 $\theta_n,\theta_{n-1},\cdots,\theta_1,\theta_0$ 均为实常数).

12. 设 $z_1, z_2, \cdots, z_n \in \mathbf{C}, n \geq 2$. 求证：$\sum\limits_{k=1}^{n} |z_k| \leq \left|\sum\limits_{k=1}^{n} z_k\right| + \sum\limits_{1 \leq i < j \leq n} |z_i - z_j|$.

13. 已知 $x, y \in \mathbf{R}$. 证明：

$$\sqrt{x^2 + y^2} + \sqrt{(x-1)^2 + y^2} + \sqrt{x^2 + (y-1)^2} \geq \frac{\sqrt{2}}{2}(\sqrt{3} - 1).$$

14. 设 a, b 是实数，并且方程 $x^4 + ax^3 + bx^2 + ax + 1 = 0$ 至少有一个实数根，试求 $a^2 + b^2$ 的最小可能值.

15. 设 $A = \left\{ z \,\bigg|\, \overline{z} = \dfrac{1}{1+ti}, t \in \mathbf{R} \right\}$，$B = \left\{ z' \,\bigg|\, \arg(z' - \mathrm{i}) = \dfrac{5\pi}{4} \right\}$，$z, z'$ 在复平面内对应的点分别为 Z, Z'，试求 $\min\limits_{z \in A, z' \in B} |\overrightarrow{ZZ'}|$.

16. 复数 z_1, z_2 满足 $|z_1 + z_2| = 2, |z_1 z_2| = 3$. 设 $z = \dfrac{z_1}{z_2}$，试求 $\arg z$ 的最大值与最小值.

17. 设 a, b 为任意实数，方程 $x^2 + a|x| + b = 0$ 在复数集 $\mathbf{C}$ 上的解集为 A. 又 $B = \{n \mid n = |A|, \forall a, b \in \mathbf{R}\}$，试求集合 B.

18. 方程 $x^{10} + (13x - 1)^{10} = 0$ 的 10 个复数根分别为 $r_1, \overline{r_1}, r_2, \overline{r_2}, r_3, \overline{r_3}, r_4, \overline{r_4}, r_5, \overline{r_5}$. 求代数式 $\dfrac{1}{r_1 \overline{r_1}} + \dfrac{1}{r_2 \overline{r_2}} + \cdots + \dfrac{1}{r_5 \overline{r_5}}$ 的值.

19. 求证：$\mathrm{C}_n^1 + \mathrm{C}_n^5 + \cdots + \mathrm{C}_n^{4m-3} = \dfrac{1}{2}\left(2^{n-1} + 2^{\frac{n}{2}} \cdot \sin\dfrac{n\pi}{4}\right)$，其中 $4m - 3$ 为不大于 n 的这类形式的最大整数.

20. 求证：$\sin n\theta = 2^{n-1} \prod\limits_{k=0}^{n-1} \sin\left(\theta + \dfrac{k\pi}{n}\right)$.

21. (1) 设 n 是大于 3 的素数，求 $\left(1 + 2\cos\dfrac{2\pi}{n}\right)\left(1 + 2\cos\dfrac{4\pi}{n}\right) \cdots \left(1 + 2\cos\dfrac{2n\pi}{n}\right)$ 的值；

(2) 设 n 是大于 3 的自然数，求

$\left(1 + 2\cos\dfrac{\pi}{n}\right)\left(1 + 2\cos\dfrac{2\pi}{n}\right)\left(1 + 2\cos\dfrac{3\pi}{n}\right) \cdots \left(1 + 2\cos\dfrac{(n-1)\pi}{n}\right)$ 的值.

22. 设实数 x,y,z,w 满足

$$\begin{cases} \dfrac{x^2}{2^2-1^2}+\dfrac{y^2}{2^2-3^2}+\dfrac{z^2}{2^2-5^2}+\dfrac{w^2}{2^2-7^2}=1, \\ \dfrac{x^2}{4^2-1^2}+\dfrac{y^2}{4^2-3^2}+\dfrac{z^2}{4^2-5^2}+\dfrac{w^2}{4^2-7^2}=1, \\ \dfrac{x^2}{6^2-1^2}+\dfrac{y^2}{6^2-3^2}+\dfrac{z^2}{6^2-5^2}+\dfrac{w^2}{6^2-7^2}=1, \\ \dfrac{x^2}{8^2-1^2}+\dfrac{y^2}{8^2-3^2}+\dfrac{z^2}{8^2-5^2}+\dfrac{w^2}{8^2-7^2}=1. \end{cases}$$

试求 $x^2+y^2+z^2+w^2$ 的值.

23. 已知 $f(z)=C_0 z^n+C_1 z^{n-1}+C_2 z^{n-2}+\cdots+C_{n-1}z+C_n$ 是一个 n 次复系数多项式.求证:一定存在一个复数 z_0,$|z_0|\leqslant 1$,并且满足 $|f(z_0)|\geqslant |C_0|+|C_n|$.

24. 设 $n\in \mathbf{N}$.证明:方程 $z^{n+1}-z^n-1=0$

有模为 1 的复根的充分必要条件是 $6\mid(n+2)$.

(第二届中国数学奥林匹克)

25. 给定整数 $n\geqslant 4$.证明:不存在正 n 边形 $A_1 A_2 \cdots A_n$,使得对任何 $1\leqslant i<j\leqslant n$,$A_i A_j$ 的长度均为整数.

(2014 年清华大学数学金秋营测试)

26. 定义数列 $\{a_n\}$:a_1,a_2 是方程 $z^2+\mathrm{i}z-1=0$ 的两根,且当 $n\geqslant 2$ 时,有 $(a_{n+1}a_{n-1}-a_n^2)+\mathrm{i}(a_{n+1}a_{n-1}-2a_n)=0$,求证:对一切正整数 n,有 $a_n^2+a_{n+1}^2+a_{n+2}^2=a_n a_{n+1}+a_{n+1}a_{n+2}+a_{n+2}a_n$.

参考答案及提示

习题 1

1. 由题意可知,满足条件的区域为以正三角形边上的点为圆心、1 为半径的圆扫过的区域,如图 A.1 所示,其面积为 $\dfrac{\sqrt{3}}{4}\times 6^2+3\times 6\times 1+\pi-\dfrac{\sqrt{3}}{4}(6-2\sqrt{3})^2=36-3\sqrt{3}+\pi$. 故选 D.

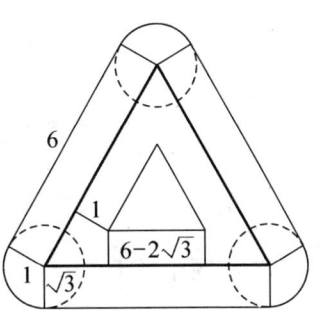

图 A.1

2. 由题意,得
$$12(\sin\theta+\cos\theta)=35\sin\theta\cdot\cos\theta.$$
令 $\sin\theta+\cos\theta=t, t\in(1,\sqrt{2}]$,则上式化为
$$12t=35\times\dfrac{t^2-1}{2},$$
即
$$35t^2-24t-35=0.$$
解得 $t=\dfrac{7}{5}$ 或 $t=-\dfrac{5}{7}$(舍去).

因此 $\sin\theta+\cos\theta=\dfrac{7}{5}$,从而 $\sin\theta\cdot\cos\theta=\dfrac{12}{25}$,所以
$$\dfrac{\tan\theta}{1+\tan^2\theta}=\dfrac{12}{25},$$
即
$$12\tan^2\theta-25\tan\theta+12=0.$$
从而 $\tan\theta=\dfrac{3}{4}$ 或 $\dfrac{4}{3}$.

3. 由条件知
$$\cos^2\alpha=\sin\alpha,$$

反复利用此结论,并注意到
$$\cos^2\alpha + \sin^2\alpha = 1,$$
得
$$\frac{1}{\sin\alpha} + \cos^4\alpha = \frac{\cos^2\alpha + \sin^2\alpha}{\sin\alpha} + \sin^2\alpha$$
$$= (1+\sin\alpha) + (1-\cos^2\alpha)$$
$$= 2 + \sin\alpha - \cos^2\alpha = 2.$$

4. $3\sin^2\alpha + 2\sin^2\beta = 2\sin\alpha \Rightarrow \sin^2\beta = \sin\alpha - \frac{3}{2}\sin^2\alpha$

$$\Rightarrow \sin\alpha - \frac{3}{2}\sin^2\alpha \geqslant 0 \Rightarrow 0 \leqslant \sin\alpha \leqslant \frac{2}{3},$$

$$\sin^2\alpha + \sin^2\beta = -\frac{1}{2}(\sin\alpha - 1)^2 + \frac{1}{2}.$$

由 $0 \leqslant \sin\alpha \leqslant \frac{2}{3}$,得 $0 \leqslant \sin^2\alpha + \sin^2\beta \leqslant \frac{4}{9}$.

5. 问题相当于求 $m = -\cos^2 x - \sin x$ 的值域.

$m = \left(\sin x - \frac{1}{2}\right)^2 - \frac{5}{4}$,又因为 $\sin x \in [-1,1]$,所以 $m \in \left[-\frac{5}{4}, 1\right]$.

6. 设 $\sin x - \sin y = t$,易得 $\cos x \cdot \cos y - \sin x \cdot \sin y = \frac{t^2-1}{2}$,即 $\cos(x+y) = \frac{t^2-1}{2}$. 由于 $-1 \leqslant \cos(x+y) \leqslant 1$,所以 $-1 \leqslant \frac{t^2-1}{2} \leqslant 1$,解得 $-\sqrt{3} \leqslant t \leqslant \sqrt{3}$.

7. 原式变形为 $\frac{1+\sin\alpha}{|\cos\alpha|} - \frac{1-\sin\alpha}{|\cos\alpha|} = \frac{2\sin\alpha}{|\cos\alpha|} = 2\tan\alpha$.

(i) 当 $\cos\alpha > 0$,即 α 在第一、四象限或 x 轴正半轴上时,$\frac{2\sin\alpha}{|\cos\alpha|} = \frac{2\sin\alpha}{\cos\alpha} = 2\tan\alpha$ 恒成立,故 $2k\pi - \frac{\pi}{2} < \alpha < 2k\pi + \frac{\pi}{2}$.

(ii) 当 $\cos\alpha < 0$,即 α 在第二、三象限或 x 轴负半轴上时,$\frac{2\sin\alpha}{|\cos\alpha|} = -\frac{2\sin\alpha}{\cos\alpha} = -2\tan\alpha = 2\tan\alpha$ 仅当 $\tan\alpha = 0$ 时成立,故 $\alpha = (2k+1)\pi$. 故所求 α 的集合为 $\{(2k+1)\pi, k \in \mathbf{Z}\} \cup \left(2k\pi - \frac{\pi}{2}, 2k\pi + \frac{\pi}{2}\right)(k \in \mathbf{Z})$.

8. 由 $\sin A(\sin B + \cos B) - \sin C = 0$,得
$$\sin A \cdot \sin B + \sin A \cdot \cos B - \sin(A+B) = 0,$$

所以 $\sin A \cdot \sin B + \sin A \cdot \cos B - \sin A \cdot \cos B - \cos A \cdot \sin B = 0$,

即 $\sin B(\sin A - \cos A) = 0$.

因为 $B \in (0, \pi)$,所以 $\sin B \neq 0$,从而 $\cos A = \sin A$.由 $A \in (0, \pi)$,知 $A = \dfrac{\pi}{4}$,从而 $B + C = \dfrac{3}{4}\pi$.

由 $\sin B + \cos 2C = 0$,得 $\sin B + \cos 2\left(\dfrac{3}{4}\pi - B\right) = 0$,

即 $\sin B - \sin 2B = 0$,亦即 $\sin B - 2\sin B \cdot \cos B = 0$.

由此得 $\cos B = \dfrac{1}{2}$,$B = \dfrac{\pi}{3}$,$C = \dfrac{5\pi}{12}$.所以 $A = \dfrac{\pi}{4}$,$B = \dfrac{\pi}{3}$,$C = \dfrac{5\pi}{12}$.

9. 由 $\sin x + \cos x = \dfrac{1}{5} \Rightarrow \sin^2 x + 2\sin x \cdot \cos x + \cos^2 x = \dfrac{1}{25}$,

即 $2\sin x \cdot \cos x = -\dfrac{24}{25}$.

∵ $(\sin x - \cos x)^2 = 1 - 2\sin x \cdot \cos x = \dfrac{49}{25}$,

又 $-\dfrac{\pi}{2} < x < 0$, ∴ $\sin x < 0$,$\cos x > 0$,$\sin x - \cos x < 0$,

故 $\sin x - \cos x = -\dfrac{7}{5}$.

∴ $\dfrac{3\sin^2 \dfrac{x}{2} - 2\sin \dfrac{x}{2} \cdot \cos \dfrac{x}{2} + \cos^2 \dfrac{x}{2}}{\tan x + \cot x} = \dfrac{2\sin^2 \dfrac{x}{2} - \sin x + 1}{\dfrac{\sin x}{\cos x} + \dfrac{\cos x}{\sin x}}$

$= \sin x \cdot \cos x \cdot (2 - \cos x - \sin x) = \left(-\dfrac{12}{25}\right) \times \left(2 - \dfrac{1}{5}\right) = -\dfrac{108}{125}$.

10. (1) $g(x) = \cos x \cdot \sqrt{\dfrac{1 - \sin x}{1 + \sin x}} + \sin x \cdot \sqrt{\dfrac{1 - \cos x}{1 + \cos x}}$

$= \cos x \cdot \dfrac{1 - \sin x}{|\cos x|} + \sin x \cdot \dfrac{1 - \cos x}{|\sin x|}$.

∵ $x \in \left(\pi, \dfrac{17\pi}{12}\right]$, ∴ $|\cos x| = -\cos x$,$|\sin x| = -\sin x$,

∴ $g(x) = \cos x \cdot \dfrac{1 - \sin x}{-\cos x} + \sin x \cdot \dfrac{1 - \cos x}{-\sin x} = \sin x + \cos x - 2$

$= \sqrt{2}\sin\left(x + \dfrac{\pi}{4}\right) - 2$.

(2) 由 $\pi < x \leqslant \dfrac{17\pi}{12}$，得 $\dfrac{5\pi}{4} < x + \dfrac{\pi}{4} \leqslant \dfrac{5\pi}{3}$． $\because$ $\sin x$ 在 $\left(\dfrac{5\pi}{4}, \dfrac{3\pi}{2}\right]$ 上为减函数，

在 $\left(\dfrac{3\pi}{2}, \dfrac{5\pi}{3}\right]$ 上为增函数，又 $\sin \dfrac{5\pi}{3} < \sin \dfrac{5\pi}{4}$，

$\therefore$ $\sin \dfrac{3\pi}{2} \leqslant \sin\left(x + \dfrac{\pi}{4}\right) < \sin \dfrac{5\pi}{4}$，即 $-1 \leqslant \sin\left(x + \dfrac{\pi}{4}\right) < -\dfrac{\sqrt{2}}{2}$，

$\therefore$ $-\sqrt{2} - 2 \leqslant \sqrt{2} \sin\left(x + \dfrac{\pi}{4}\right) - 2 < -3$，

故 $g(x)$ 的值域为 $[-\sqrt{2} - 2, -3)$．

11. 原不等式可转化为 $a\sin x + \cos^2 x \leqslant \dfrac{y}{4} + \dfrac{9}{y}$，$\because$ $\dfrac{y}{4} + \dfrac{9}{y} \geqslant 3$，即 $\dfrac{y}{4} + \dfrac{9}{y}$ 的最小值为 3，$\therefore$ $a\sin x + \cos^2 x \leqslant 3$，即 $\sin^2 x - a\sin x + 2 \geqslant 0$ 恒成立．

方法一 二次函数分类讨论．

① 当 $\dfrac{a}{2} \leqslant -1$，即 $a \leqslant -2$，将 $\sin x = -1$ 代入，$1 + a + 2 \geqslant 2$，即 $a \geqslant -3$，

$\therefore$ $-3 \leqslant a \leqslant -2$，

② 当 $-1 < \dfrac{a}{2} < 1$，即 $-2 < a < 2$，$\Delta = a^2 - 8 \leqslant 0$，即 $-2\sqrt{2} \leqslant a \leqslant 2\sqrt{2}$，

$\therefore$ $-2 < a < 2$，

③ 当 $\dfrac{a}{2} \geqslant 1$，即 $a \geqslant 2$，将 $\sin x = 1$ 代入，$1 - a + 2 \geqslant 0$，即 $a \leqslant 3$，

$\therefore$ $2 \leqslant a \leqslant 3$；

综上，$a \in [-3, 3]$．

方法二 分离参数讨论．

$a\sin x \leqslant 2 + \sin^2 x$，当 $0 < \sin x \leqslant 1$，$a \leqslant \sin x + \dfrac{2}{\sin x}$，$\therefore$ $a \leqslant 3$，当 $-1 \leqslant \sin x < 0$，$a \geqslant \sin x + \dfrac{2}{\sin x}$，$\therefore$ $a \geqslant -3$．

综上，$a \in [-3, 3]$．

12. 设 $P(\cos\alpha, \sin\alpha)$，则

$$S = |AP| \times |BP|^2 = \sqrt{\cos^2\alpha + (\sin\alpha - 2)^2}\,(\cos^2\alpha + (1 + \sin\alpha)^2),$$

整理可得

$$S = 8\sqrt{\left(\dfrac{1 + \sin\alpha}{2}\right)^2 \left(\dfrac{5}{4} - \sin\alpha\right)},$$

由三元均值不等式可知

$$S \leqslant 8 \times \sqrt{\left[\frac{1+\frac{5}{4}}{3}\right]^3} = 3\sqrt{3}.$$

当且仅当 $\sin\alpha = \frac{1}{2}$ 时等号成立,此时 $|AP| \times |BP|^2$ 的最大值为 $3\sqrt{3}$.

13. 作出平面点集 A、B 所表示的平面区域,$A \cap B$ 表示图 A.2 中的阴影部分 D.

令 $z = 2x - y$,则 $y = 2x - z$,$-z$ 表示直线 $y = 2x - z$ 的纵截距.

易知:直线 $y = 2x - z$ 经过区域 D 中的点 P 时,$z = 2x - y$ 取得最小值.

因为点 P 在圆 $(x-1)^2 + (y-1)^2 = 1$ 上,设它的坐标为 $(1+\cos\theta, 1+\sin\theta)$,结合图形可知 $\theta \in \left(\frac{\pi}{2}, \pi\right)$.

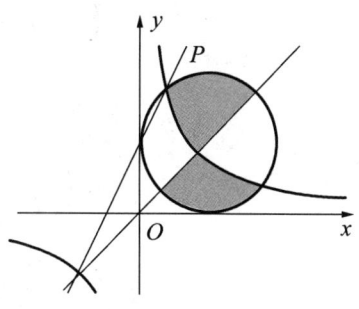

图 A.2

又点 P 在曲线 $y = \frac{18}{25x}$ 上,所以有 $(1+\cos\theta)(1+\sin\theta) = \frac{18}{25}$,

即 $\sin\theta \cdot \cos\theta + \sin\theta + \cos\theta + \frac{7}{25} = 0$.

设 $\sin\theta + \cos\theta = t$,则 $\sin\theta \cdot \cos\theta = \frac{1}{2}(t^2 - 1)$,代入得 $\frac{1}{2}(t^2 - 1) + t + \frac{7}{25} = 0$,解得 $t = \frac{1}{5}$ 或 $t = -\frac{11}{5}$(舍),即 $\sin\theta + \cos\theta = \frac{1}{5}$.

结合 $\sin^2\theta + \cos^2\theta = 1$,并注意到 $\theta \in \left(\frac{\pi}{2}, \pi\right)$,解得 $\sin\theta = \frac{4}{5}$,$\cos\theta = -\frac{3}{5}$.

所以,点 P 的坐标为 $\left(\frac{2}{5}, \frac{9}{5}\right)$,$z = 2x - y$ 的最小值为 $z_{\min} = 2 \times \frac{2}{5} - \frac{9}{5} = -1$.

14.(1)由题意知 $\triangle ABQ \backsim \triangle PDA \backsim \triangle PCQ$,所以
$$r_1 : r_2 : r_3 = AB : PD : PC.$$

而
$$AB = CD = PD + PC,$$

故

$$r_1 = r_2 + r_3 \geq 2\sqrt{r_2 r_3},$$

即 $r_1^2 \geq 4 r_2 r_3$.

当且仅当 $r_2 = r_3$,即 P 为 CD 的中点时等号成立.

(2) 由(1)得 $r_1 = r_2 + r_3$,所以有

$$r_1^2 + r_2^2 + r_3^2 = (r_2 + r_3)^2 + r_2^2 + r_3^2$$

$$= \left(r_2 + r_2 \cdot \frac{PC}{PD}\right)^2 + r_2^2 + \left(r_2 \cdot \frac{PC}{PD}\right)^2$$

$$= \left(r_2 + r_2 \cdot \frac{1-PD}{PD}\right)^2 + r_2^2 + r_2^2 \left(\frac{1-PD}{PD}\right)^2$$

$$= r_2^2 \left(\frac{1}{PD^2} + 1 + \left(\frac{1}{PD} - 1\right)^2\right)$$

$$= r_2^2 \times 2 \left(\frac{1}{PD^2} - \frac{1}{PD} + 1\right)$$

$$= \left(\frac{1+PD-AP}{2}\right)^2 \times 2 \left(\frac{1}{PD^2} - \frac{1}{PD} + 1\right)$$

$$= \frac{(1+PD-\sqrt{1+PD^2})^2}{2} \cdot \left(\frac{1}{PD^2} - \frac{1}{PD} + 1\right).$$

记 $\angle DAP = \theta \left(0 < \theta < \dfrac{\pi}{4}\right)$,则

$$r_1^2 + r_2^2 + r_3^2 = \frac{1}{2}\left(1 + \tan\theta - \frac{1}{\cos\theta}\right)^2 (1 + \cot^2\theta - \cot\theta)$$

$$= \frac{1}{2} \cdot \frac{(\cos\theta + \sin\theta - 1)^2}{\cos^2\theta} \cdot \frac{\sin^2\theta + \cos^2\theta - \sin\theta \cdot \cos\theta}{\sin^2\theta}$$

$$= \frac{1}{2} \cdot \frac{(\cos\theta + \sin\theta - 1)^2 (1 - \sin\theta \cdot \cos\theta)}{(\sin\theta \cdot \cos\theta)^2}.$$

令 $\cos\theta + \sin\theta = t$,则 $1 < t < \sqrt{2}$,且 $\sin\theta \cdot \cos\theta = \dfrac{t^2-1}{2}$.

故

$$r_1^2 + r_2^2 + r_3^2 = \frac{1}{2} \cdot \frac{(t-1)^2 \left(1 - \dfrac{t^2-1}{2}\right)}{\left(\dfrac{t^2-1}{2}\right)^2} = \frac{3-t^2}{(t+1)^2}.$$

它是关于 t 的单调递减函数.

所以,$3 - 2\sqrt{2} = \dfrac{3-(\sqrt{2})^2}{(\sqrt{2}+1)^2} < r_1^2 + r_2^2 + r_3^2 < \dfrac{3-1^2}{(1+1)^2} = \dfrac{1}{2}.$

即
$$3-2\sqrt{2}<r_1^2+r_2^2+r_3^2<\frac{1}{2}.$$

15. 如图 A.3,即求凸四边形 $EFGH$ 的面积占正方形 $ABCD$ 的面积的比例.过 E 作 $EK\perp CD$ 于 K.以 B 点为原点,BC 为 x 轴,BA 为 y 轴建立坐标系,则 $\overset{\frown}{AC}$ 所在圆的方程为 $x^2+y^2=a^2$,$\overset{\frown}{BD}$ 所在圆的方程为 $(x-a)^2+y^2=a^2$,联立方程解得 $x=\frac{1}{2}a$,$y=\frac{\sqrt{3}}{2}a$,即 $E\left(\frac{a}{2},\frac{\sqrt{3}}{2}a\right)$,则 $EK=\frac{1}{2}a$,$KC=\frac{\sqrt{3}}{2}a$.

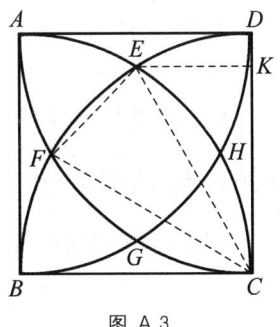

图 A.3

同理可得 $G\left(\frac{a}{2},a-\frac{\sqrt{3}}{2}a\right)$,$F\left(a-\frac{\sqrt{3}}{2}a,\frac{a}{2}\right)$,$H\left(\frac{\sqrt{3}}{2}a,\frac{a}{2}\right)$.

所以 $\angle DCE=\angle BCF=\angle ECF=\frac{\pi}{6}$,因此

$$S_{\text{弓形}EF}=\frac{1}{2}a^2\cdot\frac{\pi}{6}-\frac{1}{2}\cdot a^2\cdot\sin\frac{\pi}{6}=\left(\frac{\pi}{12}-\frac{1}{4}\right)a^2.$$

所以

$$S_{\text{凸}EFGH}=4S_{\text{弓形}EF}+S_{\text{正方形}EFGH}=\left(\frac{\pi}{3}-1\right)a^2+\frac{1}{2}(1-\sqrt{3})^2a^2$$

$$=\left(\frac{\pi}{3}+1-\sqrt{3}\right)a^2.$$

故草坪上能同时被 4 个喷水装置覆盖的区域占整个草坪的比例为 $\frac{\pi}{3}+1-\sqrt{3}$.

16. 因为 $(\sin\alpha,\sin\beta)$ 是两函数 $f(x)=\sqrt[3]{x^3+t^3}$ 和 $g(x)=3tx^2+(3t^2+1)x+t$ 的图像的公共点,所以

$$\sin\beta=\sqrt[3]{\sin\alpha+t^3},\tag{1}$$

$$\sin\beta=3t\sin^2\alpha+(3t^2+1)\sin\alpha+t.\tag{2}$$

由式(1)得 $\sin^3\beta=\sin^3\alpha+t^3.\tag{3}$

式(2)+(3)得

$$\sin^3\beta+\sin\beta=(\sin\alpha+t)^3+\sin\alpha+t.$$

令 $f(x)=x^3+x$,则 $f(\sin\beta)=f(\sin\alpha+t)$.

因为函数 $f(x)=x^3+x$ 是 **R** 上的单调增函数,所以

$$\sin\beta = \sin\alpha + t. \tag{4}$$

将式(4)代入式(2),得

$$3t\sin^2\alpha + 3t^2\sin\alpha = 0.$$

所以 $t = 0$ 或 $t = -\sin\alpha$ 或 $\sin\alpha = 0$,即 $t = 0$ 或 $t = -\sin\alpha$ 或 $t = \sin\beta$.

因此 $|t| \leq 1$.

17. 设球 O 的半径为 R.若正四面体一个面截球如图 A.4(A),则小圆周长为 π.所以小圆半径为 $\dfrac{1}{2}$.

又球心到四面体各面的距离为 1,故

$$R = \sqrt{1^2 + \left(\dfrac{1}{2}\right)^2} = \dfrac{\sqrt{5}}{2}.$$

若正四面体一个面截球如图 A.4(B),记 D 为 AC 的中点.

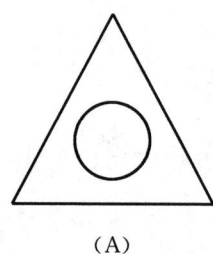
(A)

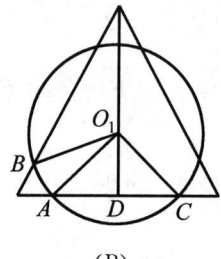
(B)

图 A.4

由题意知,弧 AB 长为 $\dfrac{\pi}{3}$.

设小圆 O_1 的半径为 r,则 $\angle AO_1B = \dfrac{\pi}{3r}$.

又 $\angle BO_1C = \dfrac{2\pi}{3}$,

$$\angle AO_1D = \dfrac{1}{2}(\angle BO_1C - \angle AO_1B)$$
$$= \dfrac{\pi}{3} - \dfrac{\pi}{6r}, O_1D = \sqrt{2},$$

所以

$$\cos\left(\dfrac{\pi}{3} - \dfrac{\pi}{6r}\right) = \dfrac{\sqrt{2}}{r}. \tag{5}$$

令 $f(r) = \cos\left(\dfrac{\pi}{3} - \dfrac{\pi}{6r}\right) - \dfrac{\sqrt{2}}{r}$,则

$$f'(r) = -\dfrac{\pi}{6r^2} \cdot \sin\left(\dfrac{\pi}{3} - \dfrac{\pi}{6r}\right) + \dfrac{\sqrt{2}}{r^2} > 0.$$

故函数 $f(r)$ 在 $(0,+\infty)$ 单调增,且最多有一个零点,而 $f(2)=0$,所以方程(5)有唯一解 2,从而 $R=\sqrt{r^2+1}=\sqrt{5}$.

所以球 O 的半径是 $\frac{\sqrt{5}}{2}$ 或 $\sqrt{5}$.

习题 2

1. 由 $\tan\alpha+\cot\alpha=-\frac{10}{3}$,得 $3\tan^2\alpha+10\tan\alpha+3=0$,即 $\tan\alpha=-3$ 或 $\tan\alpha=-\frac{1}{3}$. 又 $\frac{3\pi}{4}<\alpha<\pi$,所以 $\tan\alpha=-\frac{1}{3}$.

$$\frac{5\sin^2\frac{\alpha}{2}+8\sin\frac{\alpha}{2}\cdot\cos\frac{\alpha}{2}+11\cos^2\frac{\alpha}{2}-8}{\sqrt{2}\sin\left(\alpha-\frac{\pi}{2}\right)}$$

$$=\frac{5\cdot\frac{1-\cos\alpha}{2}+4\sin\alpha+11\cdot\frac{1+\cos\alpha}{2}-8}{-\sqrt{2}\cos\alpha}$$

$$=\frac{5-5\cos\alpha+8\sin\alpha+11+11\cos\alpha-16}{-2\sqrt{2}\cos\alpha}$$

$$=\frac{8\sin\alpha+6\cos\alpha}{-2\sqrt{2}\cos\alpha}=\frac{8\tan\alpha+6}{-2\sqrt{2}}=-\frac{5\sqrt{2}}{6}.$$

2. 方法一 $\because A+B+C=\pi$, $\cot A=-\cot(B+C)=-\frac{\cot B\cdot\cot C-1}{\cot B+\cot C}$,所以原条件可以化为 $-\frac{\cot B\cdot\cot C-1}{\cot B+\cot C}+\cot B+\cot C=\sqrt{3}$,

整理,得 $\cot^2 B+(\cot C-\sqrt{3})\cot B+(\cot^2 C-\sqrt{3}\cot C+1)=0$.

因为 $\cot B\in\mathbf{R}$,所以 $\Delta\geqslant 0$. 又

$\Delta=(\cot C-\sqrt{3})^2-4(\cot^2 C-\sqrt{3}\cot C+1)=-(\sqrt{3}\cot C-1)^2\leqslant 0$,

所以 $\sqrt{3}\cot C-1=0\Rightarrow C=60°$. 同理, $A=B=60°$, 故 $\triangle ABC$ 是等边三角形.

方法二 $(\cot A+\cot B+\cot C)^2=(\sqrt{3})^2$

$\Rightarrow\cot^2 A+\cot^2 B+\cot^2 C+2(\cot A\cdot\cot B$

$+\cot A\cdot\cot C+\cot B\cdot\cot C)=3.$ (1)

$\because A+B+C=\pi$, $\therefore \tan A+\tan B+\tan C=\tan A\cdot\tan B\cdot\tan C$,

两边同乘以 $\cot A\cdot\cot B\cdot\cot C$,得 $\cot A\cdot\cot B+\cot B\cdot\cot C+\cot C\cdot\cot A=1$,将此式代入式(1)得

$\cot^2 A + \cot^2 B + \cot^2 C - 1 = 0$,所以

$\cot^2 A + \cot^2 B + \cot^2 C - (\cot A \cdot \cot B + \cot B \cdot \cot C + \cot C \cdot \cot A) = 0$

$\Rightarrow (\cot A - \cot B)^2 + (\cot A - \cot C)^2 + (\cot B - \cot C)^2 = 0$,

进而得△ABC 是等边三角形.

3. 设 E, G 分别为圆与 AD, AB 的切点,则 $OG \perp AB, OE \perp AD$. 因为 $AD \parallel BC$,所以 $EO \perp BC$. 设直线 EO 交 BC 于点 F, 连 OB, 设 $\angle OBG = \alpha$, $\angle OBF = \beta$,则 $\varphi = \alpha + \beta$. 欲求 $\sin\varphi$,即求 $\sin(\alpha+\beta)$. 因为 $OF \perp BF$, $OE = 1$, $EF = 5$, $OF = 4$. 又因为 $BC = 5$,所以 $BF = \dfrac{5}{2}$. 在 Rt△OFB 中, $OB = \sqrt{16 + \dfrac{25}{4}} = \dfrac{\sqrt{89}}{2}$,

$\sin\beta = \dfrac{OF}{OB} = \dfrac{8}{\sqrt{89}}$, $\cos\beta = \dfrac{BF}{OB} = \dfrac{5}{\sqrt{89}}$. 又在 Rt△OBG 中,

$OB = \dfrac{\sqrt{89}}{2}$, $OG = 1$, $BG = \sqrt{OB^2 - OG^2} = \dfrac{\sqrt{85}}{2}$, $\cos\alpha = \dfrac{BG}{OB} = \sqrt{\dfrac{85}{89}}$,

$\sin\alpha = \dfrac{OG}{OB} = \dfrac{2}{\sqrt{89}}$. ∴ $\sin\varphi = \sin(\alpha+\beta) = \dfrac{10 + 8\sqrt{85}}{89}$.

4. $y = 7 - 4\sin x \cdot \cos x + 4\cos^2 x - 4\cos^4 x$

$= 7 - 2\sin 2x + 4\cos^2 x(1 - \cos^2 x)$

$= 7 - 2\sin 2x + 4\cos^2 x \cdot \sin^2 x$

$= 7 - 2\sin 2x + \sin^2 2x$

$= (1 - \sin 2x)^2 + 6$.

由于函数 $z = (u-1)^2 + 6$ 在 $u \in [-1, 1]$ 中的最大值为

$$z_{\max} = (-1-1)^2 + 6 = 10,$$

最小值为 $$z_{\min} = (1-1)^2 + 6 = 6,$$

故当 $\sin 2x = -1$ 时, y 取得最大值 10; 当 $\sin 2x = 1$ 时, y 取得最小值 6.

5. $f(x) = \sqrt{3}\sin x + \cos x = 2\sin\left(x + \dfrac{\pi}{6}\right)$.

∵ $-\dfrac{\pi}{2} \leqslant x \leqslant \dfrac{\pi}{2}$, ∴ $-\dfrac{\pi}{3} \leqslant x + \dfrac{\pi}{6} \leqslant \dfrac{2\pi}{3}$.

利用三角函数线,得 $-\dfrac{\sqrt{3}}{2} \leqslant \sin\left(x + \dfrac{\pi}{6}\right) \leqslant 1 \Rightarrow -\sqrt{3} \leqslant f(x) \leqslant 2$.

当且仅当 $x + \dfrac{\pi}{6} = -\dfrac{\pi}{3}$,即 $x = -\dfrac{\pi}{2}$ 时, $f(x)_{\min} = -\sqrt{3}$; 当且仅当 $x + \dfrac{\pi}{6} = \dfrac{\pi}{2}$,即 $x = \dfrac{\pi}{3}$ 时, $f(x)_{\max} = 2$.

6. (1) 依题意,有 $A=2\sqrt{3}$, $\dfrac{T}{4}=3$.

又 $T=\dfrac{2\pi}{\omega}$, $\therefore$ $\omega=\dfrac{\pi}{6}$, $\therefore$ $y=2\sqrt{3}\sin\dfrac{\pi}{6}x$.

当 $x=4$ 时, $y=2\sqrt{3}\sin\dfrac{2\pi}{3}=3$,

$\therefore$ $M(4,3)$. 又 $P(8,0)$, $\therefore$ $MP=\sqrt{4^2+3^2}=5$.

(2) **方法一** 在 $\triangle MNP$ 中, $\angle MNP=120°$, $MP=5$.

设 $\angle PMN=\theta$, 则 $0°<\theta<60°$.

由正弦定理,得 $\dfrac{MP}{\sin 120°}=\dfrac{NP}{\sin\theta}=\dfrac{MN}{\sin(60°-\theta)}$,

$\therefore$ $NP=\dfrac{10\sqrt{3}}{3}\sin\theta$, $MN=\dfrac{10\sqrt{3}}{3}\sin(60°-\theta)$.

故 $NP+MN=\dfrac{10\sqrt{3}}{3}\sin\theta+\dfrac{10\sqrt{3}}{3}\sin(60°-\theta)$

$=\dfrac{10\sqrt{3}}{3}\left(\dfrac{1}{2}\sin\theta+\dfrac{\sqrt{3}}{2}\cos\theta\right)=\dfrac{10\sqrt{3}}{3}\sin(\theta+60°)$.

$\because$ $0°<\theta<60°$, $\therefore$ 当 $\theta=30°$ 时, 折线段赛道 MNP 最长.

方法二 在 $\triangle MNP$ 中, $\angle MNP=120°$, $MP=5$,

由余弦定理,得 $MN^2+NP^2-2MN\cdot NP\cdot\cos\angle MNP=MP^2$,

即 $MN^2+NP^2+MN\cdot NP=25$.

故 $(MN+NP)^2-25=MN\cdot NP\leqslant\left(\dfrac{MN+NP}{2}\right)^2$,

从而 $\dfrac{3}{4}(MN+NP)^2\leqslant 25$, 即 $MN+NP\leqslant\dfrac{10\sqrt{3}}{3}$.

当且仅当 $MN=NP$ 时, 折线段赛道 MNP 最长.

点评

题(2)的答案及其呈现方式均不唯一. 除了方法一、方法二给出的两种方式, 还可以设计为: ① $N\left(\dfrac{12+\sqrt{3}}{2},\dfrac{9+4\sqrt{3}}{6}\right)$; ② $N\left(\dfrac{12-\sqrt{3}}{2},\dfrac{9-4\sqrt{3}}{6}\right)$; ③ 点 N 在线段 MP 的垂直平分线上等.

7. 因为 $\dfrac{\sin 1°}{\cos k° \cdot \cos(k+1)°} = \dfrac{\sin((k+1)° - k°)}{\cos k° \cdot \cos(k+1)°}$

$$= \dfrac{\sin(k+1)° \cdot \cos k° - \cos(k+1)° \cdot \sin k°}{\cos k° \cdot \cos(k+1)°} = \tan(k+1)° - \tan k°,$$

所以 $\sin 1° \cdot \sum\limits_{k=0}^{88} \dfrac{1}{\cos k° \cdot \cos(k+1)°} = \sum\limits_{k=0}^{88} \dfrac{\sin 1°}{\cos k° \cdot \cos(k+1)°}$

$$= \sum_{k=0}^{88} (\tan(k+1)° - \tan k°) = \tan 89° - \tan 0° = \tan 89°$$

$$= \cot 1° = \dfrac{\cos 1°}{\sin 1°}.$$

故 $\sum\limits_{k=0}^{88} \dfrac{1}{\cos k° \cdot \cos(k+1)°} = \dfrac{\cos 1°}{\sin^2 1°}.$

8. 设 $M = \cos\dfrac{\pi}{2n+1} \cdot \cos\dfrac{2\pi}{2n+1} \cdot \cdots \cdot \cos\dfrac{n\pi}{2n+1},$

$N = \sin\dfrac{\pi}{2n+1} \cdot \sin\dfrac{2\pi}{2n+1} \cdot \cdots \cdot \sin\dfrac{n\pi}{2n+1},$

则 $MN = \left(\sin\dfrac{\pi}{2n+1} \cdot \cos\dfrac{\pi}{2n+1}\right)\left(\sin\dfrac{2\pi}{2n+1} \cdot \cos\dfrac{2\pi}{2n+1}\right)\cdots$

$$\left(\sin\dfrac{n\pi}{2n+1} \cdot \cos\dfrac{n\pi}{2n+1}\right)$$

$$= \dfrac{1}{2^n} \sin\dfrac{2\pi}{2n+1} \cdot \sin\dfrac{4\pi}{2n+1} \cdot \cdots \cdot \sin\dfrac{2n\pi}{2n+1}.$$

而 $\sin\dfrac{2n\pi}{2n+1} = \sin\dfrac{\pi}{2n+1}, \sin\dfrac{(2n-2)\pi}{2n+1} = \sin\dfrac{3\pi}{2n+1}, \cdots.$

当 n 是偶数时,有 $\sin\dfrac{(n+2)\pi}{2n+1} = \sin\dfrac{(n-1)\pi}{2n+1}$;

当 n 是奇数时,有 $\sin\dfrac{(n+1)\pi}{2n+1} = \sin\dfrac{n\pi}{2n+1}.$

所以 $MN = \dfrac{1}{2^n} \sin\dfrac{\pi}{2n+1} \cdot \sin\dfrac{2\pi}{2n+1} \cdot \cdots \cdot \sin\dfrac{n\pi}{2n+1} = \dfrac{1}{2^n} N.$ 故 $M = \dfrac{1}{2^n}.$

9. 设 $a_n = \dfrac{1}{2^n}\cot\dfrac{x}{2^n} - \cot x,$

则 $a_{k+1} - a_k = \left(\dfrac{1}{2^{k+1}}\cot\dfrac{x}{2^{k+1}} - \cot x\right) - \left(\dfrac{1}{2^k}\cot\dfrac{x}{2^k} - \cot x\right)$

$$= \dfrac{1}{2^{k+1}}\left(\cot\dfrac{x}{2^{k+1}} - 2\cot\dfrac{x}{2^k}\right)$$

$$= \frac{1}{2^{k+1}} \cdot \left(\frac{1}{\tan \frac{x}{2^{k+1}}} - \frac{1-\tan^2 \frac{x}{2^{k+1}}}{\tan \frac{x}{2^{k+1}}} \right) = \frac{1}{2^{k+1}} \tan \frac{x}{2^{k+1}}.$$

所以左边 $= \sum_{k=1}^{n} \left(\frac{1}{2^k} \tan \frac{x}{2^k} \right)$

$= a_1 + (a_2 - a_1) + (a_3 - a_2) + \cdots + (a_n - a_{n-1}) = a_n$

$=$ 右边.

10. 由 $\sin 3\alpha = 3\sin \alpha - 4\sin^3 \alpha$,可知 $6\sin 50° - 8\sin^3 50° = 2\sin 150° = 1$,

所以 $(3\sin 50° - 1)^2 = 9\sin^2 50° - 6\sin 50° + 1 = 9\sin^2 50° - 8\sin^3 50°$

$= \sin^2 50°(9 - 8\sin 50°)$,

即 $\sin^2 50°(9 - 8\sin 50°) = (3\sin 50° - 1)^2$.

则 $\sqrt{9 - 8\sin 50°} = \frac{3\sin 50° - 1}{\sin 50°} = 3 - \csc 50°$.

所以 $a = 3, b = -1$.

11. 在 $\triangle ABC$ 中,有 $S = 2R^2 \sin A \cdot \sin B \cdot \sin C = \frac{1}{2}(a+b+c)r$,

所以 $\frac{r}{R} = \frac{4R\sin A \cdot \sin B \cdot \sin C}{a+b+c} = \frac{2\sin A \cdot \sin B \cdot \sin C}{\sin A + \sin B + \sin C}$.

因此只需证 $\frac{\sin A \cdot \sin B \cdot \sin C}{\sin A + \sin B + \sin C} = 2\sin \frac{A}{2} \cdot \sin \frac{B}{2} \cdot \sin \frac{C}{2}$,

即证 $4\cos \frac{A}{2} \cdot \cos \frac{B}{2} \cdot \cos \frac{C}{2} = \sin A + \sin B + \sin C$.

而 $\sin A + \sin B + \sin C = 2\sin \frac{A+B}{2} \cdot \cos \frac{A-B}{2} + 2\cos \frac{C}{2} \cdot \sin \frac{C}{2}$

$= 2\cos \frac{C}{2} \left(\cos \frac{A-B}{2} + \cos \frac{A+B}{2} \right) = 4\cos \frac{A}{2} \cdot \cos \frac{B}{2} \cdot \cos \frac{C}{2}$,

所以原等式成立.

12. 设 $B_n = (a^2 + b^2)^n \cos n\theta$.

由 $\sin \theta = \frac{2ab}{a^2 + b^2}$,得 $\cos \theta = \frac{a^2 - b^2}{a^2 + b^2} (a > b > 0)$.

所以 $(a^2 + b^2)\sin \theta = 2ab$ 及 $(a^2 + b^2)\cos \theta$ 均为整数,即 $A_1, B_1 \in \mathbf{Z}$.

设 $A_k, B_k \in \mathbf{Z}$,则

$A_{k+1} = (a^2 + b^2)^{k+1} \sin(k+1)\theta = A_k(a^2 - b^2) + B_k \cdot 2ab$,

$$B_{k+1}=(a^2+b^2)^{k+1}\cos(k+1)\theta=B_k(a^2-b^2)-A_k\cdot 2ab.$$

由 $A_k, B_k, a, b \in \mathbf{Z}$, 得 $A_{k+1}, B_{k+1} \in \mathbf{Z}$.

由数学归纳法原理可知, $\forall n \in \mathbf{N}^*, A_n \in \mathbf{Z}$.

13. 方法一

设
$$x=\cos\frac{\pi}{11}\cdot\cos\frac{2\pi}{11}\cdot\cos\frac{3\pi}{11}\cdot\cos\frac{4\pi}{11}\cdot\cos\frac{5\pi}{11},$$
$$y=\sin\frac{\pi}{11}\cdot\sin\frac{2\pi}{11}\cdot\sin\frac{3\pi}{11}\cdot\sin\frac{4\pi}{11}\cdot\sin\frac{5\pi}{11},$$

可得
$$32xy=\sin\frac{2\pi}{11}\cdot\sin\frac{4\pi}{11}\cdot\sin\frac{6\pi}{11}\cdot\sin\frac{8\pi}{11}\cdot\sin\frac{10\pi}{11}$$
$$=\sin\frac{2\pi}{11}\cdot\sin\frac{4\pi}{11}\cdot\sin\frac{5\pi}{11}\cdot\sin\frac{3\pi}{11}\cdot\sin\frac{\pi}{11}=y(x\neq 0),$$
$$x=\cos\frac{\pi}{11}\cdot\cos\frac{2\pi}{11}\cdot\cos\frac{3\pi}{11}\cdot\cos\frac{4\pi}{11}\cdot\cos\frac{5\pi}{11}=\frac{1}{32},$$

所以
$$\cos\frac{\pi}{11}\cdot\cos\frac{2\pi}{11}\cdot\cdots\cdot\cos\frac{10\pi}{11}$$
$$=-\left(\cos\frac{\pi}{11}\cdot\cos\frac{2\pi}{11}\cdot\cos\frac{3\pi}{11}\cdot\cos\frac{4\pi}{11}\cdot\cos\frac{5\pi}{11}\right)^2$$
$$=-\frac{1}{1024}.$$

方法二
$$\cos\frac{\pi}{11}\cdot\cos\frac{2\pi}{11}\cdot\cdots\cdot\cos\frac{10\pi}{11}$$
$$=-\left(\cos\frac{\pi}{11}\cdot\cos\frac{2\pi}{11}\cdot\cos\frac{3\pi}{11}\cdot\cos\frac{4\pi}{11}\cdot\cos\frac{5\pi}{11}\right)^2$$
$$=-\left(\cos\frac{\pi}{11}\cdot\cos\frac{2\pi}{11}\cdot\cos\frac{4\pi}{11}\cdot\cos\frac{8\pi}{11}\cdot\cos\frac{16\pi}{11}\right)^2$$
$$=-\left(\frac{2^5\sin\frac{\pi}{11}\cdot\cos\frac{\pi}{11}\cdot\cos\frac{2\pi}{11}\cdot\cos\frac{4\pi}{11}\cdot\cos\frac{8\pi}{11}\cdot\cos\frac{16\pi}{11}}{2^5\sin\frac{\pi}{11}}\right)^2$$
$$=-\left(\frac{\sin\frac{32\pi}{11}}{2^5\sin\frac{\pi}{11}}\right)^2=-\frac{1}{1024}.$$

14. (1) 由已知得 $\dfrac{\tan\dfrac{\pi}{5}+\dfrac{y}{x}}{1-\dfrac{y}{x}\tan\dfrac{\pi}{5}}=\tan\dfrac{9\pi}{20}.$

令 $\dfrac{y}{x} = \tan\theta$，则

$$\dfrac{\tan\dfrac{\pi}{5} + \tan\theta}{1 - \tan\theta \cdot \tan\dfrac{\pi}{5}} = \tan\dfrac{9\pi}{20},$$

即

$$\tan\left(\theta + \dfrac{\pi}{5}\right) = \tan\dfrac{9\pi}{20}.$$

所以 $\theta + \dfrac{\pi}{5} = k\pi + \dfrac{9\pi}{20}$，即 $\theta = k\pi + \dfrac{\pi}{4} (k \in \mathbf{Z})$.

故

$$\dfrac{y}{x} = \tan\theta = \tan\left(k\pi + \dfrac{\pi}{4}\right) = \tan\dfrac{\pi}{4} = 1.$$

(2) 由(1)得 $\tan C = 1$.

因为 $0 < C < \pi$，所以 $C = \dfrac{\pi}{4}$. 从而，$A + B = \dfrac{3\pi}{4}$，则 $2A = \dfrac{3\pi}{2} - 2B$.

所以

$$\begin{aligned}\sin 2A + 2\cos B &= \sin\left(\dfrac{3\pi}{2} - 2B\right) + 2\cos B \\ &= -\cos 2B + 2\cos B \\ &= -2\cos^2 B + 2\cos B + 1 \\ &= -2\left(\cos B - \dfrac{1}{2}\right)^2 + \dfrac{3}{2}.\end{aligned}$$

故当 $\cos B = \dfrac{1}{2}$，即 $B = \dfrac{\pi}{3}$ 时，$\sin 2A + 2\cos B$ 取得最大值为 $\dfrac{3}{2}$.

15. 方法一 如图 A.5，由三角形垂心性质可得 $\overrightarrow{HA} \cdot \overrightarrow{HB} = \overrightarrow{HB} \cdot \overrightarrow{HC} = \overrightarrow{HC} \cdot \overrightarrow{HA}$（移项即可证）. 由题意，设 $\overrightarrow{HA} \cdot \overrightarrow{HB} = \overrightarrow{HB} \cdot \overrightarrow{HC} = \overrightarrow{HC} \cdot \overrightarrow{HA} = x$，$3\overrightarrow{HA} + 4\overrightarrow{HB} + 5\overrightarrow{HC} = \vec{0}$. 两边同乘向量 $\overrightarrow{HB}$，得 $3\overrightarrow{HA} \cdot \overrightarrow{HB} + 4\overrightarrow{HB}^2 + 5\overrightarrow{HC} \cdot \overrightarrow{HB} = 0$，∴ $|\overrightarrow{HB}| = \sqrt{-2x}$. 两边同乘向量 $\overrightarrow{HC}$，得 $3\overrightarrow{HA} \cdot \overrightarrow{HC} + 4\overrightarrow{HB} \cdot \overrightarrow{HC} + 5\overrightarrow{HC}^2 = 0$，$|\overrightarrow{HC}| = \sqrt{\dfrac{-7x}{5}}$.

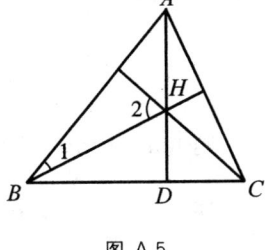

图 A.5

∴ $\cos \angle BHC = \dfrac{\overrightarrow{HB} \cdot \overrightarrow{HC}}{|\overrightarrow{HB}| \cdot |\overrightarrow{HC}|} = -\dfrac{\sqrt{70}}{14}$.

方法二 由三角形垂心性质可得 $\tan A \cdot \overrightarrow{HA} + \tan B \cdot \overrightarrow{HB} + \tan C \cdot \overrightarrow{HC} = \vec{0}$.

由 $3\overrightarrow{HA} + 4\overrightarrow{HB} + 5\overrightarrow{HC} = \vec{0}$，两边同乘向量 $\overrightarrow{BC}$，

得 $4\overrightarrow{HB} \cdot \overrightarrow{BC} + 5\overrightarrow{HC} \cdot \overrightarrow{BC} = 0$，由向量数量积的几何意义，即 $BD : DC = 5 : 4$，

得 $\tan B : \tan C = \dfrac{AD}{BD} : \dfrac{AD}{DC} = 4 : 5$，同理，$\tan A : \tan B : \tan C = 3 : 4 : 5$.

设 $\tan A = 3k, \tan B = 4k, \tan C = 5k$，∵ $\tan(A+B) = -\tan C$，

∴ $\dfrac{3k+4k}{1-12k^2} = -5k$，即 $k = \dfrac{\sqrt{5}}{5}$，∴ $\tan A = \dfrac{3\sqrt{5}}{5}$，∴ $\cos A = \dfrac{\sqrt{70}}{14}$.

∵ $\angle 1$、$\angle 2$ 互余，$\angle 1$、$\angle A$ 互余，∴ $\angle 2 = \angle A$，∴ $\cos \angle BHC = -\cos \angle 2 = -\cos A = -\dfrac{\sqrt{70}}{14}$.

16. 根据题意，有 $\dfrac{\sin 4x}{\cos 8x \cdot \cos 4x} + \dfrac{\sin 2x}{\cos 4x \cdot \cos 2x} + \dfrac{\sin x}{\cos 2x \cdot \cos x} + \dfrac{\sin x}{\cos x} =$

$(\tan 8x - \tan 4x) + (\tan 4x - \tan 2x) + (\tan 2x - \tan x) + \tan x = \tan 8x = \sqrt{3}$.

17. 根据 $x = y - \dfrac{\pi}{3}, z = y + \dfrac{\pi}{3}$，则

$$\tan x = \dfrac{\tan y - \sqrt{3}}{1 + \sqrt{3}\tan y}, \tan z = \dfrac{\tan y + \sqrt{3}}{1 - \sqrt{3}\tan y}.$$

所以

$$\tan x \cdot \tan y = \dfrac{\tan^2 y - \sqrt{3}\tan y}{1 + \sqrt{3}\tan y},$$

$$\tan y \cdot \tan z = \dfrac{\tan^2 y + \sqrt{3}\tan y}{1 - \sqrt{3}\tan y},$$

$$\tan z \cdot \tan x = \dfrac{\tan^2 y - 3}{1 - \sqrt{3}\tan^2 y}.$$

则 $\tan x \cdot \tan y + \tan y \cdot \tan z + \tan z \cdot \tan x = \dfrac{9\tan^2 y - 3}{1 - 3\tan^2 y} = -3$.

18. (1) 设 $P(a\cos\alpha, b\sin\alpha), Q(a\cos\beta, b\sin\beta)$，由 $A(-a, 0), B(a, 0)$ 得

$$l_{AP} : a(1+\cos\alpha)y = b\sin\alpha(x+a), \tag{2}$$

$$l_{QB} : a(\cos\beta - 1)y = b\sin\beta(x-a), \tag{3}$$

联立式(2)和(3)消去 y 得

$$\sin\alpha(\cos\beta-1)(x+a)$$
$$=\sin\beta(1+\cos\alpha)(x-a)$$
$$\Leftrightarrow(\sin\alpha(\cos\beta-1)-\sin\beta(1+\cos\alpha))x$$
$$=a(\sin\alpha(1-\cos\beta)-\sin\beta(1+\cos\alpha))$$
$$\Leftrightarrow(\sin(\alpha-\beta)-\sin\alpha-\sin\beta)x$$
$$=a(\sin\alpha-\sin\beta-\sin(\beta+\alpha))$$
$$\Leftrightarrow\cos\frac{\alpha-\beta}{2}\left(\sin\frac{\alpha-\beta}{2}-\sin\frac{\alpha+\beta}{2}\right)x$$
$$=a\cos\frac{\alpha+\beta}{2}\left(\sin\frac{\alpha-\beta}{2}-\sin\frac{\alpha+\beta}{2}\right)$$
$$\Leftrightarrow x_M=\frac{a\cos\dfrac{\alpha+\beta}{2}}{\cos\dfrac{\alpha-\beta}{2}}(因 P,Q 不同于顶点).$$

同理可得,$x_N=\dfrac{a\cos\dfrac{\alpha+\beta}{2}}{\cos\dfrac{\alpha-\beta}{2}}$,故 $x_M=x_N$,所以 $MN\perp AB$.

(2) 注意到 $\overrightarrow{F_2P}=(a\cos\alpha-c,b\sin\alpha)$,$\overrightarrow{F_2Q}=(a\cos\beta-c,b\sin\beta)$.

由 P,F_2,Q 三点共线 $\Rightarrow \overrightarrow{F_2P}$ 与 $\overrightarrow{F_2Q}$ 共线

$$\Rightarrow\sin\beta(a\cos\alpha-c)=\sin\alpha(a\cos\beta-c)$$
$$\Rightarrow a\sin(\alpha-\beta)=c(\sin\alpha-\sin\beta)$$
$$\Rightarrow a\sin\frac{\alpha-\beta}{2}\cdot\cos\frac{\alpha-\beta}{2}=c\cos\frac{\alpha+\beta}{2}\cdot\sin\frac{\alpha-\beta}{2}$$
$$\Rightarrow a\cos\frac{\alpha-\beta}{2}=c\cos\frac{\alpha+\beta}{2}$$
$$\Rightarrow x_M=x_N=\frac{a\cos\dfrac{\alpha+\beta}{2}}{\cos\dfrac{\alpha-\beta}{2}}=\frac{a^2}{c},$$

因此直线 MN 的方程为 $x=\dfrac{a^2}{c}$.

19. (1) ∵ $|OB|=|OD|$,

$$|AB|=|AD|=|CB|=|CD|,$$

∴ O, A, C 三点共线.

如图 A.6,联结 BD,则 BD 垂直平分线段 AC,设垂足为 K.于是,有

$|OA| \cdot |OC| = (|OK|-|AK|)(|OK|+|AK|)$
$= |OK|^2 - |AK|^2$
$= (|OB|^2 - |BK|^2) - (|AB|^2 - |BK|^2)$
$= |OB|^2 - |AB|^2$
$= 6^2 - 4^2 = 20$(定值).

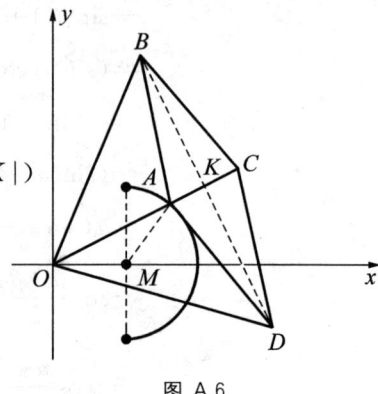

图 A.6

(2) 设 $C(x_c, y_c), A(2+2\cos\alpha, 2\sin\alpha)$,其中

$$\alpha = \angle xMA \left(-\frac{\pi}{2} \leqslant \alpha \leqslant \frac{\pi}{2}\right),$$

则

$$\angle xOC = \frac{\alpha}{2}.$$

∵ $|OA|^2 = (2+2\cos\alpha)^2 + (2\sin\alpha)^2$
$= 8(1+\cos\alpha) = 16\cos^2\frac{\alpha}{2}$,

∴ $|OA| = 4\cos\frac{\alpha}{2}$.

由(1)的结论,得

$$|OC| = \cos\frac{\alpha}{2} = 5,$$

∴ $x_c = |OC| = \cos\frac{\alpha}{2} = 5,$

从而

$$y_c = |OC|\sin\frac{\alpha}{2} = 5\tan\frac{\alpha}{2} \in [-5, 5].$$

故点 C 的轨迹是一条线段,其两个端点的坐标分别为 $(5,5), (5,-5)$.

习题 3

1. 因为 $\{a_n\}$ 是公差为 $\dfrac{\pi}{8}$ 的等差数列,且

$$f(a_1)+f(a_2)+\cdots+f(a_5)$$
$$=(2a_1-\cos a_1)+(2a_2-\cos a_2)+\cdots+(2a_5-\cos a_5)$$
$$=5\pi,$$

即

$$2(a_1+a_2+\cdots+a_5)-(\cos a_1+\cos a_2+\cdots+\cos a_5)=5\pi,$$

所以

$$10a_3-\left(\cos\left(a_3-\dfrac{\pi}{4}\right)+\cos\left(a_3-\dfrac{\pi}{8}\right)+\cos a_3+\right.$$
$$\left.\cos\left(a_3+\dfrac{\pi}{8}\right)+\cos\left(a_3+\dfrac{\pi}{4}\right)\right)=5\pi.$$

记

$$g(x)=10x-\left(2\cos\dfrac{\pi}{4}+2\cos\dfrac{\pi}{8}+1\right)\cos x,$$

则

$$g'(x)=10+\left(2\cos\dfrac{\pi}{4}+2\cos\dfrac{\pi}{8}+1\right)\sin x>0,$$

即 $g(x)$ 在 **R** 上为单调增函数,有唯一零点 $x=\dfrac{\pi}{2}$,所以 $a_3=\dfrac{\pi}{2}$。

所以

$$(f(a_3))^2-a_1a_5=\left(2\times\dfrac{\pi}{2}-0\right)^2-\left(\dfrac{\pi}{2}-\dfrac{\pi}{4}\right)\left(\dfrac{\pi}{2}+\dfrac{\pi}{4}\right)$$
$$=\dfrac{13}{16}\pi^2.$$

2. 由 $f(x)$ 为偶函数及在 $[0,1]$ 上严格递减知,$f(x)$ 在 $[-1,0]$ 上严格递增,再结合 $f(x)$ 以 2 为周期可知,$[1,2]$ 是 $f(x)$ 的严格递增区间。注意到

$$f(\pi-2)=f(\pi)=1,\ f(8-2\pi)=f(-2\pi)=f(2\pi)=2,$$

所以

$$1\leqslant f(x)\leqslant 2\Leftrightarrow f(\pi-2)\leqslant f(x)\leqslant f(8-2\pi).$$

而 $1<\pi-2<8-2\pi<2$,故原不等式组成立当且仅当 $x\in[\pi-2,8-2\pi]$。

3. (1) 将 $g(x)=\cos x$ 的图像上所有点的纵坐标伸长到原来的 2 倍(横坐

标不变),得到 $y=2\cos x$ 的图像.再将 $y=2\cos x$ 的图像向右平移 $\dfrac{\pi}{2}$ 个单位长度,得到 $y=2\cos\left(x-\dfrac{\pi}{2}\right)$ 的图像.

故 $$f(x)=2\sin x,$$
$$f(x)+g(x)=2\sin x+\cos x=\sqrt{5}\sin(x+\varphi)$$
$$\left(其中\sin\varphi=\dfrac{1}{\sqrt{5}},\cos\varphi=\dfrac{2}{\sqrt{5}}\right).$$

依题意,$\sin(x+\varphi)=\dfrac{m}{\sqrt{5}}$ 在区间 $[0,2\pi)$ 内有两个不同的解 α,β,当且仅当 $\left|\dfrac{m}{\sqrt{5}}\right|<1$.故 m 的取值范围是 $(-\sqrt{5},\sqrt{5})$.

(2) 因为 α,β 是方程 $\sqrt{5}\sin(x+\varphi)=m$ 在 $[0,2\pi)$ 内的两个不同的解,所以
$$\sin(\alpha+\varphi)=\dfrac{m}{\sqrt{5}},\sin(\beta+\varphi)=\dfrac{m}{\sqrt{5}}.$$

当 $1\leqslant m<\sqrt{5}$ 时,$\alpha+\beta=2\left(\dfrac{\pi}{2}-\varphi\right)$,即 $\alpha-\beta=\pi-2(\beta+\varphi)$.

当 $-\sqrt{5}<m<1$ 时,$\alpha+\beta=2\left(\dfrac{3\pi}{2}-\varphi\right)$,即 $\alpha-\beta=3\pi-2(\beta+\varphi)$.

∴ $\cos(\alpha-\beta)=-\cos 2(\beta+\varphi)=2\sin^2(\beta+\varphi)-1$
$$=2\left(\dfrac{m}{\sqrt{5}}\right)^2-1=\dfrac{2m^2}{5}-1.$$

4. 由最小正周期为 6,可知 $6\omega=2\pi$,即 $\omega=\dfrac{\pi}{3}$.于是当 k 为整数时,
$$f(6k+1)+f(6k+2)+f(6k+3)+f(6k+4)+$$
$$f(6k+5)+f(6k+6)=0,$$

即每个完整周期内的 6 个函数值之和为零.注意到 $2018=6\times 336+2$,所以
$$原式=f(1)+f(2)=\cos\dfrac{\pi}{3}+\cos\dfrac{2\pi}{3}=0.$$

5. 依题意有
$$\begin{cases}\cos x-b^2\geqslant\sin^2 x-b-3, & (1)\\ \sin^2 x-b-3\geqslant-4 & (2)\end{cases}$$

对定义域内的一切实数 x,该不等式组恒成立.式(1)等价于

$$-b^2+b+3 \geqslant \sin^2 x - \cos x = 1 - \cos^2 x - \cos x$$
$$= -\left(\cos x + \frac{1}{2}\right)^2 + \frac{5}{4},$$

此式对定义域内的一切实数 x 恒成立等价于
$$-b^2+b+3 \geqslant \frac{5}{4}.$$

式(2)等价于 $b \leqslant \sin^2 x + 1$,它对定义域内的一切实数 x 恒成立等价于
$$b \leqslant (\sin^2 x + 1)_{\min} = 1,$$

所以
$$\begin{cases} -b^2+b+3 \geqslant \frac{5}{4}, \\ b \leqslant 1. \end{cases}$$

解得
$$\frac{1-2\sqrt{2}}{2} \leqslant b \leqslant 1.$$

6. 由于 $x^2 = 1 - 2\cos y \in [-1,3]$,故 $x \in [-\sqrt{3}, \sqrt{3}]$.

由 $\cos y = \dfrac{1-x^2}{2}$,知
$$x - \cos y = \frac{1}{2}(x+1)^2 - 1.$$

因此,当 $x = -1$ 时,$x - \cos y$ 有最小值 -1,此时 y 可以取 $\dfrac{\pi}{2}$.当 $x = \sqrt{3}$ 时,$x - \cos y$ 有最大值 $\sqrt{3}+1$,此时 y 可以取 π.

由 $\dfrac{1}{2}(x+1)^2 - 1$ 的值域为 $[-1, \sqrt{3}+1]$,知 $x - \cos y$ 的取值范围是 $[-1, \sqrt{3}+1]$.

7. 设函数 $f(x) = \sin(\cos x) - x, x \in \left[0, \dfrac{\pi}{2}\right]$,则 $f(x)$ 在其定义域内为连续函数.任取 $x_1, x_2 \in \left[0, \dfrac{\pi}{2}\right]$,使 $0 \leqslant x_1 < x_2 \leqslant \dfrac{\pi}{2}$.
$$f(x_1) = \sin(\cos x_1) - x_1, f(x_2) = \sin(\cos x_2) - x_2.$$

由于 $y = \cos x$ 在 $\left[0, \dfrac{\pi}{2}\right]$ 上单调递减,则 $\cos x_1 > \cos x_2$,

从而
$$\sin(\cos x_1) > \sin(\cos x_2).$$

又 $x_1 < x_2$,则 $\sin(\cos x_1) - x_1 > \sin(\cos x_2) - x_2$.

所以 $f(x_1) > f(x_2)$,即 $f(x)$ 在 $\left[0, \dfrac{\pi}{2}\right]$ 上是减函数.

又 $f(0)=\sin 1>1, f\left(\dfrac{\pi}{2}\right)=-\dfrac{\pi}{2}<0,$

故 $f(x)$ 的图像在区间 $\left(0,\dfrac{\pi}{2}\right)$ 上与 x 轴有唯一交点,

即存在唯一实数 $c\in\left(0,\dfrac{\pi}{2}\right)$, 使得等式 $\sin(\cos c)=c$ 成立.

同理可证明, 存在唯一实数 $d\in\left(0,\dfrac{\pi}{2}\right)$, 使得等式 $\cos(\sin d)=d$ 成立.

因为 $\cos(\sin d)=d$, 所以 $\sin(\cos(\sin d))=\sin d$.

又 $\sin d\in\left(0,\dfrac{\pi}{2}\right)$, 而在 $\left(0,\dfrac{\pi}{2}\right)$ 内只有唯一解 c 使 $\sin(\cos c)=c$ 成立, 故 $c=\sin d$.

当 $x>0$ 时, $\sin x<x$ 成立, 则 $\sin d<d$, 于是 $c<d$, 命题成立.

8. 以 A 为原点、AB 为 x 正半轴建立平面直角坐标系, 则 $\overrightarrow{AB}=(1,0), \overrightarrow{AC}=\left(-\dfrac{1}{2},\dfrac{\sqrt{3}}{2}\right).$ 设 $P(\cos\theta,\sin\theta),\theta\in\left[0,\dfrac{2\pi}{3}\right], \overrightarrow{AP}=x\overrightarrow{AB}+y\overrightarrow{AC}=\left(x-\dfrac{1}{2}y,\dfrac{\sqrt{3}}{2}y\right),$

∴ $x-\dfrac{1}{2}y=\cos\theta, \dfrac{\sqrt{3}}{2}y=\sin\theta$, 即 $y=\dfrac{2\sqrt{3}}{3}\sin\theta, x=\cos\theta+\dfrac{\sqrt{3}}{3}\sin\theta,$

∴ $x+y+xy=\cos\theta+\sqrt{3}\sin\theta+\dfrac{\sqrt{3}}{2}\sin 2\theta-\dfrac{1}{3}\cos 2\theta+\dfrac{1}{3}=2\sin\left(\theta+\dfrac{\pi}{6}\right)+\dfrac{2}{3}\sin\left(2\theta-\dfrac{\pi}{6}\right)+\dfrac{1}{3}.$

由图 A.7(A)(B) 知, $y=\sin\left(\theta+\dfrac{\pi}{6}\right)$ 和 $y=\sin\left(2\theta-\dfrac{\pi}{6}\right)$ 均在 $\left[0,\dfrac{\pi}{3}\right]$ 上单调递增, 在 $\left[\dfrac{\pi}{3},\dfrac{2\pi}{3}\right]$ 上单调递减, 且 $x=\dfrac{\pi}{3}$ 为两个三角函数的对称轴, ∴ $\theta=0$ 或 $\dfrac{2\pi}{3}$ 时, $(x+y+xy)_{\min}=1, \theta=\dfrac{\pi}{3}$ 时, $(x+y+xy)_{\max}=3$, ∴ $x+y+xy$ 的取值范围为 $[1,3]$.

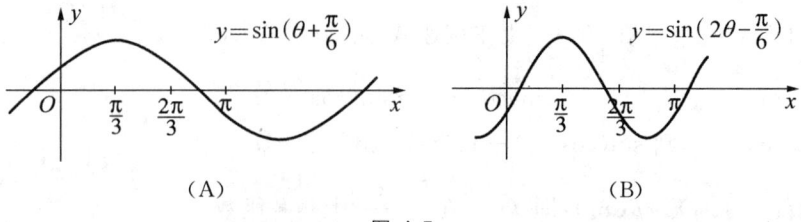

图 A.7

9. 先求 ω_1. 如图 A.8(A) 所示, $T = \dfrac{2\pi}{\omega_1} = 4 \Rightarrow \omega_1 = \dfrac{\pi}{2}$.

再分析 ω_2, 如图 A.8(B) 所示,

$$3T = 3 \cdot \dfrac{2\pi}{\omega_2} = 4 \Rightarrow \omega_2 = \dfrac{3\pi}{2}.$$

归纳可得, $(2n-1)T = (2n-1) \cdot \dfrac{2\pi}{\omega_n} = 4 \Rightarrow \omega_n = \dfrac{(2n-1)\pi}{2}$.

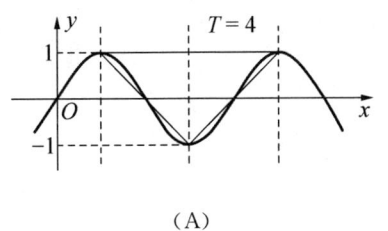
(A)

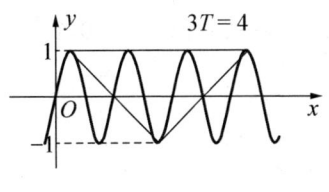
(B)

图 A.8

∴ $\omega_{2019} = \dfrac{4037}{2}\pi$.

10. (1) 由已知得 $f(x) = \sin^2 x + a\sin x + a - \dfrac{3}{a}$.

令 $\qquad t = \sin x \, (-1 \leqslant t \leqslant 1),$

则 $\qquad g(t) = t^2 + at + a - \dfrac{3}{a}.$

对任意 $x \in \mathbf{R}, f(x) \leqslant 0$ 恒成立的充要条件是

$$\begin{cases} g(-1) = 1 - \dfrac{3}{a} \leqslant 0, \\ g(1) = 1 + 2a - \dfrac{3}{a} \leqslant 0. \end{cases}$$

解得 a 的取值范围为 $(0, 1]$.

(2) 因为 $a \geqslant 2$, 所以 $-\dfrac{a}{2} \leqslant -1$, 所以

$$g(t)_{\min} = g(-1) = 1 - \dfrac{3}{a}.$$

因此

$$f(x)_{\min} = 1 - \dfrac{3}{a}.$$

于是, 存在 $x \in \mathbf{R}$, 使得 $f(x) \leqslant 0$ 的充要条件是

$$1-\frac{3}{a}\leqslant 0,$$

解得
$$0<a\leqslant 3.$$

故 a 的取值范围是 $[2,3]$.

11. 由 $x+\sin x \cdot \cos x-1=0$,得
$$2x+\sin 2x=2. \tag{3}$$

由 $2\cos y-2y+\pi+4=0$,得
$$\frac{\pi}{2}-y+\sin\left(\frac{\pi}{2}-y\right)=-2. \tag{4}$$

设 $f(x)=x+\sin x$.则
$$f'(x)=1-\cos x\geqslant 0.$$

故 $f(x)$ 在 **R** 上单调递增且为奇函数.

由式(3)(4)得
$$f(2x)=2, f\left(\frac{\pi}{2}-y\right)=-2$$
$$\Rightarrow 2x+\frac{\pi}{2}-y=0\Rightarrow 2x-y=-\frac{\pi}{2}$$
$$\Rightarrow \sin(2x-y)=-1.$$

12. (1) $f(x)=\frac{\sqrt{3}}{2}\sin 2x-\frac{1}{2}(\cos^2 x-\sin^2 x)-1$
$$=\frac{\sqrt{3}}{2}\sin 2x-\frac{1}{2}\cos 2x-1=\sin\left(2x-\frac{\pi}{6}\right)-1,$$
$$f(C)=\sin\left(2C-\frac{\pi}{6}\right)-1=0,$$

所以 $\sin\left(2C-\frac{\pi}{6}\right)=1$.

因为 $2C-\frac{\pi}{6}\in\left(-\frac{\pi}{6},\frac{11\pi}{6}\right)$,所以 $2C-\frac{\pi}{6}=\frac{\pi}{2}$,所以 $C=\frac{\pi}{3}$.

由余弦定理知
$$c^2=a^2+b^2-2ab\cos\frac{\pi}{3}=7,$$

因为 $\sin B=3\sin A$,故由正弦定理知 $b=3a$.

解得 $a=1, b=3$.

(2) 因为 $g(x) = \sin\left(2x + \dfrac{\pi}{6}\right) - 1$,所以 $g(B) = \sin\left(2B + \dfrac{\pi}{6}\right) - 1 = 0$,所以 $\sin\left(2B + \dfrac{\pi}{6}\right) = 1$.

因为 $2B + \dfrac{\pi}{6} \in \left(\dfrac{\pi}{6}, \dfrac{13\pi}{6}\right)$,所以 $2B + \dfrac{\pi}{6} = \dfrac{\pi}{2}$,即 $B = \dfrac{\pi}{6}$,

$$\vec{m} = \left(\cos A, \dfrac{\sqrt{3}}{2}\right), \vec{n} = \left(1, \sin A - \dfrac{\sqrt{3}}{3}\cos A\right).$$

于是

$$\vec{m} \cdot \vec{n} = \cos A + \dfrac{\sqrt{3}}{2}\left(\sin A - \dfrac{\sqrt{3}}{3}\cos A\right)$$

$$= \dfrac{1}{2}\cos A + \dfrac{\sqrt{3}}{2}\sin A = \sin\left(A + \dfrac{\pi}{6}\right).$$

因为 $B = \dfrac{\pi}{6}$,所以 $A \in \left(0, \dfrac{5}{6}\pi\right)$,得 $A + \dfrac{\pi}{6} \in \left(\dfrac{\pi}{6}, \pi\right)$.

所以 $\sin\left(A + \dfrac{\pi}{6}\right) \in (0, 1]$,即 $\vec{m} \cdot \vec{n} \in (0, 1]$.

13. (1) 令 $g(x) = f(x) + f(x+1) = |\sin x| + |\sin(x+1)|$,则 $g(x)$ 为周期函数,且 $T = \pi$ 是周期,故只需考虑 $x \in (0, \pi]$.

当 $x \in (0, \pi - 1]$ 时,

$$g(x) = \sin x + \sin(x+1) = 2\sin\left(x + \dfrac{1}{2}\right) \cdot \cos\dfrac{1}{2},$$

又 $x + \dfrac{1}{2} \in \left[\dfrac{1}{2}, \pi - \dfrac{1}{2}\right]$, $\sin\left(x + \dfrac{1}{2}\right) \in \left[\sin\dfrac{1}{2}, 1\right]$,所以

$$g(x) \in \left[2\sin\dfrac{1}{2} \cdot \cos\dfrac{1}{2}, 2\cos\dfrac{1}{2}\right] = \left[\sin 1, 2\cos\dfrac{1}{2}\right].$$

当 $x \in [\pi - 1, \pi]$ 时,

$$g(x) = \sin x - \sin(x+1) = -2\sin\dfrac{1}{2} \cdot \cos\left(x + \dfrac{1}{2}\right),$$

又 $x + \dfrac{1}{2} \in \left[\pi - \dfrac{1}{2}, \pi + \dfrac{1}{2}\right]$, $\cos\left(x + \dfrac{1}{2}\right) \in \left[-1, -\cos\dfrac{1}{2}\right]$,所以

$$g(x) \in \left[\sin 1, 2\sin\dfrac{1}{2}\right] \subset \left[\sin 1, 2\cos\dfrac{1}{2}\right].$$

综上所述,$\sin 1 \leqslant f(x) + f(x+1) \leqslant 2\cos\dfrac{1}{2}$.

(2) 由(1)知,$f(x)+f(x+1)\geqslant \sin 1$,所以

$$\frac{f(n)}{n}+\frac{f(n+1)}{n+1}+\frac{f(n+2)}{n+2}+\cdots+\frac{f(3n-1)}{3n-1}$$

$$=\left(\frac{f(n)}{n}+\frac{f(n+1)}{n+1}\right)+\left(\frac{f(n+2)}{n+2}+\frac{f(n+3)}{n+3}\right)+\cdots+$$

$$\left(\frac{f(3n-2)}{3n-2}+\frac{f(3n-1)}{3n-1}\right)$$

$$>\frac{1}{n+1}(f(n)+f(n+1))+\frac{1}{n+3}(f(n+2)+f(n+3))+\cdots+$$

$$\frac{1}{3n-1}(f(3n-2)+f(3n-1))$$

$$\geqslant \left(\frac{1}{n+1}+\frac{1}{n+3}+\cdots+\frac{1}{3n-1}\right)\cdot \sin 1.$$

又由柯西不等式,得

$$\frac{1}{n+1}+\frac{1}{n+3}+\cdots+\frac{1}{3n-1}$$

$$\geqslant \frac{n^2}{(n+1)+(n+3)+\cdots+(3n-1)}$$

$$=\frac{n^2}{\frac{1}{2}((n+1)+(3n-1))\cdot n}=\frac{1}{2},$$

故

$$\frac{f(n)}{n}+\frac{f(n+1)}{n+1}+\cdots+\frac{f(3n-1)}{n}>\frac{\sin 1}{2}.$$

14. 任取 $0<x_1<x_2<\frac{\pi}{2}$,则不等式 $f(x_1)>f(x_2)$ 恒成立,即 $\frac{m-2\sin x_1}{\cos x_1}>\frac{m-2\sin x_2}{\cos x_2}$ 恒成立.

故 $m\cos x_2-2\sin x_1 \cdot \cos x_2 > m\cos x_1 - 2\sin x_2 \cdot \cos x_1$,

可得 $m(\cos x_2-\cos x_1)>2\sin(x_1-x_2)$.

由 $0<x_1<x_2<\frac{\pi}{2}$,可知 $\cos x_2-\cos x_1<0$,

所以 $m<\frac{2\sin(x_1-x_2)}{\cos x_2-\cos x_1}$ 恒成立.

令 $t=\frac{2\sin(x_1-x_2)}{\cos x_2-\cos x_1}=\frac{4\sin\frac{x_1-x_2}{2}\cdot \cos\frac{x_1-x_2}{2}}{2\sin\frac{x_1+x_2}{2}\cdot \sin\frac{x_1-x_2}{2}}=\frac{2\cos\frac{x_1-x_2}{2}}{\sin\frac{x_1+x_2}{2}}$

$$= \frac{2\left(\cos\frac{x_1}{2} \cdot \cos\frac{x_2}{2} + \sin\frac{x_1}{2} \cdot \sin\frac{x_2}{2}\right)}{\sin\frac{x_1}{2} \cdot \cos\frac{x_2}{2} + \cos\frac{x_1}{2} \cdot \sin\frac{x_2}{2}} = \frac{2\left(1 + \tan\frac{x_1}{2} \cdot \tan\frac{x_2}{2}\right)}{\tan\frac{x_1}{2} + \tan\frac{x_2}{2}}.$$

当 $0 < x_1 < x_2 < \frac{\pi}{2}$ 时,$0 < \frac{x_1}{2} < \frac{x_2}{2} < \frac{\pi}{4}$,

所以 $0 < \tan\frac{x_1}{2} < \tan\frac{x_2}{2} < 1$,

从而 $\quad 1 + \tan\frac{x_1}{2} \cdot \tan\frac{x_2}{2} - \left(\tan\frac{x_1}{2} + \tan\frac{x_2}{2}\right)$

$$= \left(1 - \tan\frac{x_1}{2}\right)\left(1 - \tan\frac{x_2}{2}\right) > 0,$$

所以 $\quad \dfrac{2\left(1 + \tan\dfrac{x_1}{2} \cdot \tan\dfrac{x_2}{2}\right)}{\tan\dfrac{x_1}{2} + \tan\dfrac{x_2}{2}} > 2.$

故 m 的取值范围为 $(-\infty, 2]$.

15. 设 $\mu = F(a, \theta)$,则原式变形为

$2a\sin\theta - 2\mu a\cos\theta = (\mu - 1)(a^2 + 2)$

$\Rightarrow \sqrt{4a^2 + 4\mu^2 a^2}\sin(\theta + \varphi) = (\mu - 1)(a^2 + 2)$

$\Rightarrow \sin(\theta + \varphi) = \dfrac{(\mu - 1)(a^2 + 2)}{\sqrt{4a^2 + 4\mu^2 a^2}}.$

所以 $\left|\dfrac{(\mu - 1)(a^2 + 2)}{\sqrt{4a^2 + 4\mu^2 a^2}}\right| \leqslant 1 \Rightarrow \dfrac{|\mu - 1|(a^2 + 2)}{2|a|\sqrt{\mu^2 + 1}} \leqslant 1 \Rightarrow \dfrac{|\mu - 1|}{\sqrt{\mu^2 + 1}} \leqslant \dfrac{2|a|}{a^2 + 2}$

$$\leqslant \dfrac{2|a|}{2\sqrt{2}|a|} = \dfrac{1}{\sqrt{2}}.$$

于是 $\dfrac{|\mu - 1|}{\sqrt{\mu^2 + 1}} \leqslant \dfrac{1}{\sqrt{2}} \Rightarrow 2\mu^2 - 4\mu + 2 \leqslant \mu^2 + 1$,所以 $\mu^2 - 4\mu + 1 \leqslant 0$.

解得 $2 - \sqrt{3} \leqslant \mu \leqslant 2 + \sqrt{3}$.

故 $F(a, \theta) \in [2 - \sqrt{3}, 2 + \sqrt{3}]$.

16. 因为 $\quad \tan^2\alpha = \dfrac{1}{\cos^2\alpha} - 1,$

所以 $\quad \tan^2\alpha + \tan^2\beta + 8\tan^2\gamma = \dfrac{1}{\cos^2\alpha} + \dfrac{1}{\cos^2\beta} + \dfrac{8}{\cos^2\gamma} - 10.$

因为 $(a+b+c)\left(\dfrac{1}{\cos^2\alpha}+\dfrac{1}{\cos^2\beta}+\dfrac{8}{\cos^2\gamma}\right) \geqslant \left(\dfrac{\sqrt{a}}{\cos\alpha}+\dfrac{\sqrt{b}}{\cos\beta}+\dfrac{\sqrt{8c}}{\cos\gamma}\right)^2$

$= \left(\left(\dfrac{\sqrt{a}}{\cos\alpha}+\dfrac{\sqrt{b}}{\cos\beta}+\dfrac{\sqrt{8c}}{\cos\gamma}\right)(\cos\alpha+\cos\beta+\cos\gamma)\right)^2$

$\geqslant (\sqrt[4]{a}+\sqrt[4]{b}+\sqrt[4]{8c})^2,$

当上式取等号时, $a=b=\dfrac{c}{2}$, $\cos\alpha=\cos\beta=\dfrac{\cos\gamma}{2}=\dfrac{1}{4}$,

此时有 $\dfrac{1}{\cos^2\alpha}+\dfrac{1}{\cos^2\beta}+\dfrac{8}{\cos^2\gamma}\geqslant 64.$

从而 $\tan^2\alpha+\tan^2\beta+8\tan^2\gamma\geqslant 54$, 其最小值为 54.

17. 当 $x_1=x_2=x_3=x_4=\dfrac{\pi}{4}$ 时, $f(x_1,x_2,x_3,x_4)=81.$

若 x_1,x_2,x_3,x_4 不全相等, 不妨设 $x_1>\dfrac{\pi}{4}>x_2$. 取 $x_1'=\dfrac{\pi}{4}$, $x_2'=x_1+x_2-\dfrac{\pi}{4}$, $x_3'=x_3$, $x_4'=x_4$, 此时 $x_1'+x_2'+x_3'+x_4'=x_1+x_2+x_3+x_4=\pi$, 且 $x_1'=\dfrac{\pi}{4}<x_1$, $x_2'=x_1+x_2-\dfrac{\pi}{4}>x_2$.

调整后有

$\sin x_1\cdot\sin x_2-\sin x_1'\cdot\sin x_2'=\dfrac{1}{2}(\cos(x_1-x_2)-\cos(x_1'-x_2'))<0,$

且 $\sin^2 x_1>\sin^2 x_1'$, $\sin^2 x_2<\sin^2 x_2'$,

从而 $\dfrac{\sin^2 x_2}{\sin^2 x_1}<\dfrac{\sin^2 x_2'}{\sin^2 x_1'}.$

而 $\left(2\sin^2 x_1+\dfrac{1}{\sin^2 x_1}\right)\left(2\sin^2 x_2+\dfrac{1}{\sin^2 x_2}\right)$

$=2\left(2\sin^2 x_1\cdot\sin^2 x_2+\dfrac{1}{2\sin^2 x_1\cdot\sin^2 x_2}\right)+2\left(\dfrac{\sin^2 x_1}{\sin^2 x_2}+\dfrac{\sin^2 x_2}{\sin^2 x_1}\right),$

由函数 $y=x+\dfrac{1}{x}$ 在 $(0,1)$ 上递减有

$\left(2\sin^2 x_1+\dfrac{1}{\sin^2 x_1}\right)\left(2\sin^2 x_2+\dfrac{1}{\sin^2 x_2}\right)$

$>\left(2\sin^2 x_1'+\dfrac{1}{\sin^2 x_1'}\right)\left(2\sin^2 x_2'+\dfrac{1}{\sin^2 x_2'}\right).$

所以调整后两个变量接近了, 对应两项的积变小.

故 $f(x_1,x_2,x_3,x_4)$ 的最小值为 81.

18. 记 $f(x)=x^3\sin\theta-(\sin\theta-2)x^2+6x-4$,易知 $f(1)=0$,
则 $$f(x)=(x-1)(\sin\theta\cdot x^2-2x-4).$$

依题意,$f(x)=0$ 有 3 个正实根,则 $\Delta\geqslant 0$ 且 $\dfrac{2}{\sin\theta}>0,\dfrac{4}{\sin\theta}>0$,

即 $0<\sin\theta\leqslant\dfrac{1}{4}$.

从而 $9\sin^2\theta-4\sin\theta+3=9\left(\sin\theta-\dfrac{2}{9}\right)^2+\dfrac{23}{9}\geqslant\dfrac{23}{9}$.

$$(1-\cos\theta)(2\cos\theta-6\sin\theta-3\sin 2\theta+2)$$
$$=2(1-\cos\theta)(1+\cos\theta)(1-3\sin\theta)=2\sin^2\theta(1-3\sin\theta)$$
$$=\dfrac{8}{9}\cdot\dfrac{3}{2}\sin\theta\cdot\dfrac{3}{2}\sin\theta(1-3\sin\theta)\leqslant\dfrac{8}{9}\cdot\left(\dfrac{1}{3}\right)^3=\dfrac{8}{243}.$$

所以 $u\geqslant\dfrac{\frac{23}{9}}{\frac{8}{243}}=\dfrac{621}{8}$,且分子分母均在 $\sin\theta=\dfrac{2}{9}$ 时取等号.

19. 记 $f(0)=a$.取 $x=y=0$,得 $f(a)=a$.

取 $y=0$,得 $$f(x+a)=f(x)(x\in\mathbf{R}).$$

令 $g(x)=f(x)-a$,则 $g(0)=0$.

$$g(x+g(y))=f(x+g(y))-a=f(x+f(y)-a)-a$$
$$=f(x+f(y))-a=f(x)+\sin y-a$$
$$=g(x)+\sin y(x,y\in\mathbf{R}).$$

取 $x=0$,得 $$g(g(y))=\sin y. \tag{5}$$

取 $y=g(x)$,得 $$g(\sin x)=\sin(g(x)).$$

取 $x=\sin u,y=g(v)$,得
$$g(\sin u+\sin v)=\sin(g(u))+\sin(g(v))(u,v\in\mathbf{R}). \tag{6}$$

于是 $\sin(\sin u+\sin v)=g(g(\sin u+\sin v))$(由式(5))
$$=g(\sin(g(u))+\sin(g(v)))(由式(6))$$
$$=\sin(g(g(u)))+\sin(g(g(v)))(由式(6))$$
$$=\sin(\sin u)+\sin(\sin v)(由式(5)).$$

取 $u=v=\dfrac{\pi}{2}$,得 $\sin 2=2\sin 1,\cos 1=1$,矛盾.

因此不存在满足条件要求的函数.

20. 由已知,得 $-\frac{\pi}{2}<f(x)<\frac{\pi}{2}, -\frac{\pi}{2}<g(x)<\frac{\pi}{2}$.

(i) 若 $0 \leqslant f(x)<\frac{\pi}{2}$,则 $-\frac{\pi}{2}<g(x)<\frac{\pi}{2}-f(x) \leqslant \frac{\pi}{2}$.

由 $y=\sin x$ 在 $\left[-\frac{\pi}{2}, \frac{\pi}{2}\right]$ 上的单调性可知

$$\sin g(x)<\sin\left(\frac{\pi}{2}-f(x)\right)=\cos f(x).$$

(ii) 若 $-\frac{\pi}{2}<f(x)<0$,则 $-\frac{\pi}{2}<g(x)<\frac{\pi}{2}+f(x)<\frac{\pi}{2}$.

由 $y=\sin x$ 在 $\left[-\frac{\pi}{2}, \frac{\pi}{2}\right]$ 上的单调性可知

$$\sin g(x)<\sin\left(\frac{\pi}{2}-f(x)\right)=\cos f(x).$$

综上可知,对 $x\in \mathbf{R}$,命题成立.

当 $x\in \mathbf{R}$ 时,$|\sin x \pm \cos x| \leqslant \sqrt{2} < \frac{\pi}{2}$,故 $\cos(\cos x) > \sin(\sin x)$.

21. 记 $g(x)=\dfrac{f(x)+f(-x)}{2}, h(x)=\dfrac{f(x)-f(-x)}{2}$,

则 $f(x)=g(x)+h(x)$,且 $g(x)$ 为偶函数,$h(x)$ 为奇函数.对任意 $x\in\mathbf{R}$,$g(x+2\pi)=g(x), h(x+2\pi)=h(x)$.

令 $\quad f_1(x)=\dfrac{g(x)+g(x+\pi)}{2}$,

$$f_2(x)=\begin{cases}\dfrac{g(x)-g(x+\pi)}{2\cos x}, & x\neq k\pi+\dfrac{\pi}{2},\\ 0, & x=k\pi+\dfrac{\pi}{2},\end{cases}$$

$$f_3(x)=\begin{cases}\dfrac{h(x)-h(x+\pi)}{2\sin x}, & x\neq k\pi,\\ 0, & x=k\pi,\end{cases}$$

$$f_4(x)=\begin{cases}\dfrac{h(x)+h(x+\pi)}{2\sin 2x}, & x\neq \dfrac{k\pi}{2},\\ 0, & x=\dfrac{k\pi}{2},\end{cases}$$

其中均有 $k\in \mathbf{Z}$.

容易验证 $f_i(x)(i=1,2,3,4)$ 是偶函数,且对任意 $x\in\mathbf{R}, f_i(x+\pi)=$

$f_i(x), i=1,2,3,4.$

下面先证明：对任意实数 x，有 $f_1(x)+f_2(x)\cos x=g(x).$

当 $x\neq k\pi+\dfrac{\pi}{2}$ 时，显然成立；

当 $x=k\pi+\dfrac{\pi}{2}$ 时，因为

$$f_1(x)+f_2(x)\cos x=f_1(x)=\dfrac{g(x)+g(x+\pi)}{2},$$

而 $g(x+\pi)=g\left(k\pi+\dfrac{3\pi}{2}\right)=g\left(-k\pi-\dfrac{\pi}{2}\right)=g\left(k\pi+\dfrac{\pi}{2}\right)=g(x),$

所以对任意实数 x，有 $f_1(x)+f_2(x)\cos x=g(x).$

接下来证明：对任意实数 x，有 $f_3(x)\sin x+f_4(x)\sin 2x=h(x).$

当 $x\neq \dfrac{k\pi}{2}$ 时，显然成立；

当 $x=k\pi$ 时，$h(x)=h(k\pi)=h(-k\pi)=-h(k\pi)=0$
$$=f_3(x)\sin k\pi+f_4(x)\sin 2k\pi$$
$$=f_3(x)\sin x+f_4(x)\sin 2x;$$

当 $x=k\pi+\dfrac{\pi}{2}$ 时，$h(x+\pi)=h\left(k\pi+\dfrac{3\pi}{2}\right)=h\left(-k\pi-\dfrac{\pi}{2}\right)$
$$=-h\left(k\pi+\dfrac{\pi}{2}\right)=-h(x),$$

故 $f_3(x)\sin x+f_4(x)\sin 2x=\dfrac{h(x)-h(x+\pi)}{2}=h(x).$

于是，对任意实数 x，有 $f_3(x)\sin x+f_4(x)\sin 2x=h(x).$

综上所述，结论得证.

22. 首先证明 $f(x)$ 不恒等于零.

由于对所有实数 x，$\cos(a_i+x)\geqslant -1$，故有

$$f(-a_1)=1+\dfrac{1}{2}\cos(a_2-a_1)+\dfrac{1}{4}\cos(a_3-a_1)+\cdots+\dfrac{1}{2^{n-1}}\cos(a_n-a_1)\geqslant$$

$$1-\dfrac{1}{2}-\dfrac{1}{4}-\cdots-\dfrac{1}{2^{n-1}}=\dfrac{1}{2^{n-1}}>0,$$

这样就证明了至少存在一个实数 $x=-a_1$ 使 $f(x)\neq 0.$

其次，利用加法定理得到

$$f(x)=\sum_{k=1}^{n}\dfrac{1}{2^{k-1}}(\cos a_k\cdot\cos x-\sin a_k\cdot\sin x$$

$$= \left(\sum_{k=1}^{n} \frac{1}{2^{k-1}} \cos a_k\right) \cos x - \left(\sum_{k=1}^{n} \frac{1}{2^{k-1}} \sin a_k\right) \sin x$$

$$= A \cdot \cos x - B \cdot \sin x,$$

其中 $A = \sum_{k=1}^{n} \frac{1}{2^{k-1}} \cos a_k, B = \sum_{k=1}^{n} \frac{1}{2^{k-1}} \sin a_k.$

A 和 B 不可能同时为零,否则 $f(x)$ 将会恒等于零,这和上面所证的结论矛盾.

若 $A \neq 0$,则从

$$f(x_1) = A \cdot \cos x_1 - B \cdot \sin x_1 = 0,$$
$$f(x_2) = A \cdot \cos x_2 - B \cdot \sin x_2 = 0,$$

得

$$\cot x_1 = \cot x_2 = \frac{B}{A}.$$

若 $A = 0$,则 $B \neq 0$,仍从 $f(x_1) = f(x_2) = 0$ 得

$$\sin x_1 = \sin x_2 = 0.$$

上面任一种情形,都有 $x_2 - x_1 = m\pi$,m 是整数.证毕.

23. 设 $\sin \theta + \cos \theta = x$,由 $\theta \in \left[0, \frac{\pi}{2}\right]$,得 $x \in [1, \sqrt{2}]$,$\sin 2\theta = x^2 - 1.$

原不等式可化为 $x^2 - 1 - (2+a)x - \frac{4}{x} + 3 + 2a > 0,$

即

$$(x-2)\left(x + \frac{2}{x} - a\right) > 0.$$

因为 $x \in [1, \sqrt{2}]$,所以 $x + \frac{2}{x} - a < 0$,即 $a > x + \frac{2}{x}.$

记 $f(x) = x + \frac{2}{x}$,易知 $f(x)$ 在 $[1, \sqrt{2}]$ 上单调递减.

所以 $f(x)_{\max} = f(1) = 1 + \frac{2}{1} = 3.$ 故 $a > 3.$

24. 当 $n = 1$ 时,$\cos \theta_1 = \frac{\sqrt{3}}{3}$,$\lambda_{\min} = \frac{\sqrt{3}}{3};$

当 $n = 2$ 时,可证 $\cos \theta_1 + \cos \theta_2 \leqslant \frac{2\sqrt{3}}{3}$,且 $\theta_1 = \theta_2$ 时等号成立,所以 $\lambda_{\min} = \frac{2\sqrt{3}}{3};$

当 $n \geqslant 3$ 时,可证 $\cos \theta_1 + \cos \theta_2 + \cdots + \cos \theta_n \leqslant n - 2.$

事实上,不妨设 $\theta_1 \geq \theta_2 \geq \theta_3 \geq \cdots \geq \theta_n$,则 $\cos\theta_1 \leq \cos\theta_2 \leq \cdots \leq \cos\theta_n$,

只需证
$$\cos\theta_1 + \cos\theta_2 + \cos\theta_3 \leq 2.$$

因为 $\tan\theta_1 \cdot \tan\theta_2 \cdot \tan\theta_3 \geq 2\sqrt{2}$,

所以 $\tan^2\theta_1 \geq \dfrac{8}{\tan^2\theta_2 \cdot \tan^2\theta_3} = \dfrac{8\cos^2\theta_2 \cdot \cos^2\theta_3}{\sin^2\theta_2 \cdot \sin^2\theta_3}$,

即 $\cos\theta_1 = \dfrac{1}{\sqrt{1+\tan^2\theta_1}} \leq \dfrac{\sin\theta_2 \cdot \sin\theta_3}{\sqrt{8\cos^2\theta_2 \cdot \cos^2\theta_3 + \sin^2\theta_2 \cdot \sin^2\theta_3}}.$

又
$$\cos\theta_2 = \sqrt{1-\sin^2\theta_2} \leq 1 - \dfrac{1}{2}\sin^2\theta_2,$$
$$\cos\theta_3 = \sqrt{1-\sin^2\theta_3} \leq 1 - \dfrac{1}{2}\sin^2\theta_3,$$

所以 $\cos\theta_2 + \cos\theta_3 \leq 2 - \dfrac{1}{2}(\sin^2\theta_2 + \sin^2\theta_3) < 2 - \sin\theta_2 \cdot \sin\theta_3.$

(i) 若 $8\cos^2\theta_2 \cdot \cos^2\theta_3 + \sin^2\theta_2 \cdot \sin^2\theta_3 \geq 1$,则 $\cos\theta_1 \leq \sin\theta_2 \cdot \sin\theta_3$,

所以 $\cos\theta_1 + \cos\theta_2 + \cos\theta_3 \leq 2.$

(ii) 若 $8\cos^2\theta_2 \cdot \cos^2\theta_3 + \sin^2\theta_2 \cdot \sin^2\theta_3 < 1$,

则 $9\cos^2\theta_2 \cdot \cos^2\theta_3 - \cos^2\theta_2 - \cos^2\theta_3 < 0$,即 $\tan^2\theta_2 + \tan^2\theta_3 > 7.$

所以 $\tan^2\theta_2 > \dfrac{7}{2}$,$\cos\theta_1 \leq \cos\theta_2 = \dfrac{1}{\sqrt{1+\tan^2\theta_2}} \leq \dfrac{1}{\sqrt{1+\dfrac{7}{2}}} = \dfrac{\sqrt{2}}{3}$,

所以 $\cos\theta_1 + \cos\theta_2 + \cos\theta_3 < \dfrac{2\sqrt{2}}{3} + 1 < 2.$

另外,当 $\theta_1 = \theta_2 = \cdots = \theta_{n-1} \to 0, \theta_n \to \dfrac{\pi}{2}$ 时,
$$\cos\theta_1 + \cos\theta_2 + \cdots + \cos\theta_n \to n-1.$$

故 $\lambda_{\min} = n-1.$

习题 4

1. $\cos 5x + \cos x > 2\cos 2x \Rightarrow 2\cos 2x(1-\cos 3x) < 0 \Rightarrow \cos 3x < 1$ 且 $\cos 2x < 0 \Rightarrow n\pi + \dfrac{\pi}{4} < x < n\pi + \dfrac{3\pi}{4}$ 且 $x \neq \dfrac{2m\pi}{3}, m, n \in \mathbf{Z}.$

$$\dfrac{x^2+x-2}{x^2+x-6} < 0 \Rightarrow -3 < x < -2 \text{ 或 } 1 < x < 2.$$

综上可得 $x \in \left(-\dfrac{3\pi}{4}, -\dfrac{2\pi}{3}\right) \cup \left(-\dfrac{2\pi}{3}, -2\right) \cup (1, 2)$.

2. 原方程可化为

$$\sin 3x = \cos x - \cos 2x \Rightarrow \sin \dfrac{3x}{2}\left(\cos \dfrac{3x}{2} - \sin \dfrac{x}{2}\right) = 0 \Rightarrow \sin \dfrac{3x}{2} = 0$$

或 $\cos \dfrac{3x}{2} = \cos\left(\dfrac{\pi}{2} - \dfrac{x}{2}\right) \Rightarrow x = \dfrac{2k\pi}{3}$ 或 $x = k\pi + \dfrac{\pi}{4}$

或 $x = 2k\pi - \dfrac{\pi}{2}, k \in \mathbf{Z}$, 经检验, $x = 2k\pi + \dfrac{\pi}{4}, k \in \mathbf{Z}$ 是原方程的根.

3. 将 $C = 180° - (A+B)$ 代入 $\cos 3A + \cos 3B + \cos 3C = 1$,

得 $\cos 3A + \cos 3B - \cos 3(A+B) = 1$,

即 $\sin 3A \cdot \sin 3B = (1 - \cos 3A)(1 - \cos 3B)$.

上式两边同时平方, 得

$$\sin^2 3A \cdot \sin^2 3B = (1 - \cos 3A)^2 (1 - \cos 3B)^2$$

$$\Rightarrow (1 - \cos 3A)(1 - \cos 3B)(\cos 3A + \cos 3B) = 0,$$

于是 $\cos 3A = -\cos 3B = \cos(180° - 3B) \Rightarrow 3A = 180° - 3B \Rightarrow C = 120°$.

4. 设 BC 边上的高 $AD = h$, 则 $\tan \angle BAC = \tan(\angle BAD + \angle CAD)$,

即 $\dfrac{22}{7} = \dfrac{\dfrac{17}{h} + \dfrac{3}{h}}{1 - \dfrac{17}{h} \times \dfrac{3}{h}} \Rightarrow h = 11 \Rightarrow S_{\triangle ABC} = \dfrac{1}{2} \times 20 \times 11 = 110$.

5. $\arcsin(\sin \alpha + \sin \beta) = \dfrac{\pi}{2} - \arcsin(\sin \alpha - \sin \beta)$,

∴ $\sin \alpha + \sin \beta = \cos(\arcsin(\sin \alpha - \sin \beta))$,

$(\sin \alpha + \sin \beta)^2 = 1 - \sin^2(\arcsin(\sin \alpha - \sin \beta)) = 1 - (\sin \alpha - \sin \beta)^2$,

∴ $\sin^2 \alpha + \sin^2 \beta = \dfrac{1}{2}$.

6. 定义域为 $x \neq -1$.

(i) 当 $x < -1$ 时, $\dfrac{1-x}{1+x} = -1 + \dfrac{2}{1+x} < -1 \Rightarrow -\dfrac{\pi}{2} < \arctan x < -\dfrac{\pi}{4}$,

$-\dfrac{\pi}{2} < \arctan \dfrac{1-x}{1+x} < -\dfrac{\pi}{4} \Rightarrow -\pi < \arctan x + \arctan \dfrac{1-x}{1+x} < -\dfrac{\pi}{2}$,

∴ $\tan\left(\arctan x + \arctan \dfrac{1-x}{1+x}\right) = \dfrac{x + \dfrac{1-x}{1+x}}{1 - x \cdot \dfrac{1-x}{1+x}} = -1 \Rightarrow \arctan x +$

$\arctan \dfrac{1-x}{1+x} = -\dfrac{3\pi}{4}.$

(ii) 当 $x > -1$ 时,$\dfrac{1-x}{1+x} = -1 + \dfrac{2}{1+x} > -1 \Rightarrow -\dfrac{\pi}{4} < \arctan x < \dfrac{\pi}{2}$,

$-\dfrac{\pi}{4} < \arctan \dfrac{1-x}{1+x} < \dfrac{\pi}{2} \Rightarrow -\dfrac{\pi}{2} < \arctan x + \arctan \dfrac{1-x}{1+x} < \pi,$

$\therefore \tan\left(\arctan x + \arctan \dfrac{1-x}{1+x}\right) = \dfrac{x + \dfrac{1-x}{1+x}}{1 - x \cdot \dfrac{1-x}{1+x}} = 1 \Rightarrow \arctan x + \arctan \dfrac{1-x}{1+x} = \dfrac{\pi}{4}.$ $\therefore y \in \left\{\dfrac{\pi}{4}, -\dfrac{3\pi}{4}\right\}.$

7. (1) 设直角三角形 ABC 的内接正方形为 $PQRS$, QR 在 BC 上,边长为 x. 因为 $PS // BC$,所以 $\angle APS = \theta$. 在直角三角形 APS 和直角三角形 PQB 中,易得 $AP = x\cos\theta$, $PB\sin\theta = x$,所以

$x = \dfrac{a\sin\theta}{1 + \sin\theta \cdot \cos\theta}.$ 又因为 $AC = AB\tan\theta = a\tan\theta$,所以有

$$S_1 = \dfrac{a^2}{2}\tan\theta, \quad S_2 = \dfrac{a^2\sin^2\theta}{(1 + \sin\theta \cdot \cos\theta)^2}.$$

(2) 设 $y = f(\theta) = \dfrac{S_1}{S_2} = \dfrac{(2 + \sin 2\theta)^2}{4\sin 2\theta}$. 设 $\sin 2\theta = t$,由

$$0 < \theta < \dfrac{\pi}{2} \Rightarrow 0 < t \leq 1, \tag{1}$$

又 $y = \dfrac{1}{4}\left(t + 4 + \dfrac{4}{t}\right),$

上式可化为 $t^2 - 4t(y-1) + 4 = 0 \Rightarrow t = 2((y-1) \pm \sqrt{y^2 - 2y}).$

结合式(1)得 $\begin{cases} y > 0, & (2) \\ y^2 - 2y \geq 0, & (3) \\ 0 < (y-1) \pm \sqrt{y^2 - 2y} \leq \dfrac{1}{2}. & (4) \end{cases}$

由式(2)(3)得 $y \geq 2$. 因为 $y - 1 + \sqrt{y^2 - 2y} > \dfrac{1}{2}$,不合要求,所以式(4)根号前只能取负号,即 $-2\sqrt{y^2 - 2y} \leq 3 - 2y \Rightarrow y \geq \dfrac{9}{4}$. 此式取等号时,$\sin 2\theta = t = 2\left(1.25 - \dfrac{3}{4}\right) = 1$,对应 $\theta = \dfrac{\pi}{4}.$

8. 设 $f(n) = \dfrac{n}{n+2}$,

则 $\dfrac{f(n)-f(n-1)}{1+f(n)f(n-1)} = \dfrac{\dfrac{n}{n+2}-\dfrac{n-1}{n+1}}{1+\dfrac{n}{n+2}\cdot\dfrac{n-1}{n+1}} = \dfrac{1}{n^2+n+1}.$

故 $\tan\left(\arctan\dfrac{1}{n^2+n+1}\right)$

$= \dfrac{\tan(\arctan f(n))-\tan(\arctan f(n-1))}{1+\tan(\arctan f(n))\cdot\tan(\arctan f(n-1))}$

$= \tan(\arctan f(n)-\arctan f(n-1)),$

从而 $\arctan\dfrac{1}{n^2+n+1} = \arctan f(n)-\arctan f(n-1)$

$= \arctan\dfrac{n}{n+2}-\arctan\dfrac{n-1}{n+1}.$

所以 $\arctan\dfrac{1}{3}+\arctan\dfrac{1}{7}+\arctan\dfrac{1}{13}+\cdots+\arctan\dfrac{1}{1+n+n^2}$

$= \arctan\dfrac{1}{3}+\sum_{k=2}^{n}\left(\arctan\dfrac{k}{k+2}-\arctan\dfrac{k-1}{k+1}\right)$

$= \arctan\dfrac{n}{n+2}.$

9. 设 $f(x)$ 在 $\left(-\dfrac{1}{4},\dfrac{1}{4}\right)$ 上为奇函数,则 $f(0)=0$.

于是 $\arctan 2+c=0 \Rightarrow c=-\arctan 2.$

上述结果表明,若满足条件的 c 存在,则 c 只能等于 $-\arctan 2$. 下面证明 $c=-\arctan 2$ 时,$f(x)$ 为 $\left(-\dfrac{1}{4},\dfrac{1}{4}\right)$ 上的奇函数.

注意到 $x\in\left(-\dfrac{1}{4},\dfrac{1}{4}\right)$ 时,函数 $u(x)=\dfrac{2-2x}{1+4x}=\dfrac{1}{2}\left(\dfrac{5}{1+4x}-1\right)$,

所以 $u(x)\in\left(\dfrac{3}{4},+\infty\right).$

于是 $f(x)=\arctan u(x)-\arctan 2\in\left(\arctan\dfrac{3}{4}-\arctan 2,\right.$

$\left.\dfrac{\pi}{2}-\arctan 2\right)\subset\left(-\dfrac{\pi}{2},\dfrac{\pi}{2}\right).$

上述讨论表明,当 $x\in\left(-\dfrac{1}{4},\dfrac{1}{4}\right)$ 时,

$$f(x) \in \left(-\frac{\pi}{2}, \frac{\pi}{2}\right), -f(-x) \in \left(-\frac{\pi}{2}, \frac{\pi}{2}\right).$$

欲证 $x \in \left(-\frac{1}{4}, \frac{1}{4}\right)$ 时, $f(-x) = -f(x)$ 成立,

只需证 $\tan(-f(-x)) = \tan f(x)$.

而 $\tan f(x) = \tan(\arctan u(x) - \arctan 2) = \dfrac{u(x) - 2}{1 + 2u(x)} = -2x$,

$$\tan(-f(-x)) = \tan(\arctan 2 - \arctan u(-x))$$
$$= \dfrac{2 - u(-x)}{1 + 2u(-x)} = -2x.$$

所以,当且仅当 $c = -\arctan 2$ 时,函数 $f(x)$ 为 $\left(-\dfrac{1}{4}, \dfrac{1}{4}\right)$ 上的奇函数.

10. 因为 $\begin{cases} \sin^3 x \leqslant \sin^2 x, \\ \cos^5 x \leqslant \cos^2 x, \end{cases}$ 所以 $\sin^3 x + \cos^5 x \leqslant 1$,

所以 $\begin{cases} \sin x = 1, \\ \cos x = 0, \end{cases}$ 或 $\begin{cases} \sin x = 0, \\ \cos x = 1. \end{cases}$

因此原方程的解为 $\left\{ x \mid x = 2k\pi \text{ 或 } x = 2k\pi + \dfrac{\pi}{2}, k \in \mathbf{Z} \right\}$.

11. 设 $\arctan x_1 = \alpha, \arctan x_2 = \beta$,则 $\alpha, \beta \in \left(-\dfrac{\pi}{2}, \dfrac{\pi}{2}\right)$,且

$$\tan \alpha = x_1, \tan \beta = x_2, \alpha + \beta \in (-\pi, \pi).$$

因为 $\begin{cases} x_1 + x_2 = 6, \\ x_1 \cdot x_2 = 7, \end{cases}$

$x_1, x_2 > 0, \alpha + \beta \in (0, \pi)$,所以 $\tan(\alpha + \beta) = \dfrac{x_1 + x_2}{1 - x_1 x_2} = -1$,

即 $\arctan x_1 + \arctan x_2 = \alpha + \beta = \dfrac{3\pi}{4}$.

12. 令 $n = \csc \alpha_n, \alpha_n \in \left(0, \dfrac{\pi}{2}\right], \sin \alpha_n = \dfrac{1}{n}$,

则 $\arcsin \dfrac{\sqrt{n^2 - 1} - \sqrt{(n-1)^2 - 1}}{n(n-1)}$

$$= \arcsin \dfrac{\cot \alpha_n - \cot \alpha_{n-1}}{\csc \alpha_n \cdot \csc \alpha_{n-1}} = \arcsin(\sin(\alpha_{n-1} - \alpha_n)) = \alpha_{n-1} - \alpha_n.$$

故原式 $= (\alpha_1 - \alpha_2) + (\alpha_2 - \alpha_3) + \cdots + (\alpha_n - \alpha_{n+1}) = \alpha_1 - \alpha_{n+1}$

$$= \frac{\pi}{2} - \arcsin\frac{1}{n+1} = \arccos\frac{1}{n+1}.$$

13. 原方程可化为 $\sin^2 x - \sin x = a - 1$,

即 $\left(\sin x - \frac{1}{2}\right)^2 = a - \frac{3}{4}.$

设 $y_1 = \left(\sin x - \frac{1}{2}\right)^2, y_2 = a - \frac{3}{4},$

作出 y_1 的图像, 如图 A.9 所示. 由图知:

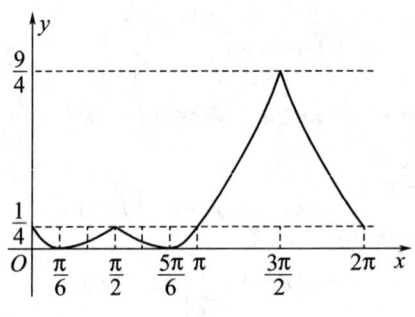

图 A.9

(1) 当 $a - \frac{3}{4} < 0$ 或 $a - \frac{3}{4} > \frac{9}{4}$, 即 $a < \frac{3}{4}$ 或 $a > 3$ 时, 方程无解;

(2) 当 $a - \frac{3}{4} = \frac{9}{4}$, 即 $a = 3$ 时, 方程有一解: $x = \frac{3\pi}{2}$;

(3) 当 $\frac{1}{4} < a - \frac{3}{4} < \frac{9}{4}$ 或 $a - \frac{3}{4} = 0$, 即 $1 < a < 3$ 或 $a = \frac{3}{4}$ 时, 方程有两解;

(4) 当 $a - \frac{3}{4} = \frac{1}{4}$, 即 $a = 1$ 时, 方程有四解: $x = 0, \frac{\pi}{2}, \pi, 2\pi$;

(5) 当 $0 < a - \frac{3}{4} < \frac{1}{4}$, 即 $\frac{3}{4} < a < 1$ 时, 方程有四解.

14. (i) 当 n 为偶数时, $\cos^n x = 1 + \sin^n x \geqslant 1,$

而 $\cos^n x \leqslant 1$, 则必有 $\cos^n x = 1$, 得 $\cos x = \pm 1, \sin x = 0.$

所以 $x = k\pi (k \in \mathbf{Z}).$

(ii) 当 n 为奇数时, 由 $\cos^n x = 1 + \sin^n x \geqslant 0$ 及 $\sin^n x = \cos^n x - 1 \leqslant 0,$

可知原方程同解于 $|\cos x|^n + |\sin x|^n = 1.$

将该方程与 $\sin^2 x + \cos^2 x = 1$ 比较可知,

若 $x \neq k \cdot \frac{\pi}{2}$, 则 $0 < |\cos x| < 1, 0 < |\sin x| < 1,$

于是,当 $n>2$ 时,$|\cos x|^n+|\sin x|^n<\cos^2 x+\sin^2 x=1$;

当 $n=1$ 时, $|\cos x|^n+|\sin x|^n=|\cos x|+|\sin x|$
$$= \sqrt{(|\cos x|+|\sin x|)^2} > \sqrt{|\cos x|^2+|\sin x|^2}=1.$$

故当 $x \neq k \cdot \dfrac{\pi}{2}$ 时,方程无解.

对 $x=k \cdot \dfrac{\pi}{2}$,通过验证可知 $x=2k\pi,x=2k\pi-\dfrac{\pi}{2}(k\in \mathbf{Z})$ 是原方程的解.

综上可知,原方程的解为:当 n 为偶数时,$x=k\pi(k\in \mathbf{Z})$;当 n 为奇数时,$x=2k\pi$ 或 $x=2k\pi-\dfrac{\pi}{2}(k\in \mathbf{Z})$.

15. 方法一 $\cos^2 3x=\dfrac{1}{2}(1+\cos 6x),\cos^2 x=\dfrac{1}{2}(1+\cos 2x)$,

代入原方程得
$$2\cos^2 2x+\cos 6x+\cos 2x=0. \tag{5}$$

又因 $\cos 6x+\cos 2x=2\cos 4x \cdot \cos 2x$,

故式(5)可改写成
$$\cos 2x(\cos 2x+\cos 4x)=0.$$

(i) 若 $\cos 2x=0$,则 $x=\dfrac{1}{4}(2k+1)\pi, k\in \mathbf{Z}$.

(ii) 若 $\cos 2x+\cos 4x=0$,则
$$\cos 4x=-\cos 2x=\cos(\pi-2x),$$
$$4x=2k\pi\pm(\pi-2x), k\in \mathbf{Z},$$

所以 $x=\dfrac{1}{2}(2k-1)\pi$ 或 $x=\dfrac{1}{6}(2k+1)\pi, k\in \mathbf{Z}$.

方法二 应用下列公式:
$$2\cos^2 x=1+\cos 2x, 2\cos^2 2x=1+\cos 4x,$$

通过代换和化简,由已知方程可得
$$\cos 2x+\cos 4x+2\cos^2 3x=0.$$

将上式左边前两项化积,得
$$2\cos 3x \cdot \cos x+2\cos^2 3x=0,$$

即
$$2\cos 3x(\cos x+\cos 3x)=0.$$

用和差化积的方法对 $\cos x+\cos 3x$ 变形,又得到
$$4\cos x \cdot \cos 2x \cdot \cos 3x=0, \tag{6}$$

解得
$$x_1 = \pm 90° + k \cdot 360°,$$
$$x_2 = \pm 45° + k \cdot 180°,$$
$$x_3 = \pm 30° + k \cdot 120°,$$

其中 $k \in \mathbf{Z}$.

经过验算,所有这些解都满足原方程(至于原方程无他解,则是显然的).

方法三 $\cos^2 x + \cos^2 2x - \sin^2 3x = 0$

$\Rightarrow \cos^2 2x + (\cos x + \sin 3x)(\cos x - \sin 3x) = 0$

$\Rightarrow \cos^2 2x + \left(\sin\left(\dfrac{\pi}{2}+x\right)+\sin 3x\right)\left(\sin\left(\dfrac{\pi}{2}+x\right)-\sin 3x\right) = 0$

$\Rightarrow \cos^2 2x + 2\sin\left(\dfrac{\pi}{4}+2x\right) \cdot \cos\left(\dfrac{\pi}{4}-x\right) \cdot 2\cos\left(\dfrac{\pi}{4}+2x\right) \cdot$
$\sin\left(\dfrac{\pi}{4}-x\right) = 0$

$\Rightarrow \cos^2 2x + \sin\left(\dfrac{\pi}{2}+4x\right) \cdot \sin\left(\dfrac{\pi}{2}-2x\right) = 0$

$\Rightarrow \cos 2x(\cos 2x + \cos 4x) = 0$

从而得到与式(6)等价的方程
$$2\cos 2x \cdot \cos x \cdot \cos 3x = 0.$$

以下同方法二.

16. 若 $\cos\dfrac{\theta}{2} = 0$,则 $\sin\theta = 0$,故 $x = 0$.

若 $\sin\dfrac{\theta}{2} = 0$,则 $\cos^2\dfrac{\theta}{2} = 1$, $\sin\theta = 0$,从而 $x = 0$ 或 $x = \pm 1$.

若 $\cos\dfrac{\theta}{2} \neq 0$,且 $\sin\dfrac{\theta}{2} \neq 0$,则原方程化为
$$x^3 + \left(3 - 4\sec^2\dfrac{\theta}{2}\right)x + 2\tan\dfrac{\theta}{2} = 0,$$
即
$$x^3 - \left(4\tan^2\dfrac{\theta}{2} + 1\right)x + 2\tan\dfrac{\theta}{2} = 0,$$
即
$$4x\tan^2\dfrac{\theta}{2} - 2\tan\dfrac{\theta}{2} + x - x^3 = 0.$$

因为 $\sin\dfrac{\theta}{2} \neq 0$,所以 $\tan\dfrac{\theta}{2} \neq 0$,从而 $x \neq 0$.

于是 $4x\tan^2\dfrac{\theta}{2}-2\tan\dfrac{\theta}{2}+x-x^3=0$ 可以看作关于 $\tan\dfrac{\theta}{2}$ 的二次方程,解得 $\tan\dfrac{\theta}{2}=\dfrac{x}{2}$,或 $\tan\dfrac{\theta}{2}=\dfrac{1-x^2}{2x}$.

解这两个关于 x 的方程得 $x=2\tan\dfrac{\theta}{2}$ 或 $x=-\tan\dfrac{\theta}{2}\pm\sec\dfrac{\theta}{2}$.

综上所述,原方程的解是:

当 $\cos\dfrac{\theta}{2}=0$,即 $\theta=2k\pi+\pi(k\in\mathbf{Z})$ 时,$x=0$;

当 $\cos\dfrac{\theta}{2}\neq 0$,即 $\theta\neq 2k\pi+\pi(k\in\mathbf{Z})$ 时,$x=2\tan\dfrac{\theta}{2}$ 或 $x=-\tan\dfrac{\theta}{2}\pm\sec\dfrac{\theta}{2}\left(\sin\dfrac{\theta}{2}=0\right.$ 的情况包含在其中$\left.\right)$.

17. 将题设变形为:
$$\sin(2x+y)\cdot\sin 2y=\sin(x+2y)\cdot\sin 2x$$
$$\Leftrightarrow \cos(2x-y)-\cos(2x+3y)$$
$$=\cos(2y-x)-\cos(3x+2y)$$
$$\Leftrightarrow \cos(2x-y)-\cos(2y-x)$$
$$=\cos(2x+3y)-\cos(3x+2y)$$
$$\Leftrightarrow \sin\dfrac{3(x-y)}{2}\cdot\sin\dfrac{x+y}{2}$$
$$=-\sin\dfrac{x-y}{2}\cdot\sin\dfrac{5(x+y)}{2}$$
$$\Leftrightarrow \sin\dfrac{x-y}{2}\left(\left(3-4\sin^2\dfrac{x-y}{2}\right)\sin\dfrac{x+y}{2}+\sin\dfrac{5(x+y)}{2}\right)=0.$$

由于 $\qquad 0<\dfrac{x+y}{2}<\dfrac{\pi}{4},\ -\dfrac{\pi}{4}<\dfrac{x-y}{2}<\dfrac{\pi}{4},$

故 $\qquad\left(3-4\sin^2\dfrac{x-y}{2}\right)\sin\dfrac{x+y}{2}+\sin\dfrac{5(x+y)}{2}$
$$>\sin\dfrac{x+y}{2}+\sin\dfrac{5(x+y)}{2}$$
$$=2\sin\dfrac{3x+y}{2}\cdot\cos(x+y)>0,$$

从而 $\sin\dfrac{x-y}{2}=0\Rightarrow x=y.$

点评

从三角式的结构入手,在三角式的积化差、差再化积的步步推演中,将问题不断暴露,从而使问题获解.

习题 5

1. 方法一 由已知,得 $B=2A, C=\pi-3A$.

由正弦定理,得 $\dfrac{a}{b}=\dfrac{\sin A}{\sin 2A}=\dfrac{1}{2\cos A}$,

$$\dfrac{a+b}{a+b+c}=\dfrac{\sin A+\sin 2A}{\sin A+\sin 2A+\sin(\pi-3A)}$$

$$=\dfrac{\sin A+\sin 2A}{\sin 2A+2\sin 2A\cdot\cos A}=\dfrac{1}{2\cos A}.$$

所以 $\dfrac{a}{b}=\dfrac{a+b}{a+b+c}$.

方法二 同上,得 $\dfrac{a}{b}=\dfrac{1}{2\cos A}$.

而 $\cos A=\dfrac{b^2+c^2-a^2}{2bc}$,代入上式,得

$$\dfrac{a}{b}=\dfrac{bc}{b^2+c^2-a^2}\Rightarrow ab^2+ac^2-a^3=b^2c$$

$$\Rightarrow b^2(c-a)=a(c-a)(c+a)\Rightarrow b^2=a^2+ac.$$

所以 $\dfrac{a}{b}=\dfrac{b}{a+c}=\dfrac{a+b}{a+b+c}$.

2. 由 $\cot C=2004(\cot A+\cot B)$ 得

$$\dfrac{\cos C}{\sin C}=2004\left(\dfrac{\cos A}{\sin A}+\dfrac{\cos B}{\sin B}\right)=2004\cdot\dfrac{\sin(A+B)}{\sin A\cdot\sin B}$$

$$=2004\cdot\dfrac{\sin C}{\sin A\cdot\sin B},$$

所以 $\cos C=\dfrac{2004\sin^2 C}{\sin A\cdot\sin B}=\dfrac{2004c^2}{ab}$,即 $\dfrac{a^2+b^2-c^2}{2ab}=\dfrac{2004c^2}{ab}$.

所以 $a^2+b^2-c^2=4008c^2$,即 $a^2+b^2=4009c^2$.

故常数 $t=4009$.

3. $c^2=AD^2+BD^2-2AD\cdot BD\cdot\cos\angle ADB$

$$= AD^2 + p^2 - 2AD \cdot p \cdot \cos\angle ADB, \qquad (1)$$

同理，得 $b^2 = AD^2 + q^2 - 2AD \cdot q \cdot \cos\angle ADC.$ \qquad (2)

由 $\angle ADB + \angle ADC = \pi \Rightarrow \cos\angle ADB + \cos\angle ADC = 0$，

将式(1)(2)代入上式，得 $qc^2 + pb^2 = (p+q)AD^2 + pq(p+q).$

所以 $AD^2 = \dfrac{b^2 p + c^2 q}{p+q} - pq.$

4. (1) 由 $a + c = 2b$，得 $2\sin B = \sin A + \sin C$，

即 $\qquad 4\sin\dfrac{A+C}{2} \cdot \cos\dfrac{A+C}{2} = 2\sin\dfrac{A+C}{2} \cdot \cos\dfrac{A-C}{2}.$

因为 $0 < \dfrac{A+C}{2} < \pi$，$\sin\dfrac{A+C}{2} \neq 0$，所以 $\cos\dfrac{A-C}{2} = 2\cos\dfrac{A+C}{2}.$

展开并整理，得 $3\sin\dfrac{A}{2} \cdot \sin\dfrac{C}{2} = \cos\dfrac{A}{2} \cdot \cos\dfrac{C}{2}$，

所以 $\tan\dfrac{A}{2} \cdot \tan\dfrac{C}{2} = \dfrac{1}{3}.$

(2) $5\cos A - 4\cos A \cdot \cos C + 5\cos C$

$= 5(\cos A + \cos C) - 2(\cos(A+C) + \cos(A-C))$

$= 10\cos\dfrac{A+C}{2} \cdot \cos\dfrac{A-C}{2} - 2\left(2\cos^2\dfrac{A+C}{2} - 1 + 2\cos^2\dfrac{A-C}{2} - 1\right).$

由(1)，$\cos\dfrac{A-C}{2} = 2\cos\dfrac{A+C}{2}$，

故上式 $= 20\cos^2\dfrac{A+C}{2} - 4\cos^2\dfrac{A+C}{2} - 16\cos^2\dfrac{A+C}{2} + 4 = 4.$

(3) 由 $A - C = \dfrac{\pi}{2}$ 及 $\cos\dfrac{A-C}{2} = 2\cos\dfrac{A+C}{2}$，得

$$\sin\dfrac{B}{2} = \dfrac{\sqrt{2}}{4} \Rightarrow \cos\dfrac{B}{2} = \dfrac{\sqrt{14}}{4}.$$

所以 $\sin B = 2\sin\dfrac{B}{2} \cdot \cos\dfrac{B}{2} = \dfrac{\sqrt{7}}{4}$，即 $\sin A + \sin C = \dfrac{\sqrt{7}}{2}.$

5. 易求出 $A = \dfrac{\pi}{7}, B = \dfrac{2\pi}{7}, C = \dfrac{4\pi}{7}$，

则 $\cos A \cdot \cos B \cdot \cos C = \cos\dfrac{\pi}{7} \cdot \cos\dfrac{2\pi}{7} \cdot \cos\dfrac{4\pi}{7}$

$= \dfrac{4}{8\sin\dfrac{\pi}{7}}\left(2\sin\dfrac{\pi}{7} \cdot \cos\dfrac{\pi}{7}\right) \cdot \cos\dfrac{2\pi}{7} \cdot \cos\dfrac{4\pi}{7} = \dfrac{1}{8\sin\dfrac{\pi}{7}} \cdot \sin\dfrac{8\pi}{7} = -\dfrac{1}{8}.$

6. 设 $AP = PQ = QB = BC = x$.

在 $\triangle APQ$ 中，$AQ = 2x\cos A$，则 $AB = x + 2x\cos A$.

在 $\triangle ABC$ 中，求得 $AB\cos B = \dfrac{x}{2}$，即 $AB = \dfrac{x}{2\sin\dfrac{A}{2}}$.

所以 $x + 2x\cos A = \dfrac{x}{2\sin\dfrac{A}{2}}$，

从而 $1 + 2\cos A = \dfrac{1}{2\sin\dfrac{A}{2}} \Rightarrow 3 - 4\sin^2\dfrac{A}{2} = \dfrac{1}{2\sin\dfrac{A}{2}}$

$\Rightarrow 3\sin\dfrac{A}{2} - 4\sin^3\dfrac{A}{2} = \dfrac{1}{2} \Rightarrow \sin\dfrac{3A}{2} = \dfrac{1}{2}$.

故 $A = 20°$.

7. 因为 $S = a^2 - b^2 - c^2 + 2bc = 2bc(1 - \cos A) = \dfrac{1}{2}bc\sin A$，

所以 $4 - 4\cos A = \sin A \Rightarrow (4 - \sin A)^2 = 16\cos^2 A$，解得 $\sin A = \dfrac{8}{17}$.

所以 $S = \dfrac{4}{17}bc \leqslant \dfrac{4}{17} \cdot \left(\dfrac{b+c}{2}\right)^2 = \dfrac{64}{17}$，

$b = c = 4$ 时 S 取到最大值 $\dfrac{64}{17}$.

8. $\triangle ABC$ 内切圆的半径 $r = 2\sqrt{3}$.

设两边长分别为 $8x, 5x$，则第三边长为

$$\sqrt{(8x)^2 + (5x)^2 - 2 \cdot 8x \cdot 5x\cos 60°} = 7x,$$

$\triangle ABC$ 的面积 $S = p \cdot r = 10x \cdot 2\sqrt{3} = \dfrac{1}{2} \cdot 8x \cdot 5x\sin 60°$.

即 $20\sqrt{3}x = 10\sqrt{3}x^2 \Rightarrow x = 2$. 所以 $S = 40\sqrt{3}$.

9. $S = S_{\triangle ABD} + S_{\triangle CDB} = \dfrac{1}{2}AB \cdot AD \cdot \sin A + \dfrac{1}{2}BC \cdot CD \cdot \sin C$

$= \dfrac{1}{2}(2 \cdot 4 + 6 \cdot 4) \cdot \sin A = 16\sin A$.

在 $\triangle ABD$ 中，由余弦定理，得

$$BD^2 = AB^2 + AD^2 - 2AB \cdot AD \cdot \cos A = 20 - 16\cos A.$$

在 $\triangle BCD$ 中，$BD^2 = CB^2 + CD^2 - 2CB \cdot CD \cdot \cos C = 52 - 48\cos C$.

所以 $20-16\cos A=52-48\cos C$,解得 $\cos A=-\dfrac{1}{2}$,$A=120°$.

故 $S=16\sin 120°=8\sqrt{3}$.

10. 如图 A.10,设车底面为矩形 $ABCD$,直线 BC 交走廊外壁于点 H,G,$\angle ADF=\theta$,

则 $\quad GH=EH+EG=\dfrac{3}{2}\left(\dfrac{1}{\sin\theta}+\dfrac{1}{\cos\theta}\right)$,

$\quad CH=CD\cdot\cot\theta=\cot\theta$,

$\quad BG=AB\cdot\tan\theta=\tan\theta.$

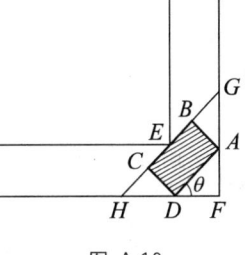

图 A.10

所以 $\quad AD=GH-CH-BG=\dfrac{3(\sin\theta+\cos\theta)-2}{2\sin\theta\cdot\cos\theta}$.

令 $\sin\theta+\cos\theta=t\in(1,\sqrt{2}]$,则 $AD=f(t)=\dfrac{3t-2}{t^2-1}$.

又 $f(t)$ 在 $(1,\sqrt{2}]$ 上递减,所以 $f(t)_{\min}=f(\sqrt{2})=3\sqrt{2}-2$.

11. 由 $\log_{\sqrt{b}}x=\log_b(4x-4)$,得 $x^2=4x-4\Rightarrow x=2$.

所以 $\dfrac{C}{A}=\dfrac{\sin B}{\sin A}=2$,

即 $\begin{cases}C=2A,\\ \sin B=2\sin A\end{cases}\Rightarrow\begin{cases}\sin C=2\sin A\cdot\cos A,\\ b=2a\end{cases}\Rightarrow\begin{cases}c=2a\cdot\dfrac{b^2+c^2-a^2}{2bc},\\ b=2a,\end{cases}$

解得 $\begin{cases}c=\sqrt{3}a,\\ b=2a.\end{cases}$

故有 $a^2+c^2=b^2$,即 $\triangle ABC$ 是直角三角形.

12. (1) 由已知,$b\cos C+(2a+c)\cos B=0$,又由正弦定理,得

$$\sin B\cdot\cos C+(2\sin A+\sin C)\cos B=0,$$

即

$$\sin(B+C)+2\sin A\cdot\cos B=0.$$

又 $\sin(B+C)=\sin A$,从而

$$\sin A+2\sin A\cdot\cos B=0.$$

考虑到 $\sin A>0$,故 $\cos B=-\dfrac{1}{2}$.

又 B 为三角形的内角,故 $B=\dfrac{2}{3}\pi$.

(2) 将 $b=1, B=\dfrac{2}{3}\pi$ 代入

$$b^2 = a^2 + c^2 - 2ac\cos B,$$

得

$$1 = a^2 + c^2 + ac.$$

由 $a^2 + c^2 \geqslant 2ac$，得 $1 \geqslant 3ac$，即 $ac \leqslant \dfrac{1}{3}$. 从而

$$S_{\triangle ABC} = \dfrac{1}{2}ac\sin B \leqslant \dfrac{1}{2} \times \dfrac{1}{3} \times \sin\dfrac{2\pi}{3} = \dfrac{\sqrt{3}}{12}.$$

当 $B = \dfrac{2}{3}\pi, A = C = \dfrac{\pi}{6}$ 时取到最大值.

13. **方法一** 由题设及余弦定理，得

$$a \cdot \dfrac{c^2 + a^2 - b^2}{2ca} - b \cdot \dfrac{b^2 + c^2 - a^2}{2bc} = \dfrac{3}{5}c,$$

即

$$a^2 - b^2 = \dfrac{3}{5}c^2.$$

故

$$\dfrac{\tan A}{\tan B} = \dfrac{\sin A \cdot \cos B}{\sin B \cdot \cos A} = \dfrac{a \cdot \dfrac{c^2 + a^2 - b^2}{2ca}}{b \cdot \dfrac{b^2 + c^2 - a^2}{2bc}}$$

$$= \dfrac{c^2 + a^2 - b^2}{b^2 + c^2 - a^2} = \dfrac{\dfrac{8}{5}c^2}{\dfrac{2}{5}c^2} = 4.$$

方法二 如图 A.11，过点 C 作 $CD \perp AB$，垂足为 D，则

$$a\cos B = DB, b\cos A = AD.$$

由题设得

$$DB - AD = \dfrac{3}{5}c.$$

又

$$DB + DA = c,$$

联立解得

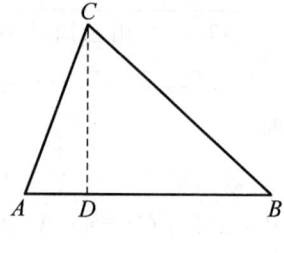

图 A.11

$$AD = \frac{1}{5}c, DB = \frac{4}{5}c.$$

故

$$\frac{\tan A}{\tan B} = \frac{\dfrac{CD}{AD}}{\dfrac{CD}{DB}} = \frac{DB}{AD} = 4.$$

方法三 由射影定理,得

$$a\cos B + b\cos A = c.$$

又

$$a\cos B - b\cos A = \frac{3}{5}c,$$

联立解得

$$a\cos B = \frac{4}{5}c, b\cos A = \frac{1}{5}c.$$

故

$$\frac{\tan A}{\tan B} = \frac{\sin A \cdot \cos B}{\sin B \cdot \cos A} = \frac{a\cos B}{b\cos A} = \frac{\dfrac{4}{5}c}{\dfrac{1}{5}c} = 4.$$

14. 方法一 如图 A.12,联结 AB 并延长交 PQ 于点 M,联结 CD 交 AB 于点 N.

因为 $MP^2 = MB \cdot MA = MQ^2$,所以 $MP = MQ$.

$$\angle MPB + \angle MQB = \angle PAB + \angle QAB$$
$$= \angle CAD,$$
$$\angle PBQ = \angle CBD,$$

所以

$$\angle CAD + \angle CBD$$
$$= \angle MPB + \angle MQB + \angle PBQ$$
$$= 180°,$$

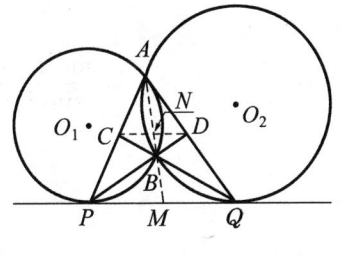

图 A.12

所以 A, C, B, D 四点共圆.

所以 $\angle CDB = \angle CAB = \angle MPB$,所以 $CD \parallel PQ$.

因为 M 为 PQ 的中点,所以 N 为 CD 的中点.

所以 $S_{\triangle CAB} = S_{\triangle DAB}$，即

$$\frac{1}{2}AC \cdot BC\sin\angle ACB = \frac{1}{2}AD \cdot BD\sin\angle ADB.$$

又 $\angle ACB + \angle ADB = 180°$，所以 $\sin\angle ACB = \sin\angle ADB$.

故 $AC \cdot BC = AD \cdot BD$.

15. 如图 A.13，联结 MN,NP，设 $\angle BAD = \angle CAD = \alpha, \angle AMN = \beta$，则 $\angle ANM = \pi-(\alpha+\beta), \angle APN = \pi-\beta, \angle ANP = \beta-\alpha$.

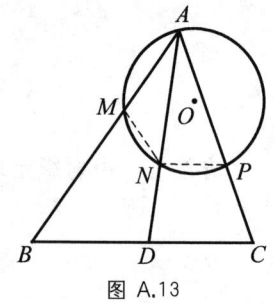

图 A.13

首先，等式

$$(AB+AC) \cdot AN \cdot AD = (AM+AP) \cdot AB \cdot AC \text{ 等价于}$$

$$\frac{AD}{AB} + \frac{AD}{AC} = \frac{AM}{AN} + \frac{AP}{AN}. \qquad (3)$$

下面来证明式(3).

在 $\triangle ABD$ 和 $\triangle ACD$ 中应用正弦定理，并注意到 $B+C+2\alpha=\pi$，得

$$\frac{AD}{AB} + \frac{AD}{AC}$$

$$= \frac{\sin B}{\sin(\pi-(B+\alpha))} + \frac{\sin C}{\sin(\pi-(C+\alpha))}$$

$$= \frac{\sin B + \sin C}{\sin(B+\alpha)} = \frac{2\sin\dfrac{B+C}{2} \cdot \cos\dfrac{B-C}{2}}{\sin(B+\alpha)}$$

$$= \frac{2\sin\left(\dfrac{\pi}{2}-\alpha\right) \cdot \cos\left(B+\alpha-\dfrac{\pi}{2}\right)}{\sin(B+\alpha)}$$

$$= \frac{2\cos\alpha \cdot \sin(B+\alpha)}{\sin(B+\alpha)} = 2\cos\alpha. \qquad (4)$$

在 $\triangle AMN$ 和 $\triangle APN$ 中应用正弦定理得

$$\frac{AM}{AP} + \frac{AN}{AN}$$

$$= \frac{\sin(\pi-(\alpha+\beta))}{\sin\beta} + \frac{\sin(\beta-\alpha)}{\sin(\pi-\beta)}$$

$$= \frac{\sin(\alpha+\beta) + \sin(\beta-\alpha)}{\sin\beta} = \frac{2\cos\alpha \cdot \sin\beta}{\sin\beta}$$

$$= 2\cos\alpha. \qquad (5)$$

由式(4)(5)即得式(3),原命题得证.

16. 以 α,β,γ 分别表示 $\angle BOC,\angle COA,\angle AOB$,以 $\vec{e_1},\vec{e_2},\vec{e_3}$ 分别表示 $\overrightarrow{OA}$, $\overrightarrow{OB},\overrightarrow{OC}$ 上的单位向量,则

$$S_A \cdot \overrightarrow{OA} = \frac{1}{2}|OA| \cdot |OB| \cdot |OC|\sin\alpha \cdot \vec{e_1},$$

同理,$S_B \cdot \overrightarrow{OB} = \frac{1}{2}|OB| \cdot |OC| \cdot |OA|\sin\beta \cdot \vec{e_2},$

$S_C \cdot \overrightarrow{OC} = \frac{1}{2}|OA| \cdot |OB| \cdot |OC|\sin\gamma \cdot \vec{e_3},$

故只需证明 $\vec{e_1}\sin\alpha + \vec{e_2}\sin\beta + \vec{e_3}\sin\gamma = \vec{0}$.

如图 A.14,在 OA 上取一点 D,使 $\overrightarrow{OD} = \vec{e_1}\sin\alpha$.

作 $DE /\!/ OC$,交 BO 的延长线于点 E.

在 $\triangle EOD$ 中,$|DE| = \sin\gamma,|EO| = \sin\beta,$

则 $\overrightarrow{DE} = \vec{e_3}\sin\gamma, \overrightarrow{EO} = \vec{e_2}\sin\beta$.

由于 OD,DE,EO 构成三角形,所以
$$\vec{e_1}\sin\alpha + \vec{e_2}\sin\beta + \vec{e_3}\sin\gamma = \vec{0}.$$

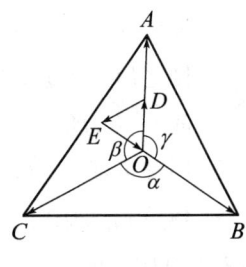

图 A.14

原题得证.

17. 如图 A.15,设 O,H 分别为 $\triangle ABC$ 的外心和垂心,我们来证明点 L 在欧拉线 OH 上.

设 $\triangle ABC$ 的外接圆半径为 R,设 ZC 与 FX 交于点 P,连 OF,HL,OL.

因为 $OF \perp AB, PZ \perp AB$,所以 $OF /\!/ PZ$, $\angle OFL = \angle P$.

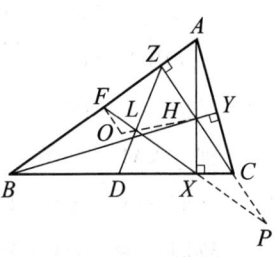

图 A.15

F 为 $Rt\triangle AXB$ 斜边上的中点,

则 $FX = FB, \angle ABC = \angle FXB = \angle CXP,$

$$\angle XPC = \frac{\pi}{2} - \angle ZFP = \frac{\pi}{2} - 2\angle ABC,$$

$$PC = \frac{XC\sin\angle CXP}{\sin\angle XPC} = \frac{AC\cos C \cdot \sin\angle CXP}{\sin\angle XPC}$$

$$= \frac{2R\sin B \cdot \cos C \cdot \sin B}{\sin\angle XPC} = \frac{2R\cos C \cdot \sin^2 B}{\cos 2B},$$

$$PH = PC + CH = \frac{2R\cos C \cdot \sin^2 B}{\cos 2B} + 2R\cos C = \frac{2R\cos C \cdot \cos^2 B}{\cos 2B}.$$

又 $FO = R\cos C$,所以 $\dfrac{PH}{FO} = \dfrac{2\cos^2 B}{\cos 2B}$.

同理,$\angle B = \angle DZB$.

于是在 $\triangle PLZ$ 中,$PL = \dfrac{LZ\sin \angle PZL}{\sin \angle LPZ} = \dfrac{LZ\cos B}{\cos 2B}$.

在 $\triangle FLZ$ 中,$FL = \dfrac{LZ\sin \angle FZL}{\sin \angle ZFL} = \dfrac{LZ}{2\cos B}$.

所以 $\dfrac{PL}{FL} = \dfrac{2\cos^2 B}{\cos 2B}$,即 $\dfrac{PH}{FO} = \dfrac{PL}{FL}$.

又因为 $\angle OFL = \angle LPH$,所以 $\triangle OFL \backsim \triangle HPL$.

则 $\angle LOF = \angle LHP$.

故 O, L, H 三点共线,即点 L 在 OH 上.

同理可证点 M, N 也在 OH 上.

18.(1)如图 A.16,连 OC, OB,记 CM 交 AB 于点 P,BM 交 AC 于点 Q,易得 $\angle CMB = 90° + \angle ABM = 180° - \angle BAM = 120°$,$\angle COB = 2\angle BAC = 120°$,

所以 C, O, M, B 四点共圆.

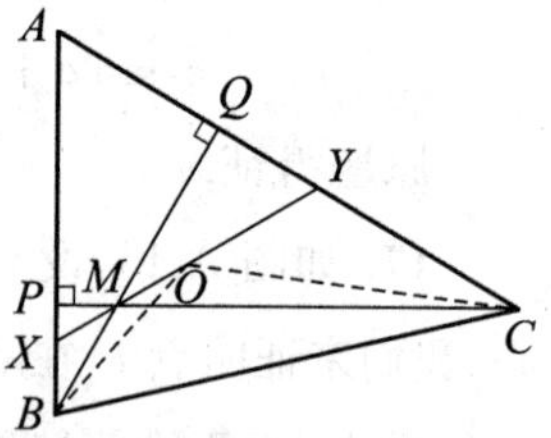

因为 $CP \perp AB$,

所以 $\angle AXM = 90° - \angle XMP = 90° - \angle OMC = 90° - \angle OBC = 60°$.

又因为 $\angle ABQ = 90° - 60° = 30°$,

则 $\angle XMB = 60° - \angle ABQ = 30° = \angle ABQ$,

从而 $MX = XB$.同理,$YM = CY$.

故周长 $P = AY + YX + AX = AY + YC + AX + XB = b + c$.

(2)设 $AO = R$,则由 C, O, M, B 四点共圆,得

$$\frac{BC}{\sin \angle COB} = \frac{OM}{\sin \angle MBO},$$

即 $OM = \dfrac{BC\sin \angle MBO}{\sin \angle COB} = 2BC\sin \angle MBO$.

又 $\angle MBO = \angle ABC - \angle ABQ - \angle COB = \angle ABC - 30° - 30°$
$= \angle ABC - 60°$,

所以 $OM = 4R\sin A \cdot \sin(B - 60°) = 2R\sin(B - 60°)$.

而 $b - c = 2R(\sin B - \sin C)$,

图 A.16

只需证 $\sin(B-60°)=\sin B-\sin C$

$$\Leftrightarrow \sin C-\sin(60°+B)=0$$

$$\Leftrightarrow 2\cos\frac{C+60°+B}{2}\cdot\sin\frac{C-60°-B}{2}=0$$

$$\Leftrightarrow 2\cos\frac{180°}{2}\cdot\sin\frac{B+60°-C}{2}=0,$$

上式显然成立.

故 $OM=b-c$.

19. 方法一 在 $\triangle ABQ$ 中，由正弦定理知

$$\frac{AQ}{\sin\frac{B}{2}}=\frac{AB}{\sin\left(\frac{B}{2}+60°\right)}=\frac{BQ}{\sin 60°},$$

故

$$AQ=\frac{AB\cdot\sin\frac{B}{2}}{\sin\left(\frac{B}{2}+60°\right)}, BQ=\frac{AB\cdot\sin 60°}{\sin\left(\frac{B}{2}+60°\right)}.$$

同理，

$$BP=\frac{AB\cdot\sin 30°}{\sin(30°+B)}.$$

又因为 $AB+BP=AQ+BQ$, $\angle B+\angle C=120°$, $0°<\angle B<120°$,

所以

$$1+\frac{\sin 30°}{\sin(B+30°)}=\frac{\sin\frac{B}{2}}{\sin\left(\frac{B}{2}+60°\right)}+\frac{\sin 60°}{\sin\left(\frac{B}{2}+60°\right)},$$

于是

$$1+\frac{\sin 30°}{\sin(B+30°)}=\frac{\cos\left(\frac{B}{4}-30°\right)}{\cos\left(\frac{B}{4}+30°\right)},$$

所以

$$\frac{\sin 30°}{\sin(B+30°)}=\frac{\sin\frac{B}{4}}{\cos\left(\frac{B}{4}+30°\right)},$$

$$\sin 30°\cdot\cos\left(\frac{B}{4}+30°\right)=\sin\frac{B}{4}\cdot\sin(B+30°)$$

$$=\frac{1}{2}\left(\cos\left(\frac{3B}{4}+30°\right)-\cos\left(\frac{5B}{4}+30°\right)\right).$$

故

$$\cos\left(\frac{B}{4}+30°\right)+\cos\left(\frac{5B}{4}+30°\right)=\cos\left(\frac{3B}{4}+30°\right),$$

$$2\cos\left(\frac{3B}{4}+30°\right) \cdot \cos\frac{B}{2} = \cos\left(\frac{3B}{4}+30°\right). \tag{6}$$

当 $\cos\left(\frac{3B}{4}+30°\right)=0$ 时,式(6)成立,$\frac{3B}{4}+30°=90°$,故 $B=80°$.

当 $\cos\left(\frac{3B}{4}+30°\right)\neq 0$ 时,由式(6)知,$\cos\frac{B}{2}=\frac{1}{2}$,则 $B=120°$,与题意不符.

综上所述,$\triangle ABC$ 的内角为

$$A=60°, B=80°, C=40°.$$

方法二 在 $\triangle ABQ$ 中,有

$$\frac{AQ}{\sin\frac{B}{2}} = \frac{BQ}{\sin 60°} = \frac{AB}{\sin\left(180°-60°-\frac{B}{2}\right)},$$

所以

$$AQ = \frac{AB \cdot \sin\frac{B}{2}}{\sin\left(60°+\frac{B}{2}\right)}, \quad BQ = \frac{\sqrt{3}AB}{2\sin\left(60°+\frac{B}{2}\right)}.$$

在 $\triangle ABC$ 中,有

$$\frac{BP}{\sin 30°} = \frac{AB}{\sin(180°-30°-B)},$$

所以

$$BP = \frac{AB}{2\sin(30°+B)}.$$

代入

$$AB + BP = AQ + BQ,$$

得

$$1 + \frac{1}{2\sin(30°+B)} = \frac{\sin\frac{B}{2}}{\sin\left(60°+\frac{B}{2}\right)} + \frac{\sqrt{3}}{2\sin\left(60°+\frac{B}{2}\right)},$$

所以 $(2\sin(30°+B)+1) \cdot \sin\left(60°+\frac{B}{2}\right) = \left(2\sin\frac{B}{2}+\sqrt{3}\right) \cdot \sin(30°+B)$,

即

$$2\sin(30°+B) \cdot \left(\sin\left(60°+\frac{B}{2}\right)-\sin\frac{B}{2}\right) + \sin\left(60°+\frac{B}{2}\right)$$
$$-\sqrt{3}\sin(30°+B) = 0.$$

上式左边等于

$$2\sin(30°+B) \cdot \cos\left(30°+\frac{B}{2}\right) + \sin\left(60°+\frac{B}{2}\right) - \sqrt{3}\sin(30°+B)$$

$$= \sin\left(60°+\frac{3B}{2}\right) + \sin\frac{B}{2} + \sin\left(60°+\frac{B}{2}\right) - \sqrt{3}\sin(30°+B)$$

$$= \sin\left(60°+\frac{3B}{2}\right) + \sqrt{3}\sin\left(30°+\frac{B}{2}\right) - \sqrt{3}\sin(30°+B)$$

$$= 2\sin\left(30°+\frac{3B}{4}\right)\cdot\cos\left(30°+\frac{3B}{4}\right)-2\sqrt{3}\cos\left(30°+\frac{3B}{4}\right)\cdot\sin\frac{B}{4}$$

$$= 2\cos\left(30°+\frac{3B}{4}\right)\cdot\left(\sin\left(30°+\frac{3B}{4}\right)-\sqrt{3}\sin\frac{B}{4}\right)\cdot\sin\left(30°+\frac{3B}{4}\right)$$

$$-\sqrt{3}\sin\frac{B}{4}$$

$$= \frac{1}{2}\cos\frac{3B}{4}+\frac{\sqrt{3}}{2}\sin\frac{3B}{4}-\sqrt{3}\sin\frac{B}{4}$$

$$= \frac{1}{2}\cos\frac{3B}{2}+\frac{\sqrt{3}}{2}\left(3\sin\frac{B}{4}-\sin^3\frac{B}{4}\right)-\sqrt{3}\sin\frac{B}{4}$$

$$= \frac{1}{2}\cos\frac{3B}{2}+\frac{\sqrt{3}}{2}\sin\frac{B}{4}\cdot\left(1-\sin^2\frac{B}{4}\right).$$

因为 $0<B<120°$,所以 $0<\frac{3B}{4}<90°$, $\sin\left(30°+\frac{3B}{4}\right)-\sqrt{3}\sin\frac{B}{4}>0$,

所以 $\cos\left(30°+\frac{3B}{4}\right)=0$, $30°+\frac{3B}{4}=90°$, $B=80°$.

所以 $\triangle ABC$ 的各角只有一种值:$A=60°,B=80°,C=40°$.

方法三 令 $A=2\theta$(作更一般的探讨),$B=2\alpha$.

在 $\triangle ABP$ 中,$\angle BAP=\theta$,$\angle ABP=2\alpha$,$\angle APB=180°-(2\alpha+\theta)$.由正弦定理,得

$$\frac{AB}{\sin(2\alpha+\theta)}=\frac{BP}{\sin\theta}=\frac{AP}{\sin 2\alpha},$$

所以

$$AB+BP=\frac{\sin(2\alpha+\theta)+\sin\theta}{\sin 2\alpha}AP.$$

在 $\triangle ABQ$ 中,$\angle BAQ=2\theta$,$\angle ABQ=\alpha$,$\angle AQB=180°-(\alpha+2\theta)$.由正弦定理,得

$$\frac{AQ}{\sin\alpha}=\frac{QB}{\sin 2\theta}=\frac{AB}{\sin(\alpha+2\theta)},$$

所以

$$AQ+QB=\frac{\sin\alpha+\sin 2\theta}{\sin(\alpha+2\theta)}AB.$$

因为

$$AB+BP=AQ+QB,$$

所以

$$\frac{\sin(2\alpha+\theta)+\sin\theta}{\sin 2\alpha}AP=\frac{\sin\alpha+\sin 2\theta}{\sin(\alpha+2\theta)}AB,$$

$$\frac{2\sin(\alpha+\theta)\cdot\cos\alpha}{\sin 2\alpha}\cdot\sin 2\alpha=\frac{2\sin\frac{\alpha+2\theta}{2}\cdot\cos\frac{\alpha-2\theta}{2}}{2\sin\frac{\alpha+2\theta}{2}\cdot\cos\frac{\alpha+2\theta}{2}}\cdot\sin(2\alpha+\theta),$$

$$2\sin(\alpha+\theta) \cdot \cos\alpha \cdot \cos\frac{\alpha+2\theta}{2} = \cos\frac{\alpha-2\theta}{2} \cdot \sin(2\alpha+\theta),$$

即 $\sin(\alpha+\theta) \cdot \left(\cos\frac{3\alpha+2\theta}{2} + \cos\frac{\alpha-2\theta}{2}\right) = \cos\frac{\alpha-2\theta}{2} \cdot \sin(2\alpha+\theta).$

所以
$$\sin(\alpha+\theta) \cdot \cos\frac{3\alpha+2\theta}{2} +$$
$$\cos\frac{\alpha-2\theta}{2} \cdot (\sin(\alpha+\theta) - \sin(2\alpha+\theta)) = 0,$$

即
$$0 = \sin(\alpha+\theta) \cdot \cos\frac{3\alpha+2\theta}{2} + \cos\frac{\alpha-2\theta}{2} \cdot 2\cos\frac{3\alpha+2\theta}{2} \cdot \sin\left(-\frac{\alpha}{2}\right)$$
$$= \cos\frac{3\alpha+2\theta}{2} \cdot \left(\sin(\alpha+\theta) - 2\cos\frac{\alpha-2\theta}{2} \cdot \sin\frac{\alpha}{2}\right)$$
$$= \cos\frac{3\alpha+2\theta}{2} \cdot (\sin(\alpha+\theta) - \sin(\alpha-\theta) - \sin\theta)$$
$$= \cos\frac{3\alpha+2\theta}{2} \cdot (2\cos\alpha \cdot \sin\theta - \sin\theta).$$

因为 θ 为锐角,所以 $\sin\theta \neq 0$,
$$\cos\frac{3\alpha+2\theta}{2} \cdot (2\cos\alpha - 1) = 0. \tag{7}$$

因为 $A = 2\theta = 60°$,所以 $B = 2\alpha < 120°, \alpha < 60°$,故
$$\cos\alpha > \frac{1}{2}, 2\cos\alpha - 1 > 0.$$

由式(7)可得
$$\cos\frac{3\alpha+60°}{2} = 0.$$

显然 $0° < 3\alpha + 60° < 240°$,所以 $3\alpha + 60° = 180°$,
$$B = 2\alpha = 80°, C = 40°, A = 60°.$$

20. 对于任意"有趣的"点对 (E, F),称对应的 $\triangle EFK$ 也是"有趣的".

设 $\triangle EFK$ 是"有趣的".

先证明: $\angle KEF = \angle KFE = \angle BAC$.

这表明,KE, KF 均与 $\triangle AEF$ 的外接圆 Γ_1 相切.

记过点 K, S, A, T 的圆为圆 Γ,直线 AM 与直线 ST,圆 Γ 分别交于点 N, L(第二个交点),如图 A.17 所示.

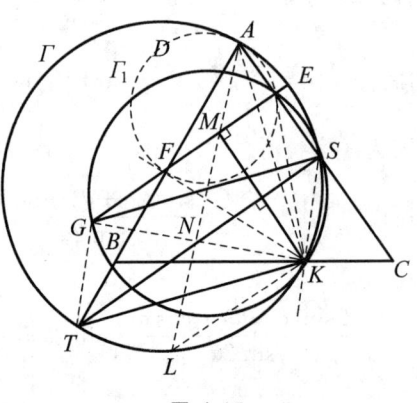

图 A.17

因为 $EF \parallel TS$，且 M 为 EF 的中点，所以 N 为 ST 的中点.

又 K,M 关于直线 ST 对称，则 $\angle KNS = \angle MNS = \angle LNT$.

于是，K,L 关于 ST 的中垂线对称.

因此，$KL \parallel ST$.

设 K 关于点 N 的对称点为 G. 则点 G 在直线 EF 上.

不妨假设点 G 在 MF 的延长线上. 故
$$\angle KGE = \angle KNS = \angle SNM = \angle KLA = 180° - \angle KSA.$$

(若点 K 与 L 重合，则 $\angle KLA$ 为直线 AL 和过点 L 与圆 Γ 相切的直线所夹的角).

这表明，K,G,E,S 四点共圆.

因为四边形 $KSGT$ 为平行四边形，所以
$$\angle KEF = \angle KSG = 180° - \angle TKS = \angle BAC.$$

又因为 $KE = KF$，所以
$$\angle KFE = \angle KEF = \angle BAC.$$

下面证明：若点对 (E,F) 是"有趣的"，则
$$\frac{AE}{AB} + \frac{AF}{AC} = 2\cos\angle BAC. \tag{8}$$

设线段 BE 与 CF 交于点 Y（见图 A.18）.

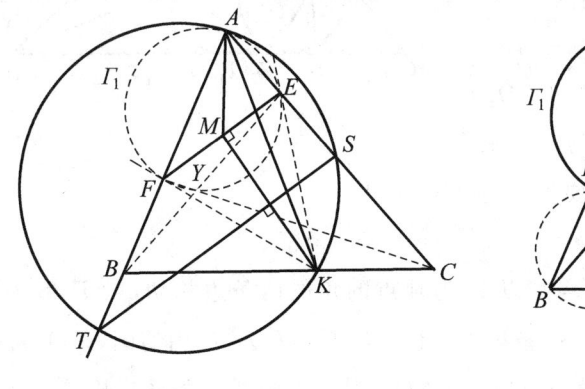
图 A.18

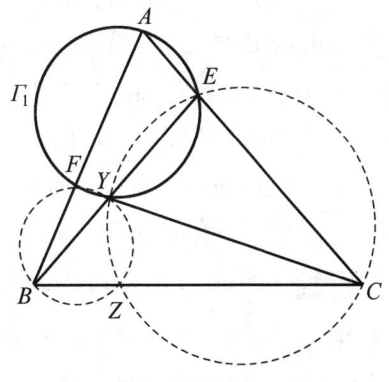
图 A.19

由于 B,K,C 三点共线，对于退化的六边形 $AFFYEE$，应用帕斯卡定理知，点 Y 在圆 Γ_1 上.

设 $\triangle BFY$ 的外接圆与 BC 的第二个交点为 Z（见图 A.19）.

由密克定理知，C,Z,Y,E 四点共圆. 则
$$BF \cdot BA + CE \cdot CA = BY \cdot BE + CY \cdot CF =$$

$$BZ \cdot BC + CZ \cdot CB = BC^2.$$

另一方面,由余弦定理得

$$BC^2 = AB^2 + AC^2 - 2AB \cdot AC\cos\angle BAC \Rightarrow$$
$$(AB - AF)AB + (AC - AE)AC =$$
$$AB^2 + AC^2 - 2AB \cdot AC\cos\angle BAC.$$

这表明

$$AF \cdot AB + AE \cdot AC = 2AB \cdot AC\cos\angle BAC.$$

从而,式(8)成立.

若点对(E_1, F_1)与(E_2, F_2)均是"有趣的",则

$$\frac{AE_1}{AB} + \frac{AF_1}{AC} = 2\cos\angle BAC = \frac{AE_2}{AB} = \frac{AF_2}{AC}.$$

于是,$\dfrac{E_1 E_2}{AB} = \dfrac{F_1 F_2}{AC}$.

21. 如图 A.20 所示,设四边形 $ABED$、四边形 $AECD$ 的内切圆分别为 $\odot O_1$,$\odot O_2$. 则满足条件的点 F 存在,当且仅当 $\odot O_1$,$\odot O_2$ 也分别为四边形 $ABCF$、四边形 $BCDF$ 的内切圆.

设由点 B 向 $\odot O_2$ 引不同于 BC 的切线与 AD 交于点 F_1,由点 C 向 $\odot O_1$ 引不同于 BC 的切线与 AD 交于点 F_2. 只需证点 F_1 与 F_2 重合的充分必要条件是 $AB /\!/ CD$.

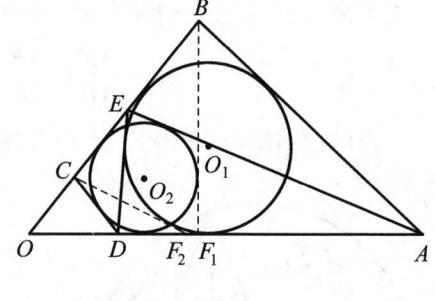

图 A.20

先证明一个引理.

引理 已知 $\odot O_1$,$\odot O_2$ 均与以 O 为顶点的角的两条边相切,点 P, S 在 $\angle O$ 的一条边上,点 Q, R 在另一条边上,且 $\odot O_1$ 是 $\triangle PQO$ 的内切圆,$\odot O_2$ 是 $\triangle RSO$ 中 $\angle O$ 内的旁切圆,设 $p = OO_1 \cdot OO_2$. 则下面的 3 个关系式恰有一个成立:

$$OP \cdot OR < p < OQ \cdot OS,$$
$$OP \cdot OR > p > OQ \cdot OS,$$
$$OP \cdot OR = p = OQ \cdot OS.$$

证明

如图 A.21 所示,设

$$\angle OPO_1 = \alpha, \angle OQO_1 = \beta, \angle OO_2R = \gamma,$$
$$\angle OO_2S = \theta, \angle POQ = 2\varphi.$$

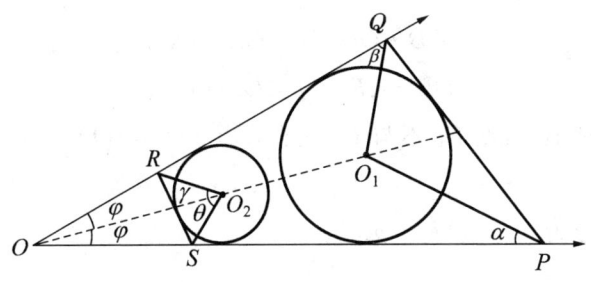

图 A.21

由 PO_1, QO_1 为 $\triangle PQO$ 的角平分线,RO_2, SO_2 为 $\triangle RSO$ 的外角平分线知
$$\alpha + \beta = \gamma + \theta = 90° - \varphi. \tag{9}$$

由正弦定理知
$$\frac{OP}{OO_1} = \frac{\sin(\alpha + \varphi)}{\sin \alpha},$$
$$\frac{OO_2}{OR} = \frac{\sin(\gamma + \varphi)}{\sin \gamma},$$

又 γ, α, φ 均为锐角,则
$$OP \cdot OR \geqslant p \Leftrightarrow \frac{OP}{OO_1} \geqslant \frac{OO_2}{OR}$$
$$\Leftrightarrow \sin \gamma \cdot \sin(\alpha + \varphi) \geqslant \sin \alpha \cdot \sin(\gamma + \varphi)$$
$$\Leftrightarrow \sin(\gamma - \alpha) \geqslant 0$$
$$\Leftrightarrow \gamma \geqslant \alpha.$$

即 $OP \cdot OR = p$,当且仅当 $\gamma = \alpha$.

同理,$p \geqslant OQ \cdot OS \Leftrightarrow \beta \geqslant \theta$.当且仅当 $\beta = \theta$ 时,$p = OQ \cdot OS$.

由式(9)知,$\gamma \geqslant \alpha$ 和 $\beta \geqslant \theta$ 是等价的,且 $\gamma = \alpha$ 当且仅当 $\beta = \theta$.

回到原题.

设直线 BC 与 AD 交于点 O,对四点组 $\{B, E, D, F_1\}$,$\{A, B, C, D\}$ 和 $\{A, E, C, F_2\}$ 应用引理.假设
$$OE \cdot OF_1 > p \Rightarrow OB \cdot OD < p \Rightarrow OA \cdot OC > p \Rightarrow$$
$$OE \cdot OF_2 > p.$$

这表明

$$OB \cdot OD < p < OA \cdot OC,$$
$$OE \cdot OF_1 > p > OE \cdot OF_2.$$

类似地，$OE \cdot OF_1 < p$ 也表明
$$OB \cdot OD > p > OA \cdot OC,$$
$$OE \cdot OF_1 < p < OE \cdot OF_2.$$

在这两种情形中，点 F_1 不与 F_2 重合，$OB \cdot OD \neq OA \cdot OC$，即 AB 与 CD 不平行．

剩下的情形为 $OE \cdot OF_1 = p$．

由引理得
$$OB \cdot OD = p = OA \cdot OC.$$
$$OE \cdot OF_1 = p = OE \cdot OF_2.$$

因此，点 F_1 与 F_2 重合，$AB \parallel CD$，即点 F_1 与 F_2 重合的充分必要条件是 $AB \parallel CD$．

22. 如图 A.22 所示，设 $\angle CAB = \alpha$，$\angle ABC = \beta$，$\angle BCA = \gamma$，AI_1，BI_2 的延长线交于点 I．

由 AI_1，BI_2 分别为 $\angle CAB$，$\angle ABC$ 的角平分线知，I 为 $\triangle ABC$ 的内心．

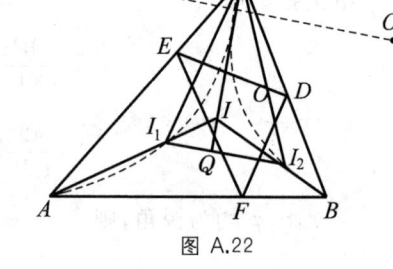

图 A.22

因为点 E，F 均在以 BC 为直径的圆上，所以
$$\angle AEF = \angle ABC, \angle AFE = \angle ACB.$$

则 $\triangle AEF \sim \triangle ABC$，相似比 $\dfrac{AE}{AB} = \cos \alpha$．

又因为 I_1，I 分别为 $\triangle AEF$，$\triangle ABC$ 的内心，所以 $I_1 A = IA \cos \alpha$．

故
$$II_1 = IA - I_1 A = IA(1 - \cos \alpha) = 2IA \sin^2 \dfrac{\alpha}{2}.$$

同理，
$$II_2 = 2IB \sin^2 \dfrac{\alpha}{2}.$$

在 $\triangle ABI$ 中，由正弦定理知
$$IA \sin \dfrac{\alpha}{2} = IB \sin \dfrac{\beta}{2}.$$

则
$$II_1 \cdot IA = 2\left(IA \sin \dfrac{\alpha}{2}\right)^2 = 2\left(IB \sin \dfrac{\beta}{2}\right)^2 = II_2 \cdot IB.$$

故 A, B, I_2, I_1 四点共圆, 且 I 关于 $\odot O_1, \odot O_2$ 等幂.

于是, CI 是 $\odot O_1$ 与 $\odot O_2$ 的根轴. 故 $CI \perp O_1O_2$.

设 CI 与 I_1I_2 交于点 Q, 则
$$\angle II_1Q + \angle I_1IQ = \angle II_1I_2 + \angle ACI + \angle CAI =$$
$$\angle ABI_2 + \angle ACI + \angle CAI = \frac{\beta}{2} + \frac{\gamma}{2} + \frac{\alpha}{2} = 90°.$$

因此, $CI \perp I_1I_2$. 从而, $I_1I_2 \parallel O_1O_2$.

23. 设外接圆半径为 r, 则
$$CR = 2r\sin\left(A + \frac{C}{2}\right),$$
$$CQ = \frac{CL}{\cos\frac{C}{2}} = \frac{b}{2\cos\frac{C}{2}}.$$

故
$$\frac{QR}{CR} = 1 - \frac{CQ}{CR} = 1 - \frac{b}{4r\sin\left(A + \frac{C}{2}\right) \cdot \cos\frac{C}{2}} =$$
$$1 - \frac{b}{2r(\sin(A+C) + \sin A)} = 1 - \frac{b}{a+b} = \frac{a}{a+b}.$$

变换 a 与 b 得
$$\frac{PR}{CR} = \frac{b}{a+b}.$$

又
$$QL = \frac{b}{2}\tan\frac{C}{2}, PK = \frac{a}{2}\tan\frac{C}{2}.$$

因此
$$QR \cdot QL = PR \cdot PK.$$

再由
$$\angle LQR = \angle KPR \left(= 90° + \frac{C}{2}\right),$$

即得 $\triangle RQL$ 与 $\triangle RPK$ 面积相等.

24. 如图 A.23, 由于 AZ, AI, AY 四等分 $\angle BAC$, 可设 $\angle BAC = 4\alpha$.

类似地, 设
$$\angle ABC = 4\beta, \angle BCA = 4\gamma.$$

则
$$\alpha + \beta + \gamma = 45°,$$

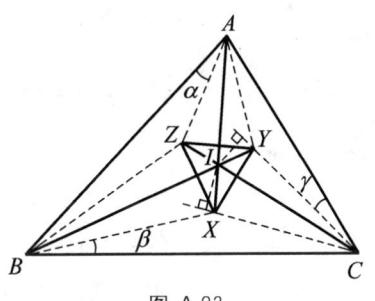

图 A.23

且
$$0°<\alpha,\beta,\gamma<45°.$$

因为
$$\angle BIC=90°+2\alpha,$$

所以
$$\angle XIC=\angle BIX=45°+\alpha.$$

类似地
$$\angle CIY=\angle YIA=45°+\beta.$$

于是
$$\angle XIY=90°+\alpha+\beta=135°-\gamma.$$

类似地
$$\angle YIZ=135°-\alpha,\angle ZIX=135°-\beta.$$

注意到点 I 到 CX 的距离等于
$$IX\sin\angle CXI=IX\sin(90°+\beta)=IX\cos\beta.$$

同理,点 I 到 CY 的距离等于 $IY\cos\alpha$.

所以
$$IX\cos\beta=IY\cos\alpha.$$

为了计算方便,选择一个长度单位,使得
$$IX=\cos\alpha,IY=\cos\beta.$$

类似地
$$IZ=\cos\gamma.$$

由于 $\triangle XYZ$ 是正三角形,则在 $\triangle XYI$ 和 $\triangle YZI$ 中分别应用余弦定理,由
$$ZX^2=ZY^2,$$

可得
$$IZ^2+IX^2-2IZ\cdot IX\cos\angle ZIX$$
$$=IZ^2+IY^2-2IZ\cdot IY\cos\angle YIZ.$$

即
$$IX^2-IY^2=2IZ(IX\cos\angle ZIX-IY\cos\angle YIZ).$$

故
$$\cos^2\alpha-\cos^2\beta$$
$$=2\cos\gamma(\cos\alpha\cdot\cos(135°-\beta)-\cos\beta\cdot\cos(135°-\alpha))$$
$$\Rightarrow\sin(\alpha+\beta)\cdot\sin(\beta-\alpha)$$

$$= \cos\gamma(\cos(\alpha-\beta+135°)-\cos(\beta-\alpha+135°))$$
$$= 2\cos\gamma \cdot \sin 135° \cdot \sin(\beta-\alpha)$$
$$\Rightarrow \sin(45°-\gamma) \cdot \sin(\beta-\alpha) = \sqrt{2}\cos\gamma \cdot \sin(\beta-\alpha)$$
$$\Rightarrow \sin(\beta-\alpha)(\cos\gamma+\sin\gamma)=0 \Rightarrow \sin(\beta-\alpha)=0 \Rightarrow \alpha=\beta.$$

类似可得
$$\alpha=\gamma.$$

这就意味着△ABC是正三角形.

25. 如图 A.24 所示,设直线 T_2T_3,H_2H_3 交于点 P,直线 H_2H_1,T_2T_1 交于点 Q,直线 l_1,l_3 交于点 M_2,l_1 交 AB 于点 R,l_3 交 BC 于点 S.

设△ABC 的三边 BC,CA,AB 分别为 a,b,c,外接圆和内切圆半径分别为 R,r,内心为 I,并建立如图所示的直角坐标系.

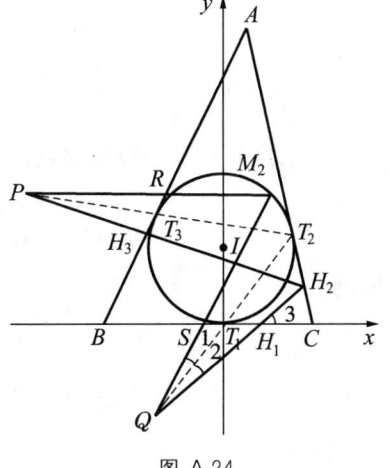

图 A.24

因为
$$\angle M_2SC = \angle 1 + \angle ST_1Q$$
$$= \angle 2 + \angle T_2T_1C$$
$$= (\angle T_2T_1C - \angle 3) + \angle T_2T_1C$$
$$= 2\angle T_2T_1C - \angle A$$
$$= (180°-\angle C) - \angle A = \angle B.$$

所以
$$M_2S \ /\!/ \ AB.$$

同理
$$M_2R \ /\!/ \ BC.$$

$$T_1C = \frac{r \cdot \cos\frac{C}{2}}{\sin\frac{C}{2}} = 4R \cdot \sin\frac{A}{2} \cdot \sin\frac{B}{2} \cdot \cos\frac{C}{2},$$

$$H_1C = b \cdot \cos C = 2R \cdot \sin B \cdot \sin C.$$

所以

$$T_1H_1 = T_1C - H_1C$$

$$= 4R \cdot \sin\frac{B}{2}\left(\sin\frac{A}{2} \cdot \cos\frac{C}{2} - \cos\frac{B}{2} \cdot \cos C\right)$$

$$= 4R \cdot \sin\frac{B}{2}\left(\sin\frac{A}{2} \cdot \cos\frac{C}{2} - \sin\frac{A+C}{2} \cdot \cos C\right)$$

$$= 4R \cdot \sin\frac{B}{2} \cdot \sin\frac{C}{2} \cdot \sin\frac{C-B}{2}$$

$$= \frac{r \cdot \sin\frac{C-B}{2}}{\sin\frac{A}{2}}.$$

由三角形角平分线性质,有

$$\frac{ST_1}{T_1H_1} = \frac{SQ}{QH_1} = \frac{\sin\angle QH_1S}{\sin\angle QSH_1} = \frac{\sin A}{\sin B},$$

所以

$$ST_1 = \frac{\sin A}{\sin B} \cdot T_1H_1 = \frac{2r \cdot \cos\frac{A}{2} \cdot \sin\frac{C-B}{2}}{\sin B}.$$

同理

$$T_3H_3 = \frac{r \cdot \sin\frac{B-A}{2}}{\sin\frac{C}{2}},$$

$$RT_3 = \frac{2r \cdot \cos\frac{C}{2} \cdot \sin\frac{B-A}{2}}{\sin B}.$$

所以

$$BR = BT_3 + RT_3 = \frac{r \cdot \cos\frac{B}{2}}{\sin\frac{B}{2}} + \frac{2r \cdot \cos\frac{C}{2} \cdot \sin\frac{B-A}{2}}{\sin B}$$

$$= \frac{2r}{\sin B}\left(\cos^2\frac{B}{2} + \sin\frac{B+A}{2} \cdot \sin\frac{B-A}{2}\right)$$

$$= \frac{2r}{\sin B}\cos^2\frac{A}{2}.$$

可知 $S\left(-\dfrac{2r\cdot\cos\dfrac{A}{2}\cdot\sin\dfrac{C-B}{2}}{\sin B},0\right)$,$R\left(0,2r\cdot\cos^2\dfrac{A}{2}\right)$.将直线 M_2S 和直线 M_2P 的方程联立,即

$$\begin{cases}y=\dfrac{\sin B}{\cos B}\left(x+\dfrac{2r\cdot\cos\dfrac{A}{2}\cdot\sin\dfrac{C-B}{2}}{\sin B}\right),\\ y=2r\cdot\cos^2\dfrac{A}{2}.\end{cases}$$

解得

$$M_2\left(r\cdot\sin A,2r\cdot\cos^2\dfrac{A}{2}\right).$$

则有

$$M_2I^2=(r\cdot\sin A)^2+\left(2r\cdot\cos^2\dfrac{A}{2}-r\right)^2=r^2.$$

这表明点 M_2 在圆 I 上.

同理可知其他,故原命题成立.

26. 设 $BC=a$,$CA=b$,$AB=c$.因为
$$\angle ABT=\angle 180°-\angle C,\angle ACT=180°-\angle B,$$
且
$$BT=CT,$$
则有
$$\dfrac{BP}{PC}=\dfrac{S_{\triangle ABT}}{S_{\triangle ACT}}=\dfrac{\dfrac{1}{2}AB\cdot BT\cdot\sin(180°-C)}{\dfrac{1}{2}AC\cdot CT\cdot\sin(180°-B)}=\dfrac{c\sin C}{b\sin B}=\dfrac{c^2}{b^2}.$$

所以
$$BP=\dfrac{ac^2}{b^2+c^2}.$$

如图 A.25,过点 P,Q 分别向 AB 作垂线 PM,QN,垂足分别为 M,N,则
$$\cot\angle ABQ=\dfrac{BN}{QN}.$$

因为
$$QN=\dfrac{1}{2}PM=\dfrac{1}{2}BP\sin B,$$

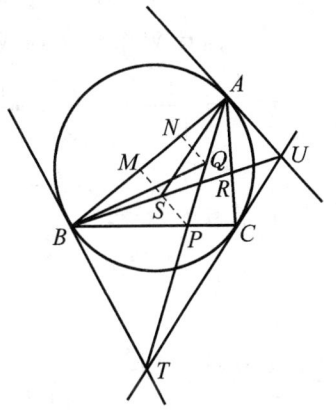

图 A.25

$$BN = \frac{1}{2}(BA + BM) = \frac{1}{2}(c + BP\cos B),$$

所以

$$\cot \angle ABQ = \frac{c + BP\cos B}{BP \sin B}$$

$$= \cot B + \frac{c}{BP \sin B}$$

$$= \cot B + \frac{b^2 + c^2}{ac \sin B}$$

$$= \frac{\frac{1}{2}(a^2 + c^2 - b^2) + b^2 + c^2}{ab \sin C}$$

$$= \frac{a^2 + b^2 + 3c^2}{2ab \sin C}.$$

同理可得

$$\cot \angle BAS = \frac{b^2 + a^2 + 3c^2}{2ba \sin C}.$$

故

$$\angle ABQ = \angle BAS.$$

由余弦定理及 $\sin C > 0$,有

$$\cot \angle ABQ = \frac{a^2 + b^2 + 3c^2}{2ab \sin C}$$

$$= \frac{a^2 + b^2 + 3(a^2 + b^2 - 2ab\cos C)}{2ab \sin C}$$

$$= \frac{2(a^2 + b^2)}{ab \sin C} - 3\cot C$$

$$\geqslant \frac{4}{\sin C} - 3\cot C,$$

等号当且仅当 $a = b$ 时成立.

设 $y = \frac{4}{\sin C} - 3\cot C = \frac{4 - 3\cos C}{\sin C} > 0$,则

$$3\cos C + y\sin C = 4,$$

从而有

$$\cos(C - \theta) = \frac{4}{\sqrt{y^2 + 9}}.$$

这里 θ 是由 $\cos \theta = \frac{3}{\sqrt{y^2 + 9}}$ 定义的,且 $0 < \theta < 90°$.

因此
$$\frac{4}{\sqrt{y^2+9}} \leqslant 1, y \geqslant \sqrt{7}.$$

于是
$$\cot\angle ABQ \geqslant \sqrt{7},$$

$$\angle ABQ \leqslant \arctan\frac{\sqrt{7}}{7},$$

等号当且仅当 $\angle C = \theta = \arccos\frac{3}{4}$ 时成立.

故 $\angle ABQ$ 的最大值为 $\arctan\frac{\sqrt{7}}{7}$. 此时, $a = b, c^2 = a^2 + a^2 - 2a^2\cos C = \frac{a^2}{2}$.

于是
$$a:b:c = \sqrt{2}:\sqrt{2}:1.$$

27. 如图 A.26 建立直角坐标系, 设 $C(c,0), B(b,0), O(0,r), P(r\cos\theta, r+r\sin\theta)$.

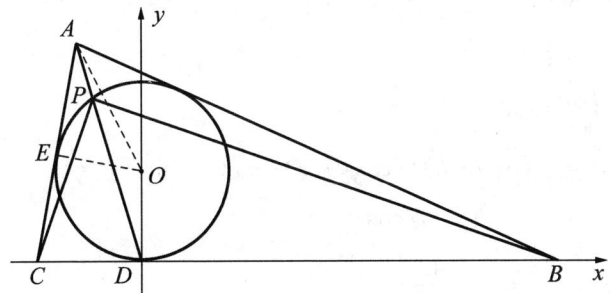

图 A.26

(i) 若 $AE + AP = PD$,

由切割线定理得 $AE^2 = AP \cdot AD$.

所以 $(PD - AP)^2 = AP \cdot (AP + PD)$,

所以 $PD = 3AP$, 即 $AD = \frac{4}{3}PD$.

所以 $A\left(\frac{4}{3}r\cos\theta, \frac{4}{3}r(1+\sin\theta)\right)$.

由 $\angle ABD = 2\angle OBD$, 得 $\dfrac{\frac{4r}{3}(1+\sin\theta)}{b-\frac{4}{3}r\cos\theta} = \dfrac{\frac{2r}{b}}{1-\frac{r^2}{b^2}}$,

$$1+\sin\theta=\frac{\frac{3b^2}{2}-2br\cos\theta}{b^2-r^2}.$$

即 $(1-2\sin\theta)b^2-4br\cos\theta+2r^2(1+\sin\theta)=0$.

由 $\angle ACD=2\angle OCD$, 得 $\dfrac{\frac{4}{3}r(1+\sin\theta)}{\frac{4}{3}r\cos\theta-c}=\dfrac{-\frac{2r}{c}}{1-\frac{r^2}{c^2}}$,

即 $(1-2\sin\theta)c^2-4cr\cos\theta+2r^2(1+\sin\theta)=0$.

所以 b,c 为方程 $(1-2\sin\theta)x^2-4xr\cos\theta+2r^2(1+\sin\theta)=0$ 的两根,

所以 $b+c=\dfrac{4r\cos\theta}{1-2\sin\theta}, bc=\dfrac{2r^2(1+\sin\theta)}{1-2\sin\theta}$.

$$\overrightarrow{BP}\cdot\overrightarrow{CP}=(r\cos\theta-b)(r\cos\theta-c)+r^2(1+\sin\theta)^2$$
$$=r^2\cos^2\theta-(b+c)r\cos\theta+bc+r^2(1+\sin\theta)^2$$
$$=r^2\cos^2\theta-\frac{4r^2\cos^2\theta}{1-2\sin\theta}+\frac{2r^2(1+\sin\theta)}{1-2\sin\theta}+r^2(1+\sin\theta)^2=0.$$

所以 $\angle BPC=90°$.

(ii) 若 $\angle BPC=90°$,

则 $\overrightarrow{BP}\cdot\overrightarrow{CP}=(r\cos\theta-b)(r\cos\theta-c)+r^2(1+\sin\theta)^2=0$.

即 $2r^2(1+\sin\theta)=(b+c)r\cos\theta-bc$.

设 $A(x,y)$, 则 $\dfrac{y}{x}=\dfrac{1+\sin\theta}{\cos\theta}$.

由 $\angle ABD=2\angle OBD$, 得 $\dfrac{y}{b-x}=\dfrac{\frac{2r}{b}}{1-\frac{r^2}{b^2}}$,

$$y=\frac{2br}{b^2-r^2}(b-x),$$

$$b^2(2r-y)-2brx+r^2y=0.$$

由 $\angle ACD=2\angle OCD$, 得 $\dfrac{y}{x-c}=\dfrac{-\frac{2r}{c}}{1-\frac{r^2}{c^2}}$,

$$y=\frac{2cr}{c^2-r^2}(c-x),$$

$$c^2(2r-y)-2crx+r^2y=0.$$

所以 b,c 为方程 $(2r-y)X^2-2rxX+r^2y=0$ 的两根,

所以
$$b+c=\frac{2rx}{2r-y}, bc=\frac{r^2y}{2r-y}.$$

$$2r^2(1+\sin\theta)=\frac{2r^2x\cos\theta}{2r-y}-\frac{r^2y}{2r-y}.$$

$$2(1+\sin\theta)=\frac{2x\cos\theta}{2r-y}-\frac{y}{2r-y}.$$

由 $\dfrac{y}{x}=\dfrac{1+\sin\theta}{\cos\theta}$,得 $x=\dfrac{y\cos\theta}{1+\sin\theta}$,

$$2(1+\sin\theta)=\frac{y(1-2\sin\theta)}{2r-y}.$$

所以 $y=\dfrac{4}{3}r(1+\sin\theta)$,所以 $x=\dfrac{4}{3}r\cos\theta$.

所以 $AD=\dfrac{4}{3}PD, AD=\dfrac{4(AD-AP)}{3}$,

所以 $AD=4AP, PD=3AP$.

又 $AE^2=AP\cdot AD, AE^2=4AP^2, AE=2AP, AE+AP=3AP=PD$.

综上,$\angle BPC=90°$ 的充要条件是 $AE+AP=PD$.

28. 如图 A.27,联结 AD, BC, CF, DE.由于
$$AE=EF=FB,$$

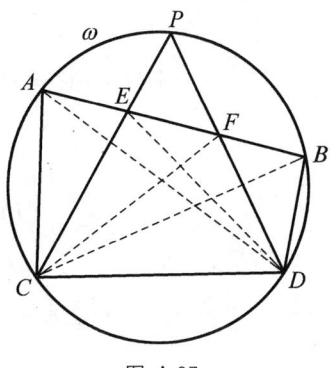

图 A.27

从而
$$\frac{BC\sin\angle BCE}{AC\sin\angle ACE}=\frac{\text{点 }B\text{ 到直线 }CP\text{ 的距离}}{\text{点 }A\text{ 到直线 }CP\text{ 的距离}}=\frac{BE}{AE}=2. \tag{10}$$

同样
$$\frac{AD\sin\angle ADF}{BD\sin\angle BDF}=\frac{\text{点 }A\text{ 到直线 }PD\text{ 的距离}}{\text{点 }B\text{ 到直线 }PD\text{ 的距离}}=\frac{AF}{BF}=2. \tag{11}$$

另一方面,由于
$$\angle BCE=\angle BCP=\angle BDP=\angle BDF,$$
$$\angle ACE=\angle ACP=\angle ADP=\angle ADF.$$

故将式(10)与(11)相乘可得
$$\frac{BC\cdot AD}{AC\cdot BD}=4,$$

即
$$BC \cdot AD = 4AC \cdot BD. \qquad (12)$$
由托勒密定理得
$$AD \cdot BC = AC \cdot BD + AB \cdot CD, \qquad (13)$$
故由式(12)(13)得
$$AB \cdot CD = 3AC \cdot BD,$$
即
$$EF \cdot CD = AC \cdot BD.$$

29. 如图 A.28，记 CF 交 AP 于点 G，交 $\odot \Gamma$ 于点 H. 联结 PC, DK, KH. 由
$$GK \cdot GP = GH \cdot GC,$$
得
$$\frac{GH}{GK} = \frac{GP}{GC}.$$
由
$$FH \cdot FC = FE \cdot FP,$$
得
$$FH = \frac{FE \cdot FP}{FC}.$$
于是
$$\frac{FH}{BF} = \frac{FE}{BF} \cdot \frac{FP}{FC}.$$

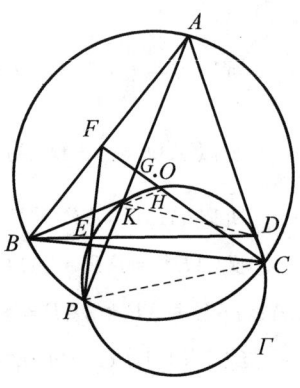

图 A.28

又
$$\frac{FE}{BF} = \frac{\sin \angle FBE}{\sin \angle FEB} = \frac{\sin \angle ABD}{\sin \angle DEP},$$
$$\frac{FP}{FC} = \frac{\sin \angle FCP}{\sin \angle FPC},$$
$$\frac{GC}{GP} = \frac{\sin \angle APC}{\sin \angle FCP},$$
结合
$$\angle APC = \angle ADK,$$
$$\angle PED = \angle PKD = 180° - \angle AKD,$$
$$\angle FPC = \angle ADE,$$
得

$$\frac{FH}{BF} = \frac{FE}{BF} \cdot \frac{FP}{FC} = \frac{\sin\angle ABD}{\sin\angle DEP} \cdot \frac{\sin\angle FCP}{\sin\angle FPC}$$
$$= \frac{\sin\angle ABD}{\sin\angle AKD} \cdot \frac{\sin\angle FCP}{\sin\angle ADE}.$$

又
$$\frac{GK}{GH} = \frac{GC}{GP} = \frac{\sin\angle APC}{\sin\angle FCP} = \frac{\sin\angle ADK}{\sin\angle FCP},$$

从而
$$\frac{AB}{AK} = \frac{AB}{AD} \cdot \frac{AD}{AK} = \frac{\sin\angle ADB}{\sin\angle ABD} \cdot \frac{\sin\angle AKD}{\sin\angle ADK}.$$

则
$$\frac{FH}{BF} \cdot \frac{GK}{GH} \cdot \frac{AB}{AK} = 1,$$

即
$$\frac{AB}{BF} \cdot \frac{FH}{HG} \cdot \frac{GK}{KA} = 1,$$

从而 B,K,H 三点共线.

根据 A,B,P,C 四点共圆及 H,K,P,C 四点共圆, 得
$$\angle ABC = \angle APC = \angle FHK = \angle FCB + \angle HBC.$$

又由 BK 平分 $\angle ABC$ 知
$$\angle HBC = \frac{1}{2}\angle ABC,$$

从而
$$\angle ABC = 2\angle FCB.$$

30. (1) 如图 A.29, 联结 EF, 设 $\triangle BCE$ 的外接圆与 EF 交于 I, 则 $\angle ADC = \angle EBC = \angle CIF$, 所以 C,D,F,I 四点共圆, 所以
$$EI \cdot EF = EC \cdot ED = EP^2,$$
$$FI \cdot FE = FC \cdot FB = FN^2,$$

两式相加可得 $EF^2 = EP^2 + FN^2$.

(2) 作 $FH \perp EN$ 于点 H, 设 EN 交 $\odot O$ 于 M', 则

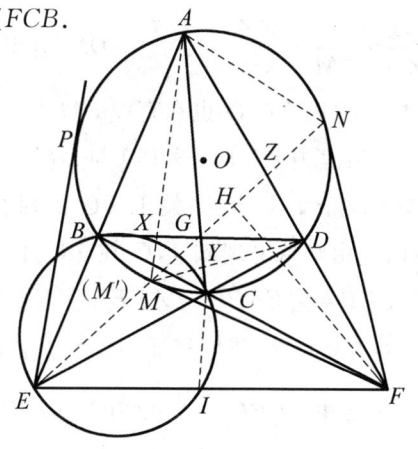

图 A.29

$$EF^2 - FN^2 = EP^2 = EM' \cdot EN$$
$$= (EH - HM') \cdot EN,$$

又

$$EF^2 - FN^2 = (EH^2 + FH^2) - (FH^2 + HN^2)$$
$$= EH^2 - HN^2$$
$$= (EH - HN)(EH + HN)$$
$$= (EH - HN) \cdot EN,$$

所以 $HM' = HN$,由此可证 $\text{Rt}\triangle FHM' \cong \text{Rt}\triangle FHN$.
所以 $FM' = FN$.又 $FM = FN$,所以 $FM' = FM$.
又 M', M 均在 $\odot O$ 上,故 M' 与 M 重合,所以 E, M, N 三点共线.
联结 AM,与 BD 交于 X,联结 DM,与 AC 交于 Y,设 MN 与 AF 交于 Z,则

$$\frac{AZ}{DZ} = \frac{S_{\triangle ANZ}}{S_{\triangle DNZ}} = \frac{AN \cdot \sin \angle ANZ}{ND \cdot \sin \angle DNZ},$$

同理可得

$$\frac{DY}{MY} = \frac{S_{\triangle CDY}}{S_{\triangle CMY}} = \frac{CD \cdot \sin \angle DCY}{CM \cdot \sin \angle MCY},$$

$$\frac{MX}{AX} = \frac{S_{\triangle MBX}}{S_{\triangle ABX}} = \frac{MB \cdot \sin \angle MBX}{AB \cdot \sin \angle ABX}.$$

由 $\triangle FNA \sim \triangle FDN$,可得 $\frac{AN}{ND} = \frac{FN}{FD}$,同理可得

$$\frac{CD}{AB} = \frac{FD}{FB}, \frac{BM}{CM} = \frac{BF}{FM},$$

而 $\angle ANZ = \angle YCM$, $\angle ZND = \angle MBX$, $\angle DCY = \angle XBA$, $FM = FN$,故 $\frac{AZ}{ZD} \cdot \frac{DY}{YM} \cdot \frac{MX}{XA} = 1$.对 $\triangle ADM$ 运用塞瓦定理的逆定理可知 DX, AY, MZ 三线共点于 G,故点 G 也在直线 EMN 上,即 E, M, G, N 四点共线.

31. 如图 A.30,设 PQ 与 DI 交于 S, $\triangle ABC$ 外接圆圆心为 O,延长 AS, AI 交 $\odot O$ 于 T, U.记 U 关于 $\odot O$ 的对径点为 T'.考虑以 U 为圆心,UB 为半径的圆,则由鸡爪定理知 I, C 在 $\odot U$ 上,且 $\angle BQC = \angle BQP + \angle CQP = \angle BFP + \angle CEP = \angle FAP + \angle APF + \angle EAP + \angle APE = \angle BAC + \angle EDF = \angle BIC$,即 Q 也在 $\odot U$ 上.我们将证明 $T = T'$,于是 $\angle SAI = \angle TAU = 90°$.
易知 $\angle RFE = \frac{1}{2}\angle ABC$, $\angle REF = \frac{1}{2}\angle ACB$,则

$$\triangle REF \sim \triangle IBC. \tag{14}$$

另外，$\angle T'BC = \angle T'AC = 90° - \angle CAI$
$= 90° - \dfrac{1}{2}\angle BAC = \angle AFE$，所以

$$\triangle AFE \backsim \triangle T'BC. \qquad (15)$$

延长 $T'I$ 交 $\odot U$ 于 V，那么由式 (14)(15)，易得 $\angle OT'V = \angle OT'I = \angle IAP$. 延长 AP 交 $T'I$ 于 X，则 A, T', X, U 共圆，即 X 在 $\odot O$ 上，故 $UX \perp T'I$，则 $IX = XV$. 由式 (14)(15)，有 $\triangle BVC \backsim \triangle FPE$，则 $\angle API = \angle T'VU = \angle UIV$，故 $\angle XIP = \angle IAX$.

由 P, Q, E, C 和 P, Q, F, B 分别共圆，有 $\angle PQC = \angle PEC = \angle PFE = \angle VBC = \angle VQC$，即 S, Q, P, V 共线. 设 AT' 交 DI 于 S'，记 $\alpha = \angle IUT' = \angle AIS'$，$\beta = \angle IT'O = \angle IAP$. 那么对 $\triangle AXT'$ 来说，有

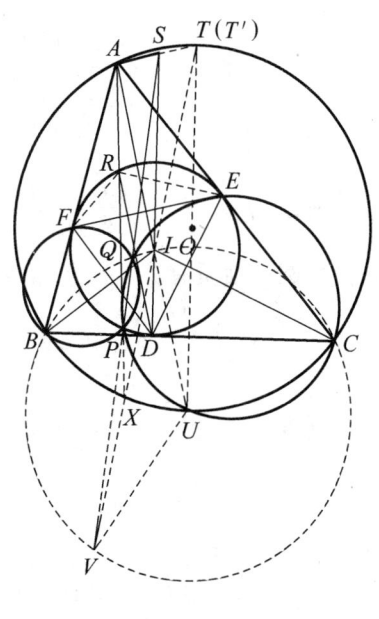

图 A.30

$$\dfrac{AS'}{S'T'} = \dfrac{AI}{IT'} \cdot \dfrac{\sin \angle AIS'}{\sin \angle S'IT'} = \dfrac{AI}{IT'} \cdot \dfrac{\sin \alpha}{\sin \beta} = \dfrac{\cos(\alpha+\beta)\sin\alpha}{\sin\beta},$$

$$\dfrac{T'V}{VX} = \dfrac{T'U}{UX} \cdot \dfrac{\sin \angle T'UV}{\sin \angle VUX} = \dfrac{1}{\sin\beta} \cdot \dfrac{\sin(\angle VT'U + \angle T'VU)}{\cos \angle XVU} = \dfrac{\sin(2\beta+\alpha)}{\sin\beta \cdot \cos(\alpha+\beta)},$$

$$\dfrac{PX}{PA} = \dfrac{IX}{IA} \cdot \dfrac{\sin \angle PIX}{\sin \angle PIA} = \dfrac{IX}{IA} \cdot \dfrac{\sin \angle PIX}{\sin \angle PIU} = \dfrac{\sin^2 \beta}{\sin(2\beta+\alpha) \cdot \sin\alpha}.$$

故 $\dfrac{AS'}{S'T'} \cdot \dfrac{T'V}{VX} \cdot \dfrac{XP}{PA} = 1$，即 S', V, P 共线. 又 S, S' 都是 DI, PQ 的交点，所以 $S = S'$，于是 $T = T'$，命题得证.

32. 记 $BC = a, CA = b, AB = c, p = \dfrac{1}{2}(a+b+c)$，$\triangle ABC$ 的外接圆半径为 R，$\triangle ABF, \triangle BCD, \triangle CAE$ 的半周长分别为 p_C, p_A, p_B. 由旁心的定义，有

$$\angle CBD = 90° - \dfrac{B}{2}, \quad \angle BCD = 90° - \dfrac{C}{2}, \quad \angle BDC = 90° - \dfrac{A}{2}.$$

在 $\triangle BCD$ 中，$BC = a = 2R\sin A$，由正弦定理，有

$$\dfrac{BC}{\sin \angle BDC} = \dfrac{BC}{\sin \angle BCD} = \dfrac{BC}{\sin \angle CBD},$$

即 $\qquad \dfrac{2R}{\sin\left(90° - \dfrac{A}{2}\right)} = \dfrac{BD}{\sin\left(90° - \dfrac{C}{2}\right)} = \dfrac{CD}{\sin\left(90° - \dfrac{B}{2}\right)},$

所以
$$CD = 4R\sin\frac{A}{2}\cdot\cos\frac{B}{2},$$
$$DB = 4R\sin\frac{A}{2}\cdot\cos\frac{C}{2},$$

所以 $p_A = \dfrac{BC+CD+DB}{2} = 2R\sin\dfrac{A}{2}\left(\cos\dfrac{A}{2}+\cos\dfrac{B}{2}+\cos\dfrac{C}{2}\right).$

由内切圆的性质有
$$BX = p_A - CD = 2R\sin\frac{A}{2}\left(\cos\frac{A}{2}-\cos\frac{B}{2}+\cos\frac{C}{2}\right).$$

同理 $XC = 2R\sin\dfrac{A}{2}\left(\cos\dfrac{A}{2}+\cos\dfrac{B}{2}-\cos\dfrac{C}{2}\right),$

$$AZ = 2R\sin\frac{C}{2}\left(-\cos\frac{A}{2}+\cos\frac{B}{2}+\cos\frac{C}{2}\right),$$

$$ZB = 2R\sin\frac{C}{2}\left(\cos\frac{A}{2}-\cos\frac{B}{2}+\cos\frac{C}{2}\right),$$

$$CY = 2R\sin\frac{B}{2}\left(\cos\frac{A}{2}+\cos\frac{B}{2}-\cos\frac{C}{2}\right),$$

$$YA = 2R\sin\frac{B}{2}\left(-\cos\frac{A}{2}+\cos\frac{B}{2}+\cos\frac{C}{2}\right).$$

由以上六式立即得出 $\dfrac{AZ}{ZB}\cdot\dfrac{BX}{XC}\cdot\dfrac{CY}{YA}=1.$

因此,由塞瓦定理的逆定理知 AX,BY,CZ 三线共点.

习题 6

1. x 的取值范围是 $|x|\leqslant 1$,因求最大值,可以设 $0<x\leqslant 1$,令 $x=\sin\alpha,\alpha\in\left(0,\dfrac{\pi}{2}\right]$,则

$$y = \sin\alpha(1+\cos\alpha),$$
$$y' = \cos\alpha\cdot(1+\cos\alpha)+\sin\alpha\cdot(-\sin\alpha) = \cos\alpha+\cos 2\alpha.$$

令 $y'=0$,即 $\cos\alpha+\cos 2\alpha=0$,得 $2\alpha=\pi-\alpha$,所以 $\alpha=\dfrac{\pi}{3}$,这时 $x=\dfrac{\sqrt{3}}{2}$,$y=\dfrac{3}{4}\sqrt{3}$.

2. 令 $a=\cos\theta,b=\sin\theta,0<\theta<\dfrac{\pi}{2}$,则

$$m = \frac{\cos^3\theta + \sin^3\theta + 1}{(\cos\theta + \sin\theta + 1)^3}$$

$$= \frac{(\cos\theta + \sin\theta)(\cos^2\theta - \cos\theta \cdot \sin\theta + \sin^2\theta) + 1}{(\cos\theta + \sin\theta + 1)^3}.$$

令 $x = \cos\theta + \sin\theta$,则 $x = \sqrt{2}\sin\left(\theta + \frac{\pi}{4}\right) \in (1, \sqrt{2}]$,且

$$\cos\theta \cdot \sin\theta = \frac{x^2 - 1}{2}.$$

于是

$$m = \frac{x\left(1 - \frac{x^2-1}{2}\right) + 1}{(x+1)^3} = \frac{2 + 3x - x^3}{2(x+1)^3}$$

$$= \frac{2 + x - x^2}{2(x+1)^2} = \frac{2-x}{2(x+1)} = \frac{3}{2(x+1)} - \frac{1}{2}.$$

因为函数 $f(x) = \frac{3}{2(x+1)} - \frac{1}{2}$ 在 $(1, \sqrt{2}]$ 上单调递减,所以

$$f(\sqrt{2}) \leqslant m < f(1).$$

又 $f(1) = \frac{1}{4}$, $f(\sqrt{2}) = \frac{3\sqrt{2}-4}{2}$,所以 $m \in \left[\frac{3\sqrt{2}-4}{2}, \frac{1}{4}\right)$.

3. 设 $x = \sin\theta + \cos\theta$, $\theta \in \left[0, \frac{\pi}{2}\right]$,则 $x \in [1, \sqrt{2}]$,

$$\sin 2\theta = x^2 - 1, \sin\left(\theta + \frac{\pi}{4}\right) = \cos\left(\theta - \frac{\pi}{4}\right) = \frac{\sqrt{2}}{2}x,$$

故原不等式可化为 $x^2 - 2ax - \frac{2a}{x} + 2 + a^2 > 0$,即

$$(a - x)\left(a - \left(x + \frac{2}{x}\right)\right) > 0. \tag{1}$$

记 $f(x) = x + \frac{2}{x}$,可知 $f(x)$ 在 $[1, \sqrt{2}]$ 上单调递减,故

$$[f(x)]_{\max} = f(1) = 3.$$

若 $1 \leqslant a \leqslant 3$,则当 $x = 1$ 时,不等式(1)不成立,不符合题设条件.

若 $a < 1$ 或 $a > 3$,则对一切 $x \in [1, \sqrt{2}]$, $a - x$ 与 $a - \left(x + \frac{2}{x}\right)$ 同号,可知不等式(1)恒成立,符合题意.

因此,所求实数 a 的取值范围是 $(-\infty, 1) \cup (3, +\infty)$.

4. 若 α, β, γ 中至少有两个不等,不妨设 $\alpha \neq \beta$,则

$$\cos\alpha + \cos\beta + \cos\gamma = 2\cos\frac{\alpha+\beta}{2} \cdot \cos\frac{\alpha-\beta}{2} - \cos(\alpha+\beta)$$

$$< 2\cos\frac{\alpha+\beta}{2} - 2\cos^2\frac{\alpha+\beta}{2} + 1$$

$$= -\frac{1}{2}\left(2\cos\frac{\alpha+\beta}{2} - 1\right)^2 + \frac{3}{2} \leqslant \frac{3}{2}.$$

因此当且仅当 $\alpha = \beta = \gamma = \dfrac{\pi}{3}$ 时,$\cos\alpha + \cos\beta + \cos\gamma$ 取得最大值,故

$$\sin\alpha + \sin\beta + \sin\gamma = \frac{3\sqrt{3}}{2}.$$

5. 令 $a = \cos\theta, b = \sin\theta$,

则 $\left(a^2 + \dfrac{1}{a^2}\right)\left(b^2 + \dfrac{1}{b^2}\right) = \dfrac{\sin^4\theta \cdot \cos^4\theta + \sin^4\theta + \cos^4\theta + 1}{\sin^2\theta \cdot \cos^2\theta}$

$$= \frac{\left(\frac{1}{4}\sin^2 2\theta - 1\right)^2 + 1}{\frac{1}{4}\sin^2 2\theta} \geqslant \frac{\left(\frac{1}{4} - 1\right)^2 + 1}{\frac{1}{4}} = \frac{25}{4}.$$

6. 令 $x = \sqrt{5}\sin\theta, -\dfrac{\pi}{2} \leqslant \theta \leqslant \dfrac{\pi}{2}$,

则 $\sqrt{5-x^2} + \sqrt{3}x = \sqrt{5}\cos\theta + \sqrt{15}\sin\theta = 2\sqrt{5}\sin\left(\theta + \dfrac{\pi}{6}\right)$.进而可得其最大值为 $2\sqrt{5}$,最小值为 $-\sqrt{15}$.

7. 令 $x = \tan\theta, \theta \in \left(-\dfrac{\pi}{2}, \dfrac{\pi}{2}\right)$,代入原式整理,得

$$-2\sin^2\theta + \sin\theta + 1 > 0 \Rightarrow \left(\sin\theta - \frac{1}{4}\right)^2 < \frac{9}{16} \Rightarrow -\frac{\pi}{6} < \theta < \frac{\pi}{2} \Rightarrow x > -\frac{\sqrt{3}}{3}.$$

8. $y = \dfrac{1 + x - 2x^2 + x^3 + x^4}{1 + 2x^2 + x^4} = \dfrac{1 - 2x^2 + x^4}{1 + 2x^2 + x^4} + \dfrac{x + x^3}{1 + 2x^2 + x^4}$

$$= \left(\frac{1-x^2}{1+x^2}\right)^2 + \frac{x}{1+x^2}.$$

令 $x = \tan\theta, \theta \in \left(-\dfrac{\pi}{2}, \dfrac{\pi}{2}\right)$,代入上式,得

$$y = \cos^2 2\theta + \frac{1}{2}\sin 2\theta = -\left(\sin 2\theta - \frac{1}{4}\right)^2 + \frac{17}{16}.$$

故当 $\sin 2\theta = \dfrac{1}{4}$，即 $x = 4 \pm \sqrt{15}$ 时，$y_{\max} = \dfrac{17}{16}$；

当 $\sin 2\theta = -1$，即 $x = -1$ 时，$y_{\min} = -\dfrac{1}{2}$.

9. 令 $x^2 + y^2 + z^2 = r^2 (r > 0)$，设 $x = r\cos\alpha \cdot \cos\beta, y = r\cos\alpha \cdot \sin\beta, z = r\sin\alpha$，则

$$u = \cos^2\alpha \cdot \cos\beta \cdot \sin\beta + 2\cos\alpha \cdot \sin\alpha \cdot \sin\beta + 2\sin\alpha \cdot \cos\alpha \cdot \cos\beta$$

$$= \dfrac{1}{2}\cos^2\alpha \cdot \sin 2\beta + (\sin\beta + \cos\beta) \cdot \sin 2\alpha$$

$$= \dfrac{1}{4}(1 + \cos 2\alpha) \cdot \sin 2\beta + (\sin\beta + \cos\beta) \cdot \sin 2\alpha$$

$$= \dfrac{1}{4}\sin 2\beta + (\sin\beta + \cos\beta) \cdot \sin 2\alpha + \dfrac{1}{4}\sin 2\beta \cdot \cos 2\alpha$$

$$\leqslant \dfrac{1}{4}\sin 2\beta + \sqrt{(\sin\beta + \cos\beta)^2 + \dfrac{1}{16}\sin^2 2\beta}$$

$$= \dfrac{1}{4}\sin 2\beta + \sqrt{\dfrac{1}{16}(\sin 2\beta + 8)^2 - 3}$$

$$\leqslant \dfrac{1}{4} + \sqrt{\dfrac{1}{16}(1 + 8)^2 - 3} = \dfrac{\sqrt{33} + 1}{4}.$$

当且仅当 $\sin 2\beta = 1, \sin 2\alpha = \dfrac{4\sqrt{66}}{33}, \cos 2\alpha = \dfrac{\sqrt{33}}{33}$ 时，$u_{\max} = \dfrac{\sqrt{33} + 1}{4}$.

10. 不妨设 $z < \dfrac{1}{2}, x = \sin^2\alpha \cdot \cos^2\beta, y = \cos^2\alpha \cdot \cos^2\beta, z = \sin^2\beta \left(0 \leqslant \beta \leqslant \dfrac{\pi}{4}\right)$，

则 $xy + yz + zx - 2xyz = xy(1 - z) + z(x + y - xy)$

$$= \sin^2\alpha \cdot \cos^2\alpha \cdot \cos^6\beta + \sin^2\beta \cdot \cos^2\beta \cdot (1 - \sin^2\alpha \cdot \cos^2\alpha \cdot \cos^2\beta) \geqslant 0.$$

又 $xy + yz + zx - 2xyz = xy(1 - 2z) + z(y + x)$

$$= \sin^2\alpha \cdot \cos^2\alpha \cdot \cos^4\beta \cdot \cos 2\beta + \dfrac{1}{4}\sin^2 2\beta$$

$$= \dfrac{1}{4}\sin^2 2\alpha \cdot \dfrac{1}{4}(1 + \cos 2\beta)^2 \cdot \cos 2\beta + \dfrac{1}{4}(1 - \cos^2 2\beta)$$

$$\leqslant \dfrac{1}{16}(1 + \cos 2\beta)^2 \cdot \cos 2\beta + \dfrac{1}{4}(1 - \cos^2 2\beta)$$

$$= \dfrac{1}{4} + \dfrac{1}{32}(2\cos 2\beta) \cdot (1 - \cos 2\beta) \cdot (1 - \cos 2\beta)$$

$$\leqslant \frac{1}{4}+\frac{1}{32}\left(\frac{2\cos 2\beta+1-\cos 2\beta+1-\cos 2\beta}{3}\right)^3=\frac{7}{27},$$

当且仅当 $\beta=\arccos\frac{\sqrt{6}}{3}, \alpha=k\pi+\frac{\pi}{4}(k\in \mathbf{Z})$，即 $x=y=z=\frac{1}{3}$ 时等号成立.

故 $0\leqslant xy+yz+zx-2xyz\leqslant\frac{7}{27}$.

11. 任意给定的 13 个实数分别记作 $\tan\theta_i, \theta_i\in\left(-\frac{\pi}{2}, \frac{\pi}{2}\right), i=1, 2, \cdots, 13$.

将 $\left(-\frac{\pi}{2}, \frac{\pi}{2}\right)$ 等分为 12 个区间，则 θ_i 中至少有两个角落在同一区间，

不妨设为 α, β，且 $\alpha-\beta\in\left[0, \frac{\pi}{12}\right]$，则 $0\leqslant\tan(\alpha-\beta)\leqslant\tan\frac{\pi}{12}=2-\sqrt{3}$.

又令 $x=\tan\alpha, y=\tan\beta$，则 $\frac{x-y}{1+xy}=\tan(\alpha-\beta)$，

故 $0\leqslant\frac{x-y}{1+xy}\leqslant 2-\sqrt{3}$.

12. 令 $a_0=\cos\theta=\frac{1}{3}, \theta\in\left(0, \frac{\pi}{2}\right)$.

由递推式，$a_1=\cos\frac{\theta}{2}, a_2=\cos\frac{\theta}{4}, a_3=\cos\frac{\theta}{8}, \cdots, a_n=\cos\frac{\theta}{2^n}$.

又因为 $\frac{\pi}{2}>\frac{\theta}{2}>\frac{\theta}{4}>\cdots>\frac{\theta}{2^n}>0$，

所以 $\cos\frac{\theta}{2}<\cos\frac{\theta}{4}<\cdots<\cos\frac{\theta}{2^n}$.

故数列 $\{a_n\}$ 是单调递增的.

13. 设 $x=\sec^2\alpha, y=\tan^2\alpha, 0<\alpha<\frac{\pi}{2}$，

于是 $A=\left(\sec\alpha-\frac{1}{\sec\alpha}\right)\cdot\left(\tan\alpha+\frac{1}{\tan\alpha}\right)\cdot\frac{1}{\sec^2\alpha}=\sin\alpha\in(0, 1)$.

所以 $0<A<1$.

14. 令 $a_n=\sec\alpha_n\left(0<\alpha_n<\frac{\pi}{2}\right)$，易得 $\alpha_{n+1}=\frac{1}{2}\alpha_n$，

即 $\alpha_n=\frac{\pi}{2^{n+1}}, a_n=\sec\frac{\pi}{2^{n+1}}$.

令 $b_n=\csc\beta_n\left(0<\beta_n<\frac{\pi}{2}\right)$，易得 $\beta_{n+1}=\frac{1}{2}\beta_n$，

即 $\beta_n = \dfrac{\pi}{2^{n+1}}, b_n = \csc \dfrac{\pi}{2^{n+1}}$.

所以 $\dfrac{1}{a_n^2} + \dfrac{1}{b_n^2} = \cos^2 \dfrac{\pi}{2^{n+1}} + \sin^2 \dfrac{\pi}{2^{n+1}} = 1$.

15. 如图 A.31，设四边形 $ABCD$ 的面积 $S = 32\text{cm}^2, AD = y, AC = x, BC = z$，则 $x + y + z = 16$.

由 $S = \dfrac{1}{2}xy\sin\theta + \dfrac{1}{2}xz\sin\varphi(|\sin\varphi|, |\sin\theta| \leqslant 1)$，

$S \leqslant \dfrac{1}{2}xy + \dfrac{1}{2}xz = \dfrac{1}{2}x(y+z) = \dfrac{1}{2}x(16-x)$

$\leqslant \dfrac{1}{2}\left(\dfrac{x+16-x}{2}\right)^2 = 32$.

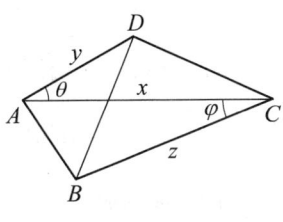

图 A.31

因为 $S = 32$，所以 $\sin\theta = 1, \sin\varphi = 1$.

即 $x - 8 = 0, \theta = \varphi = \dfrac{\pi}{2}$，此时 $BD = 8\sqrt{2}$.

16. 由已知，不难得到 $\dfrac{1}{\sqrt{x}} + \dfrac{3}{\sqrt{y}} = 1$. 设 $\dfrac{1}{\sqrt{x}} = \cos^2\varphi, \dfrac{3}{\sqrt{y}} = \sin^2\varphi \left(0 < \varphi < \dfrac{\pi}{2}\right)$，

即 $\begin{cases} x = \dfrac{1}{\cos^4\varphi}, \\ y = \dfrac{9}{\sin^4\varphi}. \end{cases}$ 代入 $1 + \dfrac{12}{3x+y} = \dfrac{2}{\sqrt{x}}$，得

$$\cos^4 2\varphi - 4\cos^3 2\varphi - 6\cos^2 2\varphi - 4\cos 2\varphi + 1 = 0.$$

再设 $\cos 2\varphi = t$，得

$$t^4 - 4t^3 - 6t^2 - 4t + 1 = 0$$

$$\Leftrightarrow t^2 + \dfrac{1}{t^2} - 4\left(t + \dfrac{1}{t}\right) - 6 = 0$$

$$\Leftrightarrow \left(t + \dfrac{1}{t}\right)^2 - 4\left(t + \dfrac{1}{t}\right) - 8 = 0$$

$$\Leftrightarrow t + \dfrac{1}{t} = 2 + 2\sqrt{3} \text{ 或 } t + \dfrac{1}{t} = 2 - 2\sqrt{3}(\text{舍去}).$$

由 $t + \dfrac{1}{t} = 2 + 2\sqrt{3}$，解得 $t = \sqrt{3} + 1 \pm \sqrt{3 + 2\sqrt{3}}$.

又因为 $|t| \leqslant 1$，所以 $t = \sqrt{3} + 1 - \sqrt{3 + 2\sqrt{3}}$.

故 $\begin{cases} x = \dfrac{1}{\cos^4\varphi} = \dfrac{4}{t^2+2t+1} = \dfrac{2(2-\sqrt{3})}{\sqrt{3}+1-\sqrt{3+2\sqrt{3}}}, \\ y = \dfrac{9}{\sin^4\varphi} = \dfrac{36}{t^2-2t+1} = \dfrac{6\sqrt{3}}{\sqrt{3}+1-\sqrt{3+2\sqrt{3}}}. \end{cases}$

17. 方法一 由题设知,$0 < a, b, c < 4$,故设

$$a = 4\sin\alpha_1, b = 4\sin\alpha_2, c = 4\sin\alpha_3, 0 < \alpha_1, \alpha_2, \alpha_3 < \dfrac{\pi}{2}.$$

代入原式有

$$\sin^2\alpha_1 + \sin^2\alpha_2 + \sin^2\alpha_3 + 2\sin\alpha_1 \cdot \sin\alpha_2 \cdot \sin\alpha_3 = 1.$$

即

$$\sin^2\alpha_1 + \dfrac{2-\cos 2\alpha_2 - \cos 2\alpha_3}{2}$$
$$-\sin\alpha_1(\cos(\alpha_2+\alpha_3) - \cos(\alpha_2-\alpha_3)) = 1,$$
$$\sin^2\alpha_1 - \cos(\alpha_2+\alpha_3) \cdot \cos(\alpha_2-\alpha_3)$$
$$-\sin\alpha_1 \cdot \cos(\alpha_2+\alpha_3) + \sin\alpha_1 \cdot \cos(\alpha_2-\alpha_3) = 0,$$

或

$$\sin\alpha_1(\sin\alpha_1 + \cos(\alpha_2-\alpha_3))$$
$$-\cos(\alpha_2+\alpha_3)(\sin\alpha_1 + \cos(\alpha_2-\alpha_3)) = 0.$$

亦即

$$(\sin\alpha_1 - \cos(\alpha_2+\alpha_3))(\sin\alpha_1 + \cos(\alpha_2-\alpha_3)) = 0,$$

从而 $\sin\alpha_1 = \cos(\alpha_2+\alpha_3)$, 故 $\alpha_1 + \alpha_2 + \alpha_3 = \dfrac{\pi}{2}$.

因此 $\sin\alpha_1 + \sin\alpha_2 + \sin\alpha_3 > \sin\alpha_1 + \sin(\alpha_2+\alpha_3)$
$= \sin\alpha_1 + \cos\alpha_1 > 1.$

所以 $a + b + c > 4$. 又

$$\sin\alpha_1 + \sin\alpha_2 + \sin\alpha_3 + \sin\dfrac{\pi}{6}$$
$$\leqslant 2\sin\dfrac{\alpha_1+\alpha_2}{2} + 2\sin\dfrac{\alpha_3+\dfrac{\pi}{6}}{2}$$
$$\leqslant 4\sin\dfrac{\alpha_1+\alpha_2+\alpha_3+\dfrac{\pi}{6}}{4} = 4\sin\dfrac{\pi}{6},$$

故 $\sin\alpha_1 + \sin\alpha_2 + \sin\alpha_3 \leqslant 3\sin\dfrac{\pi}{6} = \dfrac{3}{2}.$

所以 $a+b+c \leqslant 6$. 综上有 $4 < a+b+c \leqslant 6$.

方法二 如图 A.32，设 C,D 是直径 $AB=4$ 的半圆上的两点，设 $AD=a, DC=b, CB=c$，

联结 AC 与 BD，则 $BD=\sqrt{16-a^2}$，$AC=\sqrt{16-c^2}$，

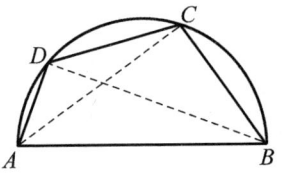

图 A.32

由托勒密定理得
$$AC \cdot BD = AD \cdot BC + AB \cdot DC,$$
即
$$\sqrt{16-c^2} \times \sqrt{16-a^2} = ac + 4b,$$
化简得 $2a^2 + 2b^2 + 2c^2 + abc = 32$，满足题目条件.

因此，问题即为在此几何条件下求出 $a+b+c$ 的范围.

设 $\angle BAD = \alpha$，$\angle ABC = \beta$，$\alpha, \beta \in \left(0, \dfrac{\pi}{2}\right)$，且 $\alpha + \beta \in \left(\dfrac{\pi}{2}, \pi\right)$，

则
$$a = 4\cos\alpha, c = 4\cos\beta,$$
$$BD = 4\sin\alpha, \quad AC = 4\sin\beta.$$

由
$$AC \cdot BD = AD \cdot BC + AB \cdot DC,$$
得
$$16\sin\alpha \cdot \sin\beta = 16\cos\alpha \cdot \cos\beta + 4b,$$
$$b = -4\cos(\alpha + \beta),$$

则四边形 $ABCD$ 的周长
$$a + b + c = 4\cos\alpha + 4\cos\beta - 4\cos(\alpha+\beta)$$
$$= 4\left(2\cos\dfrac{\alpha+\beta}{2} \cdot \cos\dfrac{\alpha+\beta}{2} - \left(2\cos^2\dfrac{\alpha+\beta}{2} - 1\right)\right)$$
$$\leqslant 8\left(-\cos^2\dfrac{\alpha+\beta}{2} + \cos\dfrac{\alpha+\beta}{2} + \dfrac{1}{2}\right)$$
$$= 8\left(-\left(\cos\dfrac{\alpha+\beta}{2} - \dfrac{1}{2}\right)^2 + \dfrac{3}{4}\right) \leqslant 8 \times \dfrac{3}{4} = 6,$$

即
$$a + b + c \leqslant 6.$$

当且仅当
$$\cos\dfrac{\alpha-\beta}{2} = 1 \text{ 且 } \cos\dfrac{\alpha+\beta}{2} = \dfrac{1}{2},$$
即
$$\alpha = \beta = \dfrac{\pi}{3} \left(\alpha, \beta \in \left(0, \dfrac{\pi}{2}\right)\right),$$
即 $a = b = c = 2$ 时取等号.

显然 $AD + DC + CB > AB = 4$，

即 $a + b + c > 4$，

所以 $4 < a + b + c \leqslant 6$.

18. 令 $a_n = \tan \alpha_n, \alpha_n \in \left(0, \dfrac{\pi}{2}\right)$,则由 $a_{n+1} = \dfrac{a_n}{1+\sqrt{1+a_n^2}}$,得

$$\tan \alpha_{n+1} = \dfrac{\tan \alpha_n}{1+\sqrt{1+\tan^2 \alpha_n}} = \dfrac{\tan \alpha_n}{1+\sec \alpha_n} = \dfrac{\sin \alpha_n}{1+\cos \alpha_n} = \tan \dfrac{\alpha_n}{2}.$$

∴ $\alpha_{n+1} = \dfrac{1}{2}\alpha_n$,即数列 $\{\alpha_n\}$ 是公比为 $\dfrac{1}{2}$ 的等比数列.

又∵ $a_1 = \sqrt{3}$,即 $\tan \alpha_1 = \sqrt{3}$, ∴ $\alpha_1 = \dfrac{\pi}{3}$.

∴ $\alpha_1 = \dfrac{\pi}{3}\left(\dfrac{1}{2}\right)^{n-1}$,即 $a_n = \tan\left(\dfrac{\pi}{3}\left(\dfrac{1}{2}\right)^{n-1}\right)$.

又令 $b_n = \tan \beta_n, \beta_n \in \left(0, \dfrac{\pi}{2}\right)$,则由 $b_{n+1} = b_n + \sqrt{1+b_n^2}$,得

$$\tan \beta_{n+1} = \tan \beta_n + \sqrt{1+\tan^2 \beta_n} = \tan \beta_n + \sec \beta_n$$

$$= \dfrac{1+\sin \beta_n}{\cos \beta_n} = \dfrac{1-\cos\left(\dfrac{\pi}{2}+\beta_n\right)}{\sin\left(\dfrac{\pi}{2}+\beta_n\right)} = \tan\left(\dfrac{\pi}{4}+\dfrac{\beta_n}{2}\right).$$

∴ $\beta_{n+1} = \dfrac{\pi}{4} + \dfrac{\beta_n}{2}$,即 $\beta_{n+1} - \dfrac{\pi}{2} = \dfrac{1}{2}\left(\beta_n - \dfrac{\pi}{2}\right)$.

∴ 数列 $\left\{\beta_n - \dfrac{\pi}{2}\right\}$ 是公比为 $\dfrac{1}{2}$ 的等比数列.

又∵ $b_1 = \sqrt{3}$,即 $\tan \beta_1 = \sqrt{3}$, ∴ $\beta_1 = \dfrac{\pi}{3}$,

即首项为 $\beta_1 - \dfrac{\pi}{2} = \dfrac{\pi}{3} - \dfrac{\pi}{2} = -\dfrac{\pi}{6}$.

∴ $\beta_n - \dfrac{\pi}{2} = -\dfrac{\pi}{6}\left(\dfrac{1}{2}\right)^{n-1}$,即 $\beta_n = \dfrac{\pi}{2} - \dfrac{\pi}{6}\left(\dfrac{1}{2}\right)^{n-1}$.

故 $b_n = \tan\left(\dfrac{\pi}{2} - \dfrac{\pi}{6}\left(\dfrac{1}{2}\right)^{n-1}\right) = \cot\left(\dfrac{\pi}{6}\left(\dfrac{1}{2}\right)^{n-1}\right)$.

∴ $a_n b_n = \tan\left(\dfrac{\pi}{3}\left(\dfrac{1}{2}\right)^{n-1}\right) \cdot \cot\left(\dfrac{\pi}{6}\left(\dfrac{1}{2}\right)^{n-1}\right)$

$$= \dfrac{2\tan\left(\dfrac{\pi}{6}\left(\dfrac{1}{2}\right)^{n-1}\right)}{1-\tan^2\left(\dfrac{\pi}{6}\left(\dfrac{1}{2}\right)^{n-1}\right)} \cdot \cot\left(\dfrac{\pi}{6}\left(\dfrac{1}{2}\right)^{n-1}\right)$$

$$= \frac{2}{1-\tan^2 \frac{\pi}{3 \cdot 2^n}}$$

$\because n \in \mathbf{N}^*$，$\therefore 0 < \tan^2 \frac{\pi}{3 \cdot 2^n} \leqslant \tan^2 \frac{\pi}{6} = \frac{1}{3}$. 从而 $2 < a_n b_n \leqslant 3$.

19. 原不等式等价于：
$$2\sin \frac{1}{n} + \tan \frac{1}{n} > \frac{3}{n} (n \in \mathbf{N}^*).$$

定义函数
$$f(x) = 2\sin x + \tan x - 3x (0 \leqslant x \leqslant 1),$$

只需证明 $f(x) > 0$ 即可.

显然 $f(0) = 0$. 且
$$f'(x) = 2\cos x + \frac{1}{\cos^2 x} - 3 = \frac{2\cos^3 x - 3\cos^2 x + 1}{\cos^2 x}.$$

定义函数
$$g(x) = 2\cos^3 x - 3\cos^2 x + 1, g(0) = 0.$$
$$g'(x) = -6\cos^2 x \cdot \sin x + 6\cos x \cdot \sin x$$
$$= 6\sin x \cdot \cos x \cdot (1 - \cos x) > 0,$$

因此，$g(x) > 0$，即 $f'(x) > 0$，$f(x)$ 单调递增，故 $f(x) > 0$，不等式成立.

20. 用数学归纳法证明结论.

当 $n = 1$ 时，$\sin a_1 = \sin \frac{\pi}{3} = \frac{\sqrt{3}}{2} < \frac{1}{\sqrt{1}}$，结论成立.

当 $n = 2, 3, 4$ 时，$\sin a_n \leqslant \frac{1}{3} \sin 3a_{n-1} \leqslant \frac{1}{3} < \frac{1}{\sqrt{n}}$.

假设当 $n = k (k \geqslant 4)$ 时结论成立，即有
$$\sin a_k < \frac{1}{\sqrt{k}} \leqslant \frac{1}{2},$$

则当 $n = k + 1$ 时，
$$\sin a_{k+1} \leqslant \frac{1}{3} \sin 3a_k = \sin a_k - \frac{4}{3} \sin 3a_k.$$

设 $f(x) = x - \frac{4}{3} x^3 (0 < x < 1)$，则 $f'(x) = 1 - 4x^2$.

从而 $f(x)$ 在区间 $\left(0, \frac{1}{2}\right)$ 上单调递增，在 $\left(\frac{1}{2}, 1\right)$ 上单调递减. 当 $x = \frac{1}{2}$ 时，

$$f(x)_{\max} = \frac{1}{3}.$$

由 $f(x) = x - \frac{4}{3}x^3$ $(0 < x < 1)$，在区间 $\left(0, \frac{1}{2}\right)$ 上单调递增，因此

$$\sin a_{k+1} \leqslant \frac{1}{3}\sin 3a_k = \sin a_k - \frac{4}{3}\sin^3 a_k < \frac{1}{\sqrt{k}} - \frac{4}{3} \cdot \frac{1}{\sqrt{k}^3}.$$

下证

$$\frac{1}{\sqrt{k}} - \frac{4}{3} \cdot \frac{1}{k\sqrt{k}} < \frac{1}{\sqrt{k+1}}.$$

因为

$$k + 1 + \sqrt{k(k+1)} > \frac{3}{4}k,$$

所以

$$\frac{1}{k+1+\sqrt{k(k+1)}} < \frac{4}{3k},$$

而

$$\frac{\sqrt{k+1} - \sqrt{k}}{\sqrt{k+1}} < \frac{4}{3k}.$$

所以

$$\frac{4}{3} \cdot \frac{1}{k\sqrt{k}} > \frac{\sqrt{k+1} - \sqrt{k}}{\sqrt{k}\sqrt{k+1}} = \frac{1}{\sqrt{k}} - \frac{1}{\sqrt{k+1}}.$$

从而结论对 $n = k + 1$ 成立.

由数学归纳法知,结论对任意正整数 n 均成立.

21. 如图 A.33, 设 AA' 与 BC, BB' 与 CA, CC' 与 AB 的交点依次为 D, E, F, $\triangle AOB$, $\triangle BOC$, $\triangle COA$ 的面积依次为 S_1, S_2, S_3. 由 B, O, C, A' 四点共圆知, $\angle OBC = \angle OCB = \angle BA'O$, 从而有 $\triangle OBD \sim \triangle OA'B$, 且 $OA' = \frac{OB^2}{OD} = \frac{R^2}{OD}$.

同理 $OB' = \frac{R^2}{OE}$, $OC' = \frac{R^2}{OF}$.

因为

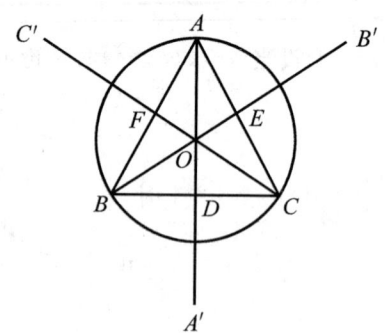

图 A.33

$$S_1 = \frac{1}{2} OA \cdot OB \cdot \sin \angle AOB,$$

$$S_2 = \frac{1}{2} OB \cdot OC \cdot \sin \angle COB,$$

$$S_3 = \frac{1}{2} OA \cdot OC \cdot \sin \angle AOC,$$

且 $\angle BOC = 2\pi - (\angle AOB + \angle AOC)$,所以 $\dfrac{OA}{OD} = \dfrac{S_1 + S_3}{S_2}$.

同理可得:

$$\frac{OB}{OE} = \frac{S_1 + S_2}{S_3}, \frac{OC}{OF} = \frac{S_2 + S_3}{S_1}.$$

因此,

$$\begin{aligned}\frac{O'A \cdot O'B \cdot O'C}{R^3} &= \frac{R^3}{OD \cdot OE \cdot OF} = \frac{OA}{OD} \cdot \frac{OB}{OE} \cdot \frac{OC}{OF} \\ &= \frac{S_1 + S_3}{S_2} \cdot \frac{S_1 + S_2}{S_3} \cdot \frac{S_2 + S_3}{S_1} \\ &= \left(\frac{S_1}{S_2} + \frac{S_3}{S_2}\right)\left(\frac{S_1}{S_3} + \frac{S_2}{S_3}\right)\left(\frac{S_2}{S_1} + \frac{S_3}{S_1}\right) \\ &= \left(\frac{S_1}{S_2} + \frac{S_2}{S_1}\right) + \left(\frac{S_2}{S_3} + \frac{S_3}{S_2}\right) + \left(\frac{S_1}{S_3} + \frac{S_3}{S_1}\right) + 2 \geqslant 8,\end{aligned}$$

当且仅当 $S_1 = S_2 = S_3$ 时等号成立,此时 $\triangle ABC$ 为正三角形.故 $OA' \cdot OB' \cdot OC' \geqslant 8R^3$,当且仅当 $\triangle ABC$ 为正三角形时等号成立.

22. 如图 A.34,三棱锥 P-ABC 中,PA,PB,PC 两两垂直,不妨设侧面 APB、侧面 BPC、侧面 APC 与底面 ABC 所成的角分别为 α,β,γ. 依题意,$S_{\triangle ABC} = 1$,$PC \perp$ 面 APB,所以 $\triangle ABC$ 在平面 APB 内的射影为 $\triangle APB$,由射影面积公式得 $\cos \alpha = \dfrac{S_{\triangle APB}}{S_{\triangle ABC}}$,即 $S_{\triangle APB} = S_{\triangle ABC} \cos \alpha = \cos \alpha$. 同理,$S_{\triangle BPC} = \cos \beta$,$S_{\triangle APC} = \cos \gamma$.

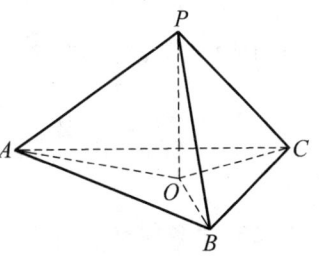

图 A.34

设点 P 在底面 ABC 内的射影为 O,联结 AO,BO,CO,由 PA,PB,PC 两两垂直,易证 $\triangle ABC$ 必为锐角三角形,且 O 是 $\triangle ABC$ 的垂心,故点 O 必在 $\triangle ABC$ 的内部. 由射影面积公式得 $\cos \alpha = \dfrac{S_{\triangle AOB}}{S_{\triangle APB}}$,即 $S_{\triangle AOB} = S_{\triangle APB} \cos \alpha =$

$\cos^2\alpha$.同理,$S_{\triangle BOC}=\cos^2\beta$,$S_{\triangle AOC}=\cos^2\gamma$,而

$$1=S_{\triangle ABC}$$
$$=S_{\triangle AOB}+S_{\triangle BOC}+S_{\triangle AOC}$$
$$=\cos^2\alpha+\cos^2\beta+\cos^2\gamma.$$

我们来求其体积.

$$S_{\triangle APB}=\frac{1}{2}PA\cdot PB=\cos\alpha,$$

则

$$PA\cdot PB=2\cos\alpha.$$

同理,$PB\cdot PC=2\cos\beta$,$PA\cdot PC=2\cos\gamma$.

三式相乘可得

$$PA\cdot PB\cdot PC=2\sqrt{2\cos\alpha\cdot\cos\beta\cdot\cos\gamma},$$

则

$$V=\frac{1}{6}PA\cdot PB\cdot PC=\frac{1}{3}\sqrt{2\cos\alpha\cdot\cos\beta\cdot\cos\gamma},$$

由均值不等式 $\dfrac{x+y+z}{3}\geqslant\sqrt[3]{xyz}$,得

$$\frac{\cos^2\alpha+\cos^2\beta+\cos^2\gamma}{3}\geqslant\sqrt[3]{\cos^2\alpha\cdot\cos^2\beta\cdot\cos^2\gamma},$$

即

$$\cos^2\alpha\cdot\cos^2\beta\cdot\cos^2\gamma\leqslant\left(\frac{1}{3}\right)^3=\frac{1}{27}.$$

故 $\sqrt{\cos\alpha\cdot\cos\beta\cdot\cos\gamma}\leqslant\sqrt[4]{\dfrac{1}{27}}$,所以 $V\leqslant\dfrac{1}{3}\sqrt[4]{\dfrac{4}{27}}$,当且仅当 $\cos\alpha=\cos\beta=\cos\gamma=\dfrac{\sqrt{3}}{3}$,即 $\alpha=\beta=\gamma=\arccos\dfrac{\sqrt{3}}{3}$ 时等号成立.

23. 由条件有 $a+c=(1-ac)b$.显然 $1-ac\neq 0$,故 $b=\dfrac{a+c}{1-ac}$.

令 $\alpha=\arctan a$,$\beta=\arctan b$,$\gamma=\arctan c$,$\alpha,\beta,\gamma\in\left(0,\dfrac{\pi}{2}\right)$,则

$$\tan\beta=\frac{\tan\alpha+\tan\gamma}{1-\tan\alpha\cdot\tan\gamma}=\tan(\alpha+\gamma).$$

又 $\beta,\alpha+\gamma\in(0,\pi)$,所以 $\beta=\alpha+\gamma$.从而,

$$p=\frac{2}{1+\tan^2\alpha}-\frac{2}{1+\tan^2\beta}+\frac{3}{1+\tan^2\gamma}$$

$$=2\cos^2\alpha-2\cos^2(\alpha+\gamma)+3\cos^2\gamma$$
$$=(\cos 2\alpha+1)-(\cos(2\alpha+2\gamma)+1)+3\cos^2\gamma$$
$$=2\sin\gamma\cdot\sin(2\alpha+\gamma)+3\cos^2\gamma$$
$$\leqslant 2\sin\gamma+3\cos^2\gamma$$
$$=\frac{10}{3}-3\left(\sin\gamma-\frac{1}{3}\right)^2\leqslant\frac{10}{3}.$$

24. 在 $\triangle ABC$ 中,$\cot\dfrac{A}{2}=\tan\dfrac{B+C}{2}=\dfrac{\tan\dfrac{B}{2}+\tan\dfrac{C}{2}}{1-\tan\dfrac{B}{2}\cdot\tan\dfrac{C}{2}}$,

所以 $\tan\dfrac{A}{2}\cdot\tan\dfrac{B}{2}+\tan\dfrac{B}{2}\cdot\tan\dfrac{C}{2}+\tan\dfrac{C}{2}\cdot\tan\dfrac{A}{2}=1.$

由幂平均不等式,

$$S\leqslant\sqrt{3\left(\left(3\tan\dfrac{A}{2}\cdot\tan\dfrac{B}{2}+1\right)+\left(3\tan\dfrac{B}{2}\cdot\tan\dfrac{C}{2}+1\right)+\left(3\tan\dfrac{C}{2}\cdot\tan\dfrac{A}{2}+1\right)\right)}$$
$$=\sqrt{3\times 6}=3\sqrt{2}<5.$$

又当 $0<x<1$ 时,$x^2<x$,

所以 $\sqrt{3\tan\dfrac{B}{2}\cdot\tan\dfrac{C}{2}+1}>\tan\dfrac{B}{2}\cdot\tan\dfrac{C}{2}+1,$

$\sqrt{3\tan\dfrac{C}{2}\cdot\tan\dfrac{A}{2}+1}>\tan\dfrac{C}{2}\cdot\tan\dfrac{A}{2}+1,$

$\sqrt{3\tan\dfrac{A}{2}\cdot\tan\dfrac{B}{2}+1}>\tan\dfrac{A}{2}\cdot\tan\dfrac{B}{2}+1.$

故 $S>3+\tan\dfrac{B}{2}\cdot\tan\dfrac{C}{2}+\tan\dfrac{C}{2}\cdot\tan\dfrac{A}{2}+\tan\dfrac{A}{2}\cdot\tan\dfrac{B}{2}=4.$

因此 S 的整数部分为 4.

25. 方法一 如图 A.35 所示,作 $\triangle ABC$ 的外接圆 O,设其半径为 R.又在 AB 上任取一点 D,设 CD 的延长线交外接圆于点 E,可得 $CD\cdot DE=AD\cdot DB$.由此推出 CD 为 AD 和 DB 的比例中项的充要条件是 $CD=DE$.换言之,要求满足命题性质的点 D,等价于在圆周上找到一点 E,使得线段 CE 恰好被 AB 平分.但要在圆周上找出这样的一点 E,当且仅当 $CF\leqslant HG$,这里 CF 是 $\triangle ABC$ 的高,而 HG 是 $\angle C$ 的对弧 $\overset{\frown}{AHB}$ 在弦 AB 上的高.

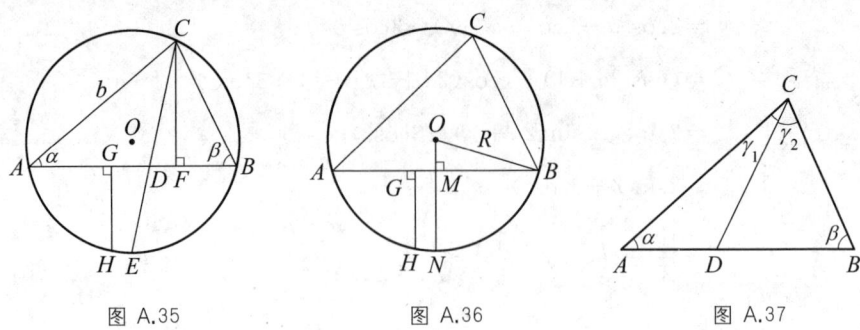

图 A.35　　　　　图 A.36　　　　　图 A.37

$$CF = b \cdot \sin\alpha = 2R \cdot \sin\alpha \cdot \sin\beta.$$

如图 A.36 所示,半径 $ON \perp AB$ 交 AB 于点 M,则

$$GH \leqslant MN = ON - OM = R - R \cdot \cos\gamma$$
$$= 2R \cdot \sin^2\frac{\gamma}{2},$$

所以
$$\sin\alpha \cdot \sin\beta \leqslant \sin^2\frac{\gamma}{2}.$$

方法二　如图 A.37 所示,设 D 是线段 AB 上的任意点,$\gamma_1 = \angle ACD$, $\gamma_2 = \angle BCD$.则由正弦定理,得 $\dfrac{CD}{DA} = \dfrac{\sin\alpha}{\sin\gamma_1}$, $\dfrac{CD}{DB} = \dfrac{\sin\beta}{\sin\gamma_2}$,

两式相乘,得
$$\frac{CD^2}{DA \cdot DB} = \frac{\sin\alpha \cdot \sin\beta}{\sin\gamma_1 \cdot \sin\gamma_2}.$$

若
$$\sin\alpha \cdot \sin\beta = \sin\gamma_1 \cdot \sin\gamma_2,$$

或
$$\sin\alpha \cdot \sin\beta = \frac{1}{2}(\cos(\gamma_1 - \gamma_2) - \cos(\gamma_1 + \gamma_2)), \tag{2}$$

则 D 恰能满足题目的要求.

如具有题述性质的点 D 存在,由式(2)可见,所证明的关系式成立.

反之,如这一关系式成立,即
$$\sin\alpha \cdot \sin\beta \leqslant \frac{1}{2}(1 - \cos\gamma),$$

则可以找到 $\gamma_1, \gamma_2, 0 < \gamma_1, \gamma_2 < \gamma$,且 $\gamma_1 + \gamma_2 = \gamma$,使得式(2)成立,并得到具有给定性质的点 D.事实上,为了满足式(2),要解方程
$$\cos(\gamma_1 - \gamma_2) = 2\sin\alpha \cdot \sin\beta + \cos\gamma, \tag{3}$$

得出 $\gamma_1 - \gamma_2$.这是能做到的,因为可推出 $\cos(\gamma_1 - \gamma_2) \leqslant 1$.若 δ 是在 $0°$ 与 $180°$ 之间的一解,$\cos\delta = 2\sin\alpha \cdot \sin\beta + \cos\gamma$,则有 $0 \leqslant \beta < \gamma$,而 $\gamma_1 - \gamma_2 = \delta$ 或 $\gamma_2 - \gamma_1 = \delta$.这样就有方程(3)的解

$$\gamma_1 = \frac{\gamma+\delta}{2}, \gamma_2 = \frac{\gamma-\delta}{2},$$

其中
$$\frac{\gamma}{2} \leqslant \gamma_1 < \gamma, 0 < \gamma_2 \leqslant \frac{\gamma}{2},$$

或者
$$\gamma_1 = \frac{\gamma-\delta}{2}, \gamma_2 = \frac{\gamma+\delta}{2},$$

其中
$$0 < \gamma_1 \leqslant \frac{\gamma}{2}, \frac{\gamma}{2} \leqslant \gamma_2 < \gamma.$$

方法三 如图 A.38 所示,过 C 作直线 $l // AB$,又作直线 $l' // AB$,使 AB 位于 l, l' 正中间.作 $\triangle ABC$ 的外接圆 K.我们证明所求的点 D 是存在的.设有且仅有 l' 与圆 K 相交(或相切).若 Y 为 l' 与圆 K 的一公共点,则弦 CY 交弦 AB 于 D,且

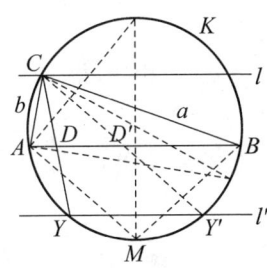

图 A.38

$$CD \cdot DY = AD \cdot DB.$$

既然 C 与 Y 是在 l 与 l' 上,当然 D 是在 AB 上,便得 $DY = CD$,故 $CD^2 = AD \cdot DB$.若 l' 与圆 K 不相交,则无这样的点 Y.

设 $\overparen{AB}$ 不含 C,其中点为 M.很明显,l' 与 K 相交(或相切)当且仅当 M 至 AB 的距离大于等于 C 到 AB 的距离,即 $S_{\triangle ABM} \geqslant S_{\triangle ABC}$,或

$$\frac{1}{2}AM \cdot BM \cdot \sin(\pi-\gamma) \geqslant \frac{1}{2}ab \cdot \sin\gamma, \qquad (4)$$

其中 a, b 表示 BC 与 AC 的长.又 $AM = BM$,且 $\sin(\pi-\gamma) = \sin\gamma$,故式(4)可化为

$$AM^2 \geqslant ab.$$

设 R 为圆 K 的半径,并注意到

$$AM = 2R \cdot \sin\frac{\gamma}{2}, a = 2R \cdot \sin\alpha, b = 2R \cdot \sin\beta,$$

把这些代入式(4),两边同除以 $4R^2$,便得所求的条件为

$$\sin^2\frac{\gamma}{4} \geqslant \sin\alpha \cdot \sin\beta.$$

注意等式成立当且仅当 l' 切于圆 K,在这一情形下,在 AB 上仅有一点 D 使 $AD \cdot DB = CD^2$.

26. $\sin B \cdot \sin C = \frac{1}{2}(\cos(B+C) - \cos(B-C))$

$$\leqslant -\frac{1}{2}(\cos(B+C)-1) = \frac{1}{2}(1+\cos A),$$

则 $1-\sin B \cdot \sin C \geqslant 1-\frac{1}{2}(1+\cos A) = \frac{1}{2}(1-\cos A) = \sin^2\frac{A}{2}.$

故 $\sqrt{1-\sin B \cdot \sin C} \geqslant \sin\frac{A}{2}, \dfrac{\sin A}{\sqrt{1-\sin B \cdot \sin C}} \leqslant 2\cos\frac{A}{2}.$

同理，$\dfrac{\sin B}{\sqrt{1-\sin C \cdot \sin A}} \leqslant 2\cos\frac{B}{2}, \dfrac{\sin C}{\sqrt{1-\sin A \cdot \sin B}} \leqslant 2\cos\frac{C}{2},$

三式相加，得 $f(A,B,C) \leqslant 2\left(\cos\frac{A}{2}+\cos\frac{B}{2}+\cos\frac{C}{2}\right).$

又 $\cos\frac{A}{2}+\cos\frac{B}{2}+\cos\frac{C}{2}+\cos\frac{\pi}{6}$

$$= 2\cos\frac{A+B}{4} \cdot \cos\frac{A-B}{4} + 2\cos\frac{C+\frac{\pi}{3}}{4} \cdot \cos\frac{C+\frac{\pi}{3}}{4}$$

$$\leqslant 2\left(\cos\frac{A+B}{4} + \cos\frac{C+\frac{\pi}{3}}{4}\right)$$

$$= 4\cos\frac{A+B+C+\frac{\pi}{3}}{8} \cdot \cos\frac{A+B-C-\frac{\pi}{3}}{8}$$

$$\leqslant 4\cos\frac{A+B+C+\frac{\pi}{3}}{8}$$

$$= 4\cos\frac{\pi}{6},$$

故 $\cos\frac{A}{2}+\cos\frac{B}{2}+\cos\frac{C}{2} \leqslant 3\cos\frac{\pi}{6} = \frac{3\sqrt{3}}{2}.$

所以 $f(A,B,C)_{\max} = 3\sqrt{3}.$

27. 由条件，得 $b(az+cx-b)+c(bx+ay-c)-a(cy+bz-a)=0$，即 $x = \dfrac{b^2+c^2-a^2}{2bc}.$ 由对称性，同理有 $y = \dfrac{a^2+c^2-b^2}{2ac}, z = \dfrac{a^2+b^2-c^2}{2ab}.$

$\because x,y,z,a,b,c \in \mathbf{R}^+,\therefore b^2+c^2>a^2, a^2+c^2>b^2, a^2+b^2>c^2,$

故以 a,b,c 为边的三角形是锐角三角形 ABC.

$\therefore x=\cos A, y=\cos B, z=\cos C,$ 问题转化为在锐角三角形 ABC 中，求

$f(\cos A, \cos B, \cos C) = \dfrac{\cos^2 A}{1+\cos A} + \dfrac{\cos^2 B}{1+\cos B} + \dfrac{\cos^2 C}{1+\cos C}$ 的最小值.

$$\dfrac{\cos^2 A}{1+\cos A} = \dfrac{1-\sin^2 A}{2\cos^2 \dfrac{A}{2}} = \dfrac{1-\left(2\sin \dfrac{A}{2} \cdot \cos \dfrac{A}{2}\right)^2}{2\cos^2 \dfrac{A}{2}}$$

$$= \dfrac{1}{2} + \dfrac{1}{2}\tan^2 \dfrac{A}{2} - 2\sin^2 \dfrac{A}{2}.$$

同理,$\dfrac{\cos^2 B}{1+\cos B} = \dfrac{1}{2} + \dfrac{1}{2}\tan^2 \dfrac{B}{2} - 2\sin^2 \dfrac{B}{2}$,

$$\dfrac{\cos^2 C}{1+\cos C} = \dfrac{1}{2} + \dfrac{1}{2}\tan^2 \dfrac{C}{2} - 2\sin^2 \dfrac{C}{2}.$$

注意到加芬克不等式:

$$\tan^2 \dfrac{A}{2} + \tan^2 \dfrac{B}{2} + \tan^2 \dfrac{C}{2} \geqslant 2 - 8\sin \dfrac{A}{2} \cdot \sin \dfrac{B}{2} \cdot \sin \dfrac{C}{2}$$ 及恒等式:

$$\sin^2 \dfrac{A}{2} + \sin^2 \dfrac{B}{2} + \sin^2 \dfrac{C}{2} = 1 - 2\sin \dfrac{A}{2} \cdot \sin \dfrac{B}{2} \cdot \sin \dfrac{C}{2},$$

所以 $f(\cos A, \cos B, \cos C) = \dfrac{\cos^2 A}{1+\cos A} + \dfrac{\cos^2 B}{1+\cos B} + \dfrac{\cos^2 C}{1+\cos C}$

$$= \dfrac{3}{2} + \dfrac{1}{2}\left(\tan^2 \dfrac{A}{2} + \tan^2 \dfrac{B}{2} + \tan^2 \dfrac{C}{2}\right)$$

$$- 2\left(\sin^2 \dfrac{A}{2} + \sin^2 \dfrac{B}{2} + \sin^2 \dfrac{C}{2}\right)$$

$$\geqslant \dfrac{3}{2} + \dfrac{1}{2}\left(2 - 8\sin \dfrac{A}{2} \cdot \sin \dfrac{B}{2} \cdot \sin \dfrac{C}{2}\right) - 2\left(1 - 2\sin \dfrac{A}{2} \cdot \sin \dfrac{B}{2} \cdot \sin \dfrac{C}{2}\right)$$

$$= \dfrac{1}{2}.$$

28. $\because x \in (-1, 1)$,$\therefore$ 可令 $1+x = 2\sin^2 \theta, \theta \in \left(0, \dfrac{\pi}{2}\right)$,

则 $1-x = 2\cos^2 \theta$,$y = \dfrac{1}{(\sqrt{2})^n}\left(\dfrac{a}{\sin^n \theta} + \dfrac{b}{\cos^n \theta}\right), \theta \in \left(0, \dfrac{\pi}{2}\right).$

设 A, B 为待定的正常数,

$$y = \dfrac{1}{(\sqrt{2})^n}\left(\dfrac{a}{\sin^n \theta} + A\underbrace{(\sin \theta + \sin \theta + \cdots + \sin \theta)}_{n\text{项}} + \dfrac{b}{\cos^n \theta}\right.$$

$$\left. + B\underbrace{(\cos \theta + \cos \theta + \cdots + \cos \theta)}_{n\text{项}}\right) - n\sqrt{A^2+B^2}\sin\left(\theta + \arctan \dfrac{B}{A}\right)\right)$$

$$\geqslant \frac{1}{(\sqrt{2})^n}((n+1)\sqrt[n+1]{aA^n}+(n+1)\sqrt[n+1]{bB^n}-n\sqrt{A^2+B^2}),$$

当且仅当
$$\begin{cases} \dfrac{a}{\sin^n\theta}=A\sin\theta, & (5) \\[2mm] \dfrac{b}{\cos^n\theta}=B\cos\theta, & (6) \\[2mm] \sin\left(\theta+\arctan\dfrac{B}{A}\right)=1 & (7) \end{cases}$$

时取等号.

由式(5)(6)得 $\quad\tan^{n+1}\theta=\dfrac{aB}{bA},\quad$ (8)

由式(7)得 $\theta=\dfrac{\pi}{2}-\arctan\dfrac{B}{A}$,即 $\tan\theta=\dfrac{A}{B}$.

代入式(8),有 $\tan^{n+2}\theta=\dfrac{a}{b}$,

即 $\tan\theta=\left(\dfrac{a}{b}\right)^{\frac{1}{n+2}}, x=2\sin^2\theta-1=\dfrac{2\tan^2\theta}{1+\tan^2\theta}-1=\dfrac{2a^{\frac{2}{n+2}}}{a^{\frac{2}{n+2}}+b^{\frac{2}{n+2}}}-1.$

故当 $x=\dfrac{2a^{\frac{2}{n+2}}}{a^{\frac{2}{n+2}}+b^{\frac{2}{n+2}}}-1$ 时,

$$y_{\min}=\frac{1}{(\sqrt{2})^n}\left[\frac{a(a^{\frac{2}{n+2}}+b^{\frac{2}{n+2}})^{\frac{n}{2}}}{a^{\frac{n}{n+2}}}+\frac{b(a^{\frac{2}{n+2}}+b^{\frac{2}{n+2}})^{\frac{n}{2}}}{b^{\frac{n}{n+2}}}\right]$$

$$=\frac{1}{(\sqrt{2})^n}(a^{\frac{2}{n+2}}+b^{\frac{2}{n+2}})^{\frac{n+2}{2}}.$$

29. 令 $g(t)=\dfrac{\sin t}{3+2\sin t}$,设 $-\dfrac{\pi}{2}<t_1<t_2<\dfrac{\pi}{2}$,则

$$g(t_1)-g(t_2)=\frac{\sin t_1}{3+2\sin t_1}-\frac{\sin t_2}{3+2\sin t_2}=\frac{3(\sin t_1-\sin t_2)}{(3+2\sin t_1)(3+2\sin t_2)}<0.$$

∴ $g(t_1)<g(t_2), g(t)$ 是 $\left(-\dfrac{\pi}{2},\dfrac{\pi}{2}\right)$ 上的增函数.

令 $x_1\in\left(-\dfrac{\pi}{2},\dfrac{\pi}{2}\right)$,则 $\left(x_1-\dfrac{\pi}{6}\right)\left[\dfrac{\sin x_1}{3+2\sin x_1}-\dfrac{\sin\dfrac{\pi}{6}}{3+2\sin\dfrac{\pi}{6}}\right]\geqslant 0,$

$$\frac{6x_1-\pi}{6}\cdot\frac{\sin x_1}{3+2\sin x_1}\geqslant\frac{1}{8}\cdot\frac{6x_1-\pi}{6},$$

即 $$\frac{6x_1\sin x_1-\pi\sin x_1}{3+2\sin x_1}\geqslant\frac{6x_1-\pi}{8}.$$

同理,$\frac{6x_2\sin x_2-\pi\sin x_2}{3+2\sin x_2}\geqslant\frac{6x_2-\pi}{8},\cdots,\frac{6x_n\sin x_n-\pi\sin x_n}{3+2\sin x_n}\geqslant\frac{6x_n-\pi}{8}.$

将以上各式相加,得

$$\sum_{i=1}^{n}\frac{6x_i\sin x_i-\pi\sin x_i}{3+2\sin x_i}\geqslant\frac{6(x_1+x_2+\cdots+x_n)-n\pi}{8}=0,$$

所以 $y=\sum_{i=1}^{n}\frac{6x_i\sin x_i-\pi\sin x_i}{3+2\sin x_i}$ 的最小值为 0.

30. 如图 A.39,连 FD.

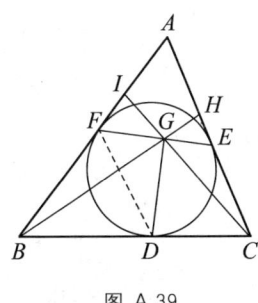

图 A.39

$\because FG=FD\cdot\cos\angle DFG$

$=2FB\cdot\cos\angle BFD\cdot\cos\angle DFG$

$=2FB\cdot\cos\frac{\pi-B}{2}\cdot\cos\frac{\pi-C}{2}$

$=FB\cdot 2\sin\frac{B}{2}\cdot\sin\frac{C}{2},$

$\therefore \frac{FG}{FB}=2\sin\frac{B}{2}\cdot\sin\frac{C}{2}.$

同理,$\frac{EG}{EC}=2\sin\frac{B}{2}\cdot\sin\frac{C}{2},$ 于是,$\frac{FG}{FB}=\frac{EG}{EC}.$

又 $\because \angle GFB=\angle GEC,\therefore \triangle GFB\backsim\triangle GEC,$

进而可知 $\triangle IFG\backsim\triangle HEG.$ 于是 $\frac{FB}{EC}=\frac{FG}{EG}=\frac{IF}{HE}=\frac{4}{3}.$

注意到 $BC=FB+EC=21,$ 可得 $FB=12,EC=9.$

设 $AF=AE=x,$ 则在 $\triangle AEF$ 中,由门奈劳斯定理可得

$\frac{AB}{BF}\cdot\frac{FG}{GE}\cdot\frac{EH}{HA}=\frac{x+12}{12}\cdot\frac{4}{3}\cdot\frac{3}{x-3}=1,$ 解得 $x=\frac{21}{2}.$

于是 $\triangle ABC$ 的三边长为 $AC=\frac{39}{2},BC=21,AB=\frac{45}{2}.$

由海伦公式,得 $\triangle ABC$ 的面积为 189.

31. 如图 A.40,设 $\triangle ABC$ 的内切圆半径为 $1,O$ 是三角形的内心,连 $OA,OB,OC,$ 则 OA,OB,OC 分别是 $\triangle ABC$ 3 个内角的平分线.于是有

$$c=AB=\cot\frac{A}{2}+\cot\frac{B}{2},b=AC=\cot\frac{A}{2}+\cot\frac{C}{2},$$

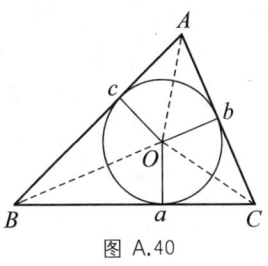

图 A.40

所以

$$S_{\triangle ABC}=\frac{1}{2}\left(\cot\frac{A}{2}+\cot\frac{B}{2}\right)\cdot\left(\cot\frac{A}{2}+\cot\frac{C}{2}\right)\cdot\sin A$$

$$=\frac{\cos\frac{A}{2}\cdot\cos\frac{B}{2}\cdot\cos\frac{C}{2}}{\sin\frac{A}{2}\cdot\sin\frac{B}{2}\cdot\sin\frac{C}{2}}=\frac{1}{\tan\frac{A}{2}\cdot\tan\frac{B}{2}\cdot\tan\frac{C}{2}}.$$

又由 $A+B+C=\pi\Rightarrow\dfrac{A+B}{2}=\dfrac{\pi}{2}-\dfrac{C}{2}$

$$\Rightarrow\tan\left(\frac{A}{2}+\frac{B}{2}\right)=\tan\left(\frac{\pi}{2}-\frac{C}{2}\right)=\frac{1}{\tan\dfrac{C}{2}}$$

$$\Leftrightarrow\frac{\tan\dfrac{A}{2}+\tan\dfrac{B}{2}}{1-\tan\dfrac{A}{2}\cdot\tan\dfrac{B}{2}}=\frac{1}{\tan\dfrac{C}{2}}$$

$$\Leftrightarrow\tan\frac{A}{2}\cdot\tan\frac{B}{2}+\tan\frac{B}{2}\cdot\tan\frac{C}{2}+\tan\frac{C}{2}\cdot\tan\frac{A}{2}=1.$$

$\tan\dfrac{A}{2},\tan\dfrac{B}{2},\tan\dfrac{C}{2}$ 均为正数, 由均值不等式可得

$$\frac{1}{3}=\frac{\tan\dfrac{A}{2}\cdot\tan\dfrac{B}{2}+\tan\dfrac{B}{2}\cdot\tan\dfrac{C}{2}+\tan\dfrac{C}{2}\cdot\tan\dfrac{A}{2}}{3}$$

$$\geq\sqrt[3]{\left(\tan\frac{A}{2}\cdot\tan\frac{B}{2}\cdot\tan\frac{C}{2}\right)^2}\Leftrightarrow\tan\frac{A}{2}\cdot\tan\frac{B}{2}\cdot\tan\frac{C}{2}$$

$$\leq\frac{\sqrt{3}}{9}\Rightarrow\frac{1}{\tan\dfrac{A}{2}\cdot\tan\dfrac{B}{2}\cdot\tan\dfrac{C}{2}}\geq 3\sqrt{3}.$$

当且仅当 $\tan\dfrac{A}{2}\cdot\tan\dfrac{B}{2}=\tan\dfrac{B}{2}\cdot\tan\dfrac{C}{2}=\tan\dfrac{C}{2}\cdot\tan\dfrac{A}{2}$

$$\Leftrightarrow\tan\frac{A}{2}=\tan\frac{B}{2}=\tan\frac{C}{2}$$

$\Leftrightarrow A=B=C=\dfrac{\pi}{3}$ 时, $S_{\triangle ABC}$ 取最小值 $3\sqrt{3}$.

故当三角形为正三角形时面积最小,最小值为 $3\sqrt{3}$.

32. 先证如下引理(1963年莫斯科数学竞赛题): 若 $a,b,c\in\mathbf{R}^+$, 则 $\dfrac{a}{b+c}+$

$$\frac{b}{c+a}+\frac{c}{a+b}\geqslant \frac{3}{2}.$$

由对称性,不妨设

$$a\geqslant b\geqslant c>0, 则 \frac{1}{b+c}\geqslant \frac{1}{c+a}\geqslant \frac{1}{a+b},$$

所以(顺序和) $\dfrac{a}{b+c}+\dfrac{b}{c+a}+\dfrac{c}{a+b}\geqslant \dfrac{b}{b+c}+\dfrac{c}{c+a}+\dfrac{a}{a+b}$(乱序和),

(顺序和) $\dfrac{a}{b+c}+\dfrac{b}{c+a}+\dfrac{c}{a+b}\geqslant \dfrac{c}{b+c}+\dfrac{a}{c+a}+\dfrac{b}{a+b}$(乱序和).

将以上两式相加即得 $\dfrac{a}{b+c}+\dfrac{b}{c+a}+\dfrac{c}{a+b}\geqslant \dfrac{3}{2}$.

回到原题.在锐角三角形 ABC 中,

$$\frac{\cos(B-C)}{\cos A}=-\frac{\cos(B-C)}{\cos(B+C)}=\frac{\sin B\cdot\sin C+\cos B\cdot\cos C}{\sin B\cdot\sin C-\cos B\cdot\cos C}$$

$$=\frac{\tan B\cdot\tan C+1}{\tan B\cdot\tan C-1}=\frac{\tan A\cdot\tan B\cdot\tan C+\tan A}{\tan A\cdot\tan B\cdot\tan C-\tan A}$$

$$=\frac{2\tan A+\tan B+\tan C}{\tan B+\tan C}=\frac{2\tan A}{\tan B+\tan C}+1.$$

同理,
$$\frac{\cos(C-A)}{\cos B}=\frac{2\tan B}{\tan C+\tan A}+1,$$

$$\frac{\cos(A-B)}{\cos C}=\frac{2\tan C}{\tan A+\tan B}+1,$$

所以原不等式等价于

$$3+2\left(\frac{\tan A}{\tan B+\tan C}+\frac{\tan B}{\tan C+\tan A}+\frac{\tan C}{\tan A+\tan B}\right)\geqslant 6,$$

即只需证 $\dfrac{\tan A}{\tan B+\tan C}+\dfrac{\tan B}{\tan C+\tan A}+\dfrac{\tan C}{\tan A+\tan B}\geqslant \dfrac{3}{2}$.

由引理知上述不等式成立.

33. 构造两个向量:

$$\vec{a}=\left(\frac{\sin^2\alpha}{\sqrt{\sin\alpha\cdot\sin\beta}},\frac{\sin^2\beta}{\sqrt{\sin\beta\cdot\sin\gamma}},\frac{\sin^2\gamma}{\sqrt{\sin\gamma\cdot\sin\alpha}}\right),$$

$$\vec{b}=(\sqrt{\sin\alpha\cdot\sin\beta},\sqrt{\sin\beta\cdot\sin\gamma},\sqrt{\sin\gamma\cdot\sin\alpha}).$$

由数量积不等式 $|\vec{a}|^2\times|\vec{b}|^2\geqslant(\vec{a}\cdot\vec{b})^2$,即

$$\left(\frac{\sin^4\alpha}{\sin\alpha\cdot\sin\beta}+\frac{\sin^4\beta}{\sin\beta\cdot\sin\gamma}+\frac{\sin^4\gamma}{\sin\gamma\cdot\sin\alpha}\right)(\sin\alpha\cdot\sin\beta+\sin\beta\cdot\sin\gamma+\sin\gamma\cdot\sin\alpha)$$

$$\geqslant (\sin^2\alpha + \sin^2\beta + \sin^2\gamma)^2,$$

$$\therefore \quad \frac{\sin^3\alpha}{\sin\beta} + \frac{\sin^3\beta}{\sin\gamma} + \frac{\sin^3\gamma}{\sin\alpha} \geqslant \frac{(\sin^2\alpha + \sin^2\beta + \sin^2\gamma)^2}{\sin\alpha \cdot \sin\beta + \sin\beta \cdot \sin\gamma + \sin\gamma \cdot \sin\alpha}$$

$$\geqslant \frac{(\sin^2\alpha + \sin^2\beta + \sin^2\gamma)^2}{\sin^2\alpha + \sin^2\beta + \sin^2\gamma} = \sin^2\alpha + \sin^2\beta + \sin^2\gamma = 1.$$

34. 连 PD, QE. 设 $\angle ACD = \alpha, \angle BCE = \beta, \angle DCE = \gamma, \odot CDE$ 的半径为 R.

$\because \angle ACB = 90°, \quad \therefore \quad PQ = 2R, PD = 2R\sin\alpha, QE = 2R\sin\beta.$

$\because \angle ADP = \angle ACE, \angle A$ 为公共角, $\therefore \quad \triangle ADP \backsim \triangle ACE,$

$$AP = PD \cdot \frac{AE}{CE} = 2R\sin\alpha \cdot \frac{\sin(\alpha+\gamma)}{\sin A}.$$

同理, $BQ = 2R\sin\beta \cdot \dfrac{\sin(\beta+\gamma)}{\sin B}.$

$\because \angle A = \angle B = 45°, \alpha + \beta + \gamma = 90°,$

$$\sin(\alpha+\gamma) = \cos\beta, \sin(\beta+\gamma) = \cos\alpha,$$

$\therefore AP + BQ = 2\sqrt{2}\sin\alpha \cdot \cos\beta + 2\sqrt{2}\sin\beta \cdot \cos\alpha = 2\sqrt{2}\sin(\alpha+\beta).$

(1) 当 $\angle DCE = 45°$ 时, $\alpha + \beta = 45°$, 则

$$AP + BQ = 2\sqrt{2}R \cdot \frac{1}{\sqrt{2}} = 2R = PQ.$$

(2) 当 $AP + BQ = PQ$ 时, $2\sqrt{2}R\sin(\alpha+\beta) = 2R, \sin(\alpha+\beta) = \dfrac{1}{\sqrt{2}}.$

$\because 0° < \alpha + \beta < 90°, \quad \therefore \quad \alpha + \beta = 45°,$ 从而 $\angle DCE = \gamma = 45°.$

35. (1) 在 $\triangle ABC$ 中,

$h_a = b\sin C = 2R\sin B \cdot \sin C, h_b = 2R\sin A \cdot \sin C, h_c = 2R\sin A \cdot \sin B,$

$$\therefore \sum \frac{\cos A}{h_a} = \sum \frac{\cos A}{2R\sin B \cdot \sin C} = \frac{1}{4R}\sum \frac{2\sin A \cdot \cos A}{\sin A \cdot \sin B \cdot \sin C}$$

$$= \frac{1}{4R}\sum \frac{\sin 2A}{\sin A \cdot \sin B \cdot \sin C} = \frac{1}{4R} \cdot \frac{4\sin A \cdot \sin B \cdot \sin C}{\sin A \cdot \sin B \cdot \sin C} = \frac{1}{R}.$$

(2) 在 $\triangle ABC$ 中, $\sin A \cdot \sin B \cdot \sin C = \dfrac{\frac{1}{2}ab\sin C}{2R^2} = \dfrac{\Delta}{2R^2} = \dfrac{pr}{2R^2}$ (Δ 表示 $\triangle ABC$ 的面积).

又 $R = \dfrac{abc}{4\Delta}, r = \dfrac{\Delta}{p}, Rr = \dfrac{abc}{4p},$ 于是

$$p^2 - 4Rr - r^2 = p^2 - \frac{abc}{p} - \frac{\Delta^2}{p^2}$$

$$= p^2 - \frac{abc}{p} - \frac{(p-a)(p-b)(p-c)}{p}$$

$$= \frac{1}{p}(p^3 - abc - (p^3 - (a+b+c)p^2 + (ab+bc+ca)p - abc))$$

$$= (a+b+c)p - (ab+bc+ca)$$

$$= \frac{1}{2}((a+b+c)^2 - 2(ab+bc+ca))$$

$$= \frac{1}{2}\sum a^2.$$

$$\therefore \quad \sum \sin^2 A = \sum \frac{a^2}{4R^2} = \frac{p^2 - 4Rr - r^2}{2R^2}.$$

$$\sum \frac{\sin A}{h_a} = \sum \frac{\sin A}{2R \sin B \cdot \sin C} = \frac{\sum \sin^2 A}{2R \sin A \cdot \sin B \cdot \sin C}$$

$$= \frac{\frac{p^2 - 4Rr - r^2}{2R^2}}{\frac{pr}{R}} = \frac{p^2 - 4Rr - r^2}{2pRr}.$$

36. 先证一个引理:设 O 为 $\triangle ABC$ 的外心,P 为 $\triangle ABC$ 外接圆上一点,$PO = d$,过 P 作 PD, PE, PF 分别与 BC, CA, AB 垂直,垂足依次为 D, E, F,又设 R 为 $\triangle ABC$ 的外接圆半径,则 $\triangle DEF$ 的面积 $S_{\triangle DEF} = \frac{1}{2}(R^2 - d^2) \sin A \cdot \sin B \cdot \sin C.$

连 AP 延长交 $\odot O$ 于点 A'.

$\because \quad PE \perp AC, PF \perp AB,\quad \therefore \quad EF = AP \sin A.$ \hfill (9)

同理, $\qquad\qquad FD = BP \sin B,$ \hfill (10)

$\qquad\qquad\qquad ED = CP \sin C.$ \hfill (11)

在 $\triangle PBA'$ 中,由正弦定理,得

$$\frac{PB}{PA'} = \frac{\sin \angle PA'B}{\sin \angle PBA'} = \frac{\sin C}{\sin \angle PBA'}, \tag{12}$$

由式(11)(12)得 $PB = PA' \dfrac{\sin C}{\sin \angle EFD},$ \hfill (13)

由式(10)(13)得 $FD = PA' \dfrac{\sin B \cdot \sin C}{\sin \angle EFD},$ \hfill (14)

由式(9)(14)得

$$S_{\triangle DEF} = \frac{1}{2} EF \cdot FD \cdot \sin \angle EFD = \frac{1}{2} PA \cdot PA' \cdot \sin A \cdot \sin B \cdot \sin C$$

$$= \frac{1}{2}(R^2 - d^2) \cdot \sin A \cdot \sin B \cdot \sin C.$$

下面证明原题. 因为 $\triangle ABC$ 是正三角形, 所以 $d_1 + d_2 + d_3 = 3r$. 由引理,

$$S_{\triangle DEF} = \frac{\sqrt{3}}{4}(d_1 d_2 + d_2 d_3 + d_3 d_1) = \frac{1}{2}(R^2 - d^2) \cdot \sin A \cdot \sin B \cdot \sin C$$

$$= \frac{1}{12}\left((2r)^2 - \left(\frac{1}{2}r\right)^2\right) \cdot \sin A \cdot \sin B \cdot \sin C = \frac{45\sqrt{3}}{64}r,$$

$$d_1 d_2 + d_2 d_3 + d_3 d_1 = \frac{45}{16}r^2.$$

由海伦公式可得

$$(\sqrt{d_1} + \sqrt{d_2} + \sqrt{d_3})(\sqrt{d_1} + \sqrt{d_2} - \sqrt{d_3})(\sqrt{d_1} - \sqrt{d_2} + \sqrt{d_3})(-\sqrt{d_1} + \sqrt{d_2} + \sqrt{d_3})$$

$$= 2(d_1 d_2 + d_2 d_3 + d_3 d_1) - (d_1^2 + d_2^2 + d_3^2)$$

$$= -(d_1 + d_2 + d_3)^2 + 4(d_1 d_2 + d_2 d_3 + d_3 d_1) = \frac{9}{4}r^2 > 0,$$

故 $(\sqrt{d_1} + \sqrt{d_2} - \sqrt{d_3})(\sqrt{d_1} - \sqrt{d_2} + \sqrt{d_3})(-\sqrt{d_1} + \sqrt{d_2} + \sqrt{d_3}) > 0.$
因此必有 $\sqrt{d_1}, \sqrt{d_2}, \sqrt{d_3}$ 中任意两个之和大于第三个, 从而 $\sqrt{d_1}, \sqrt{d_2}, \sqrt{d_3}$ 可以构成一个三角形的 3 条边.

37. 不妨设 $\theta_1 \geq \theta_2 \geq \theta_3$. 由 $\tan \theta_1 \cdot \tan \theta_2 \cdot \tan \theta_3 = 2\sqrt{2}$, 得

$$\cos \theta_1 = \frac{1}{\sqrt{1 + \tan^2 \theta_1}} = \frac{1}{\sqrt{1 + \dfrac{8}{\tan^2 \theta_2 \cdot \tan^2 \theta_3}}}$$

$$= \frac{\tan \theta_2 \cdot \tan \theta_3}{\sqrt{8 + \tan^2 \theta_2 \cdot \tan^2 \theta_3}}$$

$$= \frac{\sin \theta_2 \cdot \sin \theta_3}{\sqrt{8\cos^2 \theta_2 \cdot \cos^2 \theta_3 + \sin^2 \theta_2 \cdot \sin^2 \theta_3}}.$$

又 $\cos \theta_i = \sqrt{1 - \sin^2 \theta_i} < 1 - \dfrac{1}{2}\sin^2 \theta_i (i = 2, 3)$,

所以 $\cos \theta_2 + \cos \theta_3 < 2 - \dfrac{1}{2}\sin^2 \theta_2 - \dfrac{1}{2}\sin^2 \theta_3 \leq 2 - \sin \theta_2 \cdot \sin \theta_3,$

$$\cos\theta_1 + \cos\theta_2 + \cos\theta_3$$
$$< 2 - \sin\theta_2 \cdot \sin\theta_3 \left(1 - \frac{1}{\sqrt{8\cos^2\theta_2 \cdot \cos^2\theta_3 + \sin^2\theta_2 \cdot \sin^2\theta_3}}\right). \quad (15)$$

而 $8\cos^2\theta_2 \cdot \cos^2\theta_3 + \sin^2\theta_2 \cdot \sin^2\theta_3 \geqslant 1$

$$\Leftrightarrow 8 + \tan^2\theta_2 \cdot \tan^2\theta_3 \geqslant \frac{1}{\cos^2\theta_2 \cdot \cos^2\theta_3} = (1+\tan^2\theta_2)(1+\tan^2\theta_3)$$

$$\Leftrightarrow \tan^2\theta_2 + \tan^2\theta_3 \leqslant 7. \quad (16)$$

若式(16)成立,则由式(15)可得 $\cos\theta_1 + \cos\theta_2 + \cos\theta_3 < 2$.

若式(16)不成立,则

$$\tan^2\theta_2 + \tan^2\theta_3 > 7 \Rightarrow \tan^2\theta_1 \geqslant \tan^2\theta_2 > \frac{7}{2} \Rightarrow \cos\theta_1 \leqslant \cos\theta_2 < \frac{\sqrt{2}}{3},$$

$$\therefore \quad \cos\theta_1 + \cos\theta_2 + \cos\theta_3 < \frac{2\sqrt{2}}{3} + 1 < 2.$$

38. (1) $\quad 8\sin\dfrac{A}{2} \cdot \sin\dfrac{B}{2} \cdot \sin\dfrac{C}{2} = \dfrac{\sin A \cdot \sin B \cdot \sin C}{\cos\dfrac{A}{2} \cdot \cos\dfrac{B}{2} \cdot \cos\dfrac{C}{2}}$

$$= \frac{\sqrt{\sin A \cdot \sin B} \cdot \sqrt{\sin B \cdot \sin C} \cdot \sqrt{\sin C \cdot \sin A}}{\cos\dfrac{A}{2} \cdot \cos\dfrac{B}{2} \cdot \cos\dfrac{C}{2}}$$

$$\leqslant \frac{\dfrac{\sin A + \sin B}{2} \cdot \dfrac{\sin B + \sin C}{2} \cdot \dfrac{\sin C + \sin A}{2}}{\cos\dfrac{A}{2} \cdot \cos\dfrac{B}{2} \cdot \cos\dfrac{C}{2}}$$

$$= \frac{\sin\dfrac{A+B}{2} \cdot \cos\dfrac{A-B}{2} \cdot \sin\dfrac{B+C}{2} \cdot \cos\dfrac{B-C}{2} \cdot \sin\dfrac{C+A}{2} \cdot \cos\dfrac{C-A}{2}}{\cos\dfrac{A}{2} \cdot \cos\dfrac{B}{2} \cdot \cos\dfrac{C}{2}}$$

$$= \cos\dfrac{A-B}{2} \cdot \cos\dfrac{B-C}{2} \cdot \cos\dfrac{C-A}{2}.$$

由证明过程易见,当且仅当 $A = B = C$ 时等号成立.

(2) 1° 当 $\triangle ABC$ 为钝角三角形或直角三角形时,显然有

$$8\cos A \cdot \cos B \cdot \cos C \leqslant \cos^2\dfrac{A-B}{2} \cdot \cos^2\dfrac{B-C}{2} \cdot \cos^2\dfrac{C-A}{2}.$$

2° 当 $\triangle ABC$ 为锐角三角形时,$\cos A, \cos B, \cos C > 0$,由均值不等式及和差化积公式有:

$$8\cos A \cdot \cos B \cdot \cos C = 2\sqrt{\cos A \cdot \cos B} \cdot 2\sqrt{\cos B \cdot \cos C} \cdot 2\sqrt{\cos C \cdot \cos A}$$

$$\leq (\cos A + \cos B)(\cos B + \cos C)(\cos C + \cos A)$$

$$= 2\cos\frac{A+B}{2} \cdot \cos\frac{A-B}{2} \cdot 2\cos\frac{B+C}{2} \cdot \cos\frac{B-C}{2} \cdot 2\cos\frac{C+A}{2} \cdot \cos\frac{C-A}{2}$$

$$= \left(8\sin\frac{C}{2} \cdot \sin\frac{A}{2} \cdot \sin\frac{B}{2}\right) \cdot \left(\cos\frac{A-B}{2} \cdot \cos\frac{B-C}{2} \cdot \cos\frac{C-A}{2}\right)$$

$$\leq \cos^2\frac{A-B}{2} \cdot \cos^2\frac{B-C}{2} \cdot \cos^2\frac{C-A}{2}.$$

由证明过程易见，当且仅当 $A=B=C$ 时等号成立．

39. 因 $\dfrac{a}{h_a} = \cot B + \cot C$ 等三式成立，故原式等价于

$$\frac{1}{\cot B + \cot C} + \frac{1}{\cot C + \cot A} + \frac{1}{\cot A + \cot B} \geq \frac{5}{2}.$$

令 $x = \cot A, y = \cot B, z = \cot C$，由 $\triangle ABC$ 为非钝角三角形知，上式等价于当 $x \geq 0, y \geq 0, z \geq 0$，且 $xy + yz + zx = 1$ 时，有

$$\frac{1}{y+z} + \frac{1}{z+x} + \frac{1}{x+y} \geq \frac{5}{2}.$$

由对称性，不妨设 $x \geq y \geq z \geq 0$，则

$$0 \leq yz \leq \frac{1}{3}, x = \frac{1-yz}{y+z}.$$

于是上式进一步等价于

$$2((z+x)(x+y) + (x+y)(y+z) + (y+z)(z+x))$$
$$\geq 5(y+z)(z+x)(x+y)$$
$$\Leftrightarrow 2(x^2 + y^2 + z^2 + 3(yz + zx + xy)) \geq$$
$$\quad 5((x+y+z)(xy+yz+zx) - xyz)$$
$$\Leftrightarrow 2((x+y+z)^2 + 1) \geq 5(x+y+z - xyz)$$
$$\Leftrightarrow 2(x+y+z)^2 - 5(x+y+z) + 2 + 5xyz \geq 0$$
$$\Leftrightarrow 2((x+y+z) - 2)^2 + 3(x+y+z) + 5xyz - 6 \geq 0$$
$$\Leftrightarrow 2((x+y+z) - 2)^2 + \frac{3(1-yz)}{y+z} + 3(y+z) + 5 \cdot \frac{1-yz}{y+z} \cdot yz - 6 \geq 0$$
$$\Leftrightarrow 2((x+y+z) - 2)^2 + \frac{1}{y+z}(3(y+z)^2 - 6(y+z) + 3 + 2yz - 5(yz)^2) \geq 0$$
$$\Leftrightarrow 2((x+y+z) - 2)^2 + \frac{1}{y+z}(3(y+z-1)^2 + yz(2-5yz)) \geq 0.$$

因为 $yz \leqslant \dfrac{1}{3} < \dfrac{2}{5}, 2-5yz > 0$，又 $yz \geqslant 0, \dfrac{1}{y+z} > 0$，

所以上面最后一式成立，从而原不等式成立.

40. 由对称性，不妨设 $\alpha \leqslant \beta \leqslant \gamma, \alpha, \beta, \gamma$ 所对的边分别为 a, b, c. 由正弦定理，$\dfrac{a}{\sin \alpha} = \dfrac{b}{\sin \beta} = \dfrac{c}{\sin \gamma}$，$\therefore$ $\sin \alpha \leqslant \sin \beta \leqslant \sin \gamma$，

$\therefore$ $\dfrac{1}{\beta} \leqslant \dfrac{1}{\alpha}, \sin \alpha - \sin \beta \leqslant 0$，$\therefore$ $\left(\dfrac{1}{\beta} - \dfrac{1}{\alpha}\right)(\sin \alpha - \sin \beta) \geqslant 0$.

将上式整理得 $\qquad \dfrac{\sin \alpha}{\beta} + \dfrac{\sin \beta}{\alpha} \geqslant \dfrac{\sin \alpha}{\alpha} + \dfrac{\sin \beta}{\beta}$，$\qquad$ (17)

同理，$\qquad\qquad \dfrac{\sin \alpha}{\gamma} + \dfrac{\sin \gamma}{\alpha} \geqslant \dfrac{\sin \alpha}{\alpha} + \dfrac{\sin \gamma}{\gamma}$，$\qquad$ (18)

$\qquad\qquad\qquad \dfrac{\sin \beta}{\gamma} + \dfrac{\sin \gamma}{\beta} \geqslant \dfrac{\sin \beta}{\beta} + \dfrac{\sin \gamma}{\gamma}$. $\qquad$ (19)

(17)+(18)+(19) 得

$$\left(\dfrac{1}{\beta} + \dfrac{1}{\gamma}\right) \sin \alpha + \left(\dfrac{1}{\alpha} + \dfrac{1}{\gamma}\right) \sin \beta + \left(\dfrac{1}{\alpha} + \dfrac{1}{\beta}\right) \sin \gamma$$

$$\geqslant 2 \left(\dfrac{\sin \alpha}{\alpha} + \dfrac{\sin \beta}{\beta} + \dfrac{\sin \gamma}{\gamma}\right).$$

$\because$ $\alpha, \beta, \gamma > 0, \sin \alpha, \sin \beta, \sin \gamma > 0$，

$\therefore$ $u = \dfrac{\left(\dfrac{1}{\beta} + \dfrac{1}{\gamma}\right) \sin \alpha + \left(\dfrac{1}{\gamma} + \dfrac{1}{\alpha}\right) \sin \beta + \left(\dfrac{1}{\alpha} + \dfrac{1}{\beta}\right) \sin \gamma}{\dfrac{\sin \alpha}{\alpha} + \dfrac{\sin \beta}{\beta} + \dfrac{\sin \gamma}{\gamma}} \geqslant 2$，$\therefore$ $u_{\min} = 2$.

41. 设 $x = \sin^3 \alpha, y = \sin^3 \beta, z = \sin^3 \gamma$，则原题等价于

$x, y, z > 0, x + y + z = 1$，证明：$\dfrac{x^{\frac{2}{3}}}{1 - x^{\frac{2}{3}}} + \dfrac{y^{\frac{2}{3}}}{1 - y^{\frac{2}{3}}} + \dfrac{z^{\frac{2}{3}}}{1 - z^{\frac{2}{3}}} \geqslant \dfrac{3}{\sqrt[3]{9} - 1}$.

记 $f(x) = \dfrac{x^{\frac{2}{3}}}{1 - x^{\frac{2}{3}}}$，则 $f(x)$ 在 $0 < x < 1$ 的导数为 $f'(x) = \dfrac{\frac{2}{3} x^{-\frac{1}{3}}}{(1 - x^{\frac{2}{3}})^2}$，此时 $f(x)$ 在 $x = \dfrac{1}{3}$ 处的切线方程为：

$$y = \dfrac{\frac{2}{3} \left(\dfrac{1}{3}\right)^{-\frac{1}{3}}}{\left(1 - \left(\dfrac{1}{3}\right)^{\frac{2}{3}}\right)^2} \left(x - \dfrac{1}{3}\right) + \dfrac{\left(\dfrac{1}{3}\right)^{\frac{2}{3}}}{1 - \left(\dfrac{1}{3}\right)^{\frac{2}{3}}}.$$

考虑用切线的值去估计曲线 $f(x)$ 的值,以便"化曲为直",于是猜想,当 $0<x<1$ 时,

$$\frac{x^{\frac{2}{3}}}{1-x^{\frac{2}{3}}} \geq \frac{\frac{2}{3}\left(\frac{1}{3}\right)^{-\frac{1}{3}}}{\left(1-\left(\frac{1}{3}\right)^{\frac{2}{3}}\right)^2}\left(x-\frac{1}{3}\right)+\frac{\left(\frac{1}{3}\right)^{\frac{2}{3}}}{1-\left(\frac{1}{3}\right)^{\frac{2}{3}}}. \tag{20}$$

令 $p=x^{\frac{1}{3}}, q=\left(\frac{1}{3}\right)^{\frac{1}{3}}$,则 $0<p, q<1$,于是

式(20) $\Leftrightarrow \dfrac{p^2}{1-p^2}-\dfrac{q^2}{1-q^2} \geq \dfrac{2(p^3-q^3)}{3q(1-q^2)^2}$

$\Leftrightarrow \dfrac{p^2-q^2}{(1-p^2)(1-q^2)} \geq \dfrac{2(p^3-q^3)}{3q(1-q^2)^2}$

$\Leftrightarrow 3q(1-q^2)^2(p^2-q^2) \geq 2(p^3-q^3)(1-p^2)(1-q^2)$

$\Leftrightarrow (p-q)^2(1-q^2)((2p^3+4p^2q)+(3q^2-1)(2p+q)) \geq 0$.

而 $1-q^2>0, (p-q)^2 \geq 0, (2p^3+4p^2q)+(3q^2-1)(2p+q)>0$,

所以式(20)成立.

当且仅当 $p=q$,即 $x=\dfrac{1}{3}$ 时,等号成立.

故 $\dfrac{x^{\frac{2}{3}}}{1-x^{\frac{2}{3}}}+\dfrac{y^{\frac{2}{3}}}{1-y^{\frac{2}{3}}}+\dfrac{z^{\frac{2}{3}}}{1-z^{\frac{2}{3}}}$

$\geq \dfrac{\frac{2}{3}\left(\frac{1}{3}\right)^{-\frac{1}{3}}}{\left(1-\left(\frac{1}{3}\right)^{\frac{2}{3}}\right)^2}(x+y+z-1)+\dfrac{3\left(\frac{1}{3}\right)^{\frac{2}{3}}}{1-\left(\frac{1}{3}\right)^{\frac{2}{3}}}=\dfrac{3}{\sqrt[3]{9}-1}$,

当且仅当 $x=y=z=\dfrac{1}{3}$ 时等号成立. 从而原命题成立.

42. 由(i)得
$$\sqrt{a}>\frac{\sin\theta\cdot\cos\theta}{\sin\theta+\cos\theta}. \tag{21}$$

不妨设 $\dfrac{a}{\sin^2\theta}+\dfrac{a}{\cos^2\theta} \leq 1$.

(ii) 等价于:存在 $x \in \left[1-\dfrac{\sqrt{a}}{\sin\theta}, \dfrac{\sqrt{a}}{\cos\theta}\right]$,满足

$$2(1-x)\sin\theta\cdot\sqrt{a-x^2\cos^2\theta}+2x\cos\theta\cdot\sqrt{a-(1-x)^2\sin^2\theta} \geq a,$$

即 $2\sin\theta\cdot\cos\theta\cdot\left((1-x)\sqrt{\dfrac{a}{\cos^2\theta}-x^2}+x\sqrt{\dfrac{a}{\sin^2\theta}-(1-x)^2}\right) \geq a.$ (22)

先证一个引理:设 $0<p<1,0<q<1,p+q>1,p^2+q^2\leqslant 1$,

$$f(x)=(1-x)\sqrt{p^2-x^2}+x\sqrt{q^2-(1-x)^2}\ (1-q\leqslant x\leqslant p),$$

则当 $\sqrt{p^2-x^2}=\sqrt{q^2-(1-x)^2}$,即

$$x=\frac{p^2-q^2+1}{2}\in[1-q,p]\text{时},f(x)\text{达到最大值}.$$

由于 $1-q\leqslant x\leqslant p$,因此可令

$$x=p\sin\alpha,1-x=q\sin\beta,0<\alpha<\frac{\pi}{2},0<\beta<\frac{\pi}{2},\alpha+\beta<\pi.$$

于是,有 $f(x)=pq(\sin\beta\cdot\cos\alpha+\sin\alpha\cdot\cos\beta)=pq\sin(\alpha+\beta)$,

$\cos(\alpha+\beta)=\cos\alpha\cdot\cos\beta-\sin\alpha\cdot\sin\beta$

$$=\frac{\sqrt{p^2-x^2}\sqrt{q^2-(1-x)^2}-x(1-x)}{pq}.$$

由于

$$2(\sqrt{p^2-x^2}\sqrt{q^2-(1-x)^2}-x(1-x))$$
$$=-(\sqrt{p^2-x^2}-\sqrt{q^2-(1-x)^2})^2+p^2+q^2-x^2-(1-x)^2$$
$$-2x(1-x)$$
$$=p^2+q^2-1-(\sqrt{p^2-x^2}-\sqrt{q^2-(1-x)^2})^2\leqslant 0,$$

从而,$\frac{\pi}{2}\leqslant\alpha+\beta\leqslant\pi.$

同时,当且仅当 $\sqrt{p^2-x^2}=\sqrt{q^2-(1-x)^2}$,即 $x=\frac{p^2-q^2+1}{2}\in[1-q,p]$ 时,$\cos(\alpha+\beta)$ 达到最大值 $\frac{p^2+q^2-1}{2pq}\leqslant 0.$

因为在 $\left[\frac{\pi}{2},\pi\right]$ 上正弦函数单调递减,所以 $f(x)=pq\sin(\alpha+\beta)$ 也当且仅当 $x=\frac{p^2-q^2+1}{2}$ 时达到最大值.

由引理可知,式(22)左端当且仅当

$$\sqrt{\frac{a}{\cos^2\theta}-x^2}=\sqrt{\frac{a}{\sin^2\theta}-(1-x)^2},$$

即 $x=\frac{1}{2}\left(\frac{a}{\cos^2\theta}-\frac{a}{\sin^2\theta}+1\right)\in\left[1-\frac{\sqrt{a}}{\sin\theta},\frac{\sqrt{a}}{\cos\theta}\right]$

时,达到最大值 $2\sin\theta\cdot\cos\theta\sqrt{\frac{a}{\cos^2\theta}-\frac{1}{4}\left(\frac{a}{\cos^2\theta}-\frac{a}{\sin^2\theta}+1\right)^2}$,

即
$$\sin\theta \cdot \cos\theta \sqrt{\frac{4a}{\cos^2\theta} - \left(\frac{a}{\cos^2\theta} - \frac{a}{\sin^2\theta} + 1\right)^2}.$$

由式(22)知,所求的 a 是满足下式且满足式(21)的最小的 a:

$$\sqrt{\frac{4a}{\cos^2\theta} - \left(\frac{a}{\cos^2\theta} - \frac{a}{\sin^2\theta} + 1\right)^2} \geqslant \frac{a}{\cos\theta \cdot \sin\theta},$$

即
$$a^2\left(\frac{1}{\cos^4\theta} + \frac{1}{\sin^4\theta} - \frac{1}{\cos^2\theta \cdot \sin^2\theta}\right) - 2\left(\frac{1}{\cos^2\theta} + \frac{1}{\sin^2\theta}\right)a + 1 \leqslant 0. \quad (23)$$

因为 $\dfrac{1}{\cos^4\theta} + \dfrac{1}{\sin^4\theta} - \dfrac{1}{\cos^2\theta \cdot \sin^2\theta} = \dfrac{1 - 3\sin^2\theta \cdot \cos^2\theta}{\sin^4\theta \cdot \cos^4\theta} > 0,$

式(23)的左端的根为

$$\frac{\sin^4\theta \cdot \cos^4\theta}{1 - 3\sin^2\theta \cdot \cos^2\theta}\left[\frac{1}{\cos^2\theta} + \frac{1}{\sin^2\theta} \pm \sqrt{\left(\frac{1}{\cos^2\theta} + \frac{1}{\sin^2\theta}\right)^2 - \frac{1}{\cos^4\theta} - \frac{1}{\sin^4\theta} + \frac{1}{\sin^2\theta \cdot \cos^2\theta}}\right]$$

$$= \frac{\sin^2\theta \cdot \cos^2\theta}{1 \mp \sqrt{3}\sin\theta \cdot \cos\theta},$$

所以,由式(23)可得

$$\frac{\sin^2\theta \cdot \cos^2\theta}{1 + \sqrt{3}\sin\theta \cdot \cos\theta} \leqslant a \leqslant \frac{\sin^2\theta \cdot \cos^2\theta}{1 - \sqrt{3}\sin\theta \cdot \cos\theta}.$$

由于
$$\frac{\sin^2\theta \cdot \cos^2\theta}{(\sin\theta + \cos\theta)^2} < \frac{\sin^2\theta \cdot \cos^2\theta}{1 + \sqrt{3}\sin\theta \cdot \cos\theta},$$

因此,当 $a = \dfrac{\sin^2\theta \cdot \cos^2\theta}{1 + \sqrt{3}\sin\theta \cdot \cos\theta}$ 时满足式(21).

故所求的
$$a = \frac{\sin^2\theta \cdot \cos^2\theta}{1 + \sqrt{3}\sin\theta \cdot \cos\theta}.$$

43. 记 $f_n = \dfrac{\sin nx}{\sin x} (n = 1, 2, \cdots)$,则

$$f_k^2 - f_{k-1}^2 = \frac{\sin^2 kx}{\sin^2 x} - \frac{\sin^2(k-1)x}{\sin^2 x}$$

$$= \frac{(\sin kx - \sin(k-1)x)(\sin kx + \sin(k-1)x)}{\sin^2 x}$$

$$= \frac{2\sin\dfrac{x}{2} \cdot \cos\dfrac{2k-1}{2}x \cdot 2\sin\dfrac{2k-1}{2}x \cdot \cos\dfrac{x}{2}}{\sin^2 x}$$

$$= \frac{\sin(2k-1)x}{\sin x} = f_{2k-1}. \quad (24)$$

$$2x \leqslant 2kx \leqslant 2nx < \frac{\pi}{2} < \pi \Rightarrow x \leqslant (2k-1)x < \pi - x,$$

$\therefore \sin(k-1)x \geqslant \sin x, f_k^2 - f_{k-1}^2 \geqslant 1 (k=2,3,\cdots).$

$$f_n^2 = (f_n^2 - f_{n-1}^2) + (f_{n-1}^2 - f_{n-2}^2) + \cdots + (f_2^2 - f_1^2) + f_1^2$$
$$\geqslant 1 + 1 + \cdots + 1 = n,$$

$\therefore f_n \geqslant \sqrt{n} \left(0 < nx < \frac{\pi}{2}\right).$ \hfill (25)

由式(24)(25)得
$$f_k^2 - f_{k-1}^2 \geqslant \sqrt{2k-1} (k=2,3,\cdots).$$

$\therefore f_n^2 = (f_n^2 - f_{n-1}^2) + (f_{n-1}^2 - f_{n-2}^2) + \cdots + (f_2^2 - f_1^2) + f_1^2$
$$\geqslant \sqrt{2n-1} + \sqrt{2n-3} + \cdots + \sqrt{3} + 1 = \sum_{k=1}^{n} \sqrt{2k-1}.$$

下面用数学归纳法证明：
$$\sum_{k=1}^{n} \sqrt{2k-1} \geqslant \frac{2n-1}{3} \sqrt{2n-1}, n \in \mathbf{N}^*. \tag{26}$$

当 $n=1$ 时，式(26)成立.

要证明 $n=k+1$ 时，式(26)成立，只需要证明
$$\frac{2k-1}{3} \sqrt{2k-1} + \sqrt{2k+1} \geqslant \frac{2(k+1)-1}{3} \sqrt{2(k+1)-1}$$
$$\Leftrightarrow \frac{2k-1}{3} \sqrt{2k-1} \geqslant \frac{2k-2}{3} \sqrt{2k+1}$$
$$\Leftrightarrow (2k-1) \sqrt{2k-1} \geqslant (2k-2) \sqrt{2k+1}$$
$$\Leftrightarrow 8k^3 - 12k^2 + 6k - 1 \geqslant 8k^3 - 12k^2 + 4,$$

最后一式显然成立.

故 $\dfrac{\sin nx}{\sin x} \geqslant \dfrac{\sqrt{3}}{3}(2n-1)^{\frac{3}{4}}.$

44. 由正弦定理，

$$(a+b)\left(\frac{1}{a} + \frac{1}{b} + \frac{1}{c}\right) - 4 - \frac{1}{\sin \frac{C}{2}}$$

$$= (\sin A + \sin B)\left(\frac{\sin A + \sin B}{\sin A \cdot \sin B} + \frac{1}{\sin C}\right) - 4 - \frac{1}{\sin \frac{C}{2}}$$

$$= \frac{(\sin A + \sin B)^2}{\sin A \cdot \sin B} - 4 + \frac{\sin A + \sin B}{\sin C} - \frac{1}{\sin \frac{C}{2}}$$

$$= \frac{(\sin A - \sin B)^2}{\sin A \cdot \sin B} + \frac{\cos \frac{A-B}{2}}{\sin \frac{C}{2}} - \frac{1}{\sin \frac{C}{2}}$$

$$= \frac{4\cos^2 \frac{A+B}{2} \cdot \sin^2 \frac{A-B}{2}}{\frac{1}{2}(\cos(A-B) - \cos(A+B))} - \frac{1 - \cos \frac{A-B}{2}}{\sin \frac{C}{2}}$$

$$= \frac{4\cos^2 \frac{A+B}{2} \left(1 - \cos^2 \frac{A-B}{2}\right)}{\cos^2 \frac{A-B}{2} - \cos^2 \frac{A+B}{2}} - \frac{1 - \cos \frac{A-B}{2}}{\sin \frac{C}{2}}$$

$$\geqslant \frac{4\cos^2 \frac{A+B}{2} \left(1 - \cos \frac{A-B}{2}\right)}{\cos \frac{A-B}{2} - \cos \frac{A+B}{2}} - \frac{1 - \cos \frac{A-B}{2}}{\sin \frac{C}{2}}$$

$$\left(\because \quad 1 + \cos \frac{A-B}{2} \geqslant \cos \frac{A+B}{2} + \cos \frac{A-B}{2}\right)$$

$$= \frac{1 - \cos \frac{A-B}{2}}{\left(\cos \frac{A-B}{2} - \cos \frac{A+B}{2}\right) \sin \frac{C}{2}} \left(4\sin^3 \frac{C}{2} - \cos \frac{A-B}{2} + \sin \frac{C}{2}\right)$$

$$\geqslant \frac{1 - \cos \frac{A-B}{2}}{2\sin \frac{A}{2} \cdot \sin \frac{B}{2} \cdot \sin \frac{C}{2}} \left(4\left(\frac{1}{2}\right)^3 - \cos \frac{A-B}{2} + \frac{1}{2}\right) \left(\because \quad \sin \frac{C}{2} \geqslant \frac{1}{2}\right)$$

$$= \frac{\left(1 - \cos \frac{A-B}{2}\right)^2}{2\sin \frac{A}{2} \cdot \sin \frac{B}{2} \cdot \sin \frac{C}{2}} \geqslant 0.$$

当 $a = b$, $\angle C = 60°$, 即 $a = b = c$ 时, 等号成立.

45. 设 $\triangle ABD$ 的外接圆圆心是 O. 因为 $\triangle ABD$ 是锐角三角形, 所以 O 在 $\triangle ABD$ 的内部. 又 $\angle C = \angle A < 90°$, 所以点 C 在 $\odot O$ 外.

设 $\odot O$ 的半径为 R. 若 $R \leqslant 1$, 从 O 向三边作垂线, 将 $\triangle ABD$ 分为 6 个直角三角形.

$\forall P \in \triangle ABD$,则 P 必落在这 6 个直角三角形的一个内(包括边界). 不妨设 P 在 $\mathrm{Rt}\triangle OAH$ 中,则 $AP \leqslant AO = R \leqslant 1$,所以 P 被 $\odot K_A$ 覆盖,

因此 $\triangle ABD$ 被 $\odot K_A, \odot K_B, \odot K_D$ 覆盖,

即平行四边形 $ABCD$ 被 $\odot K_A, \odot K_B, \odot K_C, \odot K_D$ 覆盖.

若 $R > 1$,因为 $OA = OB = OC = OD = R > 1$,所以点 O 在 $\odot K_A, \odot K_B, \odot K_D$ 外,所以 $\odot K_A, \odot K_B, \odot K_C, \odot K_D$ 覆盖不住点 O. 因此若 $\odot K_A, \odot K_B, \odot K_C, \odot K_D$ 能覆盖平行四边形,必有 $R \leqslant 1$.

以下证明 $R \leqslant 1 \Leftrightarrow a \leqslant \cos\alpha + \sqrt{3}\sin\alpha$.

在 $\triangle ABD$ 中,$BD^2 = 1 + a^2 - 2a\cos\alpha = (2R\sin\alpha)^2$,$R \leqslant 1 \Leftrightarrow a^2 - (2\cos\alpha)a + 1 - 4\sin^2\alpha \leqslant 0$,

$$\Delta = 4\cos^2\alpha - 4 + 16\sin^2\alpha = 12\sin^2\alpha > 0,$$

$$a = \frac{2\cos\alpha \pm \sqrt{12\sin^2\alpha}}{2} = \cos\alpha \pm \sqrt{3}\sin\alpha,$$

所以 $R \leqslant 1 \Leftrightarrow \cos\alpha - \sqrt{3}\sin\alpha \leqslant a \leqslant \cos\alpha + \sqrt{3}\sin\alpha$

$\Leftrightarrow -\sqrt{3}\sin\alpha \leqslant a - \cos\alpha \leqslant \sqrt{3}\sin\alpha$.

作 $DE \perp AB$ 于 E,E 在 AB 上,$a = AB > AE = AD\cos\alpha = \cos\alpha$,

则 $a - \cos\alpha > 0$,故 $R \leqslant 1 \Leftrightarrow 0 < a \leqslant \cos\alpha + \sqrt{3}\sin\alpha$.

习题 7

1. 设 $z = a + bi$ ($a, b \in \mathbf{R}$),则 $\sqrt{a^2 + b^2} = 1$,$\frac{1}{z} = \bar{z} = a - bi$. 故由 $z^2 + 2z + \frac{1}{z} < 0$,有
$$\begin{cases} a^2 - b^2 + 3a < 0, & (1) \\ 2ab + b = 0. & (2) \end{cases}$$

由式(2),$b = 0$ 或 $a = -\frac{1}{2}$.

当 $b = 0$ 时,由 $a^2 + b^2 = 1$,得 $a^2 = 1$,再由式(1)得 $a^2 + 3a < 0$,所以 $a < -\frac{1}{3}$,$a = -1$.

当 $a = -\frac{1}{2}$ 时,由 $a^2 + b^2 = 1$,得 $b^2 = \frac{3}{4}$,再由式(1)得 $b^2 > -\frac{5}{4}$,所以 $b = \pm\frac{\sqrt{3}}{2}$.

综上，$z=-1$ 或 $-\dfrac{1}{2}\pm\dfrac{\sqrt{3}}{2}\mathrm{i}$.

2. 设 $z=x+y\mathrm{i}(x,y\in\mathbf{R})$.

$$z+\dfrac{14-z}{z-1}\in\mathbf{R}\Rightarrow z+\dfrac{14-z}{z-1}=\overline{z+\dfrac{14-z}{z-1}}$$

$$\Rightarrow (z-\bar z)\left(1-\dfrac{13}{(z-1)(\bar z-1)}\right)=0\Rightarrow z=\bar z \text{ 或 } 1-\dfrac{13}{(z-1)(\bar z-1)}=0$$

$\Rightarrow z\in\mathbf{R}$ 或 $|z-1|^2=13$.

将 $z=x+y\mathrm{i}(x,y\in\mathbf{R})$ 代入 $|z-4|=|z-4\mathrm{i}|$，得 $x=y$.

若 $z\in\mathbf{R}$，则 $x=0$；

若 $|z-1|^2=13$，则 $x^2-x-6=0\Rightarrow x=3$ 或 -2.

综上，$z=0$ 或 $3+3\mathrm{i}$ 或 $-2-2\mathrm{i}$.

3. (1) z 为实数时，虚部

$$\lg\dfrac{x}{10}+\lg(x-3)=0\Rightarrow\begin{cases}x>0,\\ x-3>0,\\ \dfrac{x}{10}(x-3)=1\end{cases}\Rightarrow x=5.$$

(2) z 为虚数时，虚部

$$\lg\dfrac{x}{10}+\lg(x-3)\neq 0\Rightarrow\begin{cases}x>0,\\ x-3>0,\\ \dfrac{x}{10}(x-3)\neq 1\end{cases}\Rightarrow x>3\text{ 且 }x\neq 5.$$

(3) z 为纯虚数时，

$$\begin{cases}\lg(x^2-9x+21)=0,\\ x>3\text{ 且 }x\neq 5,\\ x^2-9x+21>0\end{cases}\Rightarrow\begin{cases}x=4\text{ 或 }x=5,\\ x>3\text{ 且 }x\neq 5,\\ x^2-9x+21>0\end{cases}\Rightarrow x=4.$$

4. $\because \overline{z_1}+\overline{z_2}=\dfrac{1}{2}-\dfrac{1}{4}\mathrm{i}$，$\therefore \cos\alpha+\cos\beta-(\sin\alpha+\sin\beta)\mathrm{i}=\dfrac{1}{2}-\dfrac{1}{4}\mathrm{i}$,

$$\begin{cases}\cos\alpha+\cos\beta=\dfrac{1}{2},\\ \sin\alpha+\sin\beta=\dfrac{1}{4}.\end{cases}\quad(3)$$
$$\quad(4)$$

$(3)^2+(4)^2$，得

$$\cos^2\alpha + \cos^2\beta + 2\cos\alpha\cdot\cos\beta + \sin^2\alpha + \sin^2\beta + 2\sin\alpha\cdot\sin\beta = \frac{1}{4} + \frac{1}{16},$$

$\therefore \quad 2 + 2\cos(\alpha-\beta) = \frac{5}{16}, \cos(\alpha-\beta) = -\frac{27}{32}.$

5. 设点 Z_1, Z_2, Z 对应的复数分别为 z_1, z_2, z，其中 $z_1 = r_1(\cos\theta + i\sin\theta)$，$z_2 = r_2(\cos\theta - i\sin\theta)$. 由于 Z 是 $\triangle OZ_1Z_2$ 的重心，由加法的几何意义，得

$$3z = z_1 + z_2 = (r_1+r_2)\cos\theta + i(r_1-r_2)\sin\theta \Rightarrow$$
$$|3z|^2 = (r_1-r_2)^2 + 4r_1r_2\cos^2\theta.$$

又 $\triangle OZ_1Z_2$ 的面积为 S，$\sin 2\theta > 0 \left(0 < \theta < \frac{\pi}{2}\right)$，

所以 $\frac{1}{2}r_1r_2\sin 2\theta = S \Rightarrow r_1r_2 = \frac{2S}{\sin 2\theta}$.

所以 $3^2|z|^2 = (r_1-r_2)^2 + \frac{8\cos^2\theta}{\sin 2\theta}\cdot S = (r_1-r_2)^2 + 4S\cot\theta$,

当且仅当 $r_1 = r_2$ 时，$|z|_{\min} = \frac{2}{3}\sqrt{S\cot\theta}$.

6. (1) 设 $P(x,y), B(x',y')$. $\because |z|=1$, $\therefore x'^2 + y'^2 = 1$.

由题知点 P 分 $\overrightarrow{BA}$ 的比 $\lambda = 2$.

由 $\begin{cases} x = \dfrac{x' + 2\times(-3)}{1+2}, \\ y = \dfrac{y' + 2\times 0}{1+2}, \end{cases}$ 得 $\begin{cases} x' = 3x+6, \\ y' = 3y. \end{cases}$

则 $(3x+6)^2 + (3y)^2 = 1$.

$\therefore$ 点 P 的轨迹方程为 $(x+2)^2 + y^2 = \dfrac{1}{9}$.

(2) 设 $B(x',y')$，则 $x'^2 + y'^2 = 1$. 又 $\overrightarrow{OB}$ 对应的复数为 $x'+y'i$. 由 $\overrightarrow{OA} + \overrightarrow{AB} = \overrightarrow{OB}$，知 $\overrightarrow{AB} = \overrightarrow{OB} - \overrightarrow{OA}$,

$\therefore$ 向量 $\overrightarrow{AB}$ 对应的复数为 $x'+y'i - (-3) = x'+y'i+3$.

由 $\overrightarrow{AB} = 3\overrightarrow{AP}$，得 $\overrightarrow{AP}$ 对应的复数为 $z' = \dfrac{x'+3}{3} + \dfrac{y'}{3}i$.

设 z' 所对应的点为 $M(x,y)$，则

$\begin{cases} x = \dfrac{x'+3}{3}, \\ y = \dfrac{y'}{3}, \end{cases}$ 得 $\begin{cases} x' = 3x-3, \\ y' = 3y. \end{cases}$

则 $(3x-3)^2+(3y)^2=1$.

∴ z' 所对应的点的轨迹方程为 $(x-1)^2+y^2=\dfrac{1}{9}$.

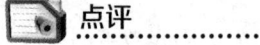

充分利用复数 $z=x+y\mathrm{i}$ 与复平面上的点 (x,y) 及向量 $\overrightarrow{OZ}=(x,y)$ 之间的一一对应来解.

7. 设 $z=x+y\mathrm{i}(x,y\in\mathbf{R})$,代入并由复数相等可得

$$\begin{cases} x=\sin^2 t, \\ y=a(1-x)^2+2b(1-x)x+cx^2(0\leqslant x\leqslant 1), \end{cases}$$

即 $y=(a+c-2b)x^2+2(b-a)x+a$.

因为 A,B,C 不共线,所以 $a+c-2b\neq 0$,可见所给曲线是抛物线段(图略). AB,BC 的中点分别是 $D\left(\dfrac{1}{4},\dfrac{a+b}{2}\right)$, $E\left(\dfrac{3}{4},\dfrac{b+c}{2}\right)$,所以 DE 的方程为

$$y=(c-a)x+\dfrac{1}{4}(3a+2b-c).$$

联立两式得 $(a+c-2b)\left(x-\dfrac{1}{2}\right)^2=0$,故 $x=\dfrac{1}{2}$.

注意到 $\dfrac{1}{4}<\dfrac{1}{2}<\dfrac{3}{4}$,所以抛物线与 $\triangle ABC$ 中平行于 AC 的中位线 DE 有且只有一个公共点,此点的坐标为 $\left(\dfrac{1}{2},\dfrac{a+c+2b}{4}\right)$,相应的复数为 $z=\dfrac{1}{2}+\dfrac{a+c+2b}{4}\mathrm{i}$.

8. 由 $|z|=1$,得 $\bar{z}=\dfrac{1}{z}$,所以 $|u|=\left|z^2\left(z^2-z-3\mathrm{i}-\dfrac{1}{z}+\dfrac{1}{z^2}\right)\right|=|(z^2+\bar{z}^2)-(z+\bar{z})-3\mathrm{i}|$.

设 $z=x+y\mathrm{i}, x,y\in\mathbf{R}$,则 $x^2+y^2=1$,且 $z^2=x^2-y^2+2xy\mathrm{i}=(2x^2-1)+2xy\mathrm{i}$,于是 $|u|=|2(2x^2-1)-2x-3\mathrm{i}|=|(4x^2-2x-2)-3\mathrm{i}|$.

记 $t=4x^2-2x-2$. 由 $x\in[-1,1]$,易知 $t\in\left[-\dfrac{9}{4},4\right]$,且 $|u|=|t-3\mathrm{i}|=\sqrt{t^2+9}$.

故当 $t=0$ 即 $z=1$ 或 $-\dfrac{1}{2}\pm\dfrac{\sqrt{3}}{2}\mathrm{i}$ 时, $|u|_{\min}=3$;当 $t=4$ 即 $z=-1$ 时, $|u|_{\max}=5$.

9. $|z_1^3+z_2^3|=|z_1+z_2|\cdot|z_1^2-z_1z_2+z_2^2|$
$$=20\times\left|\frac{3}{2}(z_1^2+z_2^2)-\frac{1}{2}(z_1+z_2)^2\right|$$
$$\geqslant 20\times\left|\frac{3}{2}|z_1^2+z_2^2|-\frac{1}{2}|z_1+z_2|^2\right|$$
$$=3520,$$

而当 $z_1^2+z_2^2=16, z_1+z_2=20$,即
$$z_1=10+2\sqrt{23}\mathrm{i}, z_2=10-2\sqrt{23}\mathrm{i}$$
时,等号成立.所以 $|z_1^3+z_2^3|$ 的最小值为 3520.

10. 由已知得,对一切正整数 n,有
$$z_{n+2}=\overline{z_{n+1}}+1+(n+1)\mathrm{i}$$
$$=\overline{\overline{z_n}+1+n\mathrm{i}}+1+(n+1)\mathrm{i}$$
$$=z_n+2+\mathrm{i}.$$

于是
$$z_{2015}=z_1+1007\times(2+\mathrm{i})$$
$$=2015+1007\mathrm{i}.$$

11. (1) 令 $z_{2n-1}=x_{2n-1}, z_{2n}=x_{2n}\mathrm{i}$,则 $x_k\in\mathbf{R}, |x_kx_{k+1}|=2^k$,故 $|x_{k+2}|=2|x_k|$,
$|x_1+x_3+\cdots+x_{2019}|\geqslant|x_{2019}|-|x_1|-|x_3|-\cdots-|x_{2017}|=|x_1|>0$,
$|x_2+x_4+\cdots+x_{2020}|\geqslant|x_{2020}|-|x_2|-|x_4|-\cdots-|x_{2018}|=|x_2|>0$.

故
$$f_{2020}=\sqrt{(x_1+x_3+\cdots+x_{2019})^2+(x_2+x_4+\cdots+x_{2020})^2}\geqslant\sqrt{x_1^2+x_2^2}\geqslant$$
$\sqrt{2|x_1x_2|}=2$,当 $x_{2k-1}=-(\sqrt{2})^{2k-1}(1\leqslant k\leqslant 1009), x_{2019}=(\sqrt{2})^{2019}, x_{2k}=$
$-(\sqrt{2})^{2k-1}(1\leqslant k\leqslant 1009), x_{2020}=(\sqrt{2})^{2019}$ 时 f_{2020} 取最小值 2.

(2) $f_{2020}\cdot f_{2021}=\sqrt{(x_1+x_3+\cdots+x_{2019})^2+(x_2+x_4+\cdots+x_{2020})^2}\times$
$$\sqrt{(x_1+x_3+\cdots+x_{2021})^2+(x_2+x_4+\cdots+x_{2020})^2}$$
$$\geqslant\sqrt{((x_1+x_3+\cdots+x_{2019})^2+x_2^2)(x_2^2+(x_1+x_3+\cdots+x_{2021})^2)}$$
$$\geqslant|x_2(x_1+x_3+\cdots+x_{2021})-x_2(x_1+x_3+\cdots+x_{2019})|$$
$$=|2^{1010}x_1x_2|=2^{1011},$$

当 $x_1 = \sqrt[4]{\dfrac{4}{2^{1010}-1}}$, $x_2 = \sqrt[4]{4(2^{1010}-1)}$, $x_{2n+1} = 2^n x_1$ $(1 \leqslant n \leqslant 1008)$, $x_{2019} = -2^{1009} x_1$, $x_{2n} = 2^{n-1} x_2$ $(1 \leqslant n \leqslant 1009)$, $x_{2020} = -2^{1009} x_2$, $x_{2021} = 2^{1010} x_1$ 时取等. 故 $f_{2020} \cdot f_{2021}$ 最小值为 2^{1011}.

习题 8

1. $z_1 = \dfrac{-1+5\mathrm{i}}{1+\mathrm{i}} = \dfrac{(5\mathrm{i}-1)(1-\mathrm{i})}{2} = \dfrac{4+6\mathrm{i}}{2} = 2+3\mathrm{i}$,

$z_2 = (a-2) - \mathrm{i}$, $\overline{z_2} = (a-2) + \mathrm{i}$, $z_1 - \overline{z_2} = (4-a) + 2\mathrm{i}$.

由 $|z_1 - \overline{z_2}| < |z_1|$, 得 $16 - 8a + a^2 + 4 < 4 + 9$, $a^2 - 8a + 7 < 0$,

$$(a-7)(a-1) < 0, \quad \therefore \quad a \in (1, 7).$$

2. 设 $D(x, y)$, 则

$\overrightarrow{AD} = \overrightarrow{OD} - \overrightarrow{OA}$ 对应的复数为

$$(x + y\mathrm{i}) - (1 + 2\mathrm{i}) = (x-1) + (y-2)\mathrm{i},$$

$\overrightarrow{BC} = \overrightarrow{OC} - \overrightarrow{OB}$ 对应的复数为 $(-1-2\mathrm{i}) - (-2+\mathrm{i}) = 1 - 3\mathrm{i}$.

$\therefore \overrightarrow{AD} = \overrightarrow{BC}$, $\therefore \begin{cases} x - 1 = 1, \\ y - 2 = -3, \end{cases}$ 解得 $\begin{cases} x = 2, \\ y = -1. \end{cases}$

$\therefore$ 点 D 对应的复数为 $2 - \mathrm{i}$.

3. $\dfrac{z_2 - z_1}{z_3 - z_1} = 1 + \dfrac{4}{3}\mathrm{i}$, $\left| \dfrac{z_2 - z_1}{z_3 - z_1} \right| = \left| 1 + \dfrac{4}{3}\mathrm{i} \right| = \dfrac{5}{3}$, $\therefore \dfrac{AB}{AC} = \dfrac{5}{3}$.

又 $\dfrac{z_2 - z_1}{z_3 - z_1} - 1 = 1 + \dfrac{4}{3}\mathrm{i} - 1 \Rightarrow \dfrac{z_2 - z_3}{z_3 - z_1} = \dfrac{4}{3}\mathrm{i}$, $\therefore \dfrac{BC}{AC} = \dfrac{4}{3}$.

$\therefore AB : BC : CA = 5 : 4 : 3$.

4. $\begin{cases} z_1 + z_2 = 6 + 8\mathrm{i}, \\ z_2 = z_1 \cdot a\mathrm{i}, \end{cases}$ 解得 $z_1 = \dfrac{6 + 8\mathrm{i}}{1 + a\mathrm{i}}$.

$\therefore |z_2| = |z_1| \cdot |a\mathrm{i}| = a|z_1|$, $|z_1| = \dfrac{10}{\sqrt{1+a^2}}$, $\overrightarrow{OZ_1} \perp \overrightarrow{OZ_2}$,

$\therefore \triangle Z_1 O Z_2$ 的面积 $S = \dfrac{1}{2} |z_1| \cdot |z_2| = \dfrac{a}{2} |z_1|^2 = \dfrac{50a}{1+a^2}$,

即 $Sa^2 - 50a + S = 0$,

该方程存在正根 a 的充要条件是 $\begin{cases} \Delta = 2500 - 4S^2 \geqslant 0, \\ \text{对应抛物线的对称轴 } a = \dfrac{25}{S} > 0, \end{cases}$

∴ $0 < S \leqslant 25$.

当 $S_{\max} = 25$ 时,求得 $a = 1$,此时 $z_1 = \dfrac{6+8i}{1+i} = 7+i, z_2 = -1+7i$.

5. 方法一 设 $z = a+bi, a, b \in \mathbf{R}$.

由 $\qquad |z+2+3i|^2 + |z-2-3i|^2 = 40$,

得 $\qquad |a+bi+2+3i|^2 + |a+bi-2-3i|^2 = 40$,

∴ $(a+2)^2 + (b+3)^2 + (a-2)^2 + (b-3)^2 = 40$,

整理得 $a^2 + b^2 = 7$,即 $|z| = \sqrt{7}$.

方法二 由 $|z+2+3i|^2 + |z-2-3i|^2 = 40$,得

$(z+2+3i)\overline{(z+2+3i)} + (z-2-3i)\overline{(z-2-3i)} = 40$,

∴ $|z|^2 + (2-3i)z + (2+3i)\bar{z} + (2+3i)(2-3i) + |z|^2 - (2-3i)z - (2+3i)\bar{z} + (2+3i)(2-3i) = 40$,

$|z|^2 = 7$,即 $|z| = \sqrt{7}$.

方法三 $|z+2+3i| = |z-(-2-3i)|$ 表示复数 z 对应的点 Z 与 $-2-3i$ 对应的点 $A(-2,-3)$ 之间的距离,

$|z-2-3i| = |z-(2+3i)|$ 表示复数 z 对应的点 Z 与 $2+3i$ 对应的点 $B(2,3)$ 之间的距离.

如图 A.41 所示,在 △ZOA 和 △ZOB 中,

$|ZA|^2 = |z|^2 + |OA|^2 - 2|z| \cdot |OA| \cos \angle AOZ$,

$|ZB|^2 = |z|^2 + |OB|^2 - 2|z| \cdot |OB| \cos \angle BOZ$,

∴ $|ZA|^2 + |ZB|^2 = 2|z|^2 + 2|OA|^2$,

∴ $2|z|^2 + 2 \times 13 = 40, |z| = \sqrt{7}$.

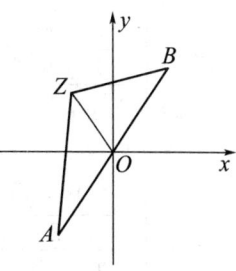

图 A.41

6. ∵ $x^2 - 2x + 2 = 0, x = \dfrac{2 \pm \sqrt{-4}}{2} = 1 \pm i. (1+2i-1)(1+z) = -6$,

∴ $z = -1+3i$. ∴ $A(1,1), B(1,-1), C(-1,3)$,可知 $\angle A$ 最大.

$AB=2, AC=2\sqrt{2}, BC=2\sqrt{5}, \cos A=\dfrac{8+4-20}{2\times 2\sqrt{2}\times 2}=-\dfrac{\sqrt{2}}{2}, A=135°$,故最大内角为 $135°$.

7. 设 $z=x+y\mathrm{i}(x,y\in\mathbf{R})$,由于 $\dfrac{40}{\bar{z}}=\dfrac{40z}{|z|^2}$,于是 $\begin{cases}\dfrac{x}{10}\geqslant 1,\\ \dfrac{y}{10}\geqslant 1,\\ \dfrac{40x}{x^2+y^2}\geqslant 1,\\ \dfrac{40y}{x^2+y^2}\geqslant 1.\end{cases}$

可得如图 A.42 所示图形.其中弓形面积为 $\dfrac{1}{2}\cdot 20^2\cdot\left(\dfrac{\pi}{6}-\sin\dfrac{\pi}{6}\right)=\dfrac{100\pi}{3}-100$,四边形 $ABCD$ 的面积为 $2\cdot\dfrac{1}{2}(10\sqrt{3}-10)\cdot 10=100\sqrt{3}-100$.

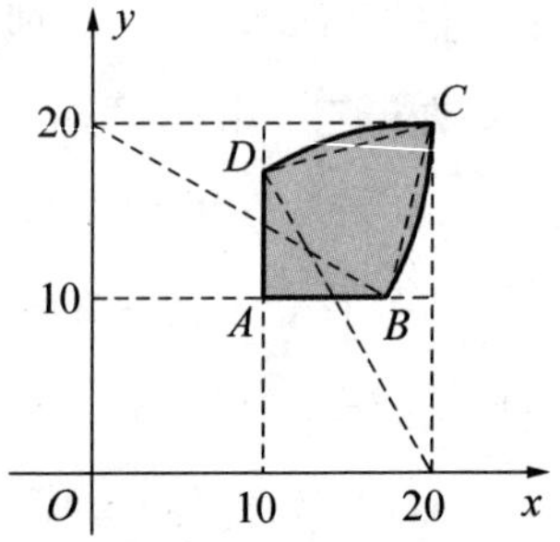

于是所求面积为 $2\left(\dfrac{100\pi}{3}-100\right)+(100\sqrt{3}-100)=\dfrac{200\pi}{3}+100\sqrt{3}-300$.

图 A.42

8. $\left(\dfrac{x}{y}\right)^2+\dfrac{x}{y}+1=0\Rightarrow\dfrac{x}{y}=\dfrac{-1\pm\sqrt{3}\mathrm{i}}{2}\Rightarrow\left(\dfrac{x}{x+y}\right)^{2010}+\left(\dfrac{y}{x+y}\right)^{2010}$

$=\left(\dfrac{\dfrac{x}{y}}{\dfrac{x}{y}+1}\right)^{2010}+\left(\dfrac{1}{\dfrac{x}{y}+1}\right)^{2010}$

$=\left(\dfrac{\dfrac{-1+\sqrt{3}\mathrm{i}}{2}}{\dfrac{-1+\sqrt{3}\mathrm{i}}{2}+1}\right)^{2010}+\left(\dfrac{1}{\dfrac{-1+\sqrt{3}\mathrm{i}}{2}+1}\right)^{2010}$

$=\left(\dfrac{-\dfrac{1}{2}+\dfrac{\sqrt{3}}{2}\mathrm{i}}{-\left(-\dfrac{1}{2}-\dfrac{\sqrt{3}}{2}\mathrm{i}\right)}\right)^{2010}+\left(\dfrac{1}{-\left(-\dfrac{1}{2}-\dfrac{\sqrt{3}}{2}\mathrm{i}\right)}\right)^{2010}=1+1=2.$

9. 观察已知条件,

若令 $z=x+yi$,则得 $|z+\sqrt{3}|+|z-\sqrt{3}|=4$,

对应点 Z 在以 $(\pm\sqrt{3},0)$ 为焦点、长半轴为 2 的椭圆上,如图 A.43 所示.

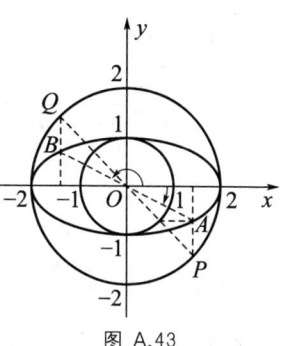

图 A.43

椭圆方程为 $\dfrac{x^2}{4}+y^2=1$,椭圆的参数方程为 $\begin{cases} x=2\cos\theta, \\ y=\sin\theta, \end{cases}$

$\therefore f(x,y)=|4\cos\theta-4\sin\theta-9|=\left|4\sqrt{2}\cos\left(\theta+\dfrac{\pi}{4}\right)-9\right|$.

当 $\theta+\dfrac{\pi}{4}=0$,即 $\theta=-\dfrac{\pi}{4}$ 时,$f(x,y)_{\min}=9-4\sqrt{2}$,

此时 $x=\sqrt{2}, y=-\dfrac{\sqrt{2}}{2}$.

当 $\theta+\dfrac{\pi}{4}=\pi$,即 $\theta=\dfrac{3}{4}\pi$ 时,$f(x,y)_{\max}=9+4\sqrt{2}$,

此时 $x=-\sqrt{2}, y=\dfrac{\sqrt{2}}{2}$.

10. 由已知得,曲线 C 为椭圆,其对应的普通方程为

$$\dfrac{x^2}{a^2}+\dfrac{y^2}{b^2}=1. \tag{1}$$

$\overrightarrow{Z_1Z_2}\mathrm{i}=\overrightarrow{Z_1Z_3} \Rightarrow |Z_1Z_2|=|Z_1Z_3|, \angle Z_2Z_1Z_3=90° \Rightarrow \triangle Z_1Z_2Z_3$ 为等腰直角三角形.设 Z_1Z_2 的直线方程为

$$y=kx+b, \tag{2}$$

则 Z_1Z_3 的直线方程为 $y=-\dfrac{1}{k}x+b$. 由式(1)(2)解得

$\begin{cases} x_1=0, \\ y_1=b, \end{cases}$ $\begin{cases} x_2=-\dfrac{2a^2bk}{b^2+a^2k^2}, \\ y_2=kx_2+b, \end{cases}$ 把第二解中的 k 换成 $-\dfrac{1}{k}$,得

$\begin{cases} x_3=\dfrac{2a^2bk}{a^2+b^2k^2}, \\ y_3=-\dfrac{1}{k}x_3+b. \end{cases}$

∵ $|Z_1Z_2|=|Z_1Z_3| \Rightarrow x_2^2+(y_2-b)^2=x_3^2+(y_3-b)^2$

$$\Rightarrow \frac{4a^4b^2k^2}{(b^2+a^2k^2)^2}(k^2+1)=\frac{4a^4b^2k^2}{(a^2+b^2k^2)^2}(k^2+1)\frac{1}{k^2}$$

$$\Rightarrow (k-1)(b^2k^2+(b^2-a^2)k+b^2)=0$$

$$\Rightarrow k=1 \text{ 或 } b^2k^2+(b^2-a^2)k+b^2=0.$$

$\Delta_k=(b^2-a^2)^2-4b^4=(a^2+b^2)(a^2-3b^2)$.当$a>\sqrt{3}b$时,符合条件的$\triangle Z_1Z_2Z_3$有3个;当$a=\sqrt{3}b$时,符合条件的$\triangle Z_1Z_2Z_3$有2个;当$a<\sqrt{3}b$时,符合条件的$\triangle Z_1Z_2Z_3$有1个.

11. (1) $z\bar{z}+3i(\bar{z}-z)+m=0 \Rightarrow (z+3i)(\bar{z}-3i)$
$$=9-m \Rightarrow |z+3i|=\sqrt{9-m}.$$

因为$m<9$,所以上式表示的点集P_1是以$(0,-3)$为圆心、$\sqrt{9-m}$为半径的圆.又因为$w=2iz \Rightarrow z=\frac{w}{2i}$,代入上式,得$|w-6|=2\sqrt{9-m}$.

从而点集P_2是以$(6,0)$为圆心、$2\sqrt{9-m}$为半径的圆.问题等价于确定m的范围,使圆P_1,圆P_2有公共点.因此m应满足$\sqrt{9-m}\leqslant\sqrt{45}\leqslant 3\sqrt{9-m}$,这里$\sqrt{45}$是两圆的圆心距,$\sqrt{9-m}$,$3\sqrt{9-m}$分别代表两圆半径的差与和.解得$-36\leqslant m\leqslant 4$.

(2) 如图 A.44,当$m=5$时,P_1是圆$M:|z+3i|=2$,P_2是圆$N:|z-6|=4$.设直线MN与两圆交于A,C,D,B四点.E,F分别为两圆上的点,连ME,NF.只要E,F中有一点不同于A,B,都有$|AB|=|AM|+|MN|+|NB|=|ME|+|MN|+|NF|>|EF|$,

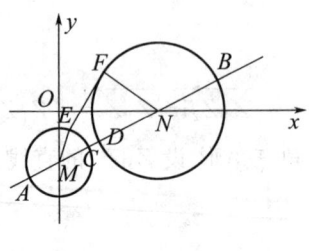

图 A.44

同时有$|ME|+|EF|+|NF|>|MN|$.

∴ $|ME|+|EF|+|NF|>|MC|+|CD|+|DN|$,$|EF|>|CD|$,

而$|MN|=3\sqrt{5}$,$|CD|=3\sqrt{5}-6$,$|AB|=3\sqrt{5}+6$,

所以$|z_1-z_2|_{\max}=3\sqrt{5}+6$,$|z_1-z_2|_{\min}=3\sqrt{5}-6$.

12. 设$z=x+yi(x,y\in\mathbf{R})$. ∵ $|z|=5$, ∴ $x^2+y^2=25$.

$(3+4i)z=(3+4i)(x+yi)=(3x-4y)+(4x+3y)i$.

∵ $(3+4i)z$ 在复平面上对应的点在第二、第四象限的角平分线上,

∴ $3x-4y+4x+3y=0$,得 $y=7x$,

∴ $x=\pm\dfrac{\sqrt{2}}{2}, y=\pm\dfrac{7\sqrt{2}}{2}$,即 $z=\pm\left(\dfrac{\sqrt{2}}{2}+\dfrac{7\sqrt{2}}{2}i\right)$.

$\sqrt{2}z=\pm(1+7i)$. 当 $\sqrt{2}z=1+7i$ 时,有 $|1+7i-m|=5\sqrt{2}$,即 $(1-m)^2+7^2=50$,解得 $m=0$ 或 $m=2$;当 $\sqrt{2}z=-(1+7i)$ 时,同理可得 $m=0$ 或 $m=-2$.

13. 令 $\qquad x+\dfrac{1}{x}=y \Rightarrow x^2-yx+1=0.\qquad$ (3)

∵ $y\in\mathbf{R}$, x 为虚数,即方程(3)有虚数根,则 $\Delta=y^2-4<0 \Rightarrow -2<y<2$. 反之,当 $-2<y<2$ 时,方程(3)有虚数根. 从而方程

$$f(y)=y^2-ay+a+1=0 \qquad (4)$$

在 $(-2,2)$ 上至少有一个实数根.

(i) 若方程(4)的两根满足 $-2<y<2$,其充分必要条件为:

$$\begin{cases} \Delta=a^2-4(a+1)\geqslant 0, \\ -2<\dfrac{a}{2}<2, \\ f(2)=4-2a+a+1>0, \\ f(-2)=4+2a+a+1>0 \end{cases} \Rightarrow -\dfrac{5}{3}<a\leqslant 2-2\sqrt{2}.$$

(ii) 若方程(4)只有一个根满足 $-2<y<2$,其充分必要条件为 $f(2)f(-2)\leqslant 0 \Rightarrow a\leqslant -\dfrac{5}{3}$ 或 $a\geqslant 5$. 但是当 $a=5$ 时,方程(4)的两个根为 2 或 3,不合题意.

综上所述,$a\leqslant 2-2\sqrt{2}$ 或 $a>5$.

14. 设 $z=x+yi(x,y\in\mathbf{R})$. 由 $|z|=1 \Rightarrow x^2+y^2=1$,且 $|x|\leqslant 1$.

$u=|(z-\alpha)^2(z+\beta)|$

$=\sqrt{(-2\alpha x+\alpha^2+1)^2(2\beta x+\beta^2+1)}$

$=\sqrt{4\alpha^2\beta\left(-x+\dfrac{\alpha^2+1}{2\alpha}\right)\left(-x+\dfrac{\alpha^2+1}{2\alpha}\right)\left(2x+\dfrac{\beta^2+1}{\beta}\right)}$

$\leqslant \sqrt{4\alpha^2\beta\left[\dfrac{\dfrac{\alpha^2+1}{2\alpha}+\dfrac{\alpha^2+1}{2\alpha}+\dfrac{\beta^2+1}{\beta}}{3}\right]^3}$

$$= \sqrt{\frac{4((\alpha\beta+1)(\alpha+\beta))^3}{27\alpha^2\beta^2}}.$$

(i) 若 $\left|\dfrac{\beta(\alpha^2+1)-2\alpha(\beta^2+1)}{6\alpha\beta}\right| \leqslant 1$,

则当且仅当 $x = \dfrac{\beta(\alpha^2+1)-2\alpha(\beta^2+1)}{6\alpha\beta}$ 时,

$$u_{\max} = \sqrt{\frac{4((\alpha\beta+1)(\alpha+\beta))^3}{27\alpha^2\beta^2}};$$

(ii) 若 $\dfrac{\beta(\alpha^2+1)-2\alpha(\beta^2+1)}{6\alpha\beta} < -1$,则函数 $f(x)=(a-x)^2(b+2x)$ (其中 $a=\dfrac{\alpha^2+1}{2\alpha} \geqslant 1, b=\dfrac{\beta^2+1}{\beta} \geqslant 2$) 在 $[-1,1]$ 上是减函数,证明如下:

设 $-1 \leqslant x_1 < x_2 \leqslant 1$,由 $f(x) = 2x^3 + (b-4a)x^2 + 2a(a-b)x + a^2b$,得

$f(x_2) - f(x_1)$
$= 2(x_2^3 - x_1^3) + (b-4a)(x_2^2 - x_1^2) + 2a(a-b)(x_2 - x_1)$
$= (x_2 - x_1)(2(x_2^2 + x_2 x_1 + x_1^2) + (b-4a)(x_2 + x_1) + 2a(a-b))$.

∵ $x_1 < x_2$,∴ $x_2 - x_1 > 0$.

∵ $-1 \leqslant x_1 < 1, -1 < x_2 \leqslant 1$,

∴ $t = 2(x_2^2 + x_2 x_1 + x_1^2) + (b-4a)(x_2 + x_1) + 2a(a-b)$
$< 6 + 2|b-4a| + 2a(a-b)$.

∵ $a - 1 \geqslant 0, b > a + 3 > 0$,

∴ $f(x_2) - f(x_1) < 0$,即函数 $f(x)$ 在 $[-1,1]$ 上是减函数.

因此,当且仅当 $x = -1$,即 $z = -1$ 时,$u_{\max} = |(1+\alpha)^2(1-\beta)|$;

(iii) 若 $\dfrac{\beta(\alpha^2+1)-2\alpha(\beta^2+1)}{6\alpha\beta} > 1$,则函数 $f(x) = (a-x)^2(b+2x)$

(其中 $a = \dfrac{\alpha^2+1}{2\alpha} \geqslant 1, b = \dfrac{\beta^2+1}{\beta} \geqslant 2$) 在 $[-1,1]$ 上是增函数,

因此,当且仅当 $x = 1$,即 $z = 1$ 时,$u_{\max} = |(1-\alpha)^2(1+\beta)|$.

15. 对于给定的正数 $a, c (a > c)$,方程 $|z-c| + |z+c| = 2a$ 表示椭圆,其方程为 $\dfrac{x^2}{a^2} + \dfrac{y^2}{b^2} = 1 (b = \sqrt{a^2 - c^2})$. 依题意,对任意 a, b 有 $\dfrac{4}{a^2} + \dfrac{1}{b^2} = 1$,所

以 $b^2 = \dfrac{a^2}{a^2-4}$.

注意到 $a > b$,有 $a^2 > 5$,所以 $x^2 + (a^2-4)y^2 = a^2$,即 $x^2 - 4y^2 = a^2(1-y^2)$.

(i) 若 $1-y^2 = 0$,则 $|y| = 1$ 且 $x^2 - 4y^2 = 0$,解得 $x = \pm 2, y = \pm 1$. 即点集 $A_1 = \{(2,1),(2,-1),(-2,1),(-2,-1)\} \subset A$.

(ii) 若 $1-y^2 > 0$,则 $|y| < 1$ 且 $x^2 - 4y^2 > 5(1-y^2)$,即 $|y| < 1$ 且 $x^2 + y^2 > 5$. 所以点集 $A_2 = \{(x,y) \mid x^2 + y^2 > 5$ 且 $|y| < 1\} \subset A$.

(iii) 若 $1-y^2 < 0$,则 $|y| > 1$ 且 $x^2 + y^2 < 5$,于是点集 $A_3 = \{(x,y) \mid x^2 + y^2 < 5$ 且 $|y| > 1\} \subset A$.

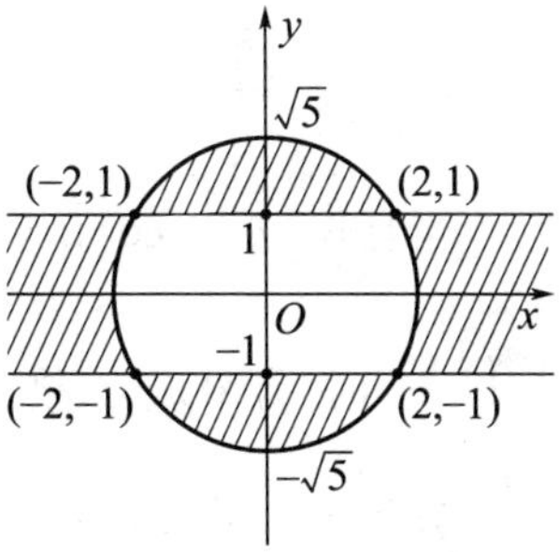

综上所述,$A = A_1 \cup A_2 \cup A_3$(图 A.45 中的阴影部分).

图 A.45

习题 9

1. 设 $z = r(\cos\theta + i\sin\theta)$,则 $\left|z^2 + \dfrac{1}{z^2}\right| = 1 \Rightarrow 2\cos 4\theta = 1 - \left(r^4 + \dfrac{1}{r^4}\right) \leqslant -1 \Rightarrow \cos 4\theta \leqslant -\dfrac{1}{2} \Rightarrow \dfrac{k\pi}{2} + \dfrac{\pi}{6} \leqslant \theta \leqslant \dfrac{k\pi}{2} + \dfrac{\pi}{3} (k \in \mathbf{Z})$.

令 $k = 0, 1, 2, 3$,即得 $\arg z$ 的取值范围为 $\left[\dfrac{\pi}{6}, \dfrac{\pi}{3}\right] \cup \left[\dfrac{2\pi}{3}, \dfrac{5\pi}{6}\right] \cup \left[\dfrac{7\pi}{6}, \dfrac{4\pi}{3}\right] \cup \left[\dfrac{5\pi}{3}, \dfrac{11\pi}{6}\right]$.

2. 因为 $z_1 = \sqrt{2}\left(\cos\dfrac{\pi}{4} + i\sin\dfrac{\pi}{4}\right)z_2$,所以 $\overrightarrow{OA}$ 与 $\overrightarrow{OB}$ 的夹角为 $\dfrac{\pi}{4}$,且 $|z_1| = \sqrt{2}|z_2|$. 所以 $S_{\triangle OAB} = \dfrac{1}{2}|z_1| \cdot |z_2| \sin\angle AOB = \dfrac{1}{2}|z_2|^2$.

由 $|z_2 - 2 - 2i| = 2$,有 $2\sqrt{2} - 2 \leqslant |z_2| \leqslant 2\sqrt{2} + 2$.

故 $(S_{\triangle OAB})_{\max} = 6 + 4\sqrt{2}$,$(S_{\triangle OAB})_{\min} = 6 - 4\sqrt{2}$.

3. 方法一 设 $z = \cos x + i\sin x$,则 $u = (4 + \cos x)\sin x$,
$u^2 = (4 + \cos x)^2 \sin^2 x$

$$= \frac{(4+\cos x)(4+\cos x)(\sqrt{6}+1)(1+\cos x)(\sqrt{6}+3)(1-\cos x)}{(\sqrt{6}+1)(\sqrt{6}+3)}$$

$$\leqslant \frac{1}{9+4\sqrt{6}}\left(\frac{(4+\cos x)+(4+\cos x)+(\sqrt{6}+1)(1+\cos x)+(\sqrt{6}+3)(1-\cos x)}{4}\right)^4$$

$$= \frac{9+24\sqrt{6}}{4},$$

当且仅当 $4+\cos x = (\sqrt{6}+1)(1+\cos x) = (\sqrt{6}+3)(1-\cos x)$,即 $\cos x = \frac{\sqrt{6}-2}{2}$ 时,等号成立. 故 $u_{\max} = \frac{\sqrt{9+24\sqrt{6}}}{2}$.

方法二 引入参数 λ

同上知 $u^2 = \sin^2 x (4+\cos x)^2 = \frac{\sin^2 \theta}{\lambda^2}(\lambda\cos x+4\lambda)^2$

$$\leqslant \frac{\sin^2 x}{\lambda^2}(\cos^2 x+\lambda^2)(4+\lambda^2)$$

$$\leqslant \frac{4+\lambda^2}{\lambda^2}\left(\frac{\sin^2 x+\cos^2 x+\lambda^2}{2}\right)^2 = \left(\frac{1+\lambda^2}{2}\right)^2\left(\frac{4+\lambda^2}{\lambda^2}\right),$$

当且仅当 $\begin{cases} \dfrac{\cos x}{\lambda} = \dfrac{\lambda}{4}, \\ \sin^2 x = \cos^2 x + \lambda^2, \end{cases}$

即 $\lambda^2 = 2\sqrt{6}-4, \cos x = \dfrac{\sqrt{6}-2}{2}$ 时等号成立.

代入得 $u_{\max} = \dfrac{\sqrt{9+24\sqrt{6}}}{2}$.

4. 设 $A:x_0+(x_0+2)\mathrm{i}, C:\cos\theta+\mathrm{i}\sin\theta, B:x+y\mathrm{i}=x_0+(x_0+2)\mathrm{i}+\cos\theta+\mathrm{i}\sin\theta=(x_0+\cos\theta)+(x_0+2+\sin\theta)\mathrm{i}$,

则 $\begin{cases} x = x_0+\cos\theta, \\ y = x_0+2+\sin\theta, \end{cases}$

$\therefore (x-x_0)^2+(y-x_0-2)^2 = 1$.

显然,点 B 的轨迹是以 (x_0, x_0+2) 为圆心、1 为半径的圆系. 如图 A.46 所示,$O_1(-1,1), O_2(1,3)$,

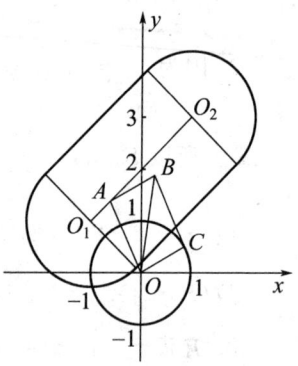

图 A.46

$O_1O_2=2\sqrt{2}$，点 B 的轨迹所成图形为一个矩形和两个半圆.

所以面积 $S=2\times2\sqrt{2}+\pi\times1^2=4\sqrt{2}+\pi$.

5. 由题意有 $z_n=48\left(\dfrac{\sqrt{2}}{2}\left(\cos\dfrac{\pi}{6}+i\sin\dfrac{\pi}{6}\right)\right)^{n-1}$

$$=48\left(\dfrac{\sqrt{2}}{2}\right)^{n-1}\left(\cos\dfrac{(n-1)\pi}{6}+i\sin\dfrac{(n-1)\pi}{6}\right).$$

令 $\sin\dfrac{(n-1)\pi}{6}=0\Rightarrow n=6k+1(k=0,1,2,\cdots)$，即数列 $\{z_n\}$ 的第 1 项、第 7 项、第 13 项……为实数.

$a_n=z_{6k+1}\Rightarrow\dfrac{a_{n+1}}{a_n}=q^6=-\dfrac{1}{8}$，故 $\displaystyle\sum_{k=1}^{+\infty}a_k=\dfrac{48}{1-\left(-\dfrac{1}{8}\right)}=\dfrac{128}{3}$.

6. 设 $z_1=\cos\alpha+i\sin\alpha$，$z_2=k(\cos\beta+i\sin\beta)$，$z_3=(2-k)(\cos\gamma+i\sin\gamma)$. 由 $z_1+z_2+z_3=0$，得 $\begin{cases}\cos\alpha=(k-2)\cos\gamma-k\cos\beta,\\ \sin\alpha=(k-2)\sin\gamma-k\sin\beta.\end{cases}$

两式平方后相加，并由 $k\neq0,k\neq2$，整理得

$$\cos(\beta-\gamma)=\dfrac{(k-2)^2+k^2-1}{2k(k-2)}=1+\dfrac{3}{2(k-1)^2-2}.$$

$\because |\cos(\beta-\gamma)|\leqslant1$，$\therefore -2\leqslant\dfrac{3}{2(k-1)^2-2}\leqslant0\Rightarrow\dfrac{1}{2}\leqslant k\leqslant\dfrac{3}{2}$.

故当 $k=1$ 时，$\cos(\beta-\gamma)_{\max}=-\dfrac{1}{2}$，

当 $k=\dfrac{1}{2}$ 或 $\dfrac{3}{2}$ 时，$\cos(\beta-\gamma)_{\min}=-1$.

7. 设 $z_1=r_1(\cos\theta_1+i\sin\theta_1)$，$z_2=r_2(\cos\theta_2+i\sin\theta_2)$，$r_1,r_2>0$，

则 $\begin{cases}r_1\cos\theta_1+r_2\cos\theta_2=0,\\ r_1\sin\theta_1+r_2\sin\theta_2=5,\\ r_1r_2=14.\end{cases}$

故 $\cos(\theta_1-\theta_2)=\dfrac{25-(r_1^2+r_2^2)}{2r_1r_2}=\dfrac{25-\left(r_1^2+\dfrac{14^2}{r_1^2}\right)}{28}\leqslant\dfrac{25-2\cdot14}{28}$

$$=-\dfrac{3}{28},$$

当且仅当 $r_1=r_2=\sqrt{14}$ 时等号成立.

又因为 $\cos(\theta_1-\theta_2) \geqslant -1$，所以 $-1 \leqslant \cos(\theta_1-\theta_2) \leqslant -\dfrac{3}{28}$.

当 $\cos(\theta_1-\theta_2)=-1$ 时，$r_1^2+\dfrac{14^2}{r_1^2}=53 \Rightarrow r_1=7$ 或 2，且 $\theta_1-\theta_2=(2k+1)\pi$ $(k \in \mathbf{Z}) \Rightarrow z_1=7\mathrm{i}, z_2=-2\mathrm{i}$ 或 $z_1=-2\mathrm{i}, z_2=7\mathrm{i}$.

8. 在 $\alpha^k+\beta^k$ 的展开式中，令 $\alpha+\beta=1, \alpha\beta=1$，其所求系数之和为 $S_k=\alpha^k+\beta^k$，则 α, β 是方程 $x^2-x+1=0$ 的两个根，由此解得 $\alpha=\cos\dfrac{\pi}{3}+\mathrm{i}\sin\dfrac{\pi}{3}, \beta=\cos\dfrac{\pi}{3}-\mathrm{i}\sin\dfrac{\pi}{3}$.

故
$$\alpha^k+\beta^k = \left(\cos\dfrac{\pi}{3}+\mathrm{i}\sin\dfrac{\pi}{3}\right)^k + \left(\cos\dfrac{\pi}{3}-\mathrm{i}\sin\dfrac{\pi}{3}\right)^k$$
$$= \cos\dfrac{k\pi}{3}+\mathrm{i}\sin\dfrac{k\pi}{3}+\cos\dfrac{k\pi}{3}-\mathrm{i}\sin\dfrac{k\pi}{3}$$
$$= 2\cos\dfrac{k\pi}{3}.$$

取 $k=2012$，得 $S_k=-1$.

9. 先证明 $|a_n|=\sqrt{n+1}$.

当 $n=1$ 时，$|a_1|=|1+\mathrm{i}|=\sqrt{2}$，命题成立. 假设 $n=k$ 时，命题成立，则当 $n=k+1$ 时，$|a_{k+1}|=\left|a_k \cdot \left(1+\dfrac{\mathrm{i}}{\sqrt{k+1}}\right)\right|=|a_k|\sqrt{1+\dfrac{1}{k+1}}=\sqrt{(k+1)+1}$，命题也成立. 故 $|a_n|=\sqrt{n+1}$. 所以

$$|a_n-a_{n+1}|=\left|a_n-a_n\left(1+\dfrac{\mathrm{i}}{\sqrt{n+1}}\right)\right|=\left|-a_n \cdot \dfrac{\mathrm{i}}{\sqrt{n+1}}\right|$$
$$=\sqrt{n+1} \cdot \dfrac{1}{\sqrt{n+1}}=1.$$

10. $w=z^4-z^3-3z^2\mathrm{i}-z+1=z^2\left(\left(z^2+\dfrac{1}{z^2}\right)-\left(z+\dfrac{1}{z}\right)-3\mathrm{i}\right)$
$$=z^2\left(\left(z+\dfrac{1}{z}\right)^2-\left(z+\dfrac{1}{z}\right)-2-3\mathrm{i}\right).$$

又 $|z|^2=z \cdot \bar{z}=1$，$\therefore \dfrac{1}{z}=\bar{z}$.

于是 $w=z^2((z+\bar{z})^2-(z+\bar{z})-2-3\mathrm{i})$.

设 $z=\cos\theta+\mathrm{i}\sin\theta$，则 $w=z^2((4\cos^2\theta-2\cos\theta-2)-3\mathrm{i})$.

从而 $|w| = \sqrt{(4\cos^2\theta - 2\cos\theta - 2)^2 + 9}$.

$|w|$ 取得最小值的充要条件是

$$4\cos^2\theta - 2\cos\theta - 2 = 2(2\cos\theta + 1)(\cos\theta - 1) = 0,$$

可得 $\begin{cases} \cos\theta = 1, \\ \sin\theta = 0 \end{cases}$ 或 $\begin{cases} \cos\theta = -\dfrac{1}{2}, \\ \sin\theta = \pm\dfrac{\sqrt{3}}{2}. \end{cases}$ 此时 $z = 1$ 或 $z = -\dfrac{1}{2} \pm \dfrac{\sqrt{3}}{2}\mathrm{i}$.

11. (1) 由 $z_0 - (1+\mathrm{i})z_1 = 0$, 可得 $z_0 - z_1 = z_1\mathrm{i}$,

$\therefore \ |z_0 - z_1| = |z_1| = \sqrt{2}$, 于是 $z_1 = \sqrt{2}\left(\cos\dfrac{5}{12}\pi + \mathrm{i}\sin\dfrac{5}{12}\pi\right)$,

$z_0 = (1+\mathrm{i})z_1 = (1+\mathrm{i})\cdot\sqrt{2}\left(\cos\dfrac{5}{12}\pi + \mathrm{i}\sin\dfrac{5}{12}\pi\right) = -1 + \sqrt{3}\mathrm{i}$.

(2) 设复数 z_1, z_0 在复平面内所对应的点为 Z_1, Z_0.

$\because \ z_0 - z_1 = z_1\mathrm{i}$, $\therefore \ OZ_1 \perp Z_0Z_1$.

又 $\because \ \mathrm{Re}\,z_0 < \mathrm{Re}\,z_1$, $|z_1 - z_0| = \sqrt{2}$,

$\therefore \ OZ_1$ 是 $\odot Z_0$ 过原点的右侧切线(左侧切线的切点在第二象限).

因此, $\arg z_1 \leqslant \arg z(|z - z_0| = \sqrt{2})$.

12. 由题意, $(b + c\mathrm{i})^2 = (2\cos\theta + \mathrm{i}\sin^2\theta)^2 - 4\cos\theta(1 - \cos 2\theta)\mathrm{i}$

$\qquad\qquad\qquad = (2\cos\theta + \mathrm{i}\sin^2\theta)^2 - 8\cos\theta\cdot\sin^2\theta\mathrm{i}$

$\qquad\qquad\qquad = (2\cos\theta - \mathrm{i}\sin^2\theta)^2$.

$\therefore \ \begin{cases} b = 2\cos\theta, \\ c = -\sin^2\theta \end{cases}$ 或 $\begin{cases} b = -2\cos\theta, \\ c = \sin^2\theta. \end{cases}$

抛物线 $y = -x^2 + bx + c = -\left(x - \dfrac{b}{2}\right)^2 + \dfrac{b^2 + 4c}{4}$ 的焦点为 $F\left(\dfrac{b}{2},\right.$ $\left.\dfrac{-1 + b^2 + 4c}{4}\right)$. 如果设焦点 F 的坐标为 (x, y), 则

(i) $\begin{cases} x = \dfrac{b}{2} = \cos\theta, \\ y = \dfrac{-1 + b^2 + 4c}{4} = 2\cos^2\theta - \dfrac{5}{4}, \end{cases}$ 焦点的轨迹方程为

$$y = 2x^2 - \dfrac{5}{4} \ (-1 \leqslant x \leqslant 1).$$

(ii) $\begin{cases} x = \dfrac{b}{2} = -\cos\theta, \\ y = \dfrac{-1+b^2+4c}{4} = \dfrac{3}{4}, \end{cases}$ 焦点的轨迹方程为 $y = \dfrac{3}{4}(-1 \leqslant x \leqslant 1)$.

13. 原函数可变形为

$$y = \sqrt{\left(x+\frac{1}{2}\right)^2 + \left(\frac{\sqrt{3}}{2}\right)^2} - \sqrt{\left(x-\frac{1}{2}\right)^2 + \left(\frac{\sqrt{3}}{2}\right)^2},$$

由此构造复数 $z_1 = \left(x+\dfrac{1}{2}\right) + \dfrac{\sqrt{3}}{2}\mathrm{i}, z_2 = \left(x-\dfrac{1}{2}\right) + \dfrac{\sqrt{3}}{2}\mathrm{i}$.

因为 $||z_1| - |z_2|| \leqslant |z_1 - z_2| = 1$, 当 $z_1 = kz_2 (k > 0)$ 时取等号, 所以 $|\sqrt{x^2+x+1} - \sqrt{x^2-x+1}| < 1$, 从而 $-1 < y < 1$.

故函数的值域为 $(-1, 1)$.

14. 构造复数 $z_1 = A + B\mathrm{i}, z_2 = x + y\mathrm{i}$, 则

$$|z_1| = |(x\cos^2\theta + y\sin^2\theta) + \mathrm{i}(x\sin^2\theta + y\cos^2\theta)|$$
$$= |z_2\cos^2\theta + \mathrm{i}\overline{z_2}\sin^2\theta| \leqslant |z_2\cos^2\theta| + |\mathrm{i}\overline{z_2}\sin^2\theta|$$
$$= |z_2|\cos^2\theta + |\overline{z_2}|\sin^2\theta = |z_2|,$$

所以 $|z_1|^2 \leqslant |z_2|^2$, 即 $x^2 + y^2 \geqslant A^2 + B^2$.

15. $\sqrt{(2k-1)^2 + a_k^2} = |(2k-1) + a_k\mathrm{i}|, k = 1, 2, \cdots, n, S_n$ 为 $\sqrt{1+a_1^2} + \sqrt{3+a_2^2} + \cdots + \sqrt{(2n-1)^2 + a_n^2}$ 的最小值.

$$\sum_{k=1}^{n} \sqrt{(2k-1)^2 + a_k^2} = |1 + a_1\mathrm{i}| + |3 + a_2\mathrm{i}| + \cdots + |(2n-1) + a_n\mathrm{i}|$$
$$\geqslant |(1 + 3 + \cdots + (2n-1)) + (a_1 + a_2 + \cdots + a_n)\mathrm{i}|$$
$$= |n^2 + 17\mathrm{i}| = \sqrt{n^4 + 17^2}.$$

由 S_n 为正整数, 设 $S_n = m$, 则有 $n^4 + 17^2 = m^2$, 移项得 $m^2 - n^4 = 17^2$.

所以 $(m+n^2)(m-n^2) = 289$, $\begin{cases} m - n^2 = 1, \\ m + n^2 = 289, \end{cases}$ 解得 $n = 12$.

16. 在锐角 $\triangle ABC$ 中, 由 $\tan B = m - 2 > 0$, 知 $m > 2$. 设 $z_1 = 1 + m\mathrm{i}, z_2 = 1 + (m-2)\mathrm{i}$, 则 $A = \arg(1 + m\mathrm{i}), B = \arg(1 + (m-2)\mathrm{i})$.

因为 $z_1 z_2 = (1 + m\mathrm{i})(1 + (m-2)\mathrm{i})$
$$= (-m^2 + 2m + 1) + 2(m-1)\mathrm{i},$$

$$\arg(z_1 z_2) = A + B, \dfrac{\pi}{2} < A + B < \pi,$$

所以 $\tan(A+B)=\dfrac{2(m-1)}{-m^2+2m+1}<0$.

结合 $m>2$,可得 $m>\sqrt{2}+1$.

17. 由已知不等式及 $|z_1-z_2|+|z_1+z_2|\leqslant 2\sqrt{|z_1|^2+|z_2|^2}$,得

$$\begin{aligned}
4|z_5|&=2|2z_5-(z_3+z_4)+(z_3+z_4)|\\
&\leqslant 2(|2z_5-(z_3+z_4)|+|z_3+z_4|)\\
&\leqslant 2(|z_3-z_4|+|z_3+z_4|)\\
&=|(2z_3-(z_1+z_2))-(2z_4-(z_1+z_2))|\\
&\quad+|(2z_3-(z_1+z_2))+(2z_4-(z_1+z_2))+2(z_1+z_2)|\\
&\leqslant|(2z_3-(z_1+z_2))-(2z_4-(z_1+z_2))|\\
&\quad+|(2z_3-(z_1+z_2))+(2z_4-(z_1+z_2))|+2|z_1+z_2|\\
&\leqslant 2|z_1+z_2|+2\sqrt{|2z_3-(z_1+z_2)|^2+|2z_4-(z_1+z_2)|^2}\\
&\leqslant 2|z_1+z_2|+2\sqrt{2}|z_1-z_2|\\
&\leqslant 2\sqrt{(1^2+(\sqrt{2})^2)\cdot(|z_1+z_2|^2+|z_1-z_2|^2)}\\
&=2\sqrt{3}\cdot\sqrt{2(|z_1|^2+|z_2|^2)}\\
&\leqslant 2\sqrt{3}\cdot\sqrt{4}=4\sqrt{3}.
\end{aligned}$$

所以 $|z_5|\leqslant\sqrt{3}$. 取 $z_1=e^{i\theta}$,$z_2=e^{-i\theta}$,$z_3=\dfrac{1}{2}(z_1+z_2)+\dfrac{\sqrt{6}}{3}e^{i\frac{\pi}{4}}$,$z_4=\dfrac{1}{2}(z_1+z_2)+\dfrac{\sqrt{6}}{3}e^{-i\frac{\pi}{4}}$,$z_5=\sqrt{3}$ 时等号成立,其中 $\theta=\arctan\sqrt{2}$. 故 $|z_5|_{\max}=\sqrt{3}$.

18. 令 $z=e^{i\frac{\theta}{2}}\neq\pm 1$. 则

$$\prod_{k=0}^{10}\left(1+\dfrac{1}{\cos 2^k\theta}\right)$$

$$=\dfrac{z+z^{-1}}{z^{2^{11}}+z^{-2^{11}}}\cdot\dfrac{z^{2^{11}}-z^{-2^{11}}}{z-z^{-1}}$$

$$=\dfrac{\tan 2^{10}\theta}{\tan\dfrac{\theta}{2}}=1.$$

由 $\tan x$ 的周期为 π,且在任意给定周期上为单射,易知

$$\dfrac{\theta}{2}+l\pi=1024\theta(l\in\mathbf{Z}).$$

因此，$\theta = \dfrac{2l\pi}{2047}$.

当 $l = 1023$ 时，θ 取得最大值 $\dfrac{2046\pi}{2047}$.

19. 由题意可得 $w + z = e^{i\theta}$，$w^2 + z^2 = 14e^{i\omega}$，

于是 $2wz = e^{i(2\theta)} - 14e^{i\omega}$，所以 $w^3 + z^3 = (w+z)(w^2 - wz + z^2) = 21e^{i(\theta+\omega)} - 0.5e^{i(3\theta)}$，从而

$$|w^3 + z^3| = \dfrac{1}{2}|42e^{i(\omega - 2\theta)} - 1| \geqslant \dfrac{41}{2}.$$

对于满足 $\omega = 2\theta$ 的任意实数 ω, θ，对应的 w, z 就能使 $|w^3 + z^3|$ 取得最小值 $\dfrac{41}{2}$．例如取 $\omega = \theta = 0$，即 $w = \dfrac{1 \pm 3\sqrt{3}}{2}$，$z = \dfrac{1 \mp 3\sqrt{3}}{2}$，此时既满足题意条件，又有 $|w^3 + z^3| = \dfrac{41}{2}$.

20. 以 C 为原点、$\overrightarrow{CA}$ 为实轴建立复平面．设 $|\overrightarrow{CA}| = r$.

根据复数乘除法的几何意义，向量 $\overrightarrow{DB}$ 可以看作 $\overrightarrow{DA}$ 经旋转和伸缩得到.

由已知得

$$\overrightarrow{DB} = \overrightarrow{DA} \cdot \dfrac{|\overrightarrow{DB}|}{|\overrightarrow{DA}|} e^{(\angle ACB + 90°)i}$$

$$= \dfrac{1}{r} \overrightarrow{DA} \cdot \overrightarrow{CB} i = \dfrac{1}{r}(r - z_D) z_B i.$$

又 $\overrightarrow{DB} = z_B - z_D$，故

$$\dfrac{1}{r}(r - z_D) z_B i = z_B - z_D \Rightarrow z_D = \dfrac{r z_B (1-i)}{r - z_B i}$$

$$\Rightarrow \dfrac{AB \cdot CD}{AC \cdot BD} = \dfrac{|z_B - r| |z_D|}{r |z_D - z_B|} = |1 - i| = \sqrt{2}.$$

21. 设 $\gcd(a, b) = d$，$a = dx$，$b = dy$，$\omega = e^{2\pi i \frac{y}{x}}$，其中 $a, b, d, x, y \in \mathbf{N}^*$.

则 $\omega^x = 1$，

$$\dfrac{1}{a} \sum_{m=0}^{a-1} \sum_{n=0}^{a-1} e^{2\pi i \frac{mnb}{a}} = \dfrac{1}{a} \sum_{m=0}^{a-1} \sum_{n=0}^{a-1} \omega^{mn}. \tag{1}$$

注意到，$(1 - \omega^m) \sum\limits_{n=0}^{a-1} \omega^{mn} = 1 - \omega^{am} = 0$，

因此，当且仅当 $m = 0, x, 2x, \cdots, (d-1)x$ 时，$\omega^m = 1$，此时，$\sum\limits_{n=0}^{a-1} \omega^{mn} = a$.

而当 m 取其他值时，$\sum_{n=0}^{a-1} \omega^{mn} = 0$.

综上，式(1)的值为 $\dfrac{1}{a} \cdot da = d$. 原命题得证.

22. 因为

$$\cos \frac{2k\pi}{m} + \mathrm{i}\sin \frac{2k\pi}{m}, k = 0, 1, \cdots, m-1,$$

$$\cos \frac{2k\pi}{n} + \mathrm{i}\sin \frac{2k\pi}{n}, k = 0, 1, \cdots, n-1,$$

分别是多项式 $x^m - 1$ 与 $x^n - 1$ 的根，因此当 $m > 1, n > 1$ 时，由根与系数的关系可得

$$\sum_{k=0}^{m-1} \cos \frac{2k\pi}{m} + \mathrm{i}\sum_{k=0}^{m-1} \sin \frac{2k\pi}{m} = 0,$$

$$\sum_{k=0}^{n-1} \cos \frac{2k\pi}{n} + \mathrm{i}\sum_{k=0}^{n-1} \sin \frac{2k\pi}{n} = 0.$$

所以

$$\sum_{k=0}^{m-1} \cos \frac{2k\pi}{m} = 0, \sum_{k=0}^{n-1} \sin \frac{2k\pi}{n} = 0.$$

故

$$\sum_{k=0}^{m-1} \cos \frac{2k\pi}{m} + \sum_{k=0}^{n-1} \sin \frac{2k\pi}{n} = 0.$$

而当 $m = 1$ 时，$\sum_{k=0}^{m-1} \cos \frac{2k\pi}{m} + \sum_{k=0}^{n-1} \sin \frac{2k\pi}{n} = 1$.

23. 设 $P(\cos \theta, \sin \theta)$，$A_k (k = 1, 2, \cdots, n)$ 为所在复平面上对应点 $\left(\cos \dfrac{2(k-1)\pi}{n}, \sin \dfrac{2(k-1)\pi}{n}\right)$.

记 $z = \mathrm{e}^{\mathrm{i}\theta}, \varepsilon = \mathrm{e}^{\frac{2\pi \mathrm{i}}{n}}$. 则

$$\sum_{k=1}^{n} |PA_k|^2 = \sum_{k=1}^{n} |z_P - z_{A_k}|^2$$

$$= \sum_{k=1}^{n} |z - \varepsilon^{k-1}|^2.$$

故 $\sum_{k=1}^{n} |PA_k|^2 = \sum_{k=1}^{n} (z - \varepsilon^{k-1})(\bar{z} - \bar{\varepsilon}^{k-1})$

$$= 2n - \bar{z}\sum_{k=1}^{n} \varepsilon^{k-1} - z\sum_{k=1}^{n} \bar{\varepsilon}^{k-1} = 2n.$$

24. 如图 A.47 建立复平面,则只需证
$\arg(\overrightarrow{PF}) = \arg(\overrightarrow{P'F}) = \dfrac{\angle B}{2}$.

设 $|BI| = a$,则内切圆半径

$$r = a\sin\dfrac{B}{2}, z_F = a\left(\cos\dfrac{B}{2} + \dfrac{\sqrt{3}}{3}\sin\dfrac{B}{2}\right),$$

$$|BC| = a\cos\dfrac{B}{2} + r\cot\dfrac{C}{2}$$

$$= \dfrac{a}{\sin\dfrac{C}{2}}\sin\dfrac{B+C}{2} = \dfrac{\sqrt{3}\,a}{2\sin\dfrac{C}{2}},$$

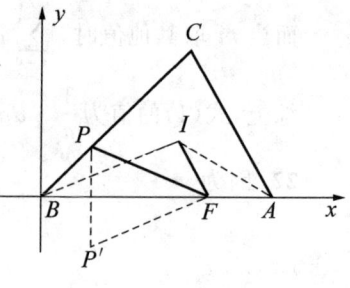

图 A.47

$$\therefore z_P = \dfrac{1}{3}z_C = \dfrac{\sqrt{3}\,a}{6\sin\dfrac{C}{2}}(\cos B + i\sin B),$$

$$\therefore \overrightarrow{(PF)} = \overline{z}_F - \overline{z}_P$$

$$= z_F - \dfrac{\sqrt{3}\,a}{6\sin\dfrac{C}{2}}(\cos B - i\sin B),$$

$$\therefore \tan(\arg\overrightarrow{(PF)}) = \dfrac{\mathrm{Im}}{\mathrm{Re}}$$

$$= \dfrac{\sin B}{4\sin\dfrac{C}{2}\left(\dfrac{\sqrt{3}}{2}\cos\dfrac{B}{2} + \dfrac{1}{2}\sin\dfrac{B}{2}\right) - \cos B}$$

$$= \dfrac{\sin B}{1+\cos B} = \tan\dfrac{B}{2},$$

$$\therefore \arg\overrightarrow{(PF)} = \dfrac{\angle B}{2}.$$

故 $\angle BFP = \dfrac{1}{2}\angle B$.

25. 如图 A.48 建立复平面. $\because z_B = 2\sin A$,

$\therefore z_E = 2\sin A - 1.$

$z_A = 2\sin B(\cos C + i\sin C), \overrightarrow{BE} = -1.$

$\therefore \overrightarrow{BA} = \overrightarrow{BE}\cdot e^{-iB} = -e^{-iB}, 有\overrightarrow{AB} = e^{-iB}.$

则 $\overrightarrow{AD} = \overrightarrow{AB}\cdot e^{-iA} = e^{-150°i},$

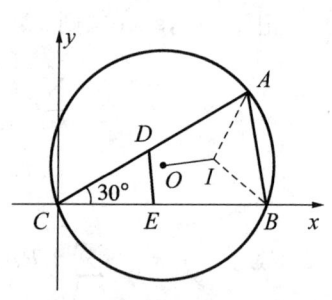

图 A.48

故 $z_D = \overrightarrow{AD} + z_A = e^{-150°i} + 2\sin B e^{30°i}$.

即 $\overrightarrow{ED} = e^{-150°i} + 2\sin B e^{30°i} - (2\sin A - 1)$

$$= \left(\sqrt{3}\sin B - 2\sin A + 1 - \frac{\sqrt{3}}{2}\right) + i\left(\sin B - \frac{1}{2}\right).$$

而 $z_O = e^{i(90°-A)}, z_I = 4\sin\frac{A}{2} \cdot \sin\frac{B}{2} e^{15°i}$,

则 $\overrightarrow{OI} = \left(4\sin\frac{A}{2} \cdot \sin\frac{B}{2} \cdot \cos 15° - \sin A\right)$

$$+ i\left(4\sin\frac{A}{2} \cdot \sin\frac{B}{2} \cdot \sin 15° - \cos A\right).$$

即 $i \cdot \overrightarrow{OI} = \left(\cos A - 4\sin\frac{A}{2} \cdot \sin\frac{B}{2} \cdot \sin 15°\right)$

$$+ i\left(4\sin\frac{A}{2} \cdot \sin\frac{B}{2} \cdot \cos 15° - \sin A\right).$$

又 $\angle A + \angle B = 150°$,

∴ 可用分析法证明

$$\cos A - 4\sin\frac{A}{2} \cdot \sin\frac{B}{2} \cdot \sin 15°$$

$$= \sqrt{3}\sin B - 2\sin A + 1 - \frac{\sqrt{3}}{2},$$

及 $4\sin\frac{A}{2} \cdot \sin\frac{B}{2} \cdot \cos 15° - \sin A = \sin B - \frac{1}{2}$.

$\cos A - 4\sin\frac{A}{2} \cdot \sin\frac{B}{2} \cdot \sin 15°$

$= \sqrt{3}\sin B - 2\sin A + 1 - \frac{\sqrt{3}}{2}$

$\Leftrightarrow \cos A - 4\sin\frac{A}{2} \cdot \sin\left(75° - \frac{A}{2}\right) \cdot \sin 15°$

$= \sqrt{3}\sin(150° - A) - 2\sin A + 1 - \frac{\sqrt{3}}{2}$

$\Leftrightarrow \cos A - \sin A \cdot \sin 30° + (1 - \cos A)(1 - \cos 30°)$

$= \frac{\sqrt{3}}{2}\cos A + \frac{3}{2}\sin A - 2\sin A + 1 - \frac{\sqrt{3}}{2}.$

$$4\sin\frac{A}{2}\cdot\sin\frac{B}{2}\cdot\cos 15° - \sin A = \sin B - \frac{1}{2}$$

$$\Leftrightarrow 4\sin\frac{A}{2}\cdot\sin\frac{B}{2}\cdot\cos 15° - 2\sin\frac{A+B}{2}\cdot\cos\frac{A-B}{2} = -\frac{1}{2}$$

$$\Leftrightarrow 2\cos 15°\left(2\sin\frac{A}{2}\cdot\sin\frac{B}{2} - \cos\frac{A}{2}\cdot\cos\frac{B}{2} - \sin\frac{A}{2}\cdot\sin\frac{B}{2}\right) = -\frac{1}{2}$$

$$\Leftrightarrow -2\cos 15°\cdot\sin 15° = -\frac{1}{2}.$$

∴ $\overrightarrow{ED} = \mathrm{i}\cdot\overrightarrow{OI}.$

∴ $OI \perp DE$ 且 $OI = DE.$

26. 设 O 为圆心,直径 $PQ=1$, $\angle POA_1 = 2\alpha$,连 QA_k. 则 $\triangle PQA_k$ 为直角三角形. 有

$$PA_k = \sin\left(\frac{(k-1)\pi}{2n+1} + \alpha\right)(1\leqslant k\leqslant 2n+1, k\in\mathbf{N}),$$

$$(PA_1 + PA_3 + \cdots + PA_{2n+1}) - (PA_2 + PA_4 + \cdots + PA_{2n})$$

$$= \left(\sin\alpha + \sin\left(\frac{2\pi}{2n+1} + \alpha\right) + \cdots + \sin\left(\frac{2n\pi}{2n+1} + \alpha\right)\right) - \left(\sin\left(\frac{\pi}{2n+1} + \alpha\right)\right.$$

$$\left. + \sin\left(\frac{3\pi}{2n+1} + \alpha\right) + \cdots + \sin\left(\frac{2n-1}{2n+1}\pi + \alpha\right)\right)$$

$$= \sin\alpha + \sin\left(\frac{2\pi}{2n+1} + \alpha\right) + \cdots + \sin\left(\frac{2n\pi}{2n+1} + \alpha\right) + \sin\left(\pi + \frac{2\pi}{2n+1} + \alpha\right) + \cdots$$

$$+ \sin\left(\pi + \frac{2n-1}{2n+1}\pi + \alpha\right)$$

$$= \sin\alpha + \sin\left(\frac{2\pi}{2n+1} + \alpha\right) + \cdots + \sin\left(\frac{2n\pi}{2n+1} + \alpha\right) + \sin\left(\frac{2n+2}{2n+1}\pi + \alpha\right) + \cdots$$

$$+ \sin\left(\frac{4n}{2n+1}\pi + \alpha\right). \tag{2}$$

设 $w = \mathrm{e}^{\mathrm{i}\cdot\frac{2\pi}{2n+1}}$,则

$$1 + w + w^2 + \cdots + w^{2n} = 0.$$

即式 $(2) = 0.$

因此 $PA_1 + PA_3 + \cdots + PA_{2n+1} = PA_2 + PA_4 + \cdots + PA_{2n}.$

习题 10

1. 设 $x=a+bi(a,b\in \mathbf{R})$，则有 $(a+bi)^2-3|a+bi|+2=0$，即 $a^2-b^2-3\sqrt{a^2+b^2}+2+2abi=0$，所以 $\begin{cases}ab=0,\\ a^2-b^2-3\sqrt{a^2+b^2}+2=0,\end{cases}$ 即 $\begin{cases}a=0,\\ b^2+3|b|-2=0,\end{cases}$ 或 $\begin{cases}b=0,\\ a^2-3|a|+2=0,\end{cases}$ 共有 6 组解.

2. 设 $x=x_0\in \mathbf{R}$，则有 $x_0^2+zx_0+4+3i=0$，即 $z=\dfrac{-x_0^2-4-3i}{x_0}=-\left(x_0+\dfrac{4+3i}{x_0}\right)=-\left(x_0+\dfrac{4}{x_0}+\dfrac{3}{x_0}i\right)$，所以

$$|z|=\sqrt{\left(x_0+\dfrac{4}{x_0}\right)^2+\left(\dfrac{3}{x_0}\right)^2}=\sqrt{x_0^2+\dfrac{25}{x_0^2}+8}\geqslant \sqrt{18}=3\sqrt{2},$$

当且仅当 $x_0^2=\dfrac{25}{x_0^2}$，即 $x_0=\pm\sqrt{5}$ 时，$|z|_{\min}=3\sqrt{2}$.

3. 设 $x=x_0\in \mathbf{R}$，则有 $x_0^2-(2i-1)x_0+3m-i=0$，即 $(x_0^2+x_0+3m)-(2x_0+1)i=0$，所以 $\begin{cases}x_0^2+x_0+3m=0,\\ 1+2x_0=0,\end{cases}$ 即 $\begin{cases}x_0=-\dfrac{1}{2},\\ m=\dfrac{1}{12}.\end{cases}$

4. 不妨设 $\alpha_1<\alpha_2<\cdots<\alpha_6$，显然有 $\{\alpha_n\}$ 成等差数列，公差 $d=\dfrac{\pi}{6}$，且 $1+\tan\alpha_1\cdot\tan\alpha_2=\dfrac{\tan\alpha_2-\tan\alpha_1}{\tan\dfrac{\pi}{6}}$，$1+\tan\alpha_2\cdot\tan\alpha_3=\dfrac{\tan\alpha_3-\tan\alpha_2}{\tan\dfrac{\pi}{6}}$，$\cdots$，$1+\tan\alpha_6\cdot\tan\alpha_1=\dfrac{\tan\alpha_1-\tan\alpha_6}{\tan\dfrac{\pi}{6}}$，

以上 6 个式子相加，得

$$\tan\alpha_1\cdot\tan\alpha_2+\tan\alpha_2\cdot\tan\alpha_3+\cdots+\tan\alpha_6\cdot\tan\alpha_1=-6.$$

5. 由 $x+\dfrac{1}{x}=2\cos\theta$，得 $x=\cos\theta\pm i\sin\theta$，所以 $x^n+\dfrac{1}{x^n}=(\cos\theta\pm i\sin\theta)^n+\dfrac{1}{(\cos\theta\pm i\sin\theta)^n}=(\cos n\theta\pm i\sin n\theta)+(\cos n\theta\mp i\sin n\theta)=2\cos n\theta$.

6. 易知方程 $x^2-2x+2=0$ 的两根为 $x_1=1+i$，$x_2=1-i$.

当 $\Delta=4m^2-4<0$,即 $-1<m<1$ 时,方程 $x^2+2mx+1=0$ 有两个共轭的虚根 x_3,x_4,且 x_3,x_4 的实部为 $-m\neq 1$,这时 x_1,x_2,x_3,x_4 在复平面内对应的点构成等腰梯形或矩形,它们共圆.

当 $\Delta=4m^2-4>0$,即 $m<-1$ 或 $m>1$ 时,方程 $x^2+2mx+1=0$ 有两个不等的实根 x_3,x_4,则 x_1,x_2 对应的点在以 x_3,x_4 对应的点为直径端点的圆上,该圆的方程为

$$(x-x_3)(x-x_4)+y^2=0,$$

即 $x^2+y^2-(x_3+x_4)x+x_3x_4=0$. 将 $x_3+x_4=-2m, x_3x_4=1$ 及 x_1,x_2 对应点的坐标 $(1,\pm 1)$ 代入方程,即得 $m=-\dfrac{3}{2}$.

故 m 的取值范围是 $\left\{m\mid -1<m<1 \text{ 或 } m=-\dfrac{3}{2}\right\}$.

7. (1) 这 n 个数共有 2^n 种可能情形.下面计算其和被 3 整除的有多少种,这等于多项式 $f(x)=(x+x^2)^n$ 的展开式中 $x^3,x^6,\cdots$ 等项的系数之和,进而等于

$$\dfrac{1}{3}(f(1)+f(\omega)+f(\overline{\omega})),$$

其中 $\omega=-\dfrac{1}{2}+\dfrac{\sqrt{3}}{2}\mathrm{i}$ 为三次单位根,$\overline{\omega}$ 是其共轭复数.不难算得上式等于 $\dfrac{1}{3}(2^n+2(-1)^n)$.因此所求的概率为 $P_n=\dfrac{1}{3}\left(1+2\left(-\dfrac{1}{2}\right)^n\right)$.

据此,即可验证 $P_{n+1}=\dfrac{1}{2}(1-P_n)$.

(2) 注意上式也可写作

$$P_{n+1}-\dfrac{1}{3}=-\dfrac{1}{2}\left(P_n-\dfrac{1}{3}\right),$$

这就表明数列 $\left\{P_n-\dfrac{1}{3}\right\}$ 是公比为 $-\dfrac{1}{2}$ 的等比数列,且首项为 $P_1-\dfrac{1}{3}=-\dfrac{1}{3}<0$.故 $P_{2012}-\dfrac{1}{3}=\left(-\dfrac{1}{2}\right)^{2011}\left(P_1-\dfrac{1}{3}\right)>0$,即 $P_{2012}>\dfrac{1}{3}$.

8. 方程 $x^{10}=1$ 的根对应的点为正十边形的 10 个顶点.任选一条直径,与其他 8 个点可构成 8 个直角三角形,故共有 $8\times 5=40$ 个直角三角形.

9. 由已知实系数方程有虚根,故 $\Delta=4(p-q)^2-8(p^2+q^2)<0$,即 $-(p+q)^2<0$,可得 $p+q\neq 0, x=-(p-q)\pm(p+q)\mathrm{i}$.

$x^3 = (-(p-q) \pm (p+q)\mathrm{i})^3 = (p-q)(3(p+q)^2 - (p-q)^2) \pm (p+q) \cdot (3(p-q)^2 - (p+q)^2)\mathrm{i}$.

因为 $x^3 \in \mathbf{R}$, 所以 $(p+q)(3(p-q)^2 - (p+q)^2) = 0$, $3(p-q)^2 - (p+q)^2 = 0$, $p^2 - 4pq + q^2 = 0$.

若 $q = 0$, 则 $p = 0$, 与 $p+q \neq 0$ 矛盾, 所以 $q \neq 0$, $\left(\dfrac{p}{q}\right)^2 - 4\left(\dfrac{p}{q}\right) + 1 = 0$, $\dfrac{p}{q} = 2 \pm \sqrt{3}$.

10. 因为方程 $x^2 + (4+\mathrm{i})x + 4 + a\mathrm{i} = 0 \, (a \in \mathbf{R})$ 有实根 b, 所以 $b^2 + (4+\mathrm{i})b + 4 + a\mathrm{i} = 0$, $b^2 + 4b + 4 + (b+a)\mathrm{i} = 0$, 即 $\begin{cases} b^2 + 4b + 4 = 0, \\ b + a = 0, \end{cases}$ 解得 $\begin{cases} a = 2, \\ b = -2, \end{cases}$ 所以 $z = a + b\mathrm{i} = 2 - 2\mathrm{i}$.

所以 $\overline{z}(1 - c\mathrm{i}) = (2 + 2\mathrm{i})(1 - c\mathrm{i}) = 2 + 2c + (2 - 2c)\mathrm{i}$.

当 $0 < c \leqslant 1$ 时, 复数 $\overline{z}(1-c\mathrm{i})$ 的实部大于 0, 虚部不小于 0, 其辐角主值在 $\left[0, \dfrac{\pi}{2}\right)$ 范围内, 有

$$\arg(\overline{z}(1-c\mathrm{i})) = \arctan \dfrac{2-2c}{2+2c} = \arctan\left(\dfrac{2}{1+c} - 1\right).$$

因为 $0 < c \leqslant 1$, 所以 $0 \leqslant \dfrac{2}{1+c} - 1 < 1$.

$0 \leqslant \arctan\left(\dfrac{1}{1+c} - 1\right) < \dfrac{\pi}{4}$, 即 $0 \leqslant \arg(\overline{z}(1-c\mathrm{i})) < \dfrac{\pi}{4}$.

当 $c > 1$ 时, 复数 $\overline{z}(1-c\mathrm{i})$ 的实部大于 0, 虚部小于 0, 其辐角主值在 $\left(\dfrac{3\pi}{2}, 2\pi\right)$ 范围内,

所以 $\arg(\overline{z}(1-c\mathrm{i})) = 2\pi + \arctan \dfrac{2-2c}{2+2c} = 2\pi + \arctan\left(\dfrac{2}{1+c} - 1\right)$.

因为 $c > 1$, 所以 $-1 < \dfrac{2}{1+c} - 1 < 0$, $-\dfrac{\pi}{4} < \arctan\left(\dfrac{2}{1+c} - 1\right) < 0$, 所以 $\dfrac{7}{4}\pi < \arg(\overline{z}(1-c\mathrm{i})) < 2\pi$.

综上, 可得复数 $\overline{z}(1-c\mathrm{i})\,(c > 0)$ 的辐角主值的取值范围为 $\left[0, \dfrac{\pi}{4}\right) \cup \left(\dfrac{7}{4}\pi, 2\pi\right)$.

11. 将方程的两边取模, 得

$$2 = |z^n \cos\theta_n + z^{n-1}\cos\theta_{n-1} + \cdots + z\cos\theta_1 + \cos\theta_0|$$

$$\leqslant |z|^n + |z|^{n-1} + |z|^{n-2} + \cdots + |z| + 1.$$

若 $|z| \leqslant \dfrac{1}{2}$,则 $2 \leqslant \left(\dfrac{1}{2}\right)^n + \left(\dfrac{1}{2}\right)^{n-1} + \cdots + \dfrac{1}{2} + 1 = 2 - \left(\dfrac{1}{2}\right)^n < 2$,矛盾. 所以方程的每一个复数根所对应的点都在曲线 $|z| = \dfrac{1}{2}$ 的外部.

12. 当 $n = 2$ 时,左边 $= |z_1| + |z_2|$,

$$\text{右边} = |z_1 + z_2| + |z_1 - z_2| \geqslant 2|z_1|,$$

又右边 $\geqslant 2|z_2|$,所以右边 $= |z_1 + z_2| + |z_1 - z_2| \geqslant \dfrac{1}{2}(2|z_1| + 2|z_2|) =$ 左边.

假设对 n 不等式成立,即

$$|z_1| + |z_2| + \cdots + |z_n| \leqslant |z_1 + z_2 + \cdots + z_n| + \sum_{1 \leqslant i < j \leqslant n} |z_i - z_j|.$$

对 $n+1$,$|z_1 + z_2 + \cdots + z_{n+1}| + |z_{n+1} - z_1| + |z_{n+1} - z_2| + \cdots + |z_{n+1} - z_n| \geqslant (n+1)|z_{n+1}|$

$$\Leftrightarrow \dfrac{1}{n+1}(|z_1 + z_2 + \cdots + z_{n+1}| + |z_{n+1} - z_1| + |z_{n+1} - z_2| + \cdots + |z_{n+1} - z_n|) \geqslant |z_{n+1}|. \tag{1}$$

又 $|z_1 + z_2 + \cdots + z_{n+1}| + |z_{n+1} - z_1| + |z_{n+1} - z_2| + \cdots + |z_{n+1} - z_n|$

$$\geqslant |z_1 + z_2 + \cdots + z_{n+1}| + \dfrac{1}{n}(|z_{n+1} - z_1| + |z_{n+1} - z_2| + \cdots + |z_{n+1} - z_n|)$$

$$\geqslant \left|z_1 + z_2 + \cdots + z_n + \dfrac{1}{n}z_1 + \dfrac{1}{n}z_2 + \cdots + \dfrac{1}{n}z_n\right|$$

$$= \dfrac{n+1}{n}|z_1 + z_2 + \cdots + z_n|,$$

所以 $\dfrac{n}{n+1}(|z_1 + z_2 + \cdots + z_{n+1}| + |z_{n+1} - z_1| + |z_{n+1} - z_2| + \cdots$

$$+ |z_{n+1} - z_n|) \geqslant |z_1 + z_2 + \cdots + z_n|. \tag{2}$$

(1) + (2) 得 $|z_1 + z_2 + \cdots + z_{n+1}| + |z_{n+1} - z_1| + |z_{n+1} - z_2| + \cdots + |z_{n+1} - z_n| \geqslant |z_1 + z_2 + \cdots + z_n| + |z_{n+1}|$,

故 $(|z_1| + |z_2| + \cdots + |z_n|) + |z_{n+1}| \leqslant |z_1 + z_2 + \cdots + z_n| + |z_{n+1}| + \sum_{1 \leqslant i < j \leqslant n} |z_i - z_j| \leqslant |z_1 + z_2 + \cdots + z_{n+1}| + |z_{n+1} - z_1| + |z_{n+1} - z_2| + \cdots + |z_{n+1} - z_n| + \sum_{1 \leqslant i < j \leqslant n} |z_i - z_j|$,

命题也成立. 从而原不等式得证.

13. 记 $\omega = -\dfrac{1}{2} + \dfrac{\sqrt{3}}{2}\mathrm{i}$，则 $1 + \omega + \omega^2 = 0$，

$$\sqrt{x^2+y^2} + \sqrt{(x-1)^2+y^2} + \sqrt{x^2+(y-1)^2}$$
$$= |x+y\mathrm{i}| + |(x-1)+y\mathrm{i}| + |x+(y-1)\mathrm{i}|$$
$$= |x+y\mathrm{i}| + |\omega(x-1)+\omega y\mathrm{i}| + |\omega^2 x + \omega^2(y-1)\mathrm{i}|$$
$$\geqslant |x+y\mathrm{i} + \omega(x-1)+\omega y\mathrm{i} + \omega^2 x + \omega^2(y-1)\mathrm{i}|$$
$$= |(1+\omega+\omega^2)x - \omega + (1+\omega+\omega^2)y\mathrm{i} - \omega^2\mathrm{i}|$$
$$= |-\omega - \omega^2\mathrm{i}| = |1+\omega\mathrm{i}| = \dfrac{\sqrt{2}}{2}(\sqrt{3}-1).$$

14. $x=0$ 显然不是原方程的根. 由于原方程中与首末两项等距的两项系数相同, 对于每一个负根 $-x_0$, 必定有一个正根 x_0. 而 $(-a)^2 + b^2 = a^2 + b^2$, 所以问题可转化为只研究原方程至少有一正根的情况.

在原方程两边除以 x^2, 得
$$x^2 + \dfrac{1}{x^2} + a\left(x + \dfrac{1}{x}\right) + b = 0,$$

即
$$\left(x + \dfrac{1}{x}\right)^2 + a\left(x + \dfrac{1}{x}\right) + b - 2 = 0. \tag{3}$$

令 $u = x + \dfrac{1}{x}$,

则方程 (3) 变为
$$u^2 + au + b - 2 = 0. \tag{4}$$

如果 x_0 是原方程的正根, 那么 $u_0 = x_0 + \dfrac{1}{x_0} \geqslant 2$. 反之, 如果方程 (4) 有一个不小于 2 的实根, 那么方程 $u_0 = x + \dfrac{1}{x}$, 即 $x^2 - u_0 x + 1 = 0$ 必有正实根 (因 $\Delta = u_0^2 - 4 \geqslant 0$). 也就是说, 通过变量代换, 把原方程转化为研究方程 (4) 至少有一个不小于 2 的实根的情况.

如果方程 (4) 有一个不小于 2 的实根, 那么
$$\begin{cases} \Delta = a^2 - 4b + 8 \geqslant 0, \\ \dfrac{-a + \sqrt{a^2 - 4b + 8}}{2} \geqslant 2. \end{cases}$$

(i) 当 $a \geqslant -4$ 时, 可得
$$2a + b + 2 \leqslant 0. \tag{5}$$

下面我们在条件 (5) 的限制下求 $a^2 + b^2$ 的最小值.

令 $a = r\cos\theta, b = r\sin\theta$, 其中 $r = \sqrt{a^2+b^2}, \theta \in [0, 2\pi]$, 那么式 (5) 化

为 $2r\cos\theta + r\sin\theta + 2 \leqslant 0$,即 $\sqrt{5}r\cos\left(\theta - \arctan\dfrac{1}{2}\right) \leqslant -2$.

显然,满足上式的 r 的最小非负值为 $\dfrac{2}{\sqrt{5}}$,从而 $a^2 + b^2 = r^2$ 的最小值为 $\left(\dfrac{2}{\sqrt{5}}\right)^2 = \dfrac{4}{5}$.

(ii) 当 $a < -4$ 时,由于 $a^2 + b^2 \geqslant a^2 > 16$,故此时 $a^2 + b^2$ 的最小值将大于 $\dfrac{4}{5}$.

综上所述,可知所求的最小值是 $(a^2 + b^2)_{\min} = \dfrac{4}{5}$,

此时 $a = \pm\dfrac{4}{5}, b = -\dfrac{2}{5}$.

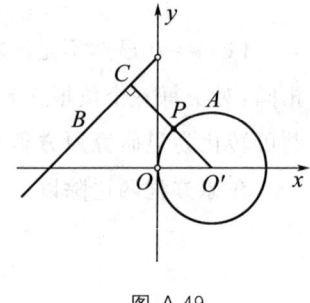

图 A.49

15. 令 $z = x + yi(x, y \in \mathbf{R})$,

则 $\overline{z} = x - yi = \dfrac{1}{1+ti} = \dfrac{1-ti}{1+t^2}$,

$\therefore \begin{cases} x = \dfrac{1}{1+t^2}, \\ y = \dfrac{t}{1+t^2}, \end{cases}$

$\therefore \left(x - \dfrac{1}{2}\right)^2 + y^2 = \dfrac{1}{4}, x \neq 0$,

即集合 A 为以 $\left(\dfrac{1}{2}, 0\right)$ 为圆心、$\dfrac{1}{2}$ 为半径的圆(除去原点).

又令 $z' = x' + y'i(x', y' \in \mathbf{R})$,

则 $z' - i = x' + (y'-1)i = \sqrt{x'^2 + (y'-1)^2}\dfrac{x' + (y'-1)i}{\sqrt{x'^2 + (y'-1)^2}}$.

由于 $\arg(z' - i) = \dfrac{5\pi}{4}$,而 $\cos\dfrac{5\pi}{4} = \sin\dfrac{5\pi}{4}$,

$\therefore \dfrac{x'}{\sqrt{x'^2 + (y'-1)^2}} = \dfrac{y'-1}{\sqrt{x'^2 + (y'-1)^2}}$,

$\therefore y' = x' + 1(x' < 0)$,即集合 B 是一条射线(除去端点).如图 A.49,作射线的垂线 $O'C$,垂足为点 C,交圆于点 P.

$\therefore |CP| = \min\limits_{z \in A, z' \in B} |\overrightarrow{ZZ'}| = \dfrac{\left|\dfrac{1}{2} + 1\right|}{\sqrt{2}} - \dfrac{1}{2} = \dfrac{3\sqrt{2} - 2}{4}$.

16. 设 z_1, z_2 在复平面内对应的点分别为 Z_1, Z_2,则 $\arg z = \arg\dfrac{z_1}{z_2} = $

$\angle Z_1OZ_2$ 或 $2\pi - \angle Z_1OZ_2$. 由余弦定理,

$$\cos(\pi - \arg z) = \frac{|z_1|^2 + |z_2|^2 - |z_1+z_2|^2}{2|z_1|\cdot|z_2|}$$

$$= \frac{|z_1|^2+|z_2|^2-4}{6} \geqslant \frac{|z_1|\cdot|z_2|-4}{6} = \frac{1}{3}.$$

∵ $\pi - \arg z \in (0, 2\pi)$, ∴ $\cos(\arg z) \leqslant -\frac{1}{3}$,

∴ $\pi - \arccos\frac{1}{3} \leqslant \arg z \leqslant \pi + \arccos\frac{1}{3}$.

∴ $(\arg z)_{\max} = \pi + \arccos\frac{1}{3}$, $(\arg z)_{\min} = \pi - \arccos\frac{1}{3}$.

17. 原方程要么有实数根,要么有虚数根且成对出现.

(i) 当 n 为奇数时,$f(0)=0 \Leftrightarrow b=0$,故 $x^2+a|x|=0$.

$a>0$ 时,$A=\{0,\pm ai\}$,故 $n=3$;

$a=0$ 时,$A=\{0\}$,故 $n=1$;

$a<0$ 时,$A=\{0,\pm a\}$,故 $n=3$.

(ii) 当 n 为偶数时,$b\neq 0$. 对 $a=-1,b=-2$,有 $A=\{2,-2\}$,故 $n=2$;

对 $a=-2,b=1$,有 $A=\{\pm 1,\pm(\sqrt{2}-1)i\}$,故 $n=4$;

对 $a=-5,b=6$,有 $A=\{\pm 2,\pm 3,\pm i\}$,故 $n=6$.

下面证明 $n=0, n\geqslant 8$ 均不成立.

若 $n=0$,如果 $a^2-4ac<0 \Rightarrow b>0 \Rightarrow a^2+4b>0$,

$x=\pm\frac{a+\sqrt{a^2+4b}}{2}$i 是 $f(x)=0$ 的根($x=y$i($y\neq 0$),$-|y|^2+a|y|+b=0$,$|y|^2-a|y|-b=0$),与 $n=0$ 矛盾.

如果 $a^2-4ac\geqslant 0$,$x=\frac{-a\pm\sqrt{a^2-4b}}{2}$,亦矛盾.

若 $n\geqslant 8$,$x^2+a|x|+b=0$ 有 4 个根,$|y|^2-a|y|-b=0$ 必有 4 个根.

故 $x^2+ax+b=0$ 有 2 个正根,$y^2-ay-b=0$ 有 2 个正根,两者矛盾. 故 $n\geqslant 8$ 不成立.

因此 $B=\{1,2,3,4,6\}$.

18. 显然 $x\neq 0$,于是原方程可化为 $\left(13-\frac{1}{x}\right)^{10}=-1$.

令 $y=13-\frac{1}{x}$,则有 $y^{10}=-1$.

设方程 $y^{10}=-1$ 的 10 个复数根分别为 $\varepsilon_k, \overline{\varepsilon_k}(k=1,2,3,4,5)$，其中 $\varepsilon_k = \cos\dfrac{(2k-1)\pi}{10}+\mathrm{i}\sin\dfrac{(2k-1)\pi}{10}, k=1,2,3,4,5.$

不妨设 $13-\dfrac{1}{r_k}=\varepsilon_k$，则 $\dfrac{1}{r_k}=13-\varepsilon_k, k=1,2,3,4,5.$ 于是，有

$$\sum_{k=1}^{5}\dfrac{1}{r_k\overline{r_k}}=\sum_{k=1}^{5}(13-\varepsilon_k)(13-\overline{\varepsilon_k})=\sum_{k=1}^{5}(170-13(\varepsilon_k+\overline{\varepsilon_k}))$$

$$=850-26\left(\cos\dfrac{\pi}{10}+\cos\dfrac{3\pi}{10}+\cos\dfrac{5\pi}{10}+\cos\dfrac{7\pi}{10}+\cos\dfrac{9\pi}{10}\right)$$

$$=850.$$

19. 设 $\varepsilon_1=\mathrm{i}$ 为 1 的一个 4 次单位根. 由二项式定理，有展开式

$$(1+1)^n=C_n^0+C_n^1+C_n^2+\cdots+C_n^n, \tag{6}$$

$$(1+\varepsilon_1)^n=C_n^0+C_n^1\varepsilon_1+C_n^2\varepsilon_1^2+\cdots+C_n^n\varepsilon_1^n, \tag{7}$$

$$(1+\varepsilon_1^2)^n=C_n^0+C_n^1\varepsilon_1^2+C_n^2\varepsilon_1^4+\cdots+C_n^n\varepsilon_1^{2n}, \tag{8}$$

$$(1+\varepsilon_1^3)^n=C_n^0+C_n^1\varepsilon_1^3+C_n^2\varepsilon_1^6+\cdots+C_n^n\varepsilon_1^{3n}. \tag{9}$$

$(6)+\varepsilon_1^3\cdot(7)+\varepsilon_1^2\cdot(8)+\varepsilon_1\cdot(9)$，可得

和式右边 $=4(C_n^1+C_n^5+\cdots+C_n^{4m-3})$，

和式左边 $=2^n+(1+\varepsilon_1)^n\cdot\varepsilon_1^3+(1+\varepsilon_1^2)^n\cdot\varepsilon_1^2+(1+\varepsilon_1^3)^n\cdot\varepsilon_1$

$$=2^n+\mathrm{i}((1-\mathrm{i})^n-(1+\mathrm{i})^n)=2^n+2^{\frac{n}{2}+1}\sin\dfrac{n\pi}{4}.$$

和式两边除以 4 即为原等式.

20.
$$x^n-1=\prod_{k=0}^{n-1}(x-\varepsilon_k)=\prod_{k=0}^{n-1}(x-\varepsilon_k^{-1}). \tag{10}$$

由欧拉公式，$\mathrm{e}^{\theta\mathrm{i}}=\cos\theta+\mathrm{i}\sin\theta$，故
$2\mathrm{i}\sin\theta=\mathrm{e}^{\theta\mathrm{i}}-\mathrm{e}^{-\theta\mathrm{i}}$，于是我们有

$$2^n\mathrm{i}^n\prod_{k=0}^{n-1}\sin\left(\theta+\dfrac{k\pi}{n}\right)=\prod_{k=0}^{n-1}\left(2\mathrm{i}\sin\left(\theta+\dfrac{k\pi}{n}\right)\right)$$

$$=\prod_{k=0}^{n-1}(\mathrm{e}^{(\theta+\frac{k\pi}{n})\mathrm{i}}-\mathrm{e}^{-(\theta+\frac{k\pi}{n})\mathrm{i}})=\prod_{k=0}^{n-1}\mathrm{e}^{(\frac{k\pi}{n}-\theta)\mathrm{i}}(\mathrm{e}^{2\theta\mathrm{i}}-\varepsilon_k^{-1})$$

$$=\mathrm{e}^{(\frac{\pi}{n}\sum_{k=0}^{n-1}k-n\theta)\mathrm{i}}\prod_{k=0}^{n-1}(\mathrm{e}^{2\theta\mathrm{i}}-\varepsilon_k^{-1}).$$

但 $\prod\limits_{k=0}^{n-1}k=\dfrac{1}{2}n(n-1)$，$\mathrm{e}^{\frac{\pi}{2}\mathrm{i}}=\mathrm{i}$，所以

$$\mathrm{e}^{(\frac{\pi}{n}\prod_{k=0}^{n-1}k-n\theta)\mathrm{i}}=\mathrm{e}^{\frac{1}{2}(n-1)\pi\mathrm{i}-n\theta\mathrm{i}}=\mathrm{i}^{n-1}\mathrm{e}^{-n\theta\mathrm{i}}.$$

又由式(10),有 $\prod_{k=0}^{n-1}(e^{2\theta i}-\varepsilon_k^{-1})=e^{2n\theta i}-1=2ie^{n\theta i}\sin n\theta$,

因此 $2^n i^n \prod_{k=0}^{n-1}\sin\left(\theta+\dfrac{k\pi}{n}\right)=2i^n\sin n\theta$,由此即证原题.

21. (1) 记 $\omega=e^{\frac{2\pi i}{n}}$,则 $\omega^n=1, \omega^{-\frac{n}{2}}=e^{\pi i}=-1, 2\cos\dfrac{2k\pi}{n}=\omega^k+\omega^{-k}$,

$$\prod_{k=1}^{n}\left(1+2\cos\dfrac{2k\pi}{n}\right)=\prod_{k=1}^{n}(1+\omega^k+\omega^{-k})=\prod_{k=1}^{n}\omega^{-k}(\omega^k+\omega^{2k}+1)$$

$$=\omega^{-\frac{n(n+1)}{2}}\cdot 3\prod_{k=1}^{n-1}\dfrac{1-\omega^{3k}}{1-\omega^k}$$

$$=(-1)^{n+1}\cdot 3\prod_{k=1}^{n-1}\dfrac{1-\omega^{3k}}{1-\omega^k}.$$

因为 n 为大于 3 的素数,

所以 $(-1)^{n+1}=1$,且 $3,3\times 2,\cdots,3(n-1)$ 取遍所有 n 的剩余类,从而

$$\prod_{k=1}^{n-1}(1-\omega^{3k})=\prod_{k=1}^{n-1}(1-\omega^k).$$

于是 $\prod_{k=1}^{n}\left(1+2\cos\dfrac{2k\pi}{n}\right)=3$.

(2) $z^{2n}-1=0$ 的 $2n$ 个根是 ± 1 和 $z_k=e^{\pm\frac{k\pi i}{n}}(k=1,2,\cdots,n-1)$,

故
$$z^{2n}-1=(z^2-1)\prod_{k=1}^{n-1}(z-e^{\frac{k\pi i}{n}})(z-e^{-\frac{k\pi i}{n}})$$

$$=(z^2-1)\prod_{k=1}^{n-1}\left(z^2+1-2z\cos\dfrac{k\pi}{n}\right).$$

取 $z=e^{\frac{2\pi}{3}i}$,则 $z^2+1=-z$,于是

$$z^{2n}-1=(z^2-1)(-z)^{n-1}\prod_{k=1}^{n-1}\left(1+2\cos\dfrac{k\pi}{n}\right).$$

$$\prod_{k=1}^{n-1}\left(1+2\cos\dfrac{k\pi}{n}\right)=\dfrac{z^{2n}-1}{(z^2-1)(-z)^{n-1}}$$

$$=\begin{cases}0, & n=3k,\\ \dfrac{z^2-1}{(z^2-1)(-z)^{3k}}=(-1)^{3k}=(-1)^{n-1}, & n=3k+1,\\ \dfrac{z-1}{(z^2-1)(-z)^{3k+1}}=\dfrac{(-1)^{3k+1}}{(z+1)z}=\dfrac{(-1)^{3k+1}}{-1}=(-1)^n, & n=3k+2,\end{cases}$$

$k\in\mathbf{N}^*$.

22. 令 $1^2=a_1, 3^2=a_2, 5^2=a_3, 7^2=a_4, 2^2=\lambda_1, 4^2=\lambda_2, 6^2=\lambda_3, 8^2=\lambda_4$.构造

$$f(x) = \prod_{i=1}^{4}(x-a_i) - \prod_{i=1}^{4}(x-\lambda_i) = \Big(\sum_{i=1}^{4}(\lambda_i - a_i)\Big)x^3 + \cdots \quad (11)$$

则
$$f(\lambda_k) = \prod_{i=1}^{4}(\lambda_i - a_i).$$

又由拉格朗日公式,得 $f(x) = \sum_{j=1}^{4} \prod_{\substack{i \neq j \\ 1 \leq i \leq 4}} \dfrac{x-a_i}{a_j - a_i} \cdot f(a_j).$

在上式中令 $x=\lambda_k$,两边同除以 $f(\lambda_k)$ 得

$$\frac{A_1}{\lambda_k - a_1} + \frac{A_2}{\lambda_k - a_2} + \frac{A_3}{\lambda_k - a_3} + \frac{A_4}{\lambda_k - a_4} = 1, \quad (12)$$

其中 $A_j = \dfrac{f(a_j)}{\prod\limits_{\substack{i \neq j \\ 1 \leq i \leq 4}}(a_j - a_i)}$,$j,k=1,2,3,4$,且方程组(12)有唯一解.

比较式(11)(12)中 x^3 项的系数,得 $\sum_{j=1}^{4} A_j = \sum_{i=1}^{4}(\lambda_i - a_i)$,而 $x^2, y^2, z^2,$ w^2 是已知方程组的解,则

$$x^2 + y^2 + z^2 + w^2 = \sum_{j=1}^{4} A_j = \sum_{i=1}^{4} \lambda_i - \sum_{i=1}^{4} a_i$$
$$= (2^2 + 4^2 + 6^2 + 8^2) - (1^2 + 3^2 + 5^2 + 7^2) = 36.$$

23. 令 $\omega = \cos\dfrac{2\pi}{n} + i\sin\dfrac{2\pi}{n}$. 取 η 为一个模长为 1 的复数,如果 $n \geq 2$,对于自然数 $k=1,2,\cdots,n-1$,有

$$f(\omega^k \eta) = C_0(\omega^k \eta)^n + C_1(\omega^k \eta)^{n-1} + C_2(\omega^k \eta)^{n-2} + \cdots + C_{n-1}(\omega^k \eta) + C_n,$$

$$\sum_{k=1}^{n} f(\omega^k \eta) = C_0 \sum_{k=1}^{n}(\omega^k \eta)^n + C_1 \sum_{k=1}^{n}(\omega^k \eta)^{n-1}$$
$$+ C_2 \sum_{k=1}^{n}(\omega^k \eta)^{n-2} + \cdots + C_{n-1} \sum_{k=1}^{n}(\omega^k \eta) + nC_n. \quad (13)$$

显然,有
$$\sum_{k=1}^{n}(\omega^k \eta)^n = n\eta^n. \quad (14)$$

对于 $j=1,2,\cdots,n-1$,有

$$\sum_{k=1}^{n}(\omega^k \eta)^j = \eta^j \sum_{k=1}^{n} \omega^{kj} = \eta^j \frac{\omega^j - \omega^{(n+1)j}}{1-\omega^j} = 0. \quad (15)$$

将式(14)(15)代入式(13),有

$$\sum_{k=1}^{n} f(\omega^k \eta) = n(C_0 \eta^n + C_n).$$

当 $n=1$ 时,上式也成立.因此上式对 $\forall n \in \mathbf{N}^*$ 成立,即有

$$\frac{1}{n}\sum_{k=1}^{n}|f(\omega^k\eta)|\geqslant\frac{1}{n}\Big|\sum_{k=1}^{n}f(\omega^k\eta)\Big|=|C_0\eta^n+C_n|. \qquad(16)$$

记 $C_0=\rho_0(\cos\theta_0+\mathrm{i}\sin\theta_0)$,其中 $0\leqslant\theta_0<2\pi$,$|C_0|=\rho_0$;又记 $C_n=\rho_n(\cos\theta_n+\mathrm{i}\sin\theta_n)$,其中 $0\leqslant\theta_n<2\pi$,$|C_n|=\rho_n$. 选择 θ,使 $0\leqslant\theta<2\pi$,$\theta_0+n\theta\equiv\theta_n$ (mod 2π). 令 $\eta=\cos\theta+\mathrm{i}\sin\theta$,有

$$\begin{aligned}C_0\eta^n+C_n&=\rho_0(\cos\theta_0+\mathrm{i}\sin\theta_0)(\cos n\theta+\mathrm{i}\sin n\theta)+\rho_n(\cos\theta_n+\mathrm{i}\sin\theta_n)\\&=\rho_0(\cos(\theta_0+n\theta)+\mathrm{i}\sin(\theta_0+n\theta))+\rho_n(\cos\theta_n+\mathrm{i}\sin\theta_n)\\&=(\rho_0+\rho_n)(\cos\theta_n+\mathrm{i}\sin\theta_n).\end{aligned}$$

从而,可得 $|C_0\eta^n+C_n|=\rho_0+\rho_n=|C_0|+|C_n|$. $\qquad(17)$

将式(17)代入式(16),有 $\dfrac{1}{n}\sum_{k=1}^{n}|f(\omega^k\eta)|\geqslant|C_0|+|C_n|$.

由于 n 个实数 $|f(\omega\eta)|$,$|f(\omega^2\eta)|$,$\cdots$,$|f(\omega^n\eta)|$ 的算术平均值大于等于 $|C_0|+|C_n|$,则至少有一个 $|f(\omega^j\eta)|\geqslant|C_0|+|C_n|$,这里 j 是 $1,2,\cdots,n$ 中的某一个数. 令 $z_0=\omega^j\eta$,$|z_0|=1$,即满足 $|f(z_0)|\geqslant|C_0|+|C_n|$.

24. 设原方程有根 z,且 $|z|=1$.

则 $z^n(z-1)=1$

$\Rightarrow|z^n(z-1)|=1$

$\Rightarrow|z-1|=1$.

故 z 为圆 $|z|=1$ 与圆 $|z-1|=1$ 的交点(也可以说,$z,0,1$ 三点可构成等边三角形).

于是,$z=\mathrm{e}^{\pm\frac{\pi\mathrm{i}}{3}}$,$z^3=-1$,$z^6=1$.

故 $z^k=1$ 当且仅当 $6|k$.

又 $z^3=-1$,则

$(z+1)(z^2-z+1)=0$.

因为 $z\neq-1$,所以 $z-1=z^2$.

代入原方程得 $z^{n+2}=1$.

从而,$6|(n+2)$.

反之,若 $6|(n+2)$,可令 $z=\mathrm{e}^{\pm\frac{\pi\mathrm{i}}{3}}$. 容易验证 $z^{n+2}=1$,$z-1=z^2$. 此时,$z=\mathrm{e}^{\pm\frac{\pi\mathrm{i}}{3}}$ 满足原方程,且 $|z|=1$,这便证明了充分性.

25. 考虑正 n 边形的最短对角线与正 n 边形的边,两者之比为 $2\cos\dfrac{\pi}{n}$,故只需证明 $\cos\dfrac{\pi}{n}$ 为无理数.

因为 $\cos n\alpha = \dfrac{(\cos\alpha + i\sin\alpha)^n + (\cos\alpha - i\sin\alpha)^n}{2}$,根据二项式定理将右边展开,知 $\cos n\alpha$ 可表示为 $\cos\alpha$ 的整系数 n 次多项式.不妨设该多项式为

$$f(x) = a_n x^n + a_{n-1} x^{n-1} + \cdots + a_1 x + a_0, \tag{18}$$

则 $f\left(\cos\dfrac{\pi}{n}\right) = \cos\pi = -1$.

当 $\alpha = \dfrac{\pi}{2}$ 时,$\cos\alpha = 0$,$\cos n\alpha = 0, -1$ 或 1,代入式(18)知 $a_0 = 0, -1$ 或 1.且当 $2 \nmid n$ 时,$a_0 = 0$;当 $n \equiv 2 \pmod{4}$ 时,$a_0 = -1$;当 $n \equiv 0 \pmod{4}$ 时,$a_0 = 1$.

当 $n \geqslant 4$ 时,若 $\cos\dfrac{\pi}{n}$ 为有理数,设 $\cos\dfrac{\pi}{n} = \dfrac{q}{p}$,这里 $p, q \in \mathbf{N}^*$,$q < p$,$(p, q) = 1$,则

$$a_n \left(\dfrac{q}{p}\right)^n + a_{n-1}\left(\dfrac{q}{p}\right)^{n-1} + \cdots + a_1 \cdot \dfrac{q}{p} + a_0 = -1$$

$$\Rightarrow (a_n \cdot q^{n-1} + a_{n-1} p q^{n-2} + \cdots + a_1 p^{n-1})q = -(a_0 + 1)p^n. \tag{19}$$

若 $a_0 \neq -1$,则 $a_0 + 1 = 1$ 或 2,根据式(19)知 $q \mid (a_0 + 1)$,故 $q \leqslant 2$.于是知 $\dfrac{q}{p} \leqslant \dfrac{2}{3}$.而当 $n \geqslant 4$ 时,$\dfrac{q}{p} = \cos\dfrac{\pi}{n} \geqslant \cos\dfrac{\pi}{4} = \dfrac{\sqrt{2}}{2} > \dfrac{2}{3}$,这就得到矛盾.

若 $a_0 = -1$,则 $\dfrac{n}{2}$ 为不小于 3 的奇数,同上分析,知 $\cos\dfrac{2\pi}{n} = \dfrac{1}{2}$ 或为无理数,即 $2\cos^2\dfrac{\pi}{n} - 1 = \dfrac{1}{2}$ 或为无理数.无论哪种情况,$\cos\dfrac{\pi}{n}$ 都为无理数.

综上所述,命题得证.

点评

此外,还可假设 $\cos\dfrac{k\pi}{n} \in \mathbf{Q}(1 \leqslant k \leqslant n-2)$,

利用 $\cos n\theta + i\sin n\theta = (\cos\theta + i\sin\theta)^n$,

结合二项式定理,将 $\cos n\theta$ 表示为 $\cos\theta$ 的整系数多项式

$$\cos n\theta = \sum_{\substack{0 \leqslant k \leqslant n \\ 2 \mid k}} C_n^k (\cos\theta)^{n-k}(\cos^2\theta - 1)^{\frac{k}{2}}.$$

再设 $n = 2^r t (r \geqslant 0, 2 \nmid t)$,

对 r 进行分类讨论,寻找矛盾.

26. 由方程 $z^2+iz-1=0$,解得 $z=\dfrac{-i\pm\sqrt{3}}{2}=i\dfrac{-1\pm\sqrt{3}i}{2}=i\omega$ 或 $i\omega^2$,不妨设 $a_1=i\omega^2, a_2=i\omega$.

由递归关系,得 $a_n^2+2ia_n+i^2=a_{n+1}a_{n-1}+ia_{n+1}+ia_{n-1}+i^2$,即 $(a_n+i)^2=(a_{n+1}+i)(a_{n-1}+i)$.

若存在某个 $n\in \mathbf{N}^*$,使 $a_n+i=0$,则可由上式经有限次倒退,得到 $a_2+i=0$,这与 $a_2=i\omega$ 矛盾.所以对一切正整数 n,$a_n+i\neq 0$.

故 $$\dfrac{a_{n+1}+i}{a_n+i}=\dfrac{a_n+i}{a_{n-1}+i}=\dfrac{a_{n-1}+i}{a_{n-2}+i}=\cdots=\dfrac{a_2+i}{a_1+i}=\dfrac{i(\omega+1)}{i(\omega^2+1)}=\omega,$$
$$a_{n+1}+i=\omega(a_n+i).$$

由此可得 $a_n=-i+(a_1+i)\omega^{n-1}=-i+(i\omega^2+i)\omega^{n-1}=-i-i\omega^n$.

由 $\omega^3=1$,可得 $a_3=-2i$.

又 $a_{n+3}=-i-i\omega^{n+3}=-i-i\omega^n=a_n (n\geqslant 1)$,即数列 $\{a_n\}$ 是以 3 为周期的数列.注意到 $n,n+1,n+2$ 恰好是一个周期,故对一切正整数 n,有

$$a_n^2+a_{n+1}^2+a_{n+2}^2=a_1^2+a_2^2+a_3^2=-\omega^4-\omega^2-4=-(\omega+\omega^2)-4=-3.$$

而 $a_n a_{n+1}+a_{n+1}a_{n+2}+a_{n+2}a_n=a_1a_2+a_2a_3+a_3a_1=-1+2\omega+2\omega^2=-3$,

因此对一切正整数 n,有 $a_n^2+a_{n+1}^2+a_{n+2}^2=a_na_{n+1}+a_{n+1}a_{n+2}+a_{n+2}a_n$.